그루지야어-한국어 사전

ქართულ-კორეული ლექსიკონი

유성호

도서출판
문예림

머리말

아시아와 유럽을 잇는 그루지야는 우리 나라에서는 조금 생소한 나라다. 다만 스탈린의 고향으로, 그리고 근년에 있었던 러시아와의 전쟁과 그루지야 내 소수 민족과의 분쟁 정도로만 기억되는 나라일 뿐이다. 물론 이 나라의 언어 그루지야어는 더욱 생소하다. 400 만 명이 사용하는 언어임에도 불구하고 그루지야어를 다루는 곳은 국내에서 찾아보기 힘들다.

하지만 그루지야에 진출한 우리 기업들이 있고, 그루지야에서 포교 활동을 하는 우리 나라 선교사들도 있다. 또한 카프카스 지역을 여행하고자 하는 사람들도 많다. 그루지야어는 카프카스 일대에서 비교적 영향력 있는 언어이기도 하다. 2 년 전 한 대학에서 그루지야어가 교양 과목으로 다루어지기도 했으니, 국내에도 이 언어를 배우고자 하는 이들이 분명 어느 정도 있을 것이라 생각된다. 그러나 필자가 알기로는 아직 우리 나라에는 그루지야어를 다룬 한국어로 된 서적이 없다.

그래서 다양한 목적 하에 그루지야어를 배우고자 하는 분들에게 조금이나마 도움이 되고자 본 사전을 펴내게 되었다. 기본적인 단어들을 중심으로 약 2 만 어휘를 다루고 있는 본 사전은, 그루지야어-영어 사전 두 종류와 그루지야어-독일어 사전 한 종류를 참조하여 만들었다. 그루지야어에 대한 지식이 깊지 못한 필자로서는 그루지야어-그루지야어 사전을 참조할 수는 없었으나, 충실한 뜻풀이가 된 그루지야어-외국어 사전들이 그 대안이 되었다.

끝으로, 문예림 여러분의 적극적인 지원이 아니었더라면 이 사전은 빛을 볼 수 없었을 것이다. 이 자리를 빌어 감사의 말씀을 드린다.

2009년 11월, 유성호

ა

აა [감] 아하!

აალება [동] 불을 붙이다, 점화하다 — [명] 점화, 발화

აბა [감] 자, 이제, 어서; **აბა სასწრაფოდ!** 어서 서둘러!

აბაზანა [명] ① 목욕통 ② 욕실

აბანო [명] 목욕장, 목욕탕

აბანოზი [명] [식물] 흑단(黑檀)

აბარგება [동] 옮기다, 치우다, 이동시키다 — [명] 옮기기, 이동

აბაჟური [명] (전등의) 갓

აბატი [명] 대수도원장

აბგა [명] 가방, 주머니

აბდა-უბდა [명] 시시한[하찮은] 말, 허튼소리

აბედი [명] 부싯깃, 불이 붙기 쉬운 것

აბეზარი [형] 지루한, 따분한, 귀찮은

აბზაცი [명] (문장의) 절(節), 단락

აბზეკა [동] 젠체하다, 뽐내다

აბი [명] 알약

აბლაბუდა [명] 거미줄, 거미집

აბნეულად [부] ① 혼란스럽게, 헷갈리어 ② 멍하니 있는, 넋을 잃고 있는

აბნეული [형] 혼란스러운, 헷갈리는

აბონემენტი [명] 예약 구독; (전화 등의) 가입

აბონენტი [명] 예약 구독자; (전화 등의) 가입자

აბორტი [명] 낙태

აბრა [명] 간판, 광고판

აბრეშუმი [명] ① 비단 ② აბრეშუმის ჭია 누에

აბსოლიტური [형] 완전한; 명확한

აბსოლუტური [형] 절대적인, 확실한

აბსტრაქტული [형] 추상적인, 관념적인, 이론적인

აბსტრაქცია [명] 추상, 추상적 개념

აბურძგვნილი [형] 헝클어진, 단정하지 못한

აბურძგნილი [형] 광택이 없는

აბუჩად აგდება [동] 소홀히 하다, 태만히 하다

აბუჩი [형] 사소한, 하찮은; აბუჩად აგდება 무시하다, 경시하다

აბჯარი [명] 갑옷

აგარაკი [명] (시골의) 여름 별장

აგდება [동] 던지다, 내던지다

აგება [동] 세우다, 짓다, 건축하다, 건설하다

აგებულება [명] (건축물 등의) 구조, 구성

აგებული [형] 세워진, 건설된

აგეგმვა [명] 계획, 안(案) — [동] 계획하다, 입안하다

აგენტი [명] ① 대리인, 대행자 ② 간첩, 첩자, 스파이

აგენტურა [명] 대리점, 사무국

აგერ [부] 여기 있어요

აგვისტო [명] 8월

აგზნება [동] 흥분시키다, 자극하다 — [명] 흥분, 자극

აგზნებული [형] 흥분한, 자극 받은

აგლეჯა [동] 벗기다, 떼어내다
აგორება [동] 말아 올리다, 둥글게 말다
აგრარული [형] 농업의, 농민의
აგრე [부] 이와 같이, 이런 식으로
აგრეთვე [부] ~도 또한, 역시, 마찬가지로
აგრესია [명] 공격, 침략
აგრესიული [형] 공격적인, 침략적인
აგრესორი [명] 침략자
აგრილება [동] 기온이 떨어지다, 추워지다
აგრონომი [명] 농업 전문가, 농업 경제학자
აგრონომია [명] 농학, 농업 경제학
აგრონომიული [형] 농업의, 농경법의
აგური [명] 벽돌
ადათი [명] 관습, 풍습, 습관; 관습법
ადამიანები [명] 사람들, 군중
ადამიანი [명] 사람, 인간
ადამიანის [형] 인간의, 인간에 관한
ადამიანობა [명] 인간적임; 인간성
ადამიანური [형] 인간의, 인간적인
ადამიანურობა [명] 인간적임; 인간성
ადამის ვაშლი [명] [해부] 결후(結喉), 후골(喉骨)
ადაპტორი [명] [전기] 어댑터
ადგილ-ადგილ [부] 여기저기에, 도처에
ადგილზე [부] 그 자리에
ადგილი [명] 장소, 곳; 지방, 지역; დაბადების ადგილი 출생지
ადგილკომი [명] 지역 노동 조합 위원회
ადგილ-მამული [명] 재산; 소유지

ადგილმდებარეობა [명] 위치, 소재(지)

ადგილობრივი [형] (해당) 지역의, 지방의; 토착의; ადგილობრივი მცხოვრები 지역 주민; ადგილობრივი დრო 지방 시간, 현지 시간

ადგომა [동] 일어나다, 일어서다 — [명] 기상, 일어남

ადევნება [동] 뒤따르다

ადვილასალებადი [형] 타기 쉬운, 가연성의

ადვილად [부] 쉽게, 간단하게; ადვილად გასაგები 이해할 수 있는

ადვილი [형] 쉬운, 간단한

ადვოკატი [명] 변호사

ადიდება [동] 넘치다, 부풀다

ადიულტერი [명] 간통, 간음

ადიუტანტი [명] [군사] (부대장의) 부관

-ადმი [접미] ~쪽으로

ადმინისტრატორი [명] 관리자, 행정관

ადმინისტრაცია [명] 관리, 행정

ადმინისტრაციული [형] 관리의, 행정의

ადმირალი [명] 해군 제독

ადრე [부] 일찍이; დილით ადრე 아침 일찍; ადრე თუ გვიან 조만간

ადრესატი [명] (우편물의) 수취인

ადრესი [명] 주소

ადრეული [형] (시기가) 이른, 조기의

ადრიანად [부] 이른 아침에

ადრინდელი [형] 앞의, 이전의, 먼저의

ადრინდულად [부] 그전처럼, 평소처럼

ადუღება [동] 끓이다; 끓다 — [명] 비등, 끓음

ადუღებული [형] 끓인; ადუღებული წყალი 끓인 물

აეროდრომი [명] 비행장

აერონავტი [명] 기구[비행선] 조종사

აერონავტიკა [명] 항공술, 항공학

აეროპლანი [명] 비행기, 항공기

აეროპორტი [명] 공항

აეროსტატი [명] 기구, 풍선

ავად [부] 나쁘게; ავად გახდომა 병에 걸리다

ავადმყოფი [형] 병든, 병에 걸린 — [명] 환자

ავადმყოფობა [명] 병, 질병

ავადმყოფური [형] 병든, 병약한

ავაზა [명] 표범

ავაზაკი [명] 산적, 강도

ავაზაკობა [동] 약탈하다, 강탈하다, 노략질하다 — [명] 약탈, 산적 행위

ავანგარდი [명] [군사] 전위(前衛), 선봉, 선발대

ავანსი [명] 선금, 계약금

ავანტიურა [명] 모험

ავანტიურისტი [명] 모험가

ავანტიურისტული [형] 모험적인, 위험한

ავარდნა [동] 뛰어오르다, 도약하다

ავარია [명] 사고, 충돌, 파손; გემის ავარია (배의) 난파

ავგული [형] ① 사악한, 나쁜 ② (언사가) 신랄한, 통렬한

ავგულობა [명] 악의가 있음, 심술궂음

ავდარი [명] 악천후

ავეჯი [명] 가구(家具)

ავეჯეულობა [명] 가구(家具)

ავზი [명] 큰 통, 탱크

ავზნიანი [형] 심술궂은, 심보가 비뚤어진

ავთვისებიანი [형] (병이) 악성의; ავთვისებიანი სიმსივნე 악성 종양

ავი [형] ① 악한, 사악한, 심술궂은; ავი სული 악령(惡靈) ② ავი ზნე [병리] 간질

ავიაბაზა [명] 공군 기지

ავიაკომპანია [명] 항공 회사

ავიამზიდი [명] 항공모함

ავიატორი [명] 비행가, 비행사, 조종사

ავიაფოსტა [명] 항공 우편

ავიაცია [명] ① 비행, 항공; სამხედრო ავიაცია 공군 ② 항공기

ავლა-დიდება [명] 재산, 소유물

ავსება [동] 가득 채우다; 부풀리다, 팽창시키다 — [명] 채우기; 팽창

ავსტრალია [명] 오스트레일리아, 호주

ავსტრალიელი [명] 오스트레일리아 사람

ავსტრალიური [형] 오스트레일리아의

ავსტრია [명] 오스트리아

ავსტრიელი [명] 오스트리아 사람

ავსტრიის, ავსტრიული [형] 오스트리아의

ავტონომიური [형] 자치의

ავტო [명] 자동차

ავტობიოგრაფია [명] 자서전

ავტობუსი [명] 버스
ავტოგრაფი [명] 자필, 육필(肉筆)
ავტოკალამი [명] 만년필
ავტომატი [명] 자동 (기계) 장치; 자동 전화
ავტომატიზირებული [형] 자동적인, 자동화된
ავტომატური [형] 자동(식)의, 자동적인; **ავტომა-ტური იარაღი** 자동화 무기
ავტომობილი [명] 자동차(류), 탈 것
ავტონომია [명] (정치적) 자치(권)
ავტონომიური [형] 자치의, 자치권이 있는; **ავტო-ნომიური რესპუბლიკა** 자치 공화국
ავტორი [명] 저자, 작가
ავტორიტეტი [명] 권위, 권한
ავტორიტეტული [형] 권위 있는, 믿을 만한
ავტორობა [명] 원작자
ავშარა [명] 고삐
ავხორცი [형] 관능적인, 쾌락을 좇는 — [명] 방탕한 사람
აზერბაიჯანელი [명] 아제르바이잔 사람
აზერბაიჯანი [명] 아제르바이잔
აზერბაიჯანის [형] 아제르바이잔의
აზერბაიჯანული [형] 아제르바이잔의; **აზერბაიჯ-ანული ენა** 아제르바이잔어 — [명] 아제르바이잔어
აზია [명] 아시아
აზიზი [형] ① 조심스러운, 신중한 ② 섬세한, 연약한
აზიური [형] 아시아의, 동양의

აზნაური [명] 귀족
აზნაურობა [명] 귀족 (계급), 상류층
აზნაურული [형] 귀족의
აზოტი [명] [화학] 질소
აზრი [명] 생각, 의견, 견해; ჩემი აზრით 내 생각에는; აზრის გამოთქმა 의견을 말하다, 견해를 표현하다; აზრთა გაცვლა-გამოცვლა 의견 교환
აზრიანი [형] 분별 있는, 이치에 맞는, 슬기로운
აზროვნება [명] 생각, 사고
ათასეული [명] [군사] 대대
ათასი [수] 천 (1000)
ათასნაირი [형] 아주 다양한
ათასწლეული [명] 천년간, 밀레니엄
ათასწლიანი [형] 천년간의
ათასწლოვანი [형] 천년간의
ათასჯერ [부] 수없이 여러 번, 반복적으로
ათდღიური [형] 10년 간
ათეიზმი [명] 무신론
ათეისტი [명] 무신론자
ათეისტური [형] 무신론(자)의
ათეული [수] 십 (10)
ათვალწუნება [동] 싫어하다, 호감이 없다
ათვალწუნებული [형] 사랑받지 못하는
ათვისება [동] 숙달하다, 익숙해지다 — [명] 숙달, 정통
ათი [수] 십 (10); ათი წელი, ათი წლისთავი 10년 (간)
ათისთავი [명] 전문인 수장

ათლეტი [명] 운동 선수, 경기자

ათლეტიკა [명] 운동 경기; მსუბუქი ათლეტიკა 육상 경기

ათლეტიკური [형] 운동의, 체육의

ათწილადი [형] ათწილადი ნაწევარი [수학] 소수 (小數); ათ-წილადი სისტემა 십진법

აი 여기에 (~이) 있다

აივანი [명] 발코니, 테라스

აირადი [형] 기체의, 가스의

აირი [명] 기체, 가스

აირქარხანა [명] 가스 공장

აირწინაღი [명] 방독면, 가스 마스크

აისი [명] 새벽, 여명; 일출

აისბერგი [명] 빙산

აკადემია [명] ① 학술원, 학회, 아카데미; მეცნიერებათა აკადემია 과학원 ② 학교; სამხედრო აკადემია 사관학교

აკადემიკოსი [명] 학술원[아카데미] 회원

აკადემიური [형] 학원의, 아카데미의

აკანკალება [동] 떨다, 전율하다

აკაცია [명] [식물] 아카시아

აკვანი [명] (유아의) 요람

აკვიატება [동] 고정시키다

აკვიატებული [형] 고정된, 고착된; აკვიატებული აზრი 고정 관념

აკვრა [동] 치다, 때리다

აკი [접] 그러나, 하지만

აკიდება [동] (짐을) 싣다, 지우다

აკინძვა [동] 매다, 묶다, 철하다
აკლდამა [명] 무덤, 지하 납골소
აკლება [동] 파괴하다, 황폐시키다
აკლებული [형] 파괴된, 폐허의
აკრეფა [동] 거두다, 모으다, 수확하다
აკრი [명] [면적의 단위] 에이커
აკრძალვა [동] 금지하다, 막다, 못하게 하다 — [명] 금지
აკრძალული [형] 금지된
აკუზატივი [명] [문법] 대격, 직접목적격
აკუმულატორი [명] [기계] 축열기(蓄熱器), 어큐뮬레이터
აკურატული [형] ① 규칙적인; 시간에 정확한 ② 단정한, 깨끗한 ③ 신중한
აკუსტიკური [형] 청각의, 소리의, 음향의
აკუწვა [동] (잘게) 썰다, 다지다
აკუწული [형] (잘게) 썬, 다진
ალაგ-ალაგ [부] 여기저기에
ალაგება [동] 치우다, 정돈하다, 청소하다
ალაგი [명] 장소, 자리
ალაგმვა [동] 억제하다, 고삐를 매다, 재갈을 물리다 — [명] 억제, 제지
ალალბედზე [부] ① 무작위로, 되는대로 ② 짐작으로, 어림 잡아
ალალი [형] 올바른, 공정한; 정직한, 성실한
ალალ-მართალი [형] 꾸밈없는, 진실한
ალამი [명] 기(旗), 깃발
ალაო [명] 맥아, 엿기름

ალაფი [명] ① (가축의) 사료, 여물, 꼴 ② 전리품, 노획물

ალაყაპის კარები [명] 대문, 출입문

ალბათ [부] 아마, 어쩌면

ალბათობა [명] ① 있을 법함, 그럴 듯함, 개연성 ② [수학] 확률; ალბათობის თეორია 확률론

ალბანეთი [명] 알바니아

ალბანელი [명] 알바니아 사람

ალბანური [형] 알바니아의; ალბანური ენა 알바니아어 — [명] 알바니아어

ალბომი [명] ① 사진첩, 앨범 ② სურათების ალბომი 스케치북

ალგებრა [명] 대수(학)

ალგებრული [형] 대수의, 대수적인

ალეგორია [명] 풍유, 우화, 비유한 이야기

ალეგორიული [형] 우화의, 우화적인, 비유적인

ალერსი [명] 애무, 포옹 — [동] 애무하다, 포옹하다

ალერსიანი [형] 애정이 깃든, 다정한

ალვის ხე [명] [식물] 포플러

ალი [명] ① 불길, 화염 ② 인어; 물의 요정

ალიაქოთი [명] 소동, 소란, 혼란, 야단법석

ალიონი [명] 새벽, 여명; 일출

ალისფერი [형] 붉은, 진홍색의

ალკოჰოლი [명] 알코올

ალკოჰოლიკი [명] 알코올 중독자 — [형] 알코올에 중독된

ალკოჰოლური [형] 알코올성의

ალმანახი [명] 책력, 연감

ალმასი [명] [광물] 다이아몬드

ალოკვა [동] 핥다, 핥아 먹다

ალპური [형] 높은 산의, 고산(성)의

ალუბალი [명] 체리, 버찌; ალუბლის ხე 벚나무

ალუჩა [명] 서양 자두, 플럼

ალღო [명] 직감, 느낌; ალღოს აღება 냄새를 맡다, 눈치채다

ალყა [명] 포위 공격; ალყის შემორტყმა 포위 공격하다

ამ [형] 이, 지금의; ამ დროს 이 때에; ამ საათში 곧, 즉시; ამ წუთში 지금, 즉시

ამაგი [명] 공로, 수고

ამავე [형] 같은, 동일한

ამაზე 이에 대해

ამათ ამათ მითხრეს 그들이 나에게 말했다; ამათ სახლში 그들의 집에서

ამათი [대] 그들의

ამალა [명] 수행원, 시중 드는 사람

ამან [형] 이, 이것(의); ამან მოიტანა ეს წიგნი 그는 이 책을 샀다

ამანათი [명] 소포, 송달물; ამანათის გაგზავნა 소포를 부치다

ამაო [형] 헛된, 소용 없는, 무익한

ამაოდ [부] 헛되이, 무위(無爲)로

ამაოება [명] 헛됨, 무익, 무용

ამას ამას გაუგონია 그는 들었다; ამას გარდა 이것 이외에; ამას იქით 이것 후에; ამას წინათ 얼마 전에, (비교적) 최근에

ამასთანავე [부] 이로써

ამასობაში [부] 그 사이에, 이럭저럭하는 동안에

ამაღამ [부] 오늘밤(에)

ამაღელვებელი [형] 동요시키는, 자극하는, 교란시키는

ამაღლება [명] ① 오름, 상승 ② [기독교] 예수 승천일 — [동] 올리다, 들어올리다

ამაყად [부] 자랑스럽게

ამაყი [형] 자랑으로 여기는

ამაყობა [명] 자랑, 긍지 — [동] 자랑하다

ამაში [부] 이에 대해

ამბავი [명] 소식, 통지, 통보, 이야기; რა ამბავია? 무슨 일이 일어났는가?

ამბის მთქმელი [명] 이야기하는 사람, 화자

ამბორი [명] 키스, 입맞춤

ამბოხება [명] 봉기, 반란, 폭동 — [동] 반항하다, 들고 일어 서다

ამბულატორია [명] (병원의) 외래 환자 진찰실

ამგვარად [부] 이렇게 하여

ამგვარი [형] 이와 같은, 이러한

ამგზნები [형] 자극하는, 각성시키는

ამდენად [형] ~만큼의, ~정도의

ამდენი [형] 그렇게[그 정도로] 많은

ამერიკა [명] 아메리카; ამერიკის შეერთებული შტატები 미국, 미합중국

ამერიკელი [명] 아메리카[미국] 사람
ამერიკული [형] 아메리카[미국]의
ამიერიდან [부] 앞으로, 이제부터, 지금부터
ამიერკავკასია [명] 트랜스코카시아 (코카서스 산맥 남쪽의 코카시아; 아르메니아 전역 및 그루지야와 아제르바이잔의 대부분을 포함)
ამით [부] 이것으로, 이렇게
ამინდი [명] 날씨; ამინდის პროგნოზი 일기예보
ამის [형] 이것의; ამის გამო 이래서, 이 때문에
ამისთანა [형] 이와 같은
ამისი [대] 그의, 그녀의, 그것의
ამიტომ [부] 이래서, 이 때문에
ამკინძველი [명] 제책업자
ამკრეფი [명] 세금 징수원
ამნაირად [부] 이와 같이 하여, 그래서
ამნაირი [형] 이러한, 그러한
ამობუგვა [동] ① 전소시키다, 잿더미로 만들다 ② 절멸시키다
ამოგდება [동] 파내다, 없애버리다
ამოდება [동] 굴레를 씌우다, 고삐를 매다
ამოდენა [형] 그렇게 큰
ამოვარდნა [동] 벌떡 일어나다, 갑자기 튀어나가다
ამოვლება [동] 씻다, 씻어내다
ამოვსება [동] (빈 곳을) 채우다, 메우다
ამოზნექილი [형] 볼록한
ამოთხრა [동] 파다, 파내다, 캐다 — [명] 파기, 캐기

ამოკრეფა [동] 모으다, 수집하다

ამოლაგება [동] 꺼내다, 들어내다

ამომავალი [형] 오르는, 상승하는; ამომავალი მზე 떠오르는 태양

ამომრთველი [명] 스위치

ამომრჩეველი [명] 선거인, 투표자

ამომშრალი [형] 마른, 건조한, 수분이 빠진

ამომწვარი [형] (불에) 탄

ამომწურავი [형] 철저한

ამომჭრელი [명] 조각가

ამონაბეჭდი [명] ① 인상, 영향 ② 생각, 견해

ამონაწერი [명] 뽑아냄, 추출

ამონაჭერი [명] 조각, 단편

ამონთხევა [동] ① 분출하다 ② 구토하다 — [명] 분출, 방출

ამოოხვრა [동] 한숨쉬다

ამოჟლეტა [동] ① 무자비하게 때리다; 파괴하다, 절멸시키다 ② 대량 학살하다 — [명] 대량 학살

ამორეცხვა [동] 세탁하다

ამორთვა [동] (스위치 따위를) 끄다, 전류를 끊다

ამორთმევა [동] ① 뽑아내다, 제거하다 ② სულის ამორთმევა 죽이다

ამორჩევა [동] 뽑다, 선발하다, 선거하다 — [명] 선거, 선정

ამორჩეული [형] 뽑힌, 선발된

ამოსვლა [동] 떠오르다, 솟아오르다; 오르다, 올라가다 — [명] ① 일출 ② 오름, 상승

ამოსუნთქვა [동] 숨을 내쉬다 — [명] 숨을 내쉼

ამოტივტივება [동] 튀어나오다
ამოფარება [동] 피하다, 대피하다
ამოფხეკა [동] 긁어 벗기다 — [명] 찰과상
ამოქარგვა [동] 수를 놓다 — [명] 자수, 수 놓기
ამოქმედება [동] 움직이게 하다, 추진하다
ამოღება [동] 뽑다, 뽑아내다 — [명] 뽑아냄, 추출
ამოყვანა [동] 데리고 나가다
ამოყრა [동] 내던지다, 버리다
ამოშენება [동] (돌로) 담을 쌓다, 막다
ამოშლა [동] 지우다, 삭제하다, 말살하다
ამოშრობა [동] 배수하다, 방수하다, 물을 빼다 — [명] 배수
ამოცანა [명] 문제, 일; ამოცანის გადაწყვეტა 문제를 해결하다
ამოძრავება [동] 움직이다, 작동시키다
ამოძრობა [동] 빼다, 뽑다, 잡아 떼다
ამოწევა [동] 위로 당기다
ამოწერა [동] 발췌하다, 인용하다
ამოწვა [동] 불태우다
ამოწყვეტა [동] 절멸시키다 — [명] 대량 학살
ამპარტავანი [형] 오만한, 거만한, 거드름 피우는
ამპარტავნობა [명] 오만, 거만, 우쭐댐
ამპარტავნულად [부] 오만하게, 우쭐대며
ამპარტავნული [형] 오만한, 우쭐대는
ამჟამად [부] 바로 지금, 현재
ამრიგად [부] 이렇게, 이런 식으로
ამტანი [형] 튼튼한, 내구성이 있는

ამუშავება [동] 움직이다, 일을 시작하다

ამფითეატრი [명] (극장의) 계단식 관람석; 화단과 길을 장식적으로 배치한 정원

ამღვრევა [동] 흐려지다, 혼탁해지다

ამღვრეული [형] 흐린, 혼탁한

ამშენებელი [명] 건축업자, 건설자

ამწე [명] 크레인, 기중기, 들어올리는 장치

ამწვანებული [형] 녹색의

ამწყობი [명] 조율사

ამხანაგი [명] 동료, 동지, 상대, 파트너, 친구

ამხანაგობა [명] 동료 관계, 교제, 친교; ამხანაგობა წრე 교우 범위

ამხანაგური [형] 동료의; 친근한

ამხედრება [동] 반항하다, 들고 일어나다

ამჯერად [부] 이번에는, 이번만은

ან [접] 또는, 혹은; ან ~ ან ~ ~든지 (또는) ~든지

ანაბეჭდი [명] 인쇄

ანაზდეული [부] 갑자기, 돌발적으로

ანაზღაურება [동] 갚다, 보상하다, 상환하다 — [명] 보상

ანალები [명] 기록(된 것)

ანალიზი [명] 분석, 검사; ანალიზის გაკეთება 분석하다

ანალიზური [형] 분석적인, 해석의

ანალოგია [명] 유사; 유추

ანალოგიური [형] 유사한, 닮은, 비슷한

ანალები [명] ① 연보(年譜), 연대기 ② 역사적 기록

ანარეკლი [명] 반사, 반영
ანატომია [명] 해부학
ანატომიური [형] 해부의, 해부학(상)의
ანაწყობი [명] [인쇄] 식자, 조판
ანბანი [명] 알파벳, 자모
ანბანური [형] 알파벳 순의
ანგარება [명] 탐욕, 욕심, 사리사욕
ანგარი [형] 탐욕스러운, 욕심 많은
ანგარიში [명] 계산, 청구; 비용; ანგარიშის გაწევა 계산[셈]에 넣다
ანგარიშიანი [형] 검소한, 절약하는, 알뜰한
ანგარიშიანობა [명] 절약, 검약
ანგელოზი [명] 천사
ანგინა [명] [병리] 후두염, 편도선염
ანგლო-საქსონური [형] 앵글로색슨(족)의
ანდა [접] 또는, ~거나 ~거나
ანდაზა [명] 속담, 격언
ანდამატი [명] 자석
ანდერძი [명] ① 유언(장) ② [종교] 신과 사람 사이의 계약 — [동] 유언으로 남기다
ანეკდოტი [명] 일화, 기담
ანთება [동] 불을 붙이다, 점화하다; ელექტრონის ანთება (전등 따위를) 켜다 — [명] 점화
ანთებული [형] 불붙여진
ანთოლოგია [명] 명시 선집, 명문집
ანკარა [형] 깨끗한, 맑은, 신선한
ანკესი [명] 낚싯대
ანკეტა [명] 앙케트, 설문지

ანომალია [명] 변칙, 이례
ანონიმური [형] 익명의, 작자 불명의
ანტარქტიკა [명] 남극
ანტიკური [형] ① 고대의 ② 고미술의, 골동의
ანტირელიგიური [형] 반(反)종교적인
ანტისანიტარული [형] 비위생적인, 건강에 좋지 않은
ანტრაქტი [명] (극장의) 막간 휴게 시간
ანუ [접] 또는, 혹은
ანჩხლი [형] 언짢은, 성미가 까다로운, 성마른
ანძა [명] 돛대
ანწლი [명] [식물] 딱총나무류
აორთქლება [동] 증발하다, 발산하다 — [명] 증발, 발산
აოხრება [동] 파괴하다, 황폐하게 하다 — [명] 파괴, 황폐
აპათია [명] 냉담, 무관심
აპარატი [명] 장치, 기구
აპკი [명] [해부] (얇은) 막(膜)
აპლოდისმენტი [명] 박수, 갈채
აპოლოგია [명] 사과, 사죄
აპოსტროფი [명] [문법] 아포스트로피 (')
აპრილი [명] 4 월; პირველი აპრილი 만우절
აჟიოტაჟი [명] 주식[증권] 매매업
აჟიტაცია [명] [정신의학] 흥분
არ [부] ~않다, ~이 아닌
არა [부] ① [대답] 아니오 ② ~이 아닌; არა ჯერ 아직 ~ 아니하다; არა ~ არამედ ~이 아니라 (~

다); არა მარტო ~뿐만 아니라; არა მარტო ~, არამედ ~ც ~뿐만 아니라 ~도 또한

არაადამიანური [형] 인정 없는, 잔인한

არაარსებითი [형] 중요하지 않은, 본질적이지 않은

არაბეთი [명] 아라비아

არაბი [명] 아랍 사람

არაბული [형] 아랍의; არაბული ენა 아랍어 — [명] 아랍어

არაბუნებრივი [형] 부자연스러운, 꾸며낸, 인공적인

არაგონიტი [명] [광물] 아라고나이트

არაგულწრფელი [형] 성의 없는, 성실하지 못한

არადამაკმაყოფილებელი [형] 불만족스러운, 불충분한

არაერთხელ [부] 여러 번, 수차례

არავითარი [형] 아무것도[전혀] ~아닌

არავინ [대] 아무도 ~않다

არათანაბარი [형] 균형이 잡히지 않은, 불균형의

არათითი [명] 약지 (손가락)

არაკეთილმოსურნე [형] 꺼리는, 싫어하는, 멀리하는

არაკი [명] 동화, 이야기

არაკომპეტენტური [형] 무능한, 능력 없는

არალეგალური [형] 불법의, 위법의

არამართალი [형] 잘못된, 그릇된, 틀린

არამედ [접] 그러나, 하지만

არამზადა [명] 사기꾼, 악당, 악인

არამც 결코 ~아닌

არამწეველი [명] 비흡연자

არანაირი 결코 ~아닌

არანამდვილი [형] 상상속의, 공상적인, 비실제적인

არანებისმიერი [형] 무의식적인, 부지불식간의

არანორმალური [형] 비정상적인; 제정신이 아닌

არაორგანული [형] [화학] 무기(無機)의; არაორგანული ქიმია 무기 화학

არაოფიციალური [형] 비공식적인, 격식을 차리지 않는

არაპარტიული [형] 중립적인, 비당파적인

არაპირდაპირი [형] 간접적인

არაპოპულარული [형] 사랑받지 못하는, 인기가 없는

არაპრაქტიკული [형] 비실용적인, 비실제적인

არაპროპორციული [형] 불균형의, 어울리지 않는

არაჟანი [명] 산패유 (酸敗乳; 유산을 발효시킨 생크림)

არარაობა [명] 무(無), 존재하지 않음

არარეგულარული [형] 불규칙적인

არასაიმედო [형] 믿을 수 없는, 신뢰할 수 없는

არასაინტერესო [형] 흥미 없는, 재미없는

არასაპატიო [형] 부적당한, 불만족스러운, 받아들일 수 없는

არასასიამოვნო [형] 불쾌한, 마음에 안 드는, 싫은

არასასურველი [형] 탐탁지 않은, 못마땅한

არასაჭირო [형] 불필요한

არასგზით 결코 ~아닌

არასდროს 결코 ~아닌

არასერიოზული [형] 진지하지 않은, 경박한

არასოდეს = **არასდროს**

არასრული [형] 불완전한

არასწორი [형] 잘못된, 틀린

არაუშავს 아무것도 아니야!, 상관 없어!

არაფერი [형] 아무것도 ~아닌 — [명] 무(無)

არაფრად 결코 ~아닌

არაქათგამოლეული [형] 극도로 지친, 녹초가 된

არაყი [명] 보드카, 브랜디

არაჩვეულებრივი [형] 보통이 아닌, 이례적인

არახელსაყრელი [형] 형편이 나쁜, 불리한

არგენტინა [명] 아르헨티나

არგენტინელი [명] 아르헨티나 사람

არგენტინული [형] 아르헨티나의

არდადეგები [명] 휴가, 방학; **არდადეგები დრო** 휴가 기간

არე [명] 영역, 범위; 여지, 공간

არე-მარე [명] 주변, 환경

არევა [동] 갈피를 못 잡다, 혼란스럽다 — [명] 혼동

არევ-დარევა [명] 혼동, 혼란 — [동] 혼동하다

არეკვლა [명] 반사, 반향 — [동] 반사하다, 반향하다

არემარე [명] 주변, 이웃, 근처

არენდა [명] 임대, 임차

არეულ-დარეული [형] 혼동된, 헷갈리는

არეულ-დარეულობა [명] 혼란, 혼잡, 뒤죽박죽
არეული [형] 무질서한, 혼잡한
არეულობა [명] 혼란, 무질서
არიდება [동] 회피하다, 기피하다, 빠져 나가다
არიერგარდი [명] [군사] 후위
არითმეტიკა [명] 산수, 셈
არითმეტიკული [형] 산수의, 산수에 관한
არის [동] ~이다; ~이 있다
არისტოკრატი [명] 귀족
არისტოკრატია [명] 귀족제, 귀족 사회
არისტოკრატიული [형] 귀족의, 귀족적인
არმია [명] 군대, 군(軍), 병력; წითელი არმია (구 소련의) 적군 (赤軍); რეგულარული არმია 상비군, 정규군
არნახული [형] 전례가 없는, 유례 없는
არს [명] 존재, 사물
არსად [부] 어디에도[아무데도] ~없다
არსაიდან [부] 어디서로부터도[아무데서도] ~않다
არსაით [부] 어디에도[아무데도] ~없다
არსაითკენ [부] 어디로도 ~않다
არსება [명] 생물, 피조물
არსებითად [부] 본질에 있어서, 본질적으로
არსებითი [형] ① 본질적인, 근본적인, 중요한 ② არსებითი სახელი [문법] 명사
არსებობა [동] 존재하다, 있다 — [명] 존재
არსებული [형] 존재하는, 현존하는, 실재하는
არსენალი [명] 무기고, 병기창
არსი [명] ① 존재 ② 본질

არტალა [명] (그루지야식) 쇠고기 수프
არტელი [명] 협동 조합
არტერია [명] [해부] 동맥
არტიკლი [명] [문법] 관사; განსაზღვრული არტიკლი 정관사; განუსაზღვრელი არტიკლი 부정관사
არტილერია [명] 포병과, 포병대
არტილერისტი [명] 포병, 포사수
არტისტი [명] 예술가; 배우
არფა [명] [음악] 하프
არქაიზმი [명] 고문체, 고풍스러운 표현
არქაული [형] 고풍의, 예스러운
არქეოლოგი [명] 고고학자
არქეოლოგია [명] 고고학
არქეოლოგიური [형] 고고학의, 고고학적인
არქიეპისკოპოსი [명] 대주교
არქივი [명] 문서 보관소, 문서고
არქიტექტორი [명] 건축가, 건축 기사
არქიტექტურა [명] 건축(술), 건축학
არქტიკა [명] 북극 (지방)
არქტიკული [형] 북극의, 북극 지방의
არყი [명] 자작나무
არყოფნა [동] 없다, 결석하다 — [명] 부재, 결석
არშია [명] 가장자리[테두리] 장식; 레이스
არჩევა [동] 뽑다, 선택하다; 선거하다, 선출하다 — [명] 선택; 선거, 선출
არჩევანი [명] 선택, 선발; 발췌
არჩევნები [명] 선거

არჩვი [명] [동물] 샤무아 (영양 종류)

არც (조금도) ~않다; არც ~ (და) არც ~도 ~도 아닌; არც ერთხელ 한 번도[결코] ~않다

არცერთი [대] 아무도 ~않다

არწივი [명] [조류] 독수리

არხეინად [부] 조용히, 고요하게

არხი [명] ① 운하, 수로 ② [해부] 장, 소화관

ასაკი [명] 나이, 연령

ასანთი [명] 성냥, 라이터

ასახვა [동] 나타내다, 그리다, 묘사하다 — [명] 이미지, 그림

ასე [부] 그렇게; ასე ვთქვათ 말하자면; ასე რომ 그래서, 그 때문에, ~하여서

ასევე [부] ~도 또한, 역시

ასეთი [형/대] 그러한, 그와 같은 (것)

ასეული [명] [군사] 보병 중대

ასვლა [동] 오르다, 기어오르다 — [명] 오름, 올라감

ასთმა [명] [병리] 천식

ასი [수] 백 (100)

ასკილი [명] [식물] 들장미의 일종

ასლი [명] 복사, 사진 복사; ასლის გადაღება 복사하다

ასო [명] ① 문자, 글자; დიდი ასო 대문자; პატარა ასო 소문자 ② 사지, 팔다리

ასოთამწყობი [명] [인쇄] 식자공

ასომთავრული [명] 아솜타브룰리 (A.D. 5~9 세기 경에 그루지야어를 표기하는 데 쓰였던 문자)

ასორტიმენტი [명] 발췌, 분류

ასპარეზი [명] 활동 무대, ~계(界)

ასპარეზობა [명] ① (고대 그루지야의) 마상(馬上) 창 시합 ② 시합, 경쟁

ასპექტი [명] ① 시점, 관점 ② [문법] (동사의) 상(相)

ასპირანტი [명] 대학원생

ასპირინი [명] 아스피린

ასრულება [동] 시행하다, 실행하다, 완수하다 — [명] 실행, 성취, 완수

ასტეროიდი [명] [천문] 소행성

ასტროლოგი [명] 점성가, 점성술사

ასტროლოგია [명] 점성술

ასტრონავტი [명] 우주 비행사

ასტრონომი [명] 천문학자

ასტრონომია [명] 천문학

ასტრონომიის [형] 천문학의

ასტრონომიური [형] 천문학의

ასტროფიზიკა [명] 천체 물리학

ასული [명] 딸

ასფალტი [명] 아스팔트

ასწლოვანი [형] ① 100 년마다의; 100 년 간의 ② 100 세 이상의

ატამი [명] [식물] 복숭아

ატანა [동] ① 올리다, 들어올리다 ② 참다, 견디다

ატელიე [명] 예술가의 작업장, 아틀리에

ატესტატი [명] 증명서, 증서; (학교의) 졸업장

ატესტაცია [동] 증명서를 주다, 인증하다; 추천하다

ატირება [동] 울기 시작하다

ატლასი [명] ① 견수자(絹子), 공단, 새틴 ② 지도책

ატმოსფერო [명] ① 대기(大氣) ② 분위기

ატმოსფერული [형] 대기(중)의, 공기의

ატოლი [명] 환초(環礁), 환상 산호섬

ატომი [명] [물리·화학] 원자

ატომური [형] 원자의, 원자력의; ატომური ბომბი 원자폭탄; ატომური აფეთქება 핵폭발; ატომური ენერგია 원자력; ატომური იარაღი 핵무기; ატომური ფიზიკა 핵물리학; ატომური ელექტროსადგური 원자력 발전소

ატუზვა [동] 근처에 있다, 가까이에 있다

აუარება [명] 다수, 다량

აუარებელი [형] 많은, 셀 수 없는, 무수한

აუზი [명] 못, 웅덩이, 저수지; საბანაო აუზი 수영장, 풀

აურზაური [명] 혼란, 혼잡, 무질서, 소란

აუტანელი [형] 참을 수 없는, 견딜 수 없는

აუტიზმი [명] [병리] 자폐증

აუღებელი [형] 난공불락의, 철벽의

აუღელვებელი [형] 조용한, 평온한

აუჩქარებელი [형] 느긋한, 서두르지 않는

აუცილებელი [형] 불가피한, 부득이한, 어쩔 수 없는

აუცილებლად [부] 확실히

აუცილებლობა [명] 불가피, 필연
აუწერელი [형] 형언할 수 없는, 이루 말로 표현할 수 없는
აუხდენელი [형] 실행 불가능한
აუხსნელი [형] 불가해한, 설명할 수 없는
აფეთქება [동] 폭발하다 — [명] 폭발
აფერისტი [명] 사기꾼, 악당
აფთარი [명] [동물] 하이에나
აფთიაქარი [명] 약사(藥師)
აფთიაქი [명] 약국
აფორიაქება [동] 방해하다, 어지럽히다, 폐를 끼치다
აფორიზმი [명] 경구(警句), 잠언, 격언, 금언
აფრა [명] 돛
აფრენა [동] 이륙하다, 날아오르다 — [명] (항공기의) 이륙
აფრიალება [동] (짠 것을) 풀다
აფრიკა [명] 아프리카
აფრიკაანსი [명] 아프리칸스어
აფრიკელი [명] 아프리카 사람
აფრიკის [형] 아프리카의
აფრიკული [형] 아프리카의
აფხაზეთი [명] 압하스 (그루지야 내의 자치 공화국)
აფხაზი [명] 압하스 사람
აფხაზური [형] 압하스의; აფხაზური ენა 압하스어
აქ [부] 여기에, 이쪽으로
აქა-იქ [부] 여기저기에

აქამდე [부] ① 여기까지 ② 지금까지
აქანდაზი [명] 쓰레받기
აქატი [명] [광물] 마노
აქაური [형] 이곳의, 이 지방의
აქაფება [동] 거품이 일다, 거품을 내다
აქაც [부] 이곳에도, 여기에도
აქედან [부] 여기에서, 이로부터
აქეთ [부] 여기로, 이리로, 이쪽으로
აქეთ-იქიდან [부] 여러 가지 면에서
აქეთ-იქით [부] 여기저기, 왔다갔다
აქეთობას [부] 반대 방향에
აქერცვლა [동] 껍질이 벗겨지다
აქვს ~이 있다, 존재한다
აქლემი [명] [동물] 낙타
აქსიომა [명] [논리·수학] 공리(公理)
აქტი [명] 행동, 행위, 동작; 조처, 처리
აქტივაცია [명] 활성화
აქტივი [명] 재산, 자산
აქტივობა [명] 활동, 활약
აქტიორი [명] 배우, 연기자
აქტიური [형] 활동적인, 활발한, 일하는
აქტიურობა [명] = აქტივობა
აქტუალიზაცია [명] 현실화, 실현
აქტუალობა [명] 현실(성), 실제
აქტუალურად [부] 현실적으로, 실제로
აქტუალური [형] ① 현실의, 실제의; აქტუალური პრობლემა 시사(時事) ② 긴급한 ③ 때에 맞는, 시기 적절한

აქცენტი [명] 강세, 액센트

აღარ(ა) 더 이상 ~아닌

აღარავინ [대] 아무도[누구도] ~않다

აღარასოდეს [부] 결코 ~않다

აღარაფერი [대] 아무것도 ~않다

აღარსად [부] 아무데도 ~없다

აღბეჭდვა [동] 새기다

აღგვა [동] 말살하다, 소멸시키다

აღგზნება [동] 흥분하다 — [명] 흥분, 자극

აღდგენა [동] 재건하다; 회복하다, 복원하다; ჯანმრთელობის აღდგენა 건강을 회복하다 — [명] 재건; 회복, 복원

აღდგომა [명] 부활절

აღება [동] ① 잡다, 취하다, 얻다, 받다; წიგნის აღება 책을 들 다; ქრთამის აღება 뇌물을 받다 ② 제거하다 — [명] 정복, 점령

აღებ-მიცემა [명] 물물 교환

აღებული [형] 잡힌, 취해진

აღელვება [동] 동요시키다, 선동하다, 교란하다 — [명] 동요, 선동, 교란

აღელვებული [형] 동요된, 불안한

აღვირახსნილი [형] 굴레를 매지 않은; 억제되지 않은, 제멋 대로의

აღვირახსნილობა [명] 굴레를 매지 않음; 억제되지 않음, 제 멋대로임

აღვირი [명] 굴레

აღზრდა [동] 교육하다, 양육하다 — [명] 교육, 양육

აღზრდილი [명] ① 학생, 제자 ② [복] 동창생들 — [형] 예의바른, 행실이 좋은; ცუდად აღზრდილი 무례한, 행실이 나쁜

აღთქმა [동] 약속하다, 맹세하다 — [명] 약속; აღთქმული ქვეყანა [성경] 약속의 땅

აღიარება [동] 승인하다, 인정하다, 자인하다 — [명] 승인, 인정, 자인

აღიარებული [형] 인정된, 공인된; აღიარებული მწერალი 정 평이 난 작가

აღკაზმული [형] 장비를 갖춘, 채비가 된

აღკვეთა [동] 제지하다, 금지하다, 삭제하다 — [명] 제지, 금지, 삭제

აღკვეთილი [형] 제지된, 금지된

აღკვეცა [동] 수도사[수녀]로 임명하다

აღლუმი [명] 행렬, 퍼레이드; 열병(식)

აღმა 위로, 위쪽으로; აღმა-დაღმა 상하로

აღმავალი [형] 오르는, 상승하는

აღმავლობა [명] 오름, 상승, 발전

აღმართვა [동] 올리다, 세우다 — [명] 올림, 세움

აღმართი [명] 오름, 상승

აღმასკომი [명] 실행[집행] 위원회

აღმასრულებელი [명] 실행자, 집행자

აღმატებითი ხარისხი [명] [문법] 최상급

აღმატებული [명] თქვენო აღმატებულებავ 각하 (존칭)

აღმაფრენა [명] 영감(靈感)

აღმაშენებელი [명] 건축하는 사람, 건설자

აღმაშფოთებელი [형] 고약한, 괘씸한, 악평이 자자한; 스캔들의

აღმგზნები [형] 흥분시키는, 자극성의 — [명] 자극제

აღმზრდელი [명] 선생, 가정 교사

აღმზრდელობითი [형] 교육상의, 교육적인

აღმონაცენი [명] [식물] 눈, 싹

აღმოსავლეთი [명] ① 동쪽; აღმოსავლეთში 동쪽에; აღმოსავლეთისაკენ 동쪽으로 ② 동양; ახლო აღმოსავლეთი 근동; შორეული აღმოსავლეთი 극동; შუა აღმოსავლეთი 중동

აღმოსავლეთის [형] 동쪽의; 동양의

აღმოსავლეთმცოდნე [명] 동양학자

აღმოსავლეთმცოდნეობა [명] 동양학

აღმოსავლური [형] 동쪽의; 동양의

აღმოუფხვრელი [형] 근절할 수 없는, 뿌리 깊은

აღმოფხვრა [동] 뿌리뽑다, 제거하다, 박멸하다 — [명] 근절, 박멸

აღმოჩენა [동] 발견하다, 찾아내다 — [명] 발견

აღმოცენება [동] 생겨나다, 일어나다, 나타나다 — [명] 발생, 배태

აღმრიცხველი [명] 기록 담당자

აღმშენებელი [명] 건축하는 사람, 건설자

აღმშენებლობა [명] 건축, 건설

აღმძვრელი [명] 자극하는 것, 작용하게 하는 것

აღნაგობა [명] 조직, 구성, 구조

აღნიშვნა [동] 표시하다, 나타내다; 가리키다, 지적하다 — [명] 표시, 지시

აღნუსხვა [동] 묘사하다, 기술하다 — [명] 묘사, 기술

აღორძინება [동] 소생하다, 갱생하다, 재건하다 — [명] ① 재생, 소생, 부활 ② [역사] 르네상스

აღრენილი [형] 성난, 격분한

აღრიალება [동] 고함치다, 소리지르다, 노호하다

აღრიცხვა [동] 계산하다 — [명] ① 계산 ② 등록; **აღრი-ცხვაზე აყვანა** 등록하다

აღსავსე [형] (~으로) 가득 찬

აღსარება [명] (신앙 따위의) 고백, 자백; **აღსარე-ბის თქმა** 고백하다

აღსასრული [명] ① 끝, 마지막 ② 죽음, 사망

აღსრულება [동] 죽다, 사망하다

აღტაცება [동] 경탄하다, 기뻐하다, 황홀해하다 — [명] 경탄, 환희

აღტაცებული [형] 몹시 기뻐하는, 황홀한, 열광하는

აღტკინება [동] 흥분시키다, 자극하다

აღტკინებული [형] 흥분한, 자극 받은

აღფრთოვანება [동] 고무하다, 격려하다, 활기를 불어넣다 — [명] 열정, 고무, 활기

აღფრთოვანებული [형] 열광하는, 열정적인, 활기에 넘치는

აღქმა [동] 지각하다, 이해하다, 인식하다 — [명] 지각, 인식

აღშფოთება [동] 분개하다, 반감이 생기다 — [명] 분개, 분노

აღშფოთებული [형] 분개한, 성난

აღძვრა [동] ① 질문을 제기하다 ② 일으키다, 야기하다; 깨 우다 — [명] 자극, 야기, 유발

აღწერა [동] 묘사하다, 기술하다 — [명] ① 묘사, 기술 ② 인구 조사, 센서스

აღჭურვა [동] 무장시키다, 무장하다 — [명] 무장, 무장을 갖춤

აყალმაყალი [명] 소란, 소동

აყენება [동] 들어올리다

აყვავება [동] 꽃피다, 개화하다

აყვავებული [형] 꽃피는; 번영하는

აყვავილებული [형] 꽃이 핀

აყვანა [동] ① 잡다, 쥐다, 집어 들다 ② შვილად აყვანა 양자로 삼다

აყვირება [동] 울다, 울기 시작하다

აყოლება [동] [음악] 반주하다 — [명] 반주

აყუდება [동] (~에) 기대다

აშარი [형] 잔소리가 심한, 투덜거리는

აშენება [동] 세우다, 건축하다

აშენებული [형] 세워진, 건축된

აშვება [동] 풀다, 놓아주다

აშვებული [형] 풀린, 묶이지 않은

აშვერა [동] ① 들어올리다 ② 거수로 투표하다

აშკარა [형] 분명한, 명백한

აშლა [동] 망치다, 혼란시키다 - კუჭის აშლა 소화 불량

აშმორებული [형] 진부한, 케케묵은

აჩეჩა [동] აჩეჩა თმებისა 머리털을 헝클어뜨리다; აჩეჩა მხრ- ებისა 어깨를 으쓱하다

აჩრდილი [명] ① 유령, 환영(幻影) ② 그늘, 그림자

აჩქარება [동] 재촉하다, 서두르다 — [명] 신속, 기민, 서두름

აჩქარებით [부] 급히, 서둘러

აჩქარებული [형] 급한, 서두르는

აცახცახებული [형] 떨리는, 떠는

აცდენა [동] (목표를) 놓치다, 못 맞히다, 빗맞히다 — [명] 실수, 실패

აცილება [동] 피하다, 회피하다, 기피하다

აცმა [명] 끈, 줄, 실

აცოცება [동] 기어오르다

აცრა [동] 백신[예방] 접종을 하다 — [명] 백신[예방] 접종

აძგერება [동] (심장・맥박이) 뛰다, 두근거리다

აძგერებული [형] 두근거리는, 고동치는

აძრობა [동] 찢다, 째다

აწ ახლა [부] 지금

აწევა [동] 들어올리다; ხელის აწევა 손을 들다; ხმის აწევა 목소리를 높이다

აწერა [동] 쓰다, 기술하다

აწეული [형] 들어올려진

აწეწვა [동] 어지럽히다, 혼란시키다

აწეწილი [형] 복잡한, 엉킨, 얽힌

აწმყო [명] [문법] 현재 시제 — [형] 현재의, 오늘날의; აწმყო დრო 현재, 오늘날

აწონა [동] 무게가 나가다, 무게가 ~이다

აწონილ-დაწონილი [형] ① (~의) 무게가 나가는 ② 생각해낸, 숙고된

აწყვეტა [동] 풀리다, 빠져 나오다

აწყობა [동] ① [음악] 조음[조율]하다 ② [인쇄] (활자를) 짜다, 조판하다 — [명] ① 조음, 조율 ② 식자, 조판

აჭარა [명] 아자리야 (그루지야 내의 자치 공화국)

აჭარელი [명] 아자리야 사람 — [형] 아자리야의

აჭარული [형] 아자리야의

აჭიმი [명] (바지의) 멜빵

აჭრა [동] ① 깎다, 치다, 잘라내다 ② (우유가) 시어지다, 응유(凝乳)로 굳어지다

აჭრელება [동] 반점을 붙이다, 얼룩덜룩하게 하다

აჭრელებული [형] 반점이 있는, 얼룩덜룩한, 잡색의

ახ [감] 아!, 오!

ახალგაზრდა [형] 젊은, 연소한

ახალგაზრდობა [명] 젊음, 청춘

ახალგაზრდული [형] 젊은이의, 청소년의

ახალთახალი [명] 최신의 것, 새로움

ახალი [형] ① 새로운; 참신한; ახალი წელი 설날; ახალი ამბები 새로운 소식, 뉴스; ახალი ცხოვრება 새로운 삶; რაა ახალი? 무슨 소식이 있는가? ② 현대적인, 모던한 ③ 신선한, 싱싱한; ახალი თევზი 신선한 생선

ახალი ზელანდია [명] 뉴질랜드

ახალუხი [명] 아할루히 (체르케스 사람(북서 코카서스 지방의 민족)들이 입는 긴 옷)

ახალშენი [명] 식민지, 개척지

ახალშობილი [형] 갓 태어난, 신생의

ახალწვეული [명] 신병, 신입, 신참자

ახდა [동] 열다, 펼치다

ახელა [동] (~에) 눈을 뜨게 하다

ახვევა [동] 묶다, 동여매다

ახია [감] 꼴 좋다, 고소하다, 그래도 싸다

ახირებული [형] 묘한, 별난, 기이한

ახლა [부] 지금, 현재

ახლად [부] 다시, 새로이; **ახლად არჩეული** 새로 선출된

ახლავე [부] 곧, 바로 지금

ახლანდელი [형] 지금의, 현재의; 현대의, 오늘날의; **ახლანდელი დრო** 현재, 오늘날; **ახლანდელი ადამიანები** 현대인

ახლახან [부] 최근에, 방금, 곧

ახლო [형] 가까운; **ახლო მეგობარი** 친한 친구; **ახლო ნათესავი** 가까운 친척

ახლობელი [명] 근친, 가까운 친척 — [형] (관계가) 가까운

ახლომახლო [부] 가까이에, 근처에

ახლოობა [명] 가까움, 인접

ახლოს [부] 가까이에, 곁에

ახმახი [명] 키가 크고 호리호리한 사람

ახოვანი [형] ① 풍채가 당당한 ② 용감한

ახსნა [동] ① 설명하다; 주석을 달다 ② (묶인 것을) 풀다, 끄르다 — [명] 설명

ახსნა-განმარტება [명] 설명, 해설; ახსნა-განმარტების მიცემა 설명하다

ახსნილი [형] ① 설명된 ② (묶인 것이) 풀린

ახტომა [동] 껑충 뛰다, 뛰어오르다

აჯანყება [동] 반항하다, 반란을 일으키다 — [명] 반란, 폭동; სახალხო აჯანყება 민중 봉기

აჯანყებული [형] 반항하는, 반란을 일으키는

აჯაფსანდალი [명] 야채죽

აჰა [감] ① 아하! ② 자, 여기 있어요

ბ

ბაასი [동] 대화하다, 이야기하다 — [명] 대화, 회화, 이야기

ბაბილონეთი [명] 바빌로니아

ბაბილონური [형] 바빌로니아의

ბაბუა [명] 할아버지; 노인

ბაბუაწვერა [명] 민들레

ბაგა [명] ① 구유, 여물통 ② საბავშვო ბაგა 탁아소

ბაგაჟი [명] 수화물, 소형 여행가방

ბაგე [명] 입술

ბაგირი [명] 밧줄, 끈, 로프, 케이블

ბაგისმიერი [형] ① 입술의 ② [언어] 순음(脣音)의

ბადალი [형] 같은, 동일한

ბადე [명] ① 그물; 예인망, 후릿그물; ბადის დაგება 그물을 치다 ② 격자(格子)

ბადიში [명] 손자, 손녀

ბადრაგი [명] 호송, 호위, 에스코트

ბადრაგობა [동] 호송하다, 호위하다 — [명] 호송, 호위, 에스코트

ბადრიჯანი [명] [식물] 가지

ბადურა [명] [해부] (눈의) 망막

ბავშვი [명] 어린이, 아동; ბავშვობიდან 어릴 때부터

ბავშვის [형] 어린이의, 어린애같은 — [명] 어린애다움

ბავშვობა [명] 어린 시절, 유년기

ბავშვური [형] 어린이의, 어린애같은

ბაზა [명] ① 기초, 토대, 근거; საკანონმდებლო ბაზა 법적 근거 ② 기지, 근거지; სამხედრო ბაზა 군사 기지 ③ მონაცემთა ბაზა 데이터베이스

ბაზალტი [명] [광물] 현무암

ბაზალური [형] 기초의, 토대의, 근본의

ბაზარი [명] 시장(市場); 바자; შავი ბაზარი 암시장; ბაზრის მოედანი 장터

ბაზისი [명] 기초, 토대, 근거

ბაზრობა [명] 정기시(市), 연시(年市) (1년에 1~수회 열리는 큰 시장)

ბათქი [명] 발사, 사격, 발포

ბაია [명] [식물] 미나리아재비

ბაიდარა [명] 카약, 카누

ბაირაღი [명] 기(旗), 깃발

ბაიყუში [명] [조류] 쇠부엉이

ბაკალავრი [명] 학사, 학사 학위 소지자

ბაკალეა [명] 식료 잡화류

ბაკანი [명] (동물의) 겉껍질, 외피

ბაკუნი [동] (발을) 쾅쾅 구르다

ბალადა [명] [음악] 발라드

ბალანი [명] ① 털 ② 모피, 털가죽

ბალახი [명] ① 풀, 초본; ბალახის მჭამელი 초식 동물 ② 허브, 약용 식물

ბალერინა [명] 발레 댄서, 발레리나

ბალეტი [명] 발레

ბალთა [명] 죔쇠, 버클

ბალი¹ [명] 체리, 버찌; ბლის ხე 벚나무

ბალი² [명] 무도회

ბალისტიკური [형] 탄도의, 비행 물체의

ბალიში [명] 베개, 쿠션

ბალიშისპირი [ბალიშის პირი] [명] 베갯잇

ბალკონი [명] 발코니

ბალნიანი [형] 털이 많은, 텁수룩한

ბალონი [명] 용기, 가스통

ბალღამი [명] (상처의) 고름

ბალღი [명] 아기, 유아

ბალღობა [명] 유아기, 유년기

ბალღური [형] 유아기의, 유아의

ბამბა [명] 면, 솜; ნედლი ბამბა 면화; ბამბის ბუჩქი 목화

ბამბუკი [명] [식물] 대나무

ბამპერი [명] 충격 흡수기, 범퍼

ბანა [동] 씻다, 목욕하다 — [명] 씻기

ბანაკი [명] 야영(지), 캠프

ბანალური [형] 진부한, 평범한, 흔해 빠진

ბანალურობა [명] 진부, 평범

ბანანი [명] 바나나

ბანაობა [동] 목욕시키다; 목욕하다 — [명] 목욕

ბანგი [명] 아편

ბანდა [명] 일단, 한 떼, 패거리

ბანდაჟი [명] ① 붕대 ② 복대; 탈장대

ბანდეროლი [명] 우편 봉투; 인쇄물

ბანდიტი [명] 악한, 흉악범

ბანი [명] [음악] 베이스

ბანკეტი [명] 연회, 향연

ბანკი [명] 은행(銀行); ბანკის ანგარიში 은행 구좌

ბანკირი [명] 은행가

ბანქო [명] (카드 놀이용) 카드; ბანქოს თამაში 도박; ბანქოს მოთამაშე 도박꾼 — [동] 카드 놀이를 하다

ბაჟე [명] 호두 소스

ბაჟი [명] 물품세, 소비세

ბარაბანი [명] 원통형 용기, 드럼통

ბარათი [명] ① 편지; მისალოცი ბარათი 축하 편지, 축하장 ② 카드; ღია ბარათი 우편 엽서; სავიზიტო ბარათი 명함; საკრედიტო ბარათი 신용 카드

ბარაკი [명] (군용) 임시 막사, 오두막, 바라크

ბარაქა [명] 풍부, 많음

ბარაქალა [감] 브라보!

ბარაქიანი [형] 풍부한, 많은; ბარაქიანი მოსავალი 풍성한 수확

ბარბარისი [명] [식물] 매자나무의 열매

ბარბაროსი [명] 야만인, 미개인

ბარბაროსობა [명] 야만, 미개; 야만 행위

ბარბაროსული [형] 야만적인, 미개한

ბარბაცი [동] 비틀거리다, 흔들리다 — [명] 비틀거림, 흔들 거림

ბარგი [명] 수화물

ბარგი-ბარხანა [명] 소유물, 동산(動産)

ბარემ ① ~하는 김에 ② 적절히, 요령 있게
ბარვა [동] (땅을) 파다
ბარი[1] [명] 평지, 저지(低地)
ბარი[2] [명] 삽
ბარიერი [명] 장벽, 장애물
ბარიკადა [명] 방책, 바리케이드
ბარკალი [명] 넓적다리; 둔부
ბარომეტრი [명] ① 기압계 ② 기준, 척도, 바로미터
ბარონი [명] (귀족 작위의) 남작
ბარტყი [명] 새새끼; 어린 것; 풋내기
ბარძაყი [명] 궁둥이; 대퇴부; 허벅지
ბასეინი [명] 연못, 웅덩이, 풀
ბასკი [명] 바스크어
ბასრი [형] 날카로운, 예리한
ბატალია [명] 전투, 싸움
ბატალიონი [명] [군사] 대대
ბატარეა [명] ① 배터리, 전지 ② [군사] 포병 중대, 포대
ბატი [명] [조류] 거위
ბატკანი [명] 어린 양
ბატონი [명] ~씨, 선생님, 귀하 (남자에 대한 존칭); ბატონი? 예?, 뭐라고 하셨죠?
ბატონიშვილი [명] 왕자
ბატონობა [동] 지배하다, 다스리다, 통치하다 — [명] 지배, 통치, 패권
ბატონყმობა [명] 농노제
ბაქანი [명] (정거장의) 플랫폼

ბაქია [명] 허풍선이

ბაქიაობა [동] 자랑하다, 허풍을 떨다 — [명] 과시, 자랑, 뽐냄

ბაქიბუქი [동] 빼기다, 뽐내다

ბაქმაზი [명] (발효 전 혹은 발효 중의) 포도액

ბაქო [명] 바쿠 (아제르바이잔의 수도)

ბაქტერია [명] 박테리아, 세균

ბაქტერიალური [형] 박테리아의, 세균의

ბაღდადი [명] 바그다드 (이라크의 수도)

ბაღი [명] 뜰, 정원; ხეხილის ბაღი 과수원; ბოტანიკური ბაღი 식물원

ბაღლინჯო [명] [곤충] 빈대

ბაღჩა [명] 채소밭

ბაყაყი [명] 개구리

ბაყაყიჭამია [명] [조류] 왜가리

ბაცი [형] (색깔이) 밝은

ბაძვა [동] 모방하다, 흉내내다 — [명] 모방, 흉내

ბაწარი [명] 끈, 줄; 빨랫줄

ბგერა [명] 소리, 음, 음향; ხმოვანი ბგერა 모음; თანხმოვანი ბგერა 자음

ბე [명] 계약금, 선금

ბებერი [형] (사람・생물이) 늙은, 나이 든; ბებერი კაცი 노인; ბებერი ქალი 노파

ბებია [명] 할머니

ბებია-ბაბუა [명] 조부모

ბებიაქალი [명] 조산원, 산파

ბებო [명] (구어체에서) 할머니

ბეგარა [명] ① 의무, 책임; სამხედრო ბეგარა (의무) 병역 ② 짐
ბედი [명] 운명, 운; 행운
ბედისწერა [명] 운명, 운
ბედ-იღბალი [명] 운명, 운
ბედკრული [형] 불행한, 운이 없는
ბედნიერად [부] 운좋게, 다행히도
ბედნიერება [명] 행운, 행복; ბედნიერების მილოცვა 행운을 빕니다
ბედნიერი [형] 운좋은, 행복한
ბედშავი [형] 운이 나쁜, 불행한
ბევრგან [부] 여러 곳에(서)
ბევრგვარად [부] 가능한 모든 방법으로
ბევრგვარი [형] 여러 가지의, 다양한
ბევრი [형] (수적·양적으로) 많은; ბევრი რამ (양적으로) 많은 것
ბევრნაირი [형] 온갖, 갖가지의
ბევრნი [명] (수적으로) 많은 것
ბევრჯერ [부] 여러 번, 수회, 반복하여, 되풀이하여
ბეითალი [명] 수의사
ბეისბოლი [명] [스포츠] 야구
ბელადი [명] 장(長), 지도자, 리더
ბელადობა [명] 리더십 — [명] 이끌다, 인도하다
ბელარუსები [명] 벨라루스 사람
ბელარუსი [명] 벨라루스
ბელარუსიის [형] 벨라루스의

ბელარუსული [형] 벨라루스의; ბელარუსული ენა 벨라루 스어

ბელგია [명] 벨기에

ბელგიელი [명] 벨기에 사람

ბელგიის [형] 벨기에의

ბელგიური [형] 벨기에의

ბენგალური [형] 벵골의; ბენგალური ენა 벵골어 — [명] 벵골어

ბენზინი [명] 벤젠; 휘발유, 가솔린; ბენზინის ჩას-ხმა 급유하다

ბენტერა [명] 천치, 바보

ბერგამოტი [명] [식물] 베르가모트

ბერდება [명] 나이, 연령

ბერვა [명] ① 훅 불기 ② 얌전한 체하는 태도, 점잔을 뺌

ბერი [명] 수사(修士), 수도사

ბერიკაობა [명] 그루지야의 카니발[사육제]

ბერიკაცი [명] 노인

ბერკეტი [명] 지레, 레버

ბერლინი [명] 베를린 (독일의 수도)

ბერ-მონაზონი [명] 수도사

ბერტყვა [동] (먼지 따위를) 털다; 탕탕 치다, 두드리다

ბერძენი [명] 그리스 사람

ბერძნული [형] 그리스의; ბერძნული ენა 그리스어 — [명] 그리스어

ბერწი [형] 불모의, 메마른

ბეტონი [명] 콘크리트

ბეღელი [명] 곳간, 곡물 창고
ბეღურა [명] [조류] 참새
ბეჩავი [형] 불쌍한, 가련한, 가여운
ბეცი [형] 근시안의
ბეწვეული [명] 모피
ბეწვი [명] 모피; 털
ბეწვიანი [형] 보풀의, 솜털의
ბეწო [명] 약간, 조금
ბეჭდვა [명] 인쇄 — [동] 인쇄하다; 타이프를 치다
ბეჭდური [형] 인쇄의
ბეჭებგანიერი [형] 어깨가 떡 벌어진
ბეჭები [명] 어깨
ბეჭედი [명] ① 고리, 반지 ② 인장(印章), 소인(消印), 도장
ბეჭი [명] [해부] 견갑골, 어깨뼈
ბეჯითად [부] 부지런히, 열심히
ბეჯითი [형] 부지런한, 근면한, 열심인
ბეჯითობა [명] 근면, 부지런함
ბზა [명] ① [식물] 회양목 ② 버드나무
ბზარი [명] 갈라진 틈, 균열
ბზე [명] 왕겨, 짚
ბზიკი [명] [곤충] 말벌
ბზინვა [동] 반짝이다, 빛나다 — [명] 광택, 빛남
ბზობა [명] [기독교] 종려 주일
ბზრიალა [명] 팽이
ბზრიალი [동] 빙빙 돌다

ბზუილი [동] 윙윙거리다 — [명] 윙윙거리는 소리

ბია [명] [식물] 모과

ბიბილო [명] ① 횃불 ② (새의) 볏

ბიბინი [동] 흔들리다, 넘실거리다 — [명] 흔들거림, 넘실 거림

ბიბლია [명] 성서, 성경

ბიბლიოგრაფი [명] 서지학자

ბიბლიოგრაფია [명] ① 서지학 ② 저서 목록

ბიბლიოგრაფიული [형] 서지학의; 도서 목록의

ბიბლიოთეკა [명] 도서관

ბიბლიოთეკარი [명] 도서관원, 사서(司書)

ბიდე [명] 비데

ბიზანტია [명] [역사] 비잔티움

ბიზანტიის იმპერია [명] [역사] 비잔티움 제국

ბიზნესი [명] 일, 사업, 비즈니스

ბიზნესმენი [명] 실업가, 비즈니스맨

ბიზონი [명] [동물] 들소

ბითუმად [부] 도매(都賣)로; ბითუმად გაყიდვა 도매로 팔다

ბილატერალური [형] 쌍방의, 양쪽의

ბილეთი [명] 입장권, 승차권, 티켓; სამგზავრო ბილეთი 승차권; რკინიგზის ბილეთი 기차표; შესასვლელი ბილეთი 입 장권

ბილიკი [명] 길, 작은 길

ბილიონი [명] 10 억

ბილწი [형] 비천한; 야비한; 아주 불쾌한

ბინა [명] 아파트; 공동 주택; ბინის დადება 주거를 정하다; ბინის ქირა 임대료, 집세; ბინის პატრონი 집주인

ბინადარი [명] 세들어 사는 사람, 하숙인

ბინადრობა [명] 주거지, 거주지 — [동] 살다, 거주하다

ბინარული [형] [수학] 2진법의

ბინდი [명] 황혼, 해질녘

ბინტი [명] 붕대; 반창고

ბინძური [형] 불결한, 더러운 — [명] 불결한 사람, 단정치 못한 사람

ბიოგრაფია [명] 전기(傳記)

ბიოლოგი [명] 생물학자

ბიოლოგია [명] 생물학

ბიოლოგიის [형] 생물학의, 생물학적인

ბიოლოგიურად [부] 생물학적으로

ბიოლოგიური [형] 생물학의, 생물학적인

ბირთვი [명] 핵(核)

ბირთვული [형] 핵의, 원자력의; ბირთვული ფიზიკა 핵물리학; ბირთვული ენერგია 원자력; ბირთვული იარაღი 핵무기

ბირჟა [명] 거래소; შრომის ბირჟა 직업 소개소

ბიულეტენი [명] ① 공보(公報), 보고서 ② (병원의) 진단서

ბიურგერი [명] 공민, 시민

ბიურო [명] 사무소, (관청의) 국(局); ცნობათა ბიურო (호텔, 역 등의) 안내소

ბიუროკრატი [명] 관료, 관리

ბიუროკრატია [명] 관료 정치
ბიუროკრატიზაცია [명] 관료화
ბიუროკრატიზმი [명] 관료 정치
ბიუროკრატის [형] 관료 정치의
ბიუროკრატიული [형] 관료 정치의
ბიუსტი [명] (여성의) 가슴
ბიუჯეტი [명] 예산(豫算)
ბიცოლა [명] 숙모, 아주머니
ბიძა [명] 삼촌, 아저씨
ბიძაშვილი [명] 사촌
ბიძგება [동] 밀다, 찌르다
ბიძგი [명] ① (한 번) 밀기, (한 번) 찌르기, 일격 ② 자극, 고무, 격려
ბიძია [명] 삼촌, 아저씨
ბიჭი [명] 소년, 젊은이
ბიჭო [감] 오호, 저런 (놀람의 표현)
ბიჭუნა [명] 어린 소년, 꼬마
ბიჭური [형] 소년 같은; 어린 아이 같은
ბიჯი [명] (한) 걸음
ბლაგვი [형] 무딘, 뭉툭한
ბლანკი [명] 양식, 서식; **ბლანკის შევსება** 서식을 작성하다
ბლინდაჟი [명] [군사] (참호 안의) 방탄벽
ბლის ხე [명] 벚나무
ბლოკადა [명] 봉쇄, 폐색; **ბლოკადაში მოქცევა** 봉쇄하다
ბლოკი [명] (정치·경제상의) 블록, 권(圈)

ბლოკირება [명] 봉쇄, 폐색 — [동] 봉쇄하다, 폐쇄하다

ბლოკნოტი [명] 공책, 노트, 메모장

ბლომად [부] (구어체에서) 풍부하게, 넉넉히

ბლუ [형] 말을 더듬는 — [명] 말더듬이

ბლუზა [명] 블라우스

ბლუზი [명] [음악] 블루스

ბლუკუნი [동] 말을 더듬다 — [명] 말을 더듬음

ბნედა [명] [병리] 간질

ბნედიანი [형] [병리] 간질(병)의

ბნევა [동] 붓다, 쏟다, 끼얹다

ბნელა [동] (날이) 어둡다

ბნელდება [동] 어두워지다

ბნელი [형] 어두운, 암흑의; **ბნელი ღამე** 어두운 밤

ბობოქარი [형] 사납게 날뛰는, 격렬한

ბობოქრობა [명] 격렬, 맹렬 — [동] 소란을 피우다

ბობღვა [동] 기어가다

ბოგანო [명] (봉건 시대 그루지야의) 매우 가난한 농부

ბოდვა [동] 헛소리를 하다, 미쳐 날뛰다 — [명] 정신 착란 (상태)

ბოდიბილდინგი [명] 보디빌딩

ბოდიში [명] 사과, 변명; 용서; **ბოდიში(თ)!** 미안합니다, 실례합니다; **ბოდიშის მოხდა** 사과하다 — [동] 용서하다

ბოდიშობა [동] 사과하다

ბოზბაში [명] (그루지야식) 양고기 수프

ბ

ბოზი [명] 방탕한 사람, 난봉꾼

ბოზობა [명] 엽색(獵色), 타락, 부패, 방탕, 난봉 — [동] 방탕한 생활을 하다

ბოთე [형] 바보 같은, 매우 어리석은

ბოთლი [명] 병, 물병

ბოკილი [명] 와인 글라스

ბოკვერი [명] 새끼 사자

ბოლება [동] 연기가 나다

ბოლვა [동] 연기가 나다

ბოლი [명] 연기(煙氣)

ბოლიდი [명] [천문] 불덩이[폭발] 유성

ბოლო [명] 끝, 마지막 — [형] 최후의, 마지막의; ბოლო სიტყვა 맺는 말, 결어

ბოლოდან მეორე 끝에서 두 번째의

ბოლოკი [명] [식물] 무

ბოლომდე [부] 끝까지

ბოლომოუღებელი [형] 끝없는, 한없는

ბოლოს [부] 마지막에, 드디어, 결국; ბოლოს და ბოლოს 결국, 마침내

ბოლოსართი [명] [문법] 접미사

ბოლქვი [명] (식물의) 구근, 알뿌리

ბოლშევიზმი [명] 볼셰비즘, 볼셰비키의 정책[주의]

ბოლშევიკი [명] 볼셰비키 당원

ბოლშევიკური [형] 볼셰비키의

ბომბარდირება [명] 포격, 폭격

ბომბარდირი [명] 포격용 무기

ბომბდამშენი [명] 폭격기

ბომბი [명] 폭탄 — [동] 폭격하다, 폭탄을 투하하다

ბორანი [명] 나룻배, 연락선, 페리

ბორბალი [명] 바퀴(輪)

ბორდელი [명] 매음굴

ბორკილი [명] 수갑, 족쇄; ბორკილის დადება 수갑[족쇄]를 채우다

ბოროტად [부] 악하게; ბოროტად გამოყენება 악용하다

ბოროტება [명] 악, 악의, 해악

ბოროტი [형] 악의 있는, 사악한; ბოროტად გამოყენება 악용 하다

ბოროტმოქმედება [명] 범죄, 위법 행위; ბოროტმოქმედების ჩადენა 범죄를 저지르다

ბოროტმოქმედი [형] 범죄의 — [명] 범인, 범죄자; 악한

ბორცვი [명] 언덕, 작은 산

ბორცვიანი [형] 언덕이 많은, 구릉성의

ბორძიკი [동] (~에 채어) 비틀거리다 — [명] 비틀거림

ბოსელი [명] 가축 우리, 외양간

ბოსი [명] 상관, 보스

ბოსნია [명] 보스니아

ბოსტანი [명] (가정용의) 채마밭

ბოსტნეული [명] 채소, 야채

ბოტანიკა [명] 식물학

ბოტანიკოსი [명] 식물학자

ბოტანიკური [형] 식물(학)의

ბ

ბოტი [명] 숫염소

ბოტკინი [명] [병리] 간염

ბოქაული [명] (옛날의) 경관, 경찰관

ბოქლომი [명] 자물쇠

ბოქსი [명] [스포츠] 권투, 복싱

ბოქსიორი [명] 권투 선수, 복서

ბოშა [명] 집시, 로마인

ბოცვერი [명] 토끼, 집토끼

ბოძება [동] 주다, 수여하다, 선사하다

ბოძებული [형] 선사받은

ბოძი [명] 기둥, 지주(支柱)

ბოჭკო [명] 섬유; 필라멘트

ბოჭკოვანი [형] 섬유의

ბოხი [형] (목소리가) 굵은, 저음의

ბოხოხი [명] 카프카스 지방의 털모자 (보통 양털로 만듦)

ბოხჩა [명] 작은 묶음[꾸러미]

ბჟუტვა [동] 희미하게 빛나다[반짝이다] — [명] (희미하게) 반짝임

ბრავო [감] 브라보

ბრაზი [명] 분개, 분노, 격노

ბრაზიანი [형] 화를 잘 내는, 성마른

ბრაზილია [명] 브라질

ბრაზილიელი [명] 브라질 사람

ბრაზილიის [형] 브라질의

ბრაზილიური [형] 브라질의

ბრალდება [명] 비난, 고발 — [동] 비난하다, 고발하다

ბრალდებითი ბრუნვა [명] [문법] 대격

ბრალდებული [형] 고발당한 — [명] 피고, 피의자

ბრალი [명] 잘못, 죄과; **ბრალის დადება** 비난하다, 고발하다; **ჩემი ბრალია** 내 잘못이오

ბრალიანი [형] 죄 있는

ბრალმდებელი [명] ① 고소[고발]인 ② 검사, 검찰관

ბრასლეტი [명] 팔찌

ბრბო [명] 일단, 한 무리, 군중

ბრეზენტი [명] 방수천

ბრენდი [명] 브랜디

ბრიალი [동] 불꽃을 튀기다

ბრიგადა [명] 조(組), 팀, 대(隊), 반(班)

ბრიგადირი [명] 조장, 팀장, 반장

ბრინჯაო [명] 청동; **ბრინჯაოს ხანა** 청동기 시대

ბრინჯი [명] 쌀

ბრიტანეთი [명] 영국

ბრიტანეთის [형] 영국의

ბრიტანელი [명] 영국 사람

ბრიყვი [형] 무례한, 버릇없는 — [명] 무례한 사람

ბრმა [형] 눈 먼; 맹목적인; **ბრმა ნაწლავი** [해부] 맹장, 충수

ბროლი [명] 수정, 크리스털

ბრონქიტი [명] [병리] 기관지염

ბროუზერი [명] (인터넷) 브라우저

ბროში [명] 브로치

ბროშურა [명] 소책자, 팸플릿

ბროწეული [명] [식물] 석류

ბრტყელი [형] 편평한, 평탄한

ბრტყლად [부] 평평하게

ბრუნება [명] ① [문법] 어형 변화, 격변화, 굴절 ② 회전, 선회 — [동] 어형 변화하다, 격변화하다

ბრუნვა [명] ① [문법] 격(格) ② 회전, 선회 — [명] 회전하다, 돌다

ბრუციანი [형] 사팔눈의, 사시(斜視)의

ბრძანება [명] 명령; **ბრძანებით** 명에 의하여, 명령에 따라; **ბრძანების გაცემა** 명령하다 — [동] ① 명령하다 ② [존칭 표현] (황송하게도) ~하시다; **როგორ ბრძანდებით?** 어떻게 지내십니까?; **მშვიდობით ბრძანდებოდეთ!** 안녕히 가세요

ბრძანებითი [형] 명령적인, 권위적인; **ბრძანებითი კილო** [문 법] 명령법

ბრძანებულება [명] 명령, 포고; 지시, 훈령

ბრძენი [형] 현명한, 슬기로운

ბრძენობა [명] 현명, 슬기, 지혜

ბრძნული [형] 현명한, 슬기로운

ბრძოლა [명] 싸움, 투쟁; **კლასთა ბრძოლა** 계급투쟁; **არსე- ბობისათვის ბრძოლა** 생존을 위한 투쟁 — [동] 싸우다, 투쟁하다

ბრძოლისუნარიანი [형] 전투에 유능한, 싸움을 잘 하는

ბრძოლისუნარიანობა [명] 전투 능력

ბრწყინვა [명] 광택, 광채 — [동] 빛나다, 번쩍이다

ბრწყინვალე [형] 빛나는, 번쩍이는

ბრწყინვალება [명] 광택, 광채

ბრწყინვალედ [부] 번쩍번쩍

ბრჭყალი [명] 갈고리 발톱; [복] ბრჭყალები [문법] 인용 부호

ბუ [명] [조류] 올빼미

ბუა [명] 도깨비

ბუდე [명] ① (새의) 둥지, 둥우리 ② 권총집, 칼집 ③ 안경테

ბუდიზმი [명] 불교

ბუდისტი [명] 불교도

ბუდისტური [형] 불교(도)의

ბუდობი [명] [지질] 지층

ბუზანკალი [명] [곤충] 쇠파리

ბუზი [명] [곤충] 파리

ბუზღუნა [명] 불평하는 사람 — [형] 불평하는, 투덜거리는

ბუზღუნი [동] 불평하다, 투덜대다 — [명] 불평, 투덜거림

ბუთხუზა [명] 녀석, 놈

ბუკი [명] ① 나팔, 호른, 트럼펫 ② 벌집

ბუკლეტი [명] 팸플릿, 소책자

ბულბული [명] [조류] 나이팅게일

ბულგარეთი [명] 불가리아

ბულგარელი [명] 불가리아 사람

ბ

ბულგარული [형] 불가리아의; ბულგარული ენა 불가리아어 — [명] 불가리아어

ბულვარი [명] 큰 길, 가로수길

ბულიონი [명] 고깃국, 수프

ბულკი [명] 작은 빵

ბუმბერაზი [명] 거인

ბუმბერაზული [형] 거대한

ბუმბული [명] ① (새의) 깃털 ② 솜털

ბუმბულოვანი [형] 솜털 같은

ბუმერანგი [명] 부메랑

ბუმი [명] 센세이션, 떠들썩한 사건

ბუნაგი [명] ① (짐승의) 집, 굴 ② 피난처

ბუნდოვანება [명] 희미함, 흐릿함, 불분명함, 모호함

ბუნდოვანი [형] 희미한, 흐릿한, 불분명한, 모호한

ბუნება [명] 자연; 본성, 성질, 기질; ბუნების მოვლენები 자연 현상들; ბუნების კანონი 자연 법칙; ბუნების დაცვა 자연 보호

ბუნებით [부] 원래, 본래

ბუნებისმეტყველება [명] 자연 과학, 박물학

ბუნებისმეტყველი [명] 자연 과학자, 박물학자

ბუნებრივად [부] 자연히, 자연스럽게

ბუნებრივი [형] 자연의, 천연의; ბუნებრივია 자연히, 자연스럽게; ბუნებრივი რესურსებისა 천연 자원

ბუნიკი [명] 끝, 첨단

ბურახი [명] 크바스 (호밀 등으로 만드는, 러시아의 알코올성 청량 음료)

ბურბუშელა [명] 깎아낸 부스러기
ბურგომისტრი [명] 시장(市長)
ბურთაობა [동] 공놀이를 하다
ბურთი [명] ① 공, 구(球) ② ბურთის გატანა 이기다, 승리하다
ბურთისებრი [형] 공 모양의, 구형의
ბურთულა [명] [생물] 혈구
ბურჟუა [명] 유산자, 부르주아
ბურჟუაზია [명] 중산[유산] 계급, 부르주아지
ბურჟუაზიული [형] 중산[유산] 계급의
ბურუსი [명] 안개
ბურღვა [동] 구멍을 뚫다 — [명] 구멍 뚫기
ბურღი [명] 송곳, 천공기
ბურღული [명] 거칠게 빻은 밀가루
ბურჯი [명] ① 잔교(棧橋), 교대(橋臺) ② 지주, 받침대
ბუტაფორია [명] [연극] 소도구
ბუტბუტი [동] 중얼거리다, 웅얼거리다 — [명] 중얼거림
ბუტერბროდი [명] 샌드위치
ბუფეტი [명] 술집, 간이 식당, 뷔페 식당
ბუქი [명] 눈보라
ბუქსირი [명] 예인선; 견인용 밧줄; ბუქსირზე აყვანა 밧줄로 끌다
ბუღალტერი [명] 부기 계원, 회계원
ბუღალტერია [명] ① 부기 ② 회계부[과], 경리과

ბუშტი [명] ① 거품, 기포; საპნის ბუშტი 비누 거품 ② [해부] 낭(囊); საშარდე ბუშტი 방광

ბუჩქი [명] 관목, 덤불

ბუჩქნარი [형] 관목이 우거진[무성한] — [명] 관목, 덤불

ბუხარი [명] 벽난로

ბღავილი [동] (소 따위가) 음매하고 울다 — [명] 음매하는 울음 소리

ბღვერა [동] 찌푸리다, 찡그리다

ბჭე [명] 문(門)

ბჭობა [명] 토론, 논의, 협의, 회의 — [동] 논의하다, 협의하다

გ

გაადვილება [동] 손쉽게 하다, 가능하게 하다, 완화하다 — [명] 용이하게 함

გააზრება [동] 이해하다, 판단하다

გაათკეცება [동] 10 배로 하다

გაათკეცებული [형] 10 배의

გაანგარიშება [동] 계산하다, 셈하다 — [명] 계산

გააფთრება [동] 격노케 하다; 격노하다 — [명] 격노

გააფთრებული [형] 성난, 격노한; 격렬한, 맹렬한

გაახალგაზრდავება [동] 다시 젊어지게 하다 — [명] 회춘

გაახლება [동] 재개하다, 다시 시작하다, 복구하다 — [명] 재개, 복구

გაბაასება [명] 잡담, 이야기

გაბათილება [동] 취소하다, 철회하다, 폐지하다 — [명] 취소, 폐지, 무효화

გაბათილებული [형] 무효의

გაბატონება [동] 지배하다, 다스리다 — [명] 지배, 다스림

გაბატონებული [형] 지배하는, 다스리는; გაბატონებული კლასი 지배 계급

გაბედვა [동] 감행하다, 위험을 무릅쓰고 ~하다 — [명] 용기, 대담성

გაბედნიერება [동] 즐겁게 하다, 행복하게 하다

გაბედულად [부] 대담하게, 용감하게

გ

გაბედულება [명] 대담, 담력, 배짱
გაბედული [형] 대담한, 용감한
გაბევრება [동] 증가하다
გაბერვა [동] ① 부풀리다 ② 과장하다, 허풍 떨다; 젠체하다, 뽐내다 — [명] 부풀리기
გაბერილი [형] 젠체하는, 뽐내는, 우쭐해진
გაბერტყვა [동] 흔들어대다
გაბზარვა [동] 쪼개지다, 터지다
გაბზარული [형] 깨진, 부서진, 금이 간
გაბინძურება [동] 더럽히다 — [명] 더럽힘
გაბინძურებული [형] 더러워진
გაბმა [동] 펼치다, 뻗다, 늘이다; კავშირის გაბმა 관계를 수립하다; საუბრის გაბმა 이야기를 들려주다
გაბნევა [동] ① 통과하다 ② 흩뜨리다, 방사하다 — [명] 흩뜨림
გაბოლილი [형] 훈제의; გაბოლილი თევზი 훈제로 한 생선
გაბოროტებული [형] 분개한
გაბრაზება [동] 성나게 하다, 불쾌하게 하다; 성나다 — [명] 성나게 함
გაბრაზებული [형] 성난, 화난
გაბრიყვება [동] 속이다; 속다
გაბრიყვებული [형] 속아 넘어간
გაბრტყელება [동] 반죽을 밀다
გაბრუება [동] 마비시키다; 멍하게 있다
გაბრუებული [형] 얼이 빠진, 멍하니 있는
გაბრუნება [동] 돌려주다, 반환하다
გაბრწყინება [동] 빛을 비추다, 조명하다

გაბრწყინებული [형] 빛나는, 밝은
გაბურღვა [동] 구멍을 뚫다
გაბუტვა [동] 감정이 상하다, 불쾌하게 여기다
გაბუტული [형] 감정이 상한, 불쾌한
გაგანია [형] 뜨거운, 타는 듯한
გაგანიერება [동] 넓히다, 확대하다 — [명] 확대, 확장
გაგანიერებული [형] 확장된, 넓어진
გაგარეულებული [형] 야성적인
გაგდება [동] 몰아내다, 내쫓다
გაგება [명] 이해, 파악 — [동] 이해하다, 파악하다, 깨닫다
გაგებული [형] 이해된
გაგზავნა [동] 보내다, 발송하다; ფოსტით გაგზავნა 우편으로 보내다 — [명] 발송
გაგზავნილი [형] 보내진, 발송된
გაგიმარჯოს [გაგიმარჯოთ] 반갑습니다, 안녕하세요
გაგიჟება [동] 미치게 하다, 실성하게 하다
გაგიჟებული [형] 미친, 실성한
გაგლეჯა [동] (조각조각) 찢다 — [명] 찢기
გაგონება [동] ① 듣다 ② 따르다, 복종하다
გაგორება [동] ① 굴리다 ② 죽이다
გაგრია [명] 무지[무식]한 사람
გაგრილება [동] 차게 하다, 냉각하다 — [명] 냉각, 차게 함

გაგრძელება [동] ① 계속하다, 지속하다 ② 늘이다, 연장하다 — [명] ① 계속, 지속; გაგრძელება იქნება 계속되다 ② 연장, 늘이기

გაგუდვა [동] 숨막히게 하다, 질식시키다 — [명] 질식

გაგულისება [명] 성, 화, 분노 — [동] 화나게 하다; 화를 내다

გაგულისებული [형] 성난, 분노한

გადაადგილება [명] 변화, 추이

გადაარჩევა [동] 선발하다, 선별하다

გადაბარგება [동] 이사하다

გადაბეჭდვა [동] 다시 인쇄하다, 재판(再版)하다 — [명] 재인쇄, 재판(再版)

გადაბეჭდილი [형] 재인쇄된, 재판된

გადაბირება [동] (누군가로 하여금 무엇을) 하게 하다, 부추기다, 설득하다

გადაბიჯება [동] 넘어가다

გადაბმა [동] 연결하다, 잇다, 묶다 — [명] 연결

გადაბრუნება [동] 뒤집다, 전복하다 — [명] 뒤집기, 전복

გადაბუგვა [동] 불태우다, 소각하다

გადაბუგული [형] (불에) 탄, 소각된

გადაგდება [동] 던지다, 내던지다, 버리다

გადაგვა [동] 쓸다

გადაგვარება [동] 퇴보하다, 퇴화하다 — [명] 퇴보, 퇴화

გადაგვარებული [형] 퇴보한, 퇴화한

გადაგზავნა [동] 송금하다 — [명] 송금

გადაგორება [동] 다른 곳으로 굴러가다[이동하다]
გადადგმა [동] 옮기다; 재정렬하다, 재배열하다 —
[명] 재정렬, 재배열
გადადგომა [동] ① 사직하다, 사임하다 ② 배신하다 ③ 저항하다, 반대하다 — [명] 해고; 사직
გადადება [동] ① 연기하다, 미루다 ② სენის გა-დადება 전염[감염]시키다
გადადებული [형] 연기된, 미뤄진
გადავარდნა [동] 떨어지다, 추락하다
გადავარდნილი [형] ① 떨어진, 추락한 ② 도망하는
გადავიწყება [동] 잊다
გადავიწყებული [형] 잊혀진
გადავლა [동] 건너가다, 가로지르다
გადავლება [동] 힐끗 보다, 일별하다
გადაზიდვა [명] 운반; 운송, 수송
გადაზრდა [동] 무성하게 자라다[퍼지다]
გადათარგმნა [명] 번역, 통역 — [동] 번역하다, 통역하다
გადათარგმნილი [형] 번역된
გადათელვა [동] 짓밟다, 뭉개다
გადათვალიერება [명] 고찰, 조사; 교정, 재검토
— [동] 훑어보다; 교정하다, 재검토하다
გადათვლა [동] 다시 세다, 다시 계산하다
გადათქმა [동] ① (한 말을) 취소하다, 철회하다
② 거절하다, 거부하다
გადათხრა [동] 파다, 파내다
გადათხრილი [형] 파헤쳐진

გ

გადაკარგვა [동] 사라지다; 내쫓다
გადაკეთება [동] 개조하다, 고쳐 만들다 — [명] 개조, 변경
გადაკეთებული [형] 개조된
გადაკეტვა [동] 막다, 차단하다
გადაკეცვა [동] 접다, 접어올리다
გადაკვეთა [동] 가로지르다, 교차하다 — [동] 교차, 횡단
გადაკვრა [동] ① 치다, 때리다; 매질하다 ② 마셔 비우다 ③ გადაკვრით ლაპარაკი 암시, 힌트
გადაკიდება [동] ① 부추겨 ~하게 하다 ② 걱정시키다, 고민하게 하다
გადაკითხვა [동] 다시 읽다, 재독하다
გადალაგება [동] 옮기다, 다른 곳에 두다
გადალაპარაკება [동] (의견 따위를) 교환하다
გადალახვა [동] ① 건너다, 가로지르다 ② 극복하다 — [명] ① 건너기, 횡단 ② 극복
გადალოცვა [동] 옮기다, 전달하다 — [명] 전달
გადამალვა [동] 숨기다, 비밀로 하다
გადამდები [형] 전염성의, 전염병의; გადამდები სენი 전염병
გადამდნარი [형] 녹은; გადამდნარი ღორის ქონი 돼지 기름, 라드
გადამეტება [동] ① 능가하다, ~보다 낫다 ② 과장하다, 허풍 떨다
გადამეტებული [형] 과장된, 부풀려진
გადამზადება [동] 다시[새로] 자격을 주다 — [명] 재자격 부여

გადამთიელი [명] 새로 온 사람, 신참자
გადამუშავება [동] 개정하다, 고쳐 만들다
გადამყვანი [명] [전기] 어댑터
გადამცემი [형] 전달하는, 보내는 — [명] 송신기
გადამწერი [명] 베끼는 사람; 타자수, 타자 치는 사람
გადამწყვეტი [형] 결심한; 결정적인; გადამწყვეტი ხმა 캐스팅보트; გადამწყვეტი გამარჯვება 결정적 승리
გადამხდელი [명] 지불하는 사람, 돈을 내는 사람
გადამხმარი [형] 죽은, 시든
გადანასკვა [동] 묶다, 매듭을 짓다
გადანაცვლება [동] 옮기다, 위치를 바꾸다
გადანახარჯი [명] 과소비, 과다 지출 — [동] 과다하게 소비 [지출]하다
გადარბენა [동] 건너가다
გადარგვა [명] (식물의) 이식(移植), 옮겨 심기 — [동] (식물을) 이식하다, 옮겨 심다
გადარგული [형] 옮겨 심긴, 이식된
გადარევა [동] 미치게 하다, 실성하게 하다
გადარეული [형] 미친, 실성한
გადარეცხვა [동] 씻어 버리다 — [명] [지질] 침식
გადართვა [동] [전기] (스위치 등) 전류를 전환하다, 접속[연결]하다
გადარიცხვა [동] (자금을) 이체하다 — [명] (자금의) 이체

გადარქმევა [동] 새 이름을 지어주다, 개명하다 — [명] 개명

გადარჩევა [동] 새로 뽑다, 재선출하다 — [명] 재선출

გადარჩენა [동] 구하다, 구조하다 — [명] 구조

გადარჩენილი [형] 구조된

გადასავალი [명] 건너감, 통행, 통과

გადასაკრავი [명] 실내 장식 재료

გადასარევი [형] 거대한, 막대한

გადასასვლელი [명] 건널목

გადასახადი [명] 세금, 조세; გადასახადის გადამხდელი 납세자

გადასახედი [명] 조망, 전망

გადასახლება [동] 추방하다, 내쫓다 — [명] 추방

გადასახლებული [형] 추방된

გადასატანი [형] 휴대용의

გადასვლა [동] 건너가다, 통행하다, 통과하다 — [명] 건너감, 통행, 통과

გადასინჯვა [동] 개정하다 — [명] 개정

გადასმა [동] 바꾸어 놓다 — [명] 전위

გადასროლა [동] 던지다, 내던지다

გადასხმა [동] ① 쏟다, 붓다, 따르다 ② 상륙하다 — [명] 상륙

გადატანა [동] ① 나르다, 옮기다, 건네다 ② 참다, 견디다

გადატანითი [형] 비유적인, 은유의

გადატრიალება [동] 뒤엎다, 뒤집다, 전복하다 — [명] 전복, 전도; სახელმწიფო გადატრიალება 혁명; სამხედრო გადატრიალება 쿠데타

გადაუდებელი [형] 긴급한, 절박한

გადაფარება [동] 덮다, 씌우다

გადაფარებული [형] (덮개가) 덮인

გადაფასება [동] (가치를) 재평가하다 — [명] (가치의) 재평가

გადაფიქრება [동] 마음을 고쳐먹다, 다시 생각해보다; 망설이다, 주저하다 — [명] 망설임, 주저

გადაფრენა [동] ① (~의) 위를 날다, 날아 건너다 ② (새가) 이주하다 — [명] 날기, 비행

გადაფურთხება [동] 침을 뱉다

გადაფხეკა [동] 긁다, 긁어내다

გადაქცევა [동] 바꾸다, 변하게 하다, 변형하다, 전환하다 — [명] 바꾸기, 변형, 전환

გადაღება [동] ① 복사하다 ② სურათის გადაღება 사진 찍다 — [명] 복사

გადაღვრა [동] 쏟다, 붓다

გადაღლილი [형] ① 기진맥진한, 녹초가 된 ② 망가진, 못 쓰게 된

გადაღმა (저) 너머에, 건너편에, 다른 쪽에

გადაღობვა [동] ① 울타리로 구획하다 ② (길을) 막다, 차단하다 — [명] 차단, 봉쇄

გადაყენება [동] 치우다, 옮기다, 제쳐 놓다 — [명] 옮기기, 제거

გადაყვანა [동] ① 옮기다, 이동시키다 ② 스위치를 넣다

გადაყლაპვა [동] 삼키다

გადაყრა [동] 던지다, 내던지다

გადაშენება [동] ① 죽어 없어지다, 소멸하다, 사라지다 ② 황폐하게 되다, 인구가 없어지다 — [명] 죽어 없어짐, 소멸, 사라짐

გადაშლა [동] 열다; 펼치다

გადაშლილი [형] 열린; 펼쳐진

გადაჩვევა [동] 습관을 버리다[끊다]

გადაცემა [동] 주다, 건네다, 전하다; ბრძანების გადაცემა 명을 전달하다; მადლობის გადაცემა 감사하다, 사의를 전하다 — [명] 전달, 전송

გადაცვლა [동] 교환하다, 바꾸다 — [명] 교환

გადაცილება [동] 기한이 늦어지다 — [명] 지체, 연체

გადაცმა [동] 옷을 갈아입다

გადაწევა [동] 옮기다, 치우다 — [명] 옮기기, 치우기

გადაწერა [동] 베끼다

გადაწყვეტა [동] 결정하다, 결심하다 — [명] 결정, 결심

გადაწყვეტი [형] 결정한, 결심한

გადაწყვეტილება [명] 결정, 결단; გადაწყვეტილების მიღება 마음을 정하다, 결단하다; გადაწყვეტილების გაუქმება 결정을 번복하다, 무효로 하다

გადაჭარბება [동] 초과하다, 지나치게 하다 — [명] 초과 수행

გადაჭარბებული [형] 과도한, 지나친

გადაჭრა [동] ① 자르다, 차단하다 ② 결정하다
გადაჭრილი [형] ① 잘린 ② 확정적인
გადახალისება [동] ① 바꾸다, 변화시키다 ② 새롭게 하다, 쇄신하다 — [명] 변형
გადახარჯვა [동] 너무 많이 쓰다[소비하다]
გადახატვა [동] (다시) 그리다
გადახდა [동] ① 지불하다; ვალის გადახდა 부채를 갚다; სამაგიეროს გადახდა 되갚다 ② ქორწილის გადახდა 결혼식을 거행하다 — [명] 지불
გადახდილი [형] 지불된, 정산된
გადახედვა [동] 다시 보다, 재검사하다, 교정하다 — [명] 교정, 교열
გადახვევა¹ [동] ① 되감다 ② 벗어나다, 탈선하다
გადახვევა² [동] 껴안다, 얼싸안다 — [명] 포옹
გადახვეწილი [명] 망명자, 난민
გადახრა [동] ① 비키다 ② 빗나가다, 벗어나다 — [명] 빗나감, 일탈
გადახურვა [동] (지붕을) 이다, 덮다
გადახურული [형] (지붕을) 인, 덮은
გადაჯგუფება [동] 다시 모으다, 재편성하다 — [명] 재편성
გადაჯდომა [동] (차를) 갈아타다, 환승하다 — [명] 갈아타기, 환승
გადაჯვარება [명] 이종(異種) 교배, 혼혈 — [동] 이종 교배시키다
გადია [명] 아이 보는 여자, 보모
გადიდება [동] 증가하다, 증대시키다 — [명] 증가, 증대

გადიდებული [형] 증가된, 증대된
გადინება [동] 흐르다, 흘러 지나가다
გადამწყვეტი [형] 결정적인
გადმოვარდნა [동] 떨어지다, 추락하다, 넘어지다
გადმოცემა [명] 전승, 전설 — [동] 넘겨주다, 전하다
გადმოწერა [동] 베끼다
გადნობა [동] (진흙·얼음 따위가) 녹다, 액화되다 — [명] 용해, 융해
გაელვება [동] 빛나다, 번쩍이다 — [명] 번쩍임
გაერთიანება [동] 결합하다, 합병하다, 통합하다 — [명] 결합, 합병, 통합
გაერთიანებული [형] 결합된, 합병된, 통합된
გავა [명] 말(馬)의 엉덩이
გავარდნა [동] ① 도망가다 ② 총을 발사하다 ③ ხელიდან გავარდნა 떨어뜨리다 ④ 천둥이 치다
გავარდნილი [형] 방탕한, 타락한
გავარვარება [동] 뜨겁게 하다 — [명] 작열
გავარჯიშება [동] 연습하다, 훈련하다; სიმღერაში გავარჯიშება 노래 연습을 하다 — [명] 연습, 훈련
გავერანება [동] 내버려두다, 방치하다
გავერანებული [형] 내버려진, 방치된
გავლა [동] 가다, 지나가다, 통과하다 — [명] 통과, 통행
გავლება [동] ① 헹구다, 씻어내다 ② ხაზის გავლება 선을 긋다 ③ 근절하다, 절멸시키다

გავლენა [명] 영향, 효과; გავლენის მოხდენა 영향을 끼치다

გავლენიანი [형] 영향력 있는, 유력한

გავლით [후] (~을) 통하여, 지나쳐

გავრცელება [동] 퍼뜨리다, 유포하다, 확산시키다; ცნობების გავრცელება 정보를 확산시키다 — [명] 유포, 확산; ხმების გავრცელება 소문이 퍼짐

გავრცელებული [형] 퍼진, 유포된, 확산된

გავსება [동] (가득) 채우다, 충만하게 하다 — [명] 가득 채우기

გავსებული [형] 가득 찬, 충만한

გაზავება [동] 묽게 하다, 용해하다

გაზაფხული [명] 봄(春); გაზაფხულზე 봄에

გაზეთი [명] 신문; ყოველდღიური გაზეთი 일간지; გაზეთების კიოსკი 신문 가판대

გაზეპირება [동] (억지로) 외우다, 주입식으로 공부하다 — [명] 주입식 공부

გაზვიადება [동] 과장하다 — [명] 과장, 허풍

გაზვიადებული [형] 과장한, 과장법을 쓴

გაზი[1] [명] 기체, 가스

გაზი[2] [명] 펜치, 집게

გაზიარება [동] 분배하다, 나누어 주다

გაზიდვა [동] ① 수출하다 ② 가져가 버리다, 덜다 — [명] 수출

გაზომვა [동] 재다, 측량하다, 측정하다; სიცხის გაზომვა 체온을 재다; სიღრმის გაზომვა 수심을 측정하다 — [명] 측량, 측정

გაზონი [명] 잔디(밭), 초지

გაზრდა [동] 자라다, 성장하다; 확장[확대]되다 — [명] 성장; 확장

გათავება [동] ① 끝나다, 다하다 ② 죽다 — [명] 끝마침

გათავებული [형] 끝난, 다 된

გათავისუფლება [명] 자유롭게 하기, 해방, 구제

გათავხედება [동] ① 무절제하다 ② 뻔뻔스러워지다, 건방져지다

გათამამება [동] 상관하지 않다, 내버려두다

გათამაშება [명] 제비뽑기, 복권

გათანაბრება [동] 평평하게 하다, 균등하게 하다, 고르다 — [명] 평등화, 균등화

გათანაბრებული [형] 평등해진, 균등해진

გათანასწორება [명] 평등, 균등

გათახსირება [동] 비열해지다, 타락하다

გათახსირებული [형] 비열한, 저질의

გათბობა [동] 데우다, 가열하다, 따뜻하게 하다; წყლის გათბობა 물을 데우다 — [명] 가열, 데우기

გათევა [동] 밤을 보내다

გათეთრება [동] 희게 칠하다; 허옇게 되다 — [명] 희게 칠하기

გათეთრებული [형] 희게 칠해진

გათელვა [동] 짓밟다, 밟아 뭉개다

გათელილი [형] 짓밟힌

გათენება [명] 새벽, 여명; გათენებისას 새벽에; უძილოდ ღამის გატარება 그는 밤을 꼬박 새웠다

გათვალისწინება [동] 예견하다, 내다보다 — [명] 예견; 신중함, 사려 분별

გათვალისწინებული [형] 예견된, 짐작된

გათიშვა [동] 분리하다, 분열하다, 해체하다 — [명] 분리, 분열, 해체

გათლა [동] ① (과일 따위의) 껍질을 벗기다 ② 자르다, 깎다, 다듬다 — [명] 자르기, 깎기, 다듬기

გათოშვა [동] (추위로 인해 얼어서) 곱다, 마비되다

გათქვეფა [동] 뒤섞다, 휘젓다

გათხელება [동] 묽게 하다, 희석하다

გათხოვება [동] (여자가) 결혼하다

გათხოვილი [형] 결혼한

გათხრა [동] 파다, 파내다 — [명] 파기, 굴착

გაიაფება [동] 가격을 깎다, 할인하다

გაისად [부] 내년, 다음 해

გაიძვერა [명] 교활한 사람

გაიძვერობა [명] 사기, 협잡

გაკადნიერება [동] 경솔해지다, 건방지게 되다

გაკაპასება [동] 다투다, 까다롭게 굴다

გაკაფვა [동] ① 잘라내다 ② 길을 열다 — [명] 잘라내기

გაკეთება [동] ① 하다; 만들다; მოხსენების გაკეთება 보고를 하다 ② 풍부하게 하다 ③ 더 매력적으로 보이다 ④ ჯადოს გაკეთება 호리다, 매혹시키다

გაკეთებული [형] 행해진; 만들어진

გაკერვა [동] 꿰매다, 꿰매어 맞추다
გაკვეთა [명] 찢다, 절개하다 — [명] 찢기, 절개
გაკვეთილი [명] 수업, 학과, 레슨; გაკვეთილის ჩატარება 가르치다; გაკვეთილების აღება 수업을 받다
გაკვირვება [동] (깜짝) 놀라다 — [명] 놀람
გაკვრა [동] ① 치다, 때리다, 강타하다 ② 붙이다
გაკვრით [부] 도중에
გაკიცხვა [동] 비난하다 — [명] 비난
გაკონტროლება [동] 감독하다, 통제하다
გაკოტრება [명] 파산, 도산
გაკოტრებული [형] 파산한, 도산한
გაკრიალება [동] 닦다, 윤내다
გაკრიტიკება [동] 비판하다, 혹평하다
გალავანი [명] (교회·요새의) 울타리, 담, 방벽
გალამაზება [동] 멋지게 보이다, 예뻐지다
გალანტური [형] 친절한, 정중한
გალანძღვა [동] 꾸짖다
გალაქვა [동] 니스[래커]를 칠하다 — [명] 니스[래커]칠
გალახვა [동] 치다, 두드리다
გალერეა [명] 화랑, 갤러리
გალესვა [동] 갈다, 날카롭게 하다
გალეწვა [동] 찧다, 빻다; 타작하다 — [명] 타작
გალია [명] 새장, 우리
გალობა [동] 노래부르다; საეკლესიო გალობა 노래하다 — [명] 노래하기
გალურჯება [동] 파랗게 되다

გალღობა [동] 녹다, 용해되다

გამაგრება [동] 강화하다, 굳건하게 하다 — [명] 강화

გამაგრებული [형] 강화된, 굳건해진

გამაგრილებელი [형] 상쾌한, 산뜻한, 시원한

გამადიდებელი [형] 확대하는; **გამადიდებელი შუშა** 확대경

გამაერთიანებელი [형] 결합하는, 통합하는

გამალებით [부] 빨리, 급하게, 서둘러

გამალებული [형] 빠른, 급속한

გამანადგურებელი [명] 전투기 — [형] 파괴적인; **გამანადგურებელი ომი** 혈전, 사투

გამარგვლა [동] 잡초를 제거하다 — [명] 잡초 제거, 제초

გამართვა [동] ① 곧게 펴다 ② 조직하다, 정리하다 ③ **ხელის გამართვა** 돕다, 원조하다

გამართლება [동] 변명하다, 정당화하다 — [명] 변명, 정당화

გამართლებული [형] 정당화된

გამარტივება [동] 간단하게 하다, 단순화하다 — [명] 단순화

გამარტივებული [형] 단순화된

გამარჯვება [동] 정복하다, 패배시키다, 승리를 거두다; **გაუმარჯოს!** 만세! — [명] 승리

გამარჯვებით [헤어질 때 인사] 안녕, 잘 가!

გამარჯვებული [명] 정복자, 승자 — [형] 승리를 거둔

გამარჯობა(თ) [만났을 때의 인사] 안녕하세요, 좋은 날입니다

გამასპინძლება [동] 즐겁게 하다, 잘 대접하다, 환대하다 — [명] 대접, 환대

გამასწორებელი [형] 교정하는, 정정하는

გამაფრთხილებელი [형] 예방의, 방지하는

გამახვილება [동] 자극하다, 강조하다; 날카롭게 하다

გამახვილებული [형] 날카로운

გამბედავი [형] 대담한, 용감한, 과감한

გამბედაობა [명] 대담함, 용기

გამგე [명] ① 관리자, 경영자, 감독 ② 장(長), 우두머리; სკოლის გამგე (학교의) 교장

გამგებლობა [동] 관리하다, 경영하다, 감독하다 — [명] 관리, 경영, 감독

გამგეობა [명] ① 관리, 주재, 관할, 통치 ② 수뇌부, 이사진

გამგზავრება [동] 떠나다, 출발하다 — [명] 출발

გამგონი [형] 말을 잘 듣는, 복종하는, 따르는, 유순한

გამდიდრება [동] 풍부하게 하다 — [명] 풍부하게 함

გამდიდრებული [형] 풍부해진

გამეორება [동] 반복하다, 되풀이하다 — [명] 반복, 되풀이

გამეფება [동] 왕위에 오르다 — [명] 왕위에 오름, 등극

გამვლელი [명] 통행인, 지나가는 사람

გამჴეურება [동] 환기하다, 공기를 통하게 하다 — [명] 환기

გამჴირი [명] 큰 가로, 대로

გამჴრდელი [명] 선생, 교육자; (여자) 가정 교사

გამთბარი [형] 따뜻해진, 데워진

გამიჯვნა [동] 구획하다, 경계를 정하다 — [명] 구획, 경계를 정함

გამო [후] ① (~을) 통하여 ② (~으로) 말미암아, (~의) 이유로, ~ 때문에

გამოანგარიშება [동] 계산하다, 셈하다, 산정하다 — [명] 계산, 산정

გამოაშკარავება [동] 노출하다, 보이다, 드러내다

გამობრძმედა [명] (금속의) 불림, 담금질; 경화 — [동] (금속을) 담금질하다

გამობრძმედილი [형] 굳어진, 경화한

გამოგდება [동] (두들겨) 내쫓다; 추방하다

გამოგზავნა [동] 보내다, 발송하다 — [명] 보내기, 발송

გამოგზავნილი [형] 보내진, 발송된

გამოგონება [동] 발명하다, 고안하다, 궁리해내다 — [명] 발명

გამოგონილი [형] 발명된, 고안된

გამოდარება [동] (날이) 개다, 구름이 걷히다 — [명] (날이) 갬

გამოდგომა[1] [동] 뒤쫓다

გამოდგომა[2] [동] 유용하다, 쓸모가 있다

გამოდება [동] 노력하다

გ

გამოდევნება [동] ① 뒤쫓다, 추적하다 ② [법률] 기소하다, 공소하다

გამოვაკლოთ [전] (~을) 뺀, ~ 마이너스 — [명] [수학] 빼기, 감산

გამოვარდნა [동] (~에서) 빠지다, 떠나다

გამოვლა [동] 오다

გამოვლება [동] 씻어내다, 헹구다

გამოვლენა [동] 나타내다, 드러내다, 보이다

გამოზრდა [동] 키우다, 양육하다 — [명] 양육

გამოზრდილი [형] 얌전한, 행실이 좋은

გამოთვლა [동] 계산하다, 산정하다 — [명] 계산, 산정

გამოთიშვა [동] (연결·접속을) 끊다, 분리하다 — [명] 분리, 분열

გამოთქმა [동] 표현하다, 나타내다; აზრის გამოთქმა 의견을 표명하다 — [명] 표현

გამოთქმული [형] 표현된, 나타낸

გამოთხოვება [동] 작별을 고하다 — [명] 작별, 고별

გამოიყურება [동] ~처럼 보이다

გამოკეთება [동] 건강을 회복하다 — [명] 건강의 회복

გამოკეტვა [동] 가두다, 잠그다

გამოკვება [동] 먹이다, 영양을 공급하다

გამოკვლევა [동] 조사하다, 탐구하다, 검토하다; 분석하다 — [명] 조사, 탐구, 검토; 분석

გამოკიდება[1] [동] 뒤쫓다, 추적하다

გამოკიდება[2] [동] 걸다, 달다

გამოკითხვა [동] 묻다, 질문하다
გამოკლება [동] 빼다, 공제하다 — [명] 빼기, 공제
გამოკლებით (~을) 빼고, 제외하고
გამოლაპარაკება [동] 말하기 시작하다, 발언을 시작하다
გამოლევა [동] 비우다, 다 써버리다, 소진시키다 — [명] 다 써버림, 소모
გამომგონებელი [명] 발명가, 고안자
გამომეტყველება [명] 표정, 안색
გამომჟღავნება [동] 드러내다, (정체를) 나타내다 — [명] 드러냄
გამომრთველი [명] 스위치, 개폐기
გამომუშავება [동] 만들다, 제조하다, 생산하다 — [명] 제조, 생산
გამომშვიდობება [동] 작별을 고하다 — [명] 작별, 고별
გამომცდელი [명] 시험관, 검사관, 조사자
გამომცემელი [명] 출판업자
გამომცემლობა [명] 출판사
გამომცხვარი [형] 구운, 구워진
გამომწვევი [형] 도전적인, 도발적인, 성나게 하는
გამომხატველი [형] 나타내는, 대변하는
გამონაგონი [명] 허구, 픽션
გამონაკლისი [명] 제외, 예외; გამონაკლისის სახით 예외로서
გამონახვა [동] 찾다, 발견하다
გამოპარება [동] 못 보고 빠뜨리다, 간과하다

გამორთვა [동] 스위치를 끄다

გამორიცხვა [동] 제외하다, 배제하다, 들이지 않다 — [명] 제외, 배제

გამორკვევა [동] 조사하다, 연구하다; 밝혀내다 — [명] 조사, 연구; 규명

გამორჩევა [동] 고르다, 가려내다, 선별하다

გამორჩენა¹ [동] 못 보고 지나치다, 간과하다, 빠뜨리다

გამორჩენა² [동] 이익을 얻다 — [명] 이익, 득

გამორჩენილი [형] 간과한, 지나친, 빠뜨린

გამორჩეული [형] 비범한, 주목할 만한

გამოსადეგი [동] (~에) 알맞다

გამოსავალი [명] ① 출구 ② (문제의) 해결책, 타개책; სხვა გამოსავალი არაა 다른 방도가 없다

გამოსათხოვარი [형] 고별의, 작별의

გამოსალმება [동] 작별을 고하다 — [명] 작별, 고별

გამოსარჩლება [동] 중재하다, (~을 위해) 변론하다

გამოსასვლელი [명] ① 출구 ② გამოსასვლელი დღე 휴일

გამოსაცდელი [형] 견습 중의, 가채용의; გამოსაცდელი ვადა 견습 기간, 수습 기간

გამოსაწევი [형] 미끄러져 움직이는

გამოსახვა [동] 표현하다, 나타내다; 그리다, 묘사하다 — [명] 그림, 이미지

გამოსახლება [동] 내보내다, 축출하다 — [명] 축출, 쫓아냄

გამოსვენება [명] 장례 행렬

გამოსვლა [동] ① (밖으로) 나가다 ② (무대에) 나오다, 등장하다; სცენაზე გამოსვლა 공연; პირველი გამოსვლა 첫 공연, 데뷔 ③ 연설하다; საჯარო გამოსვლა 연설; მიტინგზე გამოსვლა 회의에서 발언하다 ④ ტელევიზიით გამოსვლა 텔레비전으로 방송하다 ⑤ 잘 되다, 성공하다 — [명] 등장, 출현

გამოსყიდვა [동] ① 되사다, (저당물을) 도로 찾다 ② 죄를 갚다, 속죄하다 — [명] ① 되사기 ② 속죄

გამოსწორება [동] 수정하다, 정정하다, 고치다 — [명] 수정, 정정

გამოსწორებული [형] 수정된, 정정된, 교정된

გამოსხივება [동] (빛・열 따위를) 방사하다 — [명] 방사, 방출

გამოტანა [동] ① 끄집어 내다, 데려오다 ② 결정하다 ③ 뒤따르다, 동행하다

გამოტაცება [동] 잡아채다

გამოტეხა [동] ① 별안간 ~하다, 돌발하다 ② 무리하게 강요하다

გამოტოვება [동] 빠뜨리다, 누락하다 — [명] 누락

გამოტყდომა [동] 고백하다, 털어놓다; 인정하다; სიყვარულში გამოტყდომა 사랑을 고백하다 — [명] 고백; 인정

გამოტყუება [동] 속이다, 사취하다

გამოუვალი [형] 희망이 없는, 절망적인

გ

გამოუთქმელი [형] 말로 표현할 수 없는, 이루 말할 수 없는

გამოუკვლეველი [형] 조사되지 않은, 탐구되지 않은

გამოურკვეველი [형] 불확실한, 모호한

გამოუსადეგარი [형] 부적당한, 맞지 않는, 쓸모없는

გამოუსწორებელი [형] 교정하기 힘든, 고치기 어려운

გამოუყენებელი [형] 쓰이지 않은, 이용되지 않은

გამოუცდელი [형] 미숙한, 경험이 없는

გამოუცდელობა [명] 무경험, 미숙

გამოუცხადებლობა [명] 결석, 나타나지 않음

გამოფენა [명] 전시회; სურათების გამოფენა 미술전람회 — [동] 보이다, 전시하다

გამოფიტვა [동] 다 써버리다, 고갈시키다 — [명] 고갈

გამოფხიზლება [동] 술이 깨다

გამოქანდაკება [명] 조각물, 조상(彫像) — [동] 조각하다, 새 기다

გამოქვაბული [명] 동굴

გამოქვეყნება [동] 발표하다, 공표하다, 널리 알리다 — [명] 발표, 공표

გამოქომაგება [동] 중재하다; 변론하다, 방어하다

გამოღვიძება [동] 깨다, 눈뜨다, 깨어나다 — [명] 깨어남

გამოყენება [동] 이용하다, 활용하다, 소용되게 하다; ყველა საშუალების გამოყენება 모든 가능한 수단을 다 이용하다 — [명] 이용, 활용

გამოყენებითი [형] 응용의, 적용된; გამოყენებითი ხელოვნება 응용 미술

გამოყვანა [동] ① 끌어내다; ჯარის გამოყვანა (군대가) 철수하다 ② (문제를) 풀다 ③ მოთმინებიდან გამოყვანა 화나게 하다; მწყობრიდან გამოყვანა 무력하게 하다

გამოყოფა[1] [동] 내밀다, 비져나오게 하다

გამოყოფა[2] [동] 추려내다, 가려내다, 고르다; 분리하다, 격리 하다 — [명] 분리, 격리

გამოყრა [동] ① 비우다, 쏟다 ② (여드름 따위가) 나다

გამოშვება [명] ① 유출; 산출 ② (학교 등의) 동기생, 동갑내기 — [동] 유출하다, 배출하다, 빠져나오게 하다; ციხიდან გამოშვება 퇴거시키다, 죄수를 석방하다

გამოჩეკა [동] (알을) 품다; 부화시키다 — [명] (알의) 부화

გამოჩენა [동] 나타나다, 보이다, 등장하다 — [명] 등장하다

გამოჩენილი [형] 유명한, 저명한, 걸출한

გამოცანა [명] 수수께끼; 미스터리

გამოცდა [명] 시험, 테스트; მისაღები გამოცდა 입학 시험 — [동] 시험하다, 검사하다

გამოცდილება [명] 경험, 체험; ცხოვრებისეული გამოცდ- ილება 인생 경험

გამოცდილი [형] 경험 있는

გამოცემა [동] ① 발행하다, 출판하다, 간행하다 ② 공표하다 — [명] ① 발행, 출판, 간행 ② (책의) 판(版); იაფფასიანი გამოცემა 염가판, 보급판

გამოცემული [형] 발행된, 출판된, 간행된

გამოცვლა [동] 바꾸다, 변경하다; ტანისამოსის გამოცვლა 옷을 갈아입다 — [명] 변경

გამოცვლილი [형] 바뀐, 변경된

გამოცლა [동] 비우다

გამოცნობა [동] (문제를) 풀다, 알아맞히다 — [명] 해답; 실마리, 단서

გამოცოცხლება [동] 생기를 주다, 소생하게 하다 — [명] 생기를 줌, 소생

გამოცხადება [동] 공고하다, 발표하다, 선포하다 — [명] 공고, 발표, 선포; ომის გამოცხადება 선전 포고

გამოცხობა [동] 굽다, 튀기다

გამოძახება [동] 불러내다, 호출하다; ექიმის გამოძახება 의사를 부르러 보내다; სასამართლოში გამოძახება [법률] 소환하다 — [명] 부르기, 불러 냄

გამოძახილი [명] 메아리, 반향; 반응

გამოძებნა [동] 찾아내다, 발견하다

გამოძიება [동] ① 조사하다, 연구하다 ② 취조하다, 심문하다 — [명] ① 조사, 연구 ② 취조, 심문

გამოწევა [동] 빼다, 뽑다, 끌어내다

გამოწერა [동] ① (잡지 따위를) 구독하다 ② (의사가) 처방을 내리다 — [명] ① 구독 ② (의사의) 지시, 처방

გამოწვევა [동] 야기시키다, 불러 일으키다

გამოწურვა [동] 짜내다; ლიმონის წვენის გამოწურვა 레몬으로부터 즙을 짜내다

გამოწყობა [동] 몸치장을 지나치게 하다

გამოჭრა [동] 잘라내다, 제거하다

გამოხარშვა [동] 끓이다, 끓여 졸이다, (약 따위를) 달이다 — [명] 달임, 추출

გამოხატვა [동] 실명하다, 나타내다, 묘사하다

გამოხდა [동] [화학] 증류하다 — [명] 증류

გამოხედვა [명] 시선, 눈길 — [동] 바라보다, 내다보다

გამოხმაურება [동] 응하다, 답하다

გამოხმობა [동] 불러내다, 호출하다 — [명] 불러냄, 호출

გამოხსნა [동] 풀다, 끄르다; (문제 따위를) 해결하다

გამოხტომა [동] 펄쩍 뛰다, 뛰어오르다, 점프하다

გამოჯანმრთელება [동] 건강을 회복하다

გამჟღავნება [동] (비밀을) 누설하다, 폭로하다 — [명] (비밀의) 누설, 폭로

გამრავლება [동] 증가[증대]하다, 늘리다 — [명] ① 양적 증대 ② [수학] 곱셈; გამრავლების ცხრილი 구구단, 구구표

გამრავლებული [형] 증가된, 증대된

გამრუდება [동] 구부리다, 휘다, 뒤틀다 — [명] 구부림, 휨, 만곡

გამტარი [명] [물리] 전도체, 도체

გამუდმებით [부] 항상, 쭉, 계속하여

გამუდმებული [형] 끊임없는, 중단되지 않는, 지속되는, 연속된

გამუქება [동] 어두워지다

გამფლანგველი [명] 공금 유용자, 횡령[착복]자

გამყიდველი [명] 판매자, 점원, 세일즈맨 — [형] 매수된, 매수할 수 있는

გამყოლი [명] 길 안내자, 가이드

გამყოფი [명] [수학] 제수(除數)

გამცემი [명] 반역자, 배신자 — [형] 매수된, 매수할 수 있는

გამცემლობა [명] 반역, 배신

გამცილებელი [명] 길 안내자, 가이드

გამძვინვარება [동] 분개하다, 격분하다

გამძლე [형] 오래 견디는, 튼튼한, 강인한

გამძლეობა [명] 내구성, 튼튼함

გამძღოლი [명] 맹인 안내자

გამწვავება [동] 악화시키다, 심화시키다 — [명] 악화

გამწვავებული [형] 악화된, 긴장된

გამწვანება [명] 나무를 심다; 녹화(綠化)되다 — [명] 나무를 심기

გამჭვირვალე [형] 맑은, 투명한

გამჭრიახი [형] 통찰력이 있는, 주의 깊은

გამჭრიახობა [명] 통찰력이 있음, 주의 깊음

გამხდარი [형] 마른, 야윈, 수척한
გამხელა [동] 비밀을 누설하다, 배신하다
გამხიარულება [동] 즐겁게 하다, 기운나게 하다
გამხმარი [형] 마른, 건조한, 말라빠진; გამხმარი ხილი 말린 과일
გამხნევება [동] 기운나게 하다, 용기를 북돋우다, 격려하다 — [명] 격려
გამხნევებული [형] 기운이 난, 격려를 받은
-გან [접미] ~에서, ~으로부터
განა? 정말?, 그래?
განადგურება [동] 파괴하다, 격파하다, 분쇄하다, 황폐하게 하다, 절멸시키다 — [명] 파괴, 분쇄, 절멸
განავალი [명] ① 배변, 용변 ② [복] 배설물, 대변
განაზებული [형] 우아한, 고상한
განათება [명] 빛, 조명 — [동] 빛을 비추다, 조명하다; მთვარით განათებული 달빛이 비치는; მზით განათებული 햇빛이 비치는
განათლება [명] 교육, 가르침; განათლების სამინისტრო 교육부; დაწყებითი განათლება 초등 교육; საშუალო განათლება 중등 교육; უმაღლესი განათლება 고등 교육, 대학 교육; განათლების მიცემა 교육하다; განათლების მიღება 교육 받다
განათლებული [형] 교육 받은
განაკვეთი [명] (임금・세금 등의) 율(率)
განაღდება [명] 지불 — [동] 지불하다, 값을 치르다

განაყოფიერება [명] [생물] 수정, 수태 — [동] 수정시키다, 수태시키다

განაჩენი [명] [법률] 판결, 선고; განაჩენის სისრულეში მოყვანა 판결을 집행하다

განაცხადი [명] 신고, 등록

განაწესი [명] ① 주문; 주문장 ② 규칙, 규정

განაწილება [동] 분배하다, 나누어 주다 — [명] 분배, 나눔

განაწილებული [형] 분배된, 나누어진

განაწყენება [동] 감정을 해치다, 성나게 하다, 기분을 상하게 하다

განახლება [동] 새롭게 하다, 쇄신하다 — [명] 쇄신

განახლებული [형] 새로워진, 쇄신된

განგაში [명] 경보; საჰაერო განგაში 공습 경보

განგებ [부] 의도적으로, 고의로

განდევნა [동] 몰아내다, 쫓아버리다, 추방하다 — [명] 추방

განდევნილი [형] 쫓겨난, 추방된

განდევნილობა [명] 추방

განებივრება [동] (아이를) 응석받이로 키워 버릇없게 만들다

განებივრებული [형] 응석받이로 버릇없게 자란

განედი [명] [지리] 위도

განეიტრალება [동] 막다, 저지하다, 차단하다

განვითარება [동] 발전하다, 발달하다, 성장하다 — [명] 발전, 발달, 성장

განვითარებული [형] 발전한, 발달한, 성장한

განზოგადება [동] 개괄하다, 일반화하다 — [명] 개괄, 일반화

განზრახ [부] 의도적으로, 고의로

განზრახვა [명] 의도, 목적, 계획 — [동] 의도하다, 계획하다

განთავისუფლება [동] ① 자유롭게 하다, 놓아주다, 해방하다 ② (부담 따위를) 덜다, 경감하다 — [명] ① 자유화, 해방, 석방 ② (부담 따위의) 경감, 완화

განთესვა [동] 뿌리다, 분산시키다

განთიადი [명] 새벽, 여명; განთიადისას 새벽에

განთქმული [형] 유명한, 저명한

განი [명] 폭, 너비

განიავება [동] ① (낟알을) 까부르다, 키질하다 ② 흩날려 보내다

განიარაღება [명] 무장 해제, 군비 축소 — [동] 무장 해제시키다, 군비를 축소하다

განიერი [형] 폭넓은

განივ [부] 가로질러, 횡단하여

განივი [형] 횡단하는, 가로 자른

განკარგულება [동] 명령하다, 지시하다 — [명] 명령, 지시

განკერძოება [동] 떨어져 있다, 고립되어 있다 — [명] 고립

განკვეთა [명] (시신의) 검시, 부검

განკიცხული [형] 쫓겨난, 버림받은

განკურნება [동] ① 치료하다, 고치다 ② 치료되다, 낫다 — [명] 치료, 회복

განკურნებული [형] 치료된, 나은
განმავლობა [후] ~하는 동안, ~ 중에
განმავლობაში [후] ~하는 동안, ~ 중에, 그러는 사이에
განმანათლებელი [명] 선생, 교사; 계몽가
განმანაწილებელი [형] 분배의 — [명] 분배자
განმარტება [명] 설명, 해설, 해석
განმარტებითი [형] 설명하는, 해석상의; განმარტებითი ლექსიკონი 설명 사전
განმარტოება [동] 은둔하다, (떨어져) 혼자 살다 — [명] 은둔, 독거(獨居)
განმარტოებული [형] (멀리) 떨어진, 외딴
განმასხვავებელი [형] 특색 있는, 독특한; განმასხვავებელი ნიშანი 특징
განმეორება [동] 반복하다, 되풀이하다 — [명] 반복, 되풀이
განმეორებით [부] 반복해서, 되풀이하여
განმეორებითი [형] 반복적인, 되풀이되는
განმტკიცება [동] 강화하다, 굳건히 하다 — [명] 강화, 공고히 함
განოყიერება [동] 비료[거름]를 주다, 토지를 비옥하게 하다
განრიგი [명] 차량 운행 시간표
განრისხება [동] 분노하다, 격노하다
განრისხებული [형] 분노한
განსაზოგადოება [동] 공영화하다, 집산주의화하다 — [명] 공영화, 집산주의화

განსაზოგადოებული [형] 공영화된, 집산주의화된

განსაზღვრა [동] 결정하다; 한정하다; მოთხოვნილება განსაზღვრავს მომარაგებას 수요가 공급을 결정한다; თარიღის განსაზღვრა 날짜를 잡다 — [명] 결정; 한정

განსაზღვრება [명] [문법] 한정사

განსაზღვრებითი [형] 결정력이 있는, 한정적인

განსაზღვრული [형] 결정된, 한정된

განსაკუთრებით [부] 특히, 유난히

განსაკუთრებულად [부] 특히, 특별히

განსაკუთრებული [형] 특별한, 특이한

განსაცდელი [명] 위험, 위난, 위태; განსაცდელში ჩაგდება 위험에 노출시키다, 위험에 처하게 하다

განსაცვიფრებელი [형] 놀라운, 굉장한

განსახიერება [동] 의인화하다, (사물에) 인격을 부여하다, (정신에) 형태를 부여하다 — [명] 의인화, 인격[형태]의 부여

განსახიერებული [형] 의인화한, 인격[형태]이 부여된

განსვენება [동] (시신이) 안치되다

განსვენებული [명] 고인, 작고한 사람 — [형] 죽은, 고인이 된

განსწავლული [형] 학식 있는, 고등 교육을 받은

განსხვავება [동] 구별하다, 분별하다 — [명] 차이, 불일치, 상위

განსხვავებული [형] 다른, 차이가 있는, 예외적인

განსჯა [동] 논의하다, 토론하다 — [명] 논의, 토론; **განსჯის საგანი** 쟁점

განტვირთვა [동] ① 짐을 부리다[내리다] ② (부담 따위를) 경감하다, 완화하다 — [명] ① 짐을 내림 ② (부담 따위의) 경감, 완화

განტოლება [명] ① 평등화, 균등화 ② [수학] 방정식

განუვითარებელი [형] (지능 따위가) 발달되지 않은, 머리가 둔한

განუზომელი [형] 헤아릴 수 없는, 끝없는, 광대한

განუკურნებელი [형] 치료할 수 없는, 불치의

განურჩეველი [형] 구별할 수 없는

განურჩევლად [부] 차이 없이

განუსაზღვრელი [형] 명확하지 않은, 모호한, 불분명한

განუყოფელი [형] 나눌 수 없는, 불가분의

განუყრელი [형] 분리할 수 없는

განუწყვეტელი [형] 중단되지 않은, 연속적인

განუწყვეტლივ [부] 계속하여, 중단 없이; **ერთი საათის განმავლობაში განუწყვეტლივ** 쉬지 않고 한 시간 동안

განუხორციელებელი [형] 실행 불가능한, 실현할 수 없는

განქორწინება [동] 이혼하다 — [명] 이혼

განყენებული [형] 추상적인, 관념적인

განყოფილება [명] 부서, 구획; **საინფორმაციო განყოფილება** 안내소

განშტოება [명] 분기(分岐), 분지(分枝), 세분화 — [동] 분기[분파]하다

განშორება [명] 이별, 작별 — [동] 이별하다

განცალკევება [동] 떨어지다, 결합하지 않다 — [명] 은둔, 고립, 격리

განცალკევებული [형] 고립된, 격리된

განცდა [명] (감정적) 경험 — [동] 예민하게 느끼다

განცვიფრება [동] 놀라게 하다; 놀라다 — [명] 놀람

განცვიფრებული [형] (깜짝) 놀란

განცხადება [동] 발표하다; 진술하다 — [명] 발표; 진술; **განცხადების გაკეთება** 진술하다

განძი [명] 보물

განძრევა [동] 감동시키다, 마음을 움직이다

განწირვა [동] 희생하다, 바치다; **სიცოცხლის განწირვა** 생명을 던지다

განწირული [형] (~할) 운명인, (~으로) 운명지어진

განწყობა [명] 기분, 정서

განწყობილება [명] 기분, 마음, 성질; **კარგი განწყობილების ქონა** 기분이 좋다

განხეთქილება [명] 분열, 불일치

განხილვა [동] 고찰하다, 면밀하게 검토하다 — [명] 고찰, 면밀한 검토

განხორციელება [동] 실행하다, 이행하다, 실현하다 — [명] 실행, 이행, 실현

განხორციელებული [형] 실행된, 이행된, 실현된

განხრა [명] 경향, 성향, 편향

განჯინა [명] ① 찬장 ② 옷장 ③ 책장

გაორკეცება [동] 배가(倍加)하다, 두 배로 하다 — [명] 배가

გაორკეცებული [형] 배가된

გაოფლიანება [동] 땀을 흘리다, 발한하다

გაოცება [동] (깜짝) 놀라다 — [명] (깜짝) 놀람

გაოცებული [형] (깜짝) 놀란

გაოხრება [동] 파괴하다, 황폐시키다 — [명] 황폐화

გაპარვა [동] 몰래 떠나다, 도망치다 — [명] 도망, 도주

გაპარსვა [동] (수염 등을) 깎다, 면도하다 — [명] 면도

გაპარსული [형] 말끔히 면도가 된, 털이 깎인

გაპარტახებული [형] 파괴된, 황폐한

გაპობა [동] 쪼개다, 찍다, 썰다

გაპრიალება [동] 닦다, 광택을 내다

გაჟლეტა [동] 파괴하다, 절멸시키다, 근절하다 — [명] 파괴, 절멸, 근절

გაჟღენთა [동] 스며들게 하다, 적시다; 스며들다

გაჟღენთილი [형] 스며든, 적신

გარანტია [명] 보증; 개런티; გარანტიის მიცემა 보증하다; გარანტიით 보증된

გარბენა [동] 뛰다, 달리다 — [명] 달리기

გარგარი [명] [식물] 살구

გარდა [후] ~외에, ~밖에, ~말고(는); გარდა ამისა ~외에, 추 가로, 더욱이

გარდამავალი [형] ① 변천하는, 과도적인; გარდამავალი ეპოქა 과도기 ② [문법] 타동(사)의; გარდამავალი ზმნა 타 동사

გარდატეხა [명] 갑작스런 변화

გარდაუვალი [형] ① 불가피한, 피할 수 없는 ② [문법] 자동(사)의; გარდაუვალი ზმნა 자동사

გარდაქმნა [동] 변화시키다, 개조하다, 개편하다 — [명] 변형, 개조, 개편

გარდაცვალება [동] 죽다, 사망하다 — [명] 죽음, 사망

გარდაცვალებული [명] 고인(故人)

გარდიგარდმო [부] 가로질러, 횡단하여

გარე [형] 바깥쪽의, 외부의; გარე კედელი 외벽

გარეგანი [형] 표면상의

გარეგნობა [명] 외견, 외양, 외모; 외부, 외면

გარეგნულად [부] 외견상, 보기에는

გარედ [부] 밖에서, 밖으로

გარედან [부] 밖에서, 밖으로부터

გარევა [동] 섞다, 혼합하다

გარეთ [후] 밖에; ქალაქგარეთ 시외에

გარეკანი [명] 덮개, 커버

გარეკვა [동] ① 몰아내다, 쫓아내다, 흩어버리다 ② 고속으로 운전하다

გარემო [명] 주변, 환경; სოციალური გარემო 사회적 환경

გარემოება [명] 사정, 상황

გარემოებითი [형] 사정[형편]에 따른

გარემონტება [동] 개선하다, 개량하다, 수리하다

გარემოცვა [동] 둘러싸다, 에워싸다 — [명] 에워쌈, 포위

გარემოცული [형] 둘러싸인, 에워싸인

გარეუბანი [명] 교외, 시외

გარეული [형] 야생의; გარეული იხვი 야생 오리, 들오리

გარეშე [후] ~ 밖에; საშიშროების გარეშე 위험에서 벗어난, 안전한; ეჭვის გარეშე 의심할 여지 없이, 물론 — [형] 바깥 쪽의, 외부의

გარეცხვა [동] 씻다, 세척하다 — [명] 세척

გარეცხილი [형] 씻은, 세척한

გართობა [동] ① 기분전환을 시키다, 즐겁게 하다 ② 즐기다 — [명] 기분전환, 오락

გართულება [동] (병을) 악화시키다 — [명] [의학] 여병(餘病), 병발증, 합병증

გარიგება [동] 조정하다, 협정하다

გარიჟრაჟი [명] 새벽, 여명; გარიჟრაჟზე 새벽에

გარიყვა [동] 해안에 닿다, 상륙하다

გარიყული [형] 던져진

გარიცხვა [동] 쫓아내다, 배제하다 — [명] 배제, 축출

გარიცხული [형] 쫓겨난, 배제된

გარკვევა [동] ① 명료하게 하다, 밝히다; (문제를) 풀다 ② 밝혀지다, 드러나다 — [명] 명료화, 밝히기

გარკვევით [부] 분명히, 명백하게, 밝히

გარკვეული [명] 밝은, 명료한, 뚜렷한

გარნიზონი [명] 수비대, 주둔군

გარსაცმი [명] [공업] 피봉, 덮개
გარსი [명] 덮개, 싸개, 봉투
გარტყმა [동] 치다, 때리다, 강타하다 — [명] 강타, 타격
გარღვევა [동] [군사] 돌파하다
გარშემო [후] 둘레에, 주위에, 근방에, 사방에; დედამიწის გარშემო 전세계에
გარშემორტყმა [동] 둘러싸다, 에워싸다 — [명] 에워쌈, 포위
გარშემორტყმული [형] 둘러싸인, 에워싸인
გარჩევა [동] ① 알아보다, 인지하다 ② 처치하다, 손질하다 ③ 구별하다, 분류하다, 가려내다 ④ 분석하다 — [명] ① 분석; [문법] 문의(文意) 분석 ② საქმის გარჩევა [법률] 공판, 재판, 심리
გარჯა [명] 수고하다, 고생하다
გასაგები [형] 명백한, 이해하기 쉬운, 명료한
გასავალი [명] 비용, 지출
გასამართლება [동] [법률] 재판하다, 심리하다
გასამართლებული [형] 정당화하는, 변명의
გასამრჯელო [명] 보수, 보상
გასამხედროება [동] 군대화하다, 군국화하다 — [명] 군대화, 군국화
გასაოცარი [형] 놀라운, 굉장한
გასართობი [형] 즐겁게하는, 기분전환을 해주는
გასასვლელი [명] 출구; გასასვლელი კარი 길에 면하여 난 문(門)
გასაუბრება [명] 상담, 대화
გასაქანი [명] 넓이, 범위

გასაღება [동] 팔다, 판매하다 — [명] 판매
გასაღები [명] ① 열쇠, 키 ② 단서, 실마리
გასაყიდი [형] 팔린, 팔려고 내놓은
გასაყოფი [형] 나눌 수 있는, 가분의 — [명] [수학] 피제수(被除數), 나뉨수
გასაცვლელი [형] 교환된
გასაწვევი [명] [군사] 신병, 징병된 사람; გასაწვევი ასაკი 징병 연령
გასაჭირი [명] 어려운 경우, 난국
გასახსნელი [명] 통조림 따개; 코르크 뽑개
გასეირნება [명] 산책, 거닐기 — [동] 산책하다, 거닐다
გასესხება [동] 빌려주다
გასვენება [명] 장례 행렬
გასვლა [동] 밖으로 나가다; ქუჩაში გასვლა 거리로 나가다; დრო გადის 시간이 다 되어가고 있다 — [명] ① 출발, 떠남 ② ვადის გასვლა (기간의) 만기, 종료
გასვრილი [형] 더러운, 지저분한
გასივება [동] ① 부풀다, 팽창하다 ② 살찌다, 뚱뚱해지다 — [명] 부풀어오름, 팽창
გასინჯვა [동] ① 맛보다 ② 조사하다, 검사하다 — [명] 조사, 검사
გასისხლიანებული [형] 피묻은, 피로 얼룩진
გასკდომა [동] 터지다, 파열하다, 폭발하다
გასმა [동] ① 밑줄을 긋다 ② 강조하다 — [명] 강조
გასრესა [동] 짓누르다, 뭉개다, 짜부라뜨리다

გასრესილი [형] 짓눌린, 뭉개진, 짜부라진

გასროლა [명] 발사하다, 발포하다 — [명] 발사, 발포

გასტერილებული [형] 불임의, 씨를 맺지 못하는

გასტუმრება [동] ① 보내다 ② 지불을 완료하다, 청산하다 — [명] 보내기, 발송

გასული [형] 지난, 과거의; გასულ წელს 작년; გასულ კვირას 지난 주

გასუფთავება [동] 깨끗이하다, 정화하다 — [명] 깨끗이하기, 정화

გასუქება [동] 살찌다, 뚱뚱해지다

გასუქებული [형] 살찐, 뚱뚱한

გასწვრივ [후] (~을) 따라서, (~을) 끼고; ზღვის ნაპირის გასწვრივ 해안을 따라서

გასწორება [동] ① 수정하다, 개정하다, 고치다, 올바르게 하다 ② მიწასთან გასწორება 절멸시키다 — [명] 수정, 개정

გასწორებული [형] 수정된, 개정된

გასწრება [동] 앞서가다, 추월하다, 능가하다

გასხვლა [동] 자르다, 치다, 깎다

გატანა [동] ① 데리고 나가다 ② 수출하다 — [명] 수출

გატანება [동] 사람을 붙여 보내다

გატარება [동] ① 이끌다, 인도하다 ② (시간을) 보내다

გატარებული ხორცი [명] 썬[간] 고기

გატაცება [동] ① 훔치다, 강탈하다 ② 매혹하다, 사로잡다 ③ 사랑에 빠지다 — [명] 열정, 정열; 애호

გატაცებული [형] 열광적인, 열렬한

გატენა [동] (속을) 채우다, 채워 넣다 — [명] 채우기

გატენილი [형] (속이) 채워진

გატეხა [동] 깨다, 부수다; სიტყვის გატეხა 약속을 어기다; გულის გატეხა 용기를 잃다

გატეხვა [동] 억지로 열다

გატეხილი [형] 깨진, 부서진

გატიტვლება [동] 벌거벗기다; 벌거벗다 — [명] 벌거숭이, 나체 (상태)

გატიტვლებული [형] 벌거벗은, 나체의

გატყავება [동] ① 벗기다, 긁어내다 ② 바가지를 씌우다

გატყორცნა [동] 던지다, 내던지다

გაუარესება [동] 악화시키다; 악화되다; მისი ჯან-მრთელობა გაუარესდა 그는 건강이 더 나빠졌다 — [명] 악화

გაუბედავად [부] 우물쭈물, 머뭇거리며

გაუბედავი [형] 결단력이 없는, 우유부단한, 우물쭈물하는, 머뭇거리는

გაუბედაობა [명] 우유부단; 망설임

გაუგებარი [형] 이해하기 힘든, 불분명한

გაუგებრობა [명] ① 오해 ② 이해할 수 없음, 불가해성

გაუგონარი [형] ① 들어본 적 없는, 전례가 없는 ② 말을 듣지 않는, 복종하지 않는
გაუვალი [형] 지나갈 수 없는, 통과할 수 없는
გაუთვალისწინებელი [형] ① 생각하지 못한, 뜻하지 않은, 예측하지 않은 ② 선견지명이 없는
გაუთლელი [형] 무례한, 매너가 없는, 거친
გაუთოება [동] 다림질하다 — [명] 다림질
გაუთხოვარი [형] (여자가) 결혼하지 않은, 미혼의
გაუმართაობა [형] 오류, 결함, 고장
გაუმარჯოს [감] 만세!
გაუმაძღარი [형] 만족할 줄 모르는, 탐욕스러운
გაუმაძღრობა [명] 만족을 모름, 탐욕
გაუმჯობესება [동] 개선하다, 개량하다, 향상시키다; ამინდი გაუმჯობესდა 날씨가 좋아졌다 — [명] 개선, 개량, 향상
გაუნათლებელი [형] 교육받지 못한, 배우지 못한
გაუპატიურება [명] 강간, 성폭행 — [동] 강간하다, 성폭행하다
გაურკვეველი [형] 모호한, 불분명한, 불확실한; 읽기 어려운, 판독이 어려운
გაუსწორებელი [형] 교정할 수 없는, 고칠 수 없는; 돌이킬 수 없는
გაუტანელი [형] 믿을 수 없는, 의지할 수 없는
გაუტეხელი [형] 굳건한, 확고한, 흔들리지 않는, 굽혀지지 않는; გაუტეხელი ნებისყოფა მშვიდობისათვის 평화에 대한 흔들리지 않는 바람
გაუფორმებელი [형] 등록되지 않은; 비공식적인

გაუფრთხილებელი [형] 부주의한, 조심성 없는, 경솔한

გაუფრთხილებლობა [명] 부주의, 경솔

გაუქმება [동] 취소하다, 무효로 하다, 없애다, 폐지하다; კანონის გაუქმება 폐지하다, 철회하다 — [명] 취소, 무효화, 폐지

გაუქმებული [형] 취소된, 무효화된, 폐지된

გაუქრობელი [형] (불·열정 따위를) 끌 수 없는, 막을 수 없는, 억제할 수 없는

გაუყოფელი [형] 나눌 수 없는, 분할[분리]할 수 없는

გაუხარებელი [형] 기쁨이 없는, 쓸쓸한

გაუხშოებული [형] (대기 따위가) 희박한

გაფანტვა [동] 흩뿌리다, 흩어버리다

გაფანტულად [부] 무질서하게

გაფანტული [형] 흩어진, 분산된

გაფართოება [동] 넓히다, 확장하다, 팽창시키다 — [명] 확장, 팽창

გაფართოებული [형] 확장된, 팽창된

გაფერადება [동] (화려한 색으로) 칠하다

გაფითრება [동] 창백해지다

გაფიცვა [명] 동맹 파업, 스트라이크, 노동 쟁의; საყოველთაო გაფიცვა 총파업 — [동] 파업을 일으키다

გაფლანგვა [동] (금전 따위를) 가로채다, 횡령하다, 착복하다 — [명] 횡령, 착복, 유용

გაფლანგული [형] 횡령된, 도용된

გაფორმება [동] 모양을 내다, 정리하다, 틀을 잡다; დოკუ- მენტის გაფორმება 문서를 작성하다 — [명] 모양을 내기; წიგნის გაფორმება 도안, 디자인

გაფრენა [동] 날아가다, 비행하다 — [명] 날기, 비행

გაფრთხილება [동] 미리 알려주다, 예고하다; 경고하다 — [명] 예고; 경고

გაფურჩქვნა [동] 꽃피다, 개화하다 — [명] 개화

გაფუჭება [동] 망치다, 엉망으로 만들다, 손상시키다; 부패시키다, 타락시키다; ტელეფონი გაფუჭდა 전화가 고장났다 — [명] 손상

გაფუჭებული [형] 망친, 손상된; 부패한, 타락한, 저열한; 상한, 썩은

გაფცქვნა [동] (과일·채소 따위의) 껍질을 벗기다

გაქანება[1] [동] 서두르다; 질주하다

გაქანება[2] [명] 범위, 영역

გაქანებით [부] 전속력으로, 전력을 다하여

გაქანებული [형] 전속력의, 전력을 다하는

გაქარვება [동] 쫓아버리다, 없애다; ეჭვის გაქარვება 의심을 없애다

გაქვავება [동] ① 석화(石化)하다 ② 경직시키다, 꼼짝 않고 있다 — [명] 석화

გაქვავებული [형] 석화된; 화석이 된

გაქირავება [동] 세놓다, 빌려주다, 임대하다

გაქრობა[1] [동] 사라지다, 없어지다; 절멸하다, 소멸하다; ეს ჩვეულება ქრება 그 관습은 사라져가고 있다 — [명] 사라짐, 소멸

გაქრობა[2] [동] (불 따위를) 끄다; სანთლის გაქრობა 촛불을 불어 끄다; ელექტრონის გაქრობა (전기) 스위치를 끄다

გაქურდვა [동] 강탈하다, 빼앗다

გაქურდული [형] 강탈당한, 빼앗긴

გაქცევა [동] 도망가다, 달아나다 — [명] 도망, 도주, 패주

გაღება [동] 열다; კარის გაღება 문을 열다; თვალების გაღება 눈을 뜨다

გაღებული [형] 열린

გაღვივება [동] 불붙이다, 타오르게 하다; ვნების გაღვივება 열정을 불태우다

გაღვიძება [동] 깨우다, 일으키다; მას შვიდ საათზე აღვიძებენ 그는 7 시에 깼다; მადის გაღვიძება 식욕을 불러일으키다

გაღიზიანება [동] 화나게 하다, 짜증나게 하다, 신경을 건드리다 — [명] 짜증, 격앙

გაღიმება [동] 미소 짓다

გაღმა [부] (강) 건너편에

გაღმერთება [동] 숭배하다, 우상화하다 — [명] 숭배, 우상화

გაღმერთებული [형] 숭배되는, 우상화된

გაღრმავება [동] 깊게 하다; 확장하다; თხრილის გაღრმავება 도랑을 더 깊게 파다; ცოდნის გაღრმავება 지식을 넓히다 — [명] 깊이 있게 하기, 확장

გაღრმავებული [형] 깊은, 깊어진; ლიტერატურის ღრმად შესწავლა 심도 있는 문학 연구

გაყალბება [동] 위조하다; 품질을 떨어뜨리다 — [명] 위조; 품질을 떨어뜨리기

გაყვანა [동] ① 철수하다, 소개시키다 ② 이끌다

გაყვანილობა [명] ① 결합, 접속 ② [전기] 접속선, 도선

გაყვითლება [동] 노래지다, 노랗게 되다

გაყვითლებული [형] 노란, 황색의

გაყვლეფა [동] 강탈하다, 빼앗다, 등쳐먹다

გაყიდვა [동] 팔다, 판매하다; ბითუმად გაყიდვა 도매로 팔다; ცალობით გაყიდვა 소매로 팔다; საჯარო ვაჭრობით გაყიდვა 경매에 붙이다; ნისიად გაყიდვა 외상으로 팔다; სახლი იყიდება 그 집은 팔려고 내놓은 것이다 — [명] 판매; საბითუმო გაყიდვა 도매; ცალობით გაყიდვა 소매; საჯარო ვაჭრობით გაყიდვა 공매, 경매

გაყინვა [동] 얼리다, 결빙하다; 얼어붙다; გაყინვისაგან სიკვდილი 얼어 죽다; მდინარე გაიყინა 강이 얼었다 — [명] 냉동, 결빙; გაყინვის წერტილი 어는 점, 빙점

გაყინული [형] 얼어붙은, 결빙된

გაყოლა [동] 따라가다, 뒤따르다; ზაფხული გაზაფხულს მოყვება 여름 다음에는 가을이 온다

გაყოლებით [후] (~을) 따라서; ზღვის ნაპირის გაყოლებით 해안을 따라서

გაყოფა [동] 나누다, 분할하다; ეს რიცხვი სამზე გაიყოფა 이 수는 3 으로 나눌 수 있다 — [명] 나누기, 분할

გაყოფილი [형] 나누어진, 분할된

გაყრა [동] ① 분리되다, 떨어지다 ② 이혼하다 — [명] ① 분리 ② 이혼

გაყრილი [형] 이혼한

გაყუჩება [동] 가라앉히다, 완화하다, 진정시키다 — [명] 가라앉히기, 진정

გაშავება [동] ① 검게 하다, 어둡게 하다 ② (~에게) 반대 투표하다; 배척하다; 중상하다

გაშალაშინება [동] (대패로) 밀다, 깎아내다

გაშენება [동] 경작하다, 재배하다 — [명] 경작, 재배

გაშეშება [동] 마비되다 — [명] 마비

გაშეშებული [형] 마비된

გაშვება [동] 가게 하다, 놓아주다; შემთხვევის ხელიდან გაშვება 기회를 놓치다

გაშველება [동] 싸움을 말리다, 싸우는 자들을 떼어놓다

გაშვერა [동] 내밀다, (손을) 뻗다

გაშიფვრა [동] 암호화하다

გაშიშვლება [동] 벌거벗기다; 벌거벗다; ხეები გაშიშვლდა 그 나무에는 잎이 없다 — [명] 벌거벗음, 나체 (상태)

გაშიშვლებული [형] 벌거벗은, 나체의

გაშლა [동] 펴다, 펼치다, 풀어내리다; ნოხის გაშლა 카페트를 깔다; ქოლგის გაშლა 우산을 펴다

გაშლილი [형] 편, 펼쳐진

გაშმაგება [동] 화를 내다, 분노하다 — [명] 분노

გაშმაგებული [형] 성난, 난폭한, 제어할 수 없는

გაშორება [동] 분리하다, 떨어뜨리다 — [명] 분리, 떨어뜨리기

გაშორებული [형] 분리된

გაშრობა [동] 말리다, 건조시키다 — [명] 건조

გაშხლართვა [동] 늘이다, 잡아 빼다

გაჩანაგება [동] 파괴하다, 유린하다, 황폐하게 하다 — [명] 파괴, 유린, 황폐

გაჩანაგებული [형] 파괴된, 유린된, 황폐화된

გაჩარხვა [동] 날카롭게 하다, 갈다

გაჩაღება [동] (불·감정 따위를) 불붙이다, 타오르게 하다, 일으키다

გაჩერება [동] 멈추게 하다, 정지하다, 세우다; გაჩერდი! 멈춰!, 정지! — [명] 멈춤, 정지

გაჩხრეკა [동] 샅샅이 뒤지다, 철저하게 조사하다 — [명] (철저한) 조사, 탐색

გაცამტვერება [동] 부수다, 깨다, 조각내다

გაცდენა [동] (의무 따위를) 회피하다, 게으름 피우다; ლექციის გაცდენა 강의를 빼먹다, 결석하다

გაცემა [동] ① 주다, 분배하다, 지급하다 ② 넘겨주다, 내주다, 포기하다 — [명] 분배, 지급

გაცემული [형] 주어진

გაცვეთა [동] 닳다, 마멸되다, 소모되다 — [명] 닳음, 마멸

გაცვეთილი [형] ① 닳아빠진, 너덜너덜해진 ② 낡은, 진부한, 흔해빠진

გაცვლა [동] 교환하다, 맞바꾸다 — [명] 교환, 맞바꿈; სანაცვლოდ (~와) 교환으로; საქონლის

გაცვლა 상품의 교환; სამეცნიერო-ტექნიკური ინფორმაციის გაცვლა 과학기술에 관한 정보의 교환

გაციება [동] 감기에 걸리다 — [명] 감기, 오한

გაციებული [형] 감기에 걸린

გაცილება [동] 동반하다, 따라가다; 배웅[마중]하다; კარამდე გაცილება 집까지 바래다주다 — [명] 배웅, 마중, 전송

გაცინება [동] 웃기다, 웃게 하다

გაცნობა [동] (~와) 알게 되다, (~에) 익숙해지다; ახალი წიგნის გაცნობა 새 책을 살펴보다 — [명] 알게 됨; უშუალოდ გაცნობა (누군가를) 직접 만남, 직접 알게 됨

გაცნობილი [형] 알게 된

გაცოფება [동] 몹시 화나게 하다, 격분시키다; 몹시 화내다, 격노하다

გაცოფებული [형] 격노한

გაცრა [동] 체로 치다, 거르다 — [명] 체질

გაცრილი [형] 체로 친, 걸러낸

გაცხელება [동] 데우다, 더워지다; (몸에) 열이 있다 — [명] 가열

გაცხოველებული [형] 부활한, 소생한

გაძარცვა [동] 강탈하다, 빼앗다, 강도짓을 하다 — [명] 강탈, 강도짓

გაძევება [동] 내쫓다, 몰아내다, 추방하다 — [명] 추방

გაძევებული [형] 추방당한

გაძვირება [동] 가격이 오르다; ცხოვრება გაძვირ-
და 물가가 오르고 있다

გაძლება [동] 참다, 견디다, 인내하다 — [명] 인
내력, 내구력, 꿋꿋함

გაძლიერება [동] 강화하다, 증대하다 — [명] 강
화, 증대; (고통 따위의) 악화

გაძლიერებული [형] 강화된, 증대된

გაძნელება [동] 방해하다, 어지럽히다

გაძნელებული [형] 어려운, 난처한, 곤란한

გაძრობა [동] ① 껍질을 벗기다 ② 옷을 벗기다

გაძღოლა [동] 이끌다, 인도하다, 안내하다

გაძღომა [동] ① 충분히 만족시키다; 물리게[싫증
나게] 하다 ② [화학] 포화상태로 만들다 — [명]
충만, 과다; 물림, 싫증남

გაწამებული [형] 고통받은, 괴로움을 당한

გაწაფვა [동] 숙련되다, 솜씨가 좋아지다

გაწაფული [형] 숙련된, 솜씨가 좋은

გაწბილება [동] 거부하다, 거절하다 — [명] 거부,
거절

გაწევა[1] [동] 꺼내다, 당기다

გაწევა[2] [동] ① 밀어놓다, 제치다, 치우다, 옮기다
② დახმარების გაწევა 돕다, 원조하다; მაგივრო-
ბის გაწევა 대체하다

გაწერა [동] ① (글을) 작성하다, 기재하다 ② (병원
에서) 퇴원하다

გაწეწილი [형] (머리가) 헝클어진, 더부룩한

გაწვალება [동] ① 고통을 주다, 괴롭히다 ② 지치
다, 녹초가 되다

გაწვალებული [형] 고통받은; 녹초가 된
გაწვევა [동] 불러내다; (군대에) 징집하다 — [명] 불러내기
გაწვრთნა [동] 훈련시키다, 길들이다 — [명] 훈련, 길들이기
გაწვრთნილი [형] 훈련된, 길든
გაწითლება [동] 빨개지다
გაწითლებული [형] 빨개진, 붉은
გაწირვა [명] (나쁜) 운명; სასიკვდილოდ გაწირვა 죽을 운명
გაწმენდა [동] 깨끗이하다, 세척하다, 문질러 닦다; ჯაგრისით გაწმენდა 솔질하다, 털다; კბილების გაწმენდა 이를 닦다; არხის გაწმენდა 수로를 준설하다 — [명] 깨끗이하기, 세척, 청소
გაწმენდილი [형] 깨끗해진, 세척[청소]된
გაწოდება [동] (손을) 뻗다, 내밀다; დახმარების ხელის გაწოდება 도움의 손길을 내밀다
გაწურვა [동] 거르다, 여과하다 — [명] 여과
გაწყდომა [동] 부서지다, 파열하다, 찢기다
გაწყვეტა [동] ① 부서지다, 파열하다, 찢기다 ② 절멸하다
გაწყრომა [동] (~에) 화가 나다
გაჭაღარავება [동] 회색빛이 되다
გაჭაღარავებული [형] 회색빛이 된, 잿빛의
გაჭედვა [동] 몰려들다, 북적대다; 쑤셔 넣다, 채워 넣다
გაჭედილი [형] 북적이는, 가득 채워진
გაჭენება [동] 전속력으로 달리다, 질주하다

გაჭენებული [형] 전속력으로 달리는, 질주하는

გაჭვარტლული [형] 연기가 스며든

გაჭიანურება [동] ① 복잡하게 하다, 까다롭게 하다 ② 질질 끌다, 지체시키다 — [명] ① 번거로운 절차 ② 지연, 지체

გაჭიმვა [동] 늘이다, 뻗다, 확장하다

გაჭირვება [명] ① 어려움, 곤란; 당황, 난처; გაჭირვებაში ყოფნა 당황하다, 난처해하다, 곤경에 빠져 있다; ფინანსური გაჭირვება 재정적 압박[난국] ② 필요, 요구; გაჭირვება ბრძენზე ბრძენიაო 필요는 발명의 어머니다

გაჭირვებული [형] 필요한, 요구되는

გაჭრა [동] 자르다, 베다, 째다

გაჭუჭყიანება [동] 더럽히다, 오염시키다; 더러워지다 — [명] 더럽힘, 오염

გაჭყლეტა [동] ① 눌러 부수다, 으깨다 ② 밀치다, 들이받다, 충돌하다

გაჭყლეტილი [형] 눌러 부서진, 으깬

გახაზვა [동] 밑줄을 긋다

გახამება [동] (옷에) 풀을 먹이다, (풀을 먹여) 빳빳하게 하다

გახარება [동] 기쁘게 하다, 즐겁게 하다; ამ ამბავმა ის გაახარა 그는 그 소식을 듣고 매우 기뻐했다

გახდა [동] 옷[신발]을 벗기다; 옷[신발]을 벗다

გახდომა [동] (~이) 되다, 변화하다, 바뀌다, 전환되다; კარგად გახდომა 건강이 회복되다 — [명] 변화, 전환

გახედვა [동] 내다보다; ფანჯრიდან გახედვა 창밖을 내다 보다

გახედნილი [형] 훈련된, 길든

გახევა [동] 찢다, 닳게 하다

გახეთქვა [동] ① 쪼개지다, 터지다 ② (게걸스럽게) 먹다, 먹어치우다 ③ 화나게 하다

გახეთქილი [형] ① 깨진, 부서진 ② 곤드레만드레 취한

გახეული [형] (갈가리) 찢긴

გახვევა [동] 싸다, 덮다

გახვრეტილი [형] 구멍이 난, 관통된

გახიზვნა [동] 치우다, 옮기다

გახმაურება [동] (비밀 따위를) 누설하다 — [명] (비밀의) 누설

გახმობა [동] 말리다, 건조시키다; 시들게 하다

გახრწნა [동] 방탕한 삶을 살다, 쾌락에 탐닉하다 — [명] 방탕, 타락

გახრწნილი [형] 방탕한, 타락한

გახსენება [동] 기억을 떠올리게 하다, 상기시키다 — [명] 기억을 떠올림, 상기

გახსნა [동] ① 펴다, 펼치다; (덮개를) 벗기다; საიდუმლოს გახსნა 드러내다; გულის გახსნა 마음을 열다 ② (묶인 것을) 풀다; ღილის გახსნა 단추를 끄르다 ③ 녹이다, 용해시키다

გახუმრება [동] 농담하다, 익살 부리다, 농담을 좋아하다

გახუნება [동] 색이 바래다, 퇴색하다 — [명] 퇴색, 색이 바램

გახუნებული [형] 색이 바랜, 퇴색한

გახურება [동] 불을 켜다, 불을 붙이다

გახურებული [형] 불이 켜진, 불붙은; გახურებული მუშაობაა 그 일은 풀가동되고 있다; გახურებულ ომში 전쟁의 절정기에

გაჯავრება [동] 화나게 하다, 짜증나게 하다, 신경을 건드리다 — [명] 짜증, 격앙; გაჯავრებით 짜증이 나서

გაჯავრებული [형] 화난, 짜증난, 신경질이 난

გაჯიუტება [동] 고집 부리다, 완고하다 — [명] 고집 셈, 완고

გაჯოხვა [동] 채찍질하다, 매질하다 — [명] 채찍질, 매질

გდება [동] 빈둥거리다

გეგმა [명] ① 계획, 기획; 초안, 개요, 요강; მრავალწლიანი გეგმა 장기 계획; გეგმის შესრულება 계획을 실행하다; გეგმის შედგენა 계획을 세우다; გეგმის დასახვა 계획을 짜다; გეგმის ჩაშლა 계획을 망치다 ② წინა პლანი 전경(前景); უკანა პლანი 배경

გეგმაზომიერად [부] 체계적으로, 계획적으로

გეგმაზომიერი [형] 체계적인, 계획에 따른; 균형 잡힌

გეგმიანი [형] 계획된, 정연한, 체계적인; გეგმიანი მეურნეობა 계획 경제

გეგმიანობა [명] 계획에 따른 발전

გედი [명] [조류] 백조, 고니

გეზი [명] 진로, 방향; 방위

გეთაყვა ① ~해주세요, 부탁합니다; წყალი მომა-წოდეთ გეთაყვა 물 좀 주세요 ② (감사 인사에 대해) 천만에요, 아무것도 아니에요

გემბანი [명] [항해] 갑판

გემთსაშენი [명] 조선, 건함(建艦), 배 만들기

გემი [명] 배, 선박; 증기선; 원양선; გემის მფლო-ბელი 선주(船主)

გემო [명] 맛; გემოს გასინჯვა 맛보다

გემოვნება [명] 맛; 취향

გემრიელად [부] 맛있게

გემრიელი [형] 맛있는, 맛 좋은, 풍미 있는, 입맛을 돋우는

გენაცვალე 부탁합니다

გენეალოგია [명] 가계, 혈통, 계통 조사

გენეალოგიური [형] 족보의, 가계의, 혈통의, 계보의; გენეალოგიური ტაბულა 족보, 가계도

გენეზისი [명] 기원, 발상

გენერალი [명] [군사] 장군, 대장

გენერალისიმუსი [명] [군사] 대원수, 총사령관

გენერალური [형] 장(長)의, 장관의, 총(總)~; გენ-ერალური კონსული 총영사; გენერალური შტაბი [군사] 참모부

გენერატორი [명] 발전기

გენერლობა [명] 장군의 직위

გენეტიკა [명] [생물] 유전학

გენეტიკური [형] 유전학적인, 유전(상)의

გენია [명] 천부의 재능; 천재

გენიალობა [명] 천재성; 위대함

გენიალური [형] 천재적인, 천부의 재능을 타고난
გენიოსი [명] 천재
გენიოსობა [명] 천재성; 위대함
გენიოსური [형] 천재적인, 천부의 재능을 타고난
გეოგრაფი [명] 지리학자
გეოგრაფია [명] 지리(학)
გეოგრაფიული [형] 지리학의, 지리(상)의; გეოგრაფიული რუკა 지도; გეოგრაფიული მდგომარეობა 지리적 위치; გეოგრაფიული სახელწოდება 지명
გეოდეზია [명] 측지학
გეოლოგი [명] 지질학자
გეოლოგია [명] 지질학
გეოლოგიური [형] 지질학적인, 지질학(상)의
გეომეტრია [명] 기하학
გეომეტრიული [형] 기하학적인
გერანი [명] [식물] 제라늄, 양아욱
გერბი [명] 문장(紋章)
გერბიანი [형] 문장(紋章)의; 문장을 가진
გერი [명] ① 의붓자식 ② 버림받은 사람, 냉대 받는 사람
გერმა [명] (새의) 솜털
გერმანელი [명] 독일 사람
გერმანია [명] 독일
გერმანიის [형] 독일의
გერმანული [형] 독일의; გერმანული ენა 독일어 — [명] 독일어
გესლი [명] 독(毒)

გესლიანად [부] 독을 품고; 악의를 품고

გესლიანი [형] ① 유독한, 독이 있는, 독성의 ② 악의에 찬, 독살스러운; გესლიანი ენა 독설(毒舌)

გეტო [명] 게토 (과거의 유대인 강제 거주 지역)

გვალვა [명] 가뭄; 건조

გვალვიანი [형] 건조한, 메마른

გვამი [명] 시체, 시신, 송장

გვარდია [명] 근위대

გვარდიელი [명] 근위병

გვარეულობა [명] 친족, 가족

გვარი [명] ① 성(姓) ② [문법] 태(態); მოქმედებითი გვარი 능동태; ვნებითი გვარი 수동태

გვარიანად [부] 꽤 잘, 괜찮게

გვარიანი [형] ① 고귀한 태생의, 높은 신분으로 태어난 ② 남부럽지 않은

გვარიშვილი [형] 좋은 가문 태생의

გვარიშვილობა [명] 좋은 가문 태생임

გვარჯილა [명] [화학] 초석, 질산칼륨

გველამუა [명] 위선자

გველეშაპი [명] 용(龍)

გველთევზა [명] 뱀장어

გველი [명] ① 뱀; ჩხრიალა გველი 방울뱀 ② 독사 같은 인간, 사악한 인간, 배반자 ③ [신화] 큰 뱀, 용

გვერგვი [명] 테, 쇠테, 림

გვერდზე [부] 옆에, 곁에; გვერდზე გადადება 옆으로 밀다

გვერდი [명] ① 옆, 측면; გვერდით 바로 가까이에, 나란히; გვერდის დამშვენება 나란히 앉다 ② (책의) 쪽, 페이지 ③ [해부] 갈비뼈, 늑골

გვერდით [부] 옆에, 곁에, 나란히

გვერდითი, გვერდის [형] 옆의, 측면의; გვერდის ავლა 우회하다, 주위를 돌다

გვიან [부] 늦게; სჯობს გვიან ვიდრე არასდროს 늦더라도 안 하는 것보다는 낫다

გვიანდელი [형] 늦은, 더딘

გვიანი [형] (시기적으로) 늦은; გვიან ღამემდე კითხვა 밤늦게까지 책을 읽다

გვიმრა [명] [식물] 양치류

გვირაბი [명] ① 굴, 터널 ② 지하도

გვირგვინი [명] ① 왕관 ② 화관(花冠)

გვირილა [명] [식물] 카밀레

გვრიტი [명] [조류] 호도애

გზა [명] 길, 도로; გზა მშვიდობისა! 즐거운 여행 되세요!; გზა დამიცალე, გზა მომეცი 길을 비키다; გზაზე, გზაში 길 위에; გზად 지나는 길에; გზის დათმობა 길을 내어주다; ჩვენ სხვადასხვა გზით მივდივართ 우리는 각자 다른 길을 간다

გზააბნეული [형] 길을 잃은

გზადაგზა [부] 지나는 길에, 도중에

გზავნა [동] 보내다, 발송하다

გზავნილი [형] საფოსტო გზავნილი 우편으로 온 [보내진] 물건, 소포

გზატკეცილი [명] 주요 도로, 대로, 큰 거리

გზაჯვარედინი [명] 교차로

გზისპირა [형] 길가의, 대로변의

გზით [후] (~을) 통해, (~에) 의해

გზის გაგრძელება [동] 앞으로 나아가다, 진전하다

გთხოვთ 제발, 아무쪼록, 부탁합니다

გიგანტი [명] 거인

გიგანტური [형] 거인 같은; 거대한, 막대한; წინსვლა გიგანტური ნაბიჯებით 급성장하다

გიდელი [명] (포도 수확용) 바구니, 바스켓

გიზგიზი [명] 불꽃, 화염

გიმნაზია [명] 중등학교, 고등학교; ქალთა გიმნაზია 여학교

გიმნაზიელი [명] 중등학교 남학생; გიმნაზიელი ქალი 중등학교 여학생

გიმნასტი [명] 체조가, 체조를 하는 사람

გიმნასტიკა [명] 체조, 체육

გიმნასტიკური [형] 체조의, 체육의

გინდ 그럼에도 불구하고; 게다가, 더군다나

გინება [동] 욕하다 — [명] 욕설

გინეკოლოგი [명] 부인과 의사

გინეკოლოგია [명] 부인과학

გიჟი [형] 미친, 제정신이 아닌 — [명] 미친 사람, 정신병자

გიჟმაჟი [형] 놀기 좋아하는, 명랑한

გიჟმაჟობა [명] 놀기 좋아함, 명랑함

გიჟობა [동] 격노하다

გიჟური [형] 무모한, 미친

გირაო [명] 담보, 보증금, 공탁금

გირვანქა [명] 파운드 (영국의 화폐 단위)

გიტარა [명] [음악] 기타
გიშერი [명] [광물] 마노(瑪瑙); 호박(琥珀)
გლადიატორი [명] [역사] 검투사
გლანდები [명] [해부] 편도선
გლახა [형] 가난한 — [명] 거지
გლახაკი [명] 거지
გლახაკობა [명] 거지 신세 — [명] 구걸하다
გლეხი [명] 영세 농민, 소작농
გლეხკაცი [명] = **გლეხი**
გლეხობა [명] [집합적] 영세 농민, 소작농 계급
გლეხური [형] 시골뜨기의, 농민의
გლეჯა [동] 갈기갈기 찢다; 머리를 쥐어뜯다
გლისერი [명] 글라이더; 수상 비행기
გლიცერინი [명] [화학] 글리세린
გლობუსი [명] 공, 구(球)
გლოვა [동] 슬퍼하다, 마음 아파하다 — [명] 슬픔, 가슴 아픔
გლუ [형] 평탄한, 매끄러운
გლუვი [형] 매끄러운
გლუკოზა [명] [화학] 포도당
გმადლობ(თ) 감사합니다
გმინვა [동] 신음하다, 끙끙거리다
გმირი [명] 영웅; გმირი ქალი 여걸
გმირობა [명] 영웅적 자질[성격], 영웅적 행위
გმირული [형] 영웅적인
გმობა [동] 비난하다, 나무라다, 책망하다
გოგი [명] 구유, 여물통
გოგირდი [명] [화학] (유)황

გოგირდმჟავა [명] [화학] 황산
გოგო [명] ① 소녀, 젊은 여자 ② 하녀
გოგო-ბიჭები [명] 소년소녀들
გოგონა [명] (애칭으로) 아가씨
გოგრა [명] [식물] 호박
გოდება [동] 슬퍼하다, 비탄하다, 애통하다
გოდორი [명] (원통형의) 바구니, 광주리
გოზინაყი [명] 고지나키 (견과류와 꿀을 넣어 만든, 그루지야의 전통 과자)
გოიმი [명] 어리석은 사람, 바보
გოლი [명] [스포츠] 골, 득점
გოლიათი [명] 거인
გოლიათური [형] 거대한, 거인 같은
გომბეშო [명] [동물] 두꺼비
გომური [명] 외양간
გონზე მოსვლა [동] 되살아나다, 부활하다
გონება [명] ① 이성, 사고력; 분별, 양식; **გონების დაკარგვა** 이성을 잃다, 미치다; **გონს მოსვლა** 의식을 되찾다, 정신을 차리다 ② 지성, 지력(知力)
გონებაგამჭრიახი [형] 멀리 내다보는, 선견지명이 있는
გონებადაკარგული [형] 모르는, 무의식의
გონებადამჯდარი [형] 안정된
გონებადაფანტული [명] 정신 나간, 멍하니 있는
გონებამახვილი [형] 재치 있는, 재간 있는, 기지 넘치는, 영리한
გონებამახვილობა [명] 재치 있음

გონებრივი [형] 정신의, 정신적인, 지적인; გონებ-
რივი შრომა 정신[두뇌] 노동; გონებრივად ჩამო-
რჩენილი ბავშვი 지적 발달이 늦은 아이, 지진아

გონი [명] 지성, 지력(知力), 이해력, 사고력

გონიერება [명] 이지(理智); 냉철함, 명료함; 의식 (意識)

გონიერი [명] 사려 분별이 있는, 현명한, 영리한; 의식이 뚜렷한, 냉철한, 명료한

გონივრად [부] 사려 분별을 갖고, 이성적으로

გონივრული [형] 지적인, 영리한

გონივრულობა [명] 냉철함, 명료함, 의식이 뚜렷함

გონს მოსვლა [동] 의식을 되찾다, 정신을 차리다

გონჯი [형] 괴물 같은, 흉측한 — [명] 괴물, 흉측한 것

გორა [명] ① 산 ② 언덕

გორაკი [명] 언덕, 낮은 산

გორაკიანი [형] 산이 많은, 지형이 울퉁불퉁한

გორდა [명] 칼, 검

გორება [동] 구르다, 미끄러지다 — [명] 구르기, 미끄러지기

გორილა [명] [동물] 고릴라

გრადაცია [명] 등급, 단계

გრადუსი [명] 온도; დღეს ათი გრადუსი ყინვაა 오늘은 (기온이) 영하 10 도다

გრამატიკა [명] 문법

გრამატიკული [형] 문법(상)의, 문법적인; გრამატ-
იკული შეცდომა 문법상의 오류

გრამი [명] [무게의 단위] 그램
გრანატა [명] 포탄, 수류탄
გრანიტი [명] [지질] 화강암
გრაფი [명] 백작
გრაფიკა [명] ① 그림, 드로잉 ② 그래픽아트
გრაფიკული [형] ① 그림의, 회화의 ② 그래픽 아트의
გრაციოზული [형] 우아한, 우미한
გრგვინვა [동] ① 천둥 치다 ② 우레와 같은 소리를 내다; ქვემეხები გრგვინავს 대포가 울린다
გრდემლი [명] 모루
გრეხა [동] 비틀다, 돌리다
გრეხილი [형] 비틀린
გრიალი [동] 우르르 울리다, 큰 소리가 나다; ტაშის გრიალი (별안간 터지는) 박수갈채
გრიგალი [명] 폭풍우, 허리케인; 회오리바람
გრილა [동] 서늘하다, 춥다
გრილი [형] 서늘한, 시원한, 차가운
გრიმი [명] (배우의) 분장, 메이크업
გრიპი [명] [병리] 유행성감기, 인플루엔자, 독감
გროვა [명] ① 더미, 무더기 ② 군중, 인파
გროვება [동] ① 모으다, 쌓다, 축적하다 ② (인파가) 모여 들다
გროში [명] 잔돈, 푼돈
გრუნტი [명] 지면, 땅, 토양
გრძედი [명] [지리] 경도(經度)
გრძელვადიანი [형] 장기(長期)의, 장기적인
გრძელთმიანი [형] 머리가 긴, 장발의

გრძელი [형] (길이가) 긴
გრძელკუდა [형] 꼬리가 긴
გრძნეული [명] 마법사, 마술사
გრძნობა [명] ① 느낌, 감각; ხუთი გრძნობა 오감 (五感); გრძნობის ორგანოები (신체의) 감각 기관; ზომიერების გრძნობა 균형 감각; ტკივილის გრძნობა 고통스런 느낌 ② 감각 능력; 관념, 인식; პასუხისმგებლობის გრძნობა 책임감; მოვალეობის გრძნობა 의무감 ③ 지각, 센스; იუმორის გრძნობა 유머 감각 — [동] 느끼다, 감각이 있다
გრძნობიერება [명] ① 감각력, 지각력, 느낄 수 있음 ② 느끼기 쉬움, 민감
გრძნობიერი [형] 느끼기 쉬운, 민감한, 감수성이 예민한
გუბე [명] 웅덩이
გუბერნატორი [명] ① 통치자, 지배자 ② 주지사
გუბერნატორობა [명] 지사의 직
გუბერნია [명] [역사] (행정구역으로서의) 주(州)
გუბურა [명] 연못
გუგული [명] [조류] 뻐꾸기
გუგუნი [동] 윙윙거리다, 소음이 나다 — [명] 윙윙대는 소리
გუდა [명] 포도주 담는 가죽 부대
გუდა-ნაბადი [명] 가재(家財), 짐, 소유물
გუთანი [명] 쟁기
გუთნისდედა [명] 농부
გულადი [형] 용감한, 용맹스런, 씩씩한, 대담한
გულადობა [명] 용기, 용감, 대담

გულაღმა [부] 뒤쪽으로, 뒤를 향해

გულახდილად [부] 솔직히; გულახდილად რომ ვთქვათ 솔직히 말해서

გულახდილი [형] 솔직한, 거리낌 없는, 있는 그대로의

გულახდილობა [명] 솔직함

გულგამგმირავი [형] 애끓는, 가슴이 터질 듯한

გულგატეხილი [형] 실망한, 낙담한, 환멸을 느끼는

გულგატეხილობა [명] 실망, 낙담, 환멸

გულგრილად [부] 무관심하게, 냉담하게

გულგრილი [형] 무관심한, 냉담한

გულგრილობა [명] 무관심, 냉담

გულდაგულ [부] 부지런히, 끈기있게

გულდადებით [부] 부지런히, 끈기있게, 열정적으로

გულდამშვიდებით [부] 조용히, 고요하게

გულდამშვიდებული [형] 조용한, 고요한

გულდასმით [부] 신중하게, 주의하여, 세심하게

გულდაუდებელი [형] 안절부절못하는, 조바심 많은, 참을성 없는

გულდაჯერებული [형] 확신 있는

გულზვიადი [형] 독선적인, 잘난 체하는

გულზვიადობა [명] 독선, 잘난 체함

გულთბილი [형] 상냥한, 마음씨가 따뜻한, 성심성의의; გულთბილი მიღება 진심어린 환영; გულ-თბილი სიტყვა 따뜻한 말

გულთმისანი [형] 예언하는, 천리안의, 날카로운 통찰력이 있는

გულთმისნობა [명] 천리안, 비상한 통찰력

გული [명] ① 심장; გულის ფიცარი [해부] 흉곽(胸廓), 흉강(胸腔) ② 마음, 감정, 심정, 기분; გულის გაკეთება 용기를 북돋우다; კეთილი გული 친절한 마음씨; გული უსკდება 그는 가슴이 찢어질 지경이다; გულით და სულით 진심으로, 마음에서 우러나; როგორც თვალი შორსაო ისე გული შორსაო 안 보이면 마음도 멀어진다

გულითადი [형] ① 인정이 있는, 마음씨가 따뜻한 ② 진심의, 성심성의의, 마음에서 우러난; გულითადი საუბარი 마음을 터놓고 하는 이야기

გულითადობა [명] ① 인정, 상냥함, 친절 ② 진심, 성심

გულისათვის (~을) 위하여

გულისამრევი [형] 욕지기나게 하는, 역겨운

გულის გატეხვა [동] 실망시키다; 실망하다, 환멸을 느끼다

გულის მანკი [명] 심장병

გულის მოგება [동] 구슬려 ~시키다, 감언이설로 꾀다

გულის მოსვლა [동] 화나다, 성나다

გულისპირი [명] ① (아이들의) 턱받이 ② (갑옷의) 가슴받이, 흉갑(胸甲)

გულისრევა [동] 메스껍다, 욕지기하다, 구토하다 — [명] 욕지기, 메스꺼움

გულისტკენა [동] 가슴 아파하다, 분하게 여기다
გულისტკივილი [명] 원통함, 분함
გულის ფანცქალით [부] 초조하게, 안달이 나서
გულისყური [명] 주의, 면밀
გულისყურით [부] 주의 깊게, 면밀하게
გულის ცემა [명] [병리] 심계항진
გულის ძგერა [명] = გულის ცემა
გულის წასვლა [명] 기절, 졸도
გულისწვა [명] [병리] 가슴앓이, 속쓰림
გულისწყრომა [명] 화, 분노, 격노
გულკეთილი [형] 착한, 친절한, 상냥한
გულკეთილობა [명] 선량, 친절
გულმავიწყი [형] 잊기 쉬운, 잘 잊어버리는, 얼빠진 상태의
გულმავიწყობა [명] 건망증, 얼빠진 상태
გულმართალი [형] 진실한, 정직한, 올바른
გულმკერდი [명] 가슴, 흉부
გულმოდგინე [형] 열정적인, 부지런한, 근면한
გულმოდგინება [명] 열정; 부지런함, 근면
გულმოკლული [형] (가슴 아플 정도로) 죄를 깊이 뉘우치는
გულმოსული [형] 화가 치민, 짜증스러운
გულმტკივნეულად [부] 공감하여, 동감하여
გულმტკივნეული [형] 공감하는, 동감하는
გულმტკივნეულობა [명] 공감, 동감
გულნაკლული [형] 불만족한, 불쾌한
გულნატკენი [형] 괴로운, 슬퍼하는
გულსაბნევი [명] 브로치

გულუბრყვილო [형] 순진한, 천진난만한
გულუბრყვილობა [명] 순진함, 천진난만
გულუხვი [형] 관대한, 너그러운, 아량이 넓은
გულუხვობა [명] 관대함, 너그러움
გულფიცხელი [형] 성마른, 성급한
გულფიცხი [형] 성마른, 성급한
გულფიცხობა [명] 성마름, 급한 성미
გულქვა [형] 무정한, 냉혹한, 잔인한
გულქვაობა [명] 무정, 냉혹, 잔인
გულღია [형] 솔직한, 거리낌 없는
გულღიად [부] 솔직히, 터놓고
გულშემატკივარი [형] 다정한, 상냥한, 동정심이 있는
გულშემატკივრობა [명] 다정함, 상냥함, 동정(심)
გულშემზარავი [형] 무서운, 소름끼치는
გულშემოყრილი [형] 기절한, 졸도한
გულჩათხრობილი [형] 말 수가 적은, 마음을 터놓지 않는, 서먹서먹한
გულჩახვეული [형] 말 수가 적은, 마음을 터놓지 않는, 서먹서먹한
გულცივი [형] 무관심한, 개의치 않는
გულცივობა [명] 무관심, 개의치 않음
გულწითელა [명] [조류] 멋쟁이새
გულწრფელად [부] 성심성의껏
გულწრფელი [형] 성실한, 성심의, 진심의
გულწრფელობა [명] 성심성의, 진심
გულხელდაკრეფილი [형] 놀고 있는, 비어 있는, 사용되지 않는

გუმბათი [명] [건축] 둥근 지붕, 돔
გუნდა [명] 덩어리, 덩이
გუნდაობა [명] 눈덩이, 눈뭉치 — [동] 눈싸움을 하다
გუნდი [명] ① 합창 ② 합창단 ③ 떼, 무리 ④ (스포츠의) 팀
გუნება [명] 기분, 마음 상태
გუფთა [명] 고기 완자
გუშაგი [명] 보초, 파수꾼
გუშინ [부] 어제; გუშინ ღამე 어젯밤에
გუშინდელი 어제의, 어젯밤의
გუშინწინ [부] 그저께

დ

და¹ [접] 그리고; და აშ, და ასე შემდეგ, და სხვა 기타, ~등등

და² [명] 자매, 누이, 여자 형제

დაავადება [명] 병, 질병 — [동] 병에 걸리다

დაავადებული [형] 병에 걸린, 아픈

დაავადმყოფება [동] 병에 걸리다

დაანგარიშება [동] 합산하다, 합계하다

დაარსება [동] 세우다, 설립하다

დაახლობით [부] 얼마큼, 얼마쯤

დაახლოება [명] 가까움, 근접 — [동] (수 따위가) (~에) 가 까워지다, 근접하다

დაახლოებით [부] 약, 대략

დაახლოებული [형] 가까운, 근접한

დაბა [명] 읍, 작은 도시; 자치 도시

დაბადება [명] 탄생; დაბადების დღე 생일; დაბადების წელი 생년(生年) — [동] 낳다

დაბადებით [부] 선천적으로

დაბადებული [형] 타고난, 선천적인

დაბალი [형] ① (정도가) 낮은, 깊은; დაბალი ხმა 저음 ② (가치가) 낮은, 뒤떨어진; დაბალი ხარისხის 저질의 ③ 키가 작은, 단신의

დაბანა [동] (몸을) 씻다 — [명] 씻기

დაბანაკება [동] 야영하다, 캠핑하다

დაბანაკებული [형] 야영을 한

დაბანდება [명] (자본의) 투자 — [동] 투자하다

დაბარება [동] 맡기다, 위임하다 — [명] 위임

დაბაღი [명] 제혁(製革)업자, 가죽을 무두질하는 사람

დაბარვა [동] (땅을) 파다 — [명] 땅파기

დაბეგვრა [명] 과세, 징세 — [동] 과세하다, 징세하다

დაბეგრილი [형] 과세할 수 있는

დაბეზღება [동] 밀고하다 — [명] 밀고

დაბერება [동] 늙다, 나이 들다

დაბერებული [형] 늙은, 나이 든

დაბერვა [동] (바람이) 불다

დაბერტყვა [동] (먼지 따위를) 털다

დაბეჭდვა [동] 인쇄하다; 타이프를 치다 — [명] 인쇄, 타 이핑

დაბეჭდილი [형] 인쇄된

დაბეჯითებით [부] 설득력 있게

დაბინავება [동] 머무르다, 살다, 정주하다

დაბიჯება [동] 발걸음을 내딛다

დაბლა [부] 아래로, 아래에; დაბლა გახედვა 아래를 보다

დაბლობი [명] 저지대; 움푹한 땅

დაბმა [동] 묶다, 매다, 동이다

დაბმული [형] 묶인, 매인, 동여진

დაბნევა [동] 당황하다

დაბნელება [명] [천문] (해・달의) 식(蝕); მზის დაბნელება 일식; მთვარის დაბნელება 월식; მთლიანი დაბნელება 개기식; ნაწილობრივი

დაბნელება 부분식 — [동] (날이) 흐려지다, 어두워지다
დაბნელებული [형] 어두워진
დაბნეული [형] 멍한, 넋 나간
დაბნეულობა [명] 멍한[넋 나간] 상태
დაბოლოება [명] 끝, 종결 — [동] 끝내다, 마무리하다
დაბოლოებული [형] 끝난, 종결된
დაბრალება [동] 고발하다 — [명] 고발
დაბრკოლება [동] 막다, 방해하다, 저해하다 — [명] 방해, 장애; 장애물
დაბრმავება [동] 눈멀게 하다; 눈부시게 하다 — [명] 눈이 멂; 눈부심
დაბრუნება [동] 반환하다, 돌려주다, 되가져오다; უკან დაბრუნება (되)돌아오다 — [명] 반환; 귀환
დაბრუნებული [형] 돌아온
დაბრძანება [동] 앉다, 자리를 잡다
დაბუდება [동] 둥지를 틀다, 자리를 잡다
დაბურული [형] (숲이) 울창한; 빽빽한, (온통) 뒤덮인
დაბჯენა [동] 기대다, 받쳐져 있다
დაგდება [동] 던지다, 내던지다; ყურის დაგდება (~에) 귀를 기울이다 — [명] 던지기, 투척
დაგება [동] 펼치다, 깔다
დაგეგმვა [동] 계획하다; (정원 따위를) 설계하다, 레이아웃 하다 — [명] 계획; 설계, 레이아웃
დაგვა [동] 깨끗이하다, 쓸다, 닦다, 치우다

დაგვიანება [동] (~에) 늦다, 지체되다 — [명] 늦음, 뒤처짐

დაგვიანებული [형] 뒤늦은, 지체된

დაგვირგვინება [동] 왕관을 씌우다, (왕위에) 즉위시키다 — [명] 즉위식, 대관식

დაგზავნა [동] 보내다, 넘기다

დაგირავება [동] 전당잡히다, 저당[담보]에 넣다

დაგლეჯა [동] 갈가리 찢다

დაგლეჯილი [형] 갈가리 찢긴

დაგმობა [동] 비난하다, 책망하다

დაგრეხა [동] 비틀다; 굴리다

დაგროვება [동] 모으다, 쌓다, 축적하다; ცოდნის დაგროვება 지식을 쌓다 — [명] 모으기, 쌓기, 축적; კაპიტალის დაგროვება 자본의 축적

დაგროვილი [형] 쌓인, 축적된

დაგრძელება [동] 길게 하다, 늘이다, 연장하다 — [명] 늘이기, 연장

დაგრძელებული [형] 길게 늘인, 연장된

დაგუბება [동] 둑[제방]을 쌓다 — [명] 둑[제방]을 쌓기

დადაბლება [동] 낮추다, 떨어뜨리다, 저하하다 — [명] 낮추기, 저하

დადაბლებული [형] 낮아진

დადამბლავება [동] 마비시키다

დადამბლავებული [형] 마비된

დადასტურება [동] 확실하게 하다, 확증하다; 확증되다 — [명] 확증

დადაღვა [동] ① 표시를 하다, 낙인을 찍다 ② (마음을) 애태우다 — [명] 표시하기, 낙인 찍기

დადგენა [동] 결정하다, 확정하다, 확증하다; დანა-შაულის დადგენა 유죄로 확증하다 — [명] 결정, 확정, 확증

დადგენილება [명] 결정, 결단, 결의, 결심

დადგენილი [형] 결정된, 확정된, 확증된

დადგმა [동] 놓다, 위치시키다; 짓다, 세우다; ფეხის მიწაზე დადგმა 땅에 발을 딛다; სახლის დადგმა 집을 짓다 — [명] (극의) 상연

დადგმული [형] 놓여진, 위치한

დადგომა [동] ① (~이) 되다; ის კარგი მასწავ-ლებელი დადგა 그는 훌륭한 선생이 되었다; ზამთარი დადგა 겨울이 왔다 ② ფეხზე დადგომა 일어나다, 일어서다

დადება [동] ① 놓다, 내려놓다; პირობის დადება 배열하다 ② ფიცის დადება 맹세하다, 서약하다; ფასის დადება 평가하다; სანაძლეოს დადება 내기를 하다; თავის დადება 자신을 희생하다; ბოქ-ლომის დადება 잠그다, 폐쇄하다

დადებითად [부] 긍정적으로; მან დადებითად გასცა პასუხი 그는 동의했다, "예"라고 말했다

დადებითი [형] ① 긍정적인; დადებითი პასუხი 긍정적인 답변 ② 침착한, 진정시키는 ③ [문법] (형용사·부사가) 원급(原級)의; დადებითი ხარ-ისხი (형용사·부사의) 원급

დადებული [형] 놓여진, 위치한

დადევნება [동] 따라가다, 쫓아가다

დადემიწა [명] 지구(地球), 세계

დადნობა [동] (눈 따위가) 녹다

დადუმება [동] 조용해지다, 침묵하다

დაეჭვება [동] 의심을 품다

დაეჭვებული [형] 의심스러운

დავა [동] 논쟁하다 — [명] 논쟁; არ არის სადავო 말할 나위 도 없다

დავალება [동] (일을) 맡기다, 의무를 지우다; 지시하다, 명령하다 — [명] 임무, 사명, 의무; დავალებით 지시에 따라서

დავალებული [형] (일을) 맡은, 지시를 받은

დავალიანება [명] 부채, 채무; 연체금; დავალიანების გასტუმრება 부채를 청산하다

დავარდნა [동] 떨어지다, 내려앉다, 쓰러지다, 넘어지다 — [명] 떨어짐, 하락; ფასების დავარდნა 가격 폭락

დავარცხნა [동] (머리를) 빗질하다 — [명] 빗질

დავთარი [명] 책; 공책, 노트

დავიწროება [동] 좁히다; 좁아지다, 줄어들다 — [명] 좁히기

დავიწროებული [형] 좁아진, 줄어든

დავიწყება [동] 잊다, 망각하다 — [명] 망각

დავიწყებული [형] 잊혀진, 망각된

დავლა[1] [동] 돌다, 돌아다니다; (소문 따위가) 퍼지다; ახალმა ამბავმა მთელი ქალაქი მოიარა 그 소식은 온 시내에 퍼졌다

დავლა[2] [명] 전리품, 전승 기념물

დავლება [동] 붙잡다, 꽉 쥐다

დაზამთრება [동] 겨울을 나다, 월동하다
დაზარალება [동] 손실[피해]을 입다
დაზარება [동] 게으르다
დაზგა [명] 선반(旋盤), 공작 기계
დაზელა [동] ① 반죽하다, 개다 ② 호되게 때리다 ③ 문지르다, 비비다 — [명] 문지르기; 안마, 마사지
დაზეპირება [동] 외우다, 암기하다
დაზვერვა [동] 살피다, 조사하다, 정찰하다 — [명] [군사] 정찰; 정보 업무
დაზიანება [동] 망치다; 손상을 주다, 부상을 입히다, 해치다 — [명] 부상
დაზოგვა [명] 자비, 은혜 — [동] (돈을) 아끼다, 절약하다
დაზუსტება [동] (명백한) 정의를 내리다, (정확히) 규정하다 — [명] 정의, 규정
დაზუსტებული [형] 규정된; 정확한
დაზღვევა [동] 보험에 들다 — [명] 보험; სოციალური დაზღვევა 사회 보험; სიცოცხლის დაზღვევა 생명 보험
დაზღვეული [형] 보험에 든; დაზღვეული წერილი 등기 우편
დათანხმება [동] 동의하다 — [명] 동의
დათარიღება [동] 날짜를 적다
დათარიღებული [형] 날짜가 적힌[기입된]
დათესვა [동] (씨를) 뿌리다; რასაც დათესავ იმას მოიმკი 뿌린대로 거둔다
დათესილი [형] (씨)뿌려진

დ

დათვალიერება [동] 조사하다, 검사하다, 점검하다 — [명] 조사, 검사, 점검

დათვი [명] [동물] 곰

დათვლა [동] 세다, 셈하다

დათვური [형] ① 곰의 ② დათვური სამსახური 해악, 몹쓸 짓; დათვური სამსახურის გაწევა (~에게) 몹쓸 짓을 하다

დათლა [동] 잘게 썰다, 조각내다 — [명] 썰기

დათმობა [동] 양보하다, 양도하다, 남이 갖게 하다; (토지를) 할양하다

დათრობა [동] (술 따위에) 취하게 하다

დათუთქვა [동] (뜨거운 것에) 데게 하다; 데다 — [명] (뜨거운 것에) 뎀, 화상

დათქმა [동] 동의하다, 합의를 보다 — [명] 동의, 협의

დათხოვნა [동] ① 해고하다, 면직[퇴직]시키다; (군대에서) 전역시키다 ② (의회 따위를) 해산하다 — [명] ① 해고, 면직, 퇴직; 전역 ② (의회 따위의) 해산

დათხოვნილი [형] 해고된

დათხრა [동] თვალების დათხრა 눈이 퉁퉁 붓도록 울다

დაიკო [명] 여동생, 누이 동생

დაიმედება [동] 희망을 품게 하다, 용기를 북돋우다, 격려 하다

დაინტერესება [동] 흥미[관심]를 유발시키다; 흥미[관심]를 갖다 — [명] (개인적) 관심, 흥미

დაკავება [동] ① 못가게 붙들다, 저지하다, 정지시키다, 지연시키다 ② 점유하다, 차지하다 — [명] 저지, 지체

დაკავებული [형] ① 바쁜, 분주한 ② 점유된 ③ დაკავებულია! (전화가) 통화중입니다!

დაკავშირება [동] ① 묶다, 매다, 동이다 ② 통신하다, 연락하다; ტელეფონით დაკავშირება 전화로 연락하다

დაკავშირებით → **კავშირი**

დაკაკუნება [동] 두드리다, 노크하다

დაკანონება [동] 합법화하다, 적법화하다 — [명] 합법화, 적법화

დაკანონებული [형] 합법화된, 적법화된

დაკარგვა [동] 잃다; იმედს არ ვკარგავ 나는 희망을 잃지 않았다; გრძნობის დაკარგვა 의식을 잃다; აქედან დაიკარგე 비켜, 꺼져 버려! — [명] 손실; (돈·시간 따위의) 낭비, 허비; სისხლის დაკარგვა 출혈, 혈액 손실; მეხსიერების დაკარგვა 기억 상실

დაკარგული [형] 잃어버린, 상실한

დაკეპვა [동] 잘게 썰다, 다지다

დაკეპილი [형] 잘게 썬, 다진

დაკერება [동] 꿰매다, 깁다; (꿰매어) 줄무늬를 넣다

დაკერებული [형] 꿰맨, 기운

დაკეტვა [동] 잠그다, 폐쇄하다 — [명] 폐쇄

დაკეტილი [형] 잠긴, 폐쇄된

დაკეცვა [동] (책·우산 따위를) 덮다, 접다

დაკვეთა [동] 명령하다, 지시하다 — [명] 명령, 지시; 주문, 예약; დაკვეთით 주문에 의하여

დაკვირვება [동] 관찰하다; 지켜보다, 눈을 떼지 않다 — [명] 관찰

დაკვირვებული [형] 관찰하는; 주의 깊은

დაკვლა [동] 죽이다, 도살하다

დაკვნესება [동] 신음하다, 끙끙거리다

დაკვრა [동] ① 치다, 때리다 ② (음악을) 연주하다 — [명] ① 치기, 때리기 ② (음악의) 연주

დაკიდება [동] 걸다, 매달다

დაკიდებული [형] 걸린, 매달린

დაკითხვა [동] 질문하다, 심문하다, 조사하다 — [명] 질문, 심문, 조사

დაკითხული [형] 질문받은

დაკისრება [동] (의무 따위를) 지우다, 부과하다

დაკლაკნილი [형] 꾸불꾸불한

დაკლება [동] ① 줄이다, 감소하다; 축소하다, 삭감하다; სიჩქარის დაკლება 속력을 줄이다 ② (고통 따위를) 누그러뜨리다, 완화하다 — [명] 감소, 축소; 완화

დაკლებული [형] 줄어든, 감소한

დაკლული [형] 죽임을 당한

დაკმაყოფილება [동] 만족시키다; მოთხოვნილების დაკმაყოფილება 요구를 충족시키다; სურვილის დაკმაყოფილება 소원을 들어주다 — [명] 만족시키기

დაკმაყოფილებული [형] 만족한, 충족된

დაკონსერვება [동] ① 보존하다 ② (식품을) 통조림으로 만 들다

დაკოჟრილი [형] 노동으로 단련된

დაკოცნა [동] (서로) 입맞추다, 키스하다

დაკოჭლება [동] 절뚝거리다

დაკრძალვა [동] 묻다, 매장하다 — [명] 매장, 장례식

დაკრძალული [형] 묻힌, 매장된

დალაგება [동] 정돈하다, 말끔히하다

დალაგებული [형] (이야기 따위가) 일관성 있는, 조리 있는

დალალი [명] 땋은 머리

დალაქი [명] 이발사

დალევა [동] ① 마시다 ② 고갈시키다, 바싹 말리다

დალეწვა [동] 깨다, 부수다

დალეწილი [형] 깨진, 부서진

დალოდება [동] 기다리다, 대기하다

დალოცვა [동] 축복하다 — [명] 축복(하기)

დალპობა [동] 썩다, 부패하다 — [명] 썩음, 부패

დამაარსებელი [명] 설립자

დამაგრება [동] 단단히하다, 고착시키다, 굳게 하다 — [명] 단단히하기, 굳히기

დამადასტურებელი [형] 확증하는, 증언하는, 뒷받침하는

დამადლება [동] 비난하다, 책망하다

დამაკავშირებელი [형] 접속하는, 연결하는

დამაკმაყოფილებელი [형] 만족스러운, 충분한

დამაკმაყოფილებლად [부] 만족스럽게, 충분히

დამალვა [동] 숨기다, 감추다; 숨다; დამალობანა 숨바꼭질; დამალობანას თამაში 숨바꼭질하다

დამალული [형] 숨은, 감춰진

დამამტკიცებელი [형] 논증하는, 확증하는; დამამტკიცებელი საბუთი 증거

დამამშვიდებელი [형] 진정시키는

დამამცირებელი [형] 굴욕적인, 수치스러운

დამამძიმებელი [형] 무거운, 부담스러운

დამართება [동] 병이 나게 하다, 감염시키다

დამარილება [동] 소금을 넣다; 소금에 절이다

დამარილებული [형] 소금기 있는; 소금에 절인; მარილიანი წყალი 소금물

დამარცხება [동] 패배시키다, 쳐부수다 — [명] 패배; სრული დამარცხება 완전한 패배

დამარცხებული [형] 패배한, 진

დამარწმუნებელი [형] 확신시키는, 설득하는

დამარხვა [동] 묻다, 매장하다 — [명] 매장

დამატება [동] 더하다, 부가하다; 보완하다 — [명] ① 부가; 보완 ② [문법] 목적어

დამატებითი [형] 부가적인; 보충하는

დამატებითად [부] 부가적으로, 게다가

დამატკბობელი [형] 유쾌한; 매혹적인

დამატყვევებელი [형] 매혹적인, (감정을) 사로잡는

დამახასიათებელი [형] 특유의, 특징적인

დამახინჯება [동] 외관을 손상하다, 꼴사납게 하다; (말·의미를) 곡해하다; (아이의 버릇을) 망쳐 놓다 — [명] 왜곡, 곡해

დამახინჯებული [형] 꼴사납게 된, 망친

დამახსოვრება [동] 기억하다, 마음에 간직하다 — [명] 기억, 암기

დამაჯერებელი [형] 확신시키는, 설득하는

დამბაჩა [명] 권총, 피스톨

დამბლა [명] [의학] 마비, 불수(不隨); 중풍

დამბლადაცემული [형] 마비된

დამდაბლება [동] 낮추다, 비하하다 — [명] 비하

დამდნარი [형] 녹은, 용해된

დამდურება [동] 싸우다, 다투다, 사이가 틀어지다

დამდუღვრა [동] (뜨거운 것에) 데게 하다; 데다

დამეგობრება [동] 친해지다, (사이가) 가까워지다

დამეგობრებული [형] 친해진, (사이가) 가까워진

დამზადება [동] 준비하다, 조달하다, 비축하다 — [명] 준비, 조달, 비축

დამზადებული [형] 준비된, 조달된, 비축된

დამზოგველი [형] 검소한, 절약하는

დამზოგველობა [명] 검소, 절약

დამზრალი [형] 얼어붙은, 동상에 걸린

დამთავრება [동] 끝내다, 종료하다; 끝나다; სკოლის დამთავრება 학교를 졸업하다 — [명] 끝, 종료; (학교의) 졸업

დამთავრებული [형] 끝난, 종료된; (학교를) 졸업한

დამთვალიერებელი [명] 관찰자, 구경꾼; 관광객, 방문객

დამთვრალი [형] (술 따위에) 취한

დამთმობი [형] 유순한, 잘 따르는, 고분고분한

დამთქნარება [동] 하품하다

დამთხვევა [동] 일치하다, 부합하다; 의견을 같이 하다; მოწმეთა ჩვენებები ერთმანეთს არ ემთხვევა 이 증거들은 서로 상반되고 있다 — [명] 일치, 부합

დამიზნება [동] 겨냥하다, 목표로 삼다

დამკვიდრება [동] ① 열심히 가르치다, 주입시키다 ② 강화하다, 공고히하다 — [명] 강화, 단단히 함

დამკვრელი [명] (구어체에서) 음악가

დამკრძალავი [형] 장례의; დამკრძალავი ბიურო 장의사

დამლაგებელი [명] 하녀; 시중드는 사람; 청소부

დამნაშავე [형] 유죄의 — [명] 범죄자; სამხედრო დამნაშავე 전범(戰犯)

დამნაშავეობა [명] 유죄임; 범죄성

დამოკიდებულება [동] (~에) 의존하다 — [명] 의존; 종속 상태; ვასალური დამოკიდებულება [역사] (중세 봉건 시대의) 신하됨, 가신(家臣)의 신분; ბატონყმური დამოკიდებულება [역사] 농노의 신분

დამოკიდებული [형] 의존하는; 종속적인

დამოკლება [동] 짧게 하다, 줄이다

დამონება [동] 노예로 만들다, 종속[예속]시키다 — [명] 노예화, 종속[예속]시킴

დამონებული [형] 노예가 된, 종속[예속]된

დამორჩილება [동] 구속하다, 속박하다, 종속[복종]시키다; [군사] (~의) 지휘하에 두다 — [명] 구속, 속박, 종속; 복종

დამორჩილებული [형] 속박된, 종속된; (~의) 지휘하에 있는

დამოუკიდებელი [형] 독립한, 자주의; 주권이 있는; დამოუკიდებელი სახელმწიფო 독립국, 주권국가

დამოუკიდებლობა [명] 독립, 자주; 주권

დამოყვრება [동] 관련시키다; 관련되다

დამოწმება [동] 증명하다, 입증하다; 확실히하다 — [명] 증명, 입증

დამპალი [형] 썩은, 부패한

დამპყრობელი [명] 정복자

დამჟავება [동] (맛이) 시어지다

დამრბევი [명] 부랑자

დამრგვალება [동] 둥글게 하다, 모서리를 없애다; 굽히다

დამრგვალებული [형] 둥글게 된, 모서리를 없앤

დამრეცი [형] 비스듬한, 기울어진

დამრიგებელი [명] 선생; 가정교사, 개인지도교사

დამრიგებლობითი [형] 교훈적인, 가르치는

დამსახურება [동] (마땅히) ~할 만하다, (~할) 가치가 있다; ნდობის დამსახურება 믿을 만하다 — [명] (~을 받을 만한) 가치, 자격

დ

დამსახურებული [형] 가치 있는; 명예로운, 존중할 만한

დამსგავსება [동] 닮다, 유사하다 — [명] 닮음, 유사

დამსწრე [명] 목격자

დამსხვრევა [동] 부서지다, 붕괴하다 — [명] 부서짐, 붕괴

დამსხვრეული [형] 부서진

დამსჯელი [명] 벌의, 징벌의; 보복하는; დამსჯელი ექსპედიცია 토벌전

დამტარებელი [명] 행상, 도붓장수

დამტვრევა [동] 부수다, 깨뜨리다

დამტვრეული [형] 부서진, 깨진

დამტკიცება [동] ① 확언하다, 단언하다, 주장하다 ② 증명 하다, 입증하다 — [명] 확언, 단언

დამტკიცებული [형] 증명된, 입증된

დამუნჯება [동] 말을 못하게 되다 — [명] 말을 못함

დამუქრება [동] 위협하다, 협박하다, 으르다 — [명] 위협, 협박

დამუქრებით [부] 위협적으로

დამუშავება [동] ① (애써) 성취하다, 이룩하다, 공을 들이다 ② 처리하다, 조작하다 ③ (토지를) 경작하다 — [명] ① 처리, 조작 ② (토지의) 경작

დამუშავებული [형] ① 제조(업)의 ② 공들인 ③ (토지가) 경작된

დამუხრუჭება [동] [기계] 제동을 걸다

დამუხტვა [동] (배터리를) 충전하다

დამფრთხალი [형] 겁먹은, 무서워하는

დამფუძნებელი [형] 제정권이 있는; 구성하는 — [명] 구성자; 창설자, 설립자

დამქანცველი [형] 피곤하게 하는, 지치게 하는, 따분한, 지루한

დამღლელი [형] 피곤하게 하는, 지치게 하는, 따분한, 지루한

დამღუპველი [형] 파괴적인, 파멸시키는 — [명] 파괴자

დამყარება [동] 수립하다, 확립하다; დიპლომატიური ურთიერთობების დამყარება 외교 관계를 수립하다; კავშირის დამყარება 연락을 취하다; წესრიგის დამყარება 질서를 확립하다 — [명] 수립, 확립

დამყარებული [형] 수립된, 확립된

დამყნობა [동] [식물] 접목하다, 접붙이다 — [명] 접목, 접붙이기

დამშევა [동] 굶주리다

დამშეული [형] 굶주린, 배고픈

დამშვენება [동] 꾸미다, 장식하다, 미화하다 — [명] 꾸미기, 장식, 미화

დამშვიდება [동] 진정시키다, 달래다, 가라앉히다; დამშვიდდით! 마음 놓으세요, 진정하세요 — [명] 진정시키기, 달래기

დამშვიდებული [형] 진정된, 고요한; დამშვიდებული ზღვა 잔잔한 바다

დამჩაგვრელი [명] 압제자, 박해자

დამცველი [명] 감시원, 경비원, 파수꾼; 지키는 사람, 방어자, 보호자

დამცინავი [명] 비웃는 사람, 조롱하는 사람

დამცირება [동] 굴욕을 주다, 창피를 주다; 낮추다, 비하하다; თავის დამცირება 자신을 낮추다 — [명] 굴욕; 비하

დამცირებული [형] 굴욕[창피]을 당한

დამძიმება [동] 무거워지다, 무게가 증가하다

დამძიმებული [형] 무거운

დამწერლობა [명] 문어(文語), 문자 언어, 글로 쓴 것

დამწვარი [형] 불에 탄

დამწიფება [동] 무르익다, 원숙해지다

დამწიფებული [형] 무르익은, 원숙해진

დამწყები [명] ① 초심자 ② 창시자, 개척자

დამწყვდევა [동] 교도소에 넣다, 수감하다, 투옥하다, 감금하다 — [명] 수감, 투옥, 감금

დამწყვდეული [형] 수감된, 투옥된, 감금된

დამჭკნარი [형] (식물이) 시든, 말라 빠진

დამჭლევება [동] 여위다, 수척해지다

დამჭლევებული [형] 여윈, 수척해진, 마른

დამხმარე [형] 보조의, 보조적인; დამხმარე ზმნა [문법] 조동 사 — [명] 조수, 보조원

დამხობა [동] 뒤집다, 넘어뜨리다, 전복시키다 — [명] 뒤집기, 전복

დამხრჩვალი [형] 물에 빠져 죽은, 익사한

დამჯერე, დამჯერებელი [형] 복종하는, 말을 잘 듣는, 고분 고분한

-დან [접미] [장소] ~으로부터
დანა [명] 칼, 나이프 (식탁용, 문구, 조각용 등)
დანადგარი [명] (기계 따위의) 설비, 장치; 엔진
დანაზოგი [명] 절약, 검약
დანაკარგი [명] 손실, 손해
დანაკლისი [명] 부족
დანალექი [명] 침전물, 앙금
დანამატი [명] 부가물, 부속물
დანამდვილებით [부] 물론, 확실히
დანამვა [동] 수분[습기]을 주다, 축축하게 하다; 이슬이 맺히게 하다
დანამული [형] 이슬 맺힌; 습기 있는, 축축한
დანამცეცება [동] 부스러뜨리다
დანანება [동] 동정하다; 유감스럽게 여기다; სინანული გამოთქვა, რომ ის არ მოვიდა 그는 그녀가 오지 않은 것을 유감스럽게 여겼다
დანაოჭებული [형] 주름이 잡힌
დანაპირები [명] 약속 — [형] 약속된
დანართი [명] (문서의) 부록
დანარჩენი [명] 나머지, 남은 것
დანარცხება [동] 던지다, 내던지다
დანაღვლიანება [동] 슬프게 하다
დანაღვლიანებული [형] 슬픈, 수심에 잠긴
დანაღმვა [동] 지뢰를 부설하다
დანაღმული [형] 지뢰가 부설된, 지뢰 지대의
დანაყვა [동] 마구 치다, 두드려 부수다
დანაყილი [형] 두드려 부순

დ

დანაყრება [동] (~을) 조금 취하다[잘라내다, 따다]

დანაშაული [명] 범죄, 위법 행위; დანაშაულის ჩადენა 범죄를 저지르다; სისხლის სამართლის დანაშაული 범죄, 위법 행위

დანა-ჩანგალი [명] 식사 용구 한 벌 (나이프, 포크, 스푼 등)

დანაძლევება [동] 내기를 하다

დანაწევრება [동] 분할하다, 붕괴시키다, 와해하다 — [명] 분할, 붕괴, 와해

დანაწევრებული [형] 분할된, 붕괴된, 와해된

დანაწილება [동] ① 분배하다, 나누어주다 ② 나누다, 분리하다 — [명] ① 분배 ② 나누기, 분리

დანახვა [동] 보다; ხედავთ იქ რაიმეს? 저기에 뭐 보이는 거 있습니까?

დანახვება [동] 보여주다

დანგრევა [동] 파괴하다, 결딴내다, 망치다 — [명] 파괴; ომით გამოწვეული ნგრევა 전쟁으로 인한 황폐

დანგრეული [형] 파괴된

დანდობა [동] ① 아끼다 ② 믿다, 의지하다, 기대다 — [명] 자비, 인정

დანებება [동] 양보하다; 항복하다 — [명] 양보; 항복

დანერგვა [동] 주입시키다 — [명] 주입; ახალი ტექნიკის დანერგვა 신기술의 도입

დანერგილი [형] 주입된; 도입된

დანთება [동] 불을 붙이다, 점화하다

დანია [명] 덴마크

დანიელი [명] 덴마크 사람

დანიური [형] 덴마크의; **დანიური ენა** 덴마크어 — [명] 덴마크어

დანიშვნა[1] [동] 지정하다; 지명하다; **დღის დანიშვნა** 날짜를 정하다; **ფასის დანიშვნა** 가격을 정하다 — [명] 지정; 지명

დანიშვნა[2] [동] 약혼시키다; 약혼하다 — [명] 약혼

დანიშნულება [명] 임명, 지명

დანიშნული [형] ① 임명된, 지명된 ② 약혼한

დაობება [동] 곰팡이가 슬다

დაობებული [형] 곰팡이가 슨

დაობლება [동] 고아가 되다

დაობლებული [형] 고아가 된; 버려진

დაპატარავება [동] 줄이다, 감소하다 — [명] 감소

დაპატარავებული [형] ① 줄어든, 감소한 ② [문법] 지소(指小)의

დაპატიმრება [동] 체포하다, 감금하다 — [명] 체포, 감금

დაპატიმრებული [형] 체포된, 감금된

დაპატიჟება [동] ① 초대하다; **სადილზე დაპატიჟება** 만찬에 초대하다 ② 요청하다; **საცეკვაოდ მიპატიჟება** 춤을 추자고 요청하다 — [명] 초대; **დაპატიჟებით** 초대에 의하여

დაპატიჟებული [형] 초대받은

დ

დაპირდაპირება [동] 대립하다, 대조를 이루다 — [명] 대립, 대조

დაპირება[1] [동] ① 약속하다 ② (~할) 가망이 충분히 있다 — [명] 약속, 서약

დაპირება[2] [동] (~하려고) 계획하다, 의도하다; ის აპირებს ფოთში წასვლას 그는 포티에 가려고 한다

დაპირებული [형] 약속된

დაპირისპირება [동] 대립하다, 대조를 이루다 — [명] 대립, 대조

დაპირისპირებული [형] 대립된, 대조를 이룬

დაპირისპირებულობა [명] 반대, 역(逆)

დაპობა [동] 자르다, 토막 내다, 찍다 — [명] 자르기, 토막 내기, 찍기

დაპროექტება [동] 기획하다, 계획하다, 설계하다 — [명] 기획, 계획, 설계

დაპურება [동] 먹이다

დაპყრობა [동] 정복하다, 점령하다, 승리를 거두다 — [명] 정복, 점령

დაპყრობილი [형] 정복당한, 점령된

დაჟანგვა [동] 녹슬다

დაჟანგული [형] 녹슨

დაჟეჟილი [형] 두들겨 맞은

დაჟინება [동] 우기다, 고집하다, 주장하다

დაჟინებით [부] 끈질기게

დაჟინებული [형] 고집 센, 끈질긴, 계속 버티는

დარაზმვა [동] 규합하다, 불러모으다, 연합하다 — [명] 규합, 연합

დარაზმული [형] 규합한, 뭉친, 연합한
დარაზმულობა [명] 결속, 단결
დარაჯი [명] 경비원, 보초, 파수꾼
დარაჯობა [동] 지키다, 감시하다, 경비하다
დარბაზი [명] 홀, 넓은 방; 접견실; მოსაცდელი დარბაზი 대합실; საცეკვაო დარბაზი 댄스홀; მაყურებელთა დარბაზი 강당
დარბაზობა [동] 방문하다 — [명] 리셉션, 환영회
დარბაისელი [형] 차분한, 침착한; 안정된, 믿음직한
დარბევა [동] 파괴하다, 황폐하게 하다 — [명] 황폐화; 대량 학살
დარბილება [동] 부드럽게 하다, 연하게 하다
დარგვა [동] (식물을) 심다, 재배하다 — [명] 심기, 식재 (植栽)
დარგი [명] 영역, 분야
დარგული [형] (식물이) 심긴, 재배된
დარდი [명] 슬픔, 비탄; 걱정, 근심
დარდიანი [형] 슬픈, 비탄에 잠긴
დარეკვა [동] ① (종 따위를) 울리다 ② 전화하다 — [명] ① 울림 ② 전화하기
დართვა¹ [동] (편지 따위를) 동봉하다
დართვა² [동] (실을) 잣다
დართული¹ [형] 동봉된
დართული² [형] (실을) 자은
დარი [명] 날씨
დარიგება¹ [동] 훈계하다, 타이르다, 권고하다 — [명] 훈계, 타이름, 권고

დარიგება² [동] 배분하다, 배포하다, 나누어주다 — [명] 배분, 배포

დარიშხანა [명] [화학] 비소

დარიჩინი [명] [식물] 계피

დარტყმა [동] 치다, 때리다, 두드리다; მათრახის დარტყმა 채찍으로 갈기다; ფეხის დარტყმა 발로 차다; მუშტის დარტყმა 주먹질하다 — [명] 치기, 타격; ერთი დარტყმით 일격에, 한 방에

დარქმევა [동] 이름을 부르다; ბავშვს სახელად შალვა დაარქვეს 그 아이는 샬바라고 불렀다

დარღვევა [동] ① 파괴하다, 망치다 ② 폐지하다, 취소하다

დარჩენა [동] 남다, 머무르다

დარწმუნება [동] 보증하다, 확신시키다 — [명] 보증, 확신

დარწმუნებით [부] 확신하여, 자신 있게

დარწმუნებული [형] 확실한, 확신하고 있는; დარწმუნებული ბრძანდებოდეთ 확신해도 좋다

დასაბამი [명] ① 처음, 시작; დასაბამიდან 맨 처음부터 ② 원천, 근원

დასაბუთება [동] 증명하다, 입증하다; (~을) 근거로 삼다, (~에) 입각하다

დასაბუთებული [형] 증명된, 입증된; (~에) 근거한[입각한]

დასაგმობი [형] 비난할 만한, 나무랄 만한

დასავლეთევროპის [형] = **დასავლეთევროპული**

დასავლეთევროპული [형] 서유럽의

დასავლეთი [명] 서쪽; **დასავლეთისაკენ** 서쪽으로; **დასავლეთში** 서쪽에서

დასავლეთით [형] 서쪽의

დასავლეთის, დასავლური [형] ① 서쪽의 ② 서양의, 서구의; **დასავლეთის სახელმწიფოები** 서구 열강들

დასათაურება [동] (~라고) 칭하다, (~의) 표제를 붙이다

დასათაურებული [형] (~라고) 칭해진, (~의) 표제가 붙은

დასაკეცი [형] 접을 수 있는; **დასაკეცი სკამი** 접의자

დასაკუთრება [동] 사용하다, 전유하다 — [명] 사용, 전유

დასალევი [형] 마실 수 있는; **დასალევი წყალი** 마실 물, 음료수 — [명] 마실 것, 음료

დასამარება [동] ① 묻다, 매장하다 ② 죽이다; 파괴하다, 망치다

დასასვენებელი [형] **დასასვენებელი სახლი** 휴가용의 집; **დასასვენებელი დღე** 휴일, 쉬는 날

დასასრულ [부] 결론적으로, 마지막에; 마침내

დასასრული [명] 끝, 마지막

დასაფლავება [동] 묻다, 매장하다 — [명] 매장, 장례

დასაფლავებული [형] 묻힌, 매장된

დასაქმება [동] 고용하다, 일자리를 주다

დასაყრდენი [명] 지주, 버팀목

დასაშვები მოედანი [명] (비행기) 착륙장

დასაშლელი [형] 접을 수 있는

დასაჩუქრება [동] 보답하다, 보상하다 — [명] 보답, 보상

დასაჩუქრებული [형] 보상받은

დასაძრახი [형] 비난할 만한, 나무랄 만한

დასაწყისი [명] 시초, 처음, 시작; დასაწყისში 처음에

დასახელება [동] 지명하다

დასახელებული [형] 지명된, 언급된

დასახიჩრება [동] (신체를) 불구로 만들다

დასახიჩრებული [형] (신체가) 불구가 된

დასახლება [동] 정착하다, 자리잡다, (거주지를) 정하다 — [명] 정착

დასახლებული [형] 정착한, 거주한, 인구가 들어선; მჭიდროდ დასახლებული 인구가 많은; დასახლებული პუნქტი 정착지, 거주지, 인구 밀집 지역

დასაჯდომი [명] 자리, 터; დასაჯდომი მოედანი 비행장, 이착륙장

დასაჯერებელი [형] 사실인 듯한, 그럴 듯한, 가망성 있는

დასეტყვა [동] 때려 눕히다, 다치게 하다

დასველება [동] 축축하게 하다; 젖다

დასვენება [동] 쉬다 — [명] ① 쉼, 휴식; დასვენების დღე 휴일, 쉬는 날 ② 휴식 시간, 막간

დასვენებული [형] 평온한, 조용한, 차분한

დასვრა [동] 더럽히다, 때묻히다

დასი [명] 무리, 일행, 일단

დასივება [동] 부풀다, 팽창하다

დასიზმრება [동] 꿈꾸다; სიზმრადაც არ უნახავს 그는 그것을 꿈조차 꾸지 않았었다

დასისხლიანებული [형] 피묻은, 피로 얼룩진

დასკვნა [동] 결론짓다; საიდან ასკვნი? 왜 그렇게 생각하 십니까? — [명] 결론, 결과; დასკვნამდე მისვლა 결론에 도달하다; დასკვნის გამოტანა 결론짓다

დასკვნითი [형] 결론적인, 마지막의

დასმა [동] 놓다, 두다; წერტილის დასმა 종지부를 찍다

დასობა [동] 찔러 넣다, 밀어 넣다

დასრულება [동] 끝내다, 마치다, 완료하다 — [명] 끝, 종결, 완료

დასრულებული [형] 끝난, 종료된, 완료된

დასტა [동] 한 묶음

დასურათება [동] 그리다, 삽화 따위를 넣다 — [명] 삽화, 도해

დასურათებული [형] 그림[삽화]이 그려진

დასუსტება [동] 약화시키다 — [명] 약화

დასუსტებული [형] 약화된, 약한; 느슨한

დასუფთავება [동] 깨끗이하다

დასწავლა [동] 배우다; 연습하다; ზეპირად დასწა-ვლა 암기하다

დასწრება [동] ① 출석하다, 참석하다, (모임에) 나오다 ② 돕다, 거들다 — [명] 출석, 참석; ეს ჩემი თანადასწრებით მოხდა 그것은 내가 있는 데서 행해졌다

დასხმა[1] [동] 붓다, 쏟다, 따르다, 채우다

დასხმა[2] [동] 자리에 앉다

დასხმული [형] 쏟아진

დასჯა [동] 벌하다; სიკვდილით დასჯა 처형하다 — [명] 벌, 형벌

დასჯილი [형] 벌 받은

დატანჯვა [동] ① 괴롭히다, 고문하다, 고통을 주다 ② 녹초가 되다 — [명] 괴롭히기, 고문

დატანჯული [형] 고통을 받은; 녹초가 된

დატაცება [동] 약탈하다, 빼앗다

დატევა [동] (~이) 들어가다, 들어갈 자리가 있다

დატენა [동] (속을) 채우다, 채워 넣다

დატვირთვა [동] (짐을) 싣다; 부과하다

დატვირთული [형] (짐을) 실은

დატკბობა [동] 누리다, 향유하다, 즐기다 — [명] 기쁨, 즐기기

დატოვება [동] (~한 채로) 두다, 남기다, 버리고 떠나다; კარის ღიად დატოვება 문을 열어 두다

დატოვებული [형] 남겨진, 버려진

დატრაბახება [동] 자랑하다, 뽐내다, 허풍 떨다

დატრიალება [동] საქმე ცუდად დატრიალდა 그 일은 더 나쁜 쪽으로 발전되었다; ბედი უკუღმა დატრიალდა 그의 운명은 그를 배신했다

დატუსაღება [동] 체포하다, 감금하다; 투옥하다 — [명] 체포, 감금; 투옥

დატუქსვა [동] 꾸짖다, 질책하다

დატყვევება [동] ① 포로로 잡다, 사로잡다 ② 투옥하다 — [명] 투옥

დატყვევებული [명] 포로, 인질 — [형] 사로잡힌; 투옥된

დაუბეგრავი [형] 관세 면제의, 면세의

დაუბოლოებელი [형] 끝없는, 한없는, 끝나지 않는

დაუბრკოლებელი [형] 자유로운, 방해받지 않는

დაუბრკოლებლივ [부] 곤란 없이, 방해받지 않고, 자유롭게

დაუგვიანებლად [부] 즉시, 지체 없이

დაუდეგარი [형] 불안정한, 변덕스러운

დაუდევარი [형] 부주의한, 아무렇게나 하는

დაუდევრობა [명] 부주의, 아무렇게나 함

დაუვიწყარი [형] 잊을 수 없는, 언제까지나 기억에 남는

დაუზოგველი [형] 절약하지 않는, 낭비하는

დაუზუსტებელი [형] 대략의; 거친

დაუთოება [동] 다림질하다 — [명] 다림질

დაუკითხავად [부] 허락 없이

დაუკმაყოფილებელი [형] 불만스러운

დაუმარცხებელი [형] 무적의

დაუმთავრებელი [형] 끝나지 않은, 완료되지 않은

დაუმორჩილებელი [형] 복종하지 않는, 반항하는

დაუმსახურებელი [형] 부당한, 당치 않은, 분수에 벗어나는

დაუმუშავებელი [형] ① (토지가) 갈지 않은, 개간하지 않은 ② 가공되지 않은, 날것의 ③ 조잡한, 세련되지 못한

დაუმჭკნარი [형] 빛이 바래지 않는, 쇠퇴하지 않는

დაუნდობელი [형] ① 불성실한, 믿을 수 없는, 의지할 수 없는 ② 잔인한, 잔혹한, 무자비한

დაუპატიჟებელი [형] 초청받지 않은, 불청객의; დაუპატიჟებელი სტუმარი 불청객

დაუსახელებელი [형] 익명의, 무명의

დაუსრულებელი [형] 끝없는, 영구한

დაუსრულებლად [부] 끝없이, 한없이

დაუსწრებელი [명] დაუსწრებელი სწავლება 통신 수업, 통신 교육

დაუსწრებლად [부] 직접 대면하지 않고, 통신으로

დაუსჯელად [부] 벌을 받지 않고, 무사히

დაუსჯელი [형] 벌을 받지 않은, 무사한

დაუსჯელობა [명] 벌을 받지 않음, 무사

დაუფასებელი [형] 아주 귀중한, 값을 매길 수 없는

დაუფასებლობა [명] 진가를 알지 못함, 몰이해, 과소 평가

დაუფიქრებელი [형] 무분별한, 경솔한, 생각이 없는

დაუფიქრებლად [부] 무분별하게, 경솔하게, 생각없이

დაუფლება [동] 숙달하다, 통달하다, 익숙해지다; ტექნიკის დაუფლება 기계 조작법을 숙달하다 — [명] 숙달, 정통, 통달

დაუღალავი [형] 지치지 않는, 끈기 있는

დაუღლელად [부] 지칠 줄 모르고, 끈기 있게

დაუყოვნებელი [형] ① 긴급한, 절박한 ② 즉시의, 지체하지 않는

დაუყოვნებლად [부] 즉시, 지체 없이, 당장

დაუყოვნებლივ [부] 즉시, 지체 없이, 당장

დაუშვებელი [형] 용납할 수 없는, 승인할 수 없는

დაუშნოება [동] 못생긴 얼굴이 되다, 추해지다

დაუშრეტელი [형] 무진장한, 다함이 없는

დაუცველი [형] 보호받지 못한, 노출된

დაუცხრომელი [형] 끊임없는, 지칠 줄 모르는

დაუძინებელი [형] ① 지치지 않은, 끈기 있는 ② 깨어있는, 잠자지 않고 지키는 ③ დაუძინებელი მტერი 불구대천의 원수

დაუძლეველი [형] 무적의, 정복할 수 없는

დაუძლურება [동] 힘을 잃다, 약해지다

დაუძლურებული [형] 힘을 잃은, 약해진

დაუწერელი [형] 글로 씌어지지 않은, 불문(不文)의; დაუწერელი კანონი 불문율

დაუწყნარებელი [형] 쉬지 않고 활동하는, 끊임없는

დაუჭკნობელი [형] 빛이 바래지 않는, 쇠퇴하지 않는

დაუხვეწელი [형] ① 부주의한, 아무렇게나 하는 ② (스타일이) 약식의, 캐주얼한

დაუხურავი [형] 덮개가 없는

დაუჯერებელი [형] ① 믿을 수 없는, 신뢰할 수 없는 ② 그럴 것 같지 않은, 사실 같지 않은

დაფა [명] 널빤지, 판지; 칠판

დ

დაფანტვა [동] 엎지르다, 흩뜨리다; 뿌리다

დაფანტული [형] 흩뿌려진

დაფარება [동] 덮다

დაფარვა [동] ① 숨기다, 감추다, 비밀로 하다 ② 빚을 갚다, 청산하다

დაფარული [형] ① 숨겨진, 감춰진 ② (빚을) 갚은, 청산한

დაფასება [동] 평가하다, 가치를 감정하다 — [명] 평가, 감정

დაფაცურება [동] 서두르다, 야단법석을 떨다

დაფეთება [동] 겁주다, 두렵게 하다; 겁먹다

დაფენა [동] 펴다, 깔다

დაფენილი [형] 펼쳐진, 깔린

დაფერფვლა [동] 태우다, 소각하다, 잿더미로 만들다

დაფი [명] [음악] 탬버린

დაფინანსება [동] 돈을 융통하다, 자금을 조달하다 — [명] 자금 조달

დაფიქრება [동] 명상하다, 묵상하다, 숙고하다, 생각에 잠기다 — [명] 숙고, 곰곰이 생각함

დაფიქრებული [형] 생각이 깊은, 생각에 잠긴

დაფიცება [동] 맹세하다, 서약하다, 선서하다 — [명] 맹세, 서약, 선서

დაფლეთა [동] 닳게 하다; 갈가리 찢다

დაფლეთილი [형] 닳은; 찢긴

დაფნა [명] [식물] 월계수; დაფნის ფოთოლი 월계수 잎

დაფრთხობა [동] 겁주다, 두렵게 하다

დაფურთხება [동] 침을 뱉다
დაფუძნება [동] 세우다, 설립하다, 기초를 두다 — [명] 설립, 창립
დაფქვა [동] ① 갈다, 빻다, 가루로 만들다 ② (비밀 따위를) 함부로 지껄이다
დაფქული [형] 간, 빻은, 가루로 된
დაფშვნა [동] 부스러뜨리다
დაფხაჭნა [동] 긁다
დაფხაჭნილი [형] 긁힌
დაფხვნა [동] 부스러뜨리다
დაქადნება [동] 위협하다, 협박하다, 으르다
დაქანება [동] 굴러 떨어지다, 미끄러져 내려가다 — [명] 굴러 떨어짐
დაქანცვა [동] 지치게 하다, 피로하게 하다 — [명] 피로, 피곤
დაქანცული [형] 지친, 피로한
დაქანცულობა [명] 피로, 피곤
დაქვეითება [동] 떨어지다, 낮아지다 — [명] 저하, 감퇴
დაქვემდებარება [동] 종속시키다; [군사] 지휘하에 두다 — [명] 종속, 복종
დაქვრივება [동] 과부[홀아비]가 되다
დაქვრივებული [형] 과부[홀아비]가 된
დაქირავება [동] ① 빌려주다, 세내다 ② 일자리에 지원하다 ③ 고용되다
დაქირავებული [형] 고용된
დაქნევა [동] ① 손을 흔들다 ② თავის დაქნევა 고개를 끄덕이다

დაქორწინება [동] (교회에서) 결혼하다; 결혼시키다 — [명] (교회의) 결혼식

დაქორწინებული [형] 결혼한

დაქსაქსვა [동] 흩뜨리다 — [명] 소산(消散), 흩어짐

დაქსაქსული [형] 흩어진

დაქუცმაცება [동] 절단하다, 나누다, 조각내다 — [명] 절단, 조각냄

დაქცევა [동] ① (물 · 피 따위를) 흘리다, 쏟다 ② 파괴하다, 유린하다 — [명] 파괴, 유린

დაქცეული [형] 파괴된, 황폐화된

დაღამება [동] (날이) 어두워지다 — [명] 황혼, 해질녘; დაღამებისას 해질녘에

დაღარიბება [동] 가난하게 하다; 가난해지다

დაღვრა [동] (물 · 피 따위를) 엎지르다, 흘리다, 쏟다

დაღვრემილი [형] 찌푸린 얼굴의, 불쾌한; 우울한

დაღვრილი [형] 엎지른, 흘린, 쏟아진

დაღეჭვა [동] ① (음식물 따위를) 씹다 ② (소 따위가) 반추하다, 되새김질하다 — [명] 씹기, 저작

დაღი [명] 소인(燒印); დაღის დასმა 소인을 찍다

დაღლა [동] 피로하다, 지치다 — [명] 피로, 피곤

დაღლილი [형] 피로한, 지친

დაღლილობა [명] 피로, 피곤

დაღმა [부] 아래로

დაღმართი [명] 내리받이, 경사

დალონება [동] 슬프다, 우울하다, 고통받다 — [명] 슬픔, 우울

დალონებული [형] 슬픈, 우울한

დალრიალება [동] 고함지르다, 노호하다

დალუნვა [동] 구부리다, 굽히다

დალუპვა [동] 죽다, 목숨을 잃다 — [명] 죽음; 멸망, 파멸; სახელმწიფოს დალუპვა 몰락; ეს მას დალუპავს 그것이 그를 파멸로 이끌 것이다

დალუპული [형] 죽은, 멸망한

დაღწევა [동] (თავის) დაღწევა (~을) 면하다, (~으로부터) 벗어나다 — [명] 구출, 구조

დაყაბულება [동] 확신시키다, 납득시키다

დაყენება [동] ① 주차하다 ② 세우다, 설치하다; საკითხის დაყენება 문제를 제기하다 ③ (커피·차 따위를) 끓이다

დაყვავება [동] 친절하게 대하다; 애정을 보이다

დაყვანა [동] 줄이다, 축소하다, 최소화하다

დაყვანილი [형] 줄어든, 축소된

დაყვედრება [동] 비난하다, 책망하다

დაყვირება [동] 울다, 소리지르다

დაყოვნება [동] 속도를 늦추다, 지체시키다 — [명] 지체, 지연; დაუყოვნებლივ 지체 없이, 즉시, 당장

დაყოლებით [후] (~을) 따라서; ზღვის ნაპირის დაყოლებით 해안을 따라서

დაყოლიება [동] 확신시키다, 납득시키다

დაყოფა [동] 나누다, 분해하다; ჯგუფებად დაყოფა 소집 단으로 분리시키다 — [명] 분리

დაყოფილი [형] 나누어진, 분해된

დაყრა [동] 뿌리다, 흩다, 던지다; იარაღის დაყრა 무기를 버리다, 항복하다; ხმების დაყრა 소문을 퍼뜨리다; სასუქის დაყრა 비료[거름]를 주다

დაყრდნობა [동] 기대다

დაყრილი [형] 뿌려진, 던져진

დაყრუება [동] 귀머거리로 만들다; 귀머거리가 되다

დაყრუებული [형] 귀머거리의, 들리지 않는

დაშავება [동] ① 다치게 하다 ② 잘못을 저지르다, 유죄다; რა დააშავა? 그가 무슨 잘못을 했죠?

დაშენა [동] 폭격하다 — [명] 폭격

დაშენება [동] 구조물을 세우다

დაშვება [동] ① 내려가다, 고도를 낮추다 ② შეცდომის დაშვება 실수하다

დაშინება [동] 겁주다, 으르다

დაშინებული [형] 겁먹은

დაშიფვრა [동] 암호로 쓰다, 암호화하다 — [명] 암호로 쓰기, 암호화

დაშლა[1] [동] ① 분해하다, 분석하다; ნაწილებად დაშლა 붕괴하다, 분해되다 ② (집회 등을) 해산하다 — [명] ① 분해, 분석, 분리 ② (집회 등의) 해산

დაშლა[2] [동] 설득하여 단념시키다; 금지하다 — [명] 단념시키기; 금지

დაშორება [동] (멀리) 떨어지다, 분리되다, 헤어지다

დაშორებული [형] (멀리) 떨어진

დაშოშმინება [동] 조용히 하다, 가라앉히다 — [명] 조용히 하기
დაშხამვა [동] 독을 넣다, 독을 주입하다
დაჩაგვრა [동] 압박하다, 억압하다 — [명] 압박, 억압
დაჩაგრული [형] 압박된, 억압받은
დაჩაჩანაკება [동] 노쇠해지다, 쇠약해지다
დაჩაჩანაკებული [형] 노쇠한, 쇠약한
დაჩემება [동] (권리 따위를) 요구하다, 주장하다 — [명] 권리, 요구
დაჩეხვა [동] (장작을) 패다, 쪼개다
დაჩვევა [동] 익숙해지다, 습관이 들다
დაჩვეული [형] 익숙해진, 습관이 된
დაჩირქება [동] (상처가) 곪다, 화농하다 — [명] [병리] 화농
დაჩირქებული [형] 화농성의
დაჩოქება [동] 무릎 꿇게 하다; 무릎 꿇다 — [명] 무릎 꿇기
დაჩრდილვა [동] 어둡게 하다, (날이) 흐려지다; ღრუბლებმა ცა დაჩრდლილა 폭풍우 구름이 하늘을 덮었다
დაჩრდილული [형] 어둠이 깔린, (날이) 흐려진
დაჩუმება [동] 조용해지다
დაჩქარება [동] 서두르다, 가속화하다 — [명] 서두름, 가속화
დაჩხავლება [동] (까마귀가) 까악까악 울다
დაჩხვლეტა [동] 찌르다, 꿰뚫다
დაცარიელება [동] 비우다; 비워지다

დაცდა [동] 기다리다 — [명] 기다림

დაცემა [동] ① 뒤엎다, 전복시키다, 쓰러뜨리다 ② 쇠퇴하다, 몰락하다; მუხლებზე დაცემა 무릎을 꿇다; სულით დაცემა 용기를 잃다 — [명] ① 전복, 타도; მთავრობის დაცემა 정부의 타도 ② 쇠퇴

დაცვა [동] 보호하다, 막다, 방어하다; თავის დაცვა 스스로를 지키다, 자위(自衛)하다 — [명] 보호, 방어; მშვიდობის დაცვა 평화의 수호

დაცვეთა [동] 써서 닳다, 낡다

დაცვეთილი [형] 낡은, 헐어빠진

დაცილება [동] ① (목표를) 빗맞히다, 놓치다 ② 분리하다, 떨어지다 — [명] ① 목표를 놓침 ② 분리

დაცინვა [동] 비웃다, 조소하다, 조롱하다 — [명] 비웃음, 조소, 조롱

დაცლა [동] ① (내용물을[이]) 비우다, 비워지다 ② (마실 것을) 단숨에 들이키다 ③ 짐을 내리다 ④ სისხლიდან დაცლა (죽음에 이를 정도로) 피를 흘리다

დაცლილი [형] 텅 빈

დაცობა [동] 코르크로 막다

დაცოტავება [동] 줄이다, 감소하다 — [명] 감소

დაცული [형] 보호 받은, 방어된

დაცხება [동] 치다, 때리다

დაცხრობა [동] 누그러지다, 가라앉다

დაცხუნება [동] 뜨겁다

დამაბვა [동] 긴장시키다; მთელი ძალების დამაბვა 온 신경을 쏟다, 전력을 쏟다; დამაბვით 긴장하여, 온 신경을 쏟아 — [명] ① 노력 ② 긴장

დამაბული [형] 긴장된, 팽팽한; 분투하는

დამაბულობა [명] 긴장 (상태); საერთაშორისო დამაბულობის შენელება 국제간 긴장을 완화하다

დამაბუნება [동] 압박하다, 압도하다 — [명] 압박, 압도

დამალება [동] 강요하다, 강제하다, 압박하다 — [명] 강요, 강제, 압박

დამახება [동] 부르다, 신호하다, 손짓하다

დამახილი [명] 부름

დამგერება [동] ① 찌르다 ② (정면으로) 충돌하다

დამენა [동] 더하다, 부가하다

დამველება [동] 옛것[구식]이 되다, 낡다

დამველებული [형] 옛것[구식]이 된, 낡은

დამვრა [동] ① 움직이다 ② სიტყვის დამვრა 발언하다, 말을 내뱉다 — [명] (위치를) 바꾸어 놓기

დამინება [동] (달래어) 재우다

დამლევა [동] 이기다, 억누르다, 제압하다; 극복하다, 타파하다; სიძნელეების დამლევა 어려움을 극복하다 — [명] 제압; 극복, 타파

დამლეული [형] 제압된, 극복된

და-ძმა [형] 자매와 형제, 남매, 오누이

დამმარება [동] (맛이) 시어지다

დამმარებული [형] (맛이) 시어진

დ

დაძმობილება [동] 형제처럼 친하게 지내다, 친화(親和)하다 — [명] 친화

დაძრახვა [동] 비난하다, 비방하다, 중상하다 — [명] 중상, 비방

დაძრობა [동] 이를 뽑다, 발치(拔齒)하다

დაძრომა [동] 슬그머니 떠나다

დაძრული [형] 가버린

დაწებება [동] 풀을 바르다, 붙이다

დაწევა[1] [동] 따라잡다

დაწევა[2] [동] 낮추다, 내리다; ფასების დაწევა 가격을 낮추다 — [명] 낮춤, 하락; წნევის დაწევა 압력을 낮춤

დაწერა [동] ① (글을) 쓰다 ② ჯვრის დაწერა (교회에서) 결혼식을 올리다; პირჯვრის დაწერა 십자가[성호]를 긋다

დაწერილი [형] (글로) 씌어진

დაწესება [동] 제정하다, 수립하다

დაწესებულება [명] 시설, 기관

დაწესებული [형] 제정된, 수립된

დაწეული [형] 낮추어진, 내려진

დაწვა [동] 불타다, 태우다; მთლიანად დაწვა 소각하다, 재로 만들다

დაწვენა [동] 눕히다

დაწვილებით [부] 자세하게, 상세하게

დაწვრილება [동] 가늘게 하다

დაწვრილებითი [형] 자세한, 상세한

დაწინაურება [동] 승진시키다, 진급시키다 — [명] 승진, 진급

დაწინაურებული [형] 승진한, 진급한

დაწმენდა [동] 깨끗이하다

დაწოლა [동] 눕다; ლოგინში დაწოლა 잠자리에 들다; საავადმყოფოში დაწოლა 입원하다

დაწუნება [동] (불량으로 결정하여) 퇴짜를 놓다, 불합격시키다

დაწუნებული [형] 결함 있는, 퇴짜 맞은

დაწურვა [동] 짜내다, 압착하다 — [명] 짜내기, 압착

დაწურული [형] 짜낸, 압착된

დაწყება [동] 시작하다, 개시하다, 착수하다 — [명] 시작, 개시, 착수

დაწყებითი [형] 초보의, 처음의, 시작의; დაწყებითი სკოლა 초등학교; დაწყებითი განათლება 초등 교육

დაწყებული [형] 시작된; დაწყებული დღეიდან 오늘부터

დაწყევლა [동] 저주하다, 재난을 빌다 — [명] 저주, 재난을 빌기

დაწყევლილი [형] 저주받은

დაწყლულება [동] (상처가) 곪다, 궤양이 생기다 — [명] 곪음, 궤양

დაწყნარება [동] 진정시키다, 고요하게 하다 — [명] 진정시키기

დაწყნარებული [형] 진정된, 고요한

დაწყობა [동] 놓다, 두다, 배열하다

დაწყობილი [형] 놓여진, 배열된

დაჭედვა [동] 쇠굴레를 끼우다, 마구리를 달다

დაჭედილი [형] 쇠장식을 단

დაჭერა [동] ① 잡다, 붙들다 ② 누르다 ③ თავის დაჭერა 행동하다, 처신하다; მხარის დაჭერა 지지하다

დაჭერილი [형] 잡힌, 붙들린, 걸린

დაჭიანებული [형] 벌레투성이의, 벌레먹은

დაჭიმვა [동] 잡아 늘이다, 팽팽하게 하다 — [명] 긴장

დაჭიმული [형] 팽팽한, 긴장된

დაჭიმულობა [명] 긴장

დაჭკვიანება [동] 현명해지다

დაჭკვიანებული [형] 현명한, 슬기로운

დაჭკნობა [동] (꽃 따위가) 시들다, 축 늘어지다 — [명] (꽃 따위의) 시듦

დაჭმა [동] 먹어치우다

დაჭმუჭნა [동] 구기다, 주름을 잡다

დაჭმუჭნილი [형] 구겨진, 주름이 잡힌

დაჭრა [동] 베다, 자르다, 상처를 입히다 — [명] 상해, 부상, 다침

დაჭრილი [형] 잘린; 다친, 상처를 입은

დაჭყლეტილი [형] 압착한

დახაზვა [동] 선을 긋다, 윤곽을 그리다 — [명] 선 긋기

დახამხამება [동] 윙크하다; თვალის დახამხამება 눈을 깜박 이다 — [명] 윙크

დახარისხება [동] 분류하다

დახარჯვა [동] 쓰다, 소비하다 — [명] 소비, 지출

დახასიათება [동] 특징짓다, 특성을 부여하다 — [명] ① 특징, 특성, 개성 ② 추천장

დახატვა [동] (그림을) 그리다; აკვარელით დახატვა 수채화로 그리다 — [명] 그리기

დახატული [형] (그림이) 그려진

დახედვა [동] 흘끗 보다

დახევა[1] [동] 찢다

დახევა[2] [동] [군사] 후퇴하다, 퇴각하다 — [명] 후퇴, 퇴각

დახეთქება [동] 세차게 내던지다

დახელოვნება [동] 기술을 익히다, 능숙해지다, 숙련되다 — [명] 능숙, 숙련

დახელოვნებული [형] 능숙한, 숙련된

დახერხვა [동] 톱질하다, 톱으로 켜다

დახერხილი [형] 톱으로 켠; დახერხილი ხე-ტყე (제재한) 목재, 재목

დახვედრა [동] 마중나가다, 데리러가다 — [명] 마중, 응접, 접견

დახვევა [동] ① 감다, 둘둘 말다; (머리카락을) 곱슬곱슬하게 하다 ② ხელზე დახვევა 흠잡다, 트집 잡다 — [명] 감기, 둘둘 말기

დახველება [동] 기침하다

დახეული [형] 찢겨진

დახვეწა [동] ① 개선시키다, 향상시키다 ② 세련되게 하다

დახვეწილი [형] ① 개선된, 향상된 ② 세련된, 우아한, 섬세한

დახვნა [동] 밭을 갈다, 경작하다 — [명] 밭 갈기, 경작

დახვრა [동] 갉다, 쏠다

დახვრეტა [동] ① 사살하다, 총살하다 ② 구멍을 내다, 관통시키다 — [명] [군사] 총살

დახვრეტილი [형] ① 사살된, 총살당한 ② 구멍이 난, 관통된

დახლართვა [동] 얽히게 하다, 엉키게 하다 — [명] 얽힘, 엉킴

დახლი [명] 계산대, 카운터

დახმარება [동] 돕다 — [명] 도움, 원조; დახმარების აღმოჩენა 도움을 주다; დახმარების გაწევა 도우러 오다; ხელის გაწოდება 손을 빌려주다, 거들다; დამეხმარეთ! 도와주세요!; დახმარებით (~의) 도움으로, (~에) 의해서; პირველი დახმარება, სასწრაფო დახმარება 응급 처치; ტექნიკური დახმარება 기술 원조

დახოცვა [동] 죽이다; 굶어 죽다, 아사하다

დახრა [동] 구부리다, 굽히다

დახრილი [형] 기운, 기울어진

დახრჩობა [동] 익사하다; 질식하다

დახსნა [동] 구해내다, 구조하다 — [명] 구조

დახსომება [동] 기억하다, 마음에 남다

დახუთული [형] 숨막히는, 무더운; დახუთული ჰაერი 무더움

დახურდავება [동] 바꾸다, 교환하다 — [명] 교환; ფულის დახურდავება 환전

დახურვა [동] ① 닫다, 폐쇄하다 ② (지붕 따위를) 덮다 — [명] 폐쇄

დახურული [형] ① 닫힌; (지붕 따위가) 덮인 ② დახურული ბაზარი 상설 시장

დახუჭვა [동] 눈을 감다; დაღლილობისაგან თვალები ეხუჭება 그는 너무나 피곤해서 눈을 뜨고 있을 수 없다

დახუჭუჭება [동] (머리카락을) 곱슬곱슬하게 하다, 웨이브[컬]하다

დახუჭუჭებული [형] (머리카락이) 곱슬곱슬한, 웨이브[컬]한

დაჯავშნა [동] 예약하다; ადგილის დაჯავშნა 자리를 예약하다 — [명] 예약

დაჯავშნული [형] 예약된

დაჯარიმება [동] 벌금을 물리다 — [명] 벌금

დაჯარიმებული [형] 벌금형에 처해진

დაჯახება [동] 부딪치다, 충돌하다

დაჯგუფება [동] 떼를 짓다, 도당을 이루다 — [명] 떼짓기, 집단화

დაჯდომა [동] ① 앉히다; 앉다 ② ეს ჩვენ ძვირად დაგვიჯდება 이것은 우리에게 큰 액수의 비용 부담이 될 것이다; ჭკუაში დაჯდომა 마음에 떠오르다, 생각나다 — [명] (비행기의) 착륙

დაჯერება [동] 확신시키다, 설득하다; 확신하다; გულის დაჯერება 만족하다 — [명] 확신

დაჯერებული [형] 확신하는, 설득된

დაჯილდოება [동] 상을 주다; 훈장을 주다 — [명] 상[훈장]의 수여

დ

დაჯილდოებული [형] 상[훈장]을 받은
დაჰიპნოზება [동] 최면을 걸다
დაჰიპნოზებული [형] 최면제
დგამი [명] 가구, 세간
დგომა [동] 서다, 서 있다 — [명] 서 있기
დგუში [명] ① [기계] 피스톤 ② [기계] (펌프의) 흡입반
დება [동] 놓다, 두다; ქათამმა კვერცხი დადო 암탉이 알을 낳았다
დები [명] 자매들; ძმები ან დები 형제 자매
დებილი [형] 정신 박약의, 백치의
დებულება [명] 법령, 법규; დებულების შესაბამისად 법규에 따라서
დეგრადაცია [명] 하락, 강등, 좌천
დედა [명] 어머니; დედა ენა 모국어; დედა ღორი 암퇘지
დედააზრი [명] 기조(基調), 요지
დედაარსი [명] 요점, 본질
დედაბერი [명] 노파
დედაკაცი [명] ① 여자, 여성 ② 아내
დედალი [명] ① 여성 ② 암탉
დედამთილი [명] 시어머니
დედამიწა [명] 지구(地球)
დედანი [형] 원형, 원본
დედაპლატა [명] [컴퓨터] 메인보드
დედაქალაქი [명] 수도(首都)
დედი [명] 엄마
დედინაცვალი [명] 의붓어머니, 계모

დედის [형] 어머니의
დედისენა [명] 모국어
დედისეული [형] 어머니의
დედ-მამა [명] 부모
დედობა [명] 어머니임, 모성(母性)
დედობილი [명] 수양어머니, 양모, 유모
დედობრივი [형] 어머니의
დედოფალა¹ [명] [동물] 족제비
დედოფალა² [명] 인형
დედოფალი [명] ① 여왕, 왕비 ② 신부(新婦)
დევი [명] 거인
დევიზი [명] 표어, 모토
დევნა [동] ① 뒤쫓다, 추적하다 ② 괴롭히다, 학대하다 — [명] ① 추적 ② 괴롭힘
დევნება [동] 감시하다, 눈을 떼지 않다
დევნილობა [명] 추방
დეზერტირი [명] 도망자, 탈주자
დეზერტირობა [명] 도망, 탈주
დეზი [명] 박차(拍車); დეზის კვრა 박차를 가하다
დეზინფექცია [명] 소독, 살균; დეზინფექციის გაკეთება 소독 하다, 살균하다
დეზინფიცირება [동] 소독하다, 살균하다
დეიდა [명] 이모, 아주머니
დეიდაშვილი [명] 사촌, 이종 사촌
დეკემბერი [명] 12월
დეკორაცია [명] ① 장식 ② [연극] 무대 장치

დეკორატიული [형] 장식의, 장식적인; **დეკორა-ტიული ხელოვნება** 장식 미술; **დეკორატიული მცენარე** 관상 식물

დელეგატი [명] 대표, 사절, 파견 위원

დელეგაცია [명] 대표단; **დელეგაციის გაგზავნა** 대표자로서 파견하다

დელიკატესი [명] ① 섬세, 우아 ② 맛있는 것, 진미

დელფინი [명] [동물] 돌고래

დემობილიზაცია [명] [군사] 동원 해제, 제대

დემობილიზება [동] [군사] 동원을 해제하다, 제대시키다; 제대하다

დემობილიზებული [형] [군사] 동원이 해제된, 제대한 — [명] 제대 군인

დემოკრატი [명] 민주주의자

დემოკრატია [명] 민주주의

დემოკრატიული [형] 민주적인, 민주주의의

დემონსტრაცია [명] ① 시위 운동, 데모; **დემონსტრაციის მოწყობა** 데모하다, 항변하다 ② (영화 따위의) 보여주기

დემონსტრაციული [형] 시위적인; 드러내는, 과시하는

დემონსტრირება [동] ① 시위하다, 데모하다 ② (영화를) 보여주다

დენა [동] 흐르다, 새다 — [명] 흐름, 유동(流動)

დენადობა [명] 유동성, 변동

დენი [명] [전기] 전류 (또는 **ელექტრული დენი**)

დენთი [명] 화약

დეპეშა [명] 전보, 전신
დეპუტატი [명] ① 대리인; 대표자 ② 하원 의원
დერეფანი [명] 복도, 통행로
დესანტი [명] 양륙, 상륙; 상륙 전투 부대
დესერტი [명] 디저트, 후식
დესპანი [명] 공사, 외교 사절
დეტალი [명] 세부, 세목, 상세; მანქანის დეტალ-
ები 기계 부품
დეტალურად [부] 세부적으로, 상세하게
დეტალური [형] 세부적인, 상세한
დეტექტივი [명] 탐정
დეტექტიური [형] 탐정의; დეტექტიური რომანი
탐정 소설
დეფექტი [명] 흠, 결점
დეფექტიანი [형] 불완전한, 흠 있는, 결함 있는
დეფექტური [형] 불완전한, 흠 있는, 결함 있는
დეფისი [명] 하이픈 (-)
დეფიციტი [명] 부족, 결손
დეფიციტური [형] 부족한, 적은, 모자라는
დიაბეტი [명] [병리] 당뇨병
დიაგრამა [명] 그래프, 다이어그램
დიადი [형] 위대한, 웅장한
დიალექტი [명] 방언, 사투리
დიალექტიკური [형] 방언의, 사투리의
დიალოგი [명] 대화, 회화; დიალოგის წარმოება
대화를 나누다
დიასახლისი [명] 주부(主婦), 안주인
დიაცი [명] 여자; 농촌 여자

დიაცური [형] 여자 같은
დიაფრაგმა [명] [해부] 횡격막
დიახ [부] 예 (대답; 격식 있는 표현)
დიახაც [부] 정말, 참으로
დიგიტალური [형] 숫자로 나타내는, 디지털식의
დიდად [부] 매우, 대단히
დიდაქტიკა [명] 교수법; 교훈, 교의
დიდაქტიკური [형] 교훈적인
დიდგული [형] 거만한, 젠체하는
დიდგულობა [명] 거만, 젠체함
დიდება [명] 영광, 명성; მსოფლიო დიდება 세계적인 명성
დიდებულად [부] 장엄하게, 장대하게, 웅장하게
დიდებულება [명] 장엄, 장대, 웅장
დიდებული [형] 장엄한, 장대한, 웅장한
დიდედა [명] 할머니
დიდი [형] 큰, 거대한; დიდი დარბაზი 큰 홀; დიდი-დიდი 최대의; დიდი შუალედი 넓은 간격; დიდი რიცხვი 큰 숫자; დიდი ასო 대문자; დიდი გზა 큰길, 한길; დიდიან-პატარიანად 늙은이와 젊은이; დიდი ოჯახი 대가족
დიდმნიშვნელოვანი [형] 중요한, 중대한
დიდმპყრობელური [형] 제국주의적인
დიდსულოვანი [형] 관대한, 도량이 큰, 아량 있는
დიდსულოვნად [부] 관대하게, 아량 있게
დიდსულოვნება [명] 관대함, 도량이 큼, 아량 있음

დიდძალი [형] 수많은

დიდხანს [부] 오랫동안

დიეზი [명] [음악] 올림표, 샤프 (#)

დიეტა [명] 규정식, 식이 요법, 다이어트

დივანი [명] 소파, 긴 의자

დივიზია [명] [군사] 사단

დიზელი [명] 디젤 엔진

დილა [명] 아침; დილის 9 საათზე 아침 9 시에; დილაობით 아침에; დილით დიდხანს ძილი 아침에 늦잠을 자다; დილა მშვიდობისა! 안녕하세요 (아침 인사); დილაადრიან, დილაადრიანად 아침 일찍

დილაადრიან [부] 아침 일찍

დილანდელი, დილას [형] 아침의; დილის საუზმე 아침 식사

დილდილობით [부] 아침에

დილით [부] 아침에

დინამიკური [형] 동력의; 활동적인, 역동적인

დინასტია [명] 왕조, 왕가

დინასტიური [형] 왕조의, 왕가의

დინგი [명] (돼지의) 코, 주둥이

დინება [동] 흐르다 — [명] 흐름

დინჯად [부] ① 조용히, 고요하게 ② 진지하게, 진정으로

დინჯი [형] ① 조용한, 고요한 ② 진지한, 진정의

დიპლომატი [명] 외교관

დიპლომატია [명] 외교(술)

დიპლომატიური [형] 외교의, 외교상의; დიპლო-მატიური ურთიერთობანი 외교 관계; დიპლომა-ტიური კორპუსი 외교단; დიპლომატიური კური-ერი 외교 문서 전령

დიპლომი [명] 졸업 증서; უნივერსიტეტის დიპ-ლომი 학위

დირე [명] 통나무

დირექტორი [명] 감독, 지도자, 지휘자, 수장

დირიჟაბლი [형] 기구(氣球), 비행선

დირიჟორი [명] [음악] 지휘자, 악장(樂長)

დირიჟორობა [동] [음악] 지휘하다

დისიმილაცია [명] 이화(異化)(작용)

დისკო [명] ① 원반, 디스크 ② 디스코

დისკოთეკა [명] 디스코텍

დისკ-ჟოკეი [명] 디스크자키

დისკუსია [명] 논의, 토론; დისკუსიის გამართვა 논의하다, 토론하다

დისპუტი [명] 공개 토론

დისტანცია [명] 거리, 간격; დიდ დისტანციაზე 아주 멀리

დისშვილი [명] 조카

დისციპლინა [명] 규율, 기강, 질서; დისციპლ-ინის დარღვევა 규율을 깨다; დისციპლინის დამ-რღვევი 규율 위반자

დისციპლინარული [형] 규율상의, 훈육의; დისც-იპლინარული სასჯელი 징계 처분

დისწული [명] 조카

დიუმი [명] [길이의 단위] 인치

დიფერენციალი [명] [수학] 미분
დიფთონგი [명] [언어] 이중모음
დიქტორი [명] 아나운서
დნობა [동] 녹다; 녹이다, 용해[융해]되다 — [명] 용해, 융해
დნობადი [형] 잘 녹는, 가용성의
დო [명] 버터밀크
დოგმა [명] 교의, 교리, 교조(敎條), 신조
დოგმატური [형] 교의상의, 교리에 관한
დოვლათი [명] 부(富), 큰 재물
დოვლათიანი [형] 부유한
დოკუმენტალური [형] 문서의, 서류[증서]의
დოკუმენტი [명] 증서, 문서, 서류
დოკუმენტირება [동] 문서로써 증명하다
დოლარი [명] [화폐의 단위] 달러
დოლი [명] 북, 드럼
დომენური სახელი [명] [컴퓨터] 도메인 (네임)
დომკრატი [명] (자동차용) 잭
დონე [명] 수준, 레벨; ზღვის დონემდე 해면 하(下); ზღვის დონიდან 해발; წყლის დონე 수위(水位); კულტურის დონე 표준, 기준; საარსებო დონე 생활 수준; ცოდნის მაღალი დონე 높은 지식 수준; შემოსავლის დონე 소득 수준
დორბლი [명] 침, 군침
დორბლიანი [형] (군)침을 흘리는
დოქი [명] (손잡이가 달린) 물주전자
დოქტორი [명] 박사(博士); დოქტორის ხარისხი 박사 학위

დ

დოღი [명] 경마

დოყლაპია [명] 바보, 얼간이

დრამა [명] 희곡; 연극; 드라마

დრამატული [형] 극적인

დრამატურგი [명] 극작가

დრამატურგია [명] 극작술[법]

დრედნოუტი [명] [군사] 순양 전함; 드레드노트형 전함, 노급함(弩級艦)

დრეკა [동] 굽히다, 구부리다, 휘다

დრეკადი [형] 탄력 있는, 탄성의, 신축성이 있는, 휘기 쉬운

დრეკადობა [명] 탄력, 신축성

დრო [명] ① 시간, 때; დროა 이제 시간이 됐다; ყოველ დროს 언제든지; ბევრი დრო 많은 시간; დროებით 잠시 동안; იმ დროიდან 그때 이후로; იმ დროისათვის 그때까지는; რა დროა? 몇 시입니까?; დრო არა მაქვს 나는 시간이 없다; ყველა დროში 늘, 언제나; ჩვენს დროში 요즈음; საბჭოთა ხელისუფლების დროს 소비에트 시절에; ეს იმ დროისათვის დიდი არმია იყო 그건 그 당시로서는 큰 규모의 군대였다; დრო გამოშვებით 때때로, 이따금; დრო არ ითმენს 시간이 다급하다; თავისუფალ დროს 여가 시간에; ერთ დროს 한때, 일찍이; იმ დროს როცა ~라고 할지라도, 그런데, 한편으로는; იმ დროის განმავლობაში ~하는 동안[사이에]; თავის დროზე, დროულად 때가 오면, 적당한 때에; უხსოვარი დროიდან 아득한 옛날부터; დროთა განმავლობაში 때가 오면,

그러저러 하는 사이에; დროს ტარება 시간을 소비하다; ერთსა და იმავე დროს 동시에 ② 계절, 시즌; წელიწადის ოთხი დრო 사계절 ③ [문법] 시제

დროგადასულობა [명] 원거리(임)
დროგამოშვებით [부] 때때로, 이따금
დროდადრო [부] 때때로, 이따금
დროებით [부] 임시로, 잠정적으로
დროებითად [부] 임시로, 잠정적으로
დროებითი [형] 임시의, 잠정적인
დროზე [부] 때맞춰
დროს [후] ~하는 동안(에)
დროული [형] 때가 알맞은, 시기 적절한
დროშა [명] 기(旗), 깃발
დუდუკი [명] 저, 횡적, 피리
დუდუნი [동] 중얼거리다, 웅얼거리다 — [명] 중얼거림, 웅얼거림
დუმა [명] (양의) 살찐 꼬리
დუმილი [명] 고요, 조용함 — [동] 조용히 하다; დუმილის დარღვევა 적막을 깨다
დუნე [형] 힘 없는, 맥빠진, 굼뜬, 축 처진
დუნედ [부] 힘 없이, 맥빠져서, 굼뜨게, 축 처져
დურბინდი [명] 쌍안경
დურგალი [명] 가구장이, 목수
დუქანი [명] 가게, 상점
დუღაბი [명] 모르타르, 회반죽
დუღილი [동] 끓다 — [명] 끓음, 비등
დუშმანი [명] 적, 원수

დ

დღე [명] 날(日); 낮; 오후; დღის ორ საათზე 오후 2 시에; სამუშაო დღე (1 일의) 노동 시간, 근무 시간; რვასაათიანი სამუშაო დღე 하루 8 시간 근무; დასასვენებელი დღე 쉬는 날, 휴일; დაბადების დღე 생일; დღე და ღამე 하루, 24 시간; მთელი დღე 하루 종일; მეორე დღეს 다음 날; წინა დღ-ით (~의) 전야에; პირველი დღიდანვე 첫날부터; პირველ დღეებშივე 첫날에; ყოველ დღე გამოშ-ვებით 하루 걸러서 한 번씩; დღითი დღე, დღი-დან დღემდე 매일, 날마다; ამ დღეებში 일전에; დღე მშვიდობისა 안녕하세요! (오후 인사)

დღეგამოშვებით [부] 매일, 연일

დღეგრძელი [형] 오랜 기간 동안, 수년 간에 걸쳐

დღეგრძელობა [명] 장수(長壽)

დღევანდელი [형] 오늘의

დღეიდან [부] 오늘부터

დღემდე [부] 오늘까지

დღემოკლე [형] 일시적인, 단명한

დღეობა [명] 이름의 날, 성명 축일(聖名祝日; 본인과 같은 이름의 성인의 축일)

დღეს [부] 오늘; დღეს დილით 오늘 아침에; დღეს საღამოს 오늘 저녁에; დღეისათვის 오늘날, 현재

დღესასწაული [명] 휴일, 명절; დღესასწაულის გამო 특별한 날을 기념하다; დღესასწაულებში 축제일에

დღესასწაულობა [동] (특정한 날을) 축하하다, 경축하다 — [명] (특정일의) 축하, 경축

დღვება [동] 교유기로 휘젓다, 버터를 만들다 — [명] 교유, 우유 젓기, 버터 제조

დღის → **დღე**

დღისით [부] 낮에, 낮 동안; 오후에

დღიურად [부] 하루 단위로; 매일

დღიური [명] ① 일기, 일지; დღიურის წარმოება 일기를 쓰다 ② დღიური ხელფასი 일당을 지급하다

ე

-ებრ [접미] ① (~와) 같이, 처럼; ~만큼; შენებრ მაღალი 너만큼 키가 큰 ② (~에) 따라서; თქვენი მოთხოვნისამებრ 당신의 요청에 따라서

ებრაელთა [형] 유대(인)의

ებრაელი [명] 유대인, 히브리인 — [형] 유대(인)의, 히브리(인)의

ებრაელობა [명] 유대인, 유대 민족

ებრალება [형] 유감스러운

ებრაული [형] 유대의, 히브리의; ებრაული ენა 히브리어 — [명] 히브리어

ეგ [대] 이, 저, 그 (화자로부터의 거리와 청자로부터의 거리가 동일한 대상을 가리킬 때 사용)

ეგებ [부] 아마, 어쩌면

ეგება [부] 아마, 어쩌면

ეგების [부] 아마, 어쩌면

ეგეთი [형] 그러한, 그와 같은

ეგენი [대] 이, 저, 그 (**ეგ**의 복수형)

ეგეოსის ზღვა [명] 에게해(海)

ეგერ [부] 저기에, 거기에; აგერ-ეგერ 여기저기에

ეგვიპტე [명] 이집트

ეგვიპტელი [명] 이집트 사람

ეგვიპტოლოგია [명] 이집트학(學), 이집트 연구

ეგვიპტური [형] 이집트의

ეგზამენი [명] 시험

ეგზემა [명] [병리] 습진

ეგზემპლარი [명] (같은 책의) 부, 권; 견본, 표본; ორ ეგზე- მპლარად 두 통으로, 두 부로

ეგზომ [부] 그렇게, 그렇게 많이

ეგზოტიკური [형] 이국적인

ეგოიზმი [명] 이기주의, 자기 본위, 에고이즘

ეგოისტი [명] 이기주의자, 자기 본위인 사람

ეგოისტობა [명] 이기주의, 자기 본위

ეგოისტური [형] 이기적인, 자기 본위의

ეგოცენტრიზმი [형] 자기 중심(성)

ეგრე [부] 그처럼, 그렇게; ეგრეთ წოდებული 소위, 이른바

ედემი [명] 천국, 극락, 파라다이스, 에덴 동산

ევაკუაცია [명] 소개(疎開), 피난

ევაკუირება [동] (사람을) 피난[소개]시키다

ევანგელისტი [명] 복음주의자

ევანგელისტური [형] 복음주의의

ევოლუცია [명] ① 전개, 발전 ② [생물] 진화(론)

ევოლუციური [형] 진화(론)적인; 전개적인

ევრისტიკული [형] [교육] 자기 발견적 학습의, 휴리스틱 접근법의; ევრისტიკული მეთოდი 발견적 교수법[학습법]

ევროპა [명] 유럽

ევროპეიზაცია [명] 유럽화(化)

ევროპელთა [형] 유럽의

ევროპელი [명] 유럽 사람

ევროპის [형] 유럽의

ევროპული [형] 유럽의; ევროპული გაერთიანება 유럽 연합

ევფემიზმი [명] [수사학] 완곡 어법

ეზო [명] 안뜰, 마당

ეზო-კარი [명] 농장

ეთერი [명] [물리·화학] 에테르

ეთეროვანი [형] [물리·화학] 에테르의, 에테르성의, 에테르를 포함한

ეთიკა [명] 윤리학

ეთიკური [형] 도덕상의, 윤리적인

ეთილი [명] [화학] 에틸(기)

ეთიოპია [명] 에티오피아

ეთნიკური [형] 인종의, 민족의

ეთნოგრაფია [명] 기술(記述) 민족학, 민족지(誌)학

ეთნოლოგი [명] (비교) 민족[인종]학자

ეთნოლოგია [명] (비교) 민족[인종]학

ე.ი. [ესე იგი] 즉, 다시 말하면

ეკალი [명] 찌르는 것, 가시, 침, 바늘

ეკვატორი [명] 적도(赤道)

ეკვატორული [형] 적도의, 적도 부근의

ეკვივალენტი [명] 동등물, 상당하는 것

ეკვივალენტური [형] 동등한, 같은 가치의, 상당하는

ეკლებიანი [형] 가시가 많은; ეკლებიანი გზა 가시밭길

ეკლესია [명] 교회(敎會); ეკლესიის მრევლი 교구(敎區)

ეკლიანი [형] 가시[바늘]가 있는; ეკლიანი მავთული 가시 철사

ეკონომი [명] 가사 관리인, 집사

ეკონომია [명] ① 절약; დროის[ფულის] ეკონომია 시간[돈] 절약; ეკონომიის გაწევა 절약하다, (~을) 경제적으로 쓰다 ② 경제(학); პოლიტიკური ეკონომია 정치 경제학

ეკონომიკა [명] 경제학

ეკონომიკურად [부] 경제적으로

ეკონომიკური [형] 경제의, 경제학의; ეკონომიკური პოლიტიკა 경제 정책

ეკონომისტი [명] 경제학자

ეკონომიური [형] 경제적인, 절약하는

ეკრანი [명] 스크린, 영사막(映寫幕); ეკრანის გამოშვება 영화를 개봉하다

ეკრანიზაცია [명] 영화화

ელამი [명] 사팔뜨기의

ელასტიკური [형] 탄력 있는, 신축성 있는

ელასტიკურობა [명] 탄력, 신축성

ელდა [명] 공포, 깜짝 놀람

ელდანაკრავი [형] 공포에 사로잡힌

ელეგანტური [형] 우아한, 세련된

ელეგანტურობა [명] 우아, 맵시

ელეგია [명] 애가, 비가, 엘레지

ელეგიური [형] 엘레지 형식의, 슬픈 가락의

ელეთმელეთი [명] 공포, 두려움

ელემენტარული [형] 기본이 되는, 간단한; ელემენტარული ცოდნა 기본, 초보, 입문

ელემენტი [명] ① [화학] 원소 ② 요소, 구성원

ელენთა [명] [해부] 비장(脾臟), 지라

ელექტრიკოსი [명] 전기 기사

ე

ელექტრო [형] 전기(電氣)의
ელექტრობა [명] 전기
ელექტროგადაცემა [명] 전기 전도
ელექტროგანათება [명] 전광(電光), 전등 빛
ელექტროგაყვანილობა [명] 전기 공급
ელექტროდენი [명] 전기 에너지
ელექტროზარი [명] 전령(電鈴), 초인종
ელექტრომაგნიტი [명] 전자석
ელექტრომაგნიტური [형] 전자기의
ელექტრომატარებელი [명] 전기 기관차
ელექტრონათურა [명] 전구, 전등
ელექტრონი [명] [물리 · 화학] 전자(電子)
ელექტრონიკა [명] 전자 공학
ელექტრონული [형] 전자 공학의
ელექტროსადგური [명] 전력 발전소
ელექტროტექნიკა [명] 전기 공학
ელექტროტექნიკოსი [명] 전기 (공학) 기사, 전기 기술자
ელექტროტექნიკური [형] 전기 공학의
ელექტროფიკაცია [명] 대전(帶電), 감전; 충전
ელექტროღუმელი [명] 전기 스토브
ელექტროძრავა [명] 전동기
ელექტროხელსაწყო [명] 전기 기구
ელექტრული [형] 전기의; ელექტრული დენი 전류
ელვა [명] 번개, 섬광; ელვა დეპეშა 특급 전보
ელვარე [형] 빛나는, 번쩍이는
ელვარება [명] 광택, 광채, 번쩍임

ელვისებურად [부] 번개처럼 빨리
ელვისებური [형] 번개처럼 빠른
ელიმინაცია [명] 제거, 삭제
ელინიზმი [명] [역사] 헬레니즘
ელინისტური [형] 헬레니즘의
ელიფსი [명] [문법] 생략
ელიფსური [형] [문법] 생략법의, 생략적인
ელფერი [명] 색조(色調), 뉘앙스
ელჩი [명] 대사(大使)
ემალი [명] 에나멜, 법랑
ემანსიპაცია [명] 해방
ემანსიპირებული [형] 해방된
ემბარგო [명] 출항[입항] 금지, 통상 금지
ემბლემა [명] 상징, 표상, 엠블렘
ემირი [명] (이슬람 국가들의) 왕족, 수장
ემპირიული [형] 경험적인, 경험상의
ენა[1] [명] 혀; ბოროტი ენა 독설적인 혀; ენაგადმოგდებული 혀를 내밀고; ენა ექავება 그는 그것을 말하고 싶어 참을 수가 없다
ენა[2] [명] 언어; ქართული ენა 그루지야어; მშობლიური ენა 모국어; ეროვნული ენა 국어(國語); საერთო ენა 공통어; ცოცხალი ენა 현대어, 현용 언어, 산말; მკვდარი ენა 사어(死語); ყოველდღიური ენა 일상어; სასაუბრო ენა 구어 (口語); სალიტერატურო ენა 문어(文語); უცხოური[უცხო] ენა 외국어; ენაზე ლაპარაკი 언어를 사용하다; ენაზე კბენა 침묵하다, 하고 싶은 말을 참다; ენით გამოუთქმელი 이루 말할 수 없는

ე

ე

ენაბილწი [명] 상스러운 말을 하는 사람, 품위가 없는 사람

ენაბლუ [명] 말더듬이

ენათმეცნიერება [명] 언어학

ენათმეცნიერი [명] 언어학자

ენამჭევრი [형] 웅변의, 능변의

ენამჭევრობა [명] 웅변, 능변

ენერგეტიკა [명] [물리] 에너지론

ენერგეტიკოსი [명] 에너지 전문가

ენერგეტიკული [형] 힘의, 세력의

ენერგია [명] 정력, 활력, 에너지

ენერგიულად [부] 정력적으로, 활기차게

ენერგიული [형] 정력적인, 원기 왕성한

ენერგიულობა [명] 정력, 활력, 에너지

ენთუზიაზმი [명] 열심, 열중, 열의, 열광; ენთუზიაზმით მუშაობა 활기 있게 일하다

ენთუზიასტი [명] 열성적인 사람, 열광자

ენკენისთვე [명] 9 월

ენციკლოპედია [명] 백과사전

ენციკლოპედიური [형] 백과사전적인; ენციკლოპედიური განათლება 백과사전적인 지식

ენძელა [명] [식물] 스노드롭

ეპარქია [명] 주교 관구, 주교구

ეპიგონი [명] 모방자, 추종자, 아류(亞流)

ეპიგონური [형] 모방하는

ეპიგრამა [명] 경구(警句)

ეპიდემია [명] 유행병, 전염병

ეპიზოდი [명] 삽화; 에피소드

ეპიზოდური [형] 에피소드풍(風)의, 삽화적인
ეპითეტი [명] (성질을 나타내는) 형용어구, 형용사
ეპიკური [명] 서사시
ეპილოგი [명] 결어, 맺음말, 에필로그
ეპისკოპოსი [명] [교회] 주교
ეპისტოლე [명] (형식을 갖춘) 서간, 편지
ეპიტაფია [명] 비명(碑銘), 비문(碑文)
ეპოლეტი [명] [군사] (장교 정복의) 견장(肩章)
ეპოპეა [명] 서사시
ეპოსი [명] (구전에 의한) 서사시
ეპოქა [명] 시대, 시기; გეოლოგიური ეპოქა 지질 연대; ფეოდალიზმის ეპოქა 봉건 시대; გმირული ეპოქა 영웅 시대
ეპოქალური [형] 신기원의, 획기적인
ეჟვანი [명] 썰매의 방울
ერა [명] 기원; ჩვენი ერის 345 წელს A.D. 345 년; ჩვენს ერამდე 345 წელს B.C. 345 년
ერაყელი [명] 이라크 사람
ერაყი [명] 이라크
ერაყის [형] 이라크의
ერაყული [형] 이라크의
ერბო [명] (용해한) 버터
ერბოკვერცხი [명] 오믈렛
ერევანი [명] 예레반 (아르메니아의 수도)
ერესი [명] 이교, 이단
ერეტიკოსი [명] 이교도, 이단자
ერეტიკოსობა [명] 이교, 이단
ერთად [부] 함께, 같이, (~와) 더불어

ერთადგილიანი [명] (비행기 등의) 1 인승 좌석

ერთადერთი [부] 오직, 단지, ~뿐; ერთადერთი საშუალება 단 한 가지 가능한 방법; ერთადერთი, რაც მას არ უყვარს 그녀가 싫어하는 단 한 가지 — [형] 유일한, 단 하나의; ერთადერთი ბავშვი 외아들, 외동딸; ერთადერთი მიზეზი 한 가지 이유; ერთადერთი მიზნით 그 한 가지 목적으로; მისი ერთადერთი იმედი 그의 단 한 가지 희망

ერთბაშად [부] 갑자기, 돌연, 느닷없이

ერთბაში [형] 갑작스러운

ერთგვარი[형] ① 단조로운 ② 동종의, 동질의; 균일한, 한결 같은

ერთგვარობა [명] ① 단조로움 ② 동질성, 한결 같음, 고름

ერთგვაროვანი [형] 동종의, 동질의; 균일한, 한결 같은

ერთგზის [부] 한 번

ერთგულად [부] 충실히, 성실하게, 헌신적으로

ერთგულება [명] 충실, 성실, 헌신

ერთგული [형] 충실한, 성실한, 헌신적인; ერთგული მეგობარი 믿음직한 친구; თქვენი ერთგული 재배(再拜), 여불비례

ერთდროულად [부] 동시에

ერთდროული [형] 동시의, 동시에 일어나는

ერთდროულობა [명] 동시, 동시에 일어남, 동시성

ერთ-ერთი ~중의 하나; ერთ-ერთი მათგანი 그것들 중의 하나

ერთეული [명] (구성 · 측정의) 단위

ერთი [수] ① 하나 (1), 한 개의, 한 사람의; ერთი წყვილი (~의) 한 쌍; ერთი ან ორი 하나나 둘; ერთი მათგანი 그 (것)들 중 하나; ერთი აქ არის მეორე კი იქ 하나는 여기에 있고 다른 하나는 저기에 있다; ერთი მეორის შემდეგ 하나씩, 차례로, 잇따라; ერთ დროს 한 때, 한 번은; ერთ რიგში 일렬 종대로; ერთ წამში 한 순간에, 눈 깜짝할 새에; ერთი სიტყვით 한 마디로; ერთი მხრით 한편; მეორე მხრით 한편, 반면에; ერთი ხელი (승부의) 1 회전, 한 판; ერთი დარტყმით 한 방에, 일거에; ის ერთ თავის მეგობარს შეხვდა 그는 그의 친구 중 한 사람을 만났다; ერთ წამს 순식간에, 곧, 금세 ② 어떤, 어느; მას ამის შესახებ ერთმა კაცმა უთხრა 어떤 사람이 그에게 그것에 관해 말했다; ეს ამბავი ართ სოფელში მოხდა 그 일은 어느 마을에서 일어났다; ყველა როგორც ერთი 누구나, 어느 것이나 ③ 같은, 동일한; ისინი ერთ სახლში ცხოვრობენ 그들은 한 집에 살고 있다; ერთი ზომის 같은 크기; ერთი ასაკის 같은 나이, 동갑; ერთი და იგივე 같은 것, 동일한 것

ერთიანი [형] 연합한, 공동의, 연대의; ერთიანი ფრონტი 연합[공동] 전선

ერთიანობა [명] 통일(성), 단일(성), 공동체

ერთიორად [부] 두 배로

ერთისამად [부] 세 배로

ე

ერთლიანდაგიანი [형] [철도] 단선(單線)의; ერთლიანდაგიანი რკინიგზა 단선궤도

ერთლულიანი [형] ერთლულიანი თოფი 단신총(單身銃)

ერთმაგი [형] 하나의, 단일한

ერთმანეთი [부] 서로, 상호간에; ერთმანეთის წინააღმდეგ 서로에 대해

ერთმმართველი [형] 일인 경영의

ერთმმართველობა [명] 일인 경영

ერთმნიშვნელოვანი [형] 동의어의, 같은 뜻의

ერთნაირად [부] 같게, 동등하게

ერთნაირი [형] 같은, 동일한

ერთნახევარი [수] 1과 1/2, 1.5

ერთობ [부] 일반적으로, 대체로, 보통

ერთობა [명] 통합, 단결

ერთობლივ [부] 함께, 같이

ერთობლივი [형] 공동의, 결합된, 연합의; ერთობლივი განცხადება 공동 성명; ერთობლივი მოქმედება i) 공동 행동 ii) [군사] 연합 작전; ერთობლივი მუშაობა 팀워크, 협동 작업

ერთობლიობა [명] 총계, 전체성; ერთობლიობაში 전체로, 총계해서

ერთპირიანი [형] (미리) 조정된

ერთპიროვნულად [부] 개별적으로, 개인적으로

ერთპიროვნული [형] 개별적인, 개개의, 개인의

ერთსართულიანი [형] 단층의; ერთსართულიანი სახლი 단층집

ერთსახეობა [명] 동질성, 균일함, 고름, 한결같음

ერთსახოვანი [형] 동질의, 균일한, 고른, 한결같은

ერთსულოვანი [형] 만장일치의, 이구동성의

ერთსულოვნად [부] 만장일치로, 이구동성으로

ერთსულოვნება [명] 만장일치, 전원 합의

ერთფერი [형] 단색의

ერთფეროვანი [형] 단조로운

ერთფეროვნება [명] 단조로움

ერთწლიანი[1] [형] [식물] 일년생의; **ერთწლიანი მცენარე** 일년생 식물

ერთწლიანი[2] [형] 한 살의, 1년 지난; **ერთი წლის ბავშვი** 한 살배기 아기

ერთხელ [부] 한 번; 이전에, 일찍이, 한 번은; **ერთხელ კიდევ** 한 번 더

ერთხმად [부] 만장일치로, 한목소리로

ერთხმიანი [형] 한목소리의

ერთჯერ [부] 한 번(은)

ერი [명] 국민, 민족; **ქართველი ერი** 그루지야 민족

ეროვნება [명] 국적

ეროვნულ-განმათავისუფლებელი [명] 민족 해방; **ეროვნულ-განმათავისუფლებელი მოძრაობა** 민족 해방 운동

ეროვნული [형] 국민의, 국가의; **ეროვნული ჰიმნი** 국가(國歌); **ეროვნული დროშა** 국기(國旗)

ეროტიზმი [명] 에로티시즘, 호색성

ეროტიკა [명] 성애(性愛), 관능, 호색

ეროტიკული [형] 성애의, 색정적인, 관능적인, 호색적인

ერუდირებული [형] 학식 있는, 박학한

ერუდიცია [명] 박학, 박식; 학식; ეს კაცი დიდად ერუდირებულია 그는 대단히 박식한 사람이다

ეს [대] ① 이것; 이 (화자와 가까운 거리에 있는 대상을 가리킬 때 사용); ეს ჩემი წიგნია 이것은 내 책이다; ეს ბატონი პეტრეა 이쪽은 피터씨입니다; რა არის ეს? 이것은 무엇입니까? ② ესე იგი 즉, 다시 말하자면; ეს-ეს არის 바로 지금, 방금

ესეიგი → ე.ი.

ესენი [대] 이것들

ესენცია [명] 본질, 정수, 에센스

ესთეტი [명] 유미주의자, 탐미주의자

ესთეტიზმი [명] 유미주의, 탐미주의

ესთეტიკა [명] 미학(美學)

ესთეტიკური [형] 미(美)의, 미학의, 미적인

ესკადრონი [명] 기병 대대

ესკალატორი [명] 에스컬레이터

ესკიზი [명] 초안, 밑그림, 스케치

ესკიმოსი [명] 에스키모, 이누이트

ესკორტი [명] 호위, 에스코트

ესკორტირება [동] 호위하다, 에스코트하다

ესპანეთი [명] 스페인

ესპანეთის [형] 스페인의

ესპანელი [명] 스페인 사람

ესპანური [형] 스페인의; ესპანური ენა 스페인어
— [명] 스페인어

ესპერანტო [명] 에스페란토 (자멘호프가 창안한 인공어)

ესტაკადა [명] 구각교(構脚橋)

ესტონეთი [명] 에스토니아
ესტონეთის [형] 에스토니아의
ესტონელი [명] 에스토니아 사람
ესტონური [형] 에스토니아의; ესტონური ენა 에스토니아어 — [명] 에스토니아어
ესტრადა [명] 대(臺), 단(壇), 연단; (극장의) 무대
ეტაპი [명] 단계, 시기; განვითარების ეტაპი 발달의 단계
ეტიკეტი [명] 에티켓, 예법; ეტიკეტის დაცვა 예법을 지키다
ეტიმოლოგია [명] 어원(語原), 어원 연구
ეტიმოლოგიური [형] 어원의, 어원(학)상의
ეტიუდი [명] 스케치, 습작, 연습
ეტლი [명] ① 4 륜 마차 ② [체스] 성장(城將), 루크
ეტყობა [형] 명백한, 눈에 보이는, 외관상으로는
ეული [형] 외로운, 혼자의
ეულობა [명] 외로움, 고독
ეფექტი [명] 효과, 영향; (극・영화 등에서의) 효과(장치); 감명, 인상
ეფექტიანი [형] 효과 있는, 효능 있는
ეფექტიანობა [명] 효과, 효능
ეფექტური [형] 효과적인, 유효한; ეფექტურობის გაზრდა 효과를 증대하다
ექვსასი [수] 육백 (600)
ექვსდღიური [명] (일주일에) 6 일
ექვსეული [수] 여섯 (6)
ექვსთვიანი [형] 여섯 달의, 6 개월의

ე

ექვსთითა [형] 육손의, 손가락이 6 개인
ექვსი [수] 여섯 (6)
ექვსკუთხედი [명] 육각형
ექვსჯერ [부] 여섯 번
ექთანი [명] 간호사

ექიმბაში [명] 마법사, 마술사; 흑마법사
ექიმი [명] 의사; ექიმი ქალი 여의사; სამხედრო ექიმი 군의관; კბილის ექიმი 치과 의사
ექიმობა [명] (질병의) 치료 — [동] 치료하다
ექო [명] 메아리, 반향, 에코
ექსკურსანტი [명] 소풍객
ექსკურსია [명] 소풍, 유람, 여행
ექსპანსიონიზმი [명] (영토 등의) 확장 정책
ექსპედიცია [명] ① 연구 여행, 탐험 여행; სამეცნიერო ექსპედიცია 과학 탐험 여행 ② 원정대, 탐험대
ექსპერიმენტატორი [명] 실험자
ექსპერიმენტი [명] 실험, 시험, 시도; ექსპერიმენტის შედეგი 실험 결과
ექსპერიმენტული [형] 실험의, 실험적인
ექსპერტი [명] 숙련자, 전문가
ექსპერტიზა [명] (전문적) 조사, 검사, 판단; ექსპერტიზის ჩატარება (~을) 검사하다; ექსპერტიზის შედეგი 검사 결과; ექსპერტიზის დასკვნა 전문가의 견해
ექსპლოატაცია [명] 이용, 개발
ექსპლოატატორი [명] 이용자, 개발자
ექსპონატი [명] 전시, 전람; ექსპონატები 전시품

ექსპორტი [명] 수출
ექსპორტიორი [명] 수출업자
ექსპორტირება [명] 수출 — [동] 수출하다
ექსპრესი [명] 급행 열차
ექსპრესია [명] 표현, 나타냄
ექსპრესიონიზმი [명] 표현주의
ექსპრესიონისტი [명] 표현주의자
ექსპრესიული [형] 표현적인, 나타내는
ექსპრომტად [부] 즉석에서, 준비 없이, 즉흥적으로
ექსპრომტი [명] 즉석 연설
ექსტაზი [명] 무아경, 황홀경, 엑스터시
ექსტერნი [명] (학외의) 특별 학위 심사를 받는 학생
ექსტრაქტი [명] 추출물, (농축한) 진액
ექსტრაქტული [형] 추출성의, 엑스의
ექსცესი [명] 초과, 지나침
ეყოფა [동] 넉넉하다, 충분하다
ეშელონი [명] ① [군사] 제대(梯隊) ② 군용 열차
ეშვი [명] (동물의) 엄니, 송곳니
ეშმაკი [명] ① 악마, 악귀, 사탄 ② 협잡꾼 ③ ეშმაკსაც წაუღია 아뿔싸, 아차, 빌어먹을 — [형] 교활한, 책략을 쓰는
ეშმაკობა [명] 사기, 속임수, 책략, 술수 — [동] 사기하다, 속 임수를 쓰다
ეშმაკური [형] ① 악마의, 악마 같은 ② 교활한, 책략을 쓰는

ე

ეშხი [명] 매력, 애교

ეშხიანი [형] 마음을 끄는, 매력적인, 애교있는

ეჭვგარეშე [형] 의심할 나위 없는

ეჭვი [명] 의심, 의혹; ეჭვი არაა 의심의 여지가 없다, 확실하다; ეჭვის შეტანა, ეჭვის მიტანა 의심하다

ეჭვიანი [형] ① 의심하는 ② 질투심이 많은, 시샘하는

ეჭვიანობა [명] 질투, 시샘 — [동] 질투하다, 시샘하다

ეჭვმიუტანლად [부] 확실히

ეჭვნეული [형] 질투하는, 시샘하는

ეჭვობა [명] 질투, 시샘 — [동] 질투하다, 시샘하다

ეხლა [부] 지금

ეჰ [감] 아!, 오!

ვ

ვა [감] 아!, 오!

ვაგზალი [명] 철도역, 역사(驛舍)

ვაგლახ [감] 아아, 슬프도다

ვაგონეტი [명] 트롤리, 트럭

ვაგონი [명] (기차의) 객차, 차량; საბარგო ვაგონი (객차에 연결한) 수하물차; სატვირთო ვაგონი 짐차, 화차; ვაგონ-რესტორანი 식당차; ტრამვაის ვაგონი 시가 전차

ვადა [명] 기한, 기간, 기일; იჯარის ვადა 임대차 기간; ფულის გადახდის ვადა 지불 기일; ვადაზე 때맞춰; ვადით 일정 기간 동안; უმოკლეს ვადაში 최단 시일 내에; ხელშეკრულების ვადა 조약의 유효 기간; უფლებამოსილების ვადა 임기; ვადის გასვლისას 기간이 끝나면, 만기가 되면; მოკლე ვადაში 짧은 시간 동안에; ვადის გაგრძელება (기한, 기일의) 연기

ვადაგასული [형] 지불 기한이 넘은, 미불(未拂)의, 늦은

ვადაგადაცილებული [형] 지불 기한이 넘은, 미불(未拂)의, 늦은

ვადიანი [형] 유효한, 통용되는

ვაზა [명] 꽃병

ვაზი [명] [식물] 포도나무

ვაზნა [명] 탄약통, 약포(藥包)

ვაი [감] 오!, 이런!, 아이고!; ვაიმე! 오, 슬프도다!

ვაი-ვაგლახი [명] 쓰라린 경험; 시련
ვაითუ [접] 만약 ~이라면
ვაინაჩრობით [부] 어렵게, 힘들게
ვაკანსია [명] 공석, 빈 자리
ვაკანტური [형] 비어있는, 공석인
ვაკე [형] 평평한, 평탄한 — [형] 평면

ვაკუუმი [명] 공백
ვალდებულება [명] ① 의무, 책임; ვალდებულების აღება 약속하다, (~할) 의무를 지다 ② 채무, 빚; ვალდებულების შესრულება 채무를 이행하다
ვალდებული [형] ① 의무가 있는, 책임 있는 ② 부채가 있 는, 빚진
ვალი [명] 빚, 채무, 부채; ვალის გადახდა 빚을 갚다; ვალის აღება 빌리다, 꾸다, 차용하다; ის მასთან ვალშია 그는 빚을 지고 있다; ვალების გასტუმრება 빚을 내다; სახელმწიფო ვალი 국가 부채
ვალიელი [명] 웨일스 사람
ვალიური [형] 웨일스의
ვალსი [명] 왈츠
ვალუტა [명] 통화, 화폐; 화폐 교환 가치
ვანდალიზმი [명] 반달리즘, 문화 · 예술의 파괴 행위
ვანილი [명] [식물] 바닐라
ვაჟი [명] ① 아들 ② 소년, 남자 아이
ვაჟიშვილი [명] 아들
ვაჟკაცი [명] ① 남자, 남성 ② 용감한 남자
ვაჟკაცობა [명] 용기, 용감, 용맹
ვაჟკაცურად [부] 용감하게

ვაჟკაცური [형] 남자다운; 용감한, 씩씩한, 대담한
ვარამი [명] 고통, 불행
ვარაუდი [동] 가정하다, 추측하다 — [명] 가정, 추측
ვარაუდით [부] 생각건대, 추측컨대, 아마
ვარგა [동] (~에) 맞다, 적합하다
ვარგისი [형] 적합한, 어울리는
ვარგისობა [명] 적합, 적절
ვარდი [명] [식물] 장미
ვარდიანი [형] 분홍색의, 장밋빛의
ვარდისფერი [형] 분홍색의, 장밋빛의
ვარდნა [동] 떨어지다, 낙하하다, 넘어지다 — [명] 낙하, 추락
ვარდნარი [명] 장미 꽃밭, 장미 화원
ვარვარი [명] 작열, 불탐
ვარია [명] 어린 암탉
ვარიანტი [명] 이본(異本), 이문(異文), ~판(版)
ვარიაცია [명] 변형, 이형(異形)
ვარიეტე [명] 버라이어티 쇼
ვარირება [동] 변경하다, 고치다
ვარსკვლავთმრიცხველი [명] 점성술사
ვარსკვლავთმრიცხველობა [명] 점성술
ვარსკვლავი [명] ① [천문] 별, 항성 ② 인기 배우, 스타
ვარსკვლავიანი [형] 별이 많은, 별빛이 밝은
ვარცლი [명] 반죽 그릇
ვარცხნა [동] (머리를) 빗질하다, 손질하다

ვარცხნილობა [명] ① (남성의) 이발, 조발 ② 머리 모양, 헤어스타일

ვარჯი [명] 우듬지, 나무 꼭대기

ვარჯიში [명] ① 체조, 체육 ② 연습, 훈련 — [동] 연습하다, 훈련하다

ვარჯიშობა [동] ① 연습하다, 훈련하다; პიანინ-ოზე ვარჯიში 피아노를 연습하다 ② 체조를 하다

ვასალი [명] [역사] (봉건 시대의) 봉신(封臣), 가신(家臣)

ვასალური [형] 봉토를 받은, 가신(家臣)의

ვატი [명] [전기] 와트 (전력의 단위: W)

ვაქსი [명] 검정 구두약

ვაქცინა [명] [의학] 백신

ვაქცინაცია [명] [의학] 백신[예방] 접종

ვაშა [감] 브라보!, 만세!

ვაშინგტონი [명] 워싱턴 (미국의 수도)

ვაშლი [명] 사과; ვაშლის ხე 사과나무

ვაცი [명] 숫염소

ვაჭარი [명] 상인, 무역업자; მსხვილი ვაჭარი 도매상

ვაჭრობა [명] 상업, 무역; საბითუმო ვაჭრობა 도매업; ცალობით ვაჭრობა 소매업; საჯარო ვაჭრობა 경매 — [동] 장사하다, 거래하다

ვაჭრობის [형] 상업의, 통상의

ვაჭრული [형] 상업의, 상인의

ვახშამი [명] 저녁 식사; ვახშმად 저녁 식사 때에

ვახშმობა [동] 저녁 식사를 하다

ვეგეტარიანელი [명] 채식주의자

ვეგეტარიანელობა [명] 채식주의

ვეგეტარიანული [형] 채식주의의, 채식의

ვეგეტატიური [형] (식물의) 생장[성장]에 관한

ვედრება [동] 기도하다, 기원하다 — [명] 기도, 기원

ვედრო [명] 들통, 양동이; სავსე ვედრო 한 들통 가득

ვეება [형] 거대한, 웅대한

ვეებერთელა [형] 거대한, 광대한, 막대한, 엄청난

ვეზირი [명] 고관; დიდი ვეზირი 수상

ველი [명] 들판, 초지(草地); 스텝

ველოდრომი [명] [스포츠] 벨로드롬, 자전거 경주장

ველოსიპედი [명] 자전거; ველოსიპედით მგზავრობა 사이클링, 자전거 타기

ველურად [부] 야생적으로

ველური [형] 야생의

ველურობა [명] 야생

ვენა[1] [명] [해부] 정맥

ვენა[2] [명] 빈, 비엔나 (오스트리아의 수도)

ვენახი [명] 포도원, 포도밭

ვენერა [명] [천문] 금성

ვენერული [형] 성병(性病)의

ვენტილატორი [명] 환기 설비, 통풍기, 팬

ვენტილაცია [명] 환기, 통풍

ვერ [부] ~할 수 없는, ~할 가망[가능성]이 없는; ვერ შესძლო 그는 할 수 없다

ვერა [부] (~이) 아닌
ვერაგი [형] 불성실한, 배반하는
ვერაგობა [명] 불성실, 배반
ვერაგული [형] 불성실한, 배반하는
ვერავითარი [대] 아무것도 ~않다
ვერავინ [대] 아무도 ~않다
ვერანდა [명] 베란다
ვერასგზით [부] 결코 ~않다
ვერასდროს [부] 결코 ~않다
ვერასოდეს [부] 결코 ~않다
ვერაფერი [대] 아무것도 ~없음
ვერბალი [형] 말의, 말로 나타낸, 구두(口頭)의
ვერნისაჟი [명] 전시회, 전람회
ვერსად [부] 아무데도 ~없다
ვერსაიდან [부] 아무데로부터도 ~않다
ვერსაით [부] 아무데도 없다
ვერსია [명] 판(版), 버전
ვერსიფიკაცია [명] 작시(作詩), 운문화(韻文化)
ვერტიკალური [형] 수직의, 직립의
ვერტმფრენი [명] 헬리콥터
ვერცერთი [대] 아무도 ~않다
ვერცხლი [명] 은(銀)
ვერცხლის [형] 은의
ვერცხლისფერი [형] 은의, 은빛의
ვერცხლისწყალი [명] [화학] 수은
ვერძი [명] 숫양
ვერხვი [명] [식물] 사시나무, 포플러
ვესტიბიული [명] 현관 안의 넓은 홀, 로비

ვეტერანი [명] 노련한 사람, 베테랑
ვეტერინარი [명] 수의사
ვეტერინარია [명] 수의학
ვეტერინარული [형] 수의(학)의
ვეფხვი [명] 호랑이
ვეფხისტყაოსანი [명] "표범 가죽을 입은 기사" (중세 그루지야의 시인 쇼타 루스타벨리(შოთა რუსთაველი)의 대표적인 작품)
ვექილი [명] 변호사
ვექილობა [명] 법조계
ვექსილი [명] 약속 어음; 환어음
ვეშაპი [명] [동물] 고래
ვიბრაცია [명] 진동, 떨림
ვიბრირება [동] 진동하다, 떨다
ვიდეო [명] 비디오; ვიდეო კასეტა 비디오테이프
ვიდეოკამერა [명] 비디오 카메라
ვიდეორეკორდერი [명] 비디오테이프식 녹화기, 비디오 레코더
ვიდეოფილმი [명] 비디오 영화
ვიდრე [비교급 표시] ~보다(도), 더욱 더
ვიეტნამი [명] 베트남
ვიზა [명] (여권의) 사증, 비자
ვიზიტი [명] 방문; ვიზიტად მოსვლა 방문하다
-ვით [접미] ~처럼, ~같이
ვითარება [명] 상태, 상황; საერთაშორისო ვითარება 국제 정세
ვითარებითი (ბრუნვა) [명] [문법] 부사격
ვითომ(ც) [접] (마치) ~처럼

ვილა [명] 빌라, 별장

ვიმპელი [명] (군함 따위에 다는) 장기(長旗)

ვინ [대] [의문사] 누구; ვინ არის ის? 거기 누구요?

ვინაიდან [전] ~ 때문에, ~인 고로

ვინაობა [명] 개성, 성격

ვინიცობაა (~의) 경우에는, 만일 ~이라면

ვინმე [대] 누군가, 어떤 사람, 누구라도

ვინც [대] [관계대명사] (~라는) 것(은), (~하는 바의) 것[사람]

ვინძლო [명] 노력, 시도, 애씀

ვიოლინო [명] 바이올린; ვიოლინოზე დაკვრა 바이올린을 연주하다; ვიოლინოს[ვიოლინოზე] დამკვრელი 바이올린 주자, 바이올리니스트

ვიოლონჩელი [명] 첼로

ვიოლონჩელისტი [명] 첼로 주자, 첼리스트

ვირთაგვა [명] [동물] 쥐

ვირთევზა [명] [어류] 대구(大口)

ვირთხა [명] [동물] 쥐

ვირი [명] ① 당나귀 ② 촌뜨기

ვირისთავი [명] 바보, 멍청이

ვირტუოზი [명] (예술의) 거장, 명인, 대가

ვირტუოზული [형] 대가[명인]다운

ვის [대] 누구를, 누구에게

ვისი [대] 누구의

ვისკი [명] 위스키

ვისკონტი [명] (귀족 작위의) 자작

ვიტამინი [명] 비타민

ვიტრინა [명] 가게의 진열창, 유리 진열장

ვიღაც(ა) [대] 누군가, 어떤 사람

ვიცე- "부(副), 대리"의 뜻

ვიცე-მინისტრი [명] 차관(次官)

ვიცე-პრეზიდენტი [명] 부통령

ვიწრო [형] 좁은; 꽉 끼는; სიტყვის ვიწრო გაგე-
ბით 좁은 의미로는; ვიწრო ადგილი 좁은 통로,
약점

ვიწროდ [부] 좁게; 꽉 끼어

ვიწროობა [명] 좁음; 꽉 낌

ვიწროსპეციალური [형] 고도로 전문화된

ვნება¹ [동] 상하게 하다, 손상시키다 — [명] 손상,
상해

ვნება² [명] 열정, 정열

ვნებიანი [형] 열정적인

ვნებითი (გვარი) [명] → გვარი

ვოდევილი [명] 보드빌 (노래·춤 등)

ვოდკა [명] 보드카

ვოკალისტი [명] [음악] 보컬리스트

ვოკალური [형] 목소리의; ვოკალური მუსიკა 성악

ვრცელი [형] 광대한, 광범위한

ვრცლად [부] 광대하게, 광범위하게

ვუი [감] 아!

ვულგარიზმი [명] 저속함, 야비함, 천박함

ვულგარული [형] 저속한, 통속적인

ვულკანი [명] 화산; მოქმედი ვულკანი 활화산;
ჩამქრალი ვულკანი 사화산

ზ

ზადი [명] 흠, 결함

ზადიანი [형] 흠 있는, 결함 있는

ზავი [명] 평화; ზავის შეკვრა 정전 협정을 체결하다

ზაზუნა [명] [동물] 햄스터

ზამბარა [명] 용수철, 스프링

ზამბარიანი [형] 탄성이 있는, 용수철 같은

ზამბახი [명] [식물] 붓꽃, 아이리스

ზამთარი [명] 겨울; ზამთარში 겨울에; მკაცრი ზამთარი 혹한의 겨울, 엄동(嚴冬)

ზამთრის [형] 겨울의, 겨울 같은; ზამთრის ძილი 겨울잠, 동면; ზამთრის სპორტი 겨울 스포츠; ზამთრის ბაღი 윈터 가든, 온실

ზანგი [명] 흑인, 아프리카인, 니그로

ზანდუკი [명] 상자, 궤, 트렁크

ზანზარი [동] 떨다, 흔들다, 진동하다 — [명] 떨림, 진동

ზანტად [부] 느리게

ზანტი [형] 느린, 둔한

ზარალი [명] 손실, 손해, 피해; წმინდა ზარალი 순전한 손실; ზარალის აღდგენა 손해를 벌충하다; ზარალი 손해를 보고

ზარალიანი [형] 손해가 나는, 이익이 안 되는

ზარბაზანი [명] 대포; საზენიტო ზარბაზანი 고사포; ზარბაზნის სროლა 발포, 포격; საზარბაზნე ხორცი (전사할 위험이 많은) 병사(兵士)들

ზარ-ზეიმი [명] 휘황, 화려, 호화, 현란

ზარი [명] 종(鐘), 초인종

ზარმაცი [형] 게으른, 나태한

ზარმაცობა [명] 게으름, 나태

ზაფრანა [명] [식물] 사프란

ზაფხული [명] 여름; შუა ზაფხულში 한여름에; ზაფხულის დრო 서머타임

ზაფხულობით [부] 여름에

-ზე [접미] ① (~의) 위에; მდინარეზე 강물 위로 ② ~(시)에 (시각 표현시); რვა საათზე 8시에 ③ [비교급 표현] ~보다 (도), 더욱

-ზედ [접미] (공간적으로) (~의) 위에

ზეადამიანური [형] 초인적인, 인간 이상의

ზებუნებრივი [형] 초자연적인, 불가사의한, 신비한

ზეგ [부] 모레

ზეგავლენა [명] 부담, 중압감, 스트레스

ზეგანი [명] 고지, 고원

ზედ 상부에, 위쪽에

ზედა [형] 상부의, 위쪽의

ზედაპირზე [부] 상부에, 위쪽에

ზედაპირი [명] 표면, 외면

ზედაპირული [형] 표면적인, 외면적인

ზედატანი [명] 윗옷, 재킷

ზედგამოჭრილი [형] 꼭 같은, 꼭 닮은

ზედიზედ [부] 차례로, 연달아
ზედმეტი [형] 여분의, 과잉의, 필요 이상의, 불필요한; ზედმეტი ღირებულება [경제] 잉여 가치
ზედმიწევნით [부] ① 시간에 맞게; ზედმიწევნით ზუსტი 시간을 잘 지키는 ② 정확히, 철저하게
ზედმიწევნითი [형] ① 시간을 잘 지키는 ② 철저한, 견실한
ზედნადები [명] 화물 운송장
ზედნაშენი [명] 상부 구조물, 상층
ზედსართავი სახელი [명] [문법] 형용사
ზევიდან [부] 위에서, 위로부터
ზევით [후] 위쪽으로, 위로, 위에; 위층으로[에]; მაგიდის ზევით 테이블 위로
ზევითა [형] 상부의, 위쪽의
ზევითკენ [부] 위쪽으로, 위로
ზეთი [명] 기름; ბამბის ზეთი 면실유; საფაღარათო ზეთი 아주까리 기름, 피마자유; ზეთის საღებავები 유화 그림물감
ზეთიანი [형] 유질의, 유성의, 기름기 많은
ზეთისხილი [명] [식물] 올리브 (나무)
ზეთისხილისფერი [형] 올리브색의
ზეიმი [명] ① 축제, 제전(祭典), 축전 ② 승리; სამართლიანობის ზეიმი 정의의 승리
ზეიმობა [동] 축하하다, 기뻐하다 — [명] 축하
ზეინკალი [명] 금속 기능공; 자물쇠 제조공
ზეკარი [명] 산길
ზეკაცი [명] 초인, 수퍼맨
ზეკაცური [형] 초인적인

ზელა [동] 반죽하다, 개다

ზემდგომი [형] 지도하는, 지배적인, 더 높은

ზემო [부] 위쪽에, 위에

ზემოაღნიშნული [형] 앞서 말한, 위에 언급된, 전술(前述)한

ზემოაღწერილი [형] 전술(前述)한, 전기(前記)한

ზემოდან [부] 위에서, 위로부터

ზემოდასახელებული [형] 앞서 말한, 위에 언급된, 전술(前述)한

ზემოდხსენებული [형] 앞서 말한, 위에 언급된, 전술(前述)한

ზემოთ [부] 위쪽에, 위에; 위층에

ზემოთკენ [부] 위에, 위로

ზემოთქმული [형] 전술한, 앞서 말한

ზემომოყვანილი [형] 전술한, 앞서 말한

ზემონაჩვენები [형] 전술한, 앞서 말한

ზემოქმედება [동] 영향을 끼치다 — [명] 영향; ფიზიკური ზემოქმედება 강제, 강압

ზემოხსენებული [형] 전술한, 앞서 말한

ზეპირად [부] ① 외워서, 암기하여; ზეპირად ცოდნა 외워서 알다; ზეპირად სწავლა 외워서 공부하다 ② 구두(口頭)로

ზეპირი [형] 구두(口頭)의

ზეპირმეტყველება [명] 구어(口語)

ზეპირობა [동] 외우다, 암기하다

ზეპირსიტყვაობა [명] 민속, 민간 전승

ზერელე [형] 표면적인, 피상적인; ზერელე ცოდნა 피상적인 지식

ზერელედ [부] 표면적으로, 피상적으로
ზეშთაგონება [동] 영감을 주다; 감흥이 일다 — [명] 영감, 고취
ზეშთაგონებული [형] 영감을 받은
ზეცა [명] ① 하늘, 창공 ② 천국
ზეციერი [형] = **ზეციური**
ზეციური [형] ① 하늘의 ② 천국의
ზეწარი [명] (침대의) 시트
ზვავი [명] 눈사태
ზვარი [명] 포도원, 포도밭
ზვერვა [동] 염탐하다, 감시하다, 미행하다 — [명] 미행
ზვიადა [형] 거만한, 오만한
ზვიადობა [명] 거만, 오만
ზვიგენი [명] [어류] 상어
ზვინი [명] 더미, 무더기, 퇴적
ზვირთი [명] 물결, 파
ზიანი [명] 손상, 손해, 피해; **ზიანის მიყენება** 해치다
ზიარება [명] [기독교] 성찬용 빵, 영성체(領聖體)
ზიდვა [동] 나르다, 운반하다
ზიზილა [명] [식물] 데이지
ზიზღი [명] 싫음, 반감, 혐오; **ზიზღის გრძნობა** 구역질나다, 역겹다
ზიზღით [부] 아주 싫어하여
ზმანება [명] ① 시도, 노력 ② 백일몽, 공상
ზმნა [명] [문법] 동사
ზმნიზედა [명] [문법] 부사

ზმნისართი [명] [문법] 부사
ზმნისწინი [명] [문법] 접두사
ზმუილი [동] (소가) 음매하고 울다 — [명] (소가) 음매하고 우는 소리
ზნე [명] 성질, 기질, 성벽; ცუდი ზნე 성마른 기질
ზნედაცემული [형] 부도덕한, 품행이 나쁜, 음란한 — [명] 창녀, 매춘부
ზნედაცემულობა [명] 부도덕, 음란; 매음, 매춘
ზნეკეთილი [형] 행실이 단정한
ზნეობა [명] 도덕, 윤리
ზნეობითი [형] 도덕적인, 윤리적인
ზნეობრივი [형] 도덕적인, 윤리적인
ზნე-ჩვეულება [명] 풍속, 관습
ზოგადად [부] 일반적으로 (말해서), 보통
ზოგადი [형] 일반적인, 보편적인
ზოგადკაცობრიული [형] 전인류에게 공통적인
ზოგადსაგანმანათლებლო [형] 일반 교육의; ზოგადსაგანმანათლებლო სკოლა (전문 교육이 아닌) 일반 교육을 가르치는 학교
ზოგან [부] 여기저기에, 몇몇 장소에
ზოგვა [동] 아끼다, 절약하다
ზოგი [형] 얼마간의, 약간의, 몇몇의
ზოგიერთი [형] 얼마간의
ზოგჯერ [부] 때때로
ზოდი [명] (금속의) 주괴(鑄塊), 잉곳
ზოდიაქო [명] [천문] 황도대(黃道帶), 12 궁
ზოდიაქური [형] [천문] 황도대의, 12 궁의
ზოზინი [명] 느림, 완만

ზ

ზოზინით [부] 느릿느릿

ზოლებიანი [형] 줄무늬가 있는

ზოლი [명] 줄, 줄무늬, 띠, 선

ზოლიანი [형] 줄무늬가 있는

ზომა [명] 크기, 치수; ზომის აღება (사람의) 치수를 재다; ზომით 치수에 맞춰

ზომაზე [부] ① (~의) 정도까지 ② ზომაზე დიდი 특대(형)의

ზომვა [동] 재다, 측정하다

ზომიერად [부] 알맞게, 적당히

ზომიერება [명] 알맞음, 적당

ზომიერი [형] ① 알맞은, 적당한, 온건한 ② ზომიერი კლიმატი 온화한 기후

ზონა [명] 지대, 지역, 지구; სამხედრო მოქმედებათა ზონა 군사 작전 지대

ზონალური [형] 지대의, 지역의, 지구의

ზონარი [명] 끈, 줄

ზონდი [명] (우주) 탐사기, 탐사용 로켓

ზონდირება [동] 조사하다, 탐사하다

ზოოლოგი [명] 동물학자

ზოოლოგია [명] 동물학

ზოოლოგიური [형] 동물학(상)의, 동물에 관한

ზოოპარკი [명] 동물원

ზრახვა[1] [동] 비난하다, 꾸짖다

ზრახვა[2] [명] 착상, 고안, 아이디어

ზრდა [동] 자라다, 성장하다; 증대하다; 발전하다
— [명] 성장, 증대, 확장, 발전; კულტურული ზრდა 문화적 진보

ზრდადამთავრებული [명] 어른, 성인

ზრდადი [형] 속도가 붙은, 가속된

ზრდილი [형] 예의 바른, 점잖은, 행실이 바른

ზრდილობა [명] 예의 바름, 점잖음

ზრდილობიანი [형] 예의 바른, 점잖은, 행실이 바른

ზრდილობიანობა [명] 예의 바름, 점잖음

ზრუნვა [동] 걱정하다; 신경쓰다, 돌보다; მომავალზე ზრუნვა 장래를 걱정하다; ბავშვებზე ზრუნვა 아이들을 돌보다; ეს ჩვენი მთავარი საზრუნავია 이것은 우리가 특별히 신경써야 할 문제다; საკუთარ ჯანმრთელობაზე ზრუნვა 건강을 돌보다 — [명] 걱정, 신경 씀

ზუზუნი [동] 윙윙거리다 — [명] 윙윙거림

ზუთხი [명] [어류] 철갑상어

ზურგი [명] ① 등; ზურგს უკან 남의 등 뒤에서 ② 뒤, 후방; ზურგიდან თავდასხმა 후방을 습격하다 ③ ზურგის შექცევა 쫓아버리다

ზურგჩანთა [명] 배낭

ზურმუხტი [명] [광물] 에메랄드

ზუსტად [부] 정확히, 시간을 꼭 지켜

ზუსტი [형] 정확한, 시간을 꼭 지키는

ზღაპარი [명] 이야기; ჯადოსნური ზღაპარი 동화, 옛날 이야기; ხალხური ზღაპრები 민간 설화; ზღაპრის მოყოლა 이야기를 하다

ზღაპრული [형] 동화 같은, 공상적인, 있음직하지 않은

ზღარბი [명] [동물] 고슴도치

ზ

ზღვა [명] 바다, 해양; **ზღვაზე** 바다에서; **ზღვის პირად** 해변에; **გაშლილი ზღვა** 공해(公海), 외해; **ზღვაში გასვლა** 육지에서 바다로 떠나다; **ზღვას იქით**, **ზღვის გაღმა** 해외에서; **ზღვის ნაპირი** 해변, 해안, 바닷가; **ზღვის წყალი** 바닷물; **ზღვის ფსკერი** 해저; **ზღვის ავადმყოფობა** 뱃멀미; **ზღვის ყაჩაღი** 해적; **ზღვის ლომი** [동물] 강치, 바다사자; **ზღვის კატა** [동물] 물개; **ზღვის გოჭი** [동물] 기니피그, 모르모트; **ზღვის კომბოსტო** [식물] 갯배추

ზღვაოსანი [명] 뱃사람, 항해자
ზღვაოსნობა [명] 항해
ზღვარდაუდებელი [형] 무제한의, 한정되지 않은
ზღვარი [명] 한계, 경계
ზღმარტლი [명] [식물] 서양모과나무
ზღუდე [명] 울타리, 담
ზღურბლი [명] 문턱

თ

თაბაშირი [명] 석고, 깁스
თაბაშირის [형] 석고의, 석고질의
თაბახი [명] (한 장의) 종이, 페이지, 종이 조각
თაგვი [명] [동물] 생쥐
თაგვისფერი [형] 쥐색의, 짙은 회색의
თაგვობანა [동] 가지고 놀다, 희롱하다
თაგუნა [명] [컴퓨터] 마우스
თადარიგიანი [형] 검약하는, 아끼는
თადარიგის დაჭერა [명] 준비, 공급
თავადაზნაურობა [명] 귀족 (계급)
თავადაზნაურული [형] 귀족의
თავადი [명] (중세 그루지야의) 공(公); **თავადის ქალი** 여 공(女公)
თავადიშვილი [명] (중세 그루지야의) 공(公)
თავადური [형] 공(公)으로서의
თავაზიანად [부] 예의 바르게, 정중하게
თავაზიანი [형] 예의 바른, 정중한
თავაზიანობა [명] 예의 바름, 정중함
თავამდე [부] 꼭대기까지
თავაშვებული [형] 방종한, 방탕한, 버릇 없는
თავაშვებულობა [명] 방종, 방탕, 버릇 없음
თავბედი [명] 운명, 운
თავბრუ [명] 현기증, 어지러움
თავბრუდამსხმელი [형] 현기증 나는, 어지러운
თავბრუდამხვევი [형] 현기증 나는, 어지러운

თავბრუდახვევა [명] 현기증, 어지러움
თავგადადებული [형] 사심 없는, 무욕의
თავგადასავალი [명] 모험; თავგადასავლის მოყვარული 모험가
თავგამეტებული [형] 사심 없는, 무욕의
თავგამოდება [명] 헌신적임, 끈기 있음, 열정적임
თავგამოდებით [부] 헌신적으로, 끈기 있게, 열정적으로
თავგამოდებული [형] 헌신적인, 끈기 있는, 열정적인
თავგანწირვა [명] 자기 부정, 자제, 포기
თავგანწირვით [부] 자기를 부정하고, 헌신적으로
თავგანწირული [형] 자기 부정의, 사리 사욕이 없는, 헌신적인
თავდაბალი [형] 사려 깊은, 신중한, 조심성 있는
თავდაბლობა [명] 사려 깊음, 신중
თავდადებით [부] 헌신적으로
თავდადებულად [부] 헌신적으로
თავდადებული [형] 헌신적인, 충실한
თავდადებულობა [명] 헌신, 충실
თავდავიწყება [명] 자기 망각, 사심이 없음
თავდავიწყებული [형] 자신을 잊은, 사심 없는
თავდაპირველად [부] 최초로, 처음부터
თავდაპირველი [형] 최초의; 본래의
თავდასხმა [동] 공격하다, 습격하다 — [명] 공격, 습격; შეიარაღებული თავდასხმა 무장 공격; მოულოდნელი თავდასხმა [군사] 기습; თავდასხმის მოგერიება 공격을 물리치다

თავდაუზოგავად [부] 사심 없이

თავდაუზოგავი [형] 사심 없는

თავდაუჭერელი [형] 억제되지 않는, 제어되지 않은

თავდაყირა [부] 거꾸로, 뒤집혀

თავდაცვა [동] 자신을 방어하다, 자위(自衛)하다 — [명] 자기 방어, 자위; თავდაცვის სამინისტრო 국방부

თავდაცვითი [형] 방어적인, 방위의

თავდაცვისუნარიანობა [명] 방어 능력, 국방력

თავდაცობილი [형] 코르크 마개를 한

თავდაჭერილი [형] 삼가는, 자제하는, 신중한

თავდაჭერილობა [명] 삼가기, 자제, 신중

თავდები [명] 보증인

თავდებობა [동] 보증하다 — [명] 보증

თაველი [명] (곡물의) 이삭

თავზარდამცემი [형] 경악할 만한, 엄청난, 굉장한

თავზარდაცემული [형] 뒤흔들린, 경악한

თავზარი [명] 공포, 경악; თავზარის დაცემა 경악하게 하다

თავზეხელაღებული [형] 앞뒤를 가리지 않는, 무모한

თავთავი [명] (곡물의) 이삭; ხორბლის თავთავი 밀 이삭

თავი [명] ① 머리; თავიდან ფეხებამდე 머리부터 발끝까지; თავის დაკვრა 인사하다, 절하다; თავის ტკივილი 두통; თავიდან ფეხებამდე შეიარაღებ-

ული 완전 무장한; სვეტის თავი [건축] 기둥 머리, 주두(柱頭) ② 정신; 두뇌 ③ 정상, 꼭대기; ქალაქის თავი [역사] 시장(市長) ④ 기원, 원천 ⑤ (წიგნის) თავი (책의) 장(章); თავი და ბოლო 시말(始末), 시종; თავის გაფრთხილება 건강을 돌보다; თავის გამოჩენა 명성을 얻다[나타내다]; თავის არიდება, თავის დაღწევა, თავის დაძვრენა 피하다; თავის დანებება 혼자 두다, 내버 려두다, 두고 가다; თავის ნებით 자발적으로

თავიანთი [대] 그들의, 그들의 것

თავიანი [형] 영리한, 똑똑한

თავიდათავი [형] 주요한, 주된

თავიდან [부] ① 첫째로 ② 처음부터; 새로, 다시 ③ თავიდან ასაცილებლად 피하기 위해; თავიდან აცილება 피하다, 회피하다; თავიდან მოშორება 면하다, 벗어나다

თავისებურად [부] 독자적으로

თავისებურება [명] 독자성, 특유성

თავისებური [형] ① 독자적인, 특유한, 특색 있는 ② 습관적인, 평소의

თავისთავად [부] 그 자체로서, 독립적으로

თავისთავადი [형] 독자적인, 독립적인

თავისთავადობა [명] 독자성, 독립성

თავისი [대] 그의, 그녀의, 그것의; 그(녀)의 것

თავისუფალი [형] ① 자유로운; თავისუფალი ვაჭრობა 자유 무역; თავისუფალი დრო 자유 시간, 레저; თავისუფალ დროს 여가 시간에, 틈틈이 ② 비어 있는; თავისუფალი ადგილი 빈 자리

თავისუფლად [부] 자유롭게, 쉽게; თავისუფლად კითხვა 술 술 읽다

თავისუფლება [명] 자유; დემოკრატიული თავისუფლება 민주적 자유; სიტყვის თავისუფლება 언론의 자유; პრესის თავისუფლება 출판의 자유; კრების თავისუფლება 집회의 자유; რწმენის თავისუფლება 양심의 자유, 종교적 자유

თავკომბალა [명] 올챙이

თავლა [명] 테이블, 탁자

თავლაფდასხმა [명] 부끄러움, 수치 — [동] 수치스럽게 하다

თავლაფდასხმული [형] 수치스러운, 불명예스러운

თავმდაბალი [형] 겸손한, 겸허한

თავმდაბლად [부] 겸손하게

თავმდაბლობა [명] 겸손함

თავმდაბლური [형] 겸손한, 겸허한

თავმინებებული [형] 버려진, 유기된

თავმოკვეთილი [형] 목 베어진, 참수된

თავმომწონე [형] 자존심이 있는

თავმომწონედ [부] 자존심을 가지고

თავმომწონეობა [명] 자존심

თავმოყვარე [형] 자존심이 있는; 야심적인

თავმოყვარეობა [명] 자존심; 야심

თავმოყრილი [형] 집중된, 모아진

თავმჯდომარე [명] 의장

თავმჯდომარეობა [동] 의장이 되다, 주재하다, 통할하다 — [명] 의장의 지위[직]

თავნება [형] 제마음대로의, 고집 센
თავნებობა [명] 제마음대로임, 고집 셈
თავნი [명] [경제] 고정 자본
თავსამტვრევი [형] 곤혹하게 하는, 헷갈리게 하는
თავსართი [명] [문법] 접두사
თავსატეხი [형] 곤혹하게 하는, 헷갈리는
თავსაფარი [명] (삼각형의) 목도리, 스카프
თავსაყარი [명] 많음, 풍부
თავსაყრელად [부] 풍부하게, 많이
თავსაყრელი [형] 많은, 풍부한
თავსახურავი [명] (그릇・용기의) 덮개, 뚜껑
თავსლაფი [명] 수치, 불명예
თავფურცელი [명] (책의) 표제지
თავქარიანი [형] 생각 없는, 경솔한
თავქარიანობა [명] 생각 없음, 경솔함
თავქვე [부] 아래로; თავქვე დაშვება 내려가다
თავშალი [명] 숄, 어깨걸이
თავშეკავება [명] 자제, 신중, 삼감
თავშეკავებით [부] 자제하여, 신중하게, 삼가
თავშეკავებული [형] 자제하는, 신중한, 삼가는; თავშეკავებული პასუხი 자제된 대답
თავშეკავებულობა [명] 자제, 신중, 삼감
თავშენახული [형] 정직한, 도덕적인
თავშესაფარი [명] 피난처; 보호 시설; 방공호; ბავშვთა თავშესაფარი 고아원; დავრდომილთა თავშესაფარი 극빈자 수용소
თავშესაქცევი [형] 재미있는, 유쾌한, 즐거운

თავშეუკავებელი [형] 억제[자제]되지 않은, 자제력이 부족한, 난폭한

თავშეუკავებლობა [명] 억제[자제]되지 않음

თავშიშველი [형] 모자를 쓰지 않은

თავჩაღუნული [형] 고개를 숙인

თავხედად [부] 뻔뻔스럽게, 무례하게; 건방지게, 오만하게

თავხედი [형] 뻔뻔스러운, 무례한; 건방진, 오만한

თავხედობა [명] 뻔뻔함, 무례; 건방짐, 오만

თავხედურად [부] 뻔뻔스럽게, 무례하게; 건방지게, 오만하세

თავხედური [형] 뻔뻔스러운, 무례한; 건방진, 오만한

თათარი [명] 타타르 사람

თათბირი [명] 회의, 협의; 심의, 토의, 논의

თათი [명] (동물의) 발톱이 있는 발; 발바닥 살

თათრები [명] 타타르족

თათრული [형] 타타르(족)의; თათრული ენა 타타르어

თაიგული [명] 꽃다발

თაკარა [형] 뜨거운, 타는 듯한

თაკილობა [동] 경멸하다, 멸시하다, 싫어하다

თალგამი [명] [식물] 순무

თალხი [명] 상복(喪服)

თამადა [명] (연회에서) 테이블의 상석에 앉은 사람

თამამად [부] 과감하게

თამამი [형] 과감한, 용감한; 스스럼 없는

თამასა [명] 판자

თამასუქი [명] 약속 어음; 환어음

თამაში [명] 놀이, 게임; მსახიობის თამაში 연출, 실연; აზარტული თამაში 기술보다 운에 좌우되는 게임; თამაშის წესი 게임의 규칙; თამაშში მონაწილეობის მიღება (놀이의) 담보 — [동] ① 놀이[게임·경기]를 하다; ჭადრაკის [ბანქოს·ჩოგბურთის] თამაში 체스[카드놀이·테니스]를 하다; ფულზე თამაში 돈을 걸고 놀이를 하다 ② როლის თამაში 역(할)을 맡다

თამაშობა [동] ① 놀다 ② 출연하다, 연기하다

თამბაქო [명] 담배; თამბაქოს ფოთოლი 담배잎; თამბაქოს (მო)წევა 담배 피우다

თამბაქოსფერი [형] 코담배색의, 황갈색의

-თან ~에, ~ 옆에; ~와 함께

თანაავტორი [명] 공저자(共著者), 공동 집필자; 공동 디자이너

თანაარსებობა [동] 공존하다 — [명] 공존

თანაბარზომიერი [형] 평평한, 고른

თანაბარი [형] 동등한, 같은; თითქმის თანაბარი 거의 같은; თანაბარი რაოდენობა 같은 양

თანაბარმნიშვნელოვანი [형] 효력 따위가 같은 [동등한]

თანაბრად [부] 동등하게, 같게

თანაბრობა [명] 고름, 같음, 동등

თანაგამყოფი [명] [수학] 제수(除數), 나눗수

თანაგვარი [형] 동일한, 꼭 같은

თანაგვარობა [명] 동일, 꼭 같음

თანაგრძნობა [동] 위문하다, 애도하다 — [명] 위문, 애도

თანადროული [형] 현대의, 현대적인

თანადროულობა [명] 현대성

თანავარსკვლავედი [명] 별자리

თანაზომიერება [명] 비례; 균형

თანაზომიერი [형] 비례하는; 균형 잡힌

თანაკლასელი [명] 학급 동료, 동급생

თანამგზავრი [명] ① (여행길의) 동료, 길동무 ② 위성; დედამიწის ხელოვნური თანამგზავრი 인공위성

თანამგზავრული [형] 호의적인

თანამგრძნობი [명] 동정하는 사람, 동조자

თანამდებობა [명] 직위, 지위; 일자리, 직업; თანამდებობის დაკავება (어떤) 위치[지위]에 있다; თანამდებობიდან გათავისუფლება 직위에서 해고하다

თანამდებობრივი [형] 공무의, 공직의

თანამებრძოლი [명] 전우(戰友)

თანამეგობრობა [명] 조화, 화합, 우호 관계

თანამედროვე [형] 현대의, 현대적인; თანამედროვე ლიტერატურა 현대 문학; თანამედროვე მდგომარეობა 현재의 상황

თანამედროვეობა [명] 현대성

თანამემამულე [명] 동포

თანამიმდევრობა [명] 연속, 계속

თანამიმდევრობით [부] 연속하여, 잇따라

თანამოაზრე [명] 자기편, 동지, 지지자

თანამოზიარე [명] 동료, 협력자, 관계자, 참여자
თანამონაწილე [명] 참여자, 관계자, 협력자
თანამონაწილეობა [명] 관여, 관계, 협력, 참가; 공모, 연루
თანამოსამსახურე [명] 같이 일하는 사람, 동료
თანამოსაუბრე [명] 이야기 상대자, 대담자
თანამოსახელე [명] 이름이 같은 사람
თანამოძმე [명] 동료, 같이 일하는 사람; 전우 (戰友)
თანამოძმენი [명] 같은 회원들
თანამშრომელი [명] 협력자, 협업자; 근로자, 사원
თანამშრომლობა [동] ① 협력하다, 협동하다, 함께 일하다 ② (신문 따위에) 기고하다 — [명] 협력, 협동
თანასოფლელი [명] 시골 사람
თანასწორად [동] 동등하게, 똑같이
თანასწორი [형] 동등한, 똑같은
თანასწორობა [명] 동등, 같음; თანასწორობა კანონის წინაშე 법 앞의 평등; თანასწორობის ნიშანი 등호 (=)
თანასწორუფლებიანი [형] 권리가 동등한
თანასწორუფლებიანობა [명] 동등한 권리 — [동] 동등한 권리를 갖다
თანაშემწე [명] 돕는 사람, 지원자, 조수; დირექტორის თანაშემწე 차장, 부지휘자
თანაც [부] ~외에도, 그밖에, 게다가
თანახმა [형] 동의한, 찬성한; თანახმა ვარ (나는) 동의합니다

თანახმად [후] (~에) 의하면, (~에) 따라

თანდათან [부] 점차, 차츰, 조금씩

თანდათანობა [명] 점차적임, 점진적임

თანდათანობით [부] 점차, 차츰, 조금씩

თანდათანობითი [형] 점차적인, 점진적인; თანდათანობითი გადასვლა 점진적인 변화

თანდართვა [명] 동봉

თანდართული [형] 동반하는, 동봉된; 추가[보충]된

თანდასწრებით [부] (~의) 면전에서, 앞에서

თანდაყოლილი [형] 타고난, 천부의, 선천적인; თანდაყოლილი ნიჭი 천부의 재능

თანდებული [명] [문법] 전치사

თანდებულიანი [명] [문법] 전치사의[적인]

თანმიმდევრობა [명] 연속, 계속

თანმიმდევრობით [부] 연속적으로

თანმიმდევრობითი [형] 연속적인

თანმიმდევრული [형] 연속적인, 계속적인

თანმიყოლებით [부] 연속적으로, 잇따라

თანმხლები [형] 수반하는

თანრიგი [명] 범주, 분류, 계층; 등급

თანხა [명] 총계, 총액

თანხვდენა [명] 일치, 부합

თანხლება [동] 동반하다, 따라가다, 수행하다; 호위하다, 에스코트하다 — [명] 동반, 수행; 호위, 에스코트; თანხლებით 동반하여, 호위하여

თანხმობა [명] 동의, 화합, 일치; თანხმობის მიცემა 동의하다; დუმილი თანხმობის ნიშანია 침묵은 동의를 뜻한다

თანხმოვანი [명] თანხმოვანი (ბგერა) 자음

თაობა[1] [명] 세대; ახალი თაობა 신세대, 젊은 세대; თაობიდან თაობამდე 대대로

თაობა[2] [동] 이끌다, 지도하다, 리더가 되다 — [명] 리더십

თაობაზე (~에) 관하여

თაოსანი [명] 주창자, 발기인, 선구자

თაოსნობა [명] 솔선, 주도(권); თაოსნობით (~의) 주창에 따라 — [동] 솔선해서 하다, 주도권을 잡다

თარაზო [명] 수위(水位)

თარგი [명] 틀, 형(型)

თარგმანი [명] 번역; ზეპირი თარგმანი 통역; თარგმანი ქართული ენიდან ინგლისურ ენაზე 그루지야어에서 영어로의 번역

თარგმნა [동] 번역하다

თარგმნილი [형] 번역된

თარეში [동] 침략하다, 습격하다, 약탈하다 — [명] 침략, 습격, 약탈

თართი [명] [어류] 철갑상어

თარიღი [명] 날짜; თარიღის დასმა 날짜를 잡다

თარო [명] 선반, 시렁; წიგნის თარო 책꽂이

თაროები [명] 선반, ~대

თარჯიმანი [명] 해석자, 통역자

თასი [명] 사발; 잔, 컵; 비커; 우승컵

თასმა [명] 끈, 벨트

თაფლი [명] 꿀, 벌꿀; თაფლივით ტკბილი 꿀같이 단; თაფლის სანთელი 밀초, 밀랍

თაფლიანი [형] 꿀이 있는, 꿀이 들어간; თაფლიანი ნამცხვარი 꿀을 넣은 케이크

თაფლისფერი [형] 황갈색의

თაფლობისთვე [명] 신혼, 허니문

თაფლოვანი [형] 꿀이 나는, 꿀 같은, 감미로운

თაფლუჭი [명] 벌꿀술

თაღებიანი [형] 아치형의

თაღედი [명] [건축] 줄지은 홍예랑(虹霓廊)

თაღი [명] ① [건축] 아치 (천장) ② ცის თაღი 창공, 하늘

თაღლითი [명] 사기꾼, 협잡꾼 — [형] 위조된, 날조된

თაღლითობა [명] 사기, 협잡, 속임수

თაღლითური [형] 악당 같은, 못된

თაყვანისმცემელი [명] 숭배자, 경배자

თაყვანისმცემლობა [명] 우상화

თაყვანისცემა [동] 숭배하다, 받들다, 경배하다; 우상화[시] 하다 — [명] 숭배, 경배; 우상화[시]

თბილა [동] 따뜻하다; თბილოდა (과거에) 따뜻했다

თბილად [부] ① 따뜻하게; თბილად ჩაცმა 옷을 따뜻하게 입다 ② 진심으로, 성의껏

თბილი [형] ① 따뜻한, 온화한 ② 상냥한, 친절한, 성심성의의; თბილი მიღება 진심어린 환영;

თბილი სიტყვები 따뜻한 말 ③ თბილი ადგილი 편한 일, 쉬운 일

თბილისი [명] 트빌리시 (그루지야의 수도)

თბობა [동] 데우다, 따뜻하게 하다 — [명] 가열

თბოგადაცემა [명] [물리] 열전달

თბოგამტარობა [명] [물리] 열전도(성)

თბოელექტროსადგური [명] 화력 발전소

თბომავალი [명] (증)기선

თეატრალი [명] 극장에 자주 가는 사람, 연극을 좋아하는 사람

თეატრალური [형] 극장의, 무대의, 연극의; თეატრალური წარმოდგენა 무대 연기; თეატრალური ხელოვნება 무대 예술

თეატრი [명] 극장; თეატრში წასვლა 극장에 가다; ოპერის თეატრი 가극장, 오페라 하우스; თეატრი და კინო 연극과 영화; თეატრის დარბაზი (극장의) 관객석; თეატრის ბილეთი 극장표

თეატრმცოდნეობა [명] 연극학

თებერვალი [명] 2월

თევზაობა [명] 낚시 — [동] 낚시하다

თევზი [명] 물고기, 어류; 생선; თევზის კონსერვები 통조림으로 한 생선; თევზის ჭერა 낚시; თევზის ზეთი (대구의) 간유; თევზის მრეწველობა 어업

თევზიყლაპია [명] [조류] 가마우지

თევზსაჭერი [형] 어업의; თევზსაჭერი გემი 어선 (漁船)

თეზისი [명] 논제

თეთრად [부] 또박또박, 정서(淨書)하여
თეთრება [동] 희게 하다
თეთრეული [명] ① 아마포(亞麻布), 리넨; თეთრეულის მაღაზია 리넨 셔츠류 상점 ② ქვედა თეთრეული 속옷; ლოგინის თეთრეული 침구, 이부자리
თეთრთმიანი [형] 백발의, 흰머리의
თეთრი[1] [형] 흰, 백색의; თეთრი პური 흰빵; თეთრი ღვინო 백포도주; თეთრი დათვი 흰곰, 북극곰; თეთრი სახლი 백악관; თეთრი ლექსი 무운시(無韻詩)
თეთრი[2] [명] 테트리 (그루지야의 화폐 단위; 100 테트리 = 1 라리)
თელა [명] [식물] 느릅나무
თელვა [동] 내리밟다, 짓밟다
თემა [명] 주제, 테마; სალაპარაკო თემა 화제, 이야깃거리; თემიდან გადახვევა 주제에서 벗어나다
თემატიკა [명] 주제, 테마
თემატური [형] 주제의, 테마의
თემი [명] 공동체, 커뮤니티
თემური [형] 공동체의
თენე [부] 부재(不在)로, 없어져서
თენება [동] 깨어 있다, 밤새다
თეოლოგია [명] 신학(神學)
თეოლოდიური [형] 신학의, 신학적인
თეორემა [명] [수학] 정리(定理)
თეორეტიკოსი [명] 이론가, 공론가
თეორეტიკული [형] 이론(상)의

თეორია [명] 이론, 학설; თეორია და პრაქტიკა 이론과 실제

თეორიული [형] 이론(상)의; თეორიულად 이론적으로

თერაპევტი [명] 치료 전문가, 요법사

თერაპია [명] 요법, 치료법

თერაპიული [형] 치료법상의

თერთმეტი [수] 십일 (11)

თერმომეტრი [명] 온도계, 체온계

თერმული [형] 열의, 열에 의한

თერძი [명] 재단사, 재봉사

თესვა [동] 씨 뿌리다 — [명] 파종, 씨 뿌리기

თესლბრუნვა [명] [농업] 돌려짓기, 윤작(輪作)

თესლი [명] ① (식물의) 씨앗 ② (동물의) 정액

თეფში [명] 접시; ღრმა თეფში 수프 접시; სავსე თეფში 한 접시 가득

თექა [명] (두꺼운) 펠트, 모전(毛氈)

თექვსმეტი [수] 십육 (16)

თეძო [명] 넓적다리, 엉덩이

თვალადი [형] ① 아름다운, 잘 생긴 ② 당당한, 기품 있는

თვალახვეული [형] 눈을 가린

თვალბედითი [형] 불길한, 재수 없는, 나쁜 징조의

თვალგამჭრიახი [형] 눈이 날카로운; 방심하지 않는, 주의 깊게 지키는

თვალგაშტერებით [부] 고정되어; 집중하여, 골똘히

თვალგაშტერებული [형] 고정된; 집중된
თვალდახუჭული [형] 눈을 감은
თვალებგაბრწყინებული [형] 즐거운, 기쁜
თვალებდაჭყეტილი [형] 눈을 뜬
თვალების დაჭყეტა [동] 눈을 크게 뜨다, 말똥말똥 쳐다보다
თვალთახედვა [명] 시각, 시야
თვალთვალი [동] 감시하다, 미행하다, 뒤를 밟다, 염탐하다 — [명] 미행, 염탐
თვალთმაქცი [명] 위선자, 위장[가장]하는 사람
თვალთმაქცობა [동] 위선을 부리다, 위장[가장]하다 — [명] 위선, 위장, 가장
თვალთმაქცურად [부] 위선적으로
თვალთმაქცური [형] 위선적인
თვალი¹ [명] ① 눈(眼); თვალის ახვევა 주의를 흐트러뜨리다, 속이다, 기만하다; თვალის დევნება 감시하다, 염탐하다; თვალის ჩაკვრა 윙크하다; თვალის მოკვრა 주의하다, 주목하다; თვალის მომჭრელი 눈부신, 휘황찬란한; თვალის ექიმი 안과 의사; თვალის გუგა 눈동자, 동공; თვალის ჩინი 눈동자, 매우 소중한 것 ② ძვირფასი თვალი 보석, 보옥; ნატვრის თვალი 부적, 신비한 힘이 있는 것
თვალი² [명] 바퀴(輪)
თვალნათელი [형] 눈 앞에 보는 것 같은, 시각의
თვალნათლივ [부] 눈 앞에 보는 것처럼, 시각적으로
თვალსაზრისი [명] 관점, 입장

თვალსაჩინო [형] 눈에 띄는, 걸출한
თვალსაჩინოდ [부] 눈에 띄게, 걸출하게
თვალსაჩინოება [동] 시각적인 방법을 동원하다
თვალუწვდენელი [형] 무한한, 끝없는; 광대한
თვალუწვდენი [형] = **თვალუწვდენელი**
თვალყური [명] 주의, 주목; თვალყურის დევნა 감시하다, 지키다
თვალწარმტაცი [형] 매혹적인, 황홀하게 하는
თვალწინ [부] 눈 앞에서
თვალხარბი [형] 욕심 많은, 탐욕스러운
თვალხილული [명] 장님이 아닌 사람
თვე [명] (한)달, 월(月); თაფლობის თვე 밀월(蜜月)
თვით [부] 스스로
თვითანალიზი [명] 내성(內省), 자기 반성, 자기 성찰
თვითგამორკვევა [명] 자결(自決), 자기 결정
თვითგანათლება [명] 독학
თვითგანვითარება [명] 독학
თვითგასამართლება [명] 사형(私刑), 린치
თვითდაკვირვება [명] 내성(內省), 자기 반성, 자기 성찰
თვითდამშვიდება [명] 자기 만족
თვითდარწმუნებული [형] 자의식이 강한
თვითდახმარება [명] 자조(自助); 상호 협조
თვითდინება [명] 되는 대로 내버려둠, 방임
თვითეული [형] 각각의, 어느 ~이나 — [명] 각자 모두, 누구든지

თვითკმაყოფილება [명] 자기 만족

თვითკმაყოფილი [형] 스스로 만족한, 자기 만족의

თვითკრიტიკა [명] 자기 비판

თვითკრიტიკული [형] 자기 비판적인

თვითმასწავლებელი [명] 독학서, 자습서

თვითმკვლელი [명] 자살자

თვითმკვლელობა [명] 자살; თვითმკვლელობის ჩადენა 자살 하다

თვითმმართველობა [명] 자치(自治)

თვითმოქმედება [명] 자주적 활동, 자발적 활동

თვითმოქმედი [형] 자발적으로 활동하는

თვითმოძრავი [형] 자동(식)의

თვითმპყრობელი [명] 독재[전제] 군주, 독재자

თვითმპყრობელობა [명] 독재 정치

თვითმპყრობელური [형] 독재적인

თვითმფრინავი [명] 비행기; 전투기; ბომბდამშენი თვითმფრინავი 폭격기; სადაზვერვო თვითმფრინავი 정찰기; სატრანსპორტო თვითმფრინავი 수송기; თვითმფრინავის ბილეთი 비행기 탑승권

თვითნაკეთი [형] 집에서 만든, 손수 만든

თვითნასწავლი [형] 독학의, 독습의 — [명] 독학자

თვითნება [형] 제 마음대로의, 고집 센

თვითნებობა [명] 방종, 방자, 제 마음대로 함

თვითნებურად [부] 제 마음대로, 방자하게

თვითნებური [형] 제 마음대로의, 고집 센

თვითონ [대] 자신, 스스로; მე თვითონ გავაკეთებ 내 스스로 그것을 하겠다; ის თვითონ მოვა 그는 직접[몸소] 올 것이다

თვითღირებულება [명] [경제] 원가, 비용 가격

თვითშეგნება [명] 자의식

თვითშემეცნება [명] [철학] 자각, 자기 인식

თვითშეფასება [명] 자기 평가

(-)თვის ① (~을) 위하여 ② შემდეგი თვის 다음 달의; გას- ული თვის 지난 달의

თვის ბოლოკი [명] [식물] 무

თვისება [명] 특성, 특색, 특징, 특질; განმასხვავ- ებელი თვისება 두드러진 특색

თვისებრივად [부] 질적으로

თვისებრივი [형] 성질상의, 질적인

თვისებრიობა [명] 질(質)

თვისი [대/형] 그의, 그녀의, 그것의; 그(녀)의 것

თვისტომი [명] 같은 종족의 사람, 동포

თვიურად [부] 달마다, 한 달에 ~

თვიური [형] 매달의, 한 달에 한 번의

თვლა [동] 세다, 계산하다 — [명] 셈, 계산

თვლემა [동] 꾸벅꾸벅 졸다, 선잠을 자다 — [명] 졸림, 선잠

თვრამეტი [수] 십팔 (18)

თიაქარი [명] [의학] 탈장, 헤르니아

თიბათვე [명] 6월

თიბვა [동] (풀 따위를) 베다 — [명] 풀 베기

თივა [명] 건초; თივის ზვინი 건초 더미

თივთიკი [명] (책상보 · 커튼 따위로 쓰이는) 모직 천

თითბერი [명] 구리, 놋쇠

თითი [명] ① 손가락; 발가락; საჩვენებელი თითი 검지, 집게 손가락; შუა თითი 중지, 가운뎃손가락; არა თითი 약지, 넷째 손가락 ② თითის სიგრძე 작은, 사소한; თითით საჩვენებელი ბიჭ-ია! 그는 굉장한 녀석이야!

თითისტარი [명] 물렛가락, 방추(紡錘)

თითო [부] 하나씩

თითო-თითო(დ) [부] 하나씩

თითოეული [형] 각각의, 저마다의, 매 ~

თითონ [대] 자신, 스스로

თითქმის [부] 거의, 대략, 대체로

თითქოს [접] 마치 ~인 것처럼

თითხნა [동] 더럽히다 — [명] 더럽힘

თიკანი [명] 새끼 염소

თილისმა [명] 부적, 호부(護符)

თირკმელი [명] 콩팥, 신장

თიხა [명] 점토, 찰흙; თეთრი თიხა 고령토; თიხის ჭურჭელი 오지그릇

თლა [동] (돌에) 새기다; 자르다

თმა [명] 머리카락; თმის დავარცხნა 머리를 손질하다; ქერა თმები 금발; ჭაღარა თმები 흰머리; თმების გლეჯა 머리털을 잡아뜯다

თმააწეწილი [형] 머리가 헝클어진

თმაგათეთრებული [형] 흰머리의, 반백의

თმაჭაღარა [형] 흰머리의, 반백의

თმახუჭუჭა [형] 컬한 머리의, 곱슬머리의

თმენა [동] 참다, 견디다, 인내하다 — [명] 인내, 견딤

თმიანი [형] 털이 많은, 텁수룩한

თმობა [동] 양보하다, 포기하다

თოვა [동] 눈이 오다; თოვს 눈이 온다, 눈이 오고 있다 — [명] 강설

თოვლაობა [명] 눈덩이, 눈뭉치

თოვლი [명] 눈(雪); თოვლი მოდის 눈이 온다, 눈이 오고 있다; თოვლის პაპა 눈사람; თოვლის გუ-ნდა 눈뭉치, 눈덩이; თოვლის ფიფქი 눈송이

თოვლიანი [형] 눈이 많은, 눈이 오는; თოვლიანი ზამთარი 눈이 많이 오는 겨울

თოვლსაწმენდი [명] 제설기[차]

თოვლჭყაპი [명] 녹기 시작한 눈, 진창

თოთო (ბავშვი) [명] 젖먹이, 유아

თოთხმეტი [수] 십사 (14)

თოკი [명] 줄, 끈, 로프

თოლია [명] [조류] 갈매기

თონე [명] 탄두르 (요리시에 쓰는 화덕의 일종); თონის პური 그루지야 전통 빵의 일종

თორემ [접] 그렇지 않으면; იჩქარეთ, თორემ დაა-გვიანებთ 서둘러, 그렇지 않으면 늦을 거야

თორმეტგოჯა ნაწლავი [명] [해부] 십이지장

თორმეტი [수] 십이 (12)

თორნე [명] 그루지야의 빵집

თოფი [명] 총, 권총; სანადირო თოფი 엽총; ორლულიანი თოფი 쌍발총; თოფის გასროლა 총을 발사하다

თოფისწამალი [명] 화약

თოფხანა [명] 무기고

თოში [명] 얼음

თოხარიკი [명] 측대보(側對步)로 걷는 말(馬); თოხარიკით სვლა 말이 측대보로 걷다

თოხი [명] 괭이, 곡괭이

თოხიტარა [명] [조류] 오목눈이

თოხლო [형] (요리를) 부드럽게 익힌, 반숙한; თოხლო კვერცხი 계란 반숙

თოხნა [동] 괭이질하다

თოჯინა [명] 인형; თოჯინების თეატრი 인형극

თრევა [동] 끌다, 당기다; ფეხების თრევა 발을 질질 끌다

თრთვილი [명] 흰 서리

თრთოლ(ვ)ა [동] 떨다, 전율하다 — [명] 떨림, 전율

თრიაქი [명] 아편

თრითინა [명] [동물] 다람쥐

თრობა [동] 술을 많이 마시다, 취하다 — [명] 술 취함

თუ [접] ① 만약 ~이면; თუ შეიძლება 가능하다면, 부디 (~해 주십시오) ② (의문문에서) 또는 ③ თუ არ 기껏해야, 고작

თუთა [명] [식물] 뽕나무, 오디

თუთია [명] [화학] 아연

თუთიყუში [명] [조류] 앵무새; **თუთიყუშივით გამეორება** 앵무새처럼 말을 되풀이하다

თუთუნი [명] 담배

თულფი [명] 트럼프 (카드)

თუმცა [접] (~이긴) 하지만, 비록 ~할지라도

თუნდ [접] 비록 ~할지라도

თუნდაც [접] 비록 ~할지라도

თუნუქი [명] 양철, 주석

თურინჯი [명] [식물] 포멜로 (오렌지의 일종)

თურმე ~인 듯하다, (~으로) 드러나다[밝혀지다]

თურქეთი [명] 터키

თურქეთის [형] 터키의

თურქი [명] 터키 사람

თურქული [형] 터키의; **თურქული ენა** 터키어 — [명] 터키어

თუჯი [명] 주철(鑄鐵), 무쇠

თქეში [명] 폭우

თქვენ [대] 당신(은, 을, 에게), 당신들(은, 을, 에게), 너희들(은, 을, 에게)

თქვენები [대] 당신(들)의 것

თქვენებურად [부] 당신의 의견에 따라, 당신의 방식대로

თქვენი [대] 당신의, 당신들의, 너희들의; 당신[당신(너희)들] 의 것

თქვეფა [동] (계란을) 세게 휘젓다

თქმა [동] 말하다, 이야기하다; **საჯაროდ თქმა** 선언하다, 공포하다; **უარის თქმა** 거절하다, 거부하다; **თქმა უფრო ადვილია** 행동보다 말하기가 쉽

다; ადვილი სათქმელია 쉽게 말할 수 있다 — [명] 말씨

თქმულება [명] 전설, 이야기

თქმული [형] 이야기된, 말해진

თხა [명] 염소, 숫염소; თხის ხორცი 염소 고기; დედალი თხა 암염소; თხის რძე 염소 젖

თხევადი [형] 액체의, 유동성의

თხელი [형] ① 얇은 ② 미세한 ③ 성긴, 드문드문한; თხელი თმა 숱이 적은 머리털

თხემი [명] [해부] 전두부(前頭部)

თხზვა [동] ① 글을 쓰다, 작문하다 ② 창안하다

თხზულება [명] 글 쓴 것, 작품; რჩეული თხზულებანი 작품 선집

თხილამური [명] 스키; თხილამურით სვლა 스키를 타다

თხილი [명] ① 견과류, 견과류의 나무 ② 헤이즐넛, 개암 (나무)

თხლად [부] 가늘게, 얇게

თხლე [명] (포도주의) 침전물, 앙금

თხმელა [명] [식물] 오리나무

თხოვება [동] 빌려주다, 대여하다

თხოვნა [동] ① 요청하다, 구하다; მან წიგნი მთხოვა 그는 나에게 책 한 권을 달라고 요청했다; მან დახმარება ითხოვა 그는 도움을 구했다; ნებართვის თხოვნა 허락을 구하다 ② (~와) 결혼하다 — [명] 요청

თხრა [동] (땅 등을) 파다 — [명] 파기

თხრილი [명] 도랑, 해자

თხრობა [동] 말하다, 서술하다 — [명] 이야기, 서술

თხრობითი [형] 이야기체의, 설명적인; თხრობითი კილო [문법] 직설법

თხუთმეტი [수] 15; თხუთმეტი წუთი 15 분

თხუნელა [명] [동물] 두더지

თხუპნა [동] 더럽히다

ი

ია [명] [식물] 제비꽃, 오랑캐꽃

იაგუარი [명] [동물] 재규어

იაგუნდი [명] 보석 (루비, 사파이어 등)

იადონი [명] [조류] 카나리아

ია-ვარდი [명] 제비꽃과 장미, 꽃 종류

იავნანა [명] 자장가

იალაღი [명] 여름 목장

იალბუზი [명] 엘브루스산 (카프카스 산맥에서 가장 높은 산)

იალქანი [명] 돛; იალქნის გაშლა 돛을 올리다

იალქნიანი [형] 돛을 단; იალქნიანი გემი 범선, 돛단배

იამბი [명] [운율] 단장격, 약강격

იამბიკო [명] = იამბი

იანკი [명] 양키, 미국인

იანვარი [명] 1월

იაპონელი [명] 일본 사람

იაპონია [명] 일본

იაპონური [형] 일본의; იაპონური ენა 일본어 — [명] 일본어

იარ [부] ნაბიჯით იარ 앞으로!, 전진하라!

იარა [명] 상처, 궤양

იარაღასხმული [형] 무장한, 무기를 가진

იარაღი[1] [명] 무기; იარაღის აღმართვა 무기를 들다; იარაღის დაყრა 무기를 버리다, 항복하다; ცივი იარაღი 허리에 차는 무기, 휴대 무기

იარაღი[2] [명] 도구, 기구

იარაღიანი [형] 무장한, 무기를 가진

იარლიყი [명] 꼬리표, 라벨

იარუსი [명] (극장의) 좌석

იასამანი [명] [식물] 라일락

იასამნისფერი [형] 라일락 빛의, 엷은 자색의

იასპი [명] [광물] 벽옥(碧玉)

იატაკი [명] 방바닥, 마루

იატაკქვეშ [부] 바닥 아래에

იატაკქვეშა [형] (정치적으로) 비밀의, 지하에 숨은; იატაკქვეშა ორგანიზაცია 지하 조직; იატაკქვეშა მუშაობა 비밀 활동

იაფად [부] 값싸게, 저렴하게

იაფი [형] 값싼, 저렴한; იაფი მუშა ხელი 저임금 노동력

იაფობა [명] 저렴; 염가 판매

იაფფასიანი [형] 값싼, 저렴한

იახტა [명] 요트

იგავ-არაკი [명] 우화(寓話)

იგავთმწერალი [명] 우화 작가

იგავი [명] 풍유, 비유(담)

იგავური [형] 풍유의, 비유적인

იგი [대] 저, 그; 그(는), 그녀(는), 그것(은)

იგივე [형] 꼭 같은, 동일한 — [명] 동일한 것

იგივეობა [명] 동일함

იგინი [대] 그것들(은), 저것들(은)
იგნორირება [동] 무시하다, 모르는 체하다
იდაყვი [명] 팔꿈치
იდეა [명] 생각; 사상, 관념; იდეისთვის ბრძოლა 사상을 위해 싸우다; გენიალური იდეა 기막힌 착상, 번뜩이는 아이디어
იდეალი [명] 이상(理想)
იდეალიზაცია [명] 이상화
იდეალიზება [동] 이상화하다
იდეალიზმი [명] 이상주의
იდეალისტი [명] 이상가, 이상주의자
იდეალისტობა [명] 이상적임
იდეალისტური [형] 이상주의(자)의
იდეალურად [부] 이상적으로
იდეალური [형] 이상적인; 완벽한
იდეალურობა [명] 이상적임
იდენტური [형] 꼭 같은, 동일한
იდეოლოგი [명] 특정 이데올로기의 신봉자
იდეოლოგია [명] (사회・정치상의) 이데올로기, 관념 형태
იდეოლოგიური [형] 이데올로기의, 관념 형태의
იდეურად [부] 도덕상, 도덕적으로
იდეური [형] 고결한 주의를 가진; 특정 이데올로기에 충실한
იდეურ-პოლიტიკური [형] 이데올로기 및 정치적인
იდილია [명] 전원시, 목가(牧歌)
იდილიური [형] 전원시풍의, 목가적인

იდიომატური [형] 관용적인, 관용 어법에 맞는
იდიომი [명] 관용구, 숙어
იდიოტი [명] 바보, 백치, 저능아
იდიოტიზმი [명] 저능, 우둔
იდიოტური [형] 저능한, 정신박약의
იდუმალ [부] 비밀리에
იდუმალება [명] 조용함, 고요
იდუმალი [형] 비밀의
იელი [명] [식물] 진달래
იერარქია [명] 계층제, 계급제
იერარქიული [형] 계층제의
იერი [명] 표현된 모습; 외관, 외양
იერიანი [형] 표현적인, 나타내는
იერიში [명] 공격, 습격, 돌격; საჰაერო იერიში 공습(空襲) — [동] 공격하다, 습격하다, 돌격하다
იეროგლიფი [명] (고대 이집트의) 상형 문자
ივლისი [명] 7 월
ივნისი [명] 6 월
იზოთერმული [형] 등온선의
იზოლატორი [명] ① [전기] 절연체 ② 격리 병동
იზოლაცია [명] ① 격리, 고립 ② [전기] 절연 ③ (질병으로부터의) 검역 격리
იზოლირება [동] ① 격리하다, 고립시키다 ② [전기] 절연하다 ③ (질병으로부터) 검역 격리하다
იზოლირებული [형] ① 격리된, 고립된 ② [전기] 절연된 ③ (질병으로부터) 검역 격리된

იზოტოპი [명] [화학] 동위원소, 동위체

იისფერი [형] 보라색의

ილაჯგაწყვეტილი [형] 약해진, 약화된

ილაჯი [명] 힘, 세기, 에너지

ილეთი [명] 방법, 방식

ილუზია [명] 환각, 환영(幻影)

ილუზიური [형] 착각을 일으키는, 환각의

ილუმინატორი [명] [항해] 현창(舷窓; 뱃전에 낸 창문)

ილუმინაცია [명] 조명

ილუსტრატორი [명] 삽화가

ილუსტრაცია [명] 삽화, 도해

ილუსტრირება [동] 삽화[도해]를 넣다, 그림으로 나타내다

ილუსტრირებული [형] 삽화[도해]를 넣은, 그림으로 나타낸

იმ [대/형] 저(것), 그(것); იმ ქალმა მითხრა 저 여자가 나에게 말했다; იმ დროს 그 때에, 그 당시; იმ დროიდან 그 때로부터

იმავდროულად [부] 동시에

იმავდროული [형] 동시에 일어나는, 동시의

იმავე [형] 같은, 동일한

იმაზე [부] ① ~위에 ② (~에) 대하여; ჩვენ მასზე ვლაპარაკობდით 우리는 그에 대해 말하고 있었다

იმათ [대] 그들을, 그들에게; იმათ ვუთხარი 나는 그들에게 말 했다

იმათი [대/형] 그들의; 그들의 것

ი

იმან [대] 그는, 그녀는, 그것은

იმანენტური [형] [철학] 마음 속에서만 일어나는, 주관적인; 고유의, 타고난

იმას [대] 그를, 그녀를, 그것을; 그에게, 그녀에게, 그것에게

იმგვარად [부] 이렇게, 이와 같이, 이처럼

იმგვარი [형] 이러한

იმდენად [부] 그 정도로, 그만큼

იმდენი [형] 그 정도의, 그만큼의

იმდროინდელი [형] 그 때의, 그 당시의

იმედგადაწყვეტილი [형] 실망한

იმედგაცრუება [명] 실망, 기대에 어긋남 ― [동] (~에 대해) 실망하다

იმედგაცრუებული [형] 실망한, 기대가 무너진

იმედი [명] 희망, 기대; იმედის ქონა 희망을 품다; დაიმედება (누군가에게) 희망을 주다; იმედით (~의) 희망을 가지고, (~을) 기대하여; არავითარი იმედი 일루의 희망도 없는

იმედიანად [부] 자신 있게, 확신을 가지고

იმედიანი [형] 자신 있는, 확신 있는

იმედიანობა [명] 희망

იმედოვნება [동] 희망하다, 바라다; ვიმედოვნებ, რომ დღეს გნახავთ 내일 볼 수 있기를 바랍니다

იმთავითვე [부] 처음부터, 애초부터

იმიგრანტი [명] (외국으로부터의) 이민, 이주자

იმიგრაცია [명] (외국으로부터의) 이민, 이주

იმიგრაციული [형] 이민에 관한

იმიგრირება [동] 이민 오다, 이주해오다

იმით [부] 그것과 함께

იმის [대/형] 그의, 그녀의, 그것의; 그의 것, 그녀의 것

იმისათვის [부] ~하기 위해

იმისდა მიუხედავად [부] ~에도 불구하고

იმისთანა [형] 이와 같은, 그러한

იმისი [대] 그의 것, 그녀의 것

იმიტომ [접] 그런 이유로; იმიტომ რომ ~ 때문에

იმნაირად [부] 이처럼, 이와 같이

იმნაირი [형] 이러한

იმპერატიული [형] 명령적인

იმპერატორი [형] 황제; 여제(女帝)

იმპერატორული [형] 황제의

იმპერია [명] 제국(帝國); იმპერიის 제국의

იმპერიალიზმი [명] 제국주의

იმპერიალისტი [명] 제국주의자

იმპერიალისტური [형] 제정의, 제국주의의

იმპორტი [명] 수입(輸入)

იმპრესიონიზმი [명] [예술] 인상파, 인상주의

იმპრესიონისტი [명] 인상파 작가

იმპულსი [명] 추진력; 충동

იმუნიზაცია [명] [의학] 면역 조치

იმუნიტეტი [명] [의학] 면역

იმუნური [형] 면역성의

ინგლისელი [명] 영국 사람, 잉글랜드 사람 — [형] ① 영국의, 잉글랜드의 ② ინგლისელი ჯარისკაცი 우비, 우의

ინგლისი [명] 잉글랜드, 영국

ინგლისის [형] 잉글랜드의, 영국의

ინგლისურენოვანი [형] 영어를 말하는

ინგლისური [형] 잉글랜드의, 영국의; ინგლისური ენა 영어 — [명] 영어

ინდაური [명] [조류] 칠면조

ინდექსი [명] ① (책 등의) 색인, 인덱스 ② [통계] 지수(指數); ფასების ინდექსი 물가 지수

ინდიელი [명] 아메리카 인디언

ინდივიდი [명] 개인

ინდივიდუალიზაცია [명] 개인주의화

ინდივიდუალიზმი [명] 개인주의

ინდივიდუალისტი [명] 개인주의자

ინდივიდუალისტური [형] 개인주의의

ინდივიდუალობა [명] 개성, 개인의 인격

ინდივიდუალური [형] 개개의, 개인의

ინდიური [형] 아메리카 인디언의

ინდოევროპული [형] 인도유럽어족의; ინდოევრ-ოპული ენები 인도유럽어족 언어

ინდოეთი [명] 인도(印度)

ინდოეთის [형] 인도의

ინდოელი [명] 인도 사람

ინდონეზია [명] 인도네시아

ინდულგენცია [명] [가톨릭] 대사, 은사

ინდური [형] 인도의; ინდური ენა 인도어

ინდუსი [명] 힌두 사람

ინდუსტრია [명] 산업, 공업

ინდუსტრიალიზაცია [명] 산업화, 공업화

ინდუსტრიის [형] 산업의, 공업의

ინდუსტრიული [형] 산업의, 공업의
ინდუქტორი [명] [물리] 유도자(子)
ინდუქცია [명] [물리] 유도, 감응
ინებე(თ) 자, 좋으시다면, 부디
ინერტული [형] 둔한, 굼뜬
ინერტულობა [명] 둔함, 굼뜸
ინერცია [명] ① [물리] 관성 ② 타성, 여세, 추진력; ინერციით 자발적으로
ინვალიდი [형] 병약한, 허약한, 환자의 — [명] 환자
ინვალიდობა [명] 병약, 허약
ინვენტარი [명] 재고(품)
ინვენტარიზაცია [명] 재고 목록 조사
ინვერსია [명] [문법] 어순 전도, 도치(법)
ინვესტიცია [명] 투자, 출자
ინიექცია [명] 주사, 주입
ინიციალი [명] 머릿글자, 두문자, 이니셜
ინიციატივა [명] 솔선, 주도, 독창력; საკუთარი ინიციატივით 자진하여; ინიციატივის აღება 솔선해서 하다, 자발적으로 하다
ინიციატორი [명] 주도자, 발기인, 선창자, 선봉
ინჟინერი [명] 기술자, 엔지니어; ინჟინერ-მშენებელი 토목 기사
ინსპექტირება [동] 정밀 검사하다, 면밀하게 살피다 — [명] 정밀 검사, 면밀하게 살핌
ინსპექტორი [명] 검사관, 조사자
ინსპექცია [명] 정밀 검사, 점검
ინსპირაცია [명] 자극, 고무, 격려

ინსპირირება [동] 자극하다, 고무하다, 격려하다
ინსპირირებული [형] 자극받은, 고무된, 격려받은
ინსტანცია [명] [법률] 소송 (사건); პირველი ინსტანციის სასამართლო 제 1 심 법원
ინსტინქტი [명] 본능
ინსტინქტურად [부] 본능적으로
ინსტინქტური [형] 본능적인
ინსტიტუტი [명] 전문학교, 대학
ინსტრუმენტი [명] 도구, 기구; მუსიკალური ინსტრუმენტები 악기
ინსტრუმენტული [형] 악기의, 기악의; ინსტრუმენტული მუსიკა 기악
ინსტრუქტაჟი [명] 교수, 교육
ინსტრუქტორი [명] 교사, 강사
ინსტრუქცია [명] 교수, 교육, 가르침, 지도; ინსტრუქციით 가르침[지도]에 따라
ინსტრუქციული [형] 교육적인, 교훈적인
ინსულინი [명] [생화학] 인슐린
ინსცენირება [동] ① 각색하다, 극으로 만들다, 극화하다 ② 가장하다, 꾸미다 — [명] ① 각색, 극화 ② 가장, 꾸밈
ინსცენირებული [형] ① 각색된, 극화된 ② 가장된, 꾸며진
ინტეგრალი [명] [수학] 적분
ინტელექტი [명] 지력(智力), 지성, 이지(理智)
ინტელექტუალურად [부] 지적으로
ინტელექტუალური [형] 지적인, 지력의, 지성의
ინტელიგენტი [명] 교육받은 사람, 지성인

ინტელიგენტური [형] 교육받은, 교양 있는
ინტელიგენცია [명] 지식 계급, 인텔리겐차
ინტენდანტი [명] 감독자, 관리자
ინტენსივობა [명] 강렬, 격렬; 집중
ინტენსიური [형] 강렬한; 집중적인, 철저한; ინტ-ენსიური კურსი 집중 과정
ინტენსიურობა [명] ① 집중 ② 집중 치료실, 중환자실
ინტენსიფიკაცია [명] 강화, 증대
ინტერესი [명] 관심, 흥미; ინტერესის გამოწვევა 관심[흥미]을 불러일으키다
ინტერვალი [명] 간격, 틈, 공간
ინტერვიუ [명] 면접, 인터뷰
ინტერნაციონალიზმი [명] 국제주의, 세계주의
ინტერნაციონალისტი [명] 국제주의자
ინტერნაციონალური [형] 국제적인
ინტერნეტი [명] 인터넷
ინტერპრეტაცია [명] 해석, 설명
ინტერპრეტირება [동] 해석하다, 설명하다
ინტიმური [형] 친한, 친밀한
ინტიმურობა [명] 친밀, 친함
ინტონაცია [명] 억양, 인토네이션
ინტრიგა [명] 음모, 책략
ინტრიგანი [명] 음모자, 공모자
ინტრიგანობა [동] 음모를 꾸미다
ინტუიცია [명] 직각(直覺), 직관(直觀), 직감, 본능
ინფარქტი [명] [병리] 경색(硬塞)(증)
ინფექცია [명] [의학] 감염, 전염

ინფექციური [형] 감염되는, 전염성의
ინფინიტივი [명] [문법] 부정사
ინფლაცია [명] [경제] 인플레이션, 통화 팽창
ინფორმატიკა [명] 전산 정보학
ინფორმატორი [명] 정보 제공자
ინფორმაცია [명] 정보, 자료; ინფორმაციის მიწო-
დება 정보를 제공하다
ინფორმირება [동] 알리다, 정보를 주다[제공하다]
ინფორმირებული [형] 정보에 근거한
ინჩიბინჩი [ინჩი ბინჩი] 아무것도 ~않다
ინციდენტი [명] 일어난 일, 사건
იოგა [명] 요가
იოგი [명] [해부] 인대
იოდი [명] [화학] 요오드, 옥소
იოლად [부] 쉽게, 간단히
იოლი [형] 쉬운
იონი [명] [화학] 이온
იონჯა [명] [식물] 자주개자리, 알팔파
იორღა [명] 측대보로 걷는 말
იპოდრომი [명] 대경기장, 경주장
იპოთეკა [명] [법률] 저당, 담보
იპოთეკური [명] [법률] 저당권, 담보권
იპოქონდრია [명] [정신의학] 심기증(心氣症), 우
울증
ირანელი [명] 이란 사람
ირანი [명] 이란
ირანული [형] 이란의
ირაციონალური [형] 이성을 잃은, 불합리한

ირგვლივ [부] 둘레에, 주위에

ირგვლივი [형] 원형(圓形)의

ირეალური [형] 실재하지 않는, 비현실적인

ირემი [명] 사슴; ჩრდილოეთის ირემი [동물] 순록; კეთილშობილი ირემი 붉은사슴

ირიბად [부] 기울어져, 비스듬히

ირიბი [형] 기울어진, 비스듬한

ირიგაცია [명] 관개, 물을 끌어들임

ირიგაციული [형] 관개의

ირლანდია [명] 아일랜드

ირლანდიელი [명] 아일랜드 사람

ირლანდიის [형] 아일랜드의

ირლანდიული [형] 아일랜드의

ირლანდიური [형] 아일랜드의

ირონია [명] 반어(反語), 아이러니

ირონიზირება [동] 반어적으로 말하다

ირონიულად [부] 반어적으로, 아이러니컬하게도

ირონიული [형] 반어적인, 아이러니컬한

ირმის ნახტომი [명] [천문] 은하(수)

ის [대] 저, 그; 그[그녀](는, 를), 그것(은, 을)

ისარი [명] ① 화살(대); ისრის გასროლა 화살을 쏘다 ② 시곗바늘

ისე [부] 그렇게; ისე რა 상당히, 꽤; ისე(,) რომ 그리하여; ასე თუ ისე 어쨌든, 이러나저러나

ისევ [부] 또, 다시; ისევ და ისევ 몇 번이고

ისეთი [형] 이러한, 그러한

ისეთნაირად [부] 이렇게, 이와 같이, 이리하여

ისეც [부] 어쨌든; ასეც და ისეც 어쨌든, 이러나저러나
ისინი [대] 그들(은, 을), 그것들(은, 을)
ის(-)ის იყო 바로, 막, ~하자마자
ისლამი [명] 이슬람(교)
ისლამური [형] 이슬람(교)의
ისპანახი [명] [식물] 시금치
ისრაელი [명] 이스라엘
ისრაელის [형] 이스라엘의
ისრაელური [형] 이스라엘의
ისტერია [명] [병리] 히스테리
ისტერიკა [명] 히스테리의 발작
ისტერიული [형] 히스테리의
ისტორია [명] 역사
ისტორიამდელი [형] 선사시대의
ისტორიის [형] ① 역사상의, 역사의 ② 역사적인
ისტორიკოსი [명] 역사가, 사학자
ისტორიოგრაფია [명] 사료 편찬, 역사 기술
ისტორიულად [부] 역사상, 역사적으로
ისტორიული [형] ① 역사상의, 역사의; ისტორიული მეცნიერება 역사학; ისტორიული პერიოდი 역사 시대; ისტორიული მატერიალიზმი 사적 유물론, 유물사관 ② 역사적인
ისტორიულობა [명] 역사적임
იტალია [명] 이탈리아
იტალიელი [명] 이탈리아 사람
იტალიის [형] 이탈리아의

იტალიური [형] 이탈리아의; იტალიური ენა 이탈리아어 — [명] 이탈리아어

იუბილარი [명] 기념일에 해당하는 영웅

იუბილე [명] ① 기념일, 기념제; ოცი წლის იუბილე 20 주년 기념일; ასი წლის იუბილე 100 주년 기념일, 100 년제; იუბილეს გადახდა 기념일을 경축하다 ② 50 년제

იუგოსლაველი [명] 유고슬라비아 사람

იუგოსლავია [명] 유고슬라비아

იუგოსლავიის [형] 유고슬라비아의

იუგოსლავიური [형] 유고슬라비아의

იუველირი [명] 보석 상인[세공인]

იუმორი [명] 유머, 해학; იუმორის გრძნობა 유머 감각

იუმორისტი [명] 유머가 있는 사람, 해학가

იუმორისტული [형] 유머러스한, 익살스러운

იუპიტერი [명] [천문] 목성

იურიდიულად [부] 법률적으로

იურიდიული [형] 법학의, 법률상의, 재판상의; იურიდიული ფაკულტეტი (대학의) 법학부; იურიდიული პიროვნება 법인(法人); იურიდიული კონსულტაცია 법률 상담

იურისდიქცია [명] 사법권, 재판권

იურისკონსულტი [명] 법률 고문

იურისტი [명] 법률가; 법학도

იუსტიცია [명] 정의, 공정, 공명정대; იუსტიციის სამინისტრო 법무부

იფანი [명] [식물] 서양물푸레나무

იქ [부] 거기(에)

იქამდე [부] 거기까지

იქაური [형] 그곳의, 그 지방의

იქაც [부] 그곳에도, 거기에도

იქედნე [명] [동물] 바늘두더지

იქედნურად [부] 악의를 가지고

იქედნური [형] 악의 있는

იქიდან [부] ① 그곳에서, 그곳으로부터 ② ~ 때문에

იქით [부] 거기로, 저 곳으로

იქითა მხარეს [부] 저쪽에, 저편에

იქით-აქეთ [부] 이리저리, 앞뒤로, 왕복하여

იქნებ(ა) [부] 아마, 어쩌면

იღბალზე [부] 운 좋게도

იღბალი [명] ① 운명, 운 ② 행복

იღბლიანი [형] 운 좋은, 행복한

იღლია [명] 겨드랑이

იშვიათად [부] 드물게

იშვიათი [형] 드문, 진귀한

იშვიათობა [명] ① 드묾, 진귀 ② 진귀한 것

იშიაზი [명] [병리] 좌골 신경통

იშტა [명] 식욕

იცოცხლე(თ) 건강을 기원합니다!

იძულება [동] 강요하다, 강제하다, 억지로 ~시키다 — [명] 강요, 강제; **იძულებით** 강요되어, 강제로

იძულებითი [형] 강제적인, 강요된; **იძულებითი შრომა** 강제 노동

იძულებული [형] 강제적인, 압박당한, 강요된
იჭვი [명] 의심, 의혹
იხვი [명] [조류] 오리
იჯარა [명] 임대, 리스; იჯარით აღება 임대하다, 리스하다

კ

კაბა [명] 드레스, 가운, 의상; საღამოს კაბა 이브닝 드레스

კაბადონი [명] 면, 쪽, 페이지

კაბალა [명] 노예 상태, 예속, 속박됨

კაბალური [형] 노예의, 족쇄를 채운; კაბალური ხელშეკრულება 일방적인 계약, 노예 계약

კაბარე [명] 카바레

კაბელი [명] 케이블, 전선; ტელეფონის კაბელი 전화선; მიწისქვეშა კაბელი 지하선

კაბინა [명] 부스, 방, 실(室)

კაბინეტი [명] ① 서재, 연구실 ② (의사와의) 상담실 ③ 수술실 ④ (정부의) 내각

კადეტი [명] 사관생도, 사관후보생; კადეტთა კორპუსი 사관 학교

კადმიუმი [명] [화학] 카드뮴

კადნიერება [동] 건방지게도[뻔뻔하게도] ~하다 — [명] 건방짐, 뻔뻔함

კადნიერი [형] 건방진, 뻔뻔한

კადრები [명] 요원, 기간 인원; კადრების აღზრდა 전문가 훈련

კაეშანი [명] 권태, 따분함; 의기소침

კავალერია [명] 기병대

კავალერისტი [명] 기병

კავი [명] ① 갈고리, 훅 ② 나무 쟁기

კავკასია [명] 카프카스 (흑해와 카스피해 사이의 지방; 그루지야 등을 포함)
კავკასიელი [명] 카프카스 사람
კავკასიის [형] 카프카스의
კავკასიონის ქედი [명] 카프카스 산맥
კავკასიური [형] 카프카스의
კავშირგაბმულობა [명] 통신, 커뮤니케이션
კავშირებითი კილო [명] [문법] 접속법, 가정법
კავშირი [명] ① 연결, 결합, 접속; დაკავშირებით (~와) 연관되어 ② 동맹, 연합 ③ 통신, 커뮤니케이션 ④ [문법] 접속사 — [동] (군사상) 서로 연락하다
კაზმვა [동] ① 말을 탈 채비를 갖추다 ② (책을) 제본[장정] 하다
კაზმულსიტყვაობა [명] 미문(美文), 미문학, 순문학
კათედრა [명] ① 연단, 강단; (교회의) 설교단 ② (대학의) 강좌, 학부; ისტორიის კათედრა 사학부
კათოლიკე [명] 천주교도, 가톨릭교도
კათოლიკი [명] 천주교도, 가톨릭교도
კათოლიკოს-პატრიარქი [명] (그루지야정교의) 총대주교
კათოლიკური [형] 천주교의, 가톨릭(교)의; რომის კათოლიკური ეკლესია (로마) 가톨릭 교회, 천주교회
კათოლიციზმი [명] 가톨릭교(의 신봉)
კაკაბი [명] [조류] 자고, 반시

კაკალი [명] ① 견과(堅果); 호두 ② თვალის კაკ-ალი 눈알, 안구(眼球); კაკალი კაცი 독신 남성
კაკანი [동] (암탉이) 꼬꼬댁하고 울다 — [명] 꼬꼬댁하고 우 는 소리
კაკაო [명] [식물] 코코아 (나무)
კაკაფონია [명] 귀에 거슬리는 소리, 불협화음
კაკაჩა [명] [조류] 말똥가리
კაკვი [명] 갈고리, 훅
კაკუნი [동] 두드리다 — [명] 두드림
კალა [명] [화학] 주석
კალათი [명] 바구니
კალათბურთელი [명] 농구 선수
კალათბურთი [명] [스포츠] 농구
კალამბური [명] 말장난, 재담
კალამი [명] 펜; 볼펜; კალმის მოსმით 붓끝으로, 필력으로; კალმით აუწერელი 형언할 수 없는
კალანდა [명] 새해 첫 날, 설날
კალაპოტი [명] ① 강바닥, 하상(河床); 수로, 물길 ② 구두골
კალატოზი [명] 석공, 벽돌공
კალენდარი [명] 달력
კალვა [동] 주석을 입히다, 주석으로 도금하다 — [명] 주석 도금
კალთა [명] (스커트의) 옷단, 무릎 부분
კალია [명] [곤충] 메뚜기
კალიბრი [명] (총・포의) 구경(口徑)
კალიგრაფია [명] 서예, 서법
კალიგრაფიული [형] 서예의

კალიუმი [명] [화학] 칼륨

კალკულაცია [명] 계산, 셈

კალმახი [명] [어류] 송어

კალმისტარი [명] 펜대

კალო [명] 타작 마당, 탈곡장

კალოობა [명] (곡식의) 도리깨질, 타작

კალორია [명] [물리·화학] 칼로리 (열량의 단위)

კალოში [명] 고무 덧신, 오버슈즈 ([복] კალოშები)

კამა [명] [식물] 회향(茴香)

კამათელი [명] 주사위; კამათლის გაგორება 주사위를 던지다

კამათი [동] 논의하다, 토론하다 — [명] 논의, 토론; 논쟁; ცხარე კამათი 격론; მეცნიერული კამათი 과학적 논쟁

კამარა [명] [건축] 아치형 천장

კამერა [명] 작은 방; შემნახველი კამერა 외투류 보관소; ცალკე კამერა 독방

კამერტონი [명] [음악] 표준 음정

კამეჩი [명] [동물] 물소, 들소, 버팔로

კამკამა [형] 투명한

კამკამი [동] 빛나다, 번쩍이다

კამპანია [명] (사회적·정치적) 운동, 캠페인; საარჩევნო კამპანია 선거 운동; კამპანიის დაწყება 운동을 일으키다

კამუფლიაჟი [명] 위장, 카무플라주

კანადა [명] 캐나다

კანადელი [명] 캐나다 사람

კანადიის [형] 캐나다의

კანადური [형] 캐나다의

კანალიზაცია [명] 하수 설비, 하수도; კანალიზაციის სისტემა 하수 시설

კანაფი [명] [식물] 삼, 대마

კანდიდატი [명] 후보(자), 신청자, 지원자; დეპუტატობის კანდიდატი 후보 지명자; კანდიდატის წამოყენება 후보를 추천하다

კანდიდატურა [명] 입후보; კანდიდატურის მოხსნა 입후보를 철회하다

კანი [명] 피부; კანის ავადმყოფობა 피부병; კანის ექიმი 피부과 의사

კანისტრა [명] 깡통, 캔

კანკალი [동] 떨다, 전율하다 — [명] 떨림, 전율

კანონზომიერება [명] (법의) 준거, 준봉; 정규적임

კანონზომიერი [형] 법에 의거한, 원칙적인, 정규적인

კანონი [명] 법률, 법, 법령; კანონთა კრებული 법전; საარჩევნო კანონი 선거법; კანონისამებრ 법에 따라, 법에 의거하여; კანონის სახელით 법의 이름으로; კანონის მუხლი 법 조항; კანონის გამოცემა 법률을 공포하다; კანონის დარღვევა 법을 위반하다; კანონის დაცვა 법을 준수하다

კანონიერად [부] 적법하게, 합법적으로, 법에 근거하여

კანონიერება [명] 적법성, 합법성

კანონიერი [형] 적법한, 합법적인; 정당한, 공정한; კანონიერი ძალა 법의 효력[유효성]; კანონიერი მფლობელი 적법한 소유자
კანონით [부] 적법하게, 합법적으로; 정당하게
კანონის [형] 적법한, 합법적인; 정당한
კანონმდებელი [명] 입법자, 법률 제정자
კანონმდებლობა [명] 입법, 법률 제정
კანონმდებლობითი [형] 입법상의, 법률을 제정하는
კანონპროექტი [명] 법안, 의안
კანტატა [명] [음악] 칸타타
კანტიკუნტად [부] 이따금, 가끔, 드물게
კანტიკუნტი [형] 드문
კანტორა [명] 사무실, 사무소
კანფეტი [명] 사탕, 단 것
კანქვეშა [형] [의학] 피하(皮下)의, 피하 주사용의
კანცელარია [명] 관청
კანცლერი [명] 재상, 수상
კანჭი [명] 정강이
კაპასი [형] 꾀까다로운, 역정 잘 내는, 심술이 난, 싸우기 좋아 하는
კაპელა [명] 합창단
კაპიტალდაბანდება [명] 자본 투자
კაპიტალი [명] 자본, 자산; ძირითადი კაპიტალი 고정 자본
კაპიტალიზმი [명] 자본주의
კაპიტალისტი [명] 자본가, 자본주의자

კაპიტალისტური [형] 자본가[자본주의]의; კაპი-ტალისტური საზოგადოება 자본주의 사회

კაპიტალური [형] ① 자본의; კაპიტალური დაბ-ანდებანი 자본 투자 ② 근본의, 기본적인

კაპიტანი [명] ① 주장, 우두머리 ② [군사] 대위

კაპიტულაცია [명] (조건부) 항복; უსიტყვო კაპი-ტულაცია 무조건 항복

კაპრალი [명] [군사] 상등병

კაპრიზი [명] 변덕 — [형] 변덕스러운

კაჟი [명] 부싯돌, 수석(燧石)

კარაბადინი [명] 의학에 관한 소책자

კარადა [명] 찬장; ტანსაცმლის კარადა 양복장, 옷장; წიგნის კარადა 책장, 서가; კედლის კარადა 붙박이 벽장

კარავი [명] 텐트, 천막

კარანტინი [명] 검역(檢疫) 기간, 격리 기간

კარაქი [명] 버터

კარბურატორი [명] [기계] 기화기(氣化器), 카뷰레터

კარგა [부] 꽤, 어지간히, 충분히

კარგად [부] 잘, 훌륭하게

კარგი [형] ① 좋은, 훌륭한; კარგი დარი 좋은 날씨; კარგი ხარისხის 고품질의, 우량의; კარგისაგან კარგი 그야말로 최선의 ② კარგი, გაჩერდი! 됐어!, 이제 그만!, 그쯤 해둬!

კარდალი [명] 가마솥; 보일러

კარდინალი [명] [가톨릭] 추기경

კარდინალური [형] 기본적인, 근본적인, 중추의

კარი [명] 문, 방문; კარებში 문간에; დახურულ
კარებში 닫혀진 문 뒤에서, 사적으로, 비밀히

კარიერა [명] 경력, 이력, 캐리어; კარიერის გაკეთ-
ება 출세하다

კარიკატურა [명] 캐리커처, 카툰, 만화

კარისკაცი [명] 조신(朝臣), 정신(廷臣)

კარლიკი [명] 난쟁이

კარ(-)მიდამო [명] 농장, 집과 대지

კარნახი [명] 구술, 받아쓰기 — [동] 구술하다,
받아쓰다

კარტი [명] (카드 놀이 따위의) 카드; კარტის თამ-
აში 카드 놀이

კარტონი [명] 두꺼운 종이, 판지

კარტოფილი [명] 감자; შემწვარი კარტოფილი 감
자 튀김; კარტოფილის პიურე 으깬 감자, 매쉬트
포테이토

კარჭაპი [명] 슬루프형의 범선, 외돛배

კასა [명] [법률] (하급심 판결의) 파기, 폐기

კასეტა [명] 카세트(테이프); აუდიო კასეტა 오디오
카세트

კასპიის ზღვა [명] 카스피 해

კასრი [명] 큰 통

კატა [명] 고양이, 수고양이

კატალოგი [명] 목록, 카탈로그, 일람표

კატარაქტი [명] [병리] 백내장

კატარი [명] [병리] 카타르 (점막의 염증)

კატარღა [명] 함선에 싣는 대형 보트

კატასტროფა [명] 대참사, 대재난

კატასტროფული [형] 대참사의, 대재난의; კატას-ტროფული შედეგები 피해가 막심한 결과
კატეგორია [명] 범주, 부류, 카테고리
კატეგორიულად [부] 절대적으로, 단언적으로, 명확히
კატეგორიული [형] 절대적인, 단언적인, 단정적인
კატერი [명] 증기 기동선
კატლეტი [명] (굽거나 튀김용의) 얇게 저민 고기, 커틀렛; ხორცის კატლეტი 고기 크로켓
კატორღა [명] ① (강제 노동의) 징역; კატორღის მისჯა 징역형을 선고하다 ② 고역, 힘든 일

კატორღელი [명] 죄수, 기결수
კატორღული [형] (일이) 매우 힘든, 고된
კაუჭი [명] 갈고리, 훅
კაფე [명] 카페, 커피점
კაფეტერია [명] 카페테리아 (셀프서비스를 하는 간이 식당)
კაფვა [동] 찍어 넘어뜨리다, 베어 넘어뜨리다
კაქტუსი [명] [식물] 선인장
კაშკაშა [형] 밝은, 화창한, 빛나는; კაშკაშა დღე 화창한 날
კაშკაში [동] 빛나다, 빛을 발하다 — [명] 광휘, 빛남
კაშხალი [명] 둑, 제방; 댐
კაცთმოყვარე [형] 박애주의의
კაცთმოყვარეობა [명] 박애, 인류애
კაცთმოძულე [명] 인간을 싫어하는 사람, 염세가 — [형] 인간을 싫어하는, 염세적인

კაცთმოძულეობა [명] 인간을 싫어함, 염세
კაცი [명] ① 남자, 남성 ② 사람; ჩვეულებრივი კაცი 보통 사람, 평범한 사람; გამოჩენილი კაცი 걸출한 사람; გამოცდილი კაცი 경험이 많은 사람; საქმის კაცი 실업가, 비즈니스맨; ახალგაზრდა კაცი 젊은 사람 ③ კაცმა რომ თქვას 사실은, 정확히 말하면
კაცის [형] 남자의, 남성의
კაცისმკვლელი [명] 살인자, 살인범
კაციჭამია [명] 식인종
კაციჭამიობა [명] 식인 행위, 사람 고기를 먹는 풍습
კაცობა [명] (남자의) 성년, 장년, 성인임
კაცობრიობა [명] (집합적으로) 인류, 인간
კაცუნა [명] 소인(小人), 평범한 사람
კაცური [형] ① 인간의, 사람의 ② კაცური კაცი 남자다운 사나이
კაწვრა [동] 긁다, 할퀴다
კაჭკაჭი [명] [조류] 까치
კახელი [명] 카헤티(그루지야 동부 지역) 사람
კახპა [명] 창녀, 매춘부
კბენა [동] (곤충 따위가) 물다, 쏘다, 찌르다 — [명] 물림, 쏘임, 찔림; 상처
კბილი [명] 이, 치아; ძირის კბილი 어금니; სიბრძნის კბილი 사랑니; კბილების კრაჭუნი 이를 갈다; კბილის ტკივილი 치통; კბილის ექიმი 치과 의사; კბილის ტექნიკოსი 치과 기공사; კბილის

პროტეზი 틀니, 의치; კბილის ჯაგრისი 칫솔; კბილის პასტა 치약

კედარი [명] [식물] 히말라야삼목

კედელი [명] ① 벽; 담; ოთხ კედელს შუა 방 안에서, 은밀히 ② ჩხირი კედელს 마침내, 드디어

კევი [명] 추잉 검, 껌

კეთება [동] (~을) 하다; 만들다, 생산하다

კეთილგონიერება [명] 신중, 사려 분별, 양식

კეთილგონიერი [형] 신중한, 사려 깊은, 분별[양식] 있는

კეთილდღეობა [명] 번영, 기쁨, 행복

კეთილზნეობა [명] 도덕, 윤리; 바른 품행

კეთილზნიანი [형] 품행이 방정한

კეთილი [형] 친절한, 착한, 상냥한; კეთილი ხალხი 선량한 사람들; კეთილი იყოს თქვენი მობრძანება! 환영합니다!; კეთილის მსურველი 호의적인, 친절한; კეთილის ყოფა 착한 일을 하다

კეთილისმყოფელი [명] 호의를 보이는 사람, 친절한 사람

კეთილმეზობლური [형] 이웃 사람다운, 사귐성 있는, 친절한; კეთილმეზობლური ურთიერთობა 이웃 사이, 우호 관계

კეთილმოუწყობელი [형] (시설 따위가) 허술한, 부실한, 형 편없는, 불편한

კეთილმოწყობა [명] 공공 복지

კეთილმოწყობილი [형] (시설 따위가) 편안한, 안락한, 잘 조직된

კეთილსაიმედო [형] 믿음직한, 의지할 만한, 신뢰가 가는

კეთილსასურველი [형] 친절한, 마음씨 고운

კეთილსინდისიერი [형] 정직한, 양심적인, 착실한

კეთილსურნელება [명] 향기, 방향(芳香)

კეთილშობილება [명] 귀족적임, 고결함

კეთილშობილი [형] 귀족적인, 고결한; კეთილშობილი ლითონი 귀금속

კეთილშობილური [형] 귀족적인, 고결한

კეთილხმოვანება [명] 화음, 조화로운 음조, 듣기 좋은 음조

კეთილხმოვანი [형] 조화로운, 협화음의, 음조가 (듣기) 좋은

კეთრი [명] [병리] 나병, 한센병

კეთროვანი [형] 나병의, 나병에 걸린

კეისარი [명] [역사] 카이사르, 시저

კეკლუცი [명] 요염한 여자, 바람둥이 여자 — [형] (여자가) 요염한

კეკლუცობა [명] (여자의) 교태, 요염, 추파 — [동] (여자가) 교태를 부리다, 아양을 떨다

კემპინგი [명] 야영, 캠핑

-კენ [접미] ~(쪽)으로

კენკვა [동] 쪼다, 찍다

კენკრა [명] 베리 (딸기류의 열매)

კენტი [명] 홀수

კენწერო [명] 정상, 꼭대기

კენჭი [명] 조약돌, 자갈

კენჭისყრა [კენჭის ყრა] [동] 투표하다 — [명] 투표

კეპვა [동] 자르다, 찍다, 패다 — [명] 자르기, 찍기, 패기

კერა [명] (단란한 가정의 중심지로서의) 노변(爐邊); 가정

კერამიკა [명] 도자기류, 세라믹

კერამიკული [형] 질그릇의, 요업의, 도예의, 세라믹의

კერვა [동] 꿰매다, 바느질하다 — [명] 바느질

კერპთაყვანისმცემელი [명] 우상 숭배자; 이교도

კერპთაყვანისმცემლობა [명] 우상 숭배

კერპი[1] [명] 우상

კერპი[2] [형] 완고한, 고집 센 — [명] 완고한[고집 센] 사람

კერძი [명] 음식, 식사; 음식의 1 인분

კერძო [형] 사적인, 개인의; 사립의, 사설의; კერძო კაპიტალი 민간 자본; კერძო საკუთრება 사유 재산; კერძო საწარმო 사기업; კერძო პირი 사인(私人); კერძო გაკვეთილები 개인 교습; ეს მისი კერძო საქმეა 그것은 그의 사적인 일이다

კერძოდ [부] ① 사적으로, 비공식적으로 ② 특별히, 따로

კეტი [명] 곤봉

კეფა [명] [해부] 후두(後頭)부, 뒤통수

კეფირი [명] 우유[양젖]를 발효시킨 음료

კეჩუპი [명] 케첩

კეცვა [동] 싸다, 감다

კეცი [명] (도토(陶土)나 돌로 만들어진) 프라이팬
კეხი [명] 안장틀
კვადრატი [명] ① 정사각형 ② [수학] 제곱, 평방; კვადრატული მეტრი 제곱 미터 ③ კვადრატული განტოლება [수학] 2차 방정식
კვადრატული [형] 정사각형의, 정방형의
კვალდაკვალ [부] 뒤에, 다음에
კვალი [명] 자취, 흔적, 발자국
კვალიფიკაცია [명] 유자격, 솜씨, 기술; კვალიფიკაციის ამაღლება 기술을 발달시키다
კვალიფიციური [형] 자격 있는, 적격의; კვალიფიციური მუშა 숙련공
კვამლი [명] 연기; კვამლი უცეცხლოდ არ იქნება 불을 피우지 않고서는 연기가 나지 않는다, 아니 땐 굴뚝에 연기 나랴?
კვამლიანი [형] 연기가 나는
კვამლსადენი [명] (굴뚝의) 연통, 연도(煙道)
კვანძი [명] ① 매듭, 고; კვანძის გახსნა 매듭을 풀다 ② 끈, 줄, 밴드, 매는 것
კვარტალი [명] ① (도시의) 구획, 지구 ② 분기, 3개월 (1년의 1/4)
კვარტალური [형] 분기의, 한 해 네 번의
კვარტეტი [명] [음악] 4중주, 4중창
კვარცი [명] [광물] 석영, 수정
კვარცხლბეკი [명] 대(臺), 받침대
კვახი [명] [식물] 호박

კვება [동] 먹이다, 영양을 공급하다 — [명] 영양물, 자양분, 음식; გაძლიერებული კვება 고칼로리 식단

კვეთილი [명] 균열, 갈라진 틈

კვერთხი [명] 막대, 봉

კვერი [명] 프레첼 (매듭 또는 막대 형태의 딱딱하고 짭잘한 비스킷)

კვერნა [명] [동물] 담비

კვერცხი [명] ① 알, 계란; კვერცხის დება 알을 낳다; თოხლოდ მოხარშული კვერცხი 반숙으로 삶은 계란; მაგრად მოხარშული კვერცხი 완숙으로 삶은 계란 ② [생물] 난자

კვერცხისებრი [형] 계란 모양의

კვესი [명] 부시, 쇠숫돌

კვეხნა [동] 자랑하다, 뽐내다 — [명] 자랑, 뽐내기

კვეხნია [명] 자랑하는 사람, 허풍선이

კვიპაროსი [명] [식물] 사이프러스 (편백나뭇과(科)의 상록 침엽수)

კვირა [명] ① 일요일; კვირას, კვირადღეს, კვირაობით 일요일에, 일요일마다 ② 주(週), 1 주간; კვირის 매주; ერთ კვირაში 일주일 내에; ორი კვირა 2 주일; კვირის ბოლო 주말

კვირეული [형] 매주의, 주 1 회의

კვირტი [명] (식물의) 눈, 싹; კვირტით მყნობა 접목, 접붙임 — [동] 접목하다, 접붙이다

კვიცი [명] 망아지

კვლა [동] 죽이다, 도살하다

კვლავ [부] 또, 다시, 재차

კვლავინდებურად [부] 예전처럼; 보통 때처럼

კვლავინდებური [형] 이전의, 예전과 같은

კვლავწარმოება [동] 재현하다, 재생하다

კვლევა [동] 조사하다, 연구하다, 탐구하다, 분석하다 — [명] 조사, 연구, 탐구, 분석; მეცნიერული კვლევა 과학적 연구; არქტიკის კვლევა 북극 탐험

კვლევა-ძიება [명] ① 조사, 연구 ② 취조, 심리, 심문

კვლიავი [명] [식물] 캐러웨이 (회향풀의 일종)

კვნესა [동] 신음하다, 괴로워하다 — [명] 신음, 괴로워함; 초췌, 번민

კვნიტი [명] 일부분, 소량

კი[1] [부] 예 (대답: 보통 표현)

კი[2] [접] 그래도, 그러나

კიბე [명] ① 계단, 층계; სახანძრო კიბე 화재 피난 장치 (비상 계단 등); კიბეზე ასვლა 위층으로 올라가다; კიბეზე ჩასვლა 아래층으로 내려오다 ② 사다리

კიბო [명] ① [동물] 가재 ② [병리] 암(癌)

კიბორჩხალი [명] [동물] 게

კიდე [명] 가장자리, 옆, 변두리; 말단

კიდევ [부] 다시, 새로이, 게다가

კიდურები [명] 사지, 팔다리

კივილი [동] 소리지르다, 부르짖다; 외치다 — [명] 소리지르기, 부르짖음; 외침

კითხვა[1] [동] 읽다; ხმამაღლა კითხვა 낭독하다, 소리내어 읽다; თავისთვის კითხვა 묵독하다; ლექც-

იების კითხვა 강의하다; რუკის წაკითხვა 지도를 읽다 — [명] 읽기, 독서; ლექციის კითხვა 강의

კითხვა² [동] 묻다, 질문하다 — [명] ① 물음, 질문; კითხვის დასმა 묻다, 질문하다 ② როგორ გიკითხოთ? 어떻게 지내 세요?

კითხვა-პასუხი [명] 질문과 대답

კითხვითი [형] 묻는, 의문의, 질문의; კითხვითი ნიშანი 물음표; კითხვითი წინადადება [문법] 의문문; კითხვითი ნაცვალსახელი [문법] 의문대명사

კილო¹ [명] ① 소리, 음색; 곡조, 선율 ② 어조, 억양 ③ 방언, 사투리 ④ [문법] 법(法)

კილო² [명] [무게의 단위] 킬로그램

კილოგრამი [명] [무게의 단위] 킬로그램

კილოვატი [명] [전력의 단위] 킬로와트; კილო-ვატ საათი 킬로와트시(時)

კილოკავი [명] 방언, 사투리

კილომეტრი [명] [길이의 단위] 킬로미터

კინაღამ [부] 거의, 대체로, ~가까이

კინემატოგრაფი [명] 영화

კინემატოგრაფია [명] 영화 촬영법[기술]

კინემატოგრაფიული [형] 영화의

კინკლაობა [동] 말다툼하다, 언쟁하다, 논쟁하다 — [명] 말다툼, 언쟁, 논쟁

კინო [명] 영화관

კინოგადაღება [명] 영화화, 촬영

კინოვარსკვლავი [명] 영화 스타

კინოთეატრი [명] 영화관

კინოკომედია [명] 코미디 영화
კინომრეწველობა [명] 영화 산업
კინომსახიობი [명] 영화 배우
კინოოპერატორი [명] (영화 촬영장의) 카메라맨
კინორეჟისორი [명] 영화 제작자
კინოსტუდია [명] 영화 촬영소
კინოსურათი [명] 영화, 활동 사진
კინოსცენარი [명] 시나리오, 영화 각본
კინოფესტივალი [명] 영화제
კინოფილმი [명] 영화, 활동 사진
კინოწარმოება [명] 영화 제작소
კინოხელოვნება [명] 영화 예술
კიოსკი [명] 노점, 가판대
კირი [명] 석회
კირიანი [형] 석회질의
კირქვა [명] 석회암, 석회석
კირწყვლა [동] (도로를) 포장하다
კისერი [명] ① 목; კისრის მოტეხა 목을 부러뜨리다 ② კისერიც მოუტეხია! 아뿔싸, 아차
კისკისი [동] 크게 웃다 — [명] 대소(大笑)
კიტელი [형] 재킷, 상의
კიტრი [명] [식물] 오이
კიცხვა [동] 욕하다, 꾸짖다, 비난하다 — [명] 욕, 꾸짖음, 비난
კლავიატურა [명] (컴퓨터 등의) 키보드
კლავიში [명] (키보드의) 키
კლაკნა [동] 감다, 꼬다, 구부리다 — [명] 감기, 꼬기, 구부리기

კლაკნილი [형] 비비 꼬인, 구불구불한

კლანჭი [명] (짐승의) 발톱, 발톱이 있는 발

კლარნეტი [명] [음악] 클라리넷

კლასგარეშე [형] 학교 수업시간 이외의

კლასი[1] [명] 계급, 등급; მუშათა კლასი 노동자 계급; მმართველი კლასი 지배 계급

კლასი[2] [명] 학급, 클래스

კლასიკოსი [명] 권위서, 명저, 고전

კლასიკური [형] 고전주의의; კლასიკური ლიტერატურა 고전 문학; კლასიკური მუსიკა 고전 음악, 클래식 음악

კლასიფიკაცია [명] 분류, 유별

კლასობრივი [형] 계급의, 계급적인; კლასობრივი ბრძოლა 계급 투쟁

კლდე [명] 바위; ციცაბო კლდე 낭떠러지, 절벽

კლდიანი [형] 바위가 많은, 바위투성이의

კლდოვანი [형] 바위가 많은, 바위투성이의

კლება [동] 줄다, 적어지다; 줄이다

კლიენტი [명] 고객, 손님

კლიმატი [명] 기후

კლიმატოლოგია [명] 기후학

კლიმატური [형] 기후의; კლიმატური პირობები 기후 조건

კლინიკა [명] 진료소, 개인 병원, 클리닉

კლინიკური [형] 임상의

კლიტე [명] ① 자물쇠 ② ენის კლიტე [해부] 현옹수(懸壅垂), 목젖

კლიშე [명] 상투어, 진부한 표현

კლოუნი [명] 어릿광대
კლუბი [명] 클럽, 회(會); ღამის კლუბი 나이트 클럽
კმარა [형] 충분한
კმაყოფაზე [형] (~에게) 얹혀 사는, 신세를 지는
კმაყოფილება [명] 만족
კმაყოფილი [형] 만족한
კნავილი [동] (고양이 따위가) 야옹야옹 울다
კნეინა [명] 공주
კნინობითი [명] [문법] 지소어(語)
კნუტი [명] 새끼 고양이
კობრა [명] [동물] 코브라
კობრი [명] [어류] 잉어
კოდალა [명] [조류] 딱따구리
კოდექსი [명] 법전(法典)
კოდი [명] 암호
კოვზი [명] 숟가락
კოზაკი [명] (작은) 낙타
კოზირი [명] (카드놀이의) 으뜸패, 트럼프
კოკა [명] (손잡이와 주둥이가 있는) 물주전자
კოკი [명] 요리사
კოკისპირული წვიმა [명] 퍼붓는 비, 폭우
კოკორი [명] [식물] 눈, 싹
კოლაპსი [명] 붕괴, 와해
კოლბა [명] [화학] 레토르트, 증류기; 플라스크
კოლეგა [명] 동료
კოლექტივი [명] 집단, 공동체
კოლექტივიზაცია [명] 집단화

კოლექტივიზება [동] 집단화하다
კოლექტივიზმი [명] 집산(集産)주의
კოლექტივის [형] 집단적인, 공동의
კოლექტიურად [부] 집단적으로, 단체로
კოლექტიური [형] 집단적인, 공동의
კოლექტიურობა [명] 집단성, 공동성
კოლექცია [명] 수집품, 소장품; კოლექციის შეგროვება 모으다, 수집하다
კოლმეურნეობა [명] (구소련의) 집단 농장, 콜호스
კოლონია [명] 식민지; 정착지

კოლონიზატორი [명] 식민지 개척자
კოლონიზატორული [명] 식민(지)의
კოლონიზაცია [명] 식민지화, 식민지 건설
კოლონიზირება [동] 식민지화하다
კოლონისტი [명] 식민지 개척자, 정착자
კოლორიტი [명] 색채의 배합, 색조
კოლოსალური [명] 거대한, 어마어마한
კოლოფი [명] 상자, 박스, 통
კოლხელშეკრულება [명] (노사간의) 단체 협약
კომბაინი [명] 콤바인, 여러 가지 일을 한꺼번에 할 수 있는 복합기
კომბალი [명] 곤봉, 지휘봉
კომბინატი [명] 콤비나트, 기업 합동
კომბინაცია [명] 결합, 짜맞춤
კომბინირება [동] 결합하다, 연합시키다
კომბინირებული [형] 결합된

კომბოსტო [명] 양배추; ყვავილოვანი კომბოსტო 콜리플라워, 꽃양배추
კომედია [명] 희극, 코미디
კომედიანტი [명] 희극인, 코미디언
კომედიური [형] 우스운, 코믹한
კომენდანტი [명] 사령관, 지휘관, 감독
კომენდატურა [명] 사령관[지휘관] 집무실
კომენტარი [명] 논평, 비평, 주석, 설명, 코멘트
კომენტატორი [명] 논평자, 주석자
კომერსანტი [명] 상인, 사업가, 비즈니스맨
კომერცია [명] 상업, 장사, 거래
კომერციული [형] 상업상의, 상업적인
კომეტა [명] [천문] 혜성
კომიკოსი [명] 희극 배우, 코미디언
კომიკური [형] 우스운, 익살의, 코믹한
კომისია [명] 위원회; საარჩევნო კომისია 선거 위원회; საგამომძიებლო კომისია 조사 위원회
კომიტეტი [명] 위원회; აღმასრულებელი კომიტეტი 집행 위원회
კომლი [명] 농가, 농장
კომპანია [명] 동료, 친구들, 벗
კომპანიონი [명] 동료; (사업상의) 파트너
კომპასი [명] 나침반
კომპაქტური [형] ① 치밀한, 빽빽한, 조밀한, 밀집한 ② კომპაქტ დისკი CD, 컴팩트 디스크
კომპენსაცია [명] 보상, 배상
კომპენსირება [동] 보상하다, 배상하다
კომპეტენტური [형] 유능한, 자격 있는

კომპეტენტურობა [명] 능력; 자격
კომპეტენცია [명] 능력; 자격
კომპილატორი [명] ① 편집자 ② [컴퓨터] 컴파일러 (고급 언어 프로그램을 기계어로 번역하는 프로그램)
კომპილაცია [명] 편집
კომპილირება [동] ① 편집하다 ② [컴퓨터] (프로그램을) 다른 부호[기계어]로 번역하다
კომპიუტერი [명] 컴퓨터
კომპიუტერული პროგრამა [명] 컴퓨터 프로그램
კომპლექსი [명] 합성물, 복합체
კომპლექსური [형] 복합의, 합성의; კომპლექსური რიცხვები [수학] 복소수
კომპლექტი [명] 전집, 한 벌, 세트
კომპლიმენტი [명] 칭찬, 인사말; კომპლიმენტის თქმა 듣기 좋은 말을 하다, 칭찬하다
კომპოზიტი [명] 합성물, 복합물
კომპოზიტორი [명] 작곡가; 작자
კომპოზიცია [명] ① 작문 ② 작곡
კომპონენტი [명] 구성 요소, 성분
კომპოტი [명] 설탕에 절인[끓인] 과일
კომპრომისი [명] 타협, 화해, 절충; კომპრომისზე წასვლა 타협하다, 절충하다; კომპრომისული გადაწყვეტილება 타결
კომუნა [명] 코뮌 (중세 유럽 제국의 최소 행정구)
კომუნალური [형] 자치 도시의, 시(市)의, 코뮌의; კომუნალური მომსახურება 공익 사업
კომუნიზმი [명] 공산주의

კომუნიკაცია [명] 통신, 커뮤니케이션

კომუნისტი [명] 공산주의자

კომუნისტური [형] 공산주의(자)의, 볼셰비키의; კომუნისტური პარტია 공산당

კომუტატორი [명] [전기] 배전반; 정류기

კომფორტაბელური [명] 편안한, 안락한

კომფორტი [명] 위로, 위안

კომფორტული [형] 편안한, 안락한

კომში [명] [식물] 모과

კონა [명] 꽃다발

კონგრესი [명] (대표자·사절·위원 등의 정식) 대회, 평의원회, 대의원회

კონდახი [명] (총의) 개머리

კონდიციონერი [명] 공기 조절[냉난방] 장치, 에어컨

კონდომი [명] 콘돔

კონდუქტორი [명] (기차의) 차장

კონვერტი [명] 봉투, 커버

კონიაკი [명] 코냑, 브랜디

კონკრეტულად [부] 구체적으로

კონკრეტული [형] 구체적인; კონკრეტული მიზანი 특정 목적

კონკრეტულობა [명] 구체성, 구상(具象)

კონკურენტი [명] 경쟁자, 라이벌

კონკურენცია [명] 겨루기, 경쟁; თავისუფალი კონკურენცია 자유 경쟁; კონკურენციის გაწევა 겨루다, 경쟁하다

კონკურსი [명] 겨루기, 경쟁; საკონკურსო გამოცდა 경쟁 시험

კონსერვატიზმი [명] 보수주의

კონსერვატიული [형] 보수적인

კონსერვატორი [명] 보수적인 사람, 보수주의자

კონსერვატორია [명] 음악[예술] 학교, 컨서버토리

კონსერვი [명] 통조림 식품; ხილის კონსერვები 과일 통조림

კონსპექტი [명] 요약, 개요, 개괄

კონსპექტური [형] 간결한, 간명한, 요약적인, 개괄적인

კონსპირატორი [명] 공모자, 음모를 꾸미는 사람

კონსპირაცია [명] 음모, 공모, 모의

კონსპირაციული [형] 음모의, 모의의, 은밀한, 기밀의

კონსტიტუცია [명] 헌법

კონსტიტუციური [형] 헌법의, 입헌의; კონსტიტუციური მონარქია 입헌 군주제

კონსტრუქცია [명] 구조, 구성, 디자인

კონსული [명] 영사(領事)

კონსულტანტი [명] ① 컨설턴트, 상담역, 고문 ② 개별 지도 교수

კონსულტაცია [명] ① 상담, 상의; საექიმო კონსულტაცია 의료 상담; კონსულტაციის გაწევა 상담하다, 조언해주다 ② 개인 지도

კონსულტანტი [명] ① 컨설턴트, 상담역 ② 개별 지도 교수 ③ 고문 의사

კონტაქტი [명] 접촉, 교제, 연락; **კონტაქტის დამყარება** (~와) 접촉하다, 만나다, 연락하다; **კონტაქტის შენარჩუნება** (~와) 가까운 관계를 유지하다
კონტექსტი [명] 문맥, (문장의) 전후 관계
კონტინენტი [명] 대륙, 본토
კონტრაბანდი [명] 밀수, 밀매
კონტრაბანდისტი [명] 밀수업자, 밀매자
კონტრასტი [명] 대조, 대비
კონტრაჰენტი [명] 계약자
კონტრდაზვერვა [명] 기밀 조사(부), 첩보 활동
კონტრიბუცია [명] [군사] (점령지 주민에게 부과하는) 군세(軍稅); 전쟁 배상금
კონტრიერიში [명] 역습, 반격
კონტროლი [명] 관리, 제어; **კონტროლის გაწევა** 관리하다, 제어하다
კონტროლიორები [명] 관리, 검사
კონტროლიორი [명] 관리자, 검사자; (역 등의) 집표(集票)원
კონტრრევოლუცია [명] 반(反)혁명
კონტრრევოლუციონერი [명] 반혁명주의자
კონტრრევოლუციური [형] 반혁명의
კონტუზია [명] ① 타박상 ② [정신의학] 탄환 충격, 전투 신경증
კონტური [명] 윤곽, 아우트라인
კონუსი [명] 원뿔(형)
კონუსისებრი [형] 원뿔(형)의
კონუსური [형] 원뿔(형)의
კონფერენცია [명] 회의, 협의회, 컨퍼런스

კონფლიქტი [명] 충돌, 대립, 불일치, 논쟁

კონცენტრატი [명] 농축물

კონცენტრაცია [명] ① 집결, 집중; კონცენტრაციის მოხდენა 집중되다; კაპიტალის კონცენტრაცია 자본의 집중 ② [화학] 농축

კონცენტრირება [동] ① 집중하다, 집중시키다; ყურადღების კონცენტრირება 이목을 끌다 ② [화학] 농축시키다

კონცენტრირებული [형] ① 집중된 ② [화학] 농축된

კონცენტრული [형] [수학] 중심이 같은; კონცენტრული წრეები 동심원(同心圓)

კონცერტი [명] 음악회, 콘서트; 리사이틀; საკონცერტო დარბაზი 콘서트홀

კონცეფცია [명] 개념, 관념, 생각

კონცხი [명] 갑(岬), 곶

კოოპერაცია [명] 협력, 협동

კოოპერაციული [형] 협력적인, 협동의

კოპი [명] 혹, 부어오른 곳

კოპია [명] 복사, 사진 복사

კოპიტი [명] [식물] 서양물푸레나무

კოპწია [형] 세련된, 멋진

კოპწიაობა [동] 멋부리다, 맵시를 내다 — [명] 멋부리기

კოჟრი [명] [병리] (피부의) 티눈, 못

კოჟრიანი [형] (피부가) 굳은, 못박힌

კორდი [명] 뗏장, 잔디밭

კორეა [명] 한국; სამხრეთი კორეა 남한, 대한민국; ჩრდილოეთი კორეა 북한

კორეელი [명] 한국 사람

კორეის [형] 한국의

კორეული [형] 한국의; კორეული ენა 한국어 — [명] 한국어

კორესპონდენტი [명] (신문 · 방송 등의) 특파원, 통신원

კორესპონდენცია [명] 통신, 서신 왕래; საქმიანი კორესპონდენცია 상업 통신

კორექტორი [명] 교정 보는 사람

კორექტურა [명] 교정; 교정지

კორექტურული [형] 교정의; კორექტურული შეცდომა 정오표

კორონაცია [명] 대관식

კორპი [명] 코르크; კორპის ხე 코르크 나무

კორპსაძრობი [명] 코르크 마개 뽑이

კორპუსი [명] ① 몸통, 몸체; 선체(船體); (탱크 · 장갑차의) 차체 ② 건물, 빌딩 ③ 테, 골격, 프레임 ④ 군단, 병단

კორძი [명] [병리] (피부의) 티눈, 못

კოსმეტიკა [명] ① 화장품 ② 미용술

კოსმეტიკის [형] 화장의, 미용술의

კოსმეტიკური [형] 화장의, 미용술의

კოსმოგრაფია [명] 우주지(誌), 우주 형상지(形狀誌), 우주 구조론

კოსმოპოლიტი [명] 세계주의자, 세계인, 국제인

კოსმოპოლიტიზმი [명] 세계주의, 사해동포주의

კოსმოსი [명] 우주; კოსმოსის დაპყრობა 우주 탐사

კოსტიუმი [명] 복장, 의상; 드레스, 슈트

კოსტუმი [명] 복장, 의상; 양복, 정장

კოტრიალი [동] ① 비틀거리다, 넘어지다, 나동그라지다 ② 공중제비를 넘다 — [명] 공중제비

კოფო [명] (마차의) 마부석

კოქსი [명] [화학] 코크스

კოღო [명] [곤충] 모기; კოღოს ნაკბენი 모기에 물린 자리

კოშკი [명] 탑; 성(城)

კოცნა [동] 입맞추다, 키스하다; ლოყაზე კოცნა (~의) 볼에 키 스하다 — [명] 입맞춤, 키스

კოცონი [명] (야영의) 모닥불, 캠프 파이어

კოწახური [명] [식물] 매자나무(의 열매)

კოჭი [명] ① 마디, 관절; 발목 ② (통 모양의) 축

კოჭლი [명] 절름발이의, 절뚝거리는

კოჭლობა [동] 절뚝거리다 — [명] 절뚝거림

კოხი [명] 우박

კოხტა [형] 세련된, 멋진, 우아한

კოხტაობა [동] 멋내다, 맵시를 내다 — [명] 멋내기

კრავი [명] 어린 양

კრაზანა [명] [곤충] 말벌

კრამიტი [명] 타일; 타일 깔기; კრამიტით დახურული 타일이 깔린

კრაჭუნი [동] 이를 갈다 — [명] 이를 갈기

კრახი [명] 파괴, 파멸, 붕괴

კრება [명] 모임, 회의; საერთო კრება 총회; გამგეობის კრება 이사회 (회의)

კრებითი სახელი [명] [문법] 집합 명사

კრებული [명] ① 모음(집) ② 법령집, 법전

კრედიტი [명] 신용 (판매); 외상 매출금

კრეისერი [명] 순양함, 크루저

კრემატორიუმი [명] 화장터

კრემაცია [명] 화장(火葬)

კრემი [명] (화장용) 크림; სახის კრემი 얼굴 화장 크림; საპარსი კრემი 면도용 크림

კრემისფერი [형] 크림색의

კრეფა [동] 따 모으다, 채집하다

კრეჭა [동] ① (머리카락을) 자르다 ② (양털을) 깎다 ③ 이를 드러내고 싱긋 웃다; 비웃다

კრთომა [동] 움찔하다, 주춤하다, 떨다

კრიალა [형] 눈부신, 빛나는

კრიალი [동] 빛나다 — [명] 광휘, 빛남

კრიალოსანი [명] 로사리오, 묵주(알)

კრივი [명] 권투, 복싱

კრიზისი [명] ① 위기, 중대 국면; ეკონომიური კრიზისი 경제 위기; მთავრობის კრიზისი 내각의 위기; პოლიტიკური კრიზისი 정치적 위기 ② 침체, 불황, 슬럼프

კრიმანჭული [명] [음악] 장식음, 꾸밈음; 콜로라투라 (성악의 화려한 기교적인 장식)

კრიმინალური [형] 범죄의, 형사상의; კრიმინალური პოლიცია 형사[사법] 경찰

კრიჟანგი [명] 구두쇠, 수전노 — [형] 탐욕스러운, 욕심 많은

კრიჟანგობა [명] 인색함, 욕심 많음, 쩨쩨함

კრისტალი [명] 수정, 크리스털

კრისტალიზაცია [명] 결정체

კრისტალური [형] 수정처럼 맑은, 투명한

კრისტალოგრაფია [명] 결정학

კრიტერიუმი [명] (판단·평가 등의) 표준, 기준, 척도

კრიტიკა [명] 비평, 비판

კრიტიკოსი [명] 비평가, 비판하는 사람

კრიტიკული [형] 비평의, 비판적인

კრონა [명] ① [화폐의 단위] 크로나, 크로네 ② 나무 가지, 나무의 꼭대기

კრულვა [동] 저주하다 — [명] 저주

კრული [형] 저주받은

კრუნჩხვა [명] [의학] 경련

კრუსუნი [동] 신음하다, 끙끙거리다 — [명] 신음

კრუხი [명] 번식용 암탉

კუ [명] [동물] 거북

კუბი [명] 입방체, 정육면체

კუბო [명] 관, 널; კუბოს კარამდე 살아있는 동안, 죽을 때까지

კუბური [형] 입방의, 정육면체의

კუდაბზიკა [형] 자만하는, 뽐내는

კუდაბზიკობა [명] 자만, 뽐내기

კუდი [명] 꼬리; კომეტის კუდი 혜성의 꼬리; კუ-დის ქნევა 꼬리를 흔들다

კუდიანი [형] 꼬리가 잘린 — [명] 마녀, 마법사
კუდიანობა [명] 마법, 마술 — [동] 마술을 부리다
კუდრაჭა [명] 잘 노는 여자, 장난꾸러기
კუზი [명] (등에 난) 혹
კუზიანი [형] 등에 혹이 있는
კუთვნება [동] (~에) 속하다, (~의) 것이다
კუთვნილება [명] 소유(물)
კუთვნილებითი [형] [문법] 소유격의; კუთვნილებითი ნაცვალსახელი 소유대명사
კუთვნილი [형] (~이) 소유한; მისი კუთვნილი ფული 그에게 주어야할 돈
კუთრი [형] 고유한 (성질의), 특징적인, 전형적인
კუთხე [명] 구석, 모퉁이; კუთხეში 모퉁이에
კუთხოვანი [형] 모난, 구석진
კუთხური [형] ① 지방의, 주(州)의 ② 모난, 각을 이룬
კულინარია [명] 요리법, 요리업
კულინარიის [형] 요리의, 조리의
კულინარული [형] 요리의, 조리의
კულტი [명] 숭배, 신앙, 컬트
კულტურა [명] 문화, 정신 문명; კულტურის დონე 문화 수준; კულტურის სამინისტრო (정부의) 문화부
კულტურის [형] 문화적인; 교양 있는
კულტურული [형] 문화적인; 교양 있는
კულული [명] (머리의) 타래; 고수머리, 컬
კუმშვა [명] 압축, 줄어들게 함

კუმშვადობა [명] 압축성, 줄어들 수 있음

კუნთი [명] 근육

კუნტრუში [동] 뛰다, 도약하다, 점프하다 — [명] 뜀, 도약, 점프

კუნძი [명] 덩어리, 토막

კუნძული [명] 섬(島)

კუნჭული [명] 구석, 모서리, 코너

კუპატი [명] 소시지

კუპე [명] (열차 따위의) 칸막이한 객실

კუპიურა [명] 지폐

კუპლეტი [명] 2 행 연구(聯句), 대구(對句)

კუპრი [명] 타르 (석탄·목재를 건류하여 얻는 검은색의 기름 같은 액체)

კუპიური [명] 지폐

კურდღელი [명] 산토끼; შინაური კურდღელი 집토끼

კურთხევა [동] 신성하게 하다, 성별(聖別)하다, 축성(祝聖)하다 — [명] 성별, 축성

კურთხეული [형] 신성하게 된, 성별된, 축성된

კურკა [명] [식물] (과실의) 핵, 씨

კურორტი [명] 보양지(保養地)

კურსები [명] 학습 과정, 교육 과정

კურსი [명] ① 코스, 과정; სრული კურსი 전(全) 과정; კურსის მოსმენა 코스를 밟다; სასწავლო კურსი 학습 과정; უნივერსიტეტის კურსის დამთავრება 대학교를 졸업하다; პირველი კურსის სტუდენტი 1 학년생 ② 정책, 방침

კურსივი [명] [인쇄] 이탤릭체

კურსივით [부] 이탤릭체로
კურტაკი [명] 윗옷, 재킷
კუსტარული [명] 손으로 만든 제품, 수세공품
კუტიკარი [명] 작은 문, 입구
კუშტად [부] 부루퉁하게, 기분이 언짢아, 무뚝뚝하게
კუშტი [형] 부루퉁한, 기분이 언짢은, 무뚝뚝한
კუჭი [명] ① 위, 위장; კუჭის აშლა 소화 불량; კუჭის წვენი 위액; კუჭის ტკივილი 복통; კუჭის წყლული 위궤양 ② შიმშილით კუჭი უხმება 찢어지게 가난한
კუჭმაჭი [명] 내장, 창자
კუჭ-ნაწლავი [명] 내장, 창자

ლ

ლაბიალიზაცია [명] [언어] 순음(脣音)화
ლაბიალური [형] 입술의; 순음의; **ლაბიალური ბგერა** [언어] 순음
ლაბირინთი [명] 미로, 미궁
ლაბორანტი [명] 실험실 조수
ლაბორატორია [명] 실험실, 시험소
ლაბორატორიული [형] 실험실의
ლაგამამოდებული [형] 굴레를 씌운
ლაგამი [명] 재갈, 굴레
ლავა [명] 용암
ლავანდი [명] [식물] 라벤더
ლავაში [명] 라바시 (그루지야 전통 빵의 일종)
ლავგარდანი [명] [건축] 코니스, 처마 돌림띠
ლავიწი [명] [해부] 쇄골
ლავრა [명] (동방 정교회의) 수도원
ლაზათი [명] 매력 있음
ლაზათიანად [부] 잘, 훌륭하게
ლაზარეთი [명] 진료소, 병원
ლაზები [명] 라즈 족, 라즈 사람 (그루지야와 터키에 분포하는 소수 민족)
ლაზი [명] 주전자, 조끼
ლაზიერი [명] (체스의) 퀸
ლაზური [명] 라즈 사람의; **ლაზური ენა** 라즈어 (語)
ლაზღანდარა [명] 농담하는 사람, 익살꾼

ლაზღანდარობა [동] 농담하다, 익살을 부리다 — [명] 농담, 익살

ლათინურად [부] 라틴어로

ლათინური [형] 라틴(어)의; ლათინური ენა 라틴어; ლათინური ანბანი 로마자, 라틴 문자 — [명] 라틴어

ლალვა [동] 양떼를 몰다

ლალი [명] [광물] 루비

ლალისფერი [형] 암적색의, 루비색의

ლამა [명] [동물] 라마

ლამაზად [부] 아름답게, 멋지게

ლამაზი [형] 아름다운, 예쁜, 멋진, 잘생긴; ლამაზი სიტყვები 아름다운 말(言); ლამაზი ქესტი 미행(美行) — [명] 예쁜 여자; 잘생긴 남자

ლამაზმანები [명] 예쁜 여자들

ლამბაქი [명] 받침 접시

ლამი [명] 미사(微砂), 진흙

ლამიანი [형] 미사같은, 진흙으로 덮인

ლამის [부] 거의, 대체로

ლამპა [명] 등불, 램프; ნავთის ლამპა 석유 램프; 100-სანთლიანი ლამპა 100 촉광(燭光)

ლამპარი [명] 등불, 램프; 빛, 발광체

ლანგარი [명] 접시, 쟁반

ლანგუსტი [명] [동물] 대하, 왕새우

ლანდი [명] ① 그늘; 그림자 ② 유령, 귀신

ლანდშაფტი [명] 풍경, 경치

ლანქერი [명] 급류

ლანჩა [명] 발바닥

ლანძღვა [동] 욕하다, 험담하다 — [명] 욕, 험담
ლაპარაკი [동] 말하다, 이야기하다 — [명] 이야기, 대화; სალაპარაკო ენა 일상 용어, 구어(口語)
ლაპიდარული [형] 보석 세공의
ლაპლაპა [형] 빛나는, 반짝이는
ლაპლაპი [동] 빛나다, 반짝이다
ლაჟვარდი [명] 하늘색, 담청색
ლაჟვარდოვანი [형] 하늘색의, 담청색의
ლარი [명] ① 끈, 줄, 코드 ② 라리 (그루지야의 화폐 단위)
ლარიქსი [명] [식물] 낙엽송
ლარნაკი [명] 꽃병
ლარტყა [명] 외(椳), 욋가지
ლატანი [명] 막대기, 장대
ლატარია [명] 추첨식 판매법, 복권 뽑기; ლატარიის ბილეთი 복권(표)
ლატენტური [형] 잠재적인, 숨어 있는
ლატვია [명] 라트비아
ლატვიელი [명] 라트비아 사람
ლატვიის [형] 라트비아의
ლატვიური [형] 라트비아의; ლატვიური ენა 라트비아어 — [명] 라트비아어
ლაფანი [명] [식물] 린덴 (보리수·참피나무 무리)
ლაფი [명] ① 진흙 ② 더러움; 치욕
ლაფიანი [형] 진흙질의
ლაფსუსი [명] 말 실수, 실언
ლაფშა [명] 거세한 말(馬)
ლაქა [명] 반점, 얼룩

ლ

ლაქებიანი [형] 반점이 많은, 얼룩덜룩한

ლაქი [명] 니스, 바니시, 래커, 광택제; ლაქის წასმა 광택제를 칠하다

ლაქია [명] 하인

ლაქიობა [명] 비굴한 태도, 노예 상태

ლაქლაქა [명] 수다쟁이

ლაქლაქი [동] 재잘거리다, 수다를 떨다

ლაქუცა [동] 비위를 맞추다, 아양을 떨다 — [형] 알랑거리는, 아양 떠는, 환심을 사려고 하는

ლაქუცი [명] 아양 떨기, 아첨, 알랑거리기

ლაღად [부] 자유롭게

ლაღი [형] 자유의, 자유로운

ლაყბობა [동] 수다 떨다

ლაყე კვერცხი [명] 썩은 달걀

ლაყუჩები [명] 아가미

ლაშქარი [명] 군대, 병력

ლაშქრობა [명] (일련의) 군사 행동 — [동] 전쟁을 걸다, 공격하다

ლაშქრული [형] 군대의, 군사의, 전쟁의

ლაჩარი [명] 겁쟁이, 비겁한 사람

ლაჩრობა [명] 겁, 비겁

ლაჩრულად [부] 겁이 많아, 소심하게

ლაჩრული [형] 겁이 많은, 비겁한, 소심한

ლაწალუწი [형] 시끄러운, 요란한

ლაწირაკი [명] 갈퀴, 써레

ლახვარი [명] 창(槍)

ლაჯება [동] 걸음을 걷다, 활보하다

ლაჯი [명] 걸음, 스텝

ლბობა [동] 젖게 하다, 축축하게 하다
ლეგა [형] 회색의
ლეგალიზაცია [명] 적법화, 법률화, 공인
ლეგალიზება [동] 법률상 정당하다고 인정하다, 공인하다; 적법화하다
ლეგალური [형] 법률(상)의; 합법의
ლეგალურობა [명] 적법, 합법, 정당함
ლეგენდა [명] 전설
ლეგენდარული [형] 전설의, 전설상의; ლეგენდარული გმირი 전설적 영웅
ლეგიონერი [형] 군단의, 군단으로 이루어진
ლეგიონი [명] 군대, 군단
ლეიბი [명] 매트리스, 요
ლეიბორისტი [명] 노동당원; ლეიბორისტული პარტია 노동당
ლეიკოპლასტირი [명] 반창고
ლეიკოციტები [명] [의학] 백혈구
ლეიტენანტი [명] [군사] 중위
ლეკვერთხი [명] 양말 대님
ლეკვი [명] ① 강아지 ② 동물의 새끼
ლენტი [명] 리본, 띠
ლეოპარდი [명] [동물] 표범
ლერწამი [명] [식물] ① 갈대 ② შაქრის ლერწამი 사탕 수수
ლესვა [동] 갈다, 날카롭게 하다
ლექი [명] 침전물, 퇴적물, 앙금
ლექსვა [동] 시를 짓다
ლექსთწყობა [명] 작시(作詩), 시작(詩作)

ლექსი [명] 시(詩), 시가, 운문; თეთრი ლექსი 무운시(無韻詩); თავისუფალი ლექსი 자유시(自由詩); ლექსის წერა 시를 쓰다

ლექსიკა [명] 어휘

ლექსიკოგრაფია [명] 사전 편찬(법)

ლექსიკონი [명] 사전(辭典)

ლექსიკური [형] 어휘의; 사전(편찬)의

ლექტორი [명] (대학 등의) 강사

ლექცია [명] (대학 등의) 강의; ლექციაზე დასწრება 강의에 출석하다; ლექციის ჩატარება 강의를 하다

ლეღვი [명] [식물] 무화과(나무)

ლეში [명] 썩은 고기, 썩은 짐승의 시체

ლეჩაქი [명] 레차키 (그루지야의 여성용 모자의 하나)

ლეწვა [동] (곡식을) 도리깨질하다, 탈곡하다 ― [명] 도리깨질, 탈곡

ლიანდაგი [명] 철도 선로[궤도]

ლიბანი [명] 레바논

ლიბერალი [형] 자유주의의

ლიბერალიზმი [명] 자유주의, 진보주의

ლიბერალობა [명] 자유주의적 관점

ლიბერალური [형] 자유주의의

ლიგა [명] 연맹, 동맹, 리그; ერთა ლიგა 국제 연맹 (UN의 전신)

ლიდერი [명] 지도자, 리더

ლიდერობა [명] 리더십 ― [동] 리더가 되다

ლითიუმი [명] [화학] 리튬

ლითოგრაფია [명] 석판술, 석판 인쇄

ლითოგრაფიული [형] 석판술의, 석판 인쇄의

ლითონი [명] 금속; ლითონის მრეწველობა 금속 공업; ლითონის წარმოება 야금(학)

ლითონის [형] 금속의, 금속성의

ლითონური [형] 금속의, 금속성의

ლიკვიდატორი [명] 청산인

ლიკვიდაცია [명] 청산, 정리; 일소, 타파

ლიკვიდური [명] 현금; ლიკვიდური თანხები 유동 자산

ლიკლიკი [명] 불명료한 소리, 재잘거림

ლილა [명] (세탁용) 청분(靑粉)

ლილვი [명] [기계] 축, 굴대; 샤프트

ლილიპუტი [명] 난쟁이

ლილისფერი [형] 암청색의

ლიმიტი [명] 한계, 한도

ლიმიტირება [동] 한정하다, 한계를 두다

ლიმონათი [명] 레모네이드

ლიმონი [명] 레몬

ლიმონმჟავა [명] [화학] 구연산

ლიმფა [명] [생리] 림프, 임파(액)

ლიმუზინი [명] 리무진 (운전대와 객석 사이를 (열리는) 유리 로 막은 대형 세단 자동차)

ლინგვისტი [명] 언어학자

ლინგვისტიკა [명] 언어학

ლინგვისტური [형] 언어(학)의

ლინზა [명] [광학] 렌즈

ლინოლიუმი [명] 리놀륨

ლირიკოსი [명] 서정시인
ლირიკული [형] 서정시의, 서정적인; ლირიკული ლექსი 서정시
ლიტერატორი [명] 문인, 문필가, 글쓰는 사람
ლიტერატურა [명] 문학
ლიტერატურათმცოდნე [명] 문학 비평가
ლიტერატურათმცოდნეობა [명] 문학 비평
ლიტერატურული [형] 문학의, 문예의, 문필의; ლიტერატურული ენა 문어(文語); ლიტერატურ-ული მემკვიდრეობა 문학적 유산
ლიტვა [명] 리투아니아
ლიტველი [명] 리투아니아 사람
ლიტვური [형] 리투아니아의; ლიტვური ენა 리투아니아어 — [명] 리투아니아어
ლიტონი [형] 단순한, 간단한
ლიტრი [명] [부피의 단위] 리터
ლიფსიტა [명] 물고기 새끼, 치어
ლიფტი [명] 엘리베이터
ლიქიორი [명] 리큐어 (식물성 향료・단맛 등을 가한 강한 알코올 음료)
ლიცენზია [명] 면허
ლმობიერება [명] 마음씨 고움, 인정 많음
ლმობიერი [형] 마음씨 고운, 인정 많은
ლობიო [명] 강낭콩
ლოგარითმი [명] [수학] 대수(對數)
ლოგარითმული [형] 대수의
ლოგიკა [명] 논리(학)
ლოგიკის [형] 논리학(상)의, 논리적인

ლოგიკურად [부] 논리적으로

ლოგიკური [형] 논리학(상)의, 논리적인

ლოგიკურობა [명] 논리성, 논리적 타당성

ლოგინი [명] 침대, 침상, 잠자리; ლოგინში წოლა 잠자리에 들다; ლოგინზე მიჯაჭვული 몸져 누운, 자리보전하는; ლოგინის თეთრეული 침구, 이부자리

ლოდი [명] 큰 돌

ლოდინი [동] 기다리다, 기대하다 — [명] 기다림, 기대

ლოთი [명] 술고래

ლოთობა [동] 술을 많이 마시다 — [명] 술 취함

ლოკალიზაცია [명] 지방 분권, 지방화

ლოკალიზება [동] 지방적 특색을 부여하다, 지방화하다

ლოკალური [형] 지방의, 지역적인; ლოკალური ქსელი [컴퓨터] 랜, 로컬 영역 네트워크

ლოკაუტი [명] 공장 폐쇄, 로크아웃

ლოკვა [동] 핥다 — [명] 핥기

ლოკოკინა [명] [동물] 달팽이

ლოკომოტივი [명] 기관차

ლოლუა [명] 고드름

ლომბარდი [명] 전당포

ლომგული [형] 두려움을 모르는

ლომვეშაპი [명] [동물] 바다코끼리

ლომი [명] [동물] 사자; ზღვის ლომი [동물] 바다사자, 강치

ლონდონი [명] 런던 (영국의 수도)

ლორი [명] (훈제한) 햄

ლორწო [명] (생물체 내의) 점액, 끈적끈적한 물질

ლორწოვანი [형] 점액질의

ლორწოიანი [형] 점액질의

ლოტბარი [명] 악장(樂長); 지휘자

ლოტო [명] 로또, 숫자 맞추기 게임

ლოტოსი [명] [식물] 연(蓮)

ლოქო [명] ① [어류] 메기의 일종 ② 둔한 사람, 얼간이

ლოქორია [명] [어류] 잉어의 일종

ლოყა [명] 뺨, 볼

ლოყაწითელა [형] 볼이 붉은

ლოცვა [동] ① 축복하다 ② 기도하다 — [명] ① 축복 ② 기도

ლოცვა-კურთხევა [명] 축복 기도

ლოცვანი [명] 기도서

ლპება [동] 썩다, 부패하다, 상하다

ლპობა [동] 썩다, 부패하다, 상하다

ლტოლვა [동] 목표로 삼다, 뜻하다, 마음먹다, 포부를 갖다

ლტოლვილი [명] 피난자, 망명자, 난민

ლუდი [명] 맥주; ლუდის ბარი 맥줏집, 선술집

ლუდსახდელი ქარხანა [명] 맥주 양조장

ლუდხანა [명] 맥주집, 선술집

ლუკმა [명] (빵 따위의) 조각; ლუკმა-ლუკმად 조각조각, 토막토막

ლულა [명] 포신, 총신

ლუპა [명] 돋보기, 확대경

ლურსმანი [명] 못; 압정
ლურსმული (დამწერლობა[წარწერები]) [명] 쐐기 문자, 설형 문자
ლურჯა [명] 회색 말
ლურჯთვალა [형] 푸른 눈의
ლურჯთვალებიანი [형] 푸른 눈의
ლურჯი [형] 푸른, 검푸른, 암청색의
ლუქი [명] 봉랍(封蠟)
ლუღლუღი [동] 중얼거리다 — [명] 중얼거림
ლუწი [명] 짝수
ლხენა [동] 즐기다, 즐거워하다 — [명] 유쾌, 명랑
ლხინი [명] 연회, 축하연
ლხობა [동] 녹다 — [명] 녹음

მ

მაბეზღარი [명] 고발자, 정보 제공자
მაგალითად [მაგ.] [부] 예를 들어
მაგალითი [명] 예(例), 보기; 본; მაგალითის მოყვანა 예로서 인용하다; მაგალითის აღება (~의) 본을 받다, (~을) 모델로 삼다; მაგალითისათვის 예로서, 예를 들자면
მაგან [대] 그는, 그녀는, 그것은
მაგარი [형] 굳은, 단단한, 튼튼한
მაგას [대] 그에게, 그녀에게, 그것에게
მაგგვარი [형] 비슷한, 유사한
მაგდენი [형] 그만큼 많은
მაგი [대] 그것은
მაგია [명] 마법, 마술
მაგიდა [명] 테이블, 책상
მაგიერ [부] 대체하여, 대신하여
მაგიერი [명] 대체(물), 대신; 뒤를 잇는 것, 후진
მაგივრობა [명] 대체, 대신
მაგივრად [부] 대신에
მაგით [부] 그[그녀·그것]와 함께
მაგინებელი [명] ① 욕하는 사람, 헐뜯는 사람 ② 부랑자, 무뢰한
მაგის [대] 그의, 그녀의, 그것의
მაგისთანა [형] 그러한; 비슷한
მაგისტრალი [명] (도로 따위의) 간선, 본선

მაგისტრალური [형] 주된, 주요한; მაგისტრალური გზა 간선 도로

მაგნეტიზმი [명] 자기, 자성(磁性)

მაგნიტი [명] 자석

მაგნიტოფონი [명] 테이프 리코더, 녹음기

მაგნიტური [형] 자석의, 자기(磁氣)의; 자성을 띠고 있는

მაგნიუმი [명] [화학] 마그네슘

მაგოდენა [부] ~만큼, ~정도

მაგრად [부] 단단히, 굳게

მაგრამ [부] 그러나, 하지만

მადა [명] 식욕, 입맛

მადანი [명] 광석; რკინის მადანი 철광석

მადიანად [부] 식욕이 있어, 맛있게

მადიანი [형] 식욕을 돋우는, 맛있어 보이는

მადლი [명] 자비, 자애, 동정심; 은혜; 관용

მადლიანი [형] 자비로운, 동정심 많은; 은혜로운

მადლიერება [명] 감사, 사의

მადლიერი [형] 고맙게 여기는, 감사하는; თქვენი მადლიერი ვარ 당신에게 신세 많이 지고 있어요, 항상 고마워하고 있어요

მადლობა [명] 감사, 사의; მადლობის გადახდა 감사하다; გმადლობთ 감사합니다

მადლობელი [형] 고맙게 여기는, 감사하는

მაერთი [명] [문법] 연결사, 계사(繫辭)

მავანი [대] 누군가, 어떤 사람

მავედრებელი [형] 탄원하는

მავზოლეუმი [명] 웅장한 무덤, 영묘(靈廟), 능

მავთულები [명] 도선(導線), 전선

მავთული [명] 철사

მავნე [형] (건강 따위에) 해로운, 나쁜; მავნე ჩვეულება 나쁜 습관

მავნებელი [명] 파괴자, 망쳐버리는 사람; 사보타주를 하는 사람

მავნებლობა [명] 파괴 행위; 사보타주 — [동] 해치다, 파괴하다

მავნებლური [형] 해로운, 해를 입히는

მაზარა [명] 후드 달린 긴 외투

მაზეგ [부] 모레

მაზლი [명] 남편의 형제

მაზრა [명] ① 지구, 구역 ② 제정러시아의 행정 구역

მაზუთი [명] 연료유

მათ [대] 그(것)들을; მათ შორის 그 사이에

მათარა [명] 물병, 수통

მათგანი (ერთი) 그것들 중 하나

მათემატიკა [명] 수학(數學)

მათემატიკოსი [명] 수학자

მათემატიკურად [부] 수학적으로

მათემატიკური [형] 수학의, 수학적인

მათი [대] 그들의; 그들의 것

მათლაფა [명] 수프 접시

მათრახი [명] 채찍(질); მათრახით ცემა 채찍질하다

მათხოვარი [명] 거지, 걸인

მათხოვრობა [동] 구걸하다 — [명] 거지 신세

მათხოვრული [형] 거지 같은, 거지 신세의
მაიმუნი [명] 원숭이
მაიმუნობა [동] 흉내내다 — [명] 흉내내기
მაიმუნური [형] 원숭이 같은; 남의 흉내를 내는, 모방하는
მაინც [부] 아무튼, 어쨌든; 그래도, 그럼에도 (불구하고)
მაიორი [명] [군사] 소령
მაისი [명] 5월; პირველი მაისი 5월 1일, 메이데이
მაისობა [명] 5월 1일, 메이데이
მაისური [명] 스웨터
მაიძულებელი [형] 원동력이 되는, 동기가 되는, 자극하는 — [명] 추진하는 것, 자극하는 것, 동기가 되는 것
მაკავშირებელი [형] 결합하는, 접합적인
მაკარონი [명] 마카로니, 누들
მაკე [형] (동물이) 임신한
მაკედონელი [명] 마케도니아 사람
მაკედონია [명] 마케도니아
მაკედონური [형] 마케도니아의; მაკედონური ენა 마케도니아어 — [명] 마케도니아어
მაკიაჟი [명] 화장품; მაკიაჟის კეთება 화장하다
მაკრატელი [명] 가위
მალაიზია [명] 말레이시아
მალამო [명] ① 연고 ② 향유(香油)
მალარია [명] [병리] 말라리아

მალე [부] 곧, 이내, 빨리; მალე გაზაფხული დად-გება 여기엔 곧 봄이 올 것이다

მალემსრბოლი [명] 사자(使者), 전령(傳令)

მალვა [동] 숨기다, 감추다 — [명] 숨김, 감춤

მალვით [부] 비밀리에, 은밀하게, 몰래

მალი [명] [해부] 척추골 — [형] 번개처럼 빠른, 재빠른

მალიმალ [부] 자주, 종종

მალულად [부] 비밀리에, 은밀하게, 몰래

მალული [형] 비밀의, 은밀한; 닫힌, 제한된

მალხაზი [형] 살아있는, 활기찬

მამა [명] 아버지

მამაკაცი [명] 남자, 남성; მამაკაცის ტანსაცმელი 남성복

მამაკაცური [형] 남자의, 남성의

მამალი [명] 수탉

მამამთავარი [명] 선조, 태조(太祖)

მამამთილი [명] 시아버지

მამაპაპეული [형] 조상의, 조상 전래의

მამასახლისი [명] 직장(職長), 반장; (모임의) 장(長); 마을 어른

მამაცად [부] 용감하게, 씩씩하게

მამაცი [형] 용감한, 용맹스런, 씩씩한

მამაცობა [명] 용기, 용감(성)

მამაცურად [부] 용감하게, 의연하게; 남자답게

მამაცური [형] 용감한, 의연한; 남자다운

მამიდა [명] 고모

მამიდაშვილი [명] 고종 사촌

მამინაცვალი [명] 의붓아버지, 계부

მამის [형] 아버지의, 아버지에 속한; მამის სახელი 아버지의 이름을 딴 이름

მამისეული [형] 아버지의, 부계의

მამისმკვლელი [명] 부친 살해범

მამისმკვლელობა [명] 부친 살해

მამობილი [명] 양아버지

მამობრივად [부] 아버지 같이, 아버지답게

მამობრივი [형] 아버지의, 아버지다운

მამოძრავებელი [형] 원동력이 되는, 동기가 되는; მამოძრავებელი ძალა 원동력

მამრავლი [명] [수학] 승수(乘數), 곱수

მამრობითი [형] 남자의, 남성의; მამრობითი სქე-სი 남성

მამულ-დედული [형] 조상 전래의, 집안 대대로의

მამული [명] ① 땅, 토지; [역사] 장원 ② 조국

მამულიშვილი [명] 애국자

მამულიშვილური [형] 애국의, 애국심이 강한

მამხილებელი [형] 비난하는, 탄핵적인 — [명] 탐지기

მან [대] 그는, 그녀는, 그것은

მანათობელი [명] 조명, 발광체

მანამ [부] ~까지, 당분간

მანამდე [부] 이전에

მანანა [명] [식물] 헤더

მანდ [부] 거기에, 그곳에

მანდარინი [명] [식물] 만다린 귤

მანდატი [명] 위임장; მანდატის მქონე 수임자

მანდილი [명] (스페인·멕시코 여자의) 머리부터 어깨까지 덮는 큰 베일

მანდილოსანი [명] 숙녀

მანევრი [명] [군사] 작전 행동

მანევრირება [명] 기동성 — [동] 작전 행동을 취하다

მანევრული [형] 작전 행동의, 기동성의; მანევრული ომი 기동전

მანეთი [명] [화폐의 단위] 루블

მანეჟი [명] 승마 학교, 마술(馬術) 연습소

მანია [명] 열광, ~광[열]; მანიით შეპყრობილი 열광자, 마니아

მანიაკი [명] 열광자, 마니아

მანიპულაცია [명] 교묘한 처리, 솜씨 있는 조작 [조종]

მანიპულირება [동] 교묘하게 다루다, 솜씨 있게 조작하다

მანიფესტანტი [명] 시위 운동자, 데모 참가자

მანიფესტაცია [명] 시위 운동, 데모; მანიფესტაციის მოწყობა 시위하다, 데모하다

მანიფესტი [명] 선언, 성명

მანიშნებელი [명] 지시하는 것, 표시, 신호

მანკი [명] 결점, 결함; 단점, 약점

მანკიერება [명] 그릇됨, 허위

მანკიერი [형] 틀린, 그릇된

მანომეტრი [명] 압력계

მანტია [명] 망토, 외투, 가운

მანუსკრიპტი [명] 원고, 손으로 쓴 것, 사본

მანქანა [명] ① 기계, 엔진; ორთქლის მანქანა 증기 기관; სახანძრო მანქანა 소방차 ② 자동차

მანქანათმშენებლობა [명] 기계 공학; 기계 공업

მანქანის [형] 기계의, 기계적인

მანძილი [명] 거리, 간격; გარკვეულ მანძილზე 좀 떨어져서; თანაბარ მანძილზე 같은 거리에서

მანჭვა [동] 얼굴을 찌푸리다, 찡그리다 — [명] 얼굴을 찌푸림, 찡그림

მანჯურია [명] 만주 (중국 동북부의 구칭)

მაპატიეთ! 실례합니다!

მაჟორი [명] [음악] 장조

მაჟალო [명] [식물] 돌능금, 야생 능금

მარაგი [명] 재고품, 비축물, 저장품; მარაგში 저장하여, 준비하여; სიტყვათა მარაგი 어휘

მარად [부] 항상; 영원히, 영구히

მარადისობა [명] 영원, 영구

მარადიული [형] 영원한, 영원히 계속되는

მარადმწვანე [형] 상록(常綠)의, 항상 푸른; მარადმწვანე მცენარეები 상록수

მარადჟამს [형] 영원한, 영구적인

მარანი [명] 포도주 저장실, 와인 셀러

მარაო [명] 부채

მარაოსებრი [형] 부채꼴의

მარგალიტი [명] 진주

მარგარინი [명] 마가린

მარგანეცი [명] [화학] 망간

მარგებელი [형] 유용한, 쓸모 있는, 도움이 되는

მარგვლა [동] 잡초를 제거하다, 김매다 — [명] 잡초 제거, 김매기

მარგილი [명] 말뚝

მარდად [부] 빨리, 즉시, 신속하게

მარდი [형] 빠른, 즉석의, 신속한

მართალი [형] ① 정말의, 진실한 ② 올바른, 공정한

მართება [부] 빚지다

მართებს [형] 부채가 있는, 채무가 있는

მართებული [형] 정당한, 당연한; 적절한, 알맞은; 올바른

მართვა [동] 지배하다, 관리하다, 제어하다 — [명] 지배, 관리, 제어

მართკუთხედი [명] 직사각형

მართლა [부] ① 참으로, 진실로 ② 안 그래요?, 그렇지 않아요?

მართლაც [부] 사실, 정말

მართლება [동] 옳다고 하다, 정당화하다; თავის მართლება 자신을 정당화하다 — [명] 정당화, 옳다고 하기

მართლმადიდებელი [형] 정교회(正教會)의; მართლმადიდებელი ეკლესია 정교회; საქართველოს მართლმადიდებელი სამოციქულო ეკლესია 그루지야 정교회 (정식 명칭)

მართლმადიდებლობა [명] 정교, 정통 신앙

მართლმადიდებლური [형] 정교회의

მართლმორწმუნე [명] 정교회 신자

მართლმსაჯულება [명] 정의, 공정, 정당

მართლმსაჯული [형] 정당한, 공정한

მართლწერა [명] 철자법, 정자(正字)법

მარილი [명] 소금; **მარილის დაყრა** 소금을 치다

მარილიანი [형] ① 소금의, 소금기 있는; **მარილიანი წყალი** 소금물 ② 웅변의, 능변의

მარილწყალი [명] 소금물, 간물

მარიონეტი [명] 꼭두각시

მარიფათიანი [형] 재빠른, 신속한, 즉각의

მარკა [명] ① 우표; **საფოსტო მარკა** 우표 ② 표시, 상표 ③ 등급, 종류

მარკიზი [명] (귀족 작위의) 후작

მარლა [명] 거즈, 붕대

მარმარილო [명] 대리석

მარსი [명] [천문] 화성

მარტვილი [명] 순교자

მარტვილობა [명] 순교

მარტი [명] 3월

მარტივად [부] 단순하게, 간단하게

მარტივი [형] ① 단순한, 간단한; **მარტივი წინადადება** [문법] 단문(單文; 하나의 절(節)을 갖는 문장) ② 평범한, 보통의

მარტო [형] 혼자의, 외로운; 독신의

მარტოდმარტო [형] 혼자의, 외로운

მარტოკა [형] 혼자의, 외로운

მარტომყოფი [형] 혼자의, 외로운

მარტოობა [명] 고독, 독거, 외로움

მარტოოდენ [부] 오직, 다만, 단지, ~뿐

მარტორქა [명] [동물] 코뿔소

მარტოხელა [형] 혼자의, 외로운
მარტოხელობა [명] 고독, 독거, 외로움
მარულა [명] 경마
მარქსიზმი [명] 마르크시즘, 마르크스주의
მარქსისტი [명] 마르크스주의자
მარქსისტული [형] 마르크스주의(자)의
მარშალი [명] [군사] 원수(元帥), 군 최고사령관
მარში [명] 행진, 진군
მარშრუტი [명] 노정, 루트, 여행 일정
მარჩენალი [명] 가정의 생계를 책임진 사람
მარჩიელი [명] 점쟁이, 사주쟁이
მარჩიელობა [명] 점, 운세의 판단 — [동] 점을 치다
მარცვალი [명] ① 낟알; 씨, 종자 ② [언어] 음절 ③ 핵(심)
მარცვლეული [명] 곡식, 곡류
მარცვლოვანი [형] 음절의
მარცხენა [형] 왼쪽의; მარცხენა მხარე 왼쪽
მარცხი [명] 실패, 불운
მარცხიანი [형] 실패한, 불운한 — [명] 불운한 사람
მარცხნიდან [부] 왼쪽에서, 왼쪽으로부터
მარცხნივ [부] 왼쪽으로
მარცხნით [부] 왼쪽으로
მარწუხი [명] 펜치, 집게
მარწყვი [명] [식물] 산딸기; მარწყვის მურაბა 산딸기잼

მარხვა [명] 단식, 금식; მარხვის შენახვა 단식하다, 금식하다; დიდი მარხვა [기독교] 사순절(四旬節)

მარხილი [명] 썰매

მარხულობა [동] 단식하다, 금식하다

მარჯანი [명] [동물] 산호

მარჯვე [형] 기민한; 손재주가 있는, 솜씨 좋은

მარჯვედ [부] 기민하게; 솜씨 좋게

მარჯვენა [형] 오른쪽의; მარჯვენა მხარე 오른쪽

მარჯვნივ [부] 오른쪽으로

მარჯნისფერი [형] 산호의

მას [대] 그에게, 그녀에게, 그것에게

მასა [명] 덩어리, 모임, 밀집, 집단

მასაზრდოებელი [형] 자양분이 많은, 영양이 되는

მასალა [명] 재료, 물질; სამენი მასალა 건축 재료

მასაჟი [명] 마사지, 안마; მასაჟის გაკეთება 마사지하다, 안마하다

მასაჟისტი [명] 마사지사, 안마사

მასიამოვნებელი [형] 참견하기 좋아하는, 주제넘게 나서는

მასივი [명] [지질] 중앙 산괴(山塊) (산맥의 중심 봉우리) (또는 მთის მასივი)

მასიური [형] 큼직한, 육중한, 대량의

მასლაათი [동] 말하다, 이야기하다 — [명] 이야기, 대화

მასობრივი [형] 대량의, 집단의

მასონი [명] 비밀 공제 조합원, 프리메이슨

მასონობა [명] 프리메이슨단의 주의

მასპინძელი [명] (손님을 접대하는) 주인, 호스트, 호스티스

მასპინძლობა [동] 대접하다, 즐기게 하다 — [명] 대접, 접대

მასტი [명] (구어체에서) 사내, 놈, 녀석

მასშტაბი [명] 축척

მას უკან [부] 이후로

მასწავლებელი [명] 교사, 선생, 스승; სკოლის მასწავლებელი (학교의) 교사, 선생; სამასწავლებლო ინსტიტუტი 교육 대학, 사범 대학

მასწავლებლური [형] 스승다운, 교사의

მასხარა [명] 어릿광대

მასხრად აგდება [동] 비웃다, 조롱하다, 조소하다

მასხრობა [동] 농담하다, 익살을 부리다 — [명] 농담, 익살

მატარებელი [명] 기차, 열차; ჩქარი მატარებელი 고속 열차; მატარებლების განრიგი 기차 운행 시간표

მატება [동] 더하다, 늘리다, 증가시키다 — [명] 더하기, 추가; 증가, 증대

მატერია [명] ① 물질 ② [철학] 질료(質料) ③ 옷감, 천

მატერიალიზმი [명] [철학] 유물론; დიალექტიკური მატერიალიზმი 변증법적 유물론

მატერიალისტი [명] 유물론자

მატერიალისტურად [부] 유물론적으로

მატერიალისტური [형] 유물론의

მატერიალური [형] ① 물질의, 물질적인 ② 금전상의, 재정적인; **მატერიალური დახმარება** 금전적 도움

მატერიკი [명] 본토

მატიანე [명] 연대기(年代記)

მატიანის [형] 연대기의

მატიტელა [명] [식물] 메밀

მატლი [명] 벌레, 구더기

მატრაკვეცა [명] 벼락부자, 졸부, 갑자기 출세한 사람

მატრაცი [명] (구어체에서) 매트리스, 요

მატრიარქატი [명] 여(女)가장제, 모권제(母權制)

მატრიკული [명] 대학 입학 허가서

მატრიცა [명] [수학] 매트릭스, 행렬

მატროსი [명] 뱃사람, 선원

მატყლი [명] 양털, 울

მატყუარა [명] 사기꾼, 속임수를 쓰는 사람

მატყუარობა [동] 속이다, 속임수를 쓰다

მაუდი [명] 천, 옷감

მაუწყებელი [명] ① 사자(使者), 전령, 포고(布告)를 외치는 사람 ② 임금 대장, 급료 지불 명부

მაფრაშა [명] (양쪽으로 열리는) 대형 여행 가방

მაქებელი [명] 칭찬[찬양]하는 사람

მაქინაცია [명] 음모, 책모

მაქო [명] (베틀의) 북

მაქსიმალურად [부] 최대한, 되도록 많이

მაქსიმალური [형] 최대한의, 극대의

მაქსიმუმი [명] 최대한, 극대, 상한선

მაღაზია [명] 가게, 상점; უნივერსალური მაღაზია 잡화점; საიუველირო მაღაზია 보석상; საათების მაღაზია 시계방

მაღალვოლტიანი [형] [전기] 고전압의

მაღალზნეობრივი [형] 도덕 수준이 높은

მაღალი [형] ① 높은; 고도의, 상등의; მაღალი ტემპერატურა 고온(高溫); მაღალი წნევა 고압(高壓) ② (사람・동물이) 키가 큰; (건물 따위가) 우뚝 솟은

მაღალკვალიფიციური [형] 기술 수준이 높은, 솜씨 좋은; მაღალკვალიფიციური სპეციალისტი 고도로 훈련받은 전문가

მაღალმთიანეთი [명] 고산지대

მაღალმთიანი [형] 고산지대의

მაღალფარდოვანი [형] 과장된, 호언장담하는

მაღალფარდოვნად [부] 과장하여, 호언장담하여

მაღარო [명] 광산, 탄갱

მაღაროელი [명] 광부, 갱부

მაღვიძარა [명] 자명종

მაღლა [부] 위쪽으로, 위에

მაღლიდან [부] 위로부터

მაღლობი [명] 높이, 고도

მაყალი [명] 금속제 화로

მაყარი [명] (결혼식에서의) 신랑 들러리

მაყვალი [명] [식물] 산딸기속의 나무딸기류

მაყრული [명] 그루지야의 결혼식 노래

მაყურებელი [명] 구경꾼, 방관자

მაშ [부] 물론, 확실히

მაშა [명] 집게, 부젓가락

მაშასადამე [부] 그 결과, 따라서

მაშველი [형] (인명을) 구조하는, 구명의; მაშველი ნავი 구명 보트, 구조선; მაშველი რგოლი 안전 벨트, 구명 부표; მაშველი ჯარი 지원병[군], 증원 부대

მაშვრალი [명] 힘든 노동을 하는 사람, 열심히 일하는 사람

მაშინ [부] 그 때, 그 당시

მაშინა [명] 기계

მაშინალურად [부] 기계적으로

მაშინალური [형] 기계적인

მაშინ(ა)ც [부] 그 때에도, 그 당시에도

მაშინდელი [형] 그 때의, 그 당시의; მაშინდელი დრო 그 시절

მაშინვე [부] 바로, 즉시, 당장

მაჩანჩალა [형] 뒤처진, 발달이 늦은

მაჩვენებელი [명] 지표, 길잡이, 지시하는 것, 보여주는 것; გზის მაჩვენებელი 여행 안내서

მაჩვი [명] [동물] 오소리

მაჩვზღარბი [명] [동물] 호저

მაჩიტა [명] [식물] 초롱꽃속 식물의 일종

მაცდუნებელი [명] 유혹자

მაცდური [명] 유혹자

მაცდურობა [명] 유혹, 마음을 끎

მაცივარი [명] 냉장고

მაცოცხლებელი [형] 소생시키는, 생명을 불어넣는

მაცხოვარი [명] 그리스도, 구세주
მაცხოვრებელი [명] 집안에서 생계비를 버는 사람
მაძებარი [명] 경찰견
მაძიებელი [명] 찾는 사람, 수색자, 탐구자; თავგა-დასავლების მაძიებელი 모험가
მაძღარი [형] 만족한
მაძღრისად [부] 잘, 훌륭하게
მაძღრობა [명] 포만(飽滿)
მაწანწალა [명] 떠돌이, 방랑자, 부랑자
მაწანწალობა [명] 방랑 생활, 떠돌이 신세
მაწარმოებელი [명] 생산자
მაწონი [명] 신 우유; 요구르트
მაწყევარი [형] 저주의, 악담의
მაწყინარი [형] (건강 따위에) 해로운, 나쁜
მაჭანკალი [명] 뚜쟁이, 포주
მაჭანკლობა [명] 뚜쟁이질, 매춘부의 알선
მაჭარი [명] 새 포도주
მაჭახელა [명] 화승총
მახათი [명] (큰) 바늘
მახარობელი [명] 사자(使者), 전령
მახე [명] 덫, 올가미, 함정
მახვილგონიერება [명] 재치 있음, 날카로운 재기(才氣)
მახვილგონიერი [형] 재치 있는, 재기 넘치는, 스마트한
მახვილი[1] [형] 예리한, 날카로운; მახვილი დანა 예리한 칼; მახვილი ენა 신랄한 언사
მახვილი[2] [명] ① 칼, 검 ② 강세, 액센트

მახვილიანი [형] 강세가 붙은

მახვილსიტყვაობა [동] 농담하다 — [명] 재치, 위트

მახინჯი [명] 기형아; 괴물

მახლას [감] 아아, 슬프도다

მახლობელი [형] 가까운, 근접한 — [명] 친척(관계)

მახლობლად [부] 가까이에

მახლობლობა [명] 가까움, 근접

მახრჩობელა[형] 질식시키는, 질식성의; მახრჩობელა გაზი 질식 가스

მაჯა [명] 손목; მაჯის გასინჯვა 맥박을 짚다; მაჯის საათი 손목 시계

მაჯისცემა [명] 맥박

მაჯლაჯუნა [명] 악몽, 가위눌림

მაჰმადი [명] 무함마드, 마호메트

მაჰმადიანი [형] 마호메트의, 이슬람교의

მაჰმადიანობა [명] 마호메트교, 이슬람교

მაჰმადიანური [형] 마호메트의, 이슬람교의

მბაძავი [명] 모방하는 사람

მბაძველი [명] 모방하는 사람

მბეჭდავი [명] 인쇄공, 식자공; 타이프라이터

მბობა [동] 이야기하다 — [명] 이야기(하기)

მბრუნავი [형] 조절할 수 있는

მბრძანებელი [명] 명령자, 통치자, 주권자

მბრძანებლობა [동] 명령하다, 통치하다혼

მბურღავი [명] 구멍 뚫는 것

მგალობელი [형] 노래하는; მგალობელი ჩიტი 지저귀는 새 — [명] 성가대원

მგეგმავი [명] 입안자, 계획자

მგელი [명] [동물] 이리; მგელი ცხვრის ტყავში 양의 탈을 쓴 이리

მგზავრი [명] 승객, 여객

მგზავრობა [동] 여행하다; 항해하다 — [명] 여행; 항해; მგზავრობის ფასი 운임, 승차 요금

მგზნებარე [형] 불타는 듯한; 열렬한, 열심인

მგზნებარება [명] 열정

მგლისფერი [형] 회색의

მგლოვიარე [형] (죽음을) 애도하는

მგონია 내가 보기에는, 내 생각에는

მგოსანი [명] 시인(詩人)

მგრგვინავი [형] 딸랑거리는, 달그락거리는

მგრძნობიარე [형] 느끼기 쉬운, 민감한

მგრძნობიარობა [명] 느끼기 쉬움, 민감함

მდაბალი [형] 불명예스러운, 면목 없는, 비열한

მდაბიო (ხალხი) [명] 대중, 민중, 일반인

მდარე [형] 천한, 열등한

მდგარი [형] ① (물이) 흐르지 않는 ② (옷깃이) 바로 선

მდგმური [명] 숙박인, 하숙인, 세든 사람

მდგომარეობა [명] 상황, 형편, 사정 — [동] (~에) 존재하다, 있다

მდგრადი [형] 확고한, 고정된, 안정된, 동요하지 않는

-მდე [접미] ~까지

-მდის [접미] ~까지
მდებარე [형] 위치한, (~에) 있는
მდებარეობა [명] 장소, 위치; 배치 — [동] 위치해 있다
მდედრობითი [형] [문법] 여성의; მდედრობითი სქესი 여성
მდევარი [명] 추적자
მდევნელი [명] 박해자, 학대하는 사람
მდელო [명] 초원, 풀밭
მდიდარი [형] 부유한, 유복한, 넉넉한
მდიდრები [명] 부(富), 부유
მდიდრულად [부] 부유하게, 넉넉하게
მდიდრული [형] 호화로운, 사치스런
მდივანი [명] ① 비서 ② 서기
მდივნობა [명] 비서의 직(職)
მდინარე [명] 강(江), 시내
მდინარება [동] 흐르다 — [명] 흐름
მდინარი [형] 흐르는; მდინარის ტოტი 지류(支流)
მდის [후] ~까지
მდოგვი [명] 겨자, 머스터드
მდოვრე [형] 평탄한, 고른
მდოვრედ [부] 고르게, 평탄하게
მდუმარე [형] 말없는, 조용한
მდუმარება [명] 침묵, 조용함
მდუმარედ [부] 침묵하여, 조용히
მდუღარე [형] ① 끓는, 비등하는; მდუღარე წყალი 끓는 물 ② 쓰라린, 비통한; მდუღარე ცრემლი 비통한 눈물

მე [대] 나(는), 나를, 나에게

მეაბანოვე [명] 목욕탕에서 시중드는 사람

მეაბრეშუმე [명] 양잠업자

მეაბრეშუმეობა [명] 양잠, 잠사업(蠶絲業)

მეავეჯე [명] 가구장이, 가구 제작업자

მეათასე [수] 1000 번째

მეათე [수] 10 번째

მეათედი [수] 10 분의 1

მეამბოხე [명] 반란자, 폭도

მეანი [명] ① 산부인과 의사 ② 조산사, 산파

მეანობა [명] 산과학, 조산술, 산파술

მეასე [수] 100 번째

მეასედი [수] 100 분의 1

მებადური [명] 어부, 어민, 낚시꾼

მებაირაღე [명] [군사] 기수(旗手)

მებამბეობა [명] 면화 재배

მებარგული [명] 운반인, 짐꾼

მებატონე [명] 지주, 토지 소유자

მებაღე [명] 원예가, 정원사

მებაღეობა [명] 원예, 정원 가꾸기

მებაღჩეობა [명] 멜론 · 오이 따위의 재배

მებოსტნე [명] 시장 판매용 채소[청과물] 재배업자

მებოსტნეობა [명] 시장 판매용 채소[청과물] 재배

მებრძოლი [명] 싸우는 사람, 전사(戰士); რიგითი მებრძოლი 투사, 용호자

მებუკე [명] 나팔수, 나팔 부는 사람

მებუფეტე [명] (술집의) 바텐더

მეგზური [명] 여행 가이드북[안내서]

მეგიტარე [명] 기타 연주자, 기타리스트

მეგობარი [명] 친구, 벗, 동료; ახლო მეგობარი 친한 친구, 가까운 친구; გულითადი მეგობარი 절친한 친구; ბავშვობის მეგობარი 어린 시절의 친구; ძველი მეგობარი 아주 오래된 친구

მეგობრობა [명] 우정, 우호, 친선 — [동] (~와) 친구가 되다

მეგობრულად [부] 우호적으로, 호의적으로

მეგობრული [형] 친한, 우호적인, 호의적인

მეგობრულობა [명] 친함, 우호적임, 호의적임

მეგრელი [명] 밍그렐리아족 (그루지야의 소수 민족)

მედავითნეობა [명] 독단주의, 독단론

მედალი [명] 메달

მედალიონი [명] 대형 메달

მედალოსანი [명] 메달리스트

მედგარი [형] 확고한, 견고한, 튼튼한

მედგრობა [명] 확고, 견고, 튼튼함

მედდა [명] (병원의) 간호사

მედეგი [형] (기계적으로) 안정된

მედიდურად [부] 거만하게, 오만하게, 자만하여

მედიდური [형] 거만한, 오만한, 자만심이 높은

მედიდურობა [명] 거만, 오만, 자만심

მედიკამენტი [명] 약, 약제, 의약

მედიცინა [명] 의학, 의술; მედიცინის დოქტორი 의학 박사

მედიცინის [형] 의학의, 의술의

მედროვე [명] 좋아하는 것, 총아
მედროშე [명] 기수(旗手)
მედუქნე [명] 가게 주인
მეეზოვე [명] 집안 일을 돌보는 사람, 일꾼
მეეტლე [명] 택시 운전기사
მეექვსე [수] 6 번째
მევალე [명] 채권자
მევახშე [명] 빚을 주는 사람, 고리대금업자
მევახშეობა [명] 고리대금(업)
მევენახე [명] 포도 재배자
მევენახეობა [명] 포도 재배
მევიოლინე [명] 바이올린 연주자, 바이올리니스트
მეზვრე [명] 포도 재배자
მეზობელი [명] 이웃 (사람)
მეზობლად [부] 곁에, 이웃에
მეზობლობა [명] 이웃(임), 근처, 부근, 근접
მეზობლურად [부] 이웃에
მეზობლური [형] 이웃의, 부근의; მეზობლური ურთიერთობა 우호 관계, 선린 관계
მეზღაპრე [명] 우화 작가, 이야기꾼
მეზღვაური [명] 선원, 뱃사람, 항해자
მეთამბაქოე [명] 담배 재배자
მეთამბაქოეობა [명] 담배 재배
მეთაური [명] ① 지휘자, 장(長), 우두머리, 지도자, 리더 ② (신문의) 사설, 논설
მეთაურობა [동] ① 명령하다, 위세부리다 ② 지도하다, 이끌다 — [명] ① 명령, 위세 ② 지도, 이끌기

მ

მეთევზე [명] 어부, 어민

მეთევზეობა [명] 양어(養魚), 양식

მეთერთმეტე [수] 11 번째

მეთესლეობა [명] 종자 재배

მეთექვსმეტე [수] 16 번째

მეთვალყურე [명] 감독관, 감시자; (교도소의) 교도관

მეთვალყურეობა [명] 감독, 감시, 통제

მეთვრამეტე [수] 18 번째

მეთოდი [명] 방법, 방식; ანალიზური მეთოდი 분석적 방법; მეცნიერული მეთოდი 과학적 방법

მეთოდიკა [명] 방법, ~법; უცხოური ენების სწავლების მეთოდიკა 언어 교수법

მეთოდიკური [형] 조직적 방식의

მეთოდისტები [명] 감리교도(들)

მეთოდოლოგია [명] 방법론

მეთოდოლოგიური [형] 방법론의, 방법론적인

მეთოდურად [부] 조직적으로

მეთოდური [형] 조직적인, 체계적인

მეთოდურობა [명] 조직적임, 체계적임

მეთოთხმეტე [수] 14 번째

მეთორმეტე [수] 12 번째

მეთუნუქე [명] 양철공, 주석 세공인

მეთხუთმეტე [수] 15 번째

მეიგავე [명] 우화 작가

მეისრე [명] (철도의) 전철수(轉轍手; 교통 정리를 하는 사람)

მეკავშირე [명] 사자(使者), 전령(傳令)

მეკარე [명] ① 문지기, 수위 ② [스포츠] 골키퍼
მეკობრე [명] 해적
მეკობრეობა [명] 해적질, 해적 행위, 약탈
მეკუბოვე [명] 관곽(棺槨)장이, 관 만드는 사람
მეკურტნე [명] 운반인, 짐꾼
მეკუჭნავე [명] [군사] 병참부원, 보급계원
მელა [명] [동물] 여우
მელაკუდა [형] 교활한, 음흉한
მელაკუდობა [명] 교활, 음흉 — [동] 교활하다, 음흉하다
მელანთევზი [명] [동물] 오징어
მელანი [명] 잉크
მელანქოლია [명] 우울(증), 침울
მელანქოლიკი [명] 우울한 사람, 우울증 환자
მელანქოლიური [형] 우울한, 침울한
მელანქოლური [형] 우울한, 우울증의
მელექსე [명] 시인(詩人)
მელექსეობა [명] 작시(作詩)(법); 시작(詩作)
მელია [명] [동물] 여우
მელითონე [명] 금속 세공인
მელოგინე [명] 출산 자리에 누운 여성
მელოდია [명] 멜로디, 선율
მელოდიური [형] 선율이 아름다운, 음악적인
მელოდიურობა [명] 선율적임, 음악적임
მელოდრამა [명] 멜로드라마 (감상적인 통속극)
მელოდრამატული [형] 멜로드라마식의
მელომანი [명] 음악 애호가
მელოტი [명] 대머리 — [형] 대머리의

მემამულე [명] 토지 소유자, 지주
მემანქანე [명] ① 기계 운전자 ② 타이피스트
მემარცხენე [명] [정치] 좌파, 좌익 — [형] 좌파의, 좌익의
მემარცხენეობა [명] 좌익주의
მემარჯვენე [명] [정치] 우파, 우익 — [형] 우파의, 우익의
მემარხულე [명] 단식[금식]하는 사람
მემატიანე [명] 연대기 작자[편자]
მემატლია [명] 파리통, 파리잡이 풀
მემბრანა [명] (얇은) 막(膜)
მემინდვრეობა [명] 농업, 경작
მემკვიდრე [명] 상속자, 유산 수령인; 계승자; კანონიერი მემკვიდრე 법정 상속인
მემკვიდრეობა [명] ① 상속; 유산, 물려받은 것; მემკვიდრეობით მიღება 상속하다, 물려받다 ② [생물] 유전
მემკვიდრეობითი [형] 상속의, 계승하는; 조상 전래의; 유전성의
მემკვიდრეობითობა [명] 계승, 이어받음
მემუარები [명] 회고록, 자서전
მენავე [명] 배 젓는 사람, 뱃사공
მენავთე [명] 석유 판매업자
მენავთობე [명] 석유 산업 근로자
მენახირე [명] 목동, 목자
მენახშირე [명] 숯[목탄] 판매업자
მენეჯერი [명] 경영자, 책임자, 관리자, 매니저
მენეჯმენტი [명] 경영, 관리, 감독

მ

მენთოლი [명] 멘톨, 박하뇌
მენინგიტი [명] [병리] 뇌막염, 수막염(髓膜炎)
მენიუ [명] 식단표, 메뉴
მენსტრუაცია [명] 생리, 월경
მენშევიზმი [명] 멘셰비키의 주의[사상]
მენშევიკი [명] 멘셰비키 (러시아 사회민주당의 소수파)
მენშევიკური [형] 멘셰비키의
მენჯი [명] [해부] 골반
მეოთხე [수] 4 번째
მეოთხედი [수] 4 분의 1
მეოთხმოცე [수] 80 번째
მეომარი [명] 싸우는 사람, 전사(戰士) — [형] 교전하는, 싸우는
მეორადი [형] 제 2 의, 둘째 가는
მეორე [수] 2 번째; მეორე ადგილას 두 번째로 — [형] (바로) 다음의; მეორე სახლი 바로 옆집
მეორეხარისხოვანი [형] 이류의, 둘째 가는, 덜 중요한
მეორეჯერ [부] 두 번째로
მეორმოცე [수] 40 번째
მეოცე [수] 20 번째
მეოცნებე [명] 꿈꾸는 사람, 공상가, 몽상가
მეოჯახე [명] 가족을 거느린 사람
მეპატრონე [명] 소유주, 주인
მეპურე [명] 빵 굽는 사람, 제빵업자
მერე [후] 그 다음에, 그 후에
მერია [명] 시청(市廳)

მერვე [수] 8 번째
მერვედი [수] 8 분의 1
მერიდიანი [명] 자오선, 경선(經線)
მერკური [명] [천문] 수성
მერმე [후] 그 다음에, 그 후에
მერმის [부] 미래에, 장래에
მერმისი [명] 미래, 장래
მერქანი [명] 나무, 목재
მერყევი [형] 동요하는, 망설이는, 주저하는
მერყეობა [동] 동요하다, 망설이다, 주저하다 — [명] 동요, 망설임, 주저
მერცხალი [명] [조류] 제비
მერძევე [명] 낙농장 일꾼, 젖 짜는 사람
მერხი [명] 벤치, 긴 의자
მესა [명] [가톨릭] 미사
მესაათე [명] 시계 제조인
მესაზღვრე [명] 국경 경비대
მესაკუთრე [명] 소유주, 주인
მესამე [수] 3 번째
მესამედი [수] 3 분의 1
მესამოცე [수] 60 번째
მესანგრე [명] [군사] 공병(工兵)
მესაფლავე [명] 무덤 파는 일꾼
მესაქონლე [명] 목축업자
მესაქონლეობა [명] 목축(업), 축산(업)
მესაყვირე [명] 트럼펫 부는 사람, 나팔수
მესაჭე [명] 타수(舵手), 키잡이
მესერი [명] 울타리를 치기

მესტვირე [명] 피리 부는 사람

მეტად [부] 대단히, 매우, 너무

მეტადრე [부] 특히, 특별히

მეტალურგი [명] 야금학자

მეტალურგია [명] 야금(술[학])

მეტალურგიული [형] 야금(술[학])의

მეტამორფოზა [명] 변형, 변질, 변태

მეტაფიზიკა [명] [철학] 형이상학

მეტაფიზიკური [형] 형이상학의

მეტაფორა [명] 은유, 상징

მეტაფორული [형] 은유의, 상징적인

მეტეორი [명] 운석; 유성체

მეტეორიტი [명] 운석

მეტეოროლოგი [명] 기상학자

მეტეოროლოგია [명] 기상학

მეტეოროლოგიური [형] 기상학(상)의

მეტი [부] ① 보다 많이, 더욱; 더 이상; მეტი ~ აღარ 다시는 ~않다; ას კაცზე მეტი 100 명 이상의 사람 ② (~을) 제외하고

მეტივე [명] 뗏목 타는 사람

მეტისმეტად [부] 대단히, 매우, 극도로

მეტისმეტი [형] 과도한, 지나친

მეტიჩარა [명] 벼락부자, 졸부, 갑자기 출세한 사람

მეტნაკლებად [부] 다소간, 얼마간

მეტოქე [명] 경쟁자, 라이벌

მეტოქეობა [명] 경쟁 — [동] 경쟁하다

მეტრი [명] [길이의 단위] 미터

მეტრიკა [명] 출생 증명서
მეტრიკული [형] 계량의, 측량의
მეტრო [명] 지하철
მეტროლოგია [명] 도량형학, 계측학
მეტროლოგიური [형] 도량형학의, 계측학의
მეტროპოლიტენი [명] 지하철
მეტსახელი [명] 별명; მეტსახელად 별명이 붙은
მეტყევეობა [명] 임학(林學), 조림학
მეტყველება [명] 말, 언어, 스피치; მეტყველების ნაწილები [문법] 품사
მეტყველი [명] 말하는 사람, 연사
მეურმე [명] 마부, 마차꾼
მეურნე [명] 농부, 농업 종사자
მეურნეობა [명] 농업, 농작
მეუღლე [명] 남편; 아내; 배우자; მეუღლის 결혼의, 부부간의
მეუღლეობა [명] 결혼, 혼인, 부부 생활
მეფე [명] 왕, 군주; მეფის 왕의, 군주의; მეფის ასული 공주
მეფობა [동] 다스리다, 통치하다 — [명] 다스림, 통치
მეფუტკრე [명] 양봉가
მეფუტკრეობა [명] 양봉(養蜂)
მექანიზაცია [명] 기계화
მექანიზებული [형] 기계화된
მექანიზმი [명] 기계 장치; მექანიზმები 기계류
მექანიკა [명] 기계학, 역학
მექანიკის [형] 기계적인, 기계에 의한

მექანიკოსი [명] 기계공, 기계 기사[조작자]
მექანიკური [형] 기계의, 기계에 의한
მექარხნე [명] 공장주
მექვაბე [명] 보일러[기관(汽罐)] 제작자
მექოთნე [명] 도공(陶工), 옹기장이; 도예가
მექრთამე [명] 수뢰자, 뇌물 받는 사람
მექრთამეობა [명] 뇌물 수수 — [동] 매수하다, 뇌물을 쓰다
მექსიკა [명] 멕시코
მექსიკელი [명] 멕시코 사람
მექსიკის [형] 멕시코의
მექსიკური [형] 멕시코의
მექუდე [명] 모자 만드는[파는] 사람
მეღვინე [명] 포도 재배업자, 포도주 양조업자
მეღვინეობა [명] 포도 재배, 포도주 양조
მეღორე [명] 양돈업자
მეღორეობა [명] 양돈업
მეშახტე [명] 광부, 갱부
მეშველი [형] 보조의, 보조적인; მეშველი ზმნა [문법] 조동사
მეშვეობით [부] (~에) 의하여, ~으로
მეშვიდე [수] 7 번째
მეშუშე [명] 유리 자르는 직공, 유리공
მეჩეთი [명] 모스크 (이슬람교의 성원(聖院))
მეჩექმე [명] 제화업자, 신발 만드는 사람
მეჩვიდმეტე [수] 17 번째
მეჩხერი [형] 엷은, 희박한
მეცადინე [형] 부지런한, 끈기 있는, 근면한

მ

მეცადინეობა [동] 최선을 다하다 — [명] 부지런함, 끈기, 근면

მეცამეტე [수] 13번째

მეცნიერება [명] ① 과학 ② 학문, 학술, 학식, 박학

მეცნიერი [명] ① 과학자 ② 학식이 있는 사람

მეცნიერულად [부] 과학적으로

მეცნიერული [형] 과학적인; მეცნიერული ნაშრომი 학술서, 과학적 업적; მეცნიერული მეთოდი 과학적 방법

მეცხვარე [명] 양치기, 목양자

მეცხვარეობა [명] 목양업

მეცხოველე [명] 소 치는 사람, 목축업자

მეცხოველეობა [명] 목축업

მეცხრამეტე [수] 19번째

მეცხრე [수] 9번째

მეძავეობა [명] 매춘 — [동] 매춘하다

მეძავი [명] 창녀, 매춘부

მეძებარი [명] ① 경찰견 ② 탐정, 형사

მეძროხე [명] 소 치는 사람

მეწამული [형] 자줏빛의, 보라색의

მეწარმე [명] 고용주, 사용자, 회사의 오너

მეწაღე [명] 제화업자, 신발 만드는 사람

მეწველი [명] 우유; მეწველი ძროხა 젖소

მეწვრილმანე [명] 행상인; 잡화상

მეწვრილმანეობა [명] 잡화점

მეწინავე [형] 맨 앞의, 선두의; მოწინავე რაზმი [군사] 전위(前衛), 선봉대

მეწისქვილე [명] 제분업자, 물방앗간 주인

მეწყერი [명] 산사태

მეჭეჭი [명] 사마귀, 쥐젖

მეჭურჭლე [명] 도공(陶工), 옹기장이; 도예가

მეჭურჭლეობა [명] 도기 제조, 요업

მეხანძრე [명] 소방수, 소방대원

მეხდაცემული [형] 벼락맞은, 벼락이 떨어진, 천둥이 친

მეხი [명] 천둥, 우레

მეხილე [명] 과수 재배자

მეხილეობა [명] 과수 재배

მეხოტბე [명] 찬사를 올리는 사람, 송시 작자

მეხრე [명] 소 치는 사람

მეხსარიდი [명] 피뢰침

მეხსიერება [명] 기억(력); ცუდი მეხსიერება 좋지 못한 기억력; კარგი მეხსიერება 좋은 기억력

მეხუთე [수] 5번째

მეხუთედი [수] 5분의 1

მეჯინიბე [명] 마부

მეჯლისი [명] 연회, 무도회

მეჯოგე [명] 목자, 목동

მზა [형] 준비된

მზად [부] 준비되어; მზად ვარ 나는 준비가 되어 있다; მუდამ მზად 항상 준비가 되어 있는

მზადება [동] 준비하다; საჭმლის მზადება 요리하다 — [명] 준비

მზადმყოფი [형] 준비된

მზადყოფნა [동] 준비가 되어 있다 — [명] 준비가 돼 있음

მზაკვარი [형] 교활한, 간사한, 음흉한

მზაკვრობა [명] 교활, 간사, 음흉

მზაკვრულად [부] 교활하게, 간사하게, 음흉하게

მზაკვრული [형] 교활한, 간사한, 음흉한, 남을 속이는

მზამზარეული [형] 공짜로 얻은, 무료의

მზარდი [명] 증가, 증대

მზარეული [명] 요리사

მზარეულობა [명] 요리(법)

მზე [명] 해, 태양; მზის ამოსვლა 일출, 해돋이; მზის ჩასვლა 일몰; მზის სინათლე 햇빛, 일광; მზიანი დღე 화창한 날; მზის ლაქები [천문] 태양의 흑점; მზის სისტემა [천문] 태양계; მზის აბაზანა 일광욕; მზის საათი 해시계; ცხრათვალა მზე 뙤약볕; მზის კალენდარი 태양력

მზეთუნახავი [형] 아름다운

მზემოკიდებული [형] 햇볕에 탄

მზერა [동] 바라보다, 응시하다

მზესუმზირა [명] 해바라기; მზესუმზირას ზეთი 해바라기유

მზვერავი [명] 정보 제공자, 비밀 활동자; [군사] 정보 장교

მზიანი [형] 날씨가 맑은, 햇볕이 잘 드는, 화창한

მზიდავი [명] 짐꾼, 운반인

მზითევი [명] (신부의) 지참금

მზიური [형] ① 태양의, 태양에 관한 ② 햇볕이 잘 드는

მზრუნავი [명] 피(被)신탁인, 수탁자, 재산 관리인, 후견인

მზრუნველი [형] 배려하는, 생각이 깊은, 세심한 — [명] 피(被)신탁인, 수탁자, 재산 관리인, 후견인

მზრუნველობა [명] 주의, 배려, 돌봄

მთა [명] 산; 언덕; მთაზე ასვლა 산[언덕] 위로 올라가다

მთა-ბარი [명] 산과 골짜기; 온 세상

მთაგორიანი [형] 산[언덕]이 많은, 산지의

მთაგრეხილი [명] 산맥, 연산(連山)

მთავარანგელოზი [명] [가톨릭·동방정교회] 대천사, 천사장(長)

მთავარდიაკონი [명] [가톨릭] 부주교

მთავარეპისკოპოსი [명] [교회] (그루지야 정교의) 대주교

მთავარი [형] 주요한, 주된; 수장의, 우두머리의; მთავარი ქალაქი 주요 도시; მთავარი ქუჩა 큰 거리; მთავარი სამმართველო 중앙 위원회; მთავარი ინჟინერი 기관장, 수석 엔지니어; მთავარი ბუღალტერი 회계과장, 경리국장; მთავარი ძალები [군사] 주력 부대, 본부대 — [명] 지배자, 통치자, 주권자

მთავარსარდალი [명] [군사] 최고 사령관, 총사령관

მთავრობა [명] 정부(政府)

მთარგმნელი [명] 해석자, 통역자

მთასვლელობა [명] 등산

მთები [명] 산맥, 산악 지대

მთელი [형] 전체의, 전부의; მთელი დღე 하루 종일

მთესველი [명] 씨 뿌리는 사람

მთვარე [명] 달 (천체); ახალი მთვარე 초승달; სავსე მთვარე 보름달

მთვარეული [명] 몽유병 환자

მთვარეულობა [명] [병리] 몽유병

მთვარიანი [형] 달의; მთვარიანი ღამე 달 밝은 밤

მთვარის [형] 달의; 태음(太陰)의; მთვარის შუქი 달빛, 월광; მთვარის კალენდარი 태음력

მთვრალი [형] 술 취한

მთიანი [형] 산[언덕]이 많은, 산지의

მთიბავი [명] 풀 베는 사람, 건초 만드는 사람

მთიელი [명] 산지 주민

მთისწინეთი [명] 산기슭의 작은 언덕[구릉지]

მთლელი [명] 조각사, 새기는 사람

მთლად [부] 아주, 완전히, 전적으로

მთლიანად [부] 아주, 완전히, 전적으로

მთლიანი [형] 전적인, 완전한

მთლიანობა [명] 전체, 완전

მთქმელი [명] 이야기하는 사람, 암송자, 내레이터

მთქნარება [동] 하품하다 — [명] 하품

მთხვევა [동] 입맞추다, 키스하다 — [명] 입맞추기, 키스하기

მთხზველი [명] 작가, 저작자

მთხოვნელი [명] 간청하는 사람, 탄원자
მთხრობელი [명] 전령, 포고자
მიალერსება [동] 귀여워하다, 애무하다
მიამიტად [부] 순진하게
მიამიტი [형] 순진한, 천진난만한
მიამიტობა [명] 순진, 천진난만
მიახლოება [동] 가까이 오다, 접근하다
მიახლოებით [부] 약, 대략, 대강 — [형] 대략의, 대강의
მიბარება [동] 맡기다, 기탁하다, 내어주다; 학교에 보내다
მიბაძვა [동] 흉내내다, 모방하다 — [명] 흉내, 모방
მიბეგვა [동] 무자비하게 때리다
მიბმა [동] 묶다, 매다, 동이다
მიბმული [형] 묶인, 맨, 동인
მიბნევა [동] 핀으로 고정하다
მიბრუნება [동] 돌다, 회전하다
მიგდება [동] 던지다; (내)버리다
მიგდებული [형] 내던져진, 버려진
მიგება [동] 대답하다, 응답하다
მიგებება [동] 만나다
მიგზავნა [동] 보내다, 발송하다
მიგნება [동] 발견하다
მიდამო [명] 이웃; 주위, 근교
მიდგმა [동] 사다리를 걸치다
მიდებ-მოდება [동] 잡담하다, 한담하다
მიდევნება [동] 주의하다, 지켜보다, 유의하다

მიდრეკილება [명] 경향, 기질, 성향
მიედინება [동] 흐르다 — [명] 흐름
მიერ [후] (~에) 의해서, (~을) 통해서; ჩემ მიერ 나에 의해서
მიერთება [명] 연결, 접속
მივარდნა [동] (~에) 뛰어들다
მივარდნილი [형] 외딴, 멀리 떨어진
მივიწყება [동] 잊다, 망각하다 — [명] 망각
მივიწყებული [형] 잊혀진, 망각된
მივლინება [동] 보내다, 파견하다 — [명] ① 사명[임무](을 띤 여행) ② (사업상의) 출장
მივლინებული [형] 보내진, 파견된
მიზანდასახულობა [명] 목적, 목표
მიზანთროპი [명] 인간을 싫어하는 사람, 염세가
მიზანთროპია [명] 인간을 싫어함, 염세
მიზანი [명] ① 목적, 목표; მიზნით (~의) 목표를 가지고; რა მიზნით? 무슨 목적으로?; მიზნის მიღწევა 목적을 달성하다 ② 과녁; მიზანში ამოღება 겨냥하다
მიზანსწრაფვა [명] 분명한 목적이 있음
მიზანსწრაფული [형] 분명한 목적이 있는
მიზანშეუწონლად [부] 헛되이, 부적당하게
მიზანშეუწონელი [형] 헛된, 부적당한
მიზანშეწონილი [형] 적절한, 적당한, 타당한
მიზეზი [명] 이유, 원인, 동기; მიზეზი და შედეგი 원인과 결과; ყოველგვარი მიზეზის გარეშე 아무 이유 없이

მ

მიზეზიანი [형] 지나치게 세심한, 까다로운, 흠잡기 잘하는

მიზეზით [부] ~때문에

მიზეზობრივი [형] 원인이 되는, 야기시키는

მიზეზობრიობა [명] 인과관계, 인과율

მიზიდვა [동] ① 가져오다 ② 끌다, 유인하다

მიზიდულობა [명] ① 유인, 끌어당김 ② [물리] 중력; მიზიდულობის კანონი 중력의 법칙

მით [부] 그것으로

მითვისება [명] 사용(私用), 도용, 착복, 횡령 — [동] 사용(私用)하다, 도용하다, 착복하다, 횡령하다

მითი [명] 신화

მითითება [동] 지시하다; მითითების მიცემა 지시하다, 명령하다 — [명] ① 지시, 지도 ② (의사의) 처방

მითითებული [형] 언급된

მითოლოგია [명] [집합적] 신화; ბერძნული მითოლოგია 그리스 신화

მითოლოგიური [형] 신화의, 신화적인

მითური [형] 신화의

მითრევა [동] 질질 끌다

მითქმა-მოთქმა [명] 소문, 풍문; 쓸데없는 이야기

მითხოვება [동] (~와) 결혼하다

მიკავშირება [동] 납땜하다

მიკარება [동] 손대다, 접촉하다 — [명] 손대기, 접촉

მ

მიკერება [동] 바느질하다, 꿰매다; ღილის მიკე-რება 단추를 꿰매어 달다

მიკერძოება [명] 편파, 치우침

მიკერძოებულად [부] 불공평하게, 편파적으로

მიკვრა [동] ① (풀 따위로) 붙이다, 접착하다 ② 껴안다, 포옹하다

მიკიბულ-მოკიბული [형] 애매한, 회피하는 듯한

მიკითხვა [동] 방문하다; 안부를 물으러 가다

მიკრობი [명] 미생물

მიკრობიოლოგი [명] 미생물학자

მიკრობიოლოგია [명] 미생물학

მიკროორგანიზმი [명] 미생물

მიკროსკოპი [명] 현미경

მიკროსკოპია [명] 현미경 사용, 검경(檢鏡)

მიკროსკოპული [형] 현미경의, 현미경에 의한, 미시적인

მიკროფონი [명] 마이크로폰, 마이크

მიკუთვნება [동] ① 충당하다 ② (~으로) 돌리다, 기인시키다, (~에) 속하는 것으로 하다 — [명] 충당

მილაგება [동] 정돈하다, 가지런히 하다

მილაკი [명] 튜브, 관

მილაქუცება [동] 아첨하다, 알랑거리다

მილი[1] [명] 관, 파이프

მილი[2] [명] [길이의 단위] 마일(mile)

მილიარდი [명] 10억

მილიგრამი [명] [무게의 단위] 밀리그램

მილიმეტრი [명] [길이의 단위] 밀리미터

მილიონერი [명] 백만장자, 큰 부자
მილიონი [명] 100 만
მილიცია [명] 민병대
მილიციელი [명] 민병(民兵)
მილოცვა [동] 축하하다, 경축하다; დაბადების დღის მილოცვა 생일을 축하하다; ახალი წლის მილოცვა 즐거운 새해가 되기를 빌다; გილოცავთ დაბადების დღეს 오늘 같이 좋은 날이 계속 오기를 (빕니다) — [명] 축하, 경축
მილსადენი [명] 파이프라인, 수송 관로(管路)
მილულვა [동] 꾸벅꾸벅 졸다
მილურსმვა [동] 못을 박다, 못을 박아 고정하다
მიმაგრება [동] 묶다, 고정시키다, 접착하다 — [명] 묶기, 고정시키기
მიმალვა [동] 숨기다, 감추다; 숨다
მიმართ [후] ~쪽으로, (~을) 향하여
მიმართება [명] 관계, 관련, 접촉
მიმართებითი [형] 관계있는, 관련된; მიმართებითი ნაცვალსახელი [문법] 관계대명사
მიმართვა [동] ① 말을 걸다 ② 호소하다 — [명] ① 말을 걸기 ② 호소
მიმართულება [명] 방향; მიმართულებით ~쪽으로, (~의) 방향으로; სახლის მიმართულებით 집으로
მიმართული [형] (~을) 향한, (~으로) 돌려진
მიმატება [동] 더하다, 올리다, 증가시키다, 인상하다 — [명] 더하기, 증가, 인상
მიმატებული [형] 더해진, 증가된, 인상된

მიმბაძველი [명] 모방하는 사람
მიმბაძველობა [명] 모방, 흉내내기
მიმბაძველობითი [형] 모방적인, 흉내낸
მიმდევრობა [명] 연속, 계속
მიმდევრობითი [형] 연속적인, 계속되는
მიმდინარე [형] 지금의, 현재의, 현행의; მიმდინარე წელს 올해에; მიმდინარე საქმეები 시사 문제
მიმდინარეობა [명] 흐름
მიმზიდველი [형] 매력적인, 마음을 끄는
მიმზიდველობა [명] 매력적임
მიმიკა [명] 흉내, 모방
მიმინო [명] [조류] 새매
მიმნდობი [형] 신용하는, 믿는, 의심하지 않는
მიმნიჭებელი [명] 수여자, 주는 사람
მიმოზა [명] [식물] 함수초, 미모사
მიმომხილველი [명] 비평가, 평론가
მიმოსვლა [동] (탈 것이) 정기적으로 왕복하다, 다니다 — [명] მიმოსვლის საშუალება 교통 기관
მიმოქცევა [명] ① (조수의) 간만, 밀물과 썰물 ② სისხლის მიმოქცევა 혈액 순환 — [동] 돌다, 순환하다
მიმოხილვა [동] 살펴보다 — [명] 살펴보기, 검토
მიმსგავსება[1] [동] 비기다, 비유하다 — [명] 비유
მიმსგავსება[2] [동] 위조하다, 모조하다
მიმსგავსებული [형] 위조된, 모조의
მიმტანი [명] 운반인, 나르는 사람, 가져오는 사람

მ

მიმღები [명] ① 수취인, 수령인 ② 수신기, 라디오 ③ 시험관, 검사관 ④ მისაღები ოთახი 응접실

მიმღეობა [명] [문법] 분사

მიმყოლი [형] 따르는, 유순한, 고분고분한

მიმცემი [명] 주는 사람, 기증자

მიმწვევი [명] 초대하는 사람

მიმწოდებელი [명] ① 공급자, 조달자, 납품업자 ② 웨이터, 웨이트리스

მიმხვედრი [형] 기지 있는, 재치 있는, 눈치 빠른

მიმხრობა [동] (자기 편으로) 꾀어들이다, 끌어들이다

მინა [명] 유리; ფანჯრის მინა 창유리; მინის კარი 유리문; მინის ქარხანა 유리 공장

მინანქარი [명] 법랑, 에나멜

მინანქრიანი [형] 에나멜을 입힌, 법랑을 칠한

მინარეთი [명] (이슬람 사원의) 첨탑(尖塔)

მინდობა [동] 맡기다, 위임하다

მინდობილი [형] 믿는, 신용하는

მინდობილობა [명] 위임장; მინდობილობით 위임장에 의해

მინდორი [명] 들판

მინებება [동] 양보하다, 타협점을 찾다 — [명] 양보, 타협

მინერალი [명] 광물, 무기물, 미네랄

მინერალოგია [명] 광물학

მინერალური [형] 광물(성)의, 광물을 함유한; მინერალური წყლები[წყალი] 광천수, 미네랄 워터

მინიატიურა [명] 미니어처, 작게 만든 것

მინიმალური [형] 최소(한)의; მინიმალური ოდენობა 최소량

მინიმუმ [부] 최소한

მინიმუმი [명] 최소한도, 최소(량)

მინისტრი [명] 장관, 대신; საგარეო საქმეთა მინისტრი 외교부 장관; უპორტფელო მინისტრი 무임소 장관, 정무(政務) 장관; მინისტრთა საბჭო 각료 회의

მინიჭება [동] (상・권한 따위를) 수여하다, 주다 — [명] 수여

მინორი [명] [음악] 단조

მინუსი [명] ① 마이너스 ② 부족, 결핍 — [형] 마이너스의

მინუტი [명] (각도의) 분(分; 1 도의 1/60)

მიპარვა [동] 살금살금 걷다, 몰래 움직이다

მიპატიჟება [동] 초대하다, 초청하다 — [명] 초대, 초청

მიპატიჟებული [형] 초대받은, 초청받은

მიპყრობა [동] ① 주의[관심]를 끌다 ② 엿듣다

მირაჟი [명] 신기루

მირბენა [동] (~으로) 뛰어가다

მირეკვა [동] (가축을) 몰다

მირთმევა [동] ① 주다, 증정하다 ② (음식을) 먹다

მის [대] 그를, 그녀를, 그것을

მისადგომი [형] 접근하기 쉬운, 이용 가능한 — [명] 접근, 입장 (허가)

მისავალი [명] 입구

მისაკუთრება [동] 사용(私用)하다, 전유(專有)하다, 착복하다, 횡령하다 — [명] 사용, 전유, 착복, 횡령

მისალმება [동] 인사하다; 맞이하다 — [명] 인사

მისამართი [명] 주소; მისამართი ინტერნეტში 인터넷 주소

მისამღერი [명] (시나 노래의) 후렴, 반복구

მისასალმებელი [형] 환영의, 환영하는

მისატევებელი [형] 용서할 수 있는, 정당하다고 인정할 수 있는

მისაღები [명] ① 응접실, 객실 ② მისაღები გამოცდები 입학 시험

მისახვედრი [형] 이해할 수 있는, 알기 쉬운, 명료한

მისახმარებლად [부] 돕는, 도와주는

მისეული [형] (그[그녀]에게) 독특한, (그[그녀]) 특유의

მისევა [동] ① 개를 풀어주다, 개를 부추겨 뒤쫓게 하다 ② 공격하다

მისვლა [동] 도착하다, 이르다; დასკვნამდე მისვლა 결론에 도달하다 — [명] 도착, 옴

მისვლა-მოსვლა [명] 관계, 교제

მისი [대] 그의, 그녀의, 그것의; 그(녀)의 것

მისია [명] 사절(단); დიპლომატიური მისია 외교 사절단

მისიანები [명] 친구; 친척

მისიონერი [명] 선교사, 전도사

მისიონერობა [명] 선교, 전도

მისრესა [동] 눌러 부수다, 뭉개다

მისტიკა [명] 신비주의자

მისტიკური [형] 신비(주의)적인

მისული [명] 온 사람

მისწრაფება [동] 열망하다, 큰 뜻을 품다, 동경하다 — [명] 열망, 포부, 동경

მისწრება [동] ① 제시간에 도착하다 ② 앞지르다, 따라잡다

მისხალი [명] (옛 러시아의 무게 단위로) 졸로트닉 (1 მისხალი = 4.266 그램)

მისჯა [동] 유죄 판결을 내리다, 형을 선고하다 — [명] 유죄 판결, 형의 선고; სიკვდილის მისჯა 사형 선고

მიტანა [동] 가져오다 — [명] 인도, 교부

მიტაცება [동] 붙잡다, 포획하다 — [명] 붙잡기, 포획

მიტაცებული [형] 붙잡힌, 포획된

მიტევება [동] 용서하다 — [명] 용서

მიტინგი [명] 대회, 집회; 시위 운동

მიტკალი [명] 사라사 (무늬를 날염한 면포)

მიტოვება [동] 버리다, 버리고 떠나다

მიტოვებული [형] 버려진, 남겨진

მიტრა [명] [길이의 단위] 미터

მიტროპოლიტი [명] [동방정교회] 수석 대주교
მიტყუება [동] 꾀다, 유인하다 — [명] 꾐, 유인
მიუდგომელი [형] ① 접근 불가능한; 난공불락의 ② 치우치지 않은, 편견 없는, 객관적인, 공정한
მიუდგომლად [부] 편견 없이, 객관적으로, 공정하게
მიუდგომლობა [명] 편견 없음, 객관적임, 공정함
მიუვალი [형] 정복할 수 없는, 난공불락의
მიუკარებელი [형] 접근할 수 없는
მიუკარებლობა [명] 접근하기 어려움
მიუკერძოებელი [형] 치우치지 않은, 편견 없는, 객관적인, 공정한
მიუკერძოებლად [부] 편견 없이, 객관적으로, 공정하게
მიუკერძოებლობა [명] 편견 없음, 객관적임, 공정함
მიუნდობელი [형] 의심 많은, 쉽게 믿지 않는
მიუტევებელი [형] 용서할 수 없는
მიუღებელი [형] 용납할 수 없는, 받아들일 수 없는
მიუღებლობა [명] 용납할 수 없음, 받아들일 수 없음
მიუღწეველი [형] 이룰 수 없는, 달성할 수 없는
მიუჩვეველი [형] 익숙하지 않은, 길들지 않은
მიუწვდომელი [형] 헤아릴 수 없는, 이해할 수 없는, 불가해한, 난해한
მიუხედავად [부] (~에도) 불구하고
მიუხვედრელი [형] 이해가 느린, 우둔한

მიფარება [동] 방어하다

მიფერება [동] 귀여워하다, 껴안다, 애무하다 — [명] 귀여워함, 애무

მიფრენა [동] 날아서 오다, 비행기로 오다

მიფურთხება [동] 침 뱉다

მიფუჩეჩება [동] 잠재우다, 말막음하다, 유야무야로 덮어두다

მიქარვა [동] 어리석은 소리를 하다 — [명] 어리석은 소리

მიქირავება [동] 세놓다

მიქსტურა [명] 혼합(물)약

მიქცევა [명] 썰물, 간조

მიღება [동] 받다, 얻다, 받아들이다; პრემიის მიღება 상을 받다; საინტერესო დასკვნების მიღება 가치 있는 결론을 얻다; შენიშვნის მიღება 징계를 받다 — [명] 받음, 수령

მიღმა [후] 저 너머에, 뒤에서

მიღწევა [동] 달성하다, 성취하다, 도달하다, (~에) 이르다; მიზნის მიღწევა 목적을 달성하다; წარმატების მიღწევა 성공을 이루다 — [명] 달성, 성취, 도달

მიყვანა [동] 이끌다, 데려오다, ~하게 하다; აქ რამ მოგიყვანათ? 왜 여기에 왔는가? (직역하면 "무엇이 당신을 이곳으로 이끌었는가?"); გზამ ვაგზალზე მიგვიყვანა 길을 따라가니 역이 나왔다 (직역하면 "길이 우리를 역으로 인도해주었다")

მიყოლა [동] 따르다, 뒤따라가다

მიყრა [동] 내던지다

მიყრდნობა [동] 기대다

მიყრუებული [명] 외딴 곳; 사막

მიშენება [동] (건물을) 증축하다

მიშვება [동] 접근을 허락하다, 가까이 오게 하다

მიშველება [동] 돕다, 도와주다

მიჩვევა [동] 훈련시키다, 양성하다; 익숙해지다, 길들다

მიჩვეული [형] 익숙해진, 길든

მიჩმანი [명] 해군 사관 후보생

მიჩნევა [동] 인정하다; 고려하다

მიჩქმალვა [동] (사건 따위를) 숨기다, 무마하다, 묻어버리다

მიცემა [동] ① 주다; რჩევის მიცემა 조언하다, 충고하다; სესხად მიცემა 빌려주다; უფლების მიცემა 권리를 주다 ② ხმის მიცემა 투표하다 ③ შეკითხვის მიცემა 묻다, 질문하다 ④ სამართალში მიცემა 공판에 붙이다; საბაბის მიცემა 유발하다, 일으키다; სიტყვის მიცემა 약속하다; წინადადების მიცემა 제안하다; ნების მიცემა 허락하다; ჩვენების მიცემა 증언하다

მიცემითი (ბრუნვა) [명] [문법] 여격

მიცვალება [동] 죽다, 사망하다 — [명] 죽음, 사망, 작고

მიცვალებული [형] 죽은 — [명] 작고한 사람, 고인

მიცილება [동] 동반하다, 동행하다

მიძინება [동] 잠들다

მიძღვნა [동] 바치다, 헌신하다 — [명] 바침, 헌신

მიძღვნილი [형] 바쳐진, 헌신적인

მიწა [명] ① 흙, 땅, 토지; მიწის მიყრა 흙으로 덮다, 땅에 묻다; მიწის სამუშაოები 토목 공사 ② მიწასთან გასწორება 완전히 파괴하다

მიწათმოქმედება [명] 농업

მიწათმოქმედი [명] 농부, 농민, 경작자

მიწათმფლობელი [명] 토지 소유자, 지주

მიწათმფლობელობა [명] 토지 소유

მიწათსარგებლობა [명] 토지 보유

მიწა-წყალი [명] 지역, 지구, 영역

მიწებება [동] (풀 따위로) 붙이다 — [명] (붙이는) 풀

მიწევა [동] 치우다, 밀어 옮기다 — [명] 치우기, 밀어 옮기기

მიწერა [동] (덧붙여) 쓰다 — [명] 추신

მიწერილობა [명] 지시, 규정

მიწერ-მოწერა [명] 서신 왕래

მიწვდომა [동] 도달하다, 이르다

მიწვევა [동] 초대하다, 청하다; სადილზე მიწვევა 저녁 식사에 초대하다 — [명] 초대, 청함

მიწვენა [동] (잠시) 자리에 눕다

მიწიერი [형] 지구(상)의, 이 세상의

მიწისზედა [형] 지상(地上)의

მიწისმზომელი [명] (토지) 측량사

მიწისმუშა [명] 경작자, 농부

მიწისფერი [형] 흙빛의

მიწისქვეშა [형] 지하의; მიწისქვეშა ბიძგები 지진의 진동

მიწისძვრა [명] 지진

მიწოდება [동] 주다; 보내다 — [명] 공급

მიწოლა [동] 누르다, 압력을 가하다

მიწური [명] 흙집, 움막

მიწურული [형] 마지막의, 최종의

მიჭედვა [동] 못을 박다

მიჭენება [동] 전속력으로 오다

მიჭრა [동] 잘라내다

მიჭყლეტა [동] 지치다, 쇠약해지다

მიხაკი [명] [식물] 패랭이꽃, 석죽; 카네이션

მიხაკისფერი [형] 갈색의

მიხედვა [동] 주의하다, 지켜보다

მიხედვით [부] (~에) 의해서, (~에) 따라

მიხვდომა [동] 이해하다, 알아듣다 — [명] 이해

მიხვედრა [동] 추측하다, 짐작하다 — [명] 추측, 짐작

მიხვედრილი [형] 눈치 빠른, 재치 있는

მიხვედრილობა [명] 눈치 빠름, 재치 있음

მიხვეტა [동] 청소하다, 쓸다

მიხვეულ-მოხვეული [형] 구불구불한, 굽은

მიხვრა-მოხვრა [명] 예절, 몸가짐, 에티켓, 매너

მიხლა [동] 던지다; 치다, 때리다

მიხლა-მოსხლა [명] 눌러 부수기, 압박

მიხრა-მოხრა [명] 걸음걸이, 걷는 모양

მიხტომა [동] 공격하다, 습격하다 — [명] 공격, 습격

მიხურვა [동] 닫다, 폐쇄하다 — [명] 폐쇄
მიხურული [형] 닫혀진, 폐쇄된
მიჯაჭვა [동] 사슬로 매다[묶다]
მიჯაჭვული [형] 사슬로 맨[묶인]
მიჯნა [명] (토지의) 측량
მიჯნი [명] 경계(선)
მიჯნური [명] 연인, 애인
მიჯნურობა [명] 사랑, 애정
მკა [동] 수확하다, 추수하다 — [명] 수확, 추수
მკათათვე [명] 7월
მკალავი [명] 양철공, 주석 세공인
მკაფიო [형] 뚜렷한, 분명한, 명료한
მკაფიოდ [부] 뚜렷하게, 분명하게, 명료하게
მკაცრად [부] 엄하게, 엄격하게
მკაცრი [형] ① 엄한, 엄격한; 가혹한; მკაცრი დის-ციპლინა 엄한 규율; მკაცრი მოპყრობა 가혹한 처우; მკაცრი სასჯელი 호된 형벌 ② (기후가) 혹독한, 험한
მკბენარი [명] [곤충] 이
მკედი [명] 낚싯줄
მკერავი [명] 재단사, 재봉사
მკერდი [명] 가슴; განიერი მკერდი 떡 벌어진 가슴
მკვახე [형] ① 미숙한, 익지 않은, 시기상조의 ② 거친, 거센, 무례한; 신랄한
მკვახედ [부] 거칠게, 신랄하게
მკვდარი [형] ① 죽은, 생명 없는; მკვდარი წერტ-ილი [기계] 사점(死點); მკვდარი ენა 사어(死語);

მკვდარი ზღვა 사해(死海; 이스라엘과 요르단 사이의 함수호(鹹水湖)) ② 멈춰진

მკვეთრად [부] 날카롭게

მკვეთრი [형] 날카로운, 날이 있는

მკვეხარა [명] 자랑하는 사람, 떠벌리는 사람, 허풍선이

მკვიდრად [부] 굳게, 견고하게, 단단히

მკვიდრი [형] ① 굳은, 견고한, 단단한 ② 자신의 — [명] 원주민, 원거주자, 토착민

მკვიდრობა [동] (한 지역에) 거주하다, 살다

მკვირცხლად [부] 재빨리, 신속하게

მკვირცხლი [형] 재빠른, 신속한

მკვლევარი [명] 조사자, 연구자

მკვლელი [명] 살해자, 살인자, 암살자

მკვლელობა [명] 살해, 살인, 암살

მკვრივი [형] ① 밀집한, 빽빽한 ② 탄력[탄성]이 있는

მკითხავი [명] 점쟁이

მკითხაობა [동] (점쟁이가) 운수를 점치다 — [명] (운세를 판단하는) 점(占)

მკითხველი [명] 읽는 사람, 독자

მკლავი [명] 팔 (신체)

მკლავმაგარი [형] 강한, 강력한, 힘센

მკობა [동] 칭찬하다

მკრეფავი [명] 모으는 사람, 수집가

მკრეფელი [명] 모으는 사람, 수집가

მკრეხელობა [명] 신성모독(죄), 불경

მკრთალად [부] 창백하게; 흐릿하게, 희미하게

მკრთალი [형] 창백한; 흐릿한, 희미한

მკურნალი [명] 의사; 치료자

მკურნალობა [동] 치료하다, 의료 행위를 하다 — [명] 치료, 의료 행위

მლაშე [형] 소금기 있는

მლესავი [명] (칼 따위를) 가는 사람

მლიქვნელი [명] 아첨꾼, 알랑거리는 사람

მლიქვნელობა [동] 아첨하다, 알랑거리다 — [명] 아첨

მლიქვნელური [형] 아첨하는, 알랑거리는; 말솜씨가 좋은

მლოცველი [명] 순례자

მმართველი [명] ① 지배자; მმართველი კლასები 지배 계급 ② 관리자, 행정관, 매니저; საქმეთა მმართველი 경영자

მმართველობა [명] ① 관리, 행정 ② 행정 기구, 이사회

მმაჩი [명] 호적 등기소

მნათე [명] 교회지기

მნათობი [명] 발광체, 조명, 불빛

მნახველი [명] 방문자; 구경꾼, 목격자

მნგრეველი [명] 광부, 채탄부(採炭夫)

მნე [명] 건물 관리인

მნიშვნელი [명] [수학] 분모

მნიშვნელობა [명] 의미, 의의; 중요성; პირდაპირი მნიშვნელობა 직접적인 의미; გადატანითი მნიშვნელობა 비유적인 의미

მნიშვნელოვანი [형] 중요한; 의미 있는; 상당한

მნიშვნელოვნად [부] 의미심장하게; 상당히

მოაგარაკე [명] 피서객

მოადგილე [명] 대리인; თავმჯდომარის მოადგილე 부회장, 부의장

მოადგილეობა [동] 대리하고 있다 — [명] 대리, 대체

მოაზროვნე [명] 생각하는 사람, 사색가

მოამბე [명] 이야기꾼

მოანგარიშე [명] 부기 계원, 회계원

მოანგარიშეობა [명] [상업] 부기(簿記)

მოარშიყე [명] 여자를 잘 호리는 남자, 난봉꾼

მოახლე [명] 하인, 하녀

მოახლოება [동] 다가오다, 접근하다, 가까이 오다 — [명] 접근, 다가옴

მოაჯირი [명] (계단 등의) 난간

მობანა [동] 씻다, 목욕하다 — [명] 씻기, 목욕

მობანავე [명] 목욕하는 사람

მობეზრება [동] 괴롭히다, 귀찮게 하다; თავის მობეზრება i) 괴롭히다, 성가시게 굴다 ii) 귀찮게 하기

მობერვა [동] (바람이) 불다

მობილიზაცია [명] 동원(動員)

მობილიზება [동] 동원하다

მობილიზებული [형] 동원된

მობილური [형] (물건이) 이동할 수 있는, 이동성을 가진, 모바일의; მობილური ტელეფონი 휴대전화

მობინადრე [명] 차용인, 차가인, 세든 사람

მობმა [동] 걸다, 매다, 묶다

მობნევა [동] 흩뿌리다

მობრუნება [동] ~쪽으로 향하다, 방향을 바꾸다 — [명] 회전, 변경

მობუზღუნე [형] 성미 까다로운, 투덜거리는

მობრძანდით! 들어오시오!

მობრძანება [동] 오다, 도착하다; კეთილი იყოს თქვენი მობრძანება 잘 오셨어요, 환영합니다 — [명] 옴, 도착

მობღაუჭება [동] (붙)잡다, 움켜쥐다

მოგება[1] [동] ① 이기다, 승리하다; საქმის მოგება 재판에 이기다, 승소하다; ბრძოლის მოგება 싸움에 이기다; პარტიის მოგება 게임에서 이기다 ② 얻다, 획득하다; დროს მოგება 시간을 벌다 ③ (복권 따위에) 당첨되다 — [명] (복권 따위의) 당첨

მოგება[2] [동] 덮다, 깔다 (도로 포장, 카페트 깔기 등)

მოგერიება [동] 격퇴하다, 물리치다, 받아넘기다; იერიშის მოგერიება 공격을 물리치다 — [명] 격퇴, 물리침

მოგერიებითი [형] 방어적인, 방위의

მოგვარება [동] 정돈하다, 질서 정연하게 하다 — [명] 정돈

მოგვარებული [형] 정돈된, 질서 정연한

მოგვიანებით [부] 나중에, 후에

მოგზაური [명] 여행자

მოგზაურობა [명] 여행, 관광 여행; 항해 — [동] 여행하다; 항해하다

მოგლეჯა [동] 잡아떼다, 찢어내다, 헐다

მოგონება [동] ① 기억하다; 상기하다 ② 가장하다; 위조하다 — [명] 생각나게 하는 것

მოგონილი [형] 만들어진, 꾸며진, 발명된

მოგრეხა [동] (비틀어) 구부리다

მოგროვება [동] 모으다; 따[주워] 모으다, 수집하다; 집합시키다; ფულის მოგროვება 돈을 모으다; ცნობების მოგროვება 정보를 수집하다

მოგროვილი [형] 모아진, 수집된

მოგრძო [형] 옆으로 긴, 잡아 늘려진, 장방형의

მოგუდვა [동] 숨막히게 하다, 질식시키다 — [명] 질식

მოდა [명] ① 유행; მოდაში ყოფნა 유행하고 있다; მოდაში შემოსვლა 유행하기 시작하다, 최신 유행이 되다; მოდაზე 최신 유행대로; უკანასკნელ მოდაზე 최신 유행하는; მოდიდან გამოსული 유행하지 않게 되다, 한물가다 ② (여성복 등의) 패션; მოდის ჟურნალი 패션 잡지

მოდავე [명] [법률] 원고, 고소인

მოდგმა [명] ① 세대 ② 친척, 친족; 씨족

მოდგომა [동] ① 배가 육지에 닿다, 정박하다 ② 괴롭히다 ③ 다가오다, 가까이 오다

მოდება [동] ① 걸다, 달다 ② 점화하다, 불을 붙이다

მოდელი [명] 형(型), 모델, 양식

მოდერნული [형] 근대의, 근대적인, 현대식의

მოდრეკა [동] ① 구부리다, 굽히다 ② 정복하다, 복속시키다

მოდრეკილი [형] 구부러진, 굽혀진, (~으로) 향한

მოდუნება [동] 약화시키다, 완화시키다 — [명] 약화, 완화

მოდუნებულად [부] 비활성적으로, 생기 없게

მოდუნებული [형] 약화된, 맥 풀린, 생기 없는

მოდური [형] (최신) 유행하는, 멋진, 맵시 있는

მოედანი [명] 광장; ბაზრის მოედანი 장터

მოელვარე [형] 빛나는, 번쩍이는

მოვალე [명] 채무자, 빚진 사람

მოვალეობა [명] 임무, 의무

მოვარაყება [동] 금을 입히다, 금도금하다

მოვარჯიშე [명] [스포츠] 트레이너, 코치

მოვაჭრე [명] 상인, 판매업자, 장사꾼

მოვერცხვლა [동] 은을 입히다, 은도금하다

მოვლა [동] ① (주위를) 돌다 ② 간호하다, 보살피다 — [명] ① 돌기, 회전 ② 간호, 보살핌

მოვლენა [명] 현상, 생기는 일; ბუნების მოვლენები 자연 현상; ჩვეულებრივი მოვლენა 예사로운 일, 흔히 있는 일 — [동] 나타나다

მოზაიკა [명] ① 모자이크 ② 상감(象嵌)

მოზაიკური [형] 모자이크식의; 상감(象嵌) 세공을 한, (물건의 표면에) 박아 넣은; მოზაიკური სურათი 모자이크 그림

მოზარდი [명] 청소년, 젊은이

მოზელა [동] 휘젓다, 교반하다; 반죽하다

მოზვერი [명] 수송아지

მოზიარე [명] 참가자, 참여자

მოზიდვა [동] 끌어당기다, 가져오다

მოზომვა [동] 재다, 측정하다

მოზრდილი [명] 어른, 성인

მოთავე [명] 선동자, 주모자

მოთავება [동] 끝나다, 종료하다

მოთავებული [형] 끝난, 종료된

მოთავსება [동] ① 놓다, 두다, 위치시키다 ② (자본 따위를) 투자하다

მოთამაშე [명] 놀이[게임]를 하는 사람, 경기자

მოთბო [형] 미지근한, 따뜻한

მოთბობა [명] 따뜻함

მოთეთრო [형] 약간 흰, 희끄무레한

მოთელვა [동] 으깨다, 짓밟다

მოთიბვა [동] (풀 따위를) 베다

მოთმენა [동] (고통 따위를) 겪다, 견디다; გაჭირვების ატანა 고난[궁핍]을 겪다

მოთმინება [동] 참다, 인내하다 — [명] 인내, 참을성

მოთმინებით [부] 인내하여, 참을성 있게, 끈기 있게

მოთოხნა [동] 괭이질하다

მოთრევა [동] 끌어당기다

მოთქმა [동] 슬퍼하다, 비탄하다, 애통하다 — [명] 비탄, 슬픔, 애통

მოთხოვნა [동] 요구하다, 요청하다, 청구하다

მოთხოვნამდე [명] 유치(留置) 우편

მოთხოვნილება [명] 요구, 수요; მოთხოვნილება და მიწოდება 수요와 공급

მოთხრა [동] 파다, 굴착하다

მოთხრობა [동] 이야기하다 — [명] 이야기

მოთხრობითი (ბრუნვა) [명] [문법] 능동격

მოკავშირე [명] 동맹(자) — [형] 동맹한, 연합한; მოკავშირე რესპუბლიკა 연방 공화국

მოკაზმვა [동] 치장하다, 차려 입다, 멋을 내다

მოკაზმული [형] 치장한, 차려 입은, 멋을 낸

მოკაზმულობა [명] 복장, 옷차림

მოკაკვა [동] 구부리다, 굽히다

მოკაკული [형] 구부러진, 굽혀진

მოკალათება [동] 앉다; 다가붙다; 정주하다

მოკალვა [동] 주석을 입히다 — [명] 주석 도금

მოკალული [형] 주석을 입힌

მოკამათე [명] (논쟁 등의) 적수, 비판하는 사람

მოკარნახე [명] 프롬프터 (극장에서 배우에게 대사를 가르쳐 주는 장치)

მოკატუნება [동] (თავის) მოკატუნება 가장하다, ~인 체하다

მოკბეჩა [동] 물어뜯다 — [명] 물어뜯기

მოკეთე [명] 친적; 호의를 보이는 사람, 지지자

მოკეთება [동] 회복하다, 호전되다 — [명] 회복, 호전

მოკვდავი [형] 죽어야 할 운명의, 죽게 되어 있는

მოკვდომა [동] 죽다, 사망하다, 작고하다 — [명] 죽음, 사망

მოკვეთა [동] 절단하다, 잘라내다 — [명] 절단, 잘라내기

მოკვლა[동] 죽이다, 살해하다; თავის მოკვლა 자살하다

მოკიდება [동] ① 손을 대다; 달라붙다; ხელის მოკიდება 손으로 잡다, 손에 들다 ② 불을 붙이다, 점화하다; ცეცხლის მოკიდება 불을 피우다; მზის მოკიდება 햇볕에 태우다

მოკითხვა [명] (안부) 인사; მოკითხვით 배상(拜上; 편지의 끝맺는 말)

მოკირწყვლა [동] (길을) 포장하다 — [명] 도로포장

მოკლე [형] 짧은, 간결한; მოკლე მიმოხილვა 간략히 살펴봄, 개관; მოკლე ხნით 잠깐 동안, 짧은 기간 동안

მოკლება [동] 줄이다, 감소시키다; 짧게 하다

მოკლედ [부] 짧게, 간결하게, 간략히

მოკლევადიანი [형] 단기(短期)의; მოკლევადიანი კურსები 단기 과정[코스]; მოკლევადიანი სესხი 단기 대부

მოკლელულიანი [형] 총신(銃身)이 짧은

მოკლული [형] 살해된, 죽임을 당한

მოკრეფა [동] (포도・찻잎 따위를) 따다, 수확하다

მოკრივე [명] 권투 선수, 복서

მოკრძალება [명] ① 호의, 친절 ② 존경, 높이 평가함

მოკრძალებით [부] 공손하게, 정중하게

მოკრძალებული [형] 존경할 만한, 훌륭한

მოკუზული [형] 구부러진, 굽혀진
მოკუმშვა [동] 움켜쥐다; 압박하다, 좁히다
მოკურცხლვა [동] 달아나다, 도망치다
მოლა [명] 이슬람교 학자[율법사]
მოლანდება [명] 환영(幻影), 유령
მოლაპარაკე [명] 이야기하는 사람, 화자
მოლაპარაკება [동] 협의하다, 협상하다, 회담하다 — [명] 협의, 협상, 회담
მოლარე [명] 출납원, 회계원
მოლაღური [명] [조류] 꾀꼬리
მოლაყბე [명] 수다쟁이
მოლეკულა [명] [화학 · 물리] 분자
მოლი [명] 풀(草), 잔디
მოლიპული [형] ① (길 따위가) 미끄러운 ② 위험한

მოლოდინი [동] 기다리다, 기대하다 — [명] 기다림, 기대
მოლოცვა [동] (기념일 등을) 축하하다; ახალი წლის მოლოცვა 새해에 복을 빌다 — [명] 축하
მოლურჯო [형] 푸르스름한, 푸른 빛을 띤
მოლუსკი [명] 연체동물
მოლხენა [동] (기분을) 밝게 하다, 명랑하게 하다
მომაბეზრებელი [형] 지루한, 지겨운, 따분한
მომაბეზრებლად [부] 지루하게, 지겹게
მომადლიერება [동] 감언이설을 하다, (상대방의) 호의를 얻으려 하다
მომავალი [형] 다음의, 오는, 미래의; მომავალი წელი 내년; მომავალ კვირად 다음 주; მომავა-

ლში 다음에, 다음 번에; მომავალი თაობა 차세대; მომავალი დრო [문법] 미래 시제

მომავლის [형] 오는, 미래의

მომაკვდავი [형] 죽어 가는

მომაკვდინებელი [형] 죽어야 할 운명의, 죽게 되어 있는

მომარაგება [동] 공급하다, 제공하다, 주다 — [명] 공급, 제공; მომარაგების უფროსი [군사] 병참 장교

მომართვა [동] ① 시계의 태엽을 감다 ② ხელის მომართვა 돕다, 도와주다

მომარჯვება [동] 적응시키다, 조절하다, 맞추다 — [명] 적응, 조절, 맞추기

მომარჯვებული [형] 적응된, 조절된, 맞춰진

მომასწავებელი [명] ① 선구자, 선봉 ② 전조, 조짐

მომატება [동] 더하다, 늘리다, 증가시키다; ხელფასის მომატება 봉급을 인상하다; წონაში მომატება 체중이 늘다 — [명] 더하기, 증가, 증대

მომატებული [형] 더해진, 늘려진, 증가된

მომგები [명] 승자, 이긴 사람

მომგებიანი [형] 이긴, 승리를 얻은; (복권 따위가) 당첨된; მომგებიანი ბილეთი 복권(표)

მომდევნო [형] 다음의, 그 뒤에 오는

მომდურავი [형] 불만스러운, 불만족한

მომდურება [동] 다투다, 싸우다 — [명] ① 다툼, 싸움 ② 불만, 불만족

მომენტი [명] 잠깐, 순간

მომეტებულად [부] 대부분(은), 대체로

მომეტებული [형] 남는, 잉여의, 불필요한

მომვლელი [명] ① 간호사, 돌보는 사람 ② 보관인, 수탁자

მომზადება [동] 준비하다; გაკვეთილის მომზადება 숙제를 하다; სადილის მომზადება 요리를 하다, 식사를 준비하다 — [명] 준비

მომზადებული [형] 준비된

მომთაბარე [형] 유목의, 방랑의; მომთაბარე ხალხი 유목민들 — [명] 유목민

მომთაბარეობა [동] 유목 생활을 하다, 방랑하다 — [명] 유목 생활

მომთმენი [형] 인내심 있는, 끈기 있는

მომთხოვნი [형] 자꾸 요구하는 — [명] 이야기하는 사람, 내레이터

მომიზეზება [동] 변명하다 — [명] 변명, 구실, 핑계

მომიჯნავე [형] 이웃의, 인접한, 부근의

მომკა [동] 거두다, 수확하다; 결실을 보다

მომკელი [명] 거두어들이는 사람, 수확자

მომჟავო [형] 새콤한, 신맛이 나는

მომრავლება [동] 늘리다, 증식하다 — [명] 양적으로 늘리기, 증식

მომრგვალება [동] 둥글게 하다 — [명] 둥글게 함, 굽히기

მომრგვალებული [형] 둥글게 된

მომრგვალო [명] 둥그스름한

მომრიგებელი [명] 조정자, 중재자

მომსახურება [동] 시중들다, 손님에게 봉사하다, 편의를 도모하다 — [명] 접대, 시중, 서비스, 편의 도모

მომსახურეობა [명] 서비스, 고객 봉사

მომსვლელი [명] 방문객

მომტანი [명] ① 웨이터, 웨이트리스 ② 소식 전달자

მომუშავე [명] 일하는 사람, 노동자

მომქანცველი [형] 지치게 하는, 지루한, 따분한

მომღერალი [명] 가수, 노래하는 사람

მომყვანი [형] 몰고 가는 — [명] 안내자, 지도자, 가이드

მომჩივანი [명] [법률] 원고, 고소인, 기소자

მომცემი [명] 기증자, 제공자

მომწამლავი [형] 독이 있는, 독가스의; მომწამლავი გაზი 독가스

მომწარო [형] 씁쓸한

მომწესრიგებელი [명] 규정자, 조정자

მომწვანო [형] 초록빛을 띤, 녹색이 도는

მომწვარი [형] 불탄

მომწიფება [동] (무르)익다, 성숙하다

მომწიფებული [형] (무르)익은, 성숙한

მომწყობი [명] 조직자

მომჭირნე [형] 검약하는, 아끼는, 경제적인

მომჭირნედ [부] 검약하여, 아껴서, 경제적으로

მომჭირნეობა [동] 검약하다, 절약하다, 아끼다 — [명] 검약, 절약, 아끼기

მომხიბვლელი [형] 매력적인, 매혹적인

მომხიბვლელობა [명] 매력, 매혹
მომხიბლავი [형] 멋진, 근사한, 매력적인
მომხმარე [명] 돕는 사람, 조수
მომხმარებელი [명] 소비자, 사용자
მომხრე [명] 지지자, 옹호자
მომხსენებელი [명] 연설자, 이야기하는 사람; 보고자
მომჯადოებელი [형] 매력적인, 매혹적인
მომჯობინება [동] 회복하다, 나아지다
მონა [명] 노예
მონაგვიანება [동] 더럽히다, 어질러 놓다 — [명] 더럽히기, 어질러 놓기
მონადირე [명] 사냥꾼
მონადირება [동] 사냥하다
მონაზონი [명] 수녀
მონაზონობა [명] 수도원 생활
მონაზონური [형] 수도원의, 수도 생활의
მონათესავე [형] 관련된, 유사한, 비슷한, 같은 종류의
მონათვლა [명] 세례(식) — [동] 세례를 베풀다, 기독교도로 만들다
მონათლული [형] 세례를 받은, 기독교도가 된
მონაკვეთი [명] 부분, 조각
მონანიება [동] 후회하다, 뉘우치다, 회개하다, 참회하다 — [명] 후회, 뉘우침, 회개, 참회
მონაპოვარი [명] 달성, 성취, 획득, 이룸
მონარჩენი [명] 나머지, 남은 것
მონარქი [명] 군주, 주권자

მონარქია [명] 군주 정치, 군주제
მონარქისტი [명] 군주제 지지자
მონარქიული [형] 군주제의
მონასტერი [명] 수도원, 수녀원
მონაცემები [명] 자료, 데이터; მონაცემების დამუშავება 데이터 처리, 정보화 과정
მონაცვლეობა [명] 교대, 교체
მონაწილე [명] 참가자, 관여자
მონაწილეობა [동] 참가하다, 관여하다, 함께 하다 — [명] 참가, 참여, 관여; მონაწილეობის მიღება 참가하다, 관여하다, 함께 하다
მონახაზი [명] 약도, 초벌 그림, 개요
მონახვა [동] 찾다, 구하다
მონახულება [동] 방문하다, 찾아오다 — [명] 방문
მონდომება [동] 바라다, 원하다, 소망하다 — [명] 바람, 소망
მონელება [동] (음식물을) 소화하다 — [명] 소화 (작용)
მონეტა [명] 화폐, 주화
მონიტორი [명] (컴퓨터 따위의) 모니터
მონობა [명] 노예 상태[신분], 예속
მონოთეიზმი [명] 일신교(一神敎)
მონოლითური [형] 하나의 암석으로 된
მონოლოგი [명] 독백, 혼잣말
მონოპოლია [명] 독점, 전매
მონოპოლისტი [명] 독점 자본가
მონოპოლიური [형] 독점주의의

მონოტონური [형] 단조로운, 단색의
მონტიორი [명] 조립공, 장치하는 사람
მონური [형] 노예의, 노예 같은
მონღოლეთი [명] 몽골
მონღოლი [명] 몽골 사람
მონღოლური [형] 몽골의; მონღოლური ენა 몽골어 — [명] 몽골어
მოოქროვება [동] 금을 입히다, 금도금하다
მოოქროული [형] 금을 입힌, 금도금한
მოოხრება [동] 황폐하게 하다, 파괴하다 — [명] 황폐화, 파괴
მოოხრებული [형] 황폐화된, 파괴된
მოპარვა [동] 훔치다, 슬쩍하다 — [명] 도둑질, 절도

მოპარვით [부] 몰래, 살그머니, 은밀하게
მოპარსვა [동] 면도하다 — [명] 면도
მოპარსული [형] (얼굴을) 깔끔하게 면도한
მოპარული [형] 훔친
მოპასუხე [명] [법률] 피고(인)
მოპატიჟება [동] 초대하다, 초청하다 — [명] 초대, 초청
მოპირდაპირე [형] 반대의, 반대되는
მოპკურება [동] (물 따위를) 뿌리다
მოპოვება [동] 얻다, 획득하다, 마련하다 — [명] 획득, 마련
მოპყრობა [동] 다루다, 대우하다; ცუდად მოპყრობა 거칠게 대하다, 불친절하게 대하다 — [명] 대우, 처우

მორალი [명] 도덕, 윤리
მორალის [형] 도덕상의, 윤리적인
მორალისტი [명] 도덕가, 도덕주의자
მორალური [형] 도덕상의, 윤리적인
მორბენა [동] 뛰어오다, 달려오다
მორბენალი [명] 뛰는 사람, 달리는 사람
მორბილება [동] 부드럽게 하다; 부드러워지다
მორგება [동] 맞추다, 적합하게 하다, 조절하다 — [명] 맞춤, 조절
მორგვი [명] ① 실꾸리 ② (차의) 바퀴통
მორევა¹ [동] 정복하다, 위압하다
მორევა² [동] 뒤섞다
მორევი [명] 소용돌이
მორთვა [동] 장식하다, 꾸미다, 아름답게 하다 — [명] 장식, 꾸밈
მორთული [형] 장식된
მორთულობა [명] 장식, 꾸밈
მორი [명] ① 들보, 도리 ② 통나무
მორიგე [부] 근무일에 해당하는, 당번인
მორიგება [동] 조정하다, 중재하다 — [명] 동의, 이해; 일치, 협의
მორიგეობა [동] 근무일이다, 당번이다 — [명] 근무일임, 당 번임
მორიგი [형] 다음의, 다음 차례의
მორიდება [동] 지키다, 경계하다, 조심하다, 주의하다
მორიდებულად [부] 겸손하게, 삼가
მორიდებული [형] 겸손한, 삼가는

მორიდებულობა [명] 겸손, 삼감
მორიელი [명] [동물] 전갈
მორტყმა [동] 치다, 때리다, 가격하다 — [명] 타격, 가격
მორუხო [형] 회색빛이 도는, 희끄무레한
მორფოლოგია [명] [문법] 어형론, 형태론
მორფოლოგიური [형] 어형론(상)의, 형태론(상)의
მორჩენა [동] ① 낫다, 치유되다, 회복하다 ② (아이가) 분만 되다, 태어나다 ③ 끝나다 — [명] ① 치유, 회복 ② 분만, 해산, 출산
მორჩილება [명] 복종, 굴복
მორჩილი [형] (~에) 복종하는, 굴복하는
მორცხვად [부] 삼가, 수줍게
მორცხვი [형] 수줍어하는, 삼가는
მორცხვობა [동] 수줍어하다 — [명] 삼감, 수줍어함
მორწმუნე [명] 믿는 사람, 신(봉)자
მორწმუნეობა [명] 믿음, 신뢰
მორწყვა [동] 물을 주다, 살수(撒水)하다, 급수하다 — [명] 살수, 급수
მოსაგონარი [형] 기억할 만한
მოსავალი [명] ① 수확(고), 추수 ② 경우, 때, 기회
მოსავლელი [형] 에두르는, 빙 도는; მოსავლელი გზა 에움길, 우회로
მოსავლიანი [형] 다산의, 결실을 많이 맺는; მოსავლიანი წელი 풍년
მოსავლიანობა [명] 다산성, 결실을 많이 맺음

მოსაზრება [동] 생각하다, 숙고하다, 고려하다 — [명] 숙고, 고려
მოსაზღვრე [형] 접촉하는, 인접하는
მოსაკითხი [명] 선물
მოსალოდნელი [형] 개연성 있는, 있음직한
მოსამართლე [명] 재판관, 판사
მოსამზადებელი [형] 준비의, 예비의
მოსამსახური [명] 종, 하인
მოსართავი [명] (마구(馬具)의) 뱃대끈
მოსარჩლე [명] 방어자, 옹호자, 보호자, 변호사
მოსაუბრე [명] 대화[대담]자
მოსაწევი (ოთახი) [명] 흡연실
მოსაწვევი [명] 초대, 초청; მოსაწვევი ბარათი 초대장, 초청장
მოსაწონი [형] 칭찬할 만한, 훌륭한, 갸륵한
მოსაწყენი [형] 지겨운, 따분한
მოსახვევი [명] 굴곡, 커브, 구부러지는 곳
მოსახლე [명] 주민, 거주자
მოსახლეობა [명] 인구, 주민 — [동] 거주시키다, 식민하다
მოსახმარი [형] 쓸모있는, 유용한, 편리한
მოსახნავი [형] 경작할 수 있는, 경작에 알맞은
მოსეირნე [형] 걷는, 보행의 — [명] 걷는 사람, 보행자
მოსვენება [동] 쉬다, 휴식하다 — [명] 쉼, 휴식, 휴양
მოსვლა [동] 오다, 도착하다 — [명] 도착
მოსვრა [동] 더럽히다

მოსვრილი [형] 더러워진
მოსისინე [형] 쉿쉿하는 (소리를 내는)
მოსისხლე მტერი [명] 불구대천의 적[원수]
მოსიყვარულე [형] 다정한, 사랑하는, 애정 있는
მოსკოვი [명] 모스크바
მოსკოვური [형] 모스크바의
მოსმენა [동] (귀 기울여) 듣다 — [명] 듣기
მოსპობა [동] 파괴하다, 근절하다, 몰살시키다 — [명] 파괴, 근절, 몰살
მოსულელო [형] 어리석은, 멍청한
მოსული[1] [형] 풍채가 당당한, 튼튼한
მოსული[2] [명] 새로 온 사람, 신입
მოსულიერება [동] 정신 차리게 하다, 미몽을 깨우치다
მოსურვება [동] 원하다, 바라다
მოსურნე [형] 원하는, 바라는
მოსქო [형] 뚱뚱한, 굵은
მოსყიდვა [동] 매수하다 — [명] 매수, 뇌물 수수
მოსყიდული [형] 매수할 수 있는, 타락한
მოსწავება [동] 전조[징조]를 보이다 — [명] 전조, 징조, 조짐
მოსწავლე [명] (어린) 학생
მოსწრება [동] 제시간에 도착하다
მოსწრებულად [부] 재치 있게
მოსწრებული [형] 재치 있는; მოსწრებული პასუხი 기지 넘치는[정곡을 찌르는] 대답
მოსხმა [동] ① (옷 따위를) 입다, 걸치다 ② 열매를 맺다

მ

მოტანა [동] 가져오다

მოტანილი [형] 가져온

მოტაცება [동] ① 빼앗다, 강탈하다 ② 유괴하다, 납치하다 — [명] ① 강탈, 도둑질 ② 유괴, 납치

მოტევება [동] 용서하다 — [명] 용서

მოტეხა [동] 깨다, 부수다; ფეხის მოტეხა 다리가 부러지다

მოტეხილი [형] 깨진, 부서진

მოტეხილობა [명] 깨짐; 골절

მოტივი [명] 동기, 원인, 이유; 모티브

მოტივირება [동] 동기를 주다; 정당화하다 — [명] 동기 부여; 정당화

მოტივირებული [형] 동기가 된; 명분이 선

მოტივტივე [형] 뜰 수 있는, 떠다니는, 유영하는

მოტკბო [형] 조금 단, 달짝지근한

მოტოვება [동] (뒤에) 남기다, 남겨두다

მოტორი [명] 모터, 엔진; მოტორიანი ნავი 모터보트, 발동 기선

მოტორიზება [동] 엔진을 달다, 동력화하다

მოტოციკლეტი [명] 오토바이, 모터바이크

მოტოციკლი [명] 오토바이, 모터바이크

მოტრიალება [동] 돌리다, 방향을 바꾸다, 회전하다 — [명] 회전, 돌림

მოტრფიალე [명] 숭배자, 경배자

მოტყუება [동] 속이다, 기만하다, 사기를 치다 — [명] 속임, 기만, 사기

მოტყუებული [형] 속은, 기만당한

მოუგვარებელი [형] 혼란된, 난잡한
მოუდრეკელი [형] 구부러지지 않는, 경직된
მოუთმენელი [형] 성급한, 참을성 없는
მოუთმენლად [부] 성급하게, 조급하게
მოუთმენლობა [명] 성급함, 조급함
მოულეველი [형] 무진장한, 없어지지 않는
მოულოდნელად [부] 갑자기, 뜻하지 않게
მოულოდნელი [형] 갑작스러운, 뜻하지 않은; მოულოდნელი შედეგები 뜻밖의 결과, 예상치 못한 결과
მოულოდნელობა [명] 갑작스러움, 뜻밖의 일
მოუმზადებელი [형] 준비 없는, 준비되지 않은
მოუმწიფებელი [형] 미숙한, 덜 익은
მოუმწიფებლობა [명] 미(성)숙, 덜 익음
მოურავი [명] 보호자
მოურიდებელი [형] 뻔뻔스러운, 파렴치한, 무례한
მოურიდებლად [부] 뻔뻔스럽게, 무례하게
მოურიდებლობა [명] 뻔뻔함, 무례; 격식을 갖추지 않음
მოურჯულებელი [형] 제어할 수 없는, 완고한
მოუსავლიანი [형] 수확이 좋지 않은, 결실이 적은; მოუსავლიანი წელი 흉년
მოუსავლიანობა [명] 흉작, 결실이 적음
მოუსვენარი [형] 침착하지 못한, 안절부절못하는, 불안한
მოუსვენრობა [명] 불안, 근심

მ

მოუსყიდავი [형] 매수되지 않는, 뇌물을 받지 않는, 청렴한
მოუსყიდველი [형] 매수되지 않는, 부패[타락]하지 않은, 청렴한
მოუფიქრებელი [형] 무분별한, 생각이 없는, 경솔한
მოუფიქრებლად [부] 무분별하게, 생각 없이, 경솔하게
მოუფიქრებლობა [명] 무분별, 생각 없음, 경솔함
მოუქანცავი [형] 지치지 않는
მოუქნელი [형] 꼴사나운, 어색한, 서투른
მოუქნელობა [명] 꼴사나움, 어색함, 서투름
მოუშორებლად [부] 계속해서, 끊임없이, 줄곧
მოუშორებელი [형] 분리할 수 없는, 나눌 수 없는
მოუშუშებელი [형] 불치의, 치료 불가능한
მოუცლელი [형] 바쁜, 분주한
მოუცლელობა [명] 바쁨, 분주함
მოუწესრიგებელი [형] 질서가 없는, 조직화되지 않은
მოუწყობელი [형] 준비가 부실한, 불편한, 조직화되지 않은
მოუხდელი [형] 전체의; მოუხდელი რძე 전지 우유
მოუხერხებელი [형] 서투른, 어색한
მოუხეშავი [형] 거친, 조악한
მოფარდაგება [명] 카펫, 양탄자
მოფარება [동] 덮다, 씌우다 — [명] 덮기, 씌우기

მოფენა [동] 펼치다, 깔다
მოფერება [동] 귀여워하다, 애무하다
მოფიქრება [동] 곰곰이 생각하다, 숙고하다 — [명] 곰곰이 생각함, 숙고
მოფიქრებულად [부] 곰곰이 (생각하여), 신중히
მოფიქრებული [형] 곰곰이 생각한, 숙고한, 신중하게 고려한
მოფრენა [동] 날아오다, 비행기로 오다; 서둘러 오다 — [명] 도착, 옴
მოფხანვა [동] 긁다, 할퀴다
მოქალაქე [명] 시민, 도시 거주자
მოქალაქეობა [명] 시민권, 공민권; მოქალაქეობის უფლება 공민권
მოქალაქეობრივი [형] 시민의, 공민의; მოქალაქეობრივი მოვალეობა 시민으로서의 의무
მოქალაქის [형] 시민의, 공민의
მოქანდაკე [명] 조각가
მოქანცვა [동] 지치게 하다; 지치다, 피곤해지다 — [명] 피곤, 피로
მოქანცული [형] 지친, 피곤한
მოქანცულობა [명] 피곤, 피로
მოქარგვა [동] 수놓다, 자수하다
მოქარგული [형] 수놓은
მოქიშპე [명] 경쟁자, 라이벌
მოქმედება [동] 행동하다, 작용하다, 기능하다 — [명] 행동, 작용, 기능

მოქმედებითი [형] ① 현실의, 실제의 ② მოქმედებითი ბრუნვა [문법] 조격; მოქმედებითი გვარი → **გვარი**

მოქმედი [형] 활동 중인; მოქმედი კანონი 시행 중인 법; მოქმედი არმია 전장의 군대

მოქნევა [동] 휘두르다, (팔 따위를) 흔들다 — [명] 휘두르기, 흔들기

მოქნევით [부] 휘둘러, 흔들어

მოქნილი [형] 휘는, 구부러지는, 유연성[탄성] 있는

მოქნილობა [명] 유연성, 탄성

მოქრთამვა [동] 매수하다, 부정한 수단으로 얻다 — [명] 뇌물 수수, 매수, 부정 이득

მოქრთამული [형] 매수된, 부정한, 부패한, 타락한

მოქსოვა [동] 뜨다, 짜다 — [명] 뜨개질

მოქსოვილი [형] 뜬, 짠, 뜨개질한

მოქცევა [동] 행동하다, 처신하다 — [명] ① 행동, 처신 ② 유입(流入)

მოღალატე [명] 배신자, 반역자

მოღალატეობა [명] 배신, 반역

მოღალატური [형] 배반적인, 반역의

მოღვაწე [명] ~(일)하는 사람[인물]; სახელმწიფო მოღვაწე 정치가; საზოგადო მოღვაწე 공인(公人); კულტურის მოღვაწე 문화 인물

მოღვაწეობა [명] 일, 활동; საზოგადოებრივი მოღვაწეობა 사회적 활동, 공공의 일

მოღრუბლვა [동] 구름이 덮이다[끼다], 날씨가 흐리다

მოღრუბლული [형] 구름 낀, 날씨가 흐린

მოღრუბლულობა [명] 구름 낌, 흐린 날씨

მოღუნული [형] 구부러진, 휜

მოღუშული [형] 음침한, 음울한; 시무룩한

მოყვანა [동] (~으로) 이끌다, (상태 등을) 초래하다, 야기시키다

მოყვანილი [형] ① (~으로) 이끌어진, (상태 등이) 초래된 ② 몸매가 아름다운; 맵시 있는, 모양이 좋은

მოყვანილობა [명] 체격; 모양, 형상

მოყვარე [명] 아마추어, 애호가

მოყვარული [형] 사랑하는, 애정이 있는 — [명] 아마추어, 애호가

მოყვითალო [형] 노르스름한, 노란 빛을 띤

მოყინული [형] 언, 결빙된

მოყმე [명] 젊은이

მოყოლა¹ [동] (~와) 같이 오다

მოყოლა² [동] 말하다, 이야기하다 — [명] 이야기

მოყრა [동] ① 모으다; თავის მოყრა 모으다, 쌓다 ② მარილის მოყრა 소금을 치다; პილპილის მოყრა 후추를 치다 — [명] 모으기, 집중

მოშავო [형] 거무스름한

მოშენება [동] 재배하다, 기르다

მოშივება [동] 배고파지다, 허기를 느끼다

მოშინაურება [동] (동물 따위를) 길들이다 — [명] 길들이기

მოშინაურებული [형] (동물 따위가) 길들여진
მოშიში [형] 겁 많은, 두려워하는
მოშლა [동] 어지럽히다, 혼란시키다 — [명] 무질서, 혼란; ნერვების მოშლა 신경증
მოშორება [동] 풀리다, 면하다, 벗어나다 — [명] 해방
მოშორებით [부] 떨어져서, 멀리서
მოშურნე [형] 질투하는, 부러워하는 — [명] 질투하는[부러워하는] 사람
მოშუშული [형] 스튜 요리로 한
მოშხამვა [동] 독을 넣다[바르다] — [명] 독을 주입하기, 중독
მოშხამული [형] 독을 넣은[바른]
მოჩეხვა [동] 쳐서 넘어뜨리다
მოჩვენება [명] 유령, 환영(幻影)
მოჩვენებითი [형] 외면상의, 겉보기의
მოჩივარი [명] [법률] 원고, 고소인
მოჩხუბარი [형] 싸우기 좋아하는
მოცდა [동] 기다리다 — [명] 기다림
მოცეკვავე [명] 춤추는 사람, 댄서
მოცემა [동] 주다, 공급하다
მოცემული [형] 주어진
მოცვი [명] [식물] 월귤나무속(屬)
მოცილე [명] 경쟁자, 라이벌
მოცილება [동] 분리하다; 제거하다, 떼어내다
მოცილეობა [명] 경쟁, 시합
მოციმციმე [형] 반짝이는, 깜박거리는

მოციქული [명] ① 중개자, 매개자 ② 사도(使徒), 사자(使者)

მოციქულობა [명] 중개, 매개

მოცლა [명] 여유 시간, 자유 시간, 여가; მოცლა არა მაქვს 나는 짬이 나지 않는다, 틈을 낼 수 없다, 시간이 없다

მოცლილი [형] 여유로운, 자유 시간의, 틈이 있는, 한가한

მოცულობა [명] 크기, 부피

მოცურავე [명] 헤엄치는 사람

მოცხარი [명] [식물] 서양까치밥나무 열매

მოძებნა [동] 찾다, 구하다

მოძველება [동] 옛것이 되다, 구식이 되다

მოძველებული [형] 오래된, 옛것의, 구식의, 시대에 뒤떨어진

მოძმე [명] 동료 — [형] 형제의, 형제 같은

მოძრავი [형] 움직일 수 있는, 이동식의; მოძრავი თეატრი 이동 극장

მოძრაობა [명] ① 움직임, 활동; 운동; მოძრაობაში მოყვანა 움직이게 하다; მუშათა მოძრაობა 노동 계급의 운동; რევოლუციური მოძრაობა 혁명 운동 ② 교통 — [동] 움직이다, 이동하다

მოძულე [명] 미워하는 사람

მოძულება [동] 미워하다, 싫어하다

მოძულებული [형] 미움받는

მოძღვარი [명] ① [가톨릭] 고해 신부 ② 교훈자, 교사

მოძღვრება [명] 가르침; 교의, 교리

მოწადინება [동] 원하다, (~할) 생각이다, 의도하다

მოწადინებული [형] 끈기 있는, 열심인

მოწამე [명] ① 순교자 ② 증인, 목격자

მოწამეობა [명] 순교

მოწამვლა [동] 독을 넣다[바르다] — [명] 독을 주입하기, 중독

მოწამლული [형] 독 있는, 유독한

მოწაფე [명] 학생; 제자

მოწევა [동] 따라잡다, 따라붙다

მოწერილი [형] 씌어진

მოწერილობა [동] 지시하다, 지도하다 — [명] 지시, 지도

მოწესრიგება [동] 조절하다, 조정하다 — [명] 조절, 조정

მოწვევა [동] 초대하다, 부르다 — [명] 초대, 부름; მოწვევის ბარათი 초대장

მოწველა [동] 젖을 짜다 — [명] 젖 짜기, 우유 만들기

მოწველილი [형] 젖을 짠

მოწვეული [형] 초대된, 불려진

მოწითალო [형] 불그스름한

მოწინააღმდეგე [명] 적, 반대편; მოწინააღმდეგის დამარცხება (적·반대자의) 압도, 제압 — [형] 반대의, 반목하고 있는

მოწინავე [형] ① 맨 앞의, 선두의, 앞선, 진척된; მოწინავე რაზმი [군사] 전위(前衛), 선봉 부대 ② 진보적인; მოწინავე ადამიანები 진보적 성향의

사람들 ③ 최신의, 첨단의 ④ მოწინავე წერილი (신문 등의) 사설, 논설 — [명] 진취적인 사람, 진보적 성향을 가진 사람

მოწიფული [형] 성숙한, 성인의, 성년의, 어른이 된

მოწიფულობა [명] 성숙, 성인[성년]임

მოწიწება [명] 경외하는 마음, 존경

მოწიწებით [부] 삼가, 존경하는 마음으로

მოწიწებული [형] 경의를 표하는

მოწმე [명] 증인, 목격자; მოწმის ჩვენება 증인의 진술

მოწმენდა [동] ① 닦다, 깨끗이하다, (물기를) 말리다 ② 먹어 치우다

მოწმენდილი [형] 맑은, 구름 없는, 청명한

მოწმობა [명] 증거; პირადობის მოწმობა 증명서; ქორწინების მოწმობა 혼인 증명서 — [동] 증명하다, 입증하다

მოწოდება [동] 간청하다, 빌다 — [명] ① 신의 부르심, 소명 ② 선언, 선포

მოწოლა [동] 누르다, 압박하다 — [명] 누르기, 압박

მოწონება [동] 찬성하다; 좋아하다, 마음에 들어하다 — [명] 찬성; 좋아함

მოწყალე [형] 상냥한, 친절한; მოწყალეო ხელმწიფევ! 선생님!, 근계(謹啓)

მოწყალება [명] ① 호의, 친절 ② 자비, 사랑 ③ მოწყალების და 간호사

მოწყდომა [동] 내닫다, 쇄도하다

მოწყენა [동] 지루해지다, 따분해지다 — [명] 지루함, 따분함, 권태

მოწყენილი [형] ① 슬픈, 우울한 ② 지겨운, 따분한

მოწყენილობა [명] 지루함, 따분함, 권태

მოწყვეტა [동] ① 가로막다, 방해하다 ② 따다, 뜯다, 떼다

მოწყობა [동] 조직하다, 정리하다, 정비하다 — [명] 조직, 정비

მოწყობილი [형] 조직된, 정비된

მოწყობილობა [명] ① 가구(家具) ② 장비, 설비

მოწყურება [명] 목마름, 갈증 — [동] 목마르다, 갈증이 나다; წყურვილის დაკმაყოფილება 갈증을 해소하다

მოწყურებული [형] 목마른, 갈증 나는

მოჭადრაკე [명] 체스를 두는 사람

მოჭარბებული [형] 잉여의, 과잉의, 남아도는

მოჭიდავე [명] 격투하는 사람, 투사

მოჭიდება [동] 붙잡다, 움켜쥐다

მოჭიკჭიკე [형] 지저귀는, 노래하는

მოჭიმული [형] 뻣뻣한, 딱딱한

მოჭკვიანება [동] 잘 알아듣(게 하)다

მოჭრა [동] ① 자르다, 베어내다 ② თავის მოჭრა 망신을 주다, 명예를 손상시키다; ფულის მოჭრა 동전을 주조하다

მოჭრილი [형] 잘라진, 베어낸

მოხაზულობა [명] 윤곽, 외형

მოხალვა [동] 빵을 굽다, 토스트로 만들다

მოხალისე [명] 자원자; **მოხალისეთა არმია** 의용군
მოხალისეობა [명] 자원, 자발적임
მოხარული [형] 기쁜; **მოხარული ვარ** 나는 기쁘다
მოხარშვა [동] 끓(이)다
მოხარშული [형] 끓은
მოხდა [동] ① (모자 따위를) 벗다; (마개를) 뽑다 ② 용서하다
მოხდენა [동] 만들다, 발생시키다
მოხდენილი [형] 아름다운, 우아한
მოხდენილობა [명] 우아함, 세련됨
მოხდომა [동] (일이) 일어나다, 생기다, 발생하다
მოხედვა [동] 둘러보다; 뒤돌아보다
მოხელე [명] ① 공무원, 관리 ② 고용인, 직원
მოხერხება [동] 요령있게 하다, 그럭저럭 해내다 — [명] 요령, 솜씨
მოხერხებულად [부] 요령있게, 솜씨 있게
მოხერხებული [형] 요령 있는, 솜씨 좋은
მოხერხვა [동] 톱으로 켜다[자르다]
მოხეტიალე [형] ① 방랑하는, 유랑하는 ② (예술가 등이) 순회 공연하는 — [명] 방랑자, 나그네
მოხვედრა [동] 맞다, 명중하다
მოხვედრება [명] 맞힘, 명중
მოხვევა [명] 감기, 싸기, 포옹
მოხვევნა [동] 감다, 싸다, 포옹하다
მოხვეჭა [동] 움켜쥐다, 얻다
მოხვნა [동] 쟁기질하다, 갈다, 경작하다 — [명] 쟁기질, 경작

მოხიბვლა [동] 매혹하다, 마음을 빼앗다 — [명] 매혹, 마음을 빼앗기

მოხიბლული [형] 매혹된, 홀린

მოხმარება [동] ① 돕다 ② 쓰다, 사용하다, 소비하다 — [명] ① 도움 ② 쓰기, 사용, 소비

მოხოცვა [동] 코를 풀다

მოხრა [동] ① 굽히다, 구부리다; თავის მოხრა 머리를 숙이다 ② 무릎 꿇다; ქედის მოხრა 굽실거리다, (~에게) 복종하다

მოხრაკვა [동] 굽다, 튀기다

მოხრაკული [형] 구운, 튀긴 — [명] 구운 음식

მოხრილი [형] 구부린, 굽힌

მოხსენება [동] 보고하다, 알리다, 통지하다 — [명] ① 보고, 알림, 통지 ② 강연, 연설; ის მოხსენებას გააკეთებს 그는 회의에서 연설을 할 것이다 ③ მოხსენებითი ბარათი 비망록, 메모

მოხსენიება [동] 언급하다 — [명] 언급

მოხსნა [동] ① (묶인 것을) 풀다, 끄르다 ② 제거하다 ③ 거부하다

მოხურვა [동] ① (옷을) 걸치다, 입다 ② (문을) 닫다

მოხუცება [동] 나이들다 — [명] 나이를 먹음, 노화

მოხუცებული [명] 노인

მოხუცებულობა [명] 노령(老齡)

მოხუცი [명] (사람·생물이) 늙은; მოხუცი კაცი 노인, 늙은 남자; მოხუცი ქალი 노파, 늙은 여자

მოჯადოება [동] 호리다, 매혹시키다

მოჯადოებული [형] 홀린, 매혹된

მოჯამაგირე [명] 농장 노동자; 고용인

მოჯანყე [명] 폭도, 반란자, 반역자

მოჯდომა [동] (~에) 앉다, (~의 옆에) 앉다

მოჯობინება [동] 회복하다, 나아지다 — [명] 회복

მჟავა [명] [화학] 산(酸)

მჟავე [형] (맛이) 신

მჟაუნა [명] [식물] 수영, 소리쟁이

მჟღერი [형] ① (소리가) 울리는, 울려 퍼지는 ② [언어] 유성음의, 울림 소리의

მრავალგვარი [형] 다양한, 여러 형태의

მრავალგვარობა [명] 다양성

მრავალგვერდიანი [형] [수학] 다변(多邊)의

მრავალგზის [부] 반복적으로, 여러 번

მრავალგზისი [형] 반복된, 되풀이된, 빈번한

მრავალი [형] 많은, 다수의, 다량의

მრავალკუთხა [형] [수학] 다각형의

მრავალკუთხედი [명] [수학] 다각형

მრავალმარცვლიანი [형] [언어] 다음절의

მრავალმნიშვნელოვანი [형] 다의(多義)적인

მრავალმხრივ [부] 여러 면에서

მრავალმხრივი [형] 다방면의

მრავალნაირი [형] 여러 형태의, 다양한

მრავალნი [형] 많은, 다수의, 다량의

მრავალჟამიერ [부] (건강을 비는 축배의 말로) 오래 사시기를

მრავალჟამიერი [명] 건강을 비는 축배의 말

მრავალრიცხოვანი [형] 다수의, 수많은, 다양한
მრავალსართულიანი [형] (건물이) 여러 층의, 다층의
მრავალსიტყვაობა [명] 수다, 다변(多辯)
მრავალტანჯული [형] 참을성이 많은
მრავალტომიანი [형] (책 따위가) 여러 권으로 된
მრავალფერი [형] 여러 색으로 된, 다색(多色)의
მრავალფეროვანი [형] 여러 형태의, 다양한
მრავალძარღვა [명] [식물] 질경이
მრავალწერტილი [명] 생략 부호 (…)
მრავალწლოვანი [형] ① 여러 해의 ② [식물] 다년생의, 여러해살이의
მრავალჯერ [부] 여러 번, 수차례
მრავალჯერადი [형] 여러 곱의, 반복된
მრავლობითი [형] 복수(형)의; მრავლობითი რიცხვი [문법] 복수(複數)
მრგვალი [형] 둥근, 원형의
მრევლი [명] 교구(教區)
მრეცხავი [명] 세탁부(婦)
მრეწველი [명] 제조업자, 생산업자, 공장주
მრეწველობა [명] 공업, 산업; მძიმე მრეწველობა 중공업; მსუბუქი მრეწველობა 경공업; დამამუშავებელი მრეწველობა 제조(공)업; სამრეწველო კაპიტალი 산업 자본
მრისხანე [형] 무서운, 가공할
მრისხანება [명] ① 공포, 두려움 ② 분노, 격노
მრიცხველი [명] ① [수학] 분자(分子) ② 기록 표시기, 계수 장치

მრუდე [형] ① 구부러진, 만곡한; **მრუდე ხაზი** 곡선 ② 비틀어진, 일그러진

მრუდედ [부] 구부러져; 비틀어져

მრუში [명] 방탕한 사람, 난봉꾼; 간음한 사람

მრუშობა [명] 방탕, 난봉; 간음 — [동] 방탕한 삶을 살다

მრჩეველი [명] 조언자, 카운슬러

მრწამსი [명] 확신, 신념

მსაზღვრელი [명] [문법] 한정사(限定辭)

მსახიობი [명] 배우(俳優)

მსახური [명] 하인, 종

მსაჯი [명] [스포츠] 심판(원)

მსაჯული [명] 재판관

მსგავსად [부] 비슷하게, (~와) 같이, ~처럼

მსგავსება [동] 닮다, 비슷해 보이다 — [명] 비슷함, 닮음

მსგავსი [형] (~와) 같은, 비슷한, 닮은

მსვლელობა [동] 걷다, 가다, 행진하다 — [명] 걷기, 행진

მსმელი [명] 술고래

მსმენელი [명] ① 듣는 사람, 경청자 ② 학생

მსოფლიო [명] 세계, 세상; **მსოფლიო ომი** 세계대전; **მსოფლიო რეკორდი** 세계 기록; **მსოფლიო ბაზარი** 세계 시장; **მსოფლიო მასშტაბით** 세계적 규모로

მსოფლმხედველობა [명] 세계관

მსროლელი [명] 사수(射手); 궁수(弓手); 저격수

მსუბუქად [부] 가볍게, 살짝

მსუბუქი [형] 가벼운, 약간의

მსუნაგი [명] 대식가, 폭식가 — [형] 게걸스럽게 먹는, 대식[폭식]하는, 탐욕스러운

მსუნაგობა [명] 대식, 폭식, 탐욕

მსურველი [형] 소원하는, 바라는 — [명] 바라는 사람

მსუქანი [형] 뚱뚱한, 비만의

მსუყე [형] 배부르게 하는; 기름진, 영양가가 많은

მსხალი [명] [식물] (서양)배(나무)

მსხვერპლი [명] 희생; 제물; მსხვერპლად შეწირვა 희생하다; დიდი მსხვერპლის ფასად 큰 희생을 치른 대가로

მსხვილი [형] ① 두꺼운, 굵은 ② 큰, 대규모의

მსხვილფეხა (საქონელი) [명] [동물] 소(牛)

მსხვრევა [동] 깨다, 부수다, 분쇄하다

მსხმოიარე [동] 열매를 맺다 — [형] 열매를 맺는, 결실이 있는 — [명] 열매 맺기

მსჯავრის დადება [동] 선고하다, 판결하다, 형에 처하다

მსჯავრდადებული [형] 유죄 선고를 받은

მსჯელობა [동] 논의하다, 의논하다, 토론하다 — [명] 논의, 의논, 토론

მტანჯველი [명] 괴롭히는 사람 — [형] 괴롭히는, 고통을 주는, 고문하는

მტარვალი [명] 폭군, 전제 군주

მტაცებელი [명] ① 강도, 도둑, 약탈자 ② 맹수, 육식 동물 — [형] ① 약탈하는 ② 육식의

მტაცებლობა [명] 강탈, 약탈

მტაცებლურად [부] 약탈하여

მტაცებლური [형] ① 약탈하는 ② 육식의; მტაცებელი ცხოველები 육식 동물

მტევანი [명] 포도 송이

მტერი [명] 적, 원수; უბოროტესი მტერი 철천지 원수

მტვერი [명] ① 먼지, 티끌 ② [식물] 꽃가루, 화분

მტვერსასრუტი [명] 진공청소기

მტვირთავი [명] 짐 싣는 사람, 하역인

მტვრევა [동] ① 부러뜨리다, 부수다, 깨다 ② თავის მტვრევა (~에 대해) 머리를 짜다, 이리저리 생각하다

მტვრევადი [형] 약한, 부서지기 쉬운, 깨지기 쉬운

მტვრევადობა [명] 약함, 부서지기[깨지기] 쉬움

მტვრიანა [명] [식물] 수술

მტვრიანი [형] 먼지투성이의

მტირალა [명] 울보, 우는 사람 — [형] 눈물 어린, 눈물을 자아내는

მტკაველი [명] 한 뼘

მტკივნეული [형] 고통스러운; მტკივნეული ადგილი 아픈 곳

მტკიცე [형] 굳은, 단단한, 견고한, 확고한

მტკიცება [동] 단언하다, 확언하다, 주장하다 — [명] 단언, 확언, 주장

მტკიცედ [부] 굳게, 단단하게, 견고하게, 확고하게

მ

მტრედი [명] [조류] 비둘기; საფოსტო მტრედი 전서구(傳書鳩), 통신용 비둘기

მტრედისფერი [형] 푸른, 하늘색의

მტრობა [명] 적의, 적개심, 악의, 앙심, 원한

მტრული [형] 적의 있는, 적대하는, 반목하는

მტყუანი [형] 틀린, 부당한, 부정(不正)의

მუგუზალი [명] 불탄 나무조각

მუდამ [부] 항상, 늘, 언제나; მუდამ ჟამს 매일

მუდარა [동] 구하다, 간청하다 — [명] 간청

მუდმივი [형] 계속하는, 지속적인; 불변의, 영속하는

მუდმივობა [명] 불변, 항구성

მუდო [명] [동물] 두더지

მუზა [명] [그리스신화] 뮤즈

მუზარადი [명] 헬멧; 투구

მუზეუმი [명] 박물관

მული [명] 형수, 제수, 처형, 처제, 시누이, 올케

მუმლი [명] 작은 날벌레(의 떼)

მუნდირი [명] 정장 (코트)

მუნი [명] [병리] 옴, 개선(疥癬)

მუნიანი [형] 옴이 오른

მუნიციპალური [형] 자치 도시의, 시(市)의

მუნჯი [형] 말 못하는, 벙어리의 — [명] 벙어리

მუჟუჟი [명] 신맛 나는 소스를 친 돼지고기 요리의 일종

მურა [형] 갈색의

მურაბა [명] (과일의) 잼

მურაზი [명] 소망, 바람

მური [명] 그을음, 검댕
მურიანი [형] 그을음이 묻은
მურყანი [명] [식물] 오리나무
მურწა [명] [어류] 돌잉어속(屬)의 물고기
მუსაიფი [동] (~와) 이야기하다, 대화하다 — [명] 대화, 이야기, 담소
მუსიკა [명] 음악
მუსიკალური [형] ① 음악의, 음악에 관한 ② მუსიკალური სისტემა 스테레오 장치
მუსიკის [형] 음악의, 음악에 관한
მუსიკოსი [명] 음악가
მუსკული [명] 근육
მუსლიმანი [명] 이슬람 교도, 모슬렘
მუსრის გავლება [동] 파괴하다, 절멸시키다
მუსულმანი [명] 이슬람 교도, 모슬렘
მუტელი [명] [해부] 음문
მუქარა [동] 위협하다, 협박하다 — [명] 위협, 협박
მუქთად [부] 무료로, 공짜로, 거저
მუქთამჭამელი [명] 기생하는 사람, 식객; 게으름뱅이
მუქთახორა [명] = მუქთამჭამელი
მუქთი [형] 무료의, 공짜의
მუქი [형] 어두운, 어두침침한
მუყაითად [부] 부지런히, 근면하게
მუყაითი [형] 부지런한, 근면한, 끈기 있는
მუყაითობა [명] 부지런함, 근면, 끈기; 열심, 열성
მუყაო [명] 두꺼운 종이, 판지, 마분지

მუშა [명] 일하는 사람, 근로자, 노동자
მუშათა [형] 일하는, 근로의, 노동의
მუშაკი [명] 일하는 사람, 근로자, 노동자
მუშაობა [동] 일하다, 노동하다 — [명] 일, 노동, 수고
მუშახელი [명] 인력, 노동력
მუშტარი [명] 구매자, 고객
მუშტი [명] 주먹
მუშტი-კრივი [명] 주먹다짐, 드잡이, 난투
მუცელა [명] [병리] 설사
მუცელი [명] 배, 복부; **მუცლის ტკივილი** 복통; **მუცლის ღრუ** [해부] 복강(腹腔)
მუწუკი [명] 여드름, 뾰루지
მუწუკიანი [형] 여드름이 난
მუჭა [명] 한 움큼, 한 손 가득, 한 줌
მუხა [명] [식물] 떡갈나무, 참나무
მუხანათი [명] 반역하는, 배반하는
მუხანათობა [명] 배반, 배신, 불성실
მუხანათურად [부] 배반하여
მუხანათური [형] 반역하는, 배반하는, 불성실한
მუხთალი [명] 반역자, 배반자
მუხთლობა [명] 반역, 배반
მუხლი [명] ① 무릎 ② (법)조항; 절(節), 단락 ③ [식물] (가지·잎의) 마디
მუხლობრივ(ი) [부] 한 절[단락]씩
მუხლუხი [명] 모충(毛蟲), 쐐기벌레
მუხნარი [명] 떡갈나무[참나무] 숲

მუხრუჭი [명] ① 브레이크, 제동기 ② 장애, 방해물

მუხტი [명] [물리] 전하(電荷); 충전

მუხუდო [명] [식물] 완두; 렌즈콩

მუჯლუგუნი [명] 치기, 타격

მფარველი [명] 보호자, 수호자; **მფარველი ანგელოზი** 수호 천사

მფარველობა [동] 보호하다, 지키다, 수호하다 — [명] 보호, 수호

მფლანგველი [형] 낭비하는, 방탕한, 돈을 헤프게 쓰는

მფლანგველობა [명] 낭비, 방탕, 돈을 헤프게 씀

მფლობელი [명] 소유자, 보유자, 주인

მფლობელობა [동] 갖다, 소유하다, 보유하다 — [명] 소유주임

მფრთხალი [형] 겁 많은, 잘 놀라는

მფრინავი [명] 조종사, 파일럿, 비행사

მფშვინავი [형] 쉿하는 소리를 내는

მქადაგებელი [명] ① 설교자, 훈계자 ② (특정 이론의) 창도자, 주창자

მქადაგებლობა [동] ① 설교하다, 훈계하다 ② (특정 이론을) 창도하다, 주창하다

მქირდავი [명] 조롱하는 사람, 비웃는 사람

მქისე [형] 조잡한, 거친

მქონე [명] 소유자, 보유자

მქრთალი [형] (색깔 따위가) 흐릿한, 불분명한

მქსოველი [명] (천을) 짜는 사람, 직조공

მქუხარე [형] 폭풍우의, 우레와 같은; **მქუხარე ტაში** 우레와 같은 박수, 갈채

მღებავი [명] 칠하는 사람, 염색업자

მღელვარე [형] 선동하는, 흥분시키는, 동요시키는

მღელვარება [동] 선동하다, 흥분시키다, 동요시키다 — [명] 선동, 흥분, 동요

მღერა [동] 노래부르다 — [명] 노래하기

მღვდელი [명] 신부(神父), 성직자

მღვიმე [명] 동굴, 땅굴

მღვიძარე [형] 깨어있는

მღვიძარება [동] 깨어있다

მღვრევა [동] 뒤흔들다, 휘젓다; 혼탁하게 되다, 혼란되다

მღვრიე [형] 혼탁한, 혼란된

მღრღნელი [명] [동물] 설치류

მყარი [형] 딱딱한, 단단한, 굳은

მყესი [명] [해부] 건(腱), 힘줄

მყვინთავი [명] 잠수부

მყვირალა [명] 소리치는 것, 으르렁거리는 것, 포효하는 것

მყვლეფელი [명] 남을 부당하게 이용하는 사람, 착취[강탈]하는 사람

მყვლეფელობა [명] 남을 부당하게 이용함, 착취, 강탈

მყიდველი [명] 구매자; 고객

მყინვარი [명] 빙하

მყნობა [동] [식물] 접목하다, 접붙이다 — [명] 접목, 접붙임

მყოფადი [형] 미래의, 장래의; **მყოფადი დრო** [문법] 미래 시제

მყრალი [형] 악취가 나는, 코를 찌르는

მყუდრო [명] 조용한, 고요한, 잔잔한, 평온한

მყუდროდ [부] 조용히, 고요하게, 잔잔하게, 평온하게

მყუდროება [명] 조용함, 고요, 잔잔함, 평온

მშენებელი [명] 건설자

მშენებლობა [명] 건설, 건축, 건조

მშველელი [명] 돕는 사람

მშვენება [명] 아름다움, 매력

მშვენიერად [부] 아주 훌륭하게, 완벽하게

მშვენიერება [명] 아름다움, 매력, 매혹

მშვენიერი [형] ① 아름다운, 멋진 ② 매력적인, 매혹적인 ③ 훌륭한, 우수한, 뛰어난

მშვენივრად [부] 매력적으로, 예쁘게

მშვიდად [부] 조용히, 고요하게

მშვიდი [형] 조용한, 고요한, 잔잔한, 평온한

მშვიდობა [명] 평화; 조용함, 고요, 잔잔함, 평온; **დილა მშვიდობისა!** 안녕하세요 (아침 인사); **საღამო მშვიდობისა!** 안녕하세요 (저녁 인사)

მშვიდობიანად [부] 평화롭게; 조화를 이뤄

მშვიდობიანი [형] 평화로운, 평온한

მშვიდობიანობა [명] 평화

მშვიდობით! 잘 가, 안녕히 계세요

მშვიდობისმოყვარე [형] 평화를 애호하는

მშვიდობისმოყვარეობა [명] 평화의 애호

მშვიდობისმოყვარული [형] 평화를 애호하는

მშვილდი [명] 활
მშვილდ-ისარი [명] 활과 화살
მშვინიერი [형] 멋진, 훌륭한, 근사한
მშიერი [형] 배고픈, 굶주린
მშიშარა [형] 겁 많은, 소심한, 용기 없는
მშობელი [명] 아버지 또는 어머니, 부모 중의 한 쪽 편
მშობიარე [명] 출산 자리에 누운 산모
მშობიარობა [명] 분만, 출산, 해산
მშობლები [명] 부모, 양친
მშობლების [형] 부모의, 양친의
მშობლის [형] 부모의, 양친의
მშობლიური [형] 출생의; 타고난; მშობლიური ენა 모어(母語), 생득어(生得語); მშობლიური ქვეყანა 출생지, 고향
მშრალი [형] 마른, 건조한
მშრომელი [명] 일꾼, 노동자 — [형] 일하는, 노동하는
მჩაგვრელი [명] 압제자, 박해자
მჩაგვრელობა [명] 압제, 박해
მჩაგვრელური [형] 압제하는, 박해하는
მჩატე [형] 가벼운
მჩქეფარე [형] 열렬한, 강렬한
მჩხავანა (კატა) [명] 야옹야옹하고 우는 고양이
მცდარი [형] 잘못된, 틀린, 부정확한
მცდარობა [명] 잘못됨, 틀림, 부정확
მცენარე [명] 식물

მცენარეული [형] 식물성의; მცენარეული ზეთი 야채 기름
მცენარეულობა [명] 초목
მცველი [명] 보호자, 호위자, 지키는 사람
მცივანა [형] 추위를 타는, 추위에 약한
მცირე [형] 작은, 약간의; მცირე ნაწილი 작은 부분
მცირემნიშვნელოვანი [형] 중요하지 않은, 대수롭지 않은, 하찮은
მცირერიცხოვანი [형] 근소한, 많지 않은
მცირერიცხოვნობა [명] 적은 수
მცირეწლოვანი [형] 어린, 미성년의
მცოდნე [형] 숙달된, 정통한, 통달한 — [명] 전문가, 권위자, ~통
მცოცავი [형] 기는, 기어다니는
მცურავი [명] 헤엄치는 사람
მცხოვრები [명] 주민, 거주자
მცხუნვარე [형] 불타는; 뜨거운
მცხუნვარება [명] 열, 뜨거움
მძარცველი [명] 도둑, 강도, 약탈자
მძარცველობა [명] 도둑질, 강도짓, 약탈
მძაფრი [형] 심한, 맹렬한
მძაღე [형] 썩은 냄새가 나는, 부패한
მძახლები [명] 시부모
მძებნელი [명] 찾는 사람, 수색자
მძევალი [명] 인질, 볼모
მძვინვარე [형] 사나운, 흉포한
მძვინვარება [동] 격노하다, 사납게 날뛰다 — [명] 사나움, 흉포

მძვინვარედ [부] 사납게, 무섭게

მძივი [명] 구슬, 유리알, 염주알; მძივები 염주, 묵주

მძიმე[1] [형] ① 무거운; 중(重)~; მძიმე ტვირთი 무거운 짐; მძიმე დანაშაული 중범죄; მძიმე მრეწველობა 중공업; მძიმე არტილერია [군사] 중포(重砲) ② 힘든, 힘겨운, 어려운; მძიმე შრომა 힘든 일

მძიმე[2] [명] [문법] 쉼표, 콤마

მძიმედ [부] 무겁게, 중하게

მძინარა [형] 졸리는, 잠이 오는

მძინარე [형] 잠자는, 수면 상태의 — [명] 잠자는 사람

მძლავრი [형] 강한, 강력한

მძლეოსანი [명] 육상 선수

მძლეოსნობა [명] 육상 경기

მძორი [명] 썩은 고기, 죽은 짐승 고기

მძღნერი [명] (속어로) 똥

მძღოლი [명] (버스·택시 등의) 운전 기사

მწარე [형] ① (맛이) 쓴 ② 쓰라린, 지독한, 신랄한; მწარე ხვედრი 잔인한 운명; მწარე სინამდვილე 불쾌한 사실; მწარე ცრემლები 쓰라린 눈물; მწარე ენა 독설(毒舌)

მწარედ [부] 쓰게; 쓰라리게, 지독하게

მწარმოებელი [명] 감독, 제작자

მწარმოებლობა [명] 생산(성), 산출

მწევარი [명] 그레이하운드 (사냥개의 일종)

მწერალი [명] 저자, 작가

მ

მწერი [명] 곤충, 벌레
მწვადი [명] 꼬챙이에 꿴 (구운) 고깃점, 케밥
მწვავე [형] 통렬한, 고통스러운
მწვალებელი [명] ① 괴롭히는 사람, 고통을 주는 사람 ② [기독교] 이교도, 이단자
მწვალებლობა [명] [기독교] 이교, 이단
მწვალებლური [형] 이교의, 이단의
მწვანე [형] 녹색의
მწვანილი [명] 식물, 초목; 채소
მწველელი [명] 젖 짜는 사람
მწველი [형] 통렬한; 타는 듯한
მწვერვალი [명] 정상, 꼭대기
მწვრთნელი [명] 훈련시키는 사람, 길들이는 사람
მწირი [명] 방랑자, 유랑자
მწიფე [형] (과일 따위가) 익은
მწკრივი [명] 줄, 열(列), 선
მწმენდელი [명] ① 구두닦이 ② 굴뚝 청소부
მწნილეული [명] 매리네이드, 간물, 식초물
მწნილი [명] 매리네이드, 간물, 식초물
მწოლიარე [형] 드러누운; მწოლიარე ავადმყოფი 와병 환자
მწუთხე [형] 소금기 있는
მწუხარე [형] 슬픈, 비탄에 잠긴
მწუხარება [명] 슬픔, 비탄, 고통
მწუხრი [명] 황혼, 땅거미, 해질녘
მწყალობელი [형] 자비로운 — [명] 은혜를 베푸는 사람

მწყემსვა [동] (양을) 방목하다, 풀을 뜯게 하다; (양을) 치다

მწყემსი [명] 양치기, 목동

მწყერი [명] [조류] 메추라기

მწყერჩიტა [명] [조류] 논종다리

მწყობრად [부] 질서 정연하게, 정리[정돈]되어

მწყობრი [명] [군사] 대형(隊形)

მწყრალი [형] 화난, 노한, 성난

მწყურვალი [형] 목마른, 갈증 나는

მჭადი [명] 옥수수빵

მჭამელი [명] ① 먹는 사람 ② 입

მჭედელი [명] 대장장이; 제철공(蹄鐵工)

მჭევრმეტყველება [명] 웅변

მჭევრმეტყველი [형] 웅변의, 표현력이 풍부한

მჭექარე [형] 우레 같이 울리는, 쩌렁쩌렁 울리는

მჭიდრო [형] 빽빽한, 치밀한, 조밀한, 밀집한

მჭიდროდ [부] 빽빽하게, 치밀하게, 조밀하게, 밀집하여

მჭლე [형] 여윈, 마른, 빈약한; მჭლე ხორცი 지방분이 적은 고기

მჭრელი [형] (칼 따위가) 날카로운, 예리한

მხაზველი [명] 제도공, 도안가

მხაზველობითი [형] 시각 예술의, 그래픽의; მხა-ზველობითი გეომეტრია 도형 기하학

მხარბეჭი [명] 어깨

მხარბეჭიანი [형] 어깨가 떡 벌어진

მხარდამხარ [부] 나란히

მხარდაჭერა [명] 지지, 후원, 격려

მხარე [명] ① 쪽, (측)면; მარცხენა მხრიდან 왼쪽에, 왼편에; მარჯვენა მხრიდან 오른쪽에, 오른편에; მედალიონის მეორე მხარე 메달의 반대쪽면 ② 땅; 지역, 지방; 나라

მხარეთმცოდნეობა [명] 지역 연구

მხარეს [부] 저쪽에, 건너편에

მხარი [명] ① 어깨 ② მხარის დაჭერა 지지하다, 받들다, 유지하다

მხატვარი [명] 화가, 예술[미술]가

მხატვრობა [명] 그림 그리기, 화법; ფრესკული მხატვრობა 프레스코 화법

მხატვრულად [부] 예술[미술]적으로

მხატვრული [형] 예술[미술]적인; მხატვრული ნაწარმოები 예술[미술] 작품

მ

მხდალი [형] 겁 많은, 비겁한 — [명] 겁쟁이, 비겁한 사람

მხდალობა [명] 겁, 비겁

მხედართმთავარი [명] (군대의) 지휘관

მხედარი [명] 군인, 전사

მხედველობა [명] ① 시각, 시력; მხედველობის ორგანო 시각 기관; სუსტი მხედველობა 약한 시력 ② მხედველობაში მიღება 고려하다, 참작하다

მხედველობითი [형] 시각의, 시각적인; (눈으로) 보는, 눈의

მხედრობა [명] 군(軍), 군대

მხედრული[1] [형] 군(대)의, 군사(상)의

მხედრული[2] [명] 음헤드룰리 (그루지야 문자)

მხევალი [명] 종, 노예
მხერხავი [명] 톱질하는 사람
მხეცი [명] 짐승, 야수
მხეცის [형] 짐승 같은, 야수 같은
მხეცობა [명] 야만성, 잔인성
მხეცურად [부] 야만적으로, 잔인하게
მხეცური [형] 짐승 같은; 야만적인, 잔인한
მხვნელი [명] 농부, 농사꾼
მხვნელ-მთესველი [명] 농부, 농사꾼
მხიარულად [부] 즐겁게, 기쁘게, 흥겹게, 명랑하게
მხიარულება [명] 명랑, 잔치 기분, 흥겹게 놀기 — [동] 흥겹게 놀다, 즐기다
მხიარული [형] 즐거운, 명랑한, 유쾌한
მხილება [동] 옷[가면]을 벗기다, 노출시키다, 드러내다, 폭로 하다 — [명] 옷[가면]을 벗기기, 노출, 드러냄, 폭로
მხნე [형] 씩씩한, 용감한
მხნედ [부] 씩씩하게, 용감하게
მხნეობა [명] 씩씩함, 용감성
მხოლობითი რიცხვი [명] [문법] 단수(單數)
მხოლოდ [부] 오직, 단지, ~만, ~뿐
მხსნელი [명] 구조자, 구원자, 구세주
მხურვალე [형] 뜨거운, 따뜻한
მხურვალედ [부] 뜨겁게, 따뜻하게
მხცოვანი [형] 존경할 만한, 덕망 있는
მჯდომარე [형] 앉아 있는
მჯილი [명] 주먹

მჯობინება [동] 더 좋아하다, 선호하다
მჯღაბნელი [명] 악필가

მ

ნ

ნაადრევად [부] 때가 이르게

ნაადრევი [형] (때가) 이른, 시기상조인; ნაადრევი მშობიარობა 조산(早産)

ნაავადმყოფარი [형] 회복된

ნაამბობი [형] 말해진, 이야기된

ნაანდერძევი [형] 유언의, 유언으로 남겨진

ნაბადი [명] 펠트로 만든 망토

ნაბათი [명] 경보, 경보 종

ნაბეჭდი [형] 인쇄된

ნაბიჭვარი [형] 위법의, 불법의

ნაბზარი [명] 균열, 갈라진 틈

ნაბიჭვარი [명] (속어로) 후레자식

ნაბიჯი [명] 걸음, 보(步), 스텝; ორი ფეხის ნაბიჯზე 근처에, 불과 몇 걸음 떨어져; პირველი ნაბიჯი 첫 걸음 — [동] 걷다, (걸음을) 내딛다

ნაბიჯით [부] 천천히, 한 걸음씩; ნაბიჯით სვლა 천천히 걷다

ნაბოლარა [명] (자식 중) 막내

ნაბრძანები [형] 명령받은

ნაგავი [명] 쓰레기; ნაგვის ყუთი 쓰레기통

ნაგაზი [명] 양 지키는 개

ნაგებობა [명] 건축, 건설, 건조

ნაგვიანევად [부] 늦게

ნაგვიანევი [형] (뒤)늦은

ნაგლეჯი [명] 조각, 단편; ქაღალდის ნაგლეჯი (종이의) 오려 낸 조각

ნაგულისხმევი [형] (~이라고) 생각된, (의미가) 내재된

ნადავლი [명] 전리품, 노획물, 약탈품

ნადიმი [명] 향연, 잔치, 연회

ნადიმობა [명] 향연, 잔치, 연회

ნადირი [명] 짐승, 야수

ნადირობა [명] 사냥 — [동] 사냥하다

ნადუღი [형] 끓은

ნაერთი [명] 결합, 혼합

ნავარაუდევი [형] (~이라고) 생각된, 가정의, 가설의

ნავარდი [명] 질주

ნავარდობა [동] 뛰어다니다, 질주하다

ნავაჭრი [명] ① 구매, 매입 ② 수령액, 수익금

ნავთი [명] 등유, 석유; ნავთის ლამპა 석유 램프

ნავთობი [명] 석유; ნავთობის მილსადენი 석유 수송관, 파이프 라인

ნავთქურა [명] 석유 난로

ნავი [명] 보트; 배, 선박; წყალქვეშა ნავი 잠수함; ნავით სეირნობა 뱃놀이 가다

ნავიგაცია [명] 항해

ნავმისადგომი [명] 부두, 선창

ნავსადგური [명] 항구

ნავსაშენი [명] 조선소

ნაზად [부] 연하게, 약하게

ნაზი [형] 연한, 약한

ნაზმნარი [형] [문법] 동사의, 동사적인; **ნაზმნარი სახელი** 동사적 명사, 동명사

ნაზობა [동] 점잔 빼다

ნათარგმნი [형] 번역된

ნათება [동] (빛이) 비치다; **მზე ანათებს** 태양이 빛난다

ნათელი [형] 밝은, 맑은; **ნათელი დღე** 밝은 대낮; **ნათელი გონება** 맑은 마음

ნათესავი [명] 친척

ნათესაობა [명] 친척 관계

ნათესაობითი (ბრუნვა) [명] [문법] 속격, 소유격

ნათესაური [형] 혈연의, 친척 관계의

ნათესი [명] 씨 뿌리기, 파종

ნათვლა [명] 세례 — [동] 세례를 주다, 기독교도로 만들다

ნათლად [부] 분명히, 명백하게

ნათლია [명] 세례를 베푸는 사람

ნათლიდედა [명] [가톨릭] 대모(代母)

ნათლიმამა [명] [가톨릭] 대부(代父)

ნათლიღება [명] [기독교] 12일절(節) (크리스마스로부터 12일째인 1월 6일)

ნათლობა [명] 세례(를 베풀기), 기독교인으로 만들기

ნათურა [명] 전구, 램프

ნათქვამი [형] 말하여진

ნათხოვარი [형] 빌린, 차용한

ნაიარევი [명] 흉터, 상처 자국

ნაირ-ნაირად [부] 가지각색으로, 여러 가지로

ნაირ-ნაირი [형] 다양한, 가지각색의, 여러 가지의
ნაირსახეობა [명] 다양성, 여러 가지임
ნაირფერადი [형] 다채로운, 알록달록한
ნაირფერი [형] 다채로운, 알록달록한
ნაირფეროვნება [명] 다양성, 여러 가지임
ნაკადი [명] 흐름, 시내
ნაკადული [명] 실개천, 가는 물줄기
ნაკარნახევი [형] 구술된
ნაკაწრი [명] 할퀸 상처, 찰과상
ნაკბენი [명] (곤충의) 물기, 찌르기
ნაკეთები [형] 만들어진
ნაკელი [명] 똥; 거름, 퇴비
ნაკერი [명] 솔기, 꿰맨 줄
ნაკეცი [명] 접은 금; 주름
ნაკვალევი [명] 발자국, 지나간 자국[자취·흔적]
ნაკვეთი [명] ① 작은 구획의 땅 ② (여러 권으로 된 문학 작품의) 1부[권]
ნაკვესი [명] ① 불꽃, 섬광, 스파크 ② (재치 따위의) 번뜩임
ნაკვთი [명] 윤곽, 생김새
ნაკიანი [명] 윤년(閏年)의; ნაკიანი წელიწადი 윤년
ნაკითხი [형] 책을 많이 읽은, 박식한
ნაკითხობა [명] 박식, 박학, 학식
ნაკლებ [부] 덜, 보다 적게
ნაკლებად [부] 덜, 보다 적게
ნაკლებგანვითარებული [형] ① 저개발의 ② 교육 정도가 낮은, 무식한

ნაკლები [형] ① 덜한, 보다 적은 ② 불충분한, 부족한, 결핍된

ნაკლებმნიშვნელოვანი [형] 덜 중요한, 하찮은

ნაკლებობა [명] 부족, 결핍

ნაკლი [명] 흠, 결점, 결함

ნაკლოვანი [형] 불완전한

ნაკლული [형] 불완전한, 결함 있는

ნაკრები [형] 잡다한, 그러모은; ნაკრები გუნდი [스포츠] 혼성팀

ნაკრძალი [명] 보존, 유지

ნაკუწი [명] 조각, 자투리

ნაკუწ-ნაკუწად [부] 조각조각, 여러 조각으로

ნალესი [형] 간, 날이 선

ნალექი [명] 침전물, 앙금

ნალი [명] (말의) 편자

ნალია [명] 옥수수 (저장) 창고

ნალისებრი [형] 말편자형의, U 자 모양의

ნალოლიავები [형] 소중히 여겨지는

ნამალავად [부] 비밀리에

ნამალავი [형] 숨겨진, 감춰진, 비밀의

ნამარხი [명] 화석(化石)

ნამატი [명] 증가, 증대

ნამგალი [명] 낫

ნამდვილად [부] 참으로, 정말로, 사실(은), 실제로는

ნამდვილი [형] 진실의, 진짜의, 현실의, 실제의

ნამეტანი [부] 아주, 매우, 극도로, 지나치게

ნამეტი [명] 과도, 지나침 — [형] 과도한, 지나친

ნამეტნავად [부] 아주, 매우, 극도로, 지나치게
ნამი [명] 이슬
ნამიანი [형] 이슬이 맺힌
ნამოქმედარი [형] 행해진
ნამრავლი [명] [수학] 곱
ნამსხვრევი [명] (포탄의) 파편
ნამტვრევი [명] 조각, 토막, 단편
ნამუსახდილი [형] 불명예스러운
ნამუსგარეცხილი [형] 부끄러운 줄 모르는, 뻔뻔스러운
ნამუსი [명] 양심, 명예심
ნამუსიანი [형] 양심적인, 정직한
ნამუსიანობა [명] 양심적임, 정직, 성실
ნამუშევარი [명] 산출, 생산
ნამქერი [명] (휘몰려 쌓인) 눈더미
ნამყენი [명] 접목, 접붙이기
ნამყო [형] 과거의, 지난; ნამყო დრო [문법] 과거 시제; ნამყო სრული [문법] 과거 완료 시제
ნამცეცი [명] ① (빵 따위의) 조각, 부스러기 ② [복] ნამცეცები 남은 것, 나머지
ნამცხვარი [명] 과자, 비스킷, 패스트리
ნამჟინარევი [형] 졸리는, 졸음이 오는
ნანა [명] 자장가
ნანადირევის ხორცი [명] 사냥한 짐승의 고기
ნანატრი [형] 바람직한, 탐탁한
ნანგრევები [명] 폐허, 잔해
ნანგრევი [명] 폐허
ნანინა [명] 자장가

ნანობს [명] 유감스러운, 개탄할
ნაოსნობა [명] 항해
ნაოფლარი [형] 습기가 찬
ნაოჭი [명] ① (옷의) 접어 넣은 단 ② (피부의) 주름
ნაპარევი [형] 훔친, 도둑맞은
ნაპატიები [형] 용서받은
ნაპატივები [형] 살찐, 뚱뚱한
ნაპერწკალი [명] 불꽃, 섬광
ნაპირი [명] 강둑; 물가, 해안
ნაპირსამაგრი [명] 해안 보호, 호안(護岸)
ნაპობი [형] (장작 따위가) 쪼개진
ნაპოვნი [명] 발견, 찾아내기
ნაპრალი [명] 갈라진 틈, 균열, 구멍
ნარგავი [명] 대규모 농원, 플랜테이션
ნარგიზი [명] [식물] 수선화
ნარდად [부] 일한 양에 따라
ნარდი [명] 백개먼 (주사위 놀이의 일종)
ნარევი [명] 혼합(물), 잡동사니, 뒤범벅
ნარეცხი [명] 맛없는 멀건 수프
ნართი [명] (면이나 양모로 된) 실
ნარინჯი [명] [식물] 광귤
ნარინჯისფერი [형] 오렌지색의
ნარკვევი [명] ① 약도, 개요, 스케치 ② 에세이; 읽을 거리
ნარკოზი [명] 마취, 무감각증
ნარკომანია [명] 마약 중독
ნარკოტიკები [명] 마약

ნარკოტიკული [형] 마약의
ნარნარი [형] 매끄러운, 반드러운
ნარჩენები [명] 쓰레기, 찌꺼기, 폐물
ნარჩენი [명] 쓰레기, 찌꺼기, 폐물
ნასადილევს [부] 정찬 후에
ნასამართლობა [명] [법률] 전과(前科)
ნასახლარი [명] 폐허
ნასესხები [형] 빌린, 차용한; ნასესხები სიტყვა 차용어
ნასვამი [형] 술 취한, 술고래의
ნასვრეტი [명] 작은 구멍
ნასვრეტიანი [형] 작은 구멍이 많은
ნასიამოვნები [형] (~에) 만족한
ნასკვი [명] 매듭, 고
ნასყიდობა [명] 구매, 구입
ნასწავლი [형] 배운, 학식 있는
ნატამალი [명] 극소량, 티끌, 기미, 흔적
ნატანჯი [형] 지칠 대로 지친
ნატეხი [명] (빵 따위의) 조각; 단편
ნატვრა [동] 바라다, 원하다 — [명] 욕구, 바람
ნატვრითი კილო [명] [문법] 가정법, 접속법
ნატი [명] 새미 가죽
ნატიფი [형] 세련된, 우아한, 섬세한
ნატკენი [명] 상해, 부상; 멍, 타박상
ნატრიუმი [명] [화학] 나트륨
ნატურალური [형] ① 자연의, 천연의 ② ნატურალური რიცხვი [수학] 자연수
ნაფაზი [명] (담배의) 한 모금

ნ

ნაფეხური [명] 발자국
ნაფიქრი [형] 여러 모로 생각한
ნაფიცი [명] 맹세한, 선서한; ნაფიცი მსაჯული [법률] 배심원
ნაფლეთი [명] 조각, 파편, 단편
ნაფოტა [명] [어류] 잉어과의 민물고기
ნაფოტი [명] 조각, 토막
ნაფტალინი [명] 나프탈렌
ნაფურთხი [명] 침, 타액
ნაფცქვენი [명] 껍질, 외피
ნაფხაჭნი [명] 할퀸 자국
ნაფხვენი [명] 가루, 부스러기
ნაქარგი [명] 자수(刺繡)
ნაქები [형] 격찬 받은
ნაქირავები [형] 빌린, 임대의
ნაქსოვი [형] (실로) 짠, 뜬
ნაქურდალი [형] 훔친, 도둑맞은
ნაღარა [명] 트럼펫, 호른, 나팔
ნაღდად [부] (지불을) 현금으로
ნაღდი [형] 이용 가능한, 처리할 수 있는; ნაღდი ფული i) 현금의 ii) 현금
ნაღები [명] 크림, 유지(乳脂)
ნაღველი [명] ① [생리] 담즙; ნაღვლის ბუშტი [해부] 쓸개 ② 슬픔, 비애
ნაღვენთი [명] 얼룩
ნაღვერდალი [명] 타다 남은 것, 깜부기불
ნაღვინევი [형] 술 취한
ნაღვლიანად [부] 슬프게, 애처롭게, 비통하게

ნაღვლიანი [형] 슬픔에 젖은, 수심에 잠긴
ნაღვლობა [동] 슬퍼하다, 가슴 아파하다 — [명] 슬픔
ნაღმი [명] 지뢰; 수뢰(水雷); ნაღმის ჩაწყობა 지뢰를 묻다
ნაღმოსანი [명] 수뢰정(水雷艇), 어뢰정
ნაღრძობი [명] [의학] 탈구(脫臼)
ნაყარი [명] (강)둑
ნაყარნუყარი [명] 폐물, 쓰레기
ნაყვა [명] ① 빻다, 가루로 만들다 ② წყლის ნაყვა 헛수고하다
ნაყვავილარი [형] 얽은 자국이 있는
ნაყიდი [형] 구입한, 산
ნაყინი [명] 아이스크림
ნაყოფი [명] ① 과실, 열매 ② 결과, 결실
ნაყოფიერად [부] 생산적으로
ნაყოფიერება [명] 생산성; შრომის ნაყოფიერება 노동 생산성
ნაყოფიერი [형] 생산적인, 결실을 많이 맺는
ნაშენი [명] 건물, 건축물
ნაშვილები [형] 양자가 된 — [명] 양자
ნაშთი [명] 나머지, 잔여
ნაშიერი [명] 후손, 자손
ნაშოვნი [형] 얻어진, 획득된
ნაშრომი [명] 일, 노동
ნაშუადღევი [명] 오후
ნაშუადღევს [부] 오후에
ნაშუაღამევს [부] 자정 이후에

ნაჩვენები [형] 언급된, 지적된, 가리킨, 보여진
ნაჩუქარი [명] 선물 — [형] 수여된, 증정된
ნაჩქარევად [부] 급히, 서둘러, 부리나케
ნაჩქარევი [형] 즉시의, 신속한, 급한
ნაცადი [형] 시험[시련]을 겪은
ნაცარა [형] 잿빛의, 회색의
ნაცარი [명] (타고 남은) 재
ნაცარქექია [명] 게으름뱅이
ნაცემი [형] 두들겨 맞은
ნაცვალი [명] 대리인
ნაცვალსახელი [명] [문법] 대명사
ნაცვამი [형] (옷 따위가) 닳아 해진
ნაცვლად [부] ~ 대신에, 그 대신
ნაცია [명] 민족, 국민
ნაციონალიზმი [명] 민족주의
ნაციონალობა [명] 국적; 국민성
ნაციონალური [형] 국가의, 국민의; ნაციონალური დღესასწაული 국경일; ნაციონალური საჭმელი 민속 음식; ნაციონალური ტანსაცმელი 민속 의상
ნაცნობი [명] 아는 사람; 친구
ნაცნობობა [형] 알고 있는 (사이의)
ნაცრიანი [형] 회색의, 잿빛의
ნაცრისფერი [형] 회색의
ნაძალადევად [부] 억지로, 강요 받아
ნაძალადევი [형] 강요 받은, 강제당한
ნაძარცვი [형] 훔친, 도둑맞은 — [명] 노획물
ნაძერწი [형] 모형으로 만들어진, 조각된

ნ

ნაძვი [명] [식물] 전나무; ნაძვის ხე 전나무; საშობაო ნაძვის ხე 크리스마스 트리

ნაძვნარი [명] 전나무 숲

ნაძირალები [명] (사회의) 쓰레기, 찌꺼기

ნაძლევი [명] 내기, 걸기; სანაძლეოს დადება 내기를 하다, 걸다

ნაძრახი [명] 수치스러운, 불명예스러운

ნაწამები [형] 고문 당한

ნაწარმი [명] 생산, 산출

ნაწარმოები [명] 작품; ლიტერატურული ნაწარმოები 저작물; მუსიკალური ნაწარმოები 작곡된 곡; რჩეული ნაწარმოები 선집(選集)

ნაწევარი [명] 파편, 단편

ნაწერი [형] 씌어진, 기록된

ნაწვალები [형] 지칠 대로 지친

ნაწვეთი [명] (물)방울

ნაწიბური [명] (상처의) 꿰맨 자리, 흉터

ნაწილაკი [명] [문법] 불변화사 (어미·어형 변화가 없는 품사)

ნაწილი [명] ① 부분, 일부; მეტი ნაწილი 더 큰 쪽; სხეულის ნაწილები 신체 부위들; რომანი სამ ნაწილად 3 부작 소설; ნაწილ-ნაწილ გადახდა 할부로 지불하다 ② 부품; სათადარიგო ნაწილები 예비 부품; მანქანის ნაწილები 기계 부품 ③ 부서; სასწავლო ნაწილი 교수부; სამხედრო ნაწილი 군부대

ნაწილ-ნაწილ [부] 일부분, 얼마간

ნაწილ-ნაწილად [부] 조금씩

ნაწილობრივ [부] 부분적으로
ნაწილობრივად [부] 부분적으로
ნაწილობრივი [형] 부분적인
ნაწლავი [명] 장(腸), 창자; ყითა ნაწლავი 항문
ნაწნავი [명] 땋은 머리
ნაწოლი [명] [병리] 욕창(褥瘡)
ნაწრთობი [형] 담금질한, 단련된
ნაწყენი [형] 성난, 기분이 상한
ნაწყვეტი [명] ① 파편, 단편 ② 발췌
ნაწყვეტ-ნაწყვეტად [부] 갑자기, 갑작스럽게
ნაწყვეტ-ნაწყვეტი [형] 갑작스러운
ნაჭარბი [명] 잉여, 과잉
ნაჭდევი [명] 흉터, 상처 자국
ნაჭერი [명] 부분, 조각
ნაჭრილობევი [명] 흉터, 상처 자국
ნაჭუჭი [명] 딱딱한 껍데기
ნახაზი [명] 설계, 초안, 도해
ნახარში [명] 달인 즙
ნახარჯი [명] 지출, 비용
ნახატი [명] 그림
ნახევარად [부] 반은, 절반만
ნახევარი [명] 절반; 30 분; სამის ნახევარზე 2 시 반에 — [형] 절반의; ნახევარი წელი 반년, 6 개월; ნახევარი გზა 길의 중간, 중도
ნახევარკუნძული [명] 반도(半島)
ნახევარსაათიანი [형] 반시간의, 30 분의
ნახევარსაუკუნოვანი [형] 반세기의, 50 년의
ნახევარსფერო [명] 반구(半球)

ნახევარფინალი [명] [스포츠] 준결승
ნახევარწრე [명] 반원(半圓)(형)
ნახერხი [명] 톱밥
ნახვა [동] (서로) 보다; 방문하다 — [명] 방문
ნახვამდის 안녕히 가세요 (헤어질 때의 인사)
ნახვება [동] 보여주다
ნახველი [명] [생리] 담(痰), 가래
ნახვრეტი [명] 구멍, 틈
ნახირი [명] (짐승의) 떼, 무리
ნახმარი [형] 중고의; ნახმარი ტანსაცმელი 헌 옷가지
ნახნავი [형] 경작된 — [명] 경작지
ნახტომი [명] 뜀, 도약, 점프
ნახული [형] 보여진, 보이는
ნახშირბადი [명] [화학] 탄소
ნახშირი [명] 석탄, 숯; ნახშირის მაღარო 탄광
ნახშიროჟანგი [명] [화학] 이산화탄소
ნახშირწყალბადი [명] [화학] 탄화수소
ნახშირწყალი [명] [화학] 탄수화물
ნაჯახი [명] 도끼
ნაჯერი [형] [화학] 포화된
ნაჯერობა [명] [화학] 포화
ნგრევა [동] 파괴하다, 헐다 — [명] 파괴
ნგრევითი [형] 파괴적인
ნდობა [명] 신용, 신뢰 — [동] 믿다, 신뢰하다
ნდომა [동] 원하다, 바라다 — [명] 바람, 소망
ნება [명] 의지(意志); თავისუფალი ნება 자유 의지
ნებადართული [형] 허가 받은

ნებადაურთველი [형] 불법의, 무허가의
ნებართვა [명] 허가, 허락; ნებართვის მიცემა, ნების დართვა 허가하다, 허락하다, ~하도록 하다
ნება-სურვილი [명] 자주성, 독립성
ნება-უნებლიეთ [부] 모르는 사이에, 본의 아니게, 자동적으로
ნებაყოფლობა [명] 자발성(自發性), 자유 의사
ნებაყოფლობით [부] 자발적으로
ნებაყოფლობითი [형] 자발적인, 자유 의지에 의한; ნებაყოფლობით საწყისებზე 순전히 자발적으로
ნებისყოფა [명] 의지, 결의
ნეგატივი [명] [사진] 원판, 음화
ნედლეული [명] 원료, 소재
ნედლი [형] 날것의, 가공하지 않은; ნედლი მასალა 원료
ნეილონი [명] 나일론
ნეიტრალიზაცია [명] 중립화
ნეიტრალიზება [동] 중립화하다
ნეიტრალიტეტი [명] 중립 (상태·정책)
ნეიტრალობა [명] 중립
ნეიტრალური [형] 중립의, 중립적인; ნეიტრალური ქვეყანა 중립국
ნეიტრონი [명] [물리] 중성자
ნეკერჩხალი [명] [식물] 단풍나무
ნეკი [명] 새끼손가락; 새끼발가락
ნეკნი [명] [해부] 늑골, 갈빗대
ნეკროლოგი [명] 사망 기사, 부고

ნელა [부] 천천히, 느리게
ნელთბილი [형] 미지근한
ნელი [형] 느린, 더딘
ნელ-ნელა [부] 천천히, 느리게
ნემსი [명] 바늘
ნემსიწვერა [명] [식물] 제라늄
ნეოლითური [형] 신석기의
ნეონი [명] [화학] 네온
ნეპტუნი [명] [천문] 해왕성
ნერგვა [동] 심어주다, 주입하다
ნერგი [명] 묘목, 어린 나무
ნერვებაშლილი [형] 신경성의, 신경질의
ნერვი [명] 신경
ნერვიული [형] 신경질의, 신경 과민의
ნერვიულობა [동] 신경질적이다 — [명] [의학] 신경 과민
ნერწყვი [명] 침, 타액
ნესვი [명] [식물] 멜론, 머스크멜론
ნესტარი [명] 침, 바늘
ნესტი [명] 습기, 축축함
ნესტიანი [형] 습기 있는, 축축한
ნესტიანობა [명] 습기, 축축함
ნესტო [명] 콧구멍
ნეტავ = ნეტავი
ნეტავი ~한다면[~이라면], ~이기만 하면
ნეტარება [명] 더할 나위 없는 행복, 지복(至福) — [동] 더할 나위 없이 행복하다, 지극히 행복하다
ნეტარი [형] 더할 나위 없이 행복한

ნეტარხსენებული [형] 작고한, 고(故)~
ნეტო წონა [명] 순중량
ნეფე [명] (남성) 약혼자
ნეფე-დედოფალი [명] 신랑
ნეშომპალა [명] 부식토
ნეშტი [명] 유물
ნეხვი [명] 똥, 비료, 거름
ნთება [동] 불타다, 번쩍이다, 발광하다
ნიადაგ [부] 항상, 계속, 지속적으로
ნიადაგი [명] ① 흙, 땅, 토지 ② 기초, 토대 ③ ნიადაგის მომზადება (~의) 길을 닦다
ნიადაგმცოდნეობა [명] 토양학(學)
ნიავი [명] 산들바람, 미풍
ნიანგი [명] [동물] 악어; ნიანგის ცრემლები 악어의 눈물
ნიაღვარი [명] (잇단) 물결, 급류; ცრემლის ნიაღვარი 펑펑 울다
ნიახური [명] [식물] 셀러리
ნიბლია [명] [조류] 되새류
ნიგოზი [명] 견과류, 호두; ნიგვზის ხე 호두나무
ნივთი [명] 것, 물건, 물체
ნივთიერად [부] 물질적으로
ნივთიერება [명] 물질, 재질, 재료
ნივთიერი [형] 물질적인; ნივთიერი საბუთი 물적 증거
ნივრის კბილი [명] 마늘쪽
ნიკაპი [명] 턱 (신체)
ნიკელი [명] [화학] 니켈

ნიკელირებული [형] 니켈로 도금한

ნიკრისი [명] [병리] 통풍(痛風)

ნიმუში [명] 모범, 본; 모형, 견본

ნიმუშისათვის [부] 예를 들면

ნიორი [명] 마늘

ნიჟარა [명] [해부] 귓바퀴, 외이(外耳)

ნისია [명] 외상 판매

ნისიად [부] 외상으로

ნისკარტი [명] (새의) 부리

ნისლი [명] 안개

ნისლიანი [형] 안개 낀

ნიუანსი [명] 색조, 톤, 뉘앙스

ნიუ-იორკი [명] 뉴욕

ნიფხავი [명] 속바지, 팬츠

ნიფხავ-პერანგი [명] 속옷류

ნიღაბი [명] 가면, 마스크; ნიღაბის ჩამოხდა 가면을 벗어 던지다

ნიშადური [명] [화학] 염화암모늄

ნიშანი [명] ① 표시, 기호, 부호, 상징; გაკვირვების ნიშანი [문법] 느낌표; კითხვითი ნიშანი [문법] 물음표; სასვენი ნიშნები [문법] 마침표; ფაბრიკის ნიშანი 상표 ② 신호; ნიშნის მიცემა 신호를 주다 ③ 과녁, 목표 ④ [군사] 계급장

ნიშანწყალი [명] 신호, 표시; 징조

ნიშვნა [동] ① 의미하다, 뜻하다, 나타내다 ② 약혼시키다

ნიში [명] 우묵한 곳, 깊숙한 곳

ნიშნება [동] ① 신호를 주다 ② 눈을 깜박이다, 윙크하다 — [명] ① 신호하기 ② 윙크

ნიშნობა [명] 약혼

ნიჩაბი [명] ① (배 젓는) 노; ნიჩბის მოსმა 노 젓다 ② 삽

ნიჭი [명] 능력, 재능, 소질

ნიჭიერად [부] 훌륭하게, 잘

ნიჭიერება [명] 능력, 재능, 소질

ნიჭიერი [형] 능력 있는, 재능 있는, 소질 있는, 숙련된

ნიხრი [명] 법으로 정한 요금, 정가

ნობათი [명] 선물

ნოემბერი [명] 11월

ნოვატორი [명] 혁신가

ნოვატორობა [명] 혁신, 쇄신

ნოვატორული [형] 혁신적인

ნოველა [명] 단편 소설

ნოველისტი [명] 단편 소설 작가

ნოკაუტი [명] (권투에서의) 녹아웃, KO

ნომენკლატურა [명] 명명, 명칭; 학명, 술어

ნომერი [명] ① 번호 ② (호텔의) 객실 ③ (잡지의) 제 (몇)호 ④ (프로그램 등의) 한 차례

ნომინალი [명] 액면가

ნომინალურად [부] 명목상

ნომინალური [형] 명목상의; ნომინალური ფასი 명목 가격

ნონე [명] 수녀

ნორვეგია [명] 노르웨이

ნორვეგიელი [명] 노르웨이 사람
ნორვეგიული [형] 노르웨이의; ნორვეგიული ენა 노르웨이어 — [명] 노르웨이어
ნორმა [명] ① 표준, 규범, 기준; ნორმის მიხედვით 기준에 따라 ② 작업[생산] 할당량
ნორმალიზაცია [명] 표준화, 규범화
ნორმალიზება [동] 표준화하다, 규범화하다
ნორმალიზებული [형] 표준화된, 규범화된
ნორმალურად [부] 정상적으로; 보통은
ნორმალური [형] ① 정상의, 보통의; ნორმალური პირობები 정상 상태; ნორმალური ტემპერატურა 정상적인 온도 ② 제정신의, 정신이 멀쩡한
ნორმალურობა [명] 정상적임; 제정신임
ნორჩი [형] 어린, 연소한; 젊은 — [명] 아기
ნოსტალგია [명] 향수(鄕愁), 노스탤지어
ნოტა [명] 공식 문서, 외교 문서
ნოტარიული [형] 공증인(公證人)의
ნოტარიუსი [명] 공증인(公證人)
ნოტი [ნოტები] [명] 음악; ნოტებით დაკვრა 음악을 연주하다
ნოტიო [형] 습기 있는, 젖은, 축축한
ნოქარი [명] (가게) 점원
ნოყიერება [명] (토지의) 기름짐, 비옥
ნოყიერი [형] (토지가) 기름진, 비옥한
ნოხი [명] 양탄자, 카페트
ნუ ~하지 말라 (부정 명령); ნუ ლაპარაკობ 말하지 마!
ნუგბარი [명] 디저트, 후식

ნუგეში [명] 위로, 위안

ნუგეშიანი [형] 위로가 되는

ნუგეშისმცემელი [명] 위로하는 것, 위안을 주는 것

ნუგეშისცემა [동] 위로하다, 위안을 주다 — [명] 위로, 위안

ნუთუ 정말?, 그래?

ნული [명] 영 (0), 제로

ნუმერაცია [명] 계산(법)

ნუმიზმატიკა [명] 화폐학, 고전학(古錢學)

ნუმიზმატიკური [형] 화폐의, 고전학의

ნუჟრი [명] (나무의) 큰 가지

ნურავინ [대] 아무도 ~않다

ნურასდროს [부] 결코 ~않다

ნურაფერი [대] 아무것도 ~않다

ნურც ~ ნურც 양자 중 어느 쪽도 아니다, ~도 ~도 아니다; ნურც ნიკო ნურც ნინო 닉도 니노도 아닌

ნურცერთი [대] 아무도 ~않다

ნუსხა [명] 목록, 표, 대장

ნუსხური (ასო) [명] 소문자

ნუში [명] [식물] 아몬드

ნუშისებრი [형] ① 아몬드 모양의, (한쪽 또는 양쪽의) 끝이 뾰족한 타원형의 ② ნუშისებრი ჯირკვალი [해부] 편도선

ნძრევა [동] 흔들다, 동요시키다 — [명] 흔들림, 동요

ნჯღრევა [동] 흔들어 섞다, 휘젓다 — [명] 흔들어 섞기, 휘젓기

ნ

ო

ოაზისი [명] 오아시스
ობი [명] 곰팡이; 사상균(絲狀菌)
ობიექტი [명] ① 물건, 물체 ② (편성의) 단위
ობიექტური [형] 객관적인
ობიექტურობა [명] 객관성
ობლად [부] 홀로, 외로이, 고독하게
ობლიგაცია [명] 차용 증서, 채권
ობლობა [명] 고아임, 고아 신세
ობმოკიდებული [형] 곰팡이가 핀
ობობა [명] [동물] 거미; ობობას ქსელი 거미집, 거미줄
ობოლი [형] 외로운, 고독한 — [명] 고아
ობსერვატორია [명] 관측소, 천문대
ოდა[1] [명] 목조 건물
ოდა[2] [명] 송시(頌詩)
ოდეკოლონი [명] 오드콜로뉴 (향수의 일종)
ოდენობა [명] 분량, 수량
ოდენობითი [형] 양적인
ოდეს [부] ~할 때
ოდესმე [부] (미래의) 언젠가, 머지않아
ოდესღაც [부] (과거의) 언젠가, 한번은
ოდიდან [부] 오래전부터
ოდნავ [부] ① 약간, 조금, 살짝 ② 전혀 ~않다
ოდნავი [형] 최소한의, 가장 적은
ოთახი [명] 방(房)

ოთხასი [수] 사백 (400)
ოთხთვალა [형] 바퀴가 네 개인, 사륜(四輪)의
ოთხი [수] 넷 (4)
ოთხკუთხედი [명] 사각형
ოთხკუთხი [형] 사각형의
ოთხმაგი [형] 사중의
ოთხმოცდაათი [수] 구십 (90)
ოთხმოცდამეათე [수] 90 번째
ოთხმოცი [수] 팔십 (80)
ოთხფეხი [형] [동물] 4 지 동물의, 다리가 넷인
ოთხშაბათი [명] 수요일
ოთხჯერ [부] 네 번
ოინბაზი [명] 요술쟁이, 마법사
ოინბაზობა [명] 요술; 속임수 — [동] 요술[속임수]을 쓰다
ოინი [명] 속임수
ოკეანე [명] 대양(大洋); წყნარი ოკეანე 태평양; ატლანტის ოკეანე 대서양; ინდოეთის ოკეანე 인도양
ოკეანოგრაფია [명] 해양학
ოკუპანტი [명] 점령자, 침입자
ოკუპაცია [명] 직업
ოკუპირება [동] 차지하다, 점령하다
ოკუპირებული [형] 차지한, 점령된
ოლეანდრი [명] [식물] 서양협죽도
ოლიგარქი [명] 과두 정치의 독재자
ოლიგარქია [명] 과두 정치, 소수 독재 정치
ოლიგარქიული [명] 과두 정치의

ოლიმპიური [형] 올림픽의; ოლიმპიური თამაშ-ები 올림픽 게임

ოლქი [명] 지구, 구역, 지역, 지대

ომამდელი [형] 전쟁 전의

ომახიანი [형] 용감한, 씩씩한

ომი [명] 전쟁; ომის წარმოება 전쟁, 교전 상태, 전투 행위; სამოქალაქო ომი 내란, 내전; პარტი-ზანული ომი 게릴라전; მსოფლიო ომი 세계 대전; საზღვაო ომი 해상전; ქიმიური ომი 화학전; საჰაერო ომი 공중전; ცივი ომი 냉전; ომის გამ-ოცხადება 전쟁을 선포하다; ომი დაიწყო 전쟁이 터졌다; ომის წარმოება 전쟁하다, 싸움을 싸우다; ომში 전쟁에서

ომიანობა [명] 전시(戰時)

ომიანობის [형] 전시(戰時)의; ომიანობის დრო 전시

ომისსაწინააღმდეგო [형] 전쟁 반대의, 반전(反戰)의

ომისშემდგომი [형] 전후(戰後)의

ომისწინა [형] 전쟁 전의

ომლეტი [명] 오믈렛

ომონიმი [명] 동음이의어

ონავარი [명] 장난꾸러기, 개구쟁이

ონავრობა [명] 장난이 심함

ონკანი [명] 마개, 꼭지, 콕

ონკოლოგი [명] 종양학자

ონკოლოგია [명] 종양학, 암 연구

ონკოლოგიური [형] 종양학의, 암 연구의

ოპერა [명] 오페라; ოპერის თეატრი 오페라하우스; ოპერის მომღერალი 오페라 가수

ოპერატიული [형] 움직이는, 작동하는

ოპერატიულობა [명] 움직임, 작동함

ოპერატორი [명] ① 조작자, 기사 ② 외과의(醫)

ოპერაცია [명] [의학] 수술; ოპერაციის გადატანა 수술을 받다

ოპერაციული [형] 수술의, 수술에 쓰이는

ოპოზიცია [명] 반대하는 당, 야당, 반대파

ოპოზიციონერი [명] 반대하는 사람, 반대파

ოპოზიციური [형] 반대하는

ოპონენტი [명] 반대자, 비판가

ოპონენტობა [동] 반대하다

ოპორტუნიზმი [명] 기회주의

ოპორტუნისტი [명] 기회주의자

ოპორტუნისტული [형] 기회주의적인

ორაგული [명] [어류] 연어

ორადგილიანი [형] 2인승의, 2인용의

ორაზროვანი [형] 두 가지 뜻으로 해석되는, 다의(多義)의, 모호한

ორაზროვნობა [명] 다의성, 모호함

ორაზროვნულად [부] 다의적으로, 모호하게

ორანგუტანგი [명] [동물] 오랑우탄

ორანჟერეა [명] 온실

ორანძიანი [형] [항해] 쌍돛대의; ორანძიანი გემი 쌍돛대 배

ორასი [수] 이백 (200)

ორატორი [명] 연설자, 연사

ორატორია [명] [음악] 오라토리오
ორბი [명] 그리핀 (전설상의 괴수)
ორბიტა [명] 궤도
ორბორტიანი [형] (상의가) 겹자락의, 더블의
ორგან [부] 두 부분에, 두 군데에
ორგანიზატორი [명] 조직자
ორგანიზატორული [형] 조직적인
ორგანიზაცია [명] ① 조직(화), 구성 ② ორგანი-
ზაციის მისამართი 영업실 주소
ორგანიზება [동] 조직하다
ორგანიზებული [형] 조직된
ორგანიზებულობა [명] 자기 수양, 자제
ორგანიზმი [명] 유기체
ორგანო [명] [생물] 기관(器官); 장기, 조직
ორგანული [형] 유기체의; ორგანული ქიმია 유기
화학
ორგვარად [부] 두 가지로
ორგვარი [형] 둘의, 양편의
ორგზის [부] 두 번
ორგზისი [형] 이중의, 두 겹의, 반복되는
ორგულად [부] 불성실하게, 불충하게, 배반하여
ორგული [형] 불성실한, 불충한, 배반하는
ორგულობა [명] 불성실, 불충, 배반
ორდენი [명] 훈장
ორდენოსანი [명] 훈장을 패용한 사람
ორდერი [명] [법률] (형사상의) 영장
ორდინალური [형] 평상의, 보통의
ორენოვანი [형] 2개 언어 사용의

ორეული [명] 꼭 닮은 사람; 쌍둥이(의 한 사람)
ორთაბრძოლა [명] 결투, 1 대 1 의 싸움
ორთავიანი [형] 머리가 둘인, 쌍두(雙頭)의
ორთვალი [명] 수레, 짐마차
ორთვლიანი [형] 바퀴가 둘인, 이륜(二輪)의
ორთითი [명] 건초용 포크, 갈퀴
ორთოგრაფია [명] 정서법, 철자법
ორთოგრაფიული [형] 정서법상의, 철자법(상)의; ორთოგრაფიული შეცდომები 철자법 실수
ორთქლი [명] 김, 증기
ორთქლმავალი [명] 증기 기관(차)
ორი [수] 둘 (2)
ორიანი [명] 나쁜 성적[점수]
ორიგინალი [명] 기인, 괴짜
ორიგინალური [형] 독창적인; 남다른, 특이한, 괴짜의
ორიენტალისტი [명] 동양학자
ორიენტალური [형] 동양의
ორიენტაცია [명] 적응, 순응; 오리엔테이션
ორივე [대] 양쪽 모두, 둘 다
ორიოდე [형] 몇몇의, 두세개의
ორკბილა [명] [식물] 금잔화
ორკესტრი [명] 오케스트라, 관현악단; სასულე ორკესტრი 취주 악단, 브라스 밴드
ორკეცად [부] 두 배로, 이중으로
ორკეცი [형] 두 배의, 이중의
ორკვირეული [명] 2 주일
ორკლასიანი [형] 두 종류로 분류된

ორლესული [형] 쌍날의
ორლიანდაგიანი [형] 바퀴가 둘인, 이륜(二輪)의; (철도가) 복선의
ორმაგად [부] 두 배로, 이중으로
ორმაგი [형] 두 배의, 이중의
ორმო [명] 구멍, 팬 곳
ორმოცდაათი [수] 오십 (50)
ორმოცდამეათე [수] 50번째
ორმოცი [수] 사십 (40)
ორმხრივი [형] 쌍방의, 상호간의; ორმხრივი შეთანხმება 쌍방 간의 동의
ორნაირად [부] 두 가지 길[방법]로
ორნაირი [형] 2종의, 이중의
ორნამენტაცია [명] 장식(물)
ორნამენტი [명] 장식, 꾸민 양식
ორნამენტული [형] 장식의, 장식적인
ორნი [수] 둘 (2)
ორნიშნა [형] 두 자리 수의
ოროვანდი [명] [식물] 우엉
ოროთახიანი [형] (집이) 방 두 개짜리의
ორომტრიალი [명] 동요, 혼란, 무질서
ორ-ორი [부] 2개 한 쌍으로
ორპირი [형] 위선적인, 표리부동의 — [명] 언행에 표리가 있는 사람
ორპირობა [명] 위선적임, 표리부동, 일구이언 — [동] 표리가 있는 행동을 하다
ორპირული [형] 위선적인, 표리부동의

ორსართულიანი [형] (건물이) 이층의, 이층으로 된

ორსაწოლიანი ლოგინი [명] 더블 침대, 2인용 침대

ორსული [형] 임신한; ორსული ქალი 임신부

ორსულობა [명] 임신 — [동] 임신하다

ორფა [형] 두 가닥의, 두 겹의

ორფერდა (სახურავი) [명] 박공 지붕

ორფეროვანი [형] 두 가지 색의

ორფეხა [형] 다리가 둘인

ორფრთიანები [명] [곤충] 쌍시류

ორშაბათი [명] 월요일; ორშაბათობით 월요일에

ორცხობილა [명] 비스킷, 두 번 구운 과자

ორწერტილი [명] 쌍점, 콜론 (:)

ორწლიანი [형] 2년의, 2년마다의

ორჭოფი [형] 양면적인, 표리부동한; 회피하는

ორჭოფობა [명] 표리부동

ორჭოფულად [부] 얼버무려, 회피하여

ორხელ [부] 두 번, 2회

ორხმოვანი [명] [언어] 이중모음

ორჯერ [부] 두 번

ორჯერადი [형] 이중의; 반복된

ოსეთი [명] 오세티아; სამხრეთ ოსეთი 남(南)오세티아 (그루지야령)

ოსი [명] 오세트인

ოსმალეთი [명] ოსმალეთის იმპერია [역사] 오스만 제국

ოსმალო [명] 오스만 사람

ოსპი [명] [식물] 렌즈콩
ოსტატი [명] 장인(匠人), 숙련공; 대가, 명인, 명수
ოსტატობა [명] 숙련된 기술, 능숙한 솜씨
ოსტატურად [부] 숙련되게, 능숙하게
ოსტატური [형] 숙련된, 능숙한
ოსური [형] 오세티아의; ოსური ენა 오세트어
ოფისი [명] 사무실
ოფიცერი [명] (군대의) 장교
ოფიციალურად [부] 공식적으로
ოფიციალური [형] 공(公)의, 공식적인; ოფიციალური მონაცემები 공식 자료; ოფიციალური ცნობა 코뮈니케, (외교상의) 공식 발표, 성명(서)
ოფიციანტი [명] 급사, 웨이터, 웨이트리스
ოფლი [명] 땀, 발한(發汗); ცივი ოფლი 식은 땀; ოფლში 땀에 흠뻑 젖어; ოფლის მოდენა 땀흘리다
ოფლიანი [형] 땀에 젖은
ოფოფი [명] [조류] 후투티
ოქმი [명] ① 의사록(議事錄) ② [법률] 기소[고발](장)
ოქრო [명] 금(金); ოქროს საბადო 채금(採金); ოქროს ფასად 무게로 따졌을 때 금과 같은 가치가 있는; ოქროს მარაგი 금 보유고; ოქროს ქვიშა 사금(砂金), 금가루; ოქროს საუკუნე 황금 시대; ოქროს მონეტა 금화(金貨)
ოქრომჭედელი [명] 금 세공인
ოქროს [형] 금의
ოქროსი [형] 금의, 금으로 된

ო

ოქროსფერი [형] 금빛의
ოქტავა [명] [음악] 옥타브
ოქტომბერი [명] 10 월
ოღონდ [부] 오직, 다만, ~뿐; ოღონდ კი 만일 ~이라면, (~을) 조건으로 하여
ოღონდაც [부] 오직, 다만, ~뿐
ოღროჩოღრო [형] 울퉁불퉁한, 거친, 고르지 않은
ოცდაათი [수] 삼십 (30)
ოცდამეათე [수] 30 번째
ოცეული [명] [군사] 대(隊), 군대, 부대
ოცი [수] 이십 (20)
ოცნება [명] 꿈; 몽상 — [동] 꿈꾸다; 몽상에 잠기다
ოცნებობა [명] 꿈꾸기 — [동] 꿈꾸다
ოწინარი [명] 윈치, 권양기
ოხ [감] 오!
ოხერი [형] 저주받은
ოხერტიალი [명] 폐물, 쓰레기
ოხვრა [명] 신음, 한숨 — [동] 신음하다, 끙끙거리다, 한숨 짓다
ოხრა [명] 황토(黃土)
ოხრახუში [명] [식물] 파슬리
ოხუნჯი [명] 익살꾼, 농담하는 사람
ოხუნჯობა [명] 익살, 농담
ოხუნჯური [형] 농담 잘하는, 재치 있는, 유머러스한
ოხშივარი [명] 김, 증기

ოჯახი [명] 가족, 가정; ოჯახის კაცი 가정적인 사람; ოჯახის მიტოვება 가족을 버리다
ოჯახისთავი [명] 가장(家長)
ოჯახობა [명] ① 가사, 집안 일 ② 아내
ოჯახური [형] 집안의, 가정의; ოჯახური მდგომარეობა 가족 상황, 결혼 상황; ოჯახური საქმეები 가정 일
ოჯახქორი [형] 저주받은
ოჰ [감] (감탄을 표시하여) 오!, 아!

პ

პაემანი [명] (만남) 약속; პაემანის დანიშვნა 만날 약속을 잡다; პაემანზე მისვლა 약속을 지키다

პაექრობა [명] 공개 토론, 논의 — [동] 토론하다, 논의하다

პავილიონი [명] 전시관, 대(大)홀

პათეტიკური [형] 감상적인, 정서적인

პათოლოგია [명] 병리학

პათოლოგიური [형] 병리학상의

პათოსი [명] [예술] 정념(情念), 파토스

პაი [명] 몫, 지분, 권리

პაიკი [명] (체스의) 졸(卒)

პაიჭი [명] 각반(脚絆)

პაკეტი [명] 짐꾸러미, 소포

პაკისტანი [명] 파키스탄

პალატა [명] (양원제 의회의) 의원(議院); ლორდთა პალატა 상원; თემთა პალატა 하원

პალეოგრაფია [명] 고문서학

პალეონტოლოგი [명] 고생물학자

პალეონტოლოგია [명] 고생물학

პალესტინა [명] 팔레스타인

პალმა [명] [식물] 야자(수)

პალო [명] 말뚝, 막대기

პალტო [명] 외투, 코트

პამიდორი [명] 토마토

პამპულა [명] 어릿광대

პამპულაობა [명] 익살 — [동] 익살부리다
პამფლეტი [명] 팸플릿
პამფლეტისტი [명] 팸플릿 저자
პანაშვიდი [명] 만가(挽歌), 장송가, 애도가, 레퀴엠; სამოქალაქო პანაშვიდი 장례 의식
პანთეიზმი [명] [철학] 범신론
პანთეისტი [명] 범신론자
პანთეისტური [형] 범신론의
პანთეონი [명] 판테온, 만신전(萬神殿)
პანიკა [명] 공황, 공포, 패닉
პანიკური [형] 공황에 빠진, 겁내는
პანტა [명] [식물] 돌배나무
პანტა-პუნტით [부] 끊임없이, 줄기차게
პანტომიმა [명] 무언극, 판토마임
პანტომიმური [형] 판토마임의
პანორამა [명] 파노라마, 전경(全景)
პანღური [명] 차기, 킥; პანღურის ამოკვრა 차다, 걷어차다
პაპა [명] 할아버지; პაპის პაპა 조상, 선조
პაპანაქება [명] (모진) 더위, 열
პაპი [명] (로마) 교황
პაპიროსი [명] 궐련
პაპირუსი [명] 파피루스
პაპისპაპა [명] 증조할아버지
პარაბოლა [명] [수학] 포물선
პარაბოლური [형] 포물선의
პარაგრაფი [명] (문장의) 절(節), 단락, 패러그래프

პარადი [명] ① 행렬, 퍼레이드, 행진 ② [군사] 열병, 사열
პარადოქსალური [형] 역설의, 패러독스의
პარადოქსი [명] 역설, 패러독스
პარაზიტი [명] ① 기생충 ② 식객, 기식자
პარაზიტული [형] 기생적인, 식객 노릇을 하는
პარალელი [명] 평행선
პარალელიზმი [명] 평행 (관계)
პარალელურად [부] 평행하게, 나란히; 동시에
პარალელური [형] 평행한, 서로 나란한
პარალიზებული [형] 마비된, 움직이지 않는
პარასკევი [명] 금요일; პარასკეობით 금요일에, 금요일마다
პარაშუტი [명] 낙하산
პარაშუტისტი [명] 낙하산 강하자
პარვა [동] 훔치다, 도둑질하다, 슬쩍하다 — [명] 도둑질, 절도
პარვით [부] 몰래, 은밀히
პარიზელი [명] 파리 사람
პარიზი [명] 파리 (프랑스의 수도)
პარიკმახერი [명] 이발사
პარიტეტი [명] 동가(同價), 동률; პარიტეტულ საწყისებზე (~와) 동등한, 같은 수준의
პარკეტი [명] 쪽모이 세공(으로 깐 마루)
პარკი[1] [명] 누에 고치
პარკი[2] [명] 주머니, 백
პარკი[3] [명] 공원(公園)
პარკინსონის დაავადება [명] [병리] 파킨슨병

პარკუჭი [명] [해부] (심장의) 심실(心室)
პარლამენტარიზმი [명] 의회 정치[주의]
პარლამენტარული [형] 의회의; პარლამენტარული წყობილება 의회 제도; პარლამენტარული არჩევნები 의원 선거
პარლამენტი [명] 의회
პაროდია [명] 패러디, 풍자
პაროდირება [동] 패러디하다, 풍자하다
პაროლი [명] 암호, 패스워드
პაროქსიზმი [명] (감정 따위의) 격발, 발작
პარსვა [동] 면도하다 — [명] 면도
პარტახტიანი [명] [병리] 발진티푸스, 반점열
პარტერი [명] (극장의) 아래층 뒤쪽 반원형 좌석
პარტია [명] ① 당(黨), 정당; კომუნისტური პარტია 공산당 ② (게임의) 1 회, 세트
პარტიზანი [명] 게릴라, 빨치산
პარტიზანული [형] პარტიზანული ომი 게릴라전(戰)
პარტიკულარული [형] 특별한
პარტიულობა [명] 당적(黨籍); 당파심; 당의 강령
პარტნიორი [명] 동료, 파트너
პასაჟი [명] 통로
პასექი [명] [기독교] 부활절
პასიანსი [명] 인내, 끈기
პასივი [명] 부채, 채무
პასიური [형] 수동적인, 소극적인
პასიურობა [명] 수동적임, 소극적임
პასპორტი [명] 여권, 패스포트

პასტა [명] 파스타 (요리)

პასტერიზებული [형] (우유 따위가) 파스퇴르법으로 저온 살균된

პასტორალი [형] [예술] 목가적인, 전원시풍의

პასტორალური [형] 목가적인, 시골의, 전원의

პასტორი [명] 성직자, 목사

პასუხი [명] 대답, 응답; პასუხის გაცემა, პასუხის მიცემა 대답 [응답]하다; პასუხად 답하여

პასუხისგება [명] 책임(감); პასუხისგებაში მიცემა 책임을 묻다

პასუხისმგებელი [형] 책임 있는; პასუხისმგებელი მუშაკი 임원, 관리직

პასუხისმგებლობა [명] 책임, 의무

პატაკი [명] 보고, 통지, 알림

პატარა [형] 작은, 소형의, 적은; 어린; პატარა ბავშვი 아기; პატარა ნაჭერი 자른 조각; პატარა წერილი 종잇조각; პატარა ხიდი 작은 다리, 보행교

პატარაობა [명] 어린 시절, 유년기; პატარაობისას 어린 시절에

პატარაობიდანვე [부] 어릴 적부터

პატარძალი [명] 신부(新婦)

პატენტი [명] 특허권, 면허; პატენტის გაცემა 특허권을 주다

პატიება [명] 용서, 면죄; მაპატიეთ! 미안합니다 — [동] 용서하다, 면죄하다

პატიებული [형] 용서받은, 사면된

პატივაყრილი [형] 불명예스러운, 망신을 당한

პატივი [명] 경의, 존경

პატივისმცემელი [형] 존경하는, 경의를 표하는 — [명] (다른 사람을) 존경하는 사람, 찬양자, 숭배자

პატივისცემა [명] 존경 — [동] 존경하다

პატივისცემით [부] 정중하게, 존경심을 표하여

პატივმოყვარე [형] 대망[야심]을 품은 — [명] 야심가

პატივმოყვარეობა [명] 대망, 야심, 야망, 포부

პატივსადები [형] 정당한, 타당한

პატივცემული [형] 존경할 만한, 훌륭한

პატიმარი [명] 죄수, 기결수

პატიმრობა [명] 투옥, 구금

პატიოსანი [형] 정직한, 올바른, 훌륭한

პატიოსნად [부] 정직하게, 올바르게

პატიოსნება [명] 정직; 성실; 고결

პატრიარქალური [형] 총대주교의

პატრიარქი [명] (동방정교회의) 총대주교

პატრიარქობა [명] 총대주교의 지위

პატრიოტი [명] ① 애국자 ② 열성적인 사람, 지지자

პატრიოტიზმი [명] 애국심; 향토심

პატრიოტობა [동] 애국자다, 애국심이 있다

პატრიოტული [형] 애국적인

პატრონი [명] 주인, 소유주; 보호자, 수호자

პატრონობა [동] 보호하다, 수호하다 — [명] 보호, 수호

პატრული [명] [군사] 순찰, 정찰, 감시

პატრულირება [동] [군사] 순찰하다, 정찰하다, 감시하다

პატრუქი [명] (양초의) 심지

პაუზა [명] 잠깐 멈춤, 중간 휴식, 막간, 휴지(休止)

პაქტი [명] 조약, 계약, 협정; თავდაუსხმელობის პაქტი 불가침 조약

პაშტეტი [명] 파이, 고기 만두

პაციენტი [명] 병자, 환자

პაციფიზმი [명] 평화주의

პაციფისტი [명] 평화주의자, 반전론자

პაწაწა [형] 작은, 조그마한, 연소(年少)한 — [명] 아기

პაწაწინა [형] 작은, 조그마한, 연소한

პაწია [형] 아주 작은

პედაგოგი [명] 교사, 선생, 교육자

პედაგოგია [명] 교육학, 교수법

პედაგოგიკა [명] 교육학, 교수법

პედაგოგიური [형] 교육학의, 교수법의; პედაგოგიური ინსტიტუტი 교육학 전문학교

პედაგოგობა [동] 교사가 되다

პედალი [명] (자전거 등의) 페달

პედანტი [명] 학자연하는 사람, 교육자인 척하는 사람

პედანტიზმი [명] 학자 티를 냄, 현학

პედანტური [형] 학자 티를 내는, 현학적인

პეკინი [명] 베이징, 북경

პენიცილინი [명] [약학] 페니실린

პენსია [명] 연금; ინვალიდობის პენსია 장애인 연금

პენსიონერი [명] 연금 수령자

პეპელა [명] [곤충] 나비

პერანგი [명] 셔츠; 슈미즈 (여성용 속옷); პერან-გის ამხანაგი 바지, 판탈롱

პერგამენტი [명] 양피지; პერგამენტის ქაღალდი 기름종이, 유지

პერიოდი [명] 기간, 시기, 시대

პერიოდიკა [명] 정기간행물, 잡지류

პერიოდულად [부] 정기적으로

პერიოდული [형] 정기적인; პერიოდული ჟურნა-ლი 정기 간행 잡지

პერიფრაზა [명] 완곡법, 에둘러 말하기

პერონი [명] (정거장의) 플랫폼

პერპენდიკულარი [형] 수직의, 직각을 이룬

პერსონალი [명] 인원, 직원, 스태프

პერსონალურად [부] 개인적으로

პერსონალური [형] 개인의; პერსონალური კომპი-უტერი 개인용 컴퓨터, PC

პერსონაჟი [명] 등장 인물

პერსპექტივა [명] 전망, 조망; პერსპექტივაში 전망하건대

პერსპექტიული [형] 장기적인; პერსპექტიული გეგმა 장기 계획

პერფექტი [명] [문법] 완료 시제

პეშვი [명] 한 움큼, 한 손 가득

პეწენიკი [명] 맵시꾼, 멋쟁이

პეწი [명] 광택, 빛남

პიანინო [명] 피아노; პიანინოს დაკვრა 피아노를 연주하다

პიანისტი [명] 피아니스트, 피아노 연주자

პიგმენტაცია [명] 염색, 착색

პიგმენტი [명] 안료(顔料), 색소

პიგმენტური [형] 색소의

პიესა [명] 연극; (음악) 작품

პიკანტური [형] 흥미를 돋구는, 신랄한

პიკანტურობა [명] 신랄, 통쾌; 흥미, 자극

პიკი [명] 꼭대기, 정상

პიკირება [동] 물에 뛰어들다, 잠수하다, 다이빙하다 — [명] ① 잠수, 다이빙 ② 급강하

პიკნიკი [명] 소풍, 피크닉

პიკული [명] 절임, 피클

პილოტაჟი [명] 비행; 비행기의 조종; უმაღლესი პილოტაჟი 곡예 비행

პილოტი [명] (비행기) 조종사, 파일럿

პილოტირება [동] (비행기를) 조종하다

პილპილი [명] 후추

პიონერი [명] 개척자, 선구자

პიონერობა [동] 개척자[선구자]가 되다

პიჟამა [명] 파자마, 잠옷

პირადად [부] 개인적으로, 사적으로

პირადი [형] 개인의, 개인적인, 사적인; პირადი მდივანი 비서

პირადობა [명] 개성, 개인의 특성

პირამდე [부] 넘치도록 가득 차

პირამიდა [명] 피라미드
პირამიდული [형] 피라미드형의
პირაპირი [명] 접합부, 조인트
პირას [부] (~의) 경계에; სიკვდილის პირას 죽음의 자리[문턱]에서
პირბადე [명] 베일, 가리개
პირგამშრალი [형] 바짝 마른[건조한]
პირგაპარსული [형] 말끔하게 면도한
პირგაუპარსავი [형] 면도하지 않은
პირგახეული [형] 수치를 모르는, 뻔뻔스러운
პირდაბანილი [형] 씻긴, 씻은
პირდაპირ [부] 곧바로, 똑바로, 직접적으로; პირდაპირ თქმა 터놓고 말하다
პირდაპირი [형] 곧은, 똑바른, 직접적인; პირდაპირი ხაზი 직선; პირდაპირი ადამიანი 직선적인[에두르지 않는] 사람; პირდაპირი დამატება [문법] 직접목적어
პირდაპირობა [명] 직접적임
პირდაუბანელი [형] 씻지 않은
პირდაღებული [명] 둔한 사람, 얼간이
პირდაღვრემილი [형] 부루퉁한, 기분이 언짢은
პირვანდელი [형] ① 최초의, 시작의, 처음의 ② 초보의, 기본이 되는
პირველად [부] 처음으로; პირველად ცხოვრებაში 난생 처음으로
პირველადი [형] 첫째의, 주요한, 근본적인
პირველდაწყებითი [형] 초보의, 기본이 되는
პირველთანრიგოსანი [형] 일류의, 최상의

პირველი [수] 첫 번째; 제 1 의; პირველი იანვარი 1 월 1 일; პირველი თავი 제 1 장(章); პირველი ხილი 첫 수확물, 햇것, 맏물; პირველი მოსწავლე 가장 우수한 학생, 수제자; პირველი რეისი 첫 항해; პირველი შეხედვით 첫눈에, 즉시; პირველ რიგში 첫째로, 우선; პირველი შემთხვევისთანავე 형편 닿는 대로, 되도록 빨리

პირველკურსელი [명] 1 학년생, 신입생

პირველმაისობა [명] 노동절, 메이데이 (5 월 1 일)

პირველობა [명] ① 우월, 탁월, 발군 ② [스포츠] 선수권, 우승, 패권 — [동] 우선권을 갖고 있다

პირველსახე [명] 원형(原型), 원조

პირველყოფილი [형] 원시의, 기원의, 초기의

პირველწყარო [명] 기원, 근원

პირველხარისხოვანი [형] 일류의, 일등급의, 가장 좋은

პირი [명] ① (신체의) 입; პირში თქმა 진실을 말하다; ყველას პირზე აკერია 모든 사람들의 입에 오르내리어, 인구에 회자 되어; პირის ღებინება 구토하다, 게우다 ② 사람 ③ 사본 (寫本); პირის გადაღება 복사하다, 사본을 만들다 ④ 변두리, 가장자리; 편 ⑤ პირის შეკვრა 동의, 협정; პირის დაბანა 씻다

პირიანი [형] 정직한, 충성스러운, 믿음직한

პირიანობა [명] 정직, 충성

პირიმზე [명] 아름다움, 미(美)

პირისახე [명] 서로 얼굴을 바라봄, 대면

პირისპირ [부] 서로 마주보고, 정면으로 맞서서
პირისფარეში [명] 하인, 종
პირისფერი [형] 분홍색의, 장밋빛의
პირიქით [부] 그와는 반대로, 이에 반(反)해서
პირმოთნე [명] 위선자 — [형] 아첨하는, 알랑거리는
პირმოთნეობა [명] 위선; 감언이설, 아첨 — [동] 아첨하다, 알랑거리다
პირმოთნეობით [부] 위선적으로; 아첨하여
პირმშვენიერი [형] 아름다운, 멋진
პირმშო [명] 첫 아이, 맏이, 장자; 첫 소산
პირნათლად [부] 정직하게
პირნაკლი ზმნა [명] [문법] 비인칭 동사
პირობა [명] 조건, 조항; აუცილებელი პირობა 필요 불가결한 조건, 필수 조건; ხელშეკრულების პირობები 협정의 조항; იმ პირობით, რომ ~ ~라는 조건으로; შრომის პირობები 작업 여건, 근로 환경
პირობები [명] 주변 조건, 상황
პირობით [부] (~라는) 조건 하에, 조건부로
პირობითი [형] 조건부의; პირობითი სასჯელი [법률] 집행 유예; პირობითი კილო [문법] 조건법; პირობითი წინადადება [문법] 조건절
პირობითობა [명] 조건부, 조건 제한
პიროვნება [명] 사람, 개인; 개성; პიროვნების თავისუფლება 개인의 자유; პიროვნების დადასტურება 신원을 증명하다
პიროვნული [형] 개인의, 개인적인, 사적인

პ

პირსაზანი [명] 세면대
პირსავსე [형] 가득 찬
პირსახოცი [명] 수건, 타월
პირსისხლიანი [형] 피에 굶주린, 잔혹한
პირსუკან [부] (사람이) 없는데서, 이면에서
პირუთვნელი [형] 공정한, 공평한, 편견 없는
პირუთვნელობა [명] 공정, 공평, 편견 없음
პირუკუ [부] 잘못되어, 틀려
პირუტყვი [명] 가축
პირუტყვული [형] 짐승의, 짐승 같은
პირფერი [명] 위선자
პირფერობა [명] 위선 — [동] 위선적인 행동을 하다
პირფერული [형] 위선의, 위선적인
პირქარი [명] 역풍, 맞바람
პირქვე [부] 거꾸로, 뒤집혀
პირქუშად [부] (기분이) 언짢아, 시무룩하게
პირქუში [형] (기분이) 언짢은, 시무룩한, 뚱한
პირქუშობა [명] (기분이) 언짢음, 시무룩함, 뚱함
პირშავი [형] 부정직한, 비난할 만한
პირში თქმა [동] 솔직하게 말하다
პირშუშხა [명] [식물] 양고추냉이
პირწავარდნილი [형] პირწავარდნილი მამაა 그는 아버지를 쏙 빼닮았다
პირწმინდად [부] 완전히
პირხმელი [형] 야윈, 마른
პისტოლეტი [명] 권총, 피스톨
პიტალო [명] 가파름, 험준함

პიტნა [명] [식물] 박하, 민트
პიცა [명] 피자
პიჯაკი [명] 재킷; 코트
პკურება [동] (흩)뿌리다, 튀기다 — [명] (흩)뿌리기, 튀기기
პლაგიატი [명] 표절, 도용
პლაგიატორი [명] 표절자, 도용인
პლაზმა [명] ① [생리] 혈장(血漿) ② [생물] 원형질 ③ [물리] 플라스마
პლაკატი [명] 플래카드, 포스터
პლანერი [명] 글라이더, 활공기
პლანეტა [명] [천문] 행성; ჯუჯა პლანეტა [천문] 왜행성, 왜소행성
პლანეტარიუმი [명] 플라네타리움, 별자리 투영기
პლანეტური [형] 행성의
პლანი → გეგმა
პლანტაცია [명] 대규모 농원, 플랜테이션
პლაჟი [명] 해변, 바닷가
პლასტიკა [명] 플라스틱, 합성수지
პლასტიკური [형] 플라스틱의, 합성수지의
პლასტიკურობა [명] 가소성(可塑性), 성형력(成形力)
პლასტილინი [명] 세공용 점토의 하나
პლატინა [명] [화학] 백금
პლატო [명] 대지(臺地), 고원
პლატონური [형] 순(純)정신적인; პლატონური სიყვარული 플라토닉 러브

პლაცდარმი [명] [군사] 교두보, 전진을 위한 발판

პლაცკარტი [명] 예약석

პლებეი [명] 평민, 대중, 서민

პლებსი [명] 하층민, 민중

პლევრიტი [명] [병리] 늑막염

პლენარული [형] 전원 출석한; პლენარული სხდომა 본회의, 총회

პლენუმი [명] 총회

პლიაჟი [명] 해수욕장

პლომბვა [동] 납으로 봉하다; (치과에서) 충전재를 사용하다 — [명] (치과의) 충전재

პლომბი [명] 납으로 봉하기; 치강(齒腔)의 충전

პლომბირი [명] 아이스크림

პლურალიზმი [명] [철학] 다원론

პლურალისტური [형] 다원론의

პლუსი [명] 플러스, 더하기

პლუტოკრატია [명] 금권(金權) 정치

პლუტოკრატიული [형] 금권 정치의

პობა [동] 자르다, 쪼개다

პოდაგრა [명] [병리] 통풍(痛風)

პოდპოლკოვნიკი [명] [군사] 중령

პოდპორუჩიკი [명] [군사] 소위

პოეზია [명] 시(詩), 시가, 운문

პოემა [명] 시(詩)

პოეტი [명] 시인(詩人)

პოეტიკა [명] 시학(詩學), 시론

პოეტობა [동] 시인이 되다

პოეტური [형] 시의, 시적인
პოვნა [동] 찾다, 발견하다 — [명] 발견
პოზა [명] 자세, 태도
პოზიორი [명] 허식가, 젠체하는 사람
პოზირება [동] 앉다; 포즈를 잡다
პოზიტივიზმი [명] [철학] 실증론
პოზიტივისტი [명] 실증주의자
პოზიტიური [형] 긍정적인, 적극적인
პოზიცია [명] 위치, 입장; პოზიციის დაკავება 입장을 취하다; ხელსაყრელი პოზიცია 유리한 위치[입장]
პოზიციური ომი [명] [군사] 참호전
პოლარული [형] 극지방의, 북극의; პოლარული წრე 극권(極圈); პოლარული ექსპედიცია 극지방 탐험; პოლარული ღამე 극지방의 밤
პოლემიკა [명] 논쟁, 반론
პოლემიკური [형] 논쟁적인, 논쟁을 좋아하는
პოლემისტი [명] 논쟁자, 논객
პოლიგლოტი [명] 다국어 혼합
პოლიგონი [명] [수학] 다각형
პოლიგრაფია [명] 각종 인쇄술, 그래픽 아트
პოლიგრაფიული [형] 각종 인쇄술의, 그래픽 아트의
პოლიკლინიკა [명] 종합 병원[진료소]
პოლიკლინიკური [형] 종합 병원의
პოლიომიელიტი [명] [병리] 소아마비
პოლიტბიურო [명] 정치국
პოლიტეკონომია [명] 정치 경제학

პოლიტემიგრანტი [명] 정치상의 망명자

პოლიტექნიკუმი [명] 종합 기술 전문 학교, 폴리테크닉

პოლიტექნიკური [형] 종합 기술의, 여러 가지 공예의

პოლიტიკა [명] 정치; 정책; საგარეო პოლიტიკა 외교 정책; ძალის პოლიტიკა 권력 정치

პოლიტიკოსი [명] 정치가

პოლიტიკური [형] 정치의, 정치적인; პოლიტიკური ბრძოლა 정치 투쟁; პოლიტიკური უფლებები 정치적 권리; პოლიტიკური მოღვაწე 정치인, 정치가

პოლიტსამმართველო [명] 정치 행정

პოლიცია [명] 경찰

პოლიციელი [명] 경찰관

პოლიციური [형] 경찰의

პოლკი [명] [군사] 연대

პოლკოვნიკი [명] [군사] 대령

პოლონეთი [명] 폴란드

პოლონეთისა [형] 폴란드의

პოლონელი [명] 폴란드 사람

პოლონური [형] 폴란드의; პოლონური ენა 폴란드어 — [명] 폴란드어

პოლუსი [명] 막대기, 장대

პომადა [명] 립스틱

პომიდორი [명] 토마토

პონი [명] 조랑말

პონტია [형] (구어체에서) 최고의, 멋진

პოპულარიზაცია [명] 대중화

პოპულარიზება [동] 대중화하다

პოპულარობა [명] 인기, 대중성

პოპულარული [형] 인기있는, 대중적인

პოპური [명] [음악] 혼성곡

პორნოგრაფია [명] 포르노그래피

პორნოგრაფიული [형] 포르노(물)의

პორტატიული [형] 들고[가지고] 다닐 수 있는, 휴대용의

პორტი [명] 항구

პორტო [명] 우편 요금

პორტრეტი [명] 초상화

პორტრეტისტი [명] 초상화가

პორტსიგარი [명] 담뱃갑

პორტუგალია [명] 포르투갈

პორტუგალიელი [명] 포르투갈어 — [형] 포르투갈의

პორტუგალიის [형] 포르투갈의

პორტუგალიური [형] 포르투갈의; პორტუგალ-ური ენა 포르투갈어

პორტფელი [명] 서류첩, 손가방

პორცია [명] 몫, 부분; სამი პორცია ხორცი 3 인분의 고기

პოსტი [명] 지위, 직(職); პოსტზე ყოფნა (어떤) 직위에 남아 있다

პოსტსკრიპტუმი [명] (편지의) 추신(追伸), P.S.

პოსტპოზიცია [명] [문법] 후치사

პოტენცია [명] 가능성, 잠재적인 것

პოტენციალი [명] 가능성, 잠재력
პოტენციალური [형] 가능한, 잠재적인
პოხიერი [형] 다산의; 기름진
პრაგმატიზმი [명] 실용주의, 프래그머티즘
პრაგმატული [형] 실용적인
პრავა [명] (구어체에서) 운전 면허증
პრანჭვა [동] 얼굴을 찡그리다 — [명] ① 얼굴을 찡그림 ② 가장, (~인) 체함
პრანჭია [명] 포즈를 취하는 사람, (~인) 체하는 사람
პრასა [명] [식물] 부추
პრაქტიკა [명] 실행, 연습, 실습; პრაქტიკაში 실제로
პრაქტიკანტი [명] 견습생
პრაქტიკის [형] 실제적인
პრაქტიკოსი [명] 실행가, 실제 업무를 보는 사람
პრაქტიკული [형] 실제적인; პრაქტიკული მოღვაწეობა 실제 활동; პრაქტიკული მეცადინეობა 실제 연습; პრაქტიკული მუშაობა 실무
პრეზერვატივი [명] 콘돔
პრეზიდენტი [명] 대통령
პრეზიდენტობა [명] 대통령의 직(職)
პრეზიდიუმი [명] (구소련의) 최고 회의 간부회
პრეისკურანტი [명] 가격표; 메뉴
პრემია [명] ① 상여금, 보너스, 프리미엄, 팁; პრემიის მიღება 프리미엄을 받다 ② 상(賞)
პრემიერა [명] (공연의) 초연, 초일, 첫날
პრემიერი [명] 총리

პრემიერ-მინისტრი [명] 총리

პრეპარატი [명] (실험 목적의) 준비

პრეპარატორი [명] (실험실 따위의) 조수

პრეპარირება [동] (실험 따위를) 준비하다

პრესა [명] 언론(계), 저널리즘

პრესკონფერენცია [명] 기자 회견

პრესპაპიე [명] 문진, 서진(書鎭)

პრესტიჟი [명] 위신, 명성; **პრესტიჟის ამაღლება** 위신을 높이다; **პრესტიჟის შენარჩუნება** 체면을 지키다, 체면이 서다

პრეტენდენტი [명] 요구하는 사람, 노리는 사람

პრეტენზია [명] 요구, 주장; **პრეტენზიის განცხადება** 요구하다, 주장하다

პრეტენზიული [형] 젠체하는

პრეტენზიულობა [명] 젠체함

პრეფექტი [명] 지사, 장관

პრეფექტურა [명] 지사[장관]의 직

პრეფიქსი [명] [문법] 접두사

პრეცედენტი [명] 전례(前例); **სასამართლო პრეცედენტი** [법률] 판례

პრიალა [명] 빛남, 번쩍임

პრიალი [형] 빛나는, 번쩍이는 — [명] 윤, 광택

პრივატ-დოცენტი [명] 조교수

პრივილეგია [명] 특권, 특전

პრივილეგიური [형] 특권이 있는, 특별 허가된

პრიზი [명] 상(賞); **ფულადი პრიზი** 상금; **პრიზის მიღება** 상을 타다[받다]; **პრიზის მინიჭება** 상을 주다[수여하다]

პრიზიორი [명] 수상자

პრიზმა [명] [수학] 각기둥, 각주(角柱)

პრიზმული [형] [수학] 각주의

პრიმა [명] [음악] 주음(主音)

პრიმა-ბალერინა [명] 수석 무용수, 프리마 발레리나

პრიმადონა [명] (오페라의) 주연 여가수, 프리마 돈나

პრიმიტივი [형] 원시적인

პრიმიტიულად [부] 원시적으로

პრიმიტიული [형] 원시적인, 초기의

პრიმიტიულობა [명] 원시적임

პრიმუსი [명] 프라이머스 (휴대용 석유 난로)

პრინტერი [명] [컴퓨터] 프린터

პრინცესა [명] 공주

პრინცი [명] 왕자

პრინციპი [명] 원리, 원칙

პრინციპულად [부] 원칙적으로, 주의(主義)상

პრინციპული [형] 원칙의, 원칙적인; პრინციპული ადამიანი 원칙을 지키는 사람, 절조 있는 사람; პრინციპული საკითხი 원칙적인 문제; პრინციპული თანხმობა 원칙적인 동의; პრინციპული სხვაობა 원칙의 차이

პრობლემა [명] (해결하기 어려운) 문제

პრობლემატური [형] 문제의, 문제가 있는

პრობლემური [형] 문제의, 문제가 있는

პროგნოზი [명] 예지, 예측, 예보

პროგრამა [명] 프로그램, 일정표; **სასწავლო პროგრამა** 강의 계획서, 커리큘럼

პროგრამირება [동] 계획하다, 프로그램을 짜다

პროგრესი [명] 진보, 발전

პროგრესული [형] 진보하는, 진보적인

პროდუქტი [명] 산물, 생산품, 제품; **პროდუქტების მაღაზია** 잡화점

პროდუქტიული [형] 생산적인

პროდუქტიულობა [명] 생산성

პროდუქცია [명] 생산, 산출

პროექტი [명] 계획, 설계, 디자인, 프로젝트; **პროექტის შედგენა** 계획하다, 기획하다, 디자인하다

პროვიანტი [명] 양식, 음식물

პროვიზია [명] 양식, 음식물

პროვიზორი [명] 제약사, 약제사

პროვინცია [명] 지방, 시골

პროვინციალიზმი [명] 지방 기질, 시골 근성, 지방적 특질

პროვინციალობა [명] 지방 기질, 시골 근성, 지방적 특질

პროვინციელი [명] 지방민, 시골 사람

პროვინციული [형] 지방의, 시골의

პროვოკატორი [명] 첩자, 앞잡이

პროვოკაცია [명] 도발, 자극

პროვოკაციული [형] 성나게 하는, 도발하는, 자극하는

პროზა [명] ① 산문 ② 평범, 단조; **ცხოვრების პროზა** 삶의 단조로움

პროზაიკოსი [명] 산문 작가
პროზაული [형] 산문적인; 무미건조한
პროთეზი [명] 보철(補綴)물; კბილის პროთეზი 의치(義齒)
პროკლამაცია [명] 광고 전단, 리플릿
პროკონსული [명] [역사] (고대 로마의) 지방 총독
პროკურორი [명] 검사, 검찰관; გენერალური პროკურორი 검찰총장
პროლეტარი [명] 프롤레타리아, 무산자
პროლეტარიატი [명] 프롤레타리아 계급, 무산 계급
პროლეტარული [형] 프롤레타리아의, 무산 계급의; პროლეტარული რევოლუცია 프롤레타리아 혁명
პროლოგი [명] 서언(序言), 머리말, 서사(序詞), 프롤로그
პროპაგანდა [명] 선전, 프로파간다; პროპაგანდის გაწევა 선전하다, 보급시키다
პროპაგანდისტი [명] 선전원
პროპაგანდისტული [형] 선전(자)의
პროპედევტიკა [명] 예비 지식, 초보 교육
პროპედევტიკური [형] 예비의, 초보의
პროპელერი [명] 프로펠러
პროპორცია [명] 비율, 비(比)
პროპორციულად [부] 비례하여
პროპორციული [형] 비례의, 비례하는
პროპორციულობა [명] 비례

პროჟექტორი [명] 투사기, 프로젝터; 서치라이트
პროსოდია [명] 작시법; 운율론
პროსპექტი[1] [명] 큰 길, 대로
პროსპექტი[2] [명] 내용 안내서, 브로슈어
პროსტიტუცია [명] 매음, 매춘
პროტეჟე [명] 피보호자, 후견인
პროტესტანტი [명] 개신교도, 프로테스탄트
პროტესტანტიზმი [명] 개신교의 교리
პროტესტანტული [형] 개신교의, 프로테스탄트의
პროტესტი [명] 항의, 진정; პროტესტის განცხადება 항의하다
პროტექტორატი [명] 보호령
პროტექცია [명] 후원, 보호, 후견
პროტექციონიზმი [명] 보호주의
პროტონი [명] [물리] 양성자
პროფესია [명] 직업; რა პროფესიის არის? 그의 직업은 무엇입니까?; პროფესიით 직업은
პროფესიონალი [명] 직업인, 프로
პროფესიონალური [형] 직업적인, 프로의
პროფესიული [형] 직업적인, 프로의; პროფესიული კავშირი 직업병
პროფესორი [명] 교수(教授)
პროფესორობა [명] 교수직
პროფილაქტიკა [명] (질병 등의) 예방(법)
პროფილაქტიკური [형] (질병 등을) 예방하는
პროფილაქტორიუმი [명] 공공 의료 시설
პროფკავშირი [명] 직종별 노동 조합
პროფკავშირული [형] 노동 조합의

პროცედურა [명] 절차, 차례
პროცენტები [명] (은행의) 이자
პროცენტი [명] 퍼센트, 백분율
პროცენტიანი [형] 이자부(利子附)의, 이자가 붙어 있는
პროცესი [명] 과정, 처리; განვითარების პროცესი 발달
პროცესია [명] 행렬, 행진; სამგლოვიარო პროცესია 장례 행렬
პროჭი [명] (속어로) 궁둥이; 항문
პუბლიკაცია [명] 발표, 공표
პუბლიცისტი [명] 선전[홍보] 담당자
პუდინგი [명] 푸딩
პუდრი [명] (화장)분, 파우더
პულსი [명] 맥박, 고동
პუნქტი [명] ① 장소, 곳 ② 항목, 조목, 단락
პუნქტუალურად [부] 시간을 엄수하여
პუნქტუალური [형] 시간을 잘 지키는
პუნქტუაცია [명] [문법] 구두(句讀);구두법
პურადი [형] 손님을 잘 접대하는, 환대하는, 친절한 — [명] 손님을 환대하는[잘 접대하는] 사람, 친절한 사람
პურადმვირი [형] 손님을 냉대하는, 야박한, 불친절한
პური [명] 빵; პურის მცხობელი 제빵업자; პურის ნამცეცი 빵 가루
პურ-მარილი [명] (환대의 상징으로서의) 빵과 소금

პყრობა [동] (권력 따위를) 휘두르다, (상대를) 정복하다

პწკარი [명] (인쇄의) 행, 줄

ჟ

ჟაბო [명] [식물] 계란풀

ჟაკეტი [명] 재킷, 웃옷

ჟალუზი [명] (창에 달아 볕을 가리는) 블라인드

ჟამგადასული [형] 구식의, 시대에 뒤떨어진

ჟამთაღმწერელი [명] 연대기 편자

ჟამი [명] 시간; 시세(時世)

ჟანგბადი [명] [화학] 산소

ჟანგვა [동] 녹슬다, 산화하다

ჟანგი [명] 녹(綠)

ჟანგიანი [형] 녹슨

ჟანგმიწა [명] 황토

ჟანგმოდებული [형] 녹슨

ჟანრი [명] (예술 작품의) 유형, 형식, 장르

ჟელატინი [명] 젤라틴

ჟენშენი [명] [식물] 인삼

ჟესტი [명] 몸짓, 제스처

ჟესტიკულაცია [명] 몸짓하기

ჟესტიკულირება [동] 몸짓으로 나타내다, 팔을 휘두르다

ჟივილი [명] 지저귐, 짹짹거림 — [동] 지저귀다, 짹짹거리다

ჟივილ-ხივილი [명] 시끄러운 소음

ჟივჟივი [명] 지저귐, 짹짹거림

ჟილეტი [명] 양복 조끼

ჟინი [명] 변덕, 일시적인 기분

ჟინიანი [형] 변덕스러운
ჟინიანობა [명] 변덕스러움
ჟინჟღლვა [동] ჟინჟღლავს 이슬비가 내린다
ჟიჟმატი [명] 이슬비
ჟირაფი [명] [동물] 기린
ჟიური [명] 심사관, 재판관; (스포츠의) 심판; 심사위원회
ჟლეტა [동] 근절하다, 절멸시키다 — [명] 근절, 절멸
ჟოლო [명] [식물] 나무딸기, 라즈베리
ჟონგლიორი [명] 저글링하는 사람
ჟონგლიორობა [명] 저글링, 손재주 — [동] 저글링을 하다
ჟონვა [동] 젖다, 스며나오다
ჟრიამული [명] 떠드는 소리, 소음
ჟრჟოლა [동] (덜덜) 떨다, 전율하다 — [명] 떨기, 전율
ჟრუანტელი [명] 떨림, 전율
ჟუჟვა [동] 때리다, 치다
ჟურნალ-გაზეთები [명] 신문 잡지
ჟურნალი [명] ① 잡지, 정기간행물; ჟურნალის ნომერი (잡지의) 호, 이슈; ყოველთვიური ჟურნ-ალი 월간지; ყოველკვირეული ჟურნალი 주간지 ② 일지, 기록부
ჟურნალისტი [명] 저널리스트, 언론계 종사자
ჟურნალისტიკა [명] 신문 잡지업, 저널리즘
ჟურნალისტური [형] 신문 잡지의, 저널리즘의
ჟღარუნა [명] [음악] 심벌즈

ჟღარუნი [동] 덜거덕덜거덕[찰가닥찰가닥]하는 소리가 나다 — [명] 덜거덕덜거덕[찰가닥찰가닥]하는 소리

ჟღერა [동] 소리가 나다, 울리다 — [명] 소리가 남

ჟღერადი [형] 소리가 나는, 울려 퍼지는

ჟღურტული [형] 지저귀는, 짹짹 우는

რ

რა [대] [의문사] 무엇, 무슨; **რა გინდა?** 무엇을 원하느냐?; **რა ღირს ეს?** 이거 얼마에요?; **ა)რა უშავს** 그저 그래; **რის მეშვეობითაც** 무엇에 의하여

რაბინი [명] (유대교의) 랍비, 율법학자

რაგბი [명] [스포츠] 럭비

რაგინდ [부] 아무리 ~일지라도

რად [부] 왜?

რადგან [부] ~이므로, ~인 까닭에

რადგანაც [부] ~이므로, ~인 까닭에

რადიატორი [명] 방열기, 라디에이터

რადიაქტიური [형] 방사능[성]이 있는, 방사성의

რადიაცია [명] 방사, 복사; **მზის რადიაცია** 태양 복사

რადიკალი [명] 급진주의자, 과격론자

რადიკალიზმი [명] 급진주의

რადიკალური [형] 급진적인, 과격한

რადიო [명] 라디오; **რადიო მიმღები** 라디오 (수신기); **რადიოთი** 라디오로, 방송으로; **რადიოთი გადაცემა** (라디오 따위에서) 방송하다

რადიოაქტივობა [명] [물리] 방사능[성]

რადიოაქტიური [형] 방사능[성]이 있는, 방사성의

რადიოგადამცემი [명] 송신기

რადიოგადაცემა [명] 전달, 방송

რადიოგრამა [명] 무선 전보
რადიოკავშირი [명] 무선 통신
რადიომაუწყებლობა [명] 라디오 방송
რადიომიმღები [명] 라디오 수신기
რადიომოყვარული [명] 무선 통신 애호가, 아마추어 무선 통신사
რადიოსადგური [명] 라디오 방송국
რადიოტალღა [명] 전파, 전자파
რადიოტელეგრაფი [명] 무선 전신
რადიოტელეფონი [명] 무선 전화
რადიოტექნიკა [명] 무선 공학
რადიოუწყება [명] 라디오 방송
რადიოქსელი [명] 라디오망
რადისტი [명] 무선 통신사
რადიუსი [명] 반지름, 반경
რაზა [명] 걸쇠, 갈고리
რაზე [부] 무엇 때문에, 어째서
რაზედაც [부] 무엇에 관하여
რაზეც [부] 무엇에 관하여
რაზმი [명] 승무원 (전원), 일단; 파견대
რათა [접] ~하기 위해
რა თქმა უნდა [부] 물론, 당연히
რაიაღმასკომი [명] 지구 집행 위원회
რაითა [부] 무엇으로써, 무엇에 의하여
რაიმე [대] 무언가, 어떤 것
რაინდი [명] (중세의) 기사(騎士)
რაინდობა [명] 기사도 (정신)
რაინდულად [부] 기사답게, 기사도 정신으로

რაინდული [형] 기사다운, 기사도 정신의
რაიონი [명] 구역, 지구, 지역
რაიონული [형] 구역의, 지구의, 지역의
რაკეტა [명] 로케트
რაკეტული [형] 분사 추진의, 제트 엔진의
რაკი [접] ~이므로, ~이니까
რაკრაკი [동] 떨리는[불명료한] 목소리로 말하다
რაკუნი [동] 노크하다, 두드리다 — [명] 노크, 두드림
რამ [대] 무엇, 무슨
რამდენად [부] 얼마나 많이
რამდენადმე [부] 어느 정도까지
რამდენი [형] 몇, 얼마나 많은; რამდენი წლის ხართ? 몇 살입니까?; რა ღირს წიგნი? 그 책은 (가격이) 얼마입니까?
რამდენიმე [형] 몇몇의, 약간의, 얼마간의
რამდენიმეჯერ [부] 몇 번, 여러 번, 수차례
რამდენიც [부] ~정도, ~만큼
რამდენჯერ [부] [의문사] 몇 번이나
რამდენჯერმე [부] 몇 번, 여러 번, 수차례
რამე [대] 무엇이든; 무언가
რამენაირად [부] 어떻게든지 해서
რანაირად [부] 어떻게 해서든지
რანაირი [대] 어떤 (종류의), 무슨
რანგი [명] 등급, 계급
რანდვა [동] 대패질하다, 깎아내다
რაობა [명] 실질, 실속, 알맹이, 본질, 요점
რაოდენობა [명] 양, 분량, 수량

რაოდენობითი [형] 양의, 수량의, 양으로 계산된
რარიტეტი [명] 진품(珍品), 희귀한 것
რას [대] 무엇, 무슨
რასა [명] 인종, 종족
რასაკვირველი [형] 당연한, 자명한
რასაკვირველია [부] 물론, 당연히, 확실히
რასაც [대] 무엇, 무슨
რასიზმი [명] 인종주의, 민족적 우월감
რასისტი [명] 인종 차별주의자
რასობრივი [형] 인종의, 종족의
რატიფიკაცია [명] 비준, 재가, 승인
რატიფიცირება [동] 비준하다, 재가하다, 승인하다
რატომ [부] [의문사] 왜; რატომაც არა! 왜 안돼?
რატომღაც [부] 무슨 이유로, 어떤 이유로
რაფა [명] 창턱, 창 아래틀
რაფინადი [명] 각설탕
რაფინირება [동] 세련되게 하다
რაფინირებული [형] 세련된, 멋진
რაღაც(ა) [대] 무언가, 어떤 것
რაღაცნაირად [부] 어떻게든지 해서
რაში [명] 경주마, 빠른 말
რაც [대] ① [관계대명사] ~하는[라는] 것(은) ② რაც ~, მით ~ ~하면 할수록 ~해진다; რაც მთავარია 주로, 특히, 무엇보다도; რაც უნდა იყოს 그럼에도 불구하고; რაც შეიძლება 가능한 한, 되도록
რაცია [명] 무선 전신 기구, 라디오 세트
რაციონალიზაცია [명] 합리화

რაციონალური [형] 이성이 있는, 합리적인

რაწამს [부] ~하자마자

რახარუხი [명] 두드리는 소리, 시끄러운 소리

რბევა [동] 습격하다; 파멸시키다

რბენა [동] 달리다, 뛰다 — [명] 달리기

რბილი [형] 부드러운, 온화한; **რბილი სავარძელი** 안락의자

რგვა [동] (식물을) 심다

რგოლი [명] 원; 고리, 사리, 둘둘 감긴 것

რეაგირება [동] [화학] 반응하다

რეალიზაცია [명] ① 실현, 실감 ② 판매

რეალიზმი [명] 사실주의, 리얼리즘

რეალისტური [형] (예술 따위가) 사실주의의

რეალობა [명] 현실성, 사실성, 리얼리티

რეალური [형] 현실적인, 실제의, 실질적인, 실용적인; **რეალური სასწავლებელი** 공업[기술] 고등학교

რეაქცია [명] 반응, 반작용; **ჯაჭვური რეაქცია** 연쇄반응

რეაქციონერი [명] 반동주의자, 보수주의자

რეაქციული [형] 반동적인, 보수적인

რეგენერაცია [명] 재생

რეგვენი [명] 저능아, 바보

რეგიონი [명] 지방, 지역

რეგისტრაცია [명] 기재, 등록; **რეგისტრაციაში გატარება** 기재하다, 등록하다

რეგლამენტი [명] 규제; 시간 제한

რეგლამენტირება [동] 규제하다

რეგრესი [명] 되돌아감, 후퇴, 퇴보

რეგრესული [형] 되돌아가는, 후퇴하는, 퇴행적인

რეგულარული [형] 정규의; 정기(定期)의; რეგულარული ჯარები 정규군, 상비군

რეგულატორი [명] 조절기, 조절 장치

რეგულირება [동] 조정하다, 맞추다, 바로잡다, 제어하다, 통제하다 — [명] 조정, 맞추기, 바로잡기, 제어, 통제

რედაქტორი [명] 편집자; რედაქტორობით (~에) 의해 편집된, (~이) 편집한

რედაქცია [명] 편집부원; 편집실

რევა [동] ① 섞다, 휘젓다 ② გულის რევა 구토하다

რევიზია [명] 조사, 점검, 감사; 재검사

რევიზორი [명] 조사자, 점검자, 감사원

რევმატიზმი [명] [병리] 류머티즘

რევოლვერი [명] 연발 권총, 리볼버

რევოლუცია [명] 혁명; კულტურული რევოლუცია 문화 혁명; საფრანგეთის რევოლუცია [역사] 프랑스 (대)혁명; ოქტომბრის რევოლუცია [역사] (러시아의) 10월 혁명, 볼셰비키 혁명

რევოლუციამდელი [형] 혁명 전의, 전(前)혁명기의

რევოლუციონერი [명] 혁명당원; 혁명론자

რევოლუციურ-დემოკრატიული [형] 혁명-민주주의의

რევოლუციური [형] 혁명의, 혁명적인; რევოლუციური მოძრაობა 혁명 운동

რეზერვი [명] [군사] 예비군, 예비역 인원
რეზინა [명] 고무; საღეჭი რეზინა (추잉)검
რეზინი [명] 고무, 탄성 고무
რეზინისა [형] 고무의, 고무로 된
რეზოლუცია [명] 결정, 결의, 해결
რეზულტატი [명] 결과
რეისი [명] 항행; 비행; საერთაშორისო რეისები 국외 비행
რეკვა [동] (벨 소리 등이) 울리다 — [명] (소리가) 울림
რეკვიზიცია [명] 징발, 강제 징모
რეკლამა [명] 광고, 선전, 홍보; რეკლამის გაკეთება 광고하다, 선전하다
რეკომენდაცია [명] 추천; 신원 보증; რეკომენდაციის მიცემა 추천하다, 소개하다
რეკონსტრუქცია [명] 재건; რეკონსტრუქციის მოხდენა 재건하다
რეკორდი [명] 기록; მსოფლიო რეკორდი 세계 기록
რეკრუტი [명] 신병(新兵)
რელიგია [명] 종교
რელიგიური [형] ① 종교의, 종교에 관한; რელიგიური ომები [역사] 종교 전쟁 ② 종교적인, 독실한, 경건한
რელიეფი [명] 지형, 지세, (땅의) 기복
რელიეფური [형] 표면이 고르지 않은, 기복이 있는
რელსი [명] 레일, 궤조(軌條)

რემონტი [명] 수리, 수선, 보수 관리

რენტგენი [명] 뢴트겐 사진

რეორგანიზაცია [명] 개편, 재조직

რეორგანიზება [동] 개편하다, 재조직하다

რეორგანიზებული [형] 개편된, 재조직된

რეპეტიცია [명] 리허설, 총연습

რეპეტიტორი [명] 교사, 학습 지도사

რეპლიკა [명] ① [연극] 큐 ② 말대꾸, 응수

რეპორტაჟი [명] 보도, 보고

რეპორტიორი [명] 리포터

რეპრესია [명] 억압, 억제

რეპრესიული [형] 억압적인, 억제하는

რეპროდუქცია [명] 재현, 모사, 복제

რეპროდუცირება [동] 재현하다, 모사하다, 복제하다

რეპუტაცია [명] 평판, 세평

რეჟიმი [명] 제도, 체제; ეკონომიის რეჟიმი 경제 정책

რეჟისორი [명] 감독, 프로듀서; რეჟისორის ასისტენტი 부감독

რეჟისურა [명] 감독, 연출

რესპუბლიკა [명] 공화국; ავტონომიური რესპუბლიკა 자치 공화국; სახალხო რესპუბლიკა 인민 공화국

რესპუბლიკელი [명] 공화주의자

რესპუბლიკური [형] 공화국의

რესტავრაცია [명] 회복, 복구

რესტორანი [명] 음식점, 레스토랑

რესურსი [명] 자원, 자산, 자금

რეტი [명] 어지러움, 현기증

რეფერატი [명] 보고서, 평론

რეფერენდუმი [명] 국민 투표

რეფლექსი [명] 반사 (작용); პირობითი რეფლექსი 조건 반사

რეფორმა [명] 개혁, 개정; ფულის რეფორმა 통화 개혁; რეფორმის ჩატარება 개혁하다, 개정하다

რეფორმატორი [명] 개혁가

რეფორმაცია [명] [역사] 종교 개혁

რეცენზენტი [명] 평론가, 비평가

რეცენზია [명] 평론, 비평

რეცენზირება [동] 평론하다, 비평하다

რეცეპტი [명] (약의) 처방전

რეციდივი [명] [의학] (병의) 재발, 도짐

რეცხვა [동] 씻다, 세탁하다 — [명] 세탁

რეჰანი [명] [식물] 바질, 나륵풀 (향신료의 일종)

რვა [수] 여덟 (8)

რვაასი [수] 팔백 (800)

რვაფეხა [명] [동물] 문어

რვაწახნაგა [명] [수학] 8 면체

რვაჯერ [부] 여덟 번

რვეული [명] 연습장, 노트, 공책

რთვა [동] (실을) 잣다, 방적하다 — [명] 방적

რთველი [명] 포도 수확

რთული [형] 복잡한, 얽힌

რიგგარეშე [형/부] ① 순서가 뒤바뀌어 ② 비상한, 특별한

რიგზე [부] 순서에 따라, 질서 있게

რიგრიგობით [부] 하나씩, 연달아, 차례로

რიგი [명] ① 열(列), 줄; პირველ რიგებში 앞줄에, 으뜸으로; რიგში დგომა 줄을 서다 ② 차례, 순서; რიგის დაცვა 차례를 기다리다

რიგიანად [부] 상당히 잘

რიგიანი [형] 정직한, 존경할 만한, 점잖은

რიგითი [형] ① 차례를 나타내는, 서수의 ② რიგითი ჯარისკაცი [군사] 사병, 병사

რიგ-რიგად [부] 차례대로, 잇따라

რიგრიგობით [부] 차례대로, 잇따라

რიდე [명] 베일, 막

რით [부] 어떻게, 무엇으로

რითაც [부] 무엇에 의해, 무엇으로

რითი [부] 무엇으로써, 무엇에 의해

რითიმე [부] 무언가로써, 무언가에 의해

რითმა [명] (시의) 운(韻)

რითმვა [동] 운(韻)을 달다[맞추다]

რიჟრაჟი [명] 새벽, 동틀녘

რის მეშვეობითაც [부] 무엇에 의해, 무엇을 통해

რის წყალობითაც [부] 무엇에 의해, 무엇을 통해

რისამე [부] 그 어떤 무엇(이든지)

რისთვის [부] 왜, 어째서, 무엇 때문에

რისთვისაც [부] 왜, 어째서, 무엇 때문에

რისკი [명] 위험(성), 모험; არავითარი რისკი 아주 안전한; რისკის გაწევა 위험을 무릅쓰다

რისკიანი [형] 위험한, 모험적인

რისხვა [명] 화, 분노

რიტმი [명] 율동, 리듬

რიტმული [형] 율동적인, 리드미컬한

რიყის ქვა [명] (철도・도로용) 자갈, 조약돌

რიცხვი [명] ① 수(數), 숫자; 양(量)을 나타내는 수; მხოლოზითი რიცხვი 단수(單數); მათ რიცხვში (~을) 포함하여, 넣어서 ② 날짜; დღეს რა რიცხვია? 오늘이 며칠인가?; დღეს ხუთი რიცხვია 오늘은 5 일이다; ივნისის პირველ რიცხვებში 6 월 초에

რიცხვითი [형] 수의, 수를 나타내는, 숫자상의; რიცხვითი სახელი [문법] 수사

რიცხვმრავალი [형] 수많은, 다수의

რიცხვობრივი უპირატესობა [명] 수적 우세, 압도적 우세

რკალი [명] 호(弧), 아치형, 활처럼 굽은 것

რკალისებრი [형] 아치형의, 활 모양의

რკინა [명] 쇠, 철; რკინის 철을 함유한; რკინის მადანი 철광석; რკინის საუკუნე [고고학] 철기시대; რკინის ნებისყოფა 철석 같은 의지, 굳센 의지; რკინის დისციპლინა 엄격한 규율; რკინის ფარდა 철의 장막 (구소련・동유럽권의 이념적 장막)

რკინა-ბეტონი [명] 철근 콘크리트

რკინეული [형] 철의, 철제의, 쇠로 된

რკინეულობა [명] 철물, 철기류

რკინისგზა [명] 철로, 철길; რკინიგზით 철도로; რკინიგზის სადგური 철도역; რკინიგზის ტრანსპორტი 철도 교통

რკინისებური [형] 쇠 같은; 엄격한

რკო [명] [식물] 도토리

როგორ [부] [의문사] 어떻게; როგორ ხართ?, როგორ ბრძანდებით? 어떻게 지내십니까?; როგორა ხარ? 어떻게 지내니?

როგორი [대] [의문사] 어떤 종류의, 어떤

როგორმე [부] 어떻게 해서든지

როგორღაც [부] 언젠가, 한 번은

როგორც [부] ① ~(하는) 대로; როგორც გინდათ ისე გააკეთეთ 하고 싶은 대로 하세요 ② ~만큼; ის ისევე მაღალია, როგორც მე 그는 나만큼 키가 크다 ③ როგორც ეტყობა, როგორც ჩანს 아마도, 분명히; როგორც კი ~하자마자, 즉시

როდემდე [부] [의문사] 언제까지, 얼마나 오래

როდემდის [부] [의문사] 언제까지

როდესაც [부] ~할 때

როდეს-ღაც [부] 언젠가, 훗날

როდესმე [부] 언젠가, 한 번은

როდინდელი [부] [의문사] 언제부터

როდინი [명] 절구, 분쇄기

როდის [부] [의문사] 언제

როდისმე [부] 언젠가, 훗날

როიალი [명] (그랜드)피아노; როიალზე დაკვრა 피아노를 연주하다

როკენროლი [명] [음악] 로큰롤

როკი [명] 큰 가지

როლი [명] 역할, 임무; (배우의) 배역; როლის შესრულება 역할[배역]을 맡아 하다

რომ [대] [관계사] ~라는[하는] (것은)
რომაელი [명] (고대) 로마 사람
რომანი [명] 소설
რომანისტი [명] 소설가
რომანსი [명] 노래; [음악] 로맨스
რომანტიზმი [명] [문예] 로맨티시즘, 낭만주의
რომანტიკოსი [명] 낭만주의자
რომანტიკული [형] 낭만적인, 로맨틱한
რომაული [형] (고대) 로마의; რომაული ციფრები 로마 숫자
რომელი(ც) [대] [의문사] 어느, 어떤, 어느 쪽의, 누구의
რომელიმე [대] 어떤 것; 무엇이든
რომელიღაც [대] 어떤 것; 무엇이든
რომი [명] 로마; რომის პაპი 로마 교황
რომლის [대] [의문사] 누구의?
როსკიპი [명] 매춘부, 창녀
როშვა [동] 헛소리하다, 쓸데없는 소리를 지껄이다
როცა [부] ~할 때
როჭო [명] [조류] 검은멧닭, 수멧닭
რტო [명] (큰) 가지
რტყმა [동] 치다, 때리다
რუ [명] 시내, 개울
რუბრიკა [명] 표제, 제목
რუდიმენტი [명] 기본, 기초
რუდიმენტული [형] 기본의, 초보의
რუკა [명] 지도(地圖)
რუმბი [명] 포도주 담는 부대

რუმინეთი [명] 루마니아

რუმინელი [명] 루마니아 사람

რუმინული [형] 루마니아의; რუმინული ენა 루마니아어 — [명] 루마니아어

რუსეთი [명] 러시아

რუსი [명] 러시아 사람

რუსული [형] 러시아의; რუსული ენა 러시아어 — [명] 러시아어

რუქა [명] 지도(地圖)

რუხი [형] 회색의

რქა [명] (동물의) 뿔

რქენა [동] 뿔로 찌르다[받다]

რქოსანი [형] 뿔이 있는, 뿔 모양의

რქმევა [동] (이름을) 부르다

რღვევა [동] ① 부수다, 파괴하다, 허물다 ② 찢다, 따다 — [명] 파괴, 허물기

რყევა [동] 흔들다, 떨다 — [명] 흔들림, 동요

რჩევა [동] 충고하다, 조언하다, 상담하다 — [명] 충고, 조언, 상담; მისი რჩევით 그의 조언에 따라

რჩენა [동] 부양하다, 유지하다; თავის რჩენა 먹고 살다, 살아 나가다 — [명] 부양, 유지

რჩეული [형] 선별된, 정선된; რჩეული ნაწარმოები 선집(選集)

რცხილა [명] [식물] 서나무속(屬)의 식물

რძალი [명] ① 형수, 제수, 시누이, 올케 ② 며느리

რძე [명] 젖, 우유; რძის პროდუქტები 유제품

რძიანი [형] 우유의, 우유가 든; რძიანი ყავა 밀크 커피

რწევა [동] 흔들다, 움직이다 — [명] 흔들기

რწმენა [동] 믿다, 신뢰하다 — [명] 믿음, 신뢰

რწმუნება [동] 설득하다, 확신시키다 — [명] 설득, 확신시키기

რწმუნებული [명] 대리인

რწყევა [동] 토하다, 게우다 — [명] 구토

რწყვა [동] 물을 대다, 관개하다 — [명] 관개

რწყილი [명] [곤충] 벼룩

რხევა [동] 흔들리다, 동요하다, 너울거리다 — [명] 흔들림, 동요

რხევითი [형] 진동하는, 흔들리는, 변동하는

რჯული [명] 종교, 신앙

ს

საბაზანო [명] 욕실

სააგენტო [명] 기관, ~청(廳), ~국(局)

საგიტაციო [형] 선동하는, 선전하는, 정치적인

სადგილმამულო [형] 땅의, 토지의

სადრეო [형] (시기가) 이른; (과일 · 채소 따위가) 만물의

საავადმყოფო [명] 병원, 진료소; საავადმყოფოში დაწოლა 병원에 가다

საავიაციო [형] 비행의, 항공의; საავიაციო სკოლა 비행 학교; საავიაციო ქარხანა 비행기 공장

საავტორო [형] 저자의, 작가의; საავტორო ჰონორარი (작가의) 인세(印稅)

საზნაურო [형] 귀족의, 고귀한

საათი [명] ① (한) 시간; საათნახევარი 1 시간 30 분; ერთ საათში 한 시간 내에; მე ვმუშაობ ორ საათს 나는 두 시간 일한다 ② 시각, 때, 시; თორმეტი საათი 12 시; თორმეტ საათზე 12 시에 ③ 시계; ჯიბის საათი 회중 시계; კედლის საათი 괘종 시계; მაჯის საათი 손목 시계; მაღვიძარა საათი 자명종; ქვიშის საათი 모래 시계; მზის საათი 해시계; საათი ჩქარის 시계가 빨리 간다; საათი ჩამორჩება 시계가 늦게 간다

საალერსო [형] 애정 있는, 귀여워하는

საამკინძაო [명] 제책, 제본

საამო [형] 기분 좋은, 즐거운, 유쾌한

საამური [형] 기분 좋은, 즐거운, 유쾌한
საამქრო [명] 가게, 상점, 매장
საამშენებლო [형] 건축의; საამშენებლო კომპანია 건축 회사
საამწყობო [형] 조립하는
საამხანაგო [형] 우호적인, 친절한, 상냥한
საანბანო [형] 알파벳의, ABC 순의
საანგარიშე [명] 주판, 계산틀
საანგარიშო [형] 회계의; საანგარიშო წელი 회계 연도
საარაკო [형] ① 우화의, 이야기의 ② 공상적인, 있음직하지 않은
საარსებო [형] 생명의, 생활에 필요한
საარტილერიო [형] [군사] 포(병)의; საარტილერიო ცეცხლი 발포, 포격
საარქეოლოგიო [형] 고고학의
საარქივო [형] 기록의, 고문서의
საარქიტექტურო [형] 건축술의
საარშიყო [형] 연애의, 사랑하는
საარჩევნო [형] 선거의; საარჩევნო სისტემა 선거 제도; საარჩევნო კამპანია 선거 운동; საარჩევნო უბანი 선거구; საარჩევნო უბანი 투표장[소]; საარჩევნო ბიულეტენი 투표 용지; საარჩევნო უფლება 선거권, 참정권, 투표권
საატესტაციო [형] 증명하는, 입증하는
სააფთიაქო [형] 제약의, 약학의; სააფთიაქო მაღაზია 약국
სააქაო [형] 이 (넓은) 세상의

საქტო [형] საქტო დარბაზი 강당

საამშენებლო [형] 건축의

საარიცხვო [형] საარიცხვო ბარათი 등록 양식

საახალწლო [형] 새해의, 신년(新年)의; საახალ-წლო საჩუქარი 새해 선물; საახალწლო დღესასწ-აული 신년 축제

საბაბი [명] 이유, 원인, 근거

საბაგირო (გზა) [명] (화물 운송용) 삭도(索道)

საბადო [명] [지질] (퇴적)층(層), 지층

საბავშვო [형] 어린이의, 아동용의; საბავშვო ბაღი 유치원; საბავშვო ფილმი 어린이 영화; საბავშვო სიმღერები 동요, 자장가; საბავშვო სათამაშო 장난감

საბაზრო [형] 시장(市場)의; საბაზრო ფასი 시장 가격, 시가

საბალახო [명] 목초지, 목장

საბანაო [형] საბანაო კოსტუმი 수영복

საბანი [명] 담요, 이불

საბაჟო [명] 세관; საბაჟო გადასახადი 관세; საბ-აჟოს მოხელე 세관원

საბარგული [형] 짐[화물]을 싣는

საბატონო [명] (봉건 시대의) 영주의 권한의, 영주에 의한

საბედისწერო [형] 운명을 결정짓는, 숙명적인

საბედნიერო [형] 운좋은, 행운의

საბედნიეროდ [부] 운좋게, 행운으로

საბელი [명] 밧줄

საბერველი [명] 풀무

ს

საბერძნეთი [명] 그리스

საბერძნეთის [형] 그리스의

საბეჭდი [형] 인쇄의; საბეჭდი მანქანა 타이프라이터

საბითუმო [형] 도매(都賣)의; საბითუმო ვაჭრობა 도매; საბითუმო ფასები 도매 가격

საბილეთო [형] საბილეთო სალარო 매표소

საბინაო [형] 주택의; საბინაო საკითხი 주택난

საბიუჯეტო [형] 예산상의; საბიუჯეტო წელი 회계 연도; საბიუჯეტო კომიტეტი 예산 위원회

საბოლოო [형] 최후의, 최종적인, 결정적인

საბოლოოდ [부] 최후로

საბრალდებო [형] 고소의, 고발하는, 유죄로 하는

საბრალო [형] 비참한, 가엾은, 불쌍한

საბრალოდ [부] 비참하게, 가엾게, 불쌍하게

საბრუნავი თანხა [명] [경제] 유동 자본

საბრძანებელი [명] 관저, 공관

საბრძოლო [형] 싸움의, 전투의

საბუდარი [명] (새(鳥)의) 보금자리, 서식지

საბუთი [명] ① 기록 ② 논거, 증거

საბურავი [명] (자동차의) 타이어 커버

საბუქსირო გემი [명] 예인선

საბუღალტრო [형] 부기의, 회계의; საბუღალტრო წიგნი 회계 장부, 출납부

საბჭო [명] 평의회

საბჭოთა [형] 소비에트의; საბჭოთა კავშირი (구)소련, 소비에트 연방

საბჭოური [형] 소비에트의

საგა [명] 사가, 중세 북유럽의 전설, 무용담, 모험 담

საგადარჩევნო [명] 재선거

საგაზაფხულო [형] 봄의, 춘계(春季)의

საგაზეთო [형] საგაზეთო ქაღალდი 신문 용지; საგაზეთო სტატია 신문 기사

საგალობელი [명] 노래; 찬가, 찬송가

საგამომგონებლო [형] 독창적인, 창의력이 풍부한

საგამომძიებლო [형] 조사의; საგამომძიებლო კომისია 조사 위원회, 조사단

საგამოცდო [형] 시험관의, 심사원의; საგამოცდო კომისია 시험[심사] 위원회; საგამოცდო პერიო- დი 시험 기간

საგანგაშო [형] 불안한, 불편한, 폐를 끼치는

საგანგებო [형] 특별한, 보통이 아닌, 과도한

საგანგებოდ [부] 고의로, 일부러

საგანი [명] ① 물건, 물체 ② 과목, 학과

საგანმანათლებლო [형] 교육적인, 설명적인

საგანძური [명] 보고(寶庫), 보물 창고

საგარეო [형] 외부의; 외국의; საგარეო ვაჭრობა 해외 무역; საგარეო ურთიერთობა 대외 관계; საგარეო საქმეთა სამინისტრო 외무부

საგარეუბნო [형] 교외의, 도시 근교의

საგასტროლო მოგზაურობა [명] 관광 여행, 유람

საგაფიცვო კომიტეტი [명] 파업 위원회

საგეგმო [형] 계획의, 계획하는

საგვარეულო [형] 조상 전래의

საგზალი [명] (여행하면서 가지고 다니는) 양식, 식량
საგზაო [형] 여행의, 여행용의
საგზური [명] 허가
საგინებელი [형] 욕설을 퍼붓는; საგინებელი სიტყვა 욕설
საგიჟეთი [명] 정신 병원
საგლეხო [형] 시골의, 전원의, 농부의
საგმირო [형] 영웅의, 영웅적인
საგნობრივი [형] 객관적인, 구체적인
საგრძნობი [형] 느낄 수 있는, 지각할 수 있는
საგუბარი [명] 둑, 댐, 제방
საგულებელი [형] 가정된, 가상의, 추측의, (~이라고) 여겨지는
საგულისხმო [형] 중요한, 중대한
საგუნდო [형] 합창의
საგუშაგო [명] 위병소, 초소, 경비대
სად [부] [의문사] 어디에(서); 어디로
სადა [형] 단순한, 간단한
სადად [부] 단순하게, 간단하게
სადავე [명] 고삐
სადავო [형] 문제가 되는, 논쟁의 여지가 있는
სადამდის [부] 어디까지
სადარაჯო [명] 경비대; სადარაჯო ჯიხური 초소
სადარბაზო [형] 방문의, 방문용의; სადარბაზო ბარათი 명함; სადარბაზო ოთახი 응접실
სადაური [부] [의문사] 어디에서, 어디로부터
სადაფი [명] 진주층(層), 진주모(母)

ს

სადაც [부] [관계사] ~하는 (곳)

სადგარი [명] 지주, 받침대

სადგისი [명] 송곳

სადგომი [명] 거처, 사는 곳, 거주지

სადგური [명] 정거장, 역

სადეზინფექციო კამერა [명] 소독실, 살균실

სადეკორაციო [형] 장식적인

სადემონსტრაციო [형] 드러내는, 나타내는, 보여주는; **სადემონსტრაციო დარბაზი** 전시실, 진열실

სადეპუტატო [형] (양원제 의회의) 하원의

სადილი [명] 정찬(正餐); **სადილზე მიპატიჟება** 정찬에 초대하다

სადილობა [동] 정찬을 들다 — [명] 정찬 시간

სადილობამდე [부] 오전에

სადილობისას [부] 정찬 시간에

სადიპლომო შრომა [명] 졸업 논문

სადირექტივო [형] 지도적인, 지도하는, 지시하는

სადისკუსიო [형] 논쟁의 여지가 있는

სადმე [부] 어디엔가

სადნობი ღუმელი [명] 용광로

სადოქტორო [형] 박사(학위)의; **დოქტორის ხარისხი** 박사 학위; **სადოქტორო დისერტაცია** 박사 학위 논문

სადურგლო (სახელოსნო) [명] 가구점, 소목점

სადღაც [부] 어디엔가

სადღეგრძელო [명] 건배; **სადღეგრძელოს დალევა** (누구의) 건강을 위하여 (건배)

სადღეისოდ [부] 오늘은

სადღესასწაულო [형] 휴일의, 축일[축제]의

სადღვებელი [명] 교유기(攪乳器), 교반기

საეგებისო [형] 있음직한, 그럴 것 같은

საეკლესიო [형] 교회 조직의; საეკლესიო მრევლი 교구(教區); საეკლესიო ლოცვა 예배(식)

საელჩო [명] (외교) 사절; საელჩოს 사절의

საენათმეცნიერო [형] 말의, 언어의

საერთაშორისო [형] 국제의, 국제적인; საერთაშორისო სამართალი 국제법; საერთაშორისო ურთიერთობანი 국제 관계; საერთაშორისო მდგომარეობა 국제 정세

საერთო [형] ① 일반적인, 보편적인, 총체적인; საერთო კრება 총회; საერთო თანხა 총계 ② 공통의, 공동의; საერთო მტერი 공동의 적; საერთო საქმე 공동의 목적; ეს ჩვენი საერთო საქმეა 그것은 공동의 관심 사안이다

საერთოდ [부] ① 일반적으로 ② 전체적으로, 전반적으로, 대체로

საერთო საცხოვრებელი [명] 호스텔, 숙박소

საერო [형] 현세의, 속세의; 대중적인

საესკიზო [형] 스케치의, 개략적인

ს

საესტრადო ანსამბლი [명] 악대, 악단, 밴드

საექიმო [형] 의학의; საექიმო დახმარება 의학적 도움, 의사의 도움

საექსკურსიო [형] საექსკურსიო ბიურო 여행[관광] 사무소; საექსკურსიო ბაზა 관광 중심지

საექსპედიციო [형] 원정의, 탐험의; საექსპედიციო კორპუსი 원정군

საექსპორტო [형] 수출의, 수출할 수 있는
საეშმაკო [형] 악마 같은
საეჭვო [형] 의심스러운, 수상쩍은; 불확실한
საეჭვოდ [부] 의심스러워, 수상쩍어; 불확실하여
სავაზნე კოლოფი [명] (총의) 탄창(彈倉)
სავალალო [형] 슬픈, 유감스러운, 애석한, 한탄할
სავალალოდ [부] 슬퍼하여, 유감스러워, 애석하여, 한탄하여
სავალდებულო [형] 의무적인, 필수의; სავალდებულო სწავლება 의무 교육; სავალდებულო საგანი 필수 과목
სავანე [명] ① 수도원, 수녀원 ② 은신처, 은둔하는 곳
სავარაუდო [형] 가정의, 추측의
სავარაუდოდ [부] 가정하여, 추측하여, 아마, 생각컨대
სავარცხელი [명] 빗, 참빗
სავარძელი [명] 안락의자
სავარჯიშო [명] 연습, 숙제
სავაჭრო [형] 상업의, 무역의; სავაჭრო კაპიტალი 상업 자본; სავაჭრო პოლიტიკა 상업 정책; სავაჭრო ნავსადგური 상업항; სავაჭრო ურთიერთობა 무역 관계; სავაჭრო ფლოტი (한 나라의) 전체 상선; სავაჭრო გემი 상선; სავაჭრო სამართალი 상법(商法); სავაჭრო ქალაქი 시장이 설치된 시(市) — [명] 가게, 상점
სავახშო [형] 고리대금의

საველე [형] საველე არტილერია [군사] 야포, 야전 포병; საველე ჰოსპიტალი i) 야전 병원 ii) 구급차, 앰뷸런스

სავენახე [명] 포도밭, 포도원

სავენტილაციო [형] 환기의

სავეტერინარო [형] 수의(학)의

სავიზიტო ბარათი [명] 명함

სავსე [형] 가득 찬, 꽉 찬; სავსე მთვარე 보름달

სავსებით [부] 아주, 절대적으로, 완전히; სავსებით მართალია 아주 올바른[맞은]

საზავო [형] 평화의, 평화로운; საზავო ხელშეკრულება 평화 조약

საზამთრო[1] [명] 수박

საზამთრო[2] [형] 겨울의, 동계의; ზამთრის ძილი 겨울잠, 동면; ზამთრის სპორტი 동계 스포츠; ზამთრის დღე 겨울날

საზარალო [형] 이익이 없는, 불리한

საზარდული [명] [해부] 샅, 사타구니

საზარელი [형] 무서운, 두려운, 끔찍한

საზაფხულო [형] 여름의, 하계의; საზაფხულო დასვენება 여름 휴가[방학]

საზეიმო [형] ① 엄숙한, 진지한, 근엄한, 장중한 ② 의식의, 의식적인, 격식을 차린 ③ 축제의, 축하하는

საზეინკლო [명] 금속 세공소

საზეთე [명] 주유기, 급유기

საზიანო [형] 해로운; 건강에 나쁜

საზიარო [형] 공통의, 공동의

საზიზღარი [형] 역겨운, 더러운, 혐오스러운
საზიზღრად [부] 역겹게, 더럽게, 혐오스럽게
საზიზღრობა [명] 역겨움, 더러움, 혐오스러움
საზოგადო [형] 공공의, 공통의, 보편적인, (세상) 일반의
საზოგადოდ [부] 일반적으로, 보편적으로
საზოგადოება [명] 사회; 공동체, 조직
საზოგადოებრივი [형] ① 공공의, 공적인; საზოგადოებრივი აზრი 여론 ② 사회의, 사회적인; საზოგადოებრივი მეცნიერება 사회과학; საზოგადოებრივი მუშაკი 사회 사업가
საზოგადოებრიობა [명] 공중, 공동체, 일반 사회
საზომი [명] 표준, 기준, 척도 — [형] 측량의; საზომი ხელსაწყო 측량 기구
საზრდო [명] 양식, 먹을 것, 식량
საზრდოობა [동] 먹여 살리다, 부양하다 — [명] 영양 제공, 부양
საზრუნავი [명] 걱정, 근심; 폐, 성가심
საზღაპრო [형] 믿어지지 않는, 거짓말 같은, 있음 직하지 않은
საზღაური [명] 보수, 사례
საზღვაო [형] 바다의, 해상의, 항해의; საზღვაო ფლოტი (한 나라의) 총 선박; საზღვაო ბრძოლა 해상 전투[교전]; საზღვაო სასწავლებელი 항해 학교; საზღვაო რუკა 해도(海圖); საზღვაო ვაჭრობა 해상 무역; საზღვაო ნავსადგური 항구
საზღვაოსნო [형] 항해의
საზღვარგარეთ [부] 해외로, 외국으로

საზღვარგარეთელი [형] 외국의 — [명] 외국인
საზღვარგარეთი [명] 외국 (여러 나라들)
საზღვარგარეთული [형] 외국의
საზღვარი [명] 경계(선)
სათადარიგო [형] 예비의, 남겨 둔, 보존해 둔; სათადარიგო ნაწილები 예비 부품; სათადარიგო ჯარები 예비군
სათავგადასავლო [형] 모험의; სათავგადასავლო რომანი 모험 소설
სათავე [명] 근원, 기원, 원천
სათავსო [명] 그릇, 용기
სათაკილო [형] 비난할 만한, 나무랄 만한
სათათბირო [형] 심의하는, 숙고하는
სათამაშო [명] 장난감
სათანადო [형] 적당한, 알맞은, 당연한
სათანადოდ [부] 적당히, 알맞게
სათაური [명] 제목, 표제, 제명
სათაყვანო [형] 숭배할 만한
სათბობი [명] 연료
სათბური [명] 온실
სათეატრო [형] 극장의, 무대의, 연극의
სათევზაო [형] 어부의, 어업의
სათემო [형] 자치 단체의, 지구의, 구역의
სათესი მანქანა [명] 씨 뿌리는 기계, 파종기
სათესლე [형] 정액(精液)의
სათვალე [명] 안경
სათვალთვალო პუნქტი [명] 감시 초소
სათიბი [명] 건초 베는 곳, 목초지

სათითაოდ [부] 하나씩 (차례로)

სათითე [명] 골무

სათნო [형] 덕 있는, 고결한, 경건한

სათნოება [명] 덕, 미덕

სათუთი [형] 섬세한, 무른

სათუო [형] 의심스러운

სათქვენო [형] 당신에게 알맞은

სათხოვარი [명] 요청, 부탁, 간청; თქვენთან სათხოვარი მაქვს 부탁이 하나 있어요

საიდან [부] [의문사] 어디에서, 어디로부터

საიდანაც [부] [의문사] 어디에서, 어디로부터

საიდანმე [부] 어딘가로부터

საიდუმლო [형] 비밀의, 은밀한, 사적인; საიდუმლო შეხვედრა 비밀 모임

საიდუმლოდ [부] 비밀리에, 은밀하게

საიდუმლოება [명] ① 비밀, 기밀; საიდუმლოების გაცემა 비밀을 누설하다; სახელმწიფო საიდუმლოება 국가 기밀 ② 신비, 미스터리

საიზოლაციო [형] 절연된

საით [부] [의문사] 어디로

საითკენ [부] [의문사] 어디로

საითკენაც [부] 어디에나, 어디든지

საილუსტრაციო [형] 그림이 그려진, 그림으로 나타낸

საიმედო [형] 믿음직한, 신뢰할 만한

საიმედოობა [명] 믿음직함, 신뢰할 만함

საიმპორტო [형] 수입의, 수입된

საინვენტარო [형] 재고의

საინი [명] 접시
საინჟინრო [형] 공학(工學)의; საინჟინრო მეცნიერება 공학, 엔지니어링
საინტერესო [형] 흥미있는, 재미있는, 마음을 끄는
საინტერესოდ [부] 재미있게
საინფორმაციო [형] 정보를 제공하는
საისტორიო [형] 역사적인
საიუბილეო [형] 희년(禧年)의, 기념일의
საიქიო [명] 내세, 저승
საიჯარო [형] საიჯარო გადასახადი 임대료; საიჯარო ხელშეკრულება 임대차 계약
საკადრისად [부] 적당하게, 알맞게
საკადრისი [형] 적당한, 알맞은
საკავშირო [형] 동맹의, 연합한
საკაზმი [명] 양념, 조미료
საკაიფო [형] (구어체에서) 최고의, 멋진
საკამათო [형] 논쟁의 여지가 있는; საკამათო საკითხი 논쟁의 여지가 있는 문제
საკანი [명] 방, 실(室); შემნახველი საკანი 휴대품 보관실; საკანი საპყრობილეში 감방
საკანონმდებლო [형] 입법상의, 법률을 제정하는
საკანცელარიო ნივთები [명] 문방구, 문구류
საკასაციო [형] საკასაციო სასამართლო 파기원(破棄院), 대법원; საკასაციო საჩივარი 항소
საკაცე [명] (부상자용) 들것
საკაცობრიო [형] 인간에게 공통적인
საკენკი [명] 음식
საკეპი [명] საკეპი ხორცისა 고기 가는 기구

ს

საკერავი [명] 바느질, 재봉; საკერავი მანქანა 재봉틀

საკეტი [명] 걸쇠; (총의) 발사 장치

საკეცი [형] 접을 수 있는, 접이식의

საკვალიფიკაციო კომისია [명] 전문가 위원회

საკვამლე [명] (굴뚝의) 연통, 연도(煙道)

საკვამური [명] 굴뚝, 연통

საკვები [명] (가축의) 먹이, 사료, 여물; საკვები პროდუქტები 양식, 식료

საკვირველება [명] 놀라움, 경이, 기적

საკვირველი [형] 놀라운, 경이로운

საკვლევი [명] 연구, 조사; საკვლევი ინსტიტუტი 과학 연구원

საკვოიაჟი [명] 여행용 가방

საკითხავი [형] 읽기 위한, 독서용의; საკითხავი მასალა 읽을거리

საკითხი [명] ① 질문, 물음; საკითხის დასმა 질문을 하다 ② 문제, 일, 이슈; ეს სულ სხვა საკითხია 그건 다른 문제야, 별개 문제야

საკლავი [명] 비육한 가축, 도살용 가축

საკლასო [형] საკლასო ოთახი 교실; საკლასო დაფა 칠판, 흑판

საკმაო [형] 충분한, 족한

საკმაოდ [부] 충분히, 족히; საკმაოდ ცხელი 충분히 뜨거운

საკმარისად [부] 충분히, 많이

საკმარისი [형] 충분한, 족한; სავსებით საკმარისი 아주 충분한, 족한; საკმარისია! 이제 됐어!, 충분해!

საკმელი [명] 향(香)

საკოლმეურნეო [형] 집단적인

საკოლონიზაციო [형] 식민지의

საკომერციო [형] 상업적인

საკომისიო [형] 위임의, 대행의

საკონდიტრო [명] 과자 가게

საკონკურსო [형] 경쟁의, 경쟁적인; საკონკურსო გამოცდები 경쟁 시험

საკონსერვო ქარხანა [명] 통조림 공장

საკონსულო [명] 영사관; გენერალური საკონსულო 총영사관

საკონსულტაციო [형] 자문의, 조언의

საკონსულტაციოდ [부] 자문[조언]에 대한

საკონტროლო [형] 통제 하의, 감독 하의

საკონფლიქტო კომისია [명] 분쟁 위원회

საკონცენტრაციო ბანაკი [명] 정치범[포로] 수용소

საკონცერტო დარბაზი [명] 콘서트홀

ს

საკორექტორო [형] 교정(校正)의

საკრავი [명] 악기

საკრედიტო ბარათი [명] 신용카드

საკუთარი [형] 자기 자신의, 고유한

საკუთრება [명] 재산, 소유물; კერძო საკუთრება 사유 재산; პირადი საკუთრება 개인 재산; სახელმწიფო საკუთრება 국유 재산

საკულინარო [형] 요리의, 조리의

სამკურნალო [형] 치료의, 의학의

საკურორტო [형] 보양지(保養地)의; საკურორტო ადგილი 보양지

საკუჭნაო [명] 저장실, 광

სალათა [명] 샐러드

სალამი [명] (안부) 인사; 절; სალამის მიცემა 인사하다, 절하다

სალამური [명] 그루지야 전통 악기의 하나 (피리 종류)

სალანძღავი [형] 입버릇 사나운, 욕설을 퍼붓는; სალანძღავი სიტყვა 욕설, 모독적인 표현

სალაპარაკო [형] 구어체의; სალაპარაკო ენა 구어, 일상 용어

სალაპარაკოდ [부] 말하는 데 있어서, 말하는 수단으로서

სალარო [명] ① 돈궤, 금고 ② 창구, 표 파는 곳 ③ შემნახველი სალარო 저축 은행

სალაშქრო [형] 군대의, 군사의; 행진의; სალაშქრო სიმღერა 행진가, 진군가

სალბი [명] [식물] 샐비어

სალბუნი [명] (상처에 붙이는) 반창고

სალდათი [명] 군인

სალდო [명] [회계] 대차 계정, 수지 계정, 차액, 차감 잔액

სალესი ქვა [명] 숫돌

სალეწი მანქანა [명] 탈곡기

სალიკვიდაციო კომისია [명] 파산 위원회

ს

სალი კლდე [명] 바위, 절벽

სალიტერატურო [형] 문어(文語)의; სალიტერატურო ენა 문어

სალოკი თითი [명] 검지, 집게손가락

სალონი [명] 살롱; (호텔 등의) 큰 홀

სალოცავი [명] 성화상(聖畵像)

სალტე [명] 테; (바퀴의) 타이어

სალუდე [명] 맥주집, 선술집

სამაგალითო [형] 본이 되는, 모범적인, 모델의

სამაგალითოდ [부] 본이 되어, 모범적으로

სამაგიეროდ [부] ~대신에, (~와) 교환으로

სამაგიეროს გადახდა [명] 복수, 보복, 앙갚음; სამაგიეროს გადასახდელად 복수로, 보복으로

სამაგიეროს მიზღვა [동] 복수하다, 보복하다

სამაგრი [명] 집게, 스테이플

სამადლობელი [형] 감사하는, 고맙게 여기는

სამალავი [명] 은신처, 비밀 장소

სამალარიო [형] [병리] 말라리아의

სამამაცო [형] 용맹한, 영웅적인

სამამულო [형] 모국의; 애국의

სამანი [명] 경계표

ს

სამანქანო [형] 기계의, 기계에 관한

სამარადისო [형] 영원한, 영구적인, 영속적인

სამარადისოდ [부] 영원히, 영구히

სამარე [명] 무덤, 묘; სამარის გათხრა 무덤을 파다

სამართალი [명] 법(률); 사법; სისხლის სამართალი 형법; სამოქალაქო სამართალი 민법; სამართალში მიცემა 고발[고소]하다

სამართებელი [명] 면도칼, 면도기
სამართლიანად [부] 바르게, 정당하게
სამართლიანი [형] 바른, 정당한, 공정한; სამართლიანი განაჩენი 정당한 판결; სამართლიანი ომი 정당한 전쟁
სამართლიანობა [명] 정의, 정당, 공정, 공평
სამარილე [명] (식탁용) 소금 그릇
სამარისი [형] 충분한, 족한
სამარცხვინო [형] 창피한, 부끄러운, 불명예스러운; სამარცხვინო ბოძი 칼 (형틀)
სამარცხვინოდ [부] 창피하게, 부끄럽게도
სამარხი [명] 무덤, 묘
სამასი [수] 삼백 (300)
სამასწავლებლო [명] (학교의) 교직원실
სამასხარაო [형] 농담의, 장난치는
სამახსოვრო [형] 기억할 만한, 잊혀지지 않는; სამახსოვრო დღე 기념할 만한 날
სამახსოვროდ [부] (~을) 기념하여
სამაჯური [명] 팔찌
სამაჰმადიანო [형] 이슬람의, 마호메트의
სამგვარად [부] 삼중으로, 세 방향으로
სამგვარი [형] 삼중의, 세 배의
სამგზავრო [형] 여행의; სამგზავრო ბილეთი 승차권; სამგზავრო ჩანთა 여행용 가방; სამგზავრო მატარებელი 여객 열차
სამგზის [부] 세 번
სამგლოვიარო [형] 죽음을 애도하는, 장례의
სამდივნო [명] 비서과, 사무국

სამდურავი [명] ① 불만(족), 불평, 불쾌 ② 비난, 책망

სამეანო [형] სამეანო ინსტიტუტი 산부인과

სამება [명] 삼위일체, 세 개 한 조

სამეგობრო [형] 우호적인

სამედიატორო სასამართლო [명] 중재 재판소

სამედიცინო [형] 의학의, 의료의; სამედიცინო დაზღვევა 의료 보험; სამედიცინო დახმარება 의료 서비스, 의학적 도움

სამეზობლო [형] 이웃의

სამელნე [명] 잉크병, 잉크스탠드

სამენოვანი [형] 3 개 언어의

სამერმისო [형] 미래의, 장래의

სამეტყველო [형] 목소리의, 음성의; სამეტყველო ორგანოები [해부] 발성 기관

სამეული [수] 셋 (3)

სამეურნეო [형] 경제의, 경제에 관한

სამეფო [명] 왕국 — [형] 왕의, 왕실의; სამეფო კარი 궁중; სამეფო ტახტი 왕좌, 옥좌

სამეცნიერო [형] 과학적인; სამეცნიერო კვლევითი 과학적 연구

ს

სამზადისი [명] 준비, 예비

სამზარეულო [명] 부엌, 조리실; სამზარეულო წიგნი 요리책

სამთავრო [명] 공국(公國)

სამთამადნო [형] 광업의, 광산의

სამთვიანი [형] 3 개월간의

სამთითი [명] (세가닥) 갈퀴, 쇠스랑

სამთო [형] ① 산악의, 산지의 ② 광업의, 광산의; სამთო მრეწველობა 광업; სამთო ინჟინერი 광산 기술자

სამი [수] 셋 (3)

სამიანი [명] (카드 놀이에서) 3 의 패

სამიკიტნო [명] 술집, 선술집

სამინისტრო [명] (정부의) 부, 성(省)

სამიოდე [형] 약 3~정도; სამიოდე საათი 약 3 시간

სამისამართო [형] 주소의; სამისამართო წიგნი 주소록

სამიწათმოქმედო [형] 농업의

სამიწე [형] 저주받은

სამიჯნურო [형] 연애의, 사랑의

სამკაული [명] 장식, 꾸밈

სამკერდე [명] 흉갑(胸甲), 흉패(胸牌)

სამკერვალო [형] 재봉의, 바느질의; სამკერვალო ფაბრიკა 재봉 공장

სამკვიდრო [명] 상속 재산, 유산

სამკითხველო (დარბაზი) [명] 도서 열람실, 독서실

სამკუთხედი [명] 삼각형

სამკუთხიანი [형] 세모의, 삼각의

სამკურნალო [형] 약(藥)의, 치유력이 있는; სამკურნალო ბალახი 약초; სამკურნალო მცენარე 약용 식물

სამმართველო [명] 행정, 관리, 경영

სამმარცვლიანი [형] [언어] 3 음절의

სამნაირად [부] 세 배로, 세 겹으로
სამნაირი [형] 세 배의, 세 겹의, 삼중의
სამოთხე [명] 천국, 낙원
სამორიგეო [명] 당번의, 근무의
სამოსელი → **სამოსი**
სამოსი [명] 옷가지들, 의복류
სამოქალაქო [형] ① 시민의, 공민의 ② 국내의
სამოცდაათი [수] 칠십 (70)
სამოცდამეათე [수] 70 번째
სამოცი [수] 육십 (60)
სამოძრაო [형] 움직이게 하는, 기동의, 추진의
სამრავლი [명] [수학] 피승수(被乘數)
სამრევლო [형] 교구(敎區)의
სამრეკლო [명] 교회의 종탑
სამრეცხაო [명] 세탁소
სამრეწველო [형] 산업의; სამრეწველო კაპიტალი 산업 자본
სამსართულიანი [형] (건물이) 3 층의
სამსახურებრივი [형] 공적인, 공무의
სამსახური [명] 봉직, 근무; სამსახურის საქმეებზე 공적인 임무를 하고 있는; სამსახურიდან გადაყენება 사임하다
სამსახურის [형] 일에 있어서의, 근무상의; სამსახურის დრო 근무 시간
სამსხვერპლო [명] [가톨릭] (미사에 필요한 것을 놓는) 제구대
სამტრო [형] 적(敵)의, 적대하는
სამუდამო [형] 영원한, 영구한

ს

სამუდამოდ [부] 영원히, 영구히

სამუსიკო [형] 음악의, 음악적인

სამუშაო [명] 일, 직무; **სამუშაო დღე** 근무일, 평일

სამფა [형] 세 겹의, 삼중의

სამფეროვანი [형] 3 색의

სამფეხი [명] 삼각대, 삼발이

სამფლობელო [명] 영지, 소유지

სამღებრო [명] 염색업소

სამღვდელოება [명] 성직(聖職)

სამყარო [명] 세계, 우주; ~계(界); **ცხოველთა სამყარო** 동물계; **მცენარეთა სამყარო** 식물계; **ლიტერატურული სამყარო** 문학계, 문단; **ანტიკური სამყარო** 고대 세계

სამყნობი [형] [식물] 접목의, 접붙임의

სამყოფელი [명] 주거(지)

სამყურა [명] 세 잎 식물, 클로버

სამშაბათი [명] 화요일; **სამშაბათობით** 화요일에, 화요일마다

სამშენებლო [형] 건물의, 건축의; **სამშენებლო მასალა** 건축 자재; **სამშენებლო მოედანი** 건축 부지; **სამშენებლო ტექნიკა** 건축 기술

სამშვიდობო [형] 평화의, 평화적인; **სამშვიდობო მოლაპარაკება** 평화 협상

სამშობიარო სახლი [명] 산과(産科) 병원

სამშობლო [명] 모국, 고향; **სამშობლოში** 모국에서, 고향에서

სამძიმარი [명] 애도, 동정, 연민

სამძიმო [형] 힘든, 부담이 되는

სამწერლო [형] 문학의, 문예의

სამწლიანი [형] ① 세 살난 ② (식물이) 3년생의

სამწუხარო [형] 애석한, 유감스러운, 통탄할

სამწუხაროდ [부] 불행하게도

სამწყობრო [형] 전투의, 진중(陣中)의

სამჭედლო [명] 대장간

სამხაზველო (ოთახი) [명] 제도실

სამხარეო [형] 지역의, 지방의

სამხარი [명] (정찬 후의) 식사

სამხატვრო თეატრი [명] 예술 극장

სამხედრო [형] 군(대)의, 군사의; სამხედრო მეცნიერება 군사학; სამხედრო ხელოვნება 전술, 병법; სამხედრო მოქმედება 군사 작전, 군사 행동; სამხედრო სამინისტრო 육군성(省); სამხედრო გემი 군함; სამხედრო აკადემია 군사 학교[대학]; სამხედრო სამსახური 병역(兵役); სამხედრო ატაშე 대[공]사관의 무관; სამხედრო გზა 군용 도로; სამხედრო ოლქი 군관구, 군 관할 하의 지역; სამხედრო სასამართლო 군사 법원; სამხედრო ქარხანა 군수 공장; სამხედრო სწავლება 군사 훈련; სამხედრო დამნაშავე 전쟁 범죄; სამხედრო მდგომარეობა 계엄령, 군법; სამხედრო ბანაკი 군영(軍營); სამხედრო ფლოტი, სამხედრო-საზღვაო ფლოტი 해군, 전 해군 함선; სამხედრო საბჭო 참모 회의

სამხერხაო ქარხანა [명] 제재소

სამხეცე [명] (서커스 등의) 동물원, 동물 무리

სამხიარულო [형] 기쁜, 즐거운

სამხილებელი [형] 비난의, 고소의

სამხრეები [명] 견장(肩章)

სამხრეთ-აღმოსავლეთი [명] 남동쪽

სამხრეთ-აღმოსავლეთით [형] 남동쪽의

სამხრეთ-აღმოსავლური [형] 남동쪽의

სამხრეთ-დასავლეთი [명] 남서쪽

სამხრეთ-დასავლური [형] 남서쪽의

სამხრეთელი [명] 남부 출신 사람

სამხრეთი [명] 남쪽; სამხრეთში 남쪽에서; სამხრეთი ამერიკა 남아메리카; სამხრეთი აფრიკა 남아프리카

სამხრეთით [형] 남쪽의

სამხრეთის [형] 남쪽의; სამხრეთის ქარი 남풍(南風); სამხრეთის პოლუსი 남극

სამჯერ [부] 세 번

სანაგვე (ყუთი) [명] 쓰레기통

სანადირო [형] 사냥의; სანადირო თოფი 엽총; სანადირო სეზონი 사냥철

სანადიროდ [부] 사냥하러

სანამ [부] (~할) 때까지

სანამდე [부] 언제까지; (~할) 때까지

სანაოსნო [형] 항행할 수 있는

სანაპირო [명] 둑, 제방; 부두; 방파제; სანაპირო ზოლი 물가, 수변(水邊)

სანარდო სამუშაო [명] 삯일, 임시 고용으로 하는 일

სანატორიუმი [명] 요양소, 휴양지

სანატრელი [형] 바랐던, 소원했던

სანაქებო [형] 아주 훌륭한, 굉장히 좋은
სანაქებოდ [부] 아주 훌륭하게
სანაცვლოდ [부] (~와의) 교환으로, (~와) 맞바꾸어
სანაცრე [명] (난로 안의) 재 떨어지는 구멍
სანაძლეო [명] 내기, 걸기; სანაძლეოს დადება 내기를 하다
სანახავად [부] 방문하러; სანახავად მისვლა 방문하다, 보러 오다
სანახაობა [명] 광경, 조망
სანახევროდ [부] 둘로 나뉘어, 반씩
სანგარი [명] 참호, 호
სანდალი [명] 샌들
სანდო [형] 믿을 만한, 믿음직한
სანდომიანი [형] 상냥한, 호감이 가는, 매력 있는; 유쾌한, 기분 좋은
სანელებელი [명] 양념, 조미료
სანერგე [명] 묘상(苗床), 종묘원(園)
სანეტარო [형] 더없이 행복한
სანთებელა [명] 라이터, 점화기
სანთელი [명] 양초; სანთლის ანთება 양초에 불을 붙이다, 양초를 켜다; სანთლის ჩაქრობა 양초의 불을 끄다
სანიავებელი [명] 풍구 (곡물에 섞인 쭉정이, 겨, 먼지 따위를 날려서 제거하는 농기구)
სანიმუშო [명] 견본, 모범, 모델
სანიტარი [명] 남자 간호사; 병원의 잡역부
სანიტარია [명] 공중 위생

სანიტარული [형] (공중) 위생의; 의료의; სანიტა-რული ექიმი 위생 검사관
სანოვაგე [명] 음식물, 식량
სანტიმენტალური [형] 감상적인, 감정에 호소하는
სანტიმეტრი [명] [길이의 단위] 센티미터 (cm)
სანუგეშო [형] 위로가 되는, 위안이 되는
საოლქო [형] 지역의, 지방의
საომარი მოქმედება [명] 적대 행위
საოპერაციო დარბაზი [명] 수술실
საოპერო თეატრი [명] 오페라 극장
საორგანიზაციო [형] 조직의, 구성의
საოცარი [형] 놀라게 하는, 놀라운
საოცნებო [형] 꿈결 같은
საოცრად [부] 놀랍게도
საოცრება [명] 놀라움
სახუმარო [형] 익살맞은, 농담의, 우스꽝스러운
საოჯახო [형] 가정의, 가사의
საპალნე [명] 꾸러미, 짐
საპარიკმახერო [명] 이발소
საპასუხისმგებლო [형] 책임이 있는, 답변을 해야 할
საპასუხო [형] 대답의, 응답의
საპატიებელი [형] 용서할 수 있는, 용서할 만한
საპატიმრო [명] 감옥, 교도소
საპატიო [형] ① 존경할 만한, 명예로운; საპატიო წოდება 존칭, 경칭 ② 유효한, 확실한
საპირფარეშო [명] 화장실

ს

საპნისა [형] 비누의, 비누 같은
საპოლიციო [형] 경찰의
საპონი [명] 비누; ხელის საპონი 화장 비누; სარეცხი საპონი 세탁 비누
საპრემიო [형] 보너스의, 상여금의
საპროექტო [형] 계획된, 계획의
საპყარი [형] (신체가) 불구의
საპყრობილე [명] 감옥, 교도소
საჟურნალო [형] 신문 잡지의, 저널리즘의
სარაინდო [형] 기사 같은, 기사도적인
სარბიელი [명] 활동 무대, ~계(界); (사회적) 계층
სარგებელი [명] ① 백분율 ② 이익, 소용, 이득
სარგებლიანი [형] 유익한, 이익이 있는
სარგებლობა [명] 유용, 이익, 이점 — [동] (이점을) 이용 하다, 유용하게 쓰다
სარდალი [명] [군사] 지휘관, 사령관
სარდაფი [명] 지하실; ღვინის სარდაფი 와인셀러, (지하의) 포도주 저장실
სარდლობა [명] [군사] 명령, 지휘; 사령부 — [동] 명령하다, 지휘하다
სარედაქციო [형] 편집자의, 편집(상)의
სარეველა (ბალახი) [명] 잡초
სარევი [명] 섞는 것
სარევიზიო [형] 개정의, 수정의
სარეკომენდაციო წერილი [명] 추천장
სარეკლამო [명] 광고, 선전; სარეკლამო აგენტი 광고 대행인
სარემონტო სახელოსნო [명] 수리 공장

საწოლი [명] 침대, 침상

სარეცხი [명] 세탁; სარეცხი ფხვნილი 세탁용 가루비누, 세제

სარეწაო [명] 업계, 동업자들

სართი [명] [문법] 접사(接辭)

სართული [명] (건물의) 층; პირველი სართული 1 층; მეორე სართული 2 층; ხუთსართულიანი სახლი 5 층짜리 건물

-სართულიანი [형] ~층의; ათსართულიანი 10 층의

სარი [명] 말뚝

სარისკო [형] 위험성이 있는, 모험적인, (전망이) 확실하지 않은

სარკაზმი [명] 비꼼, 빈정거림, 풍자

სარკაზმული [형] 비꼬는, 빈정대는, 풍자적인

სარკე [명] 거울

სარკიანი [형] 거울의

სარკინიგზო [형] 철도의; სარკინიგზო ხაზი 선로(線路)

სარკისებრი [형] (표면이) 거울 같이 잔잔한

სარკმელი [명] (환기를 위한) 작은 창문

სარტყელი [명] ① 허리띠, 벨트, 거들 ② 지대, 지역

სარფა [명] 이익, 이득, 이점, 유익, 효용

სარფიანი [형] 이익이 있는, 유익한

სარქველი [명] (장치의) 판(瓣), 밸브

სარჩევი [명] (책 따위의) 차례, 색인

სარჩელი [명] [법률] 소송, 클레임; სამოქალაქო სარჩელი 민사 소송
სარჩენი [명] (남에게) 의지하여 사는 사람, 부양 가족
სარჩო [명] 생계, 생활
სარჩული [명] 줄 치기, 줄 서기
სარცხი [명] 붕괴, 와해
სარძევე [명] 우유 통
სარძლო [명] 신부; 약혼녀
სარწმუნო [형] 믿을 만한, 진짜의; სარწმუნო წყაროებიდან 믿을 만한 소식통으로부터
სარწმუნოება [명] 믿음, 신앙; 종교; ქრისტიანული სარწმუნოება 기독교 신앙
სარწმუნოებრივი [형] 종교적인
სარწყავი [명] 물통 — [형] 물을 대는, 관개하는
სასა [명] [해부] 구개(口蓋), 입천장
სასადილო [명] (가정 등의) 식당; სასადილო მაგიდა 식탁
სასაზღვრო [명] ① 국경(지방)의, 경계의; სასაზღვრო დაცვა 국경 경비대 ② [문법] 한정할 수 있는

სასაკლაო [명] 도살장
სასალათე [명] 샐러드용 접시
სასამართლო [명] 법정, 재판소; უზენაესი სასამართლო 대법원; სასამართლოს აღმასრულებელი 법원 직원
სასამსახურო [형] 직무상의, 근무상의, 일에 있어서의

სასანთლე [명] 촛대
სასაპალნე (ცხოველი) [명] 짐 나르는 동물
სასაპნე [명] 비누 그릇[상자]
სასარგებლო [형] 쓸모있는, 유용한, 도움이 되는
სასაუბრო [형] 구어체의, 일상 회화의; სასაუბრო ენა 구어
სასაფლაო [명] (공동)묘지
სასაქმებელი [명] [의학] 하제(下劑)
სასაქონლო [형] 제품의, 화물의
სასაცილო [형] 우스운, 우스꽝스러운, 익살맞은
სასაცილოდ [부] 우습게, 익살맞게
სასახელო [형] 유명한; 영예로운
სასახელოდ [부] 영예롭게
სასახლე [명] 궁전
სასეირო [형] 재미있는, 즐거운, 기분 전환이 되는
სასვენი ნიშნები [명] [문법] 구두점
სასიამოვნო [형] 유쾌한, 즐거운, 기분 좋은; 기쁜, 환영할 만한
სასიგნალო [형] 신호의
სასიკვდილო [형] 치명적인, 치사의; 죽을 운명의
სასიკვდილოდ [부] 죽도록, 치명적으로
სასიმინდე [명] 옥수수 저장 창고
სასირცხო [형] 수치스러운, 창피한, 불명예스러운, 평판이 좋지 않은
სასიყვარულო [형] 사랑의, 연애의
სასიცოცხლო [형] 극히 중대한, 절대 필요한
სასიძო [명] 약혼자; 구혼자
სასიხარულო [형] 기쁜, 즐거운

სასკოლო [형] 학교의
სასმელი [형] 마실 수 있는, 음료수의 — [명] 음료, 마실 것
სასმელ-საჭმელი [명] 먹을 것과 마실 것
სასმისი [명] (음료수용) 컵
სასოება [명] 열심, 열정, 열중, 부지런함
სასომიხდილი [형] 낙담한, 낙심한
სასოფლო [형] 시골의, 전원의; **სასოფლო გზა** 들길, 시골 길
სასოფლო-სამეურნეო [형] 농업의
სასოწარკვეთა [동] 낙담하다, 절망하다
სასოწარკვეთილება [명] 낙담, 절망
სასოწარკვეთილი [형] 절망적인
სასოწარკვეთილობა [명] 절망, 자포자기
სასპორტო [형] 스포츠의, (운동) 경기의, 체육의; **სასპორტო მოედანი** 운동 경기장
სასროლი ბადე [명] 예인망, 후릿그물
სასროლი იარაღი [명] 화기(火器)
სასტამბო [형] 인쇄의, 인쇄술의
სასტვენი [명] 휘파람
სასტიკად [부] 엄(격)하게, 모질게; **სასტიკად აკრძალულია** 엄금돼 있다
სასტიკი [형] 잔혹한, 엄한, 모진
სასტუმრო [명] 호텔; 여관; **სასტუმროს პატრონი** 호텔 주인; **სასტუმრო ოთახი** 객실
სასულე [명] 목구멍
სასულე ორკესტრი [명] 취주 악단, 브라스 밴드

სასულიერო (პირი) [형] 교회의; სასულიერო სემინარია 신학교

სასურველი [형] 원하던, 바랐던, 소망했던

სასურსათო (საქონელი) [명] 식료품, 음식; სასურსათო მაღაზია 식료품점

სასუფეველი [명] 극락, 낙원, 천국

სასუქი [명] 거름, 비료; სასუქის შეტანა i) 거름[비료]을 주다, 시비(施肥)하다 ii) 시비

სასქესო [형] 성(性)의, 성적인; სასქესო ორგანოები, სასქესო ორგანო 성기, 생식기(관)

სასყიდელი [명] 요금

სასცენო [형] 무대의

სასწავლებელი [명] 학교, 대학; სამხედრო სასწავლებელი 군사 학교

სასწავლო [형] 교육의, 학교의; სასწავლო წელი 학년; სასწავლო დრო 수업 시간; სასწავლო გეგმა 교과[교육] 과정, 커리큘럼; სასწავლო საგანი 학과목; სასწავლო დაწესებულება 교육 기관

სასწავლო-აღმზრდელობითი [형] 교수 및 교육의

სასწაულებრივი [형] 놀랄 만한, 기적적인

სასწაულთმოქმედი [명] 기적을 행하는 사람

სასწაული [명] 기적, 경이로운 일

სასწორი [명] 저울

სასწრაფო [형] 신속한; 긴급한; სასწრაფო დახმარება 응급 치료, 구급법; სასწრაფო დახმარების მანქანა 앰뷸런스, 구급차

სასწრაფოდ [부] 서둘러, 긴급하게

სასჯელად [부] 벌로서, 벌을 주어

სასჯელი [명] 벌, 형벌

სატანა [명] 사탄, 마왕

სატანჯველი [형] 고통을 주는, 아프게 하는, 통렬한

სატაცური [명] [식물] 아스파라거스

სატახტო [명] 대도시, 주요 도시; სატახტო ქალაქი 수도

სატევარი [명] 단검, 비수

სატელეგრაფო [형] 전신(電信)의

სატელეფონო [형] 전화의; სატელეფონო სადგური 전화 교환대; სატელეფონო ჯიხური 공중 전화 박스; სატელეფონო წიგნი 전화번호부

სატერმინოლოგიო [형] 술어(상)의, 용어상의

სატერფული [명] 페달

სატეხი [명] 끌, 정

სატვირთო [형] 화물의; სატვირთო გემი 화물선; სატვირთო მანქანა 화물 자동차; სატვირთო მატარებელი 화물 열차

სატირა [명] 풍자, 빈정대기

სატირალი [형] 유감스러운, 한탄스러운

სატირიკოსი [명] 풍자가

სატირული [형] 풍자의, 비꼬는, 빈정대는

სატიტულო [형] 표제가 붙은; სატიტულო ფურცელი (책의) 표제지

სატკივარი [명] 병, (몸이) 아픔

სატრანზიტო [형] 통과의

ს

სატრანსპორტო [형] 교통의, 수송의; სატრანს-პორტო თვითმფრინავი 수송 비행기, 수송기; სატრანსპორტო საშუალებანი 운송 수단

სატრფიალო [형] 사랑하는

სატრფო [명] 연인, 사랑하는 사람

სატურნი [명] [천문] 토성

სატუსაღო [명] 감옥, 교도소

სატყეო [형] 숲의, 삼림의

საუბარი [명] 대화, 이야기; გულითადი საუბარი 마음을 터놓고 하는 이야기 — [동] 이야기하다

საუბედურო [형] 참사의, 재앙의, 불운한

საუბედუროდ [부] 불운하게도

საუზმე [명] 아침 식사; 점심 식사; საუზმედ 아침 [점심]으로; მეორე საუზმე 점심 식사

საუზმობა [동] 아침[점심] 식사를 하다

საუკეთესო [형] 가장 좋은, 최고의

საუკეთესოდ [부] 가장 좋은 방법으로

საუკუნე [명] ① 세기(世紀) ② 시기, 시대; საუკუნეების სიღრმეში 고대에, 오랜 옛날에

საუკუნეობრივი [형] 다년간의, 오랜 세월의, 오래 계속되는

საუკუნო [형] 영원한, 영구한, 영속적인

საუკუნოდ [부] 영원히, 영구히

საუკუნოებრივი [형] 영원한, 영구한, 영속적인

საუნა [명] 사우나

საუნჯე [명] 보물, 보화; 보고(寶庫)

საურავი [명] 벌금

საურთიერთო [형] 서로의, 상호간의

საუცხოო [형] ① 탁월한, 걸출한, 눈에 띄는 ② 멋진, 놀라운, 굉장한
საუცხოოდ [부] ① 탁월하게, 걸출하게, 눈에 띄게 ② 멋지게, 놀랍게, 굉장히
საუწყებო [형] 부문의, 부서의
საფაბრიკო [형] 공장의
საფანტი [명] 산탄(霰彈)
საფარველი [명] 외피(外皮); 보호하는 것
საფარი [명] [군사] 매복; საფარი (ბრძოლის დროს) 차폐된 곳
საფასური [명] 요금
საფეთქელი [명] [해부] 관자놀이
საფეიქრო [형] 직물의; საფეიქრო დაზგა 베틀
საფენი [명] 찜질약, 습포제; ჰიგიენური საფენები 생리대
საფერფლე [명] 재떨이
საფეხური [명] (발달의) 단계, 국면
საფინანსო [형] 재정의, 재무의; საფინანსო განყოფილება 재무 부서
საფირონი [명] [광물] 사파이어
საფლავი [명] 무덤; საფლავის ქვა 묘석, 묘비
ს **საფოსტო** [형] 우편의; საფოსტო ყუთი 우체통; საფოსტო ქაღალდი 편지지; საფოსტო განყოფილება 우체국; საფოსტო ბარათი 우편 엽서
საფრთხე [명] 위험, 위난
საფრთხობელა [명] 허수아비, 근거 없는 것
საფუარი [명] 효모, 이스트
საფრანგეთი [명] 프랑스

საფრანგეთის [형] 프랑스의
საფრთხილო [형] 위험한, 모험적인
საფულე [명] 지갑
საფუტკრე [명] 벌집, 벌통
საფუძველი [명] 기초, 기반, 토대
საფუძვლიანად [부] 철저히, 완전히
საფუძვლიანი [형] 근거가 충분한, 견고한, 견실한
საქათმე [명] 닭장
საქალაქო [형] 자치 도시의, 시(市)의
საქალო [형] 여자의, 여성의
საქანელა [명] 흔들의자; 흔들목마; 그네
საქარგავი [명] 자수, 바느질
საქართველო [명] 그루지야
საქარხნო [형] 경영의, 일의
საქებარი [형] 칭찬할 만한, 찬양할 만한
საქები [형] 칭찬할 만한, 찬양할 만한
საქეიფო ადგილი [명] 오락을 즐길 수 있는 장소
საქვეყნო [형] 보편적인, 공공연한, 누구나 다 아는
საქვეყნოდ [부] 보편적으로, 공공연하게
საქმე [명] ① 일, 용무, 직무 ② 소송
საქმება [동] 구토하다 — [명] 구토
საქმეთა მმართველი [명] 경영자
საქმიანად [부] 능률적으로; 활발히, 적극적으로
საქმიანი [형] 능률적인; 활발한, 적극적인
საქმიანობა [명] 일, 활동
საქმის მწარმოებელი [명] 서기, 비서
საქმის წარმოება [명] 사무, 비서의 일
საქმოსანი [명] 비즈니스맨, 실업가

საქმრო [명] 약혼자

საქონელი [명] ① 상품, 물품, 품목 ② 가축

საქონელმცოდნეობა [명] 상품학(學)

საქორწილო [형] 결혼의, 혼인의; საქორწინო საჩუქარი 결혼 선물

საქსოვი დაზგა [명] 베틀, 직기(織機)

საქრისტიანო [명] 기독교

საქციელი [명] 행위, 행동

საღათას ძილი [명] [의학] 기면(嗜眠), 혼수(상태)

საღამო [명] 저녁; საღამო მშვიდობისა! 안녕하세요(저녁인사)

საღამოთი [부] 저녁에

საღამოობით [부] 저녁마다, 저녁에는

საღამოს [부] 저녁에

საღამო ჟამს [명] 황혼, 해질녘

საღამური [형] 밤의, 야간의

საღებავი [명] 페인트, 물감

საღები [명] 색깔

საღეჭი რეზინა [명] 추잉검, 껌

საღვთო [형] 신성한, 성스러운

საღვინე [형] 포도주의; საღვინე ჭიქა 포도주잔, 와인글라스

საღი [형] 건강한; 건전한, 분별[양식] 있는; საღი აზრი 상식; საღად მოაზროვნე 분별 있는, 건전한

საღორე [명] 돼지우리, 양돈장

საყავე [명] 커피 포트

საყანე [명] 경작지

საყარაულო [명] 초소, 위병소

საყდარი [명] 교회(당)

საყელო [명] 옷깃, 칼라

საყვავილე [명] 화단(花壇)

საყვარელი [형] 친애하는, 사랑하는 — [명] 사랑하는 사람, 연인

საყვედური [명] 질책, 비난, 꾸짖음; **საყვედურის გამოც- ხადება** 질책하다, 비난하다, 꾸짖다

საყვირი [명] 나팔, 경적

საყინულე [명] 냉장고; 아이스박스

საყლაპავი [명] [해부] 목구멍, 인두(咽頭); **საყლაპავი მილი** [해부] 식도

საყმაწვილო [형] 어린이의, 아동의; **საყმაწვილო სენი** 소아병(小兒病)

საყოველდღეო [형] 매일의, 날마다의

საყოველთაო [형] 일반적인, 보편적인; **საყოველთაო საარჩევნო უფლება** 보통 선거권; **საყოველთაო აღწერა** 인구 총조사; **საყოველთაო გამოყენება** 널리 쓰임; **საყოველთაო მოწონება** 보편적인 찬성

საყოფაცხოვრებო [형] 가정의, 집안의; **საყოფაცხოვრებო პირობები** 생활 여건

საყრდენი [명] 지원, 후원

საყურადღებო [형] ① 중요한, 중대한; 주목할 만한 ② 믿을 만한

საყურადღებოდ [부] 주목!

საყურე [명] 귀고리

საყურებელი [명] 광경, 장면

საშარდე ბუშტი [명] [해부] 방광

საშარვლე [명] 바지감

საშაქარლამო [명] 사탕[과자] 판매점

საშაქრე [명] (식탁용) 설탕 그릇

საშემოდგომო [형] 가을의

საშემოსავლო გადასახადი [명] 소득세

საშენი მასალა [명] 건축 자재

საშენო [형] 당신에게 알맞은

საშვები [명] ① 패스, (통행 따위의) 허가 ② [군사] 암호

საშვილოსნო [명] [해부] 자궁

საშინაო [명] 국내, 홈; საშინაო პოლიტიკა 국내 정책; საშინაო ვაჭრობა 국내 거래; საშინაო ბაზარი 내수 시장; საშინაო დავალება (집에서 하는) 숙제

საშინელება [명] 공포, 두려움; ეს საშინელებაა (그것은) 끔찍 하다

საშინელი [형] 무서운, 끔찍한

საშინლად [부] 끔찍하게, 지독하게

საშიშარი [형] 위험한

საშიში [형] 위험한

საშიშროება [명] 위험, 위난

საშლელი [명] 지우개; 탄성 고무

საშო [명] [해부] 질

საშობაო [명] 크리스마스 명절, 성탄절

საშოვარი [명] 이익, 소득, 벌이

საშრობი [명] 건조실; საშრობი ქაღალდი 압지

საშტატო [부] 직원이어서, 직원으로서

საშუალება [명] 수단, 방법; წარმოების საშუალება 생산 수단; მიმოსვლის საშუალება 통신 수단

საშუალებანი [명] 수단, 방법
საშუალებით [후] (~에) 의하여, ~으로(써)
საშუალო [형] 중간의, 평균의; საშუალო სქესი [문법] 중성; საშუალო საუკუნეები 중세; საშუაალო სკოლა 중등학교
საშუალოდ [부] 중간 정도로, 그저 그렇게, 대체로
საშურველი [형] 샘나는, 부러운
საჩაიე [명] 찻집
საჩემო [형] 나에게 알맞은
საჩეჩელი [명] 소모기(梳毛機), 삼바디
საჩეჩი [형] 빗질하는, 소모(梳毛)하는
საჩვენებელი [명] ① 모형의, 모델이 되는 ② 지시하는, 나타내는, 보여주는
საჩვენებლად [부] 보여주기 위해
საჩვენო [형] 우리에게 알맞은
საჩივარი [명] 불평, 불만; საჩივრის შეტანა (~에 대해) 불평하다
საჩოთირო [형] 다루기 힘든, 까다로운
საჩუქარი [명] 선물
საჩქარო [형] 긴급한, 다급한, 서둘러야 하는
საჩქაროდ [부] 긴급하게, 다급하게, 서둘러
საჩხრეკი [명] 부지깽이
საჩხუბარი [형] 논쟁의 여지가 있는
საცავი [명] 저장소, 창고
საცალო [형] 소매(小賣)의; საცალო ვაჭრობა 소매
საცალფეხო ბილიკი [명] (작은) 길
საცდელი [형] 실험의, 실험적인
საცდელ-საჩვენებელი [형] 실험적으로 보여주는

საცეკვაო [형] 춤의, 댄스의; საცეკვაო მუსიკა 댄스 음악; საცეკვაო სკოლა 댄스 교습소, 무용 학교

საცერი [명] (거르는) 체

საცეცხლური [명] [가톨릭] 향로(香爐)

საცეხველი [동] 도리깨로 치다

საცვალი [명] 속옷; 리넨 제품

საცვლები [명] (집합적으로) 속옷류

საცივი [명] 그루지야 전통 요리의 하나

საცილობელი [형] 논쟁[의문]의 여지가 있는

საცნობარო [형] 정보를 제공하는; საცნობარო ბიურო 안내소; საცნობარო წიგნი 참고서

საცობი [명] 코르크 마개

საცოდავად [부] 슬프게도, 비통하게도, 애처롭게

საცოდავი [형] 슬픈, 비통한, 애처로운

საცოდაობა [명] 불운

საცოლე [명] 신부(新婦)

საცოლქმრო [형] 부부간의, 혼인의, 결혼의

საცოხნელი [명] 새김질, 반추

საცოხნი [형] 씹는, 저작의

საცურავი [형] 수영의; საცურავი აუზი 수영장

საცხი [명] 연고, 고약; ფეხსაცმლის საცხი 구두약

საცხოვრებელი [형] 거주의; საცხოვრებელი ბინა 거처, 주소; საცხოვრებელი ფართობი 생활 공간

საძაგელი [형] 불쾌한, 혐오스러운

საძაგლად [부] 불쾌하게, 혐오스럽게

საძაგლობა [명] 불쾌, 혐오스러움

სამიებელი [명] 차례, 목차; ანბანური სამიებელი 알파벳 순서에 따른 목차; ბიბლიოგრაფიული სა-მიებელი 서지 목록

საძინებელი [형] 잠의, 수면의, 최면의

საძირკველი [명] 기초, 토대; საძირკვლის ჩაყრა 기초[토대]를 놓다

საძმო [명] 놈, 녀석, 친구

საძნელო [형] 어려운, 곤란한, 부담스러운

საძოვარი [명] 목장, 목초지

საძრახისი [형] 수치스러운, 불명예스러운

საძულველი [형] 증오할 만한, 가증스러운, 밉살맞은

საწადელი [명] (~에 대한) 바람, 소망

საწამლავი [명] 독(毒), 독소

საწარმო [명] 사업, 기업; 생산; საწარმოო გეგმა 생산 계획; საწარმოო თათბირი 생산 회의; საწარმოო პრაქტიკა 직업 훈련

საწებელი [명] 소스, 육즙

საწევრო [형] 회원의; საწევრო წიგნაკი 회원증; საწევრო გადასახადი 회비

საწერი [형] (글)쓰기의, 집필의; საწერი ქაღალდი 필기 용지; საწერი მაგიდა 책상; საწერი მანქანა 타이프라이터, 타자기

საწერ-კალამი [명] 책상 세트

საწვავი [명] 연료

საწველი ფური [명] 젖소

საწვიმარი [명] 우비, 우의, 비옷

საწვრილმანო სავაჭრო [명] 잡화상

საწინააღმდეგო [형] 반대의, 적대하는
საწინდარი [명] 공탁금, 보증금
საწნახელი [명] 포도즙 짜는 기구
საწოლი [명] 침대; საწოლი ოთახი 침실
საწონი [명] 무게, 중량
საწური [명] 거르는 기구, 필터
საწყავი [명] 액량, 건량(乾量) (단위)
საწყალი [형] 가난한, 비참한
საწყაო [명] 측량[계량] 단위
საწყენი [형] 불쾌하게 하는, 화나게 하는, 모욕을 주는; 통탄할
საწყისი [형] 처음의, 원래의; საწყისი წერტილი 출발점, 기점
საწყლად [부] 불쌍하게, 비참하게
საწყობი [명] 창고, 저장소
საჭე [명] (배의) 키
საჭვრეტი [명] 엿보는 구멍
საჭირბოროტო [형] 시사 문제의, 관심의 초점이 되는; საჭირბოროტო საკითხი 시사 문제, 이슈
საჭირო [형] 필요한, 없어서는 안될
საჭიროება [명] 필요; საჭიროების შემთხვევაში 필요할 때에 — [동] 필요로 하다
საჭმელად უვარგისი [형] 먹지 못하는
საჭმელები [명] 요리
საჭმელი [명] 음식, 식사; ჭამის წინ 식전에; ჭამის შემდეგ 식후에 — [형] 먹을 수 있는
საჭრისი [명] 끌
საჭურველი [명] 무기

საჭურისი [명] 환관, 내시
სახაბაზო [명] 제과점, 빵 굽는 곳
სახაზავი [명] 자 (측정 도구)
სახაზინო [형] 국고의, 재징의
სახალხო [형] 국민의, 민중의, 대중의; სახალხო პოეტი 민족 시인; სახალხო მეურნეობა 국민 경제; სახალხო საკუთრება 국유 재산; სახალხო დემოკრატია 인민 민주주의; სახალხო-დემოკრატიული 인민 공화국; სახალხო ფრონტი [정치] 인 민 전선
სახალხო-სამეურნეო [명] 국민 경제
სახამებელი [명] 녹말, 전분
სახამებლიანი [형] 전분을 포함한
სახანძრო რაზმი [명] 소방대
სახარატო [명] 선반(旋盤) 세공 공장; სახარატო დაზგა 선반
სახარბიელო [형] 샘나는, 부러워하는
სახარება [명] (기독교의) 복음
სახარჯო ფული [명] 지출될 돈
სახატავი [형] 그림을 그리는
სახაჭაპურე [명] 스낵 코너, 셀프 서비스 식당
სახე [명] 얼굴; 모습, 형상
სახედარი [명] 당나귀
სახეებიანი [형] 화려한, 장식체의, 무늬를 넣은
სახეირო [형] 이익이 되는, 수익성이 있는
სახელგანთქმული [형] 유명한, 저명한
სახელგატეხილი [형] 불명예스러운, 망신스러운
სახელდახელო [형] 서두른, 짧은 시간에 끝내는

ს

სახელდახელოდ [부] 서둘러, 황급히
სახელდებული [형] 이름뿐인, 명목상의
სახელდობრ [부] 즉, 다시 말해서
სახელზმნა [명] [문법] 부정사
სახელი [명] ① 이름, 명칭; სახელის დარქმევა 명명하다, (~이라고) 부르다, 일컫다 ② სახელით (~을) 대신[대표]하여; სახელის გატეხა 비하하다, 명예를 손상시키다
სახელმოხვეჭილი [형] 유명한, 저명한
სახელმძღვანელო [명] 교과서; 매뉴얼
სახელმწიფო [명] 국가, 나라; სახელმწიფოს საზღვარი 국경; სახელმწიფო ვალი 국채(國債); სახელმწიფო ენა (한 나라의) 공용어; სახელმწიფო მოღვაწე 정치가; სახელმწიფო მნიშვნელობა 국가적인 중요성
სახელმწიფოებრივი [형] 국가의, 나라의
სახელმწიფოს [형] 국가의, 나라의; სახელმწიფოს პრეზი- დენტი (한 나라의) 대통령
სახელო [명] 소매
სახელობითი (ბრუნვა) [명] [문법] 주격
სახელოვანი [형] 유명한, 저명한, 걸출한
სახელოვნება [명] 스타, 거물
სახელოსნო [명] 작업장, 제조소; სახელოსნო სასწავლებელი 실업 학교
სახელური [명] 핸들, 손잡이, 자루
სახელწოდება [명] 명칭, 타이틀
სახეობა [명] (생물의) 종(種)
სახერხი [명] 제재소

სახესხვაობა [명] 다양성
სახეცვლა [명] 수정, 변경 — [동] 수정하다, 변경하다
სახეცვლილი [형] 수정된, 변경된
სახეხი [명] 연마제, 가는 것
სახვალიოდ [부] 다음 날에
სახვევი [형] 감는, 마무리하는, 포장하는
სახვეწარი [형] 청원하는, 탄원의
სახვითი [형] 회화적인, 조형의; სახვითი ხელოვნება 미술
სახინკლე [명] 스낵 코너, 셀프 서비스 식당
სახიფათო [형] 위험한, 모험적인
სახლი [명] 집(家); საცხოვრებელი სახლი 주택; სახლის პატრონი 집 주인; სახლის მონატრება 집[고향]을 그리워 하다; სახლის მშენებლობა 주택 건설; სახლის ნომერი 집 번지
სახლ-კარი [명] 집
სახლობა [명] ① 가족 ② 아내 — [동] 살다, 거주하다
სახლში [부] 집에(서), 집으로; სახლში წასვლა 집에 가다
სახმარად [부] 쓰려고, 사용하려고
სახმარი [형] 쓸모 있는, 널리 쓰이는
სახნავი [형] 경작할 수 있는; სახნავი მიწა 경작지
სახნავ-სათესი [명] 경작지
სახნისი [명] 쟁기
სახოვანი [형] 회화적인, 조형의
სახოტბო [형] 찬양하는, 기리는

სახრახნისი [명] 스크루드라이버

სახრე [명] 스위치, 개폐기

სახრჩობელა [명] 교수대

სახსარი¹ [명] [해부] 관절

სახსარი² [명] 방법, 수단; საარსებო სახსრები 생계, 생활 수단

სახსენებელი [명] 언급, 진술

სახსოვარი [형] 기억할 만한 — [명] 기념품

სახსოვრად [부] (~을) 기념하여

სახუმარო [형] 우스운, 익살맞은, 코믹한

სახურავი [명] 지붕; ჩალის სახურავი (지붕에 얹는) 이엉

სახუროთმოძღვრო [형] 건축(술)의

საუდის არაბეთი [명] 사우디아라비아

საჯავრებელი [명] 성가시게 함, 괴롭힘

საჯარიმო [형] 벌의, 형벌의; საჯარიმო დარტყმა [스포츠] 페널티 킥

საჯარო [형] 공공의; საჯარო ბიბლიოთეკა 공공 도서관

საჯაროდ [부] 공개적으로, 공공연하게

საჯდომი [명] 자리, 좌석; საჯდომი ცხენი 말(馬) 타기

საჯინიბო [명] 마구간

საჰაერო [형] 공중의, 항공의; საჰაერო ხაზი 항공로; საჰაერო ომი 공중전(戰)

სდექ [감] 멈춰, 그만

სეანსი [명] ① 집회, 회 ② (연극 등의) 상연

სევდა [명] 슬픔, 우울

სევდიანი [형] 슬픈, 애통하는
სეზონი [명] 계절
სეზონური [형] 계절의; 정기적인; **სეზონური ბილეთი** 정기 승차권
სეირი [명] 쇼, 흥행거리
სეირნობა [동] 거닐다, 산책하다 — [명] 산책
სეიფი [명] 금고
სეკუნდი [명] 두 번째
სელექცია [명] 선발, 선택
სელექციური [형] 선택하는, 정선하는
სელი [명] [식물] 아마(亞麻)
სემესტრი [명] (학교의) 학기
სემესტრული [형] 한 학기의, 반년간의
სემინარი [명] 세미나
სემინარია [명] 신학교
სემინარიელი [명] 신학교 학생
სენდვიჩი [명] 샌드위치
სენი [명] 병, 질병; **გადამდები სენი** 전염병; **სენის გადადება** 병을 전염시키다
სენსაცია [명] 센세이션, 물의; **სენსაციის გამოწვევა** 센세이션을 일으키다
სენსაციური [형] 세상을 놀라게 하는, 물의를 일으키는, 센세이셔널한
სეპარატორი [명] 분리기, 격리판
სერბეთი [명] 세르비아
სერბიელი [명] 세르비아 사람
სერბიის [형] 세르비아의
სერბიული [형] 세르비아의

სერბული ენა [명] 세르비아어
სერვერი [명] [컴퓨터] 서버
სერი [명] (작은) 언덕
სერია [명] 시리즈, 연속(물)
სერიოზულად [부] 심각하게, 진지하게
სერიოზული [형] 심각한, 진지한, 엄숙한
სერიოზულობა [명] 심각함, 진지함, 엄숙함
სერიული [형] 연속적인, 일련의
სესია [명] 개회, 회기
სესხად [부] 대부로, 빌려서
სესხება [동] 빌리다, 빌려주다
სესხი [명] 대부(貸付); საგარეო სესხი 외채
სეტყვა [명] 우박, 싸락눈
სეული [명] 서울 (대한민국의 수도)
სექსი [명] 성교, 성행위, 섹스
სექსუალური [형] 성적인, 섹슈얼한
სექსუალურობა [명] 성별; 성생활
სექტემბერი [명] 9월
სექტორი [명] 부문, 영역
სექცია [명] 부분, 구획
სექციური [형] 부분적인, 구분의
სვავი [명] [조류] 흰목대머리수리
სვანეთი [명] 스바네티 (그루지야 북서부의 지역)
სვანი [명] 스바네티 사람
სვანური [형] 스바네티의
სვე [명] 운, 운명
სველება [동] 적시다, 축축하게 하다
სველი [형] 젖은, 축축한

სვეტებიანი [형] (건축물 등에) 기둥이 있는
სვეტი [명] [건축] 기둥
სვია [명] [식물] 홉
სვილი [명] [식물] 호밀
სვიტრი [명] 스웨터
სვლა [동] 가다, 걸어가다
სვრა [동] 더럽히다
სვრეტი [명] 미세한 구멍, 털구멍
სია [명] 목록, 리스트; სიის შედგენა 목록을 작성하다; დაჭრილთა და მოკლულთა სია 사상자 명단; დაღუპულთა სია 사망자 명부
სიავე [명] 해악
სიამაყე [명] 자랑, 자부심
სიამოვნება [명] 기쁨, 즐거움; სიამოვნების მიღება 즐기다
სიამოვნებით [부] 기꺼이
სიარული [동] 걷다, 걸어가다 — [명] 걷기
სიახლე [명] 새로움, 신선함
სიახლოვე [명] 가까움, 근처
სიახლოვეს [부] 가까이에, 근처에
სიბერე [명] 고령, 노년; სიბერისას 노년에
სიბერწე [명] 열매가 없음
სიბეჯითე [명] 열성, 근면
სიბინძურე [명] 지저분함, 불결함, 단정치 못함
სიბნელე [명] 어둠, 암흑; სიბნელეში 어둠 속에, 암흑에
სიბოროტე [명] 사악함, 악의
სიბრაზე [명] 격노, 분노

სიბრალული [명] 측은히 여김, 동정심
სიბრიყვე [명] 어리석음; 무지
სიბრმავე [명] 맹목
სიბრტყე [명] 평탄함
სიბრძნე [명] 현명함, 지혜
სიგანე [명] 너비, 폭; სიგანით 너비로, 가로로
სიგარა [명] 여송연, 시가
სიგარეტი [명] 궐련, 담배
სიგელი [명] 증서; საპატიო სიგელი 졸업장
სიგიჟე [명] 무모함, 어리석음
სიგლახე [명] 서투름
სიგნალი [명] 신호
სიგრილე [명] 차가움, 한랭
სიგრძე [명] 길이
სიგრძე-სიგანე [명] 길이와 폭, 가로세로
სიგრძივ [부] 길게, 세로로
სიდედრი [명] 장모
სიდიადე [명] 장중, 위엄
სიდიდე [명] 크기, 사이즈
სიდინჯე [명] 침착함, 차분함, 진지함
სივაჟკაცე [명] 남자다움, 용기, 용감
სივიწროვე [명] 밀폐, 압착
სივრცე [명] (넓은) 공간
სივრცული [형] 공간의, 장소의
სიზარმაცე [명] 게으름, 나태함
სიზმარი [명] 꿈
სიზუსტე [명] 정확(성)
სითამამე [명] 용기, 대담

სითბო [명] ① 열(熱), 온기 ② 진심, 따뜻한 마음

სითეთრე [명] 흼, 순백(白)

სითხე [명] 액체; 유동체[성]

სიიაფე [명] 값이 쌈, 낮은 가격

სიკეთე [명] 착함, 친절함

სიკერპე [명] 고집 셈, 완고함

სიკვდილამდე [부] 죽음에 이르기까지

სიკვდილი [명] 죽음, 사망; ბუნებრივი სიკვდილი 자연사 (死); ძალადური სიკვდილი 변사(變死), 횡사(橫死); სიკვდილით დასჯა i) 처형하다 ii) 처형, 사형

სიკვდილიანობა [명] 사망률; ბავშვთა სიკვდილი-ანობა 영아 사망률

სიკვდილშემდგომი [형] 죽음 이후의, 사후의

სიკოხტავე [명] 세련됨, 우아함

სილა[1] [명] 모래

სილა[2] [명] სილის გარტყმა 뺨을 때리다

სილამაზე [명] 아름다움, 미(美)

სილაჩრე [명] 겁, 비겁, 용기가 없음

სილბო [명] 부드러움

სილურჯე [명] 푸름, 파랑

სიმაგრე[1] [명] 단단함, 견고함

სიმაგრე[2] [명] 요새, 성채, 보루

სიმამაცე [명] 용기, 용감

სიმამრი [명] 장인, 아내의 아버지

სიმარდე [명] 신속함, 재빠름

სიმართლე [명] 진실, 참

ს

სიმართლესმოკლებული [형] 믿지 못할, 신빙성 이 없는
სიმარტივე [명] 단순함, 평이함, 간단함
სიმარტოვე [명] 외로움, 고독, 홀로 있음
სიმარჯვე [명] 솜씨가 좋음, 손재주가 있음
სიმაღლე [명] 높이, 고도
სიმახვილე [명] 날카로움, 신랄함
სიმახინჯე [명] 기형, 추함
სიმბოლო [명] 상징, 표상, 심벌
სიმბოლური [형] 상징적인, 표상하는
სიმდიდრე [명] 부(富), 부유, 풍요
სიმებიანი საკრავი [명] 현악기
სიმეტრია [명] (좌우의) 대칭
სიმეტრიული [형] (좌우) 대칭적인
სიმთვრალე [명] (술 따위에) 취함
სიმი [명] [음악] (악기의) 현(絃)
სიმინდი [명] 옥수수
სიმკაცრე [명] 호됨, 심함, 혹독함
სიმკვახე [명] 날카로움
სიმკვირცხლე [명] 신속함, 재빠름
სიმკვრივე [명] 탄탄함, 견고함
სიმოკლე [명] 짧음, 간결함
სიმპათია [სიმპატია] [명] 호감, 마음에 듦
სიმპათიური [სიმპატიური] [형] 마음에 드는, 호감이 가는
სიმპტომატური [형] 징후적인, 전조가 되는
სიმპტომი [명] 징후, 징조, 조짐
სიმჟავე [명] (맛이) 심; 산성도

ს

სიმრავლე [명] 다수, 수많음

სიმრგვალე [명] 둥긂

სიმრუდე [명] 만곡, 뒤틀림

სიმსივნე [명] 부은 곳, 종기, 종양(腫瘍)

სიმსუბუქე [명] 가벼움, 쉬움

სიმსუქნე [명] 뚱뚱함

სიმტკიცე [명] 단단함, 견고함

სიმულაცია [명] 흉내, 모방, 시뮬레이션

სიმულირება [동] 흉내내다, 모의로 (~을) 하다

სიმუხთლე [명] 배반, 불성실 행위

სიმფონია [명] 교향곡

სიმფონიური [형] 교향악의; სიმფონიური ორკესტრი 교향악단; სიმფონიური კონცერტი 교향악 콘서트

სიმღერა [명] 노래(하기)

სიმყრალე [명] 악취, 불쾌한 냄새

სიმშვენიერე [명] 아름다움, 매력

სიმშვიდე [명] 고요함, 조용함, 차분함

სიმშრალე [명] 건조 (상태)

სიმჩატე [명] 가벼움, 쉬움

სიმცირე [명] 작음, 소형임

სიმძაფრე [명] 잔혹함, 야만적임

სიმძიმე [명] 무거움

სიმძლავრე [명] 힘, 능력; 마력(馬力)

სიმწარე [명] 쓴 맛, 맛이 씀

სიმწვავე [명] 신랄함, 통렬함

სიმწვანე [명] 푸르름, 신록

სიმწიფე [명] 성숙, 원숙, 익음

სიმჭიდროვე [명] 빽빽함, 조밀함

სიმჭლევე [명] 야윔, 마름

სიმხდალე [명] 겁, 비겁, 용기가 없음

სიმხეცე [명] 잔학, 포악, 야만적임

სიმხნე [명] 용기, 담력

სიმხურვალე [명] 열, 열기

სინაგოგი [명] 시나고그 (유대교의 회당)

სინაზე [명] 애정어림, 상냥함, 다정함

სინათლე [명] 빛; დღის სინათლე 일광(日光); მთვარის სინათლეზე 달빛에 의해; ელექტრონის სინათლეზე 전깃불로

სინამდვილე [명] 사실(성), 리얼리티

სინანული [명] 뉘우침, 참회, 회개

სინარნარე [명] 부드러움, 유연함

სინგაპური [명] 싱가포르

სინდიოფალა [명] [동물] 족제비

სინდისი [명] 양심, 도의심; სინდისის ქენჯნა 자책, 양심의 가책

სინდისიანი [형] 양심적인

სინდისიერი [형] 양심적인

სინესტე [명] 습기, 축축함

სინთეზი [명] 종합, 통합

სინთეზირება [동] 종합하다, 통합하다

სინთეზური [형] 종합의, 통합적인; 합성의

სინი [명] 쟁반

სინოდი [명] 교회 회의, 종교 회의

სინონიმი [명] [언어] 동의어, 유의어

სინონიმური [형] 동의어의, 같은 뜻의

სინოტივე [명] 습기, 축축함
სინოყივრე [명] 자양분이 많음, 영양이 됨
სინტაქსი [명] [언어] 구문론, 통사론
სინტაქსური [형] 구문론의, 통사론의
სინჯარა [명] 시험관
სინჯვა [동] 조사하다, 검사하다; 시험하다, 시도하다 — [명] 조사, 검사; 시험, 시도
სინჯი [명] 시험, 시도
სიო [명] 산들바람, 미풍
სიპატარავე [명] 작음, 소형임
სირაქლემა [명] [조류] 타조
სირბილე [명] 부드러움, 온화함
სირბილი [명] 달리기, 구보 — [동] 달리다, 뛰다
სირია [명] 시리아
სირმა [명] 꼰 끈, 레이스
სირჩა [명] 포도주를 담는 유리병
სირცხვილი [명] 치욕, 불명예, 추문
სისადავე [명] 단순함, 간단함
სისავსე [명] 충분함, 가득함
სისასტიკე [명] 가혹함, 엄격함
სისაძაგლე [명] 비열, 혐오스러움
სისაწყლე [명] 가난, 빈곤, 비참
სისველე [명] 축축함, 젖어 있음
სისინი [동] 쉿 하는 소리를 내다 — [명] 쉿 하는 소리
სისპეტაკე [명] 비난할 여지가 없음, 흠 잡을 데 없음
სისრულე [명] 완전함

სისრულეში მოყვანა [동] 실시하다, 실행에 옮기다

სისტემა [명] 체계, 시스템; სისტემაში მოყვანა 조직화하다, 체계화하다

სისტემატიზებული [형] (체계적으로) 분류된

სისტემატიკა [명] 체계화, 조직화

სისტემატურად [부] 조직적으로, 체계적으로

სისტემატური [형] 조직적인, 체계적인

სისულელე [명] 어리석음

სისუსტე [명] 약함, 쇠약

სისუფთავე [명] 깨끗함, 청결

სისქე [명] 밀도; 조밀함

სისქელე [명] 밀도; 조밀함

სისწორე [명] ① 평평함, 평탄함 ② 옳음, 정확함

სისწრაფე [명] 빠름, 속도

სისხლი [명] ① 피, 혈액; სისხლის დენა 출혈; სისხლისაგან დაცლა 출혈이 심하다; სისხლის გადასხმა [의학] 수혈하다; სისხლის გამოშვება [의학] 사혈하다, 방혈하다; სისხლის მიმოქცევა 혈액 순환; სისხლის ღვრა 유혈 참사, 학살; სისხლის ჩაქცევა 혈액이 넘쳐 흐름, 혈액의 분출; სისხლის წნევა 혈압; სისხლის ჯგუფი 혈액형 ② [복합어에서] "범죄, 형사상의"의 뜻; სისხლის სამართლის დამნაშავე 범인, 범죄자 ③ სისხლის აღება 복수하다, 보복하다, 앙갚음하다; სისხლის აღრევა 근친상간

სისხლიანი [형] 피의, 유혈의

სისხლისმსმელი [명] 강탈자, 남의 고혈을 빨아 먹는 사람

სისხლისმღვრელი [형] 유혈의, 피범벅의; სისხლისმღვრელი ბრძოლა 피비린내나는 전투

სისხლნაკლული [형] [병리] 빈혈(증)의

სისხლნაკლებობა [명] [병리] 빈혈(증)

სისხლძარღვი [명] 혈관

სიტიტვლე [명] 벌거벗음, 나체임

სიტკბო [명] 달콤함

სიტკბოება [명] 달콤함

სიტლანქე [명] 조잡함, 조악함

სიტუაცია [명] 상황, 형편, 사정

სიტურფე [명] 아름다움, 매력

სიტყვა [명] ① 말; 낱말, 단어; სიტყვით 말로써; ერთი სიტყვით 한마디로, 간단히 말해; სიტყვით აუწერელი 말로 형용할 길 없다; სიტყვის წარმოთქმა 연설하다 ② სიტყვის შესრულება 약속을 지키다; მისი სიტყვის თანახმად 그의 말에 따르면[의하면]

სიტყვათწარმოება [명] [언어] 어형론, 형태론

სიტყვაკაზმული ლიტერატურა [명] 미문(美文), 순문학

სიტყვანი [명] 소사전, 어휘 목록

სიტყვასიტყვით [부] 축어적(逐語的)으로, 문자 그대로

სიტყვასიტყვითი [형] 축어적인, 문자 그대로의; სიტყვასიტყვითი თარგმანი 축어적인 번역

სიტყვაწარმოება [명] [문법] 단어 형성, 조어(법)

სიტყვიერად [부] 말로, 구두로
სიტყვიერი [형] 말의, 구두의
სიუჟეტი [명] ① 주제, 토픽 ② 플롯, 줄거리
სიურპრიზი [명] 놀람, 경악
სიუხვე [명] 넘쳐남, 풍부함
სიფართოვე [명] 너비, 폭
სიფაქიზე [명] 깨끗함, 깔끔함, 단정함
სიფილისი [명] [병리] 매독
სიფიცხე [명] 성마름, 성미가 급함
სიფრთხილე [명] 조심, 주의, 신중; სიფრთხილით 조심스럽게, 신중하게
სიფხიზლე [명] 경계, 망보기, 깨어 있음
სიქადული [명] 자랑, 자존심
საქალწული [명] 처녀임
სიქაჩლე [명] 대머리임
სიქველე [명] 덕, 미덕
სიქვრივე [명] 과부[홀아비] 신세
სიღარიბე [명] 가난, 빈곤, 궁핍; სიღარიბეში ცხოვრება 궁핍하게 살다
სიღატაკე [명] 가난, 빈곤, 궁핍; 너저분함
სიღრმე [명] 깊이; 강도
სიღრმისა [형] 깊은
სიყალბე [명] 틀림, 가짜, 허위
სიყვარული [명] 사랑 — [동] 사랑하다, 좋아하다
სიყვითლე [명] ① 노랑 ② (피부의) 창백함 ③ [병리] 황달
სიყმაწვილე [명] 젊음

ს

სიყოჩაღე [명] 대담함, 앞뒤를 가리지 않음
სიყრმე [명] 젊음, 청년기임
სიყრუე [명] 귀먹음
სიშავე [명] 검음, 흑색임
სიშიშვლე [명] 벌거벗음, 나체임
სიშორე [명] 거리, 간격
სიჩლუნგე [명] 무딤, 둔함
სიჩუმე [명] 조용함, 침묵, 고요
სიჩქარე [명] 속력, 속도, 빠르기
სიჩქარით [부] 재빨리, 신속하게, 서둘러
სიცარიელე [명] 텅 비어있음, 공허
სიცელქე [명] (짓궂은) 장난
სიცივე [명] 추위, 한기
სიცილი [동] 웃다 — [명] 웃음
სიცოტავე [명] 불충분, 부족
სიცოფე [명] 격분, 격노
სიცოცხლე [명] 생명, 삶, 존재; სიცოცხლის გაწი-
რვა 생기[생명]를 주다 — [동] 살다
სიცრუე [명] 거짓말, 허위
სიცხადე [명] 분명함, 뚜렷함, 명료함
სიცხარე [명] 성마름, 성미가 급함
სიცხე [명] 열, 열기, 더위; 온도; სიცხის საზომი
온도계
სიცხიანი [형] 열이 있는, 더운
სიძე [명] 사위
სიძველე [명] 고대, 태고
სიძვირე [명] 고물가, 값비쌈
სიძლიერე [명] 힘, 능력

სიძნელე [명] 어려움, 곤란

სიძულვილი [명] 싫어함, 혐오, 증오 — [동] 싫어하다, 혐 오하다, 증오하다

სიძუნწე [명] 탐욕

სიწითლე [명] 빨강, 붉음

სიწმინდე [명] 순수함, 깨끗함

სიწყნარე [명] 고요함, 조용함, 평온함

სიჭაბუკე [명] 젊음

სიჭარბე [명] 풍부, 남아 돎

სიჭრელე [명] 잡색, 얼룩덜룩함; 여러 가지 성격

სიხარბე [명] 탐욕, 욕심

სიხარული [명] 기쁨, 즐거움; სიხარულით 기뻐서; სიხარულია! 얼마나 기쁜가!

სიხშირე [명] 주파수, 진동수

სკა [명] 벌집, 벌통

სკამი [명] 의자

სკანდალი [명] 추문, 스캔들

სკეპტიკური [형] 의심 많은, 회의적인

სკვინჩა [명] [조류] 되새류

სკვნა [동] 묶다, 매다

სკივრი [명] 트렁크, 상자

სკოლა [명] 학교; სკოლის შენობა 교사(校舍); საშუალო სკოლა 중등학교; უმაღლესი სკოლა 대학; საღამოს სკოლა 야간 학교; სკოლის ამხანაგი 학급 동료; სკოლის დამთავრება 학교를 졸업하다

სკორე [명] 똥, 대변, 배설물

სკოჩი [명] 접착 테이프

სლავი [명] 슬라브인

სლავური [형] 슬라브(인)의

სლოვაკეთი [명] 슬로바키아

სლოვაკი [명] 슬로바키아 사람

სლოვაკური [형] 슬로바키아의; სლოვაკური ენა 슬로바키아어 — [명] 슬로바키아어

სლოკინი [동] 딸꾹질하다 — [명] 딸꾹질

სლუკუნი [동] 흐느껴 울다 — [명] 흐느껴 울기

სმა [동] 마시다

სმენა [명] 청각, 듣기 — [동] 듣다; სმენა! 잘 들어!

სმოგი [명] 스모그

სმოკინგი [명] 턱시도 (약식 남자 예복)

სმური [명] 건배의 말

სნეულება [명] 병, 질병

სნეული [형] 병든, 몸이 아픈

სოკო [명] 버섯, 균류

სოლი [명] 쐐기

სოლიდარობა [명] 결속, 일치, 단결, 연대

სოლისებრი [형] 쐐기 모양의, 쐐기꼴의; სოლისებრი დამწერლობა 쐐기 문자

სოლისტი [명] 독창가, 독주자

სომეხი [명] 아르메니아 사람

სომხეთი [명] 아르메니아

სომხური [형] 아르메니아의; სომხური ენა 아르메니아어 — [명] 아르메니아어

სონატა [명] [음악] 소나타

სორო [명] (동물의) 굴, 집

სოუსი [명] 소스

სოფელი [명] ① 마을 ② 시골

სოფლელი [명] 시골 사람, 촌사람

სოფლის [형] 시골의, 전원의; **სოფლის მეურნეობა** 농업; **სოფლის მეურნეობის** 농업의

სოფლური [형] 시골의, 전원의

სოციალიზმი [명] 사회주의

სოციალისტი [명] 사회주의자

სოციალისტური [형] 사회주의의

სოციალური [형] 사회의, 사회적인; **სოციალური დაზღვევა** 사회 보험

სოციოლოგი [명] 사회학자

სოციოლოგია [명] 사회학

სოციოლოგიური [형] 사회학의, 사회학적인

სოჭი [명] [식물] 전나무

სპაზმი [명] [의학] 경련

სპარსეთის [형] 페르시아의

სპარსი [명] 페르시아인

სპარსული [형] 페르시아의; **სპარსული ენა** 페르시아어 — [명] 페르시아어

სპეკულანტი [명] 투기꾼, 부정 이득 축재자

სპეკულაცია [명] 투기, 부정 이득 축재

სპერმა [명] [생리] 정액

სპეტაკი [형] 흠 없는, 순수한

სპექტაკლი [명] (연극 따위의) 공연

სპექტრი [명] [물리] 스펙트럼, 분광

სპეც- [복합어에서] "특별한"의 뜻

სპეციალიზაცია [명] 특수화, 전문화

სპეციალიზებული [형] 특수화된, 전문화된

სპეციალისტი [명] 전문가
სპეციალობა [명] 전문, 전공; 직업
სპეციალურად [부] 특별히, 각별히
სპეციალური [형] 특별한, 각별한
სპეციფიკაცია [명] 명세, 상술
სპეციფიკური [형] 특수한
სპეცტანსაცმელი [명] 작업복, 직공복
სპილენძი [명] 구리, 동
სპილო [명] 코끼리; სპილოს ძვალი 상아
სპირტი [명] 술, 독주
სპირტიანი [형] 술의, 알코올 성분의; სპირტიანი სასმელები 술, 알코올 음료
სპირტის [형] 술의, 알코올 성분의
სპობა [동] 파괴하다, 근절하다 — [명] 파괴, 근절
სპორტი [명] 운동, 스포츠
სპორტის [형] 운동의, 스포츠의
სპორტული [형] 운동의, 스포츠의
სრესა [동] 갈다, 문지르다 — [명] 갈기, 문지르기
სრიალა [형] 미끄러운
სრიალი [동] 미끄러지다
სროლა [동] 던지다; 쏘다, 발사하다 — [명] 던지기; 쏘기, 발사, 사격
სრულებით [부] 아주, 완전히, 전적으로; სრულებით არა 전혀 ~아니다
სრული [형] 완전한, 완벽한, 전적인
სრულიად [부] 전혀 ~아니다
სრულუფლებიანი [형] 전권을 가진; სრულუფლებიანი წარმომადგენელი 전권 대사

ს

სრულქმნა [동] 개선하다, 향상시키다 — [명] 개선, 향상

სრულქმნილი [형] 개선된, 향상된, 완벽에 가까워진

სრულყოფა [동] 개선하다, 향상시키다 — [명] 개선, 향상

სრულყოფილი [형] 개선된, 향상된, 완벽에 가까워진

სრულწლოვანება [명] [법률] 성년(成年)

სრულწლოვანი [형] (법적으로) 성년의, 성인의

სრუტე [명] 해협

სსრკ [საბჭოთა სოციალისტური რესპუბლიკების კავშირი] [명] 소비에트 사회주의 공화국 연방, 구소련 (USSR)

სტაბილური [형] 견고한, 안정된, 확고한

სტადია [명] (발달의) 단계

სტადიონი [명] (스포츠) 스타디움, 경기장

სტამბა [명] 인쇄소

სტამბური [형] 인쇄상의, 인쇄술의; **სტამბური წესით** 인쇄로, 인쇄상

სტანდარტი [명] 표준, 기준

სტანდარტიზაცია [명] 표준화

სტანდარტიზება [동] 표준화하다

სტანდარტული [형] 표준의, 일반 수준의

სტაჟი [명] 근속 연한, 자격이 유지되는 기간; **პარტიული სტაჟი** 당원 자격이 유지되는 연한

სტაჟიორი [명] 견습생, 수습 사원

სტარტი [명] 출발, 스타트

სტატია [명] 기사, 논설; მოწინავე სტატია (신문 등의) 사설, 논설

სტატიკა [명] [물리] 정역학(靜力學)

სტატიკური [형] 정적인, 고정된

სტატისტიკა [명] 통계(학)

სტატისტიკური [형] 통계(학)상의

სტაფილო [명] [식물] 당근

სტაციონალური [형] 움직이지 않는, 정지한

სტელაჟი [명] 서가(書架), 선반

სტენოგრამა [명] 속기록(速記錄)

სტენოგრაფია [명] 속기

სტერეომეტრია [명] 체적 측정(법), 구적법(求積法)

სტვენა [동] 휘파람 불다, 쉿 하는 소리를 내다 — [명] 휘파람 불기, 쉿 하는 소리를 내기

სტვირი [명] 피리, 관악기

სტილი [명] 스타일, 방식, 투

სტილისტი [명] 스타일리스트

სტილისტიკა [명] 스타일 연구[과학]

სტილისტიკური [형] 스타일의

სტიმული [명] 자극, 고무; სტიმულის მიცემა 자극하다

სტიმულირება [동] 자극하다

სტიპენდია [명] 장학금

სტიპენდიანტი [명] 장학금을 받은 학생

სტიქიონი [명] 요소(要素)

სტიქიური [형] ① 요소의 ② 자연력의; სტიქიური უბედურება 천재(天災), 자연 재해; სტიქიური

ძალა 자연력, 근본적인 힘 ③ 자연히 일어나는, 무의식적인; **სტიქიური მოძრაობა** 무의식적인 동작

სტომაქი [명] [해부] 위(胃), 위장
სტრატეგი [명] 전략가, 전술가
სტრატეგია [명] 전략, 전술
სტრატეგიული [형] 전략(상)의
სტრიქონი [명] (쓰인 또는 인쇄된) 줄, 선, 라인
სტროფი [명] (시(詩)의) 연(聯), 절(節)
სტრუქტურა [명] 구조, 구성
სტრუქტურული [형] 구조(상)의, 조직상의
სტუდენტი [명] 학생 (특히 대학 재학생)
სტუდენტობა [명] (집합적으로) 학생들
სტუდია [명] (예술가 등의) 작업장, 스튜디오, 아틀리에
სტუმართმოყვარე [형] 손님 대접을 잘 하는, 환대하는, 친절한
სტუმართმოყვარეობა [명] 환대, 친절
სტუმართმოყვარული [형] 손님 대접을 잘 하는, 환대하는, 친절한
სტუმარი [명] 손님, 방문객; **საპატიო სტუმარი** (만찬회 등의) 주빈; **სტუმრად წასვლა** (~을) 방문하다; **სტუმრის მიღება** 손님을 받다
სტუმრობა [동] 방문하다 — [명] 방문
სუბიექტი [명] 주체, 주관
სუბიექტური [형] 주관적인
სუბიექტურობა [명] 주관성, 주관적임

სუბსიდია [명] 보조금; სუბსიდიის მიცემა 보조금을 지급하다

სუბტროპიკული [형] 아열대의

სუვენირი [명] 기념(품)

სუიტა [명] [음악] 조곡(組曲), 모음곡

სუკი [명] 소의 허리 부분 살, 필레

სულ [부] ① 아주, 매우, 완전히 ② სულ მუდამ 항상; სულ ცოტა 최소한; სულ ერთია 매한가지다, 마찬가지다, 아무래도 좋다

სულადობა [명] 가축

სულგრძელი [형] 도량이 큰, 관대한, 마음이 넓은

სულგრძელობა [명] 도량이 큼, 관대함

სულგუნი [명] 그루지야산 치즈의 일종

სულდგმული [형] 살아있는

სულ-დიდი [부] 기껏해야, 고작해야

სულელი [명] 바보, 천치

სულელური [형] 바보 같은, 어리석은

სული [명] ① 마음, 정신, 영혼; სულით ავადმყოფი 미친 사람, 실성한 사람 ② 용기, 기백; სულიერად დაცემა 용기를 잃다 ③ სულის ამოხდომა, სულის დალევა 죽다, 사망하다; სულის მოთქმა 휴식을 주다, 쉬게 하다; სულის ხუთვა 질식시키다

სულიანი [형] 심적인, 정신적인

სულიერად [부] ① 정신적으로 ② 생기[활기]가 있어

სულიერი [형] ① 정신적인 ② 생기[활기]가 있는

სულიკო [명] 사랑하는 사람
სულის [형] 심적인, 정신적인
სულმდაბალი [형] 천한, 저급한, 비열한
სულმოკლე [형] 비겁한, 비열한
სულმოკლეობა [명] 비겁, 비열
სულმოუთქმელად (დალევა) [부] 단숨에 (마시다・들이키다)
სულწასული [형] 성급한, 참을성 없는
სულწასულობა [명] 성급함, 조급함
სუმბული [명] [식물] 히아신스
სუნამო [명] 향수(香水)
სუნელი [명] 향신료, 양념
სუნვა [동] 냄새를 맡다
სუნთქვა [동] 숨쉬다, 호흡하다 — [명] 호흡
სუნი [명] 냄새, 악취; სუნის დენა 냄새나다, 악취가 풍기다
სუნიანი [형] 냄새가 나는[짙은]
სურა [명] 물주전자, 물병
სურავანდი [명] [병리] 괴혈병
სურათებიანი [형] 그림[삽화]이 그려진
სურათი [명] 그림; 사진; სურათის გადაღება 사진을 찍다
სურდო [명] [병리] 코카타르, 코감기
სურვილი [명] 바람, 소원 — [동] 바라다, 원하다
სურნელება [명] 향기, 방향
სურნელი [명] 향수(香水)
სურნელოვანი [형] 향기로운, 방향성의

სურო [명] [식물] 담쟁이덩굴

სურსათი [명] 음식물, 양식, 생계 수단

სურსათ-სანოვაგე [명] 음식물, 양식, 생계 수단

სუსტად [부] 약하게, 불충분하게

სუსტი [형] 약한, 여린

სუსხვა [동] 물다, 쏘다, 찌르다

სუსხიანი [형] 서릿발의, 얼어붙을 것 같은

სუფთა [형] ① 깨끗한, 단정한, 깔끔한 ② 순수한; სუფთა ოქრო 순금 ③ სუფთა წერა 서예

სუფთად [부] ① 깨끗하게, 단정하게, 깔끔하게 ② 순수하게

სუფი [명] 수프

სუფიქსი [명] [문법] 접미사

სუფრა [명] ① 식탁보 ② 식탁; სუფრას მოსხდომა 식탁에 둘러 앉다

სუფრული [명] 주연[연회석]의 노래

სუყველა [형] 모든, 전체의

სფერო [명] ① 구(球) ② 영역, 권(圈)

სფერული [형] 구형의

სქელი [형] 두꺼운; 뚱뚱한

სქელკანიანი [형] 피부[껍질]가 두꺼운

სქემა [명] 계획, 기획; 개요, 개략, 도식

სქემატური [형] 개략적인, 도식적인

სქესი [명] (자연적인 혹은 문법상의) 성(性)

სქესობრივი [형] 성(性)의, 성적인; სქესობრივი ცხოვრება 성생활; სქესობრივი უძლურება (남성의) 성교 불능, 발기부전

სქლად [부] 두껍게

ს

სქოლიო [명] 난외 주석, 방주(旁註)

სცენა [명] (극장 등의) 무대

სცენარი [명] 시나리오, 영화 각본

სწავლა [동] 공부하다, 배우다; კითხვის სწავლა 읽는 법을 배우다; ინგლისურის სწავლა 영어를 공부하다; კარგად სწავლა 공부를 잘하다, 우등생이다 — [명] 학습, 배움

სწავლა-განათლება [명] 가르침, 계몽

სწავლება [동] 가르치다 — [명] 가르침

სწავლული [형] 학식 있는, 박학한

სწორად [부] ① 옳게, 바르게 ② 곧바로

სწორება [동] 수정하다, 교정하다, 바르게 고치다 — [명] 수정, 교정

სწორედ [명] 바로, 꼭, 정확히

სწორი [형] ① 옳은, 정확한 ② 직접적인

სწორკუთხედი [명] 직사각형

სწორუპოვარი [형] 완벽한, 무적의, 비길 데 없는, 흉내낼 수 없는

სწორუფლებიანობა [명] 권리의 평등

სწორხაზოვანი [형] 직선의

სწრაფად [부] 빨리, 급속히; 느닷없이, 다짜고짜

ს

სწრაფვა [동] 열망하다, 포부를 갖다 — [명] 열망, 포부

სწრაფი [형] 빠른, 급속한

სწრაფმსროლელი [명] 속사포

სხარტი [형] 말수가 적은

სხდომა [명] 회의, 모임; 개회; სხდომის გახსნა 개회하다; სხდომის დახურვა 폐회하다

სხეული [명] 몸, 신체; სხეულის მოძრაობა 신체 동작

სხეულის [형] 몸의, 신체의

სხვა [형] 다른, 상이한; 또다른, 그 밖의; სხვა ფანქარი მომეცი 내게 다른 연필을 다오; სხვა სიტყვებით 다른 말로 하면, 바꿔 말하면; სხვა მხრივ 다른 한편; სხვა ადგილას 어딘가 다른 곳에서; ეს სხვა საქმეა 그건 전혀 별개의 문제다

სხვაგან [부] 어떤 다른 곳에서

სხვაგვარად [부] 다른 방법으로, 그렇지 않게

სხვადასხვა [형] 여러 가지의, 다양한; სხვადასხვა დროისა 다른 시간에; სხვადასხვა სახისა 여러 형태의

სხვადასხვაგვარად [부] 다르게, 여러 가지로

სხვადასხვაგვარი [형] 잡다한, 서로 다른, 여러 가지의

სხვადასხვაგვარობა [명] 이질성, 잡다함, 여러 가지임, 다양성

სხვადასხვანაირად [부] 다양하게, 여러 가지로

სხვადასხვანაირი [형] 다양한, 여러 가지의

სხვადასხვაობა [명] 다양성, 여러 가지임

სხვადასხვაფერი [형] 잡색의, 다색의

სხვათა შორის [부] 그런데

სხვანაირად [부] 다른 방법으로, 그렇지 않게

სხვანაირი [형] 다른, 그 밖의

სხვაობა [명] 다양성, 여러 가지임

სხვენი [명] 다락방

სხვისი [형] 다른 사람의

სხვლა [부] 치다, 잘라내다

სხივი [명] (한 줄기의) 빛, 광선

სხივიანი [형] 빛나는

სხმა [동] 쏟다, 붓다

სხურება [동] 뿌리다, 끼얹다

სჯაბაასი [명] 대화, 회화

ტ

ტაატი [동] 천천히 걷다
ტაბაკა [명] 닭튀김, 프라이드 치킨
ტაბელი [명] 일람표, 목록, 리스트
ტაბლეტი [명] [약학] 정제(錠劑)
ტაბულა [명] 일람표, 목록, 리스트
ტაეპი [명] 행(行), 줄, (한) 절
ტავტოლოგია [명] 동의어 반복
ტავტოლოგიური [형] 동의어 반복의
ტაივანი [명] 타이완, 대만
ტაილანდი [명] 타이, 태국
ტაკატუკი [명] (시계의) 똑딱[째깍]거림
ტაკიმასხარა [명] 농담하는 사람
ტაკიმასხრობა [명] 익살, 농담
ტალავერი [명] 나무 그늘, 정자
ტალანი [명] 복도, 통로
ტალანტი [명] (타고난) 재능
ტალახი [명] 진흙
ტალახიანი [형] 더러운; 진흙의, 진창의
ტალონი [명] 쿠폰, 표
ტალღა [명] 물결, 파(派), 파도
ტალღიანი [형] 물결 치는
ტანადი [형] 맵시 있는, 몸매가 좋은
ტანადობა [명] 맵시 있음, 몸매가 좋음
ტანაყრილი [형] 키 큰

ტანაშოლტილი [형] 키 크고 마른, 호리호리한
ტანგახდილი [형] 옷을 입지 않은, 옷을 벗은
ტანდაბალი [형] 보통 크기보다 작은, 난쟁이 같은
ტანვარჯიში [명] 체조
ტანთ გახდა [동] 옷을 벗기다
ტანთ ჩაცმა [동] 옷을 입(히)다
ტანი [명] 몸, 신체; 몸뚱이, 몸통
ტანისამოსი [명] 옷, 의복
ტანკერი [명] 유조선
ტანკი [명] [군사] 탱크, 전차
ტანკისტი [명] [군사] 전차 대원
ტანკსაწინააღმდეგო [형] 대(對)전차용의
ტანმაღალი [형] 키 크고 신체가 건장한
ტანმოვარჯიშე [명] 체조 선수
ტანმორჩილი [형] 보통 크기보다 작은, 난쟁이 같은
ტანმრთელი [형] 건강한
ტანსაცმელი [명] 옷, 의복
ტანჯვა [동] 괴롭히다, 고통을 주다 — [명] 고문
ტანჯული [형] 괴로움을 당한, 고통을 당한 — [명] 순교자, 수난자
ტარაკანი [명] [곤충] 바퀴벌레
ტარება [동] ① 지니다, 휴대하다, 지니고 있다; წიგნის ტარება 책을 가지고 있다; ბავშვის ტარება 아이를 한 팔에 안고 있다 ② (옷 등을) 입다, 착용하다; სათვალეების ტარება 안경을 쓰다
ტარი [명] 손잡이, 핸들
ტარიფი [명] 관세

ტარო [명] 옥수수 자루
ტაროსი [명] 날씨
ტარტარი [동] 재잘거리다, 지껄이다
ტარტაროზი [명] 사탄, 마왕, 악마
ტარხუნა [명] [식물] 개사철쑥
ტაფა [명] 프라이팬
ტაფამწვარი [명] 오믈렛
ტაქსი [명] 택시
ტაქტი¹ [명] 박자, 리듬
ტაქტი² [명] 기지, 재치
ტაქტიანი [형] 재치있는
ტაქტიკა [명] [군사] 전술
ტაქტიკოსი [명] 전술가
ტაქტიკური [형] 전술적인, 전술상의; **ტაქტიკური ამოცანა** 전술적 계획
ტაში [명] 박수; 격려; **ტაშის დაკვრა, ტაშის ცემა** 박수치다
ტაშისკვრა [동] 박수치다, 손뼉치다
ტაშტი [명] 대야, 수반(水盤)
ტაძარი [명] 대성당; 교회; 사원
ტახი [명] 멧돼지
ტახტი [명] ① 왕좌, 옥좌 ② 소파
ტბა [명] 호수; **ტბის ნაპირი** 호숫가, 호안
ტბორი [명] 연못, 웅덩이
ტევა [동] 가지고 있다, 포함하다, 담다
ტევადი [형] 용량이 큰
ტევადობა [명] 수용력, 용량
ტევრი [명] 덤불; 밀림, 정글

ტელეგრამა [명] 전보, 전신; ტელეგრამის გაგზავნა 전보를 치다, 타전하다

ტელეგრაფისა [형] 전신기의

ტელევიზია [명] 텔레비전

ტელევიზორი [명] 텔레비전 수상기

ტელესკოპი [명] 망원경

ტელეფაქსი [명] 전화 전송(기), 텔레팩시밀리

ტელეფონი [명] 전화; ტელეფონით დარეკვა (~에게) 전화하다; ტელეფონის სადგური 전화 교환대

ტელეფონოგრამა [명] 전화 메시지

ტემპერამენტი [명] 기질, 성질

ტემპერამენტიანი [형] 기운찬; 흥분하기 쉬운

ტემპერატურა [명] 온도

ტემპი [명] 속도, 페이스, 템포

ტენა [동] (속을) 채우다

ტენდენცია [명] 경향, 성향, 기울어짐

ტენდენციური [형] 치우친, 편향적인

ტენდენციურობა [명] 치우침, 편향적임

ტენი [명] 습기

ტენიანი [형] 습기 있는, 축축한

ტენიანობა [명] 습도; 축축함

ტენორი [명] [음악] 테너

ტერასა [명] 테라스

ტერიტორია [명] 영역, 지역

ტერიტორიული [형] 영역의, 지역의

ტერმინი [명] 용어

ტერმინოლოგია [명] 용어, 술어

ტერმინოლოგიური [형] 용어상의, 술어의

ტერორი [명] 테러
ტერორიზება [동] 테러를 일으키다
ტერორისტი [명] 테러리스트
ტერორისტული [형] 테러의; **ტერორისტული აქტი** 테러 행위
ტერფი [명] 발(足)
ტექნიკა [명] 기술
ტექნიკის [형] 기술의, 기술적인
ტექნიკოსი [명] 기술자
ტექნიკუმი [명] 기술 학교
ტექნიკურად [부] 기술적으로
ტექნიკური [형] 기술의, 기술적인
ტექნოლოგი [명] (과학) 기술자
ტექნოლოგია [명] (과학) 기술
ტექნოლოგიის [형] (과학) 기술의
ტექნოლოგიური [형] (과학) 기술의
ტექსტი [명] 본문, 텍스트
ტექსტობრივი [형] 본문의, 텍스트에 의한
ტვინი [명] 뇌(腦); 두뇌; **ტვინის შერყევა** [의학] 뇌진탕
ტვინიანი [형] 머리가 좋은, 총명한
ტვინშერყეული [형] 미친, 실성한
ტვირთვა [동] (짐 따위를) 싣다, 적재하다
ტვირთი [명] 짐, 화물
ტიბეტი [명] 티베트
ტივი [명] 뗏목
ტივტივი [동] 뜨다, 떠다니다
ტიკი [명] 포도주 담는 부대

ტიკინა [명] 인형
ტიკტიკი [동] 지껄이다, 재잘거리다
ტიკჭორა [명] 포도주 담는 작은 부대
ტილი [명] [곤충] 이
ტილიანი [형] 이가 들끓는
ტილო [명] 삼베, 마포(麻布)
ტიპი [명] 형(型), 타입, 유형
ტიპიზაცია [명] 대표(할 수 있음), 상징
ტიპიური [형] (~의) 특징을 나타내는, 전형적인
ტიპიურობა [명] 전형적임, 전형적인 특성
ტიპობრივი [명] 전형, 모범
ტიპოგრაფია [명] 인쇄술
ტირანი [명] 폭군, 전제 군주
ტირანია [명] 전제 정치; 폭정, 학정
ტირანული [형] 전제 군주적인, 포악한
ტირაჟი [명] (책의) 발행 부수, 판
ტირე [명] [문법] 대시(-); 하이픈(-)
ტირია [명] 울보, 우는 소리 하는 사람
ტირილი [동] 울다, 눈물을 흘리다 — [명] 울음, 울기
ტირიფი [명] [식물] 버드나무
ტიტა [명] [식물] 튤립
ტიტანური [형] 거대한
ტიტველი [형] (옷을) 벗은, 나체의
ტიტინი [동] 재잘거리다, 불명료한 소리를 내다
ტიტლიკანა [형] (옷을) 벗은, 나체의
ტიტული [명] 표제, 타이틀
ტიტულიანი [형] 표제[타이틀]가 붙은

ტიფი [명] [병리] 발진티푸스 (또는 მუცლის ტიფი); პარტა- ხტიანი ტიფი 반점열

ტკაცანი [동] 굉음을 내며 깨지다[부서지다] — [명] 굉음

ტკბილად [부] 달콤하게

ტკბილეულობა [명] 달콤한 것, 사탕

ტკბილეული [명] 사탕

ტკბილი [형] 단, 달콤한

ტკბილმოუბარი [형] 말솜씨가 좋은

ტკბილხმიანი [형] 감미로운

ტკბობა [동] 즐기다

ტკენა [명] 상처 — [동] 상처를 입히다

ტკივილგამაყუჩებელი [명] 진통제

ტკივილი [명] 고통, 아픔

ტკიპა [명] [동물] 진드기

ტლანქად [부] 거칠게, 조악하게

ტლანქი [형] 거친, 조악한

ტლინკვა [동] (발로) 차다

ტოკვა [동] (심장이) 고동치다, 두근거리다

ტოკიო [명] 도쿄, 동경

ტოლ-ამხანაგი [명] 동갑내기, 동년배

ტოლი [형] 같은, 동등한

ტოლმა [명] 속을 채운 캐비지 롤

ტოლობა [명] 같음, 동등

ტოლუმბაში [명] 테이블의 상석에 앉은 사람

ტოლფარდი [형] 비례하는

ტოლფარდობა [명] 비례, 균형

ტოლჩა [명] 잔, 컵

ტომარა [명] 가방, 색

ტომი[1] [명] (책의) 권, 부

ტომი[2] [명] 종족, 부족

ტომობრივი [형] 종족의, 부족의

ტონა [명] [무게의 단위] 톤 (t)

ტონალობა [명] [음악] (장・단의) 조(調)

ტონაჟი [명] (선박의) 용적 톤수

ტონი [명] [음악] 음조, 톤

ტონური [형] 음조의

ტოპოგრაფია [명] 지형학

ტოპოგრაფიული [형] 지형학의

ტოროლა [명] [조류] 종달새

ტორპედო [명] 수뢰, 어뢰

ტორტი [명] 케이크

ტორტმანი [동] 울렁거리다, 흔들리다, 불안정하다

ტორფი [명] 토탄(土炭), 이탄(泥炭)

ტოტალიტარული [형] 전체적인, 총체적인

ტოტალური [형] 총계의, 합계의

ტოტებიანი [형] 가지가 많은[우거진]

ტოტი [명] (나무 등의) 가지

ტრაბახა [명] 허풍쟁이, 자랑꾼, 뽐내는 사람 — [형] 허풍 떠는, 자랑하는, 뽐내는

ტრაბახი [동] 자랑하다, 뽐내다 — [명] 자랑, 과시, 뽐내기

ტრაბახით [부] 자랑스럽게, 뽐내어

ტრაბახობა [명] 자랑, 과시, 뽐내기

ტრაგედია [명] 비극

ტრაგიზმი [명] 비극, 비극적임

ტრაგიკომედია [명] 희비극

ტრაგიკომიკური [형] 희비극의

ტრაგიკოსი [명] 비극 배우

ტრაგიკულად [부] 비극적으로; **ტრაგიკულად დამთავრება** (작품이) 비극적으로 끝나다

ტრაგიკული [형] 비극의, 비극적인

ტრაგიკულობა [명] 비극, 비극적 성격

ტრადიცია [명] 전통, 관례

ტრადიციულად [부] 전통적으로

ტრადიციული [형] 전통적인

ტრადიციულობა [명] 전통적임, 전통적인 성격

ტრავმა [명] 외상(外傷), 충격, 트라우마

ტრამალი [명] [지리] 스텝 (나무가 없는 대초원 지대)

ტრამვაი [명] 시가 전차, 트램; **ტრამვაით მგზავრობა** 시가 전차를 타고 가다; **ტრამვაის ბილეთი** 시가 전차 승차권

ტრანზიტი [명] 운송, 운반

ტრანსკრიფცია [명] 필사(筆寫), 모사(模寫); 전사 (轉寫)

ტრანსლაცია [명] 전달, 방송

ტრანსლაციური [형] 전달의, 방송의

ტრანსპორტი [명] 수송, 교통

ტრანსფორმატორი [명] [전기] 변압기

ტრაპეცია [명] [수학] 사다리꼴

ტრასა [명] 노선; **საჰაერო ტრასა** 항공로

ტრაფარეტი [명] [인쇄] 스텐실, 틀판, 형판

ტრაფარეტული [형] 틀에 박힌, 낡은, 진부한

ტრაქტატი [명] (학술) 논문

ტრაქტორი [명] 트랙터

ტრაქტორისტი [명] 트랙터 운전자

ტრიალი [동] 돌다, 회전하다 — [명] 빙빙 돌기, 회전; ბედის ტრიალი 운명의 장난

ტრიბუნა [명] 연단, 강단

ტრიბუნალი [명] 법정, 법관석

ტრიგონომეტრია [명] 삼각법

ტრიგონომეტრიული [형] 삼각법의, 삼각법에 의한

ტრილიონი [명] 1 조(兆)

ტრილოგია [명] (문학 작품의) 3 부작

ტრიუმფალური [형] 승리를 자랑하는, 의기양양한

ტრიუმფი [명] 승리, 정복, 성공

ტროლეიბუსი [명] 무궤도 전차

ტროპიკი [명] [지리] 회귀선

ტროპიკული [형] 열대의; ტროპიკული კლიმატი 열대 기후; ტროპიკული ზონა 열대

ტროტუარი [명] (포장한) 보도, 인도

ტრფიალი [동] 좋아하다, 사랑하다 — [명] 사랑

ტრფობა [동] 사랑하다 — [명] 사랑

ტუალეტი [명] 화장실; ტუალეტის ქაღალდი 화장지

ტუბდისპანსერი [명] 폐결핵 환자 진료소

ტუბერკულოზი [명] [병리] (폐)결핵

ტუბერკულოზიანი [형] (폐)결핵에 걸린

ტუზი [명] [카드놀이] 에이스

ტუმბო [명] 펌프
ტუნელი [명] 터널
ტურა [명] [동물] 자칼
ტურბინა [명] 터빈, 원동기
ტურიზმი [명] 관광
ტურისტი [명] 관광객
ტურნირი [명] [스포츠] 토너먼트
ტურფა [형] 아름다운, 매력적인
ტუსაღი [명] 죄수, 수인
ტუსაღობა [명] 투옥, 감금
ტუტე [명] [화학] 알칼리
ტუტიანი [형] 알칼리(성)의
ტუტრუცანა [명] 바보, 얼간이
ტუტუცი [명] 어리석은 사람, 바보
ტუტუცობა [명] 어리석음, 멍청함
ტუტუცურად [부] 어리석게, 멍청하게
ტუქსვა [동] 꾸짖다, 책망하다, 나무라다
ტუში [명] 먹; 화장먹, 마스카라
ტუჩი [명] 입술
ტყავეულობა [명] 가죽 제품
ტყავი [명] 가죽, 모피
ტყაპუჭი [명] 양가죽 (코트)
ტყე [명] 숲; ტყის კაცი 숲의 도깨비; ტყის ქათამი [조류] 멧 도요
ტყემალი [명] 야생 자두
ტყვე [명] 죄수, 포로; ტყვედ წაყვანა 포로로 잡다
ტყვეობა [명] 포로의 신세; ტყვეობაში ყოფნა 포로가 되다

ტყვია [명] 탄환, 총탄

ტყვიამფრქვევი [명] 기관총

ტყვიანაკრავი [형] 탄환에 맞은, 총상을 입은

ტყიანი [형] 숲이 우거진

ტყორცნა [동] 던지다 — [명] 던지기, 투척

ტყუილად [부] 헛되이, 무익하게

ტყუილი [명] 거짓, 허위, 거짓말; **ტყუილის თქმა** 거짓말하다 — [형] 거짓의, 허위의

ტყუილუბრალო [형] 헛된, 무익한

ტყუილუბრალოდ [부] 헛되이, 무익하게

ტყუპი [명] 쌍둥이

უ

უ- ~ 없이
უადგილო [형] 엉뚱한, 부적절한
უაზრო [형] 지각 없는, 어리석은
უაზრობა [명] 지각 없음, 어리석음
უამათოდ [부] 이것들[저것들] 없이
უამინდობა [명] 악천후
უამრავი [형] 많은, 무수한
უანგარიშო [형] 낭비하는, 낭비되는
უანგარო [형] 사심 없는, 이기심 없는
უანგარობა [명] 사심 없음, 이기심 없음
უარესი [형] 더 나쁜
უარი [명] 거절, 거부; **უარის თქმა** 거절하다, 거부하다
უარობა [명] 거절, 거부
უარყოფა [동] 부인하다, 부정하다 — [명] 부인, 부정
უარყოფითი [형] 부정적인
უასაკო [명] 미성년
უაღრესად [부] 예외적으로, 유난히; 매우, 극히
უაღრესი [형] 예외적인, 유난한
უახლოესი [형] (가장) 가까운, 인접한
უბადლო [형] 완벽한, 비길 데 없는
უბადრუკი [형] 불쌍한, 비참한, 궁상맞은
უბანი [명] 지역, 지구, 구획
უბარაქო [형] 수확이 없는, 비생산적인

უბე¹ [명] 가슴, 품; **უბეში** (~의) 품에서
უბე² [명] 만(灣)
უბედო [형] 불행한, 불운한
უბედურება [명] 불운, 역경
უბედური [형] 불행한, 불운한
უბილეთო [형] 무임 승차의; **უბილეთო მგზავრი** 무임 승차자
უბინაო [형] 집 없는
უბის წიგნაკი [명] 메모장, 노트
უბიწო [형] 흠 없는, 순결한, 순수한
უბოდიშო [형] 형식을 갖추지 않은, 즉석에서 하는
უბოდიშოდ [부] 형식을 갖추지 않고, 허물 없이
უბოდიშობა [명] 형식을 갖추지 않음, 허물 없음
უბოლოო [형] 끝없는, 한없는
უბრალო [형] 간단한, 단순한
უბრალოდ [부] 간단하게, 단순하게
უბრალოება [명] 간단, 단순함
უგამონაკლისოდ [부] 예외 없이
უგეგმო [형] 계획 없는, 무계획적인
უგეგმობა [명] 계획 없음, 무계획적임
უგემოვნო [형] 무미건조한, 평범하기 이를데 없는
უგემოვნობა [명] 무미건조함
უგემური [형] 맛없는, 입에 맞지 않는, 먹음직스럽지 않은
უგერგილო [형] 서투른, 둔한
უგვიანესი [부] 늦어도
უგვირგვინო [형] 왕관을 쓰지 않은, 무관(無冠)의

უგზო-უკვლოდ [동] 헤매다, 떠돌다
უგრძნობელი [형] 무감각한, 느끼지 못하는
უგრძნობლად [부] 무감각하게, 느끼지 못하여
უგრძნობლობა [명] 무감각함, 무정함
უგულებელყოფა [동] 무시하다, 경시하다, 깔보다
— [명] 무시, 경시
უგულვებელყოფა [동] 무시하다, 경시하다
უგულისყურო [형] 부주의한, 생각 없는
უგულისყურობა [명] 부주의함, 생각 없음
უგულო [형] 무감각한, 냉담한
უგულობა [명] 무감각, 냉담
უგულოდ [부] 무감각하게, 냉담하게
უგუნებოდ [부] 기가 죽어, 맥없이, 의기소침하여
უგუნურება [명] 무모함, 어리석음
უგუნური [형] 무모한, 어리석은
უდაბნო [명] 사막, 황무지
უდაბური [형] 사람이 살지 않는, 황무지의
უდანაშაულო [형] 죄 없는, 순결한, 결백한
უდანაშაულობა [명] 죄 없음, 순결, 결백
უდანაშაულოდ [부] 죄 없이, 순결하게, 결백하게
უდავო [형] 반박할 수 없는, 논란의 여지가 없는
უდავოდ [부] 반박할 수 없이, 논란이 여지가 없이
უდარდელად [부] 무사태평하게, 무심하게
უდარდელი [형] 무사태평한, 무심한
უდარდელობა [명] 무사태평, 무심함
უდედმამო [명] 고아 — [형] 부모가 없는, 고아의
უდედმამობა [명] 고아 신세

უდედო [형] 어머니가 없는
უდიდესი [형] 대단한, 엄청난
უდისციპლინო [형] 규율 없는, 훈련을 받지 않은
უდრეკი [형] 흔들리지 않는, 확고한, 부동의
უდროო [형] 시기가 나쁜[부적당한], 때에 맞지 않는
უდროოდ [부] 때에 맞지 않게, 시기를 놓쳐
უდღეური [형] 조산(아)의
უებარი [형] 없어서는 안 되는, 필요 불가결한, 다른 것으로 대체할 수 없는
უელსი [명] 웨일스
უელსის [형] 웨일스의
უენო [형] 말 없는, 무언의
უერთმანეთოდ [부] 서로가 없이
უეშმაკო [형] 꾸밈 없는, 소박한
უეცარი [형] 우발적인, 갑작스러운
უეცრად [부] 우발적으로, 갑자기
უეცრობა [명] 우발적임, 갑작스러움
უეჭველად [부] 확실히, 의심의 여지 없이
უეჭველი [형] 의심의 여지 없는, 명백한
უვადო [형] 무기한의
უვარგისი [형] 부적당한, 쓸모 없는
უვიცი [형] 무식한, 무지한 ― [명] 무식한 사람
უვიცობა [명] 무식, 무지
უვნებელი [형] 해를 입지 않은, 안전한
უვნებლად [부] 해를 입지 않고, 안전하여
უვნებლობა [명] 해를 입지 않음, 안전
უზანგი [명] 등자(鐙子)

უზარმაზარი [형] 거대한, 막대한
უზბეკეთი [명] 우즈베키스탄
უზბეკეთის [형] 우즈베키스탄의
უზბეკი [명] 우즈베키스탄 사람
უზბეკური [형] 우즈베키스탄의; უზბეკური ენა 우즈벡어
უზენაესი [형] 최고의, 최상의; უზენაესი ხელისუფლება 최고 (정치) 권력
უზმოდ [부] 배가 고파
უზმოზე [부] 배가 고파
უზნეო [형] 부도덕한, 방종한
უზნეობა [명] 부도덕, 방종
უზნეოდ [부] 부도덕하게, 방종하여
უზომო [형] 막대한, 끝이 없는, 한없는, 측량할 수 없는
უზომოდ [부] 막대하게, 끝이 없이, 한없이, 측량할 수 없이
უზრდელად [부] 예의 없이, 무례하게
უზრდელი [형] 예의 없는, 무례한
უზრდელობა [명] 예의 없음, 무례함
უზრუნველად [부] 무사태평하게, 무심하게
უზრუნველი [형] 무사태평한, 무심한
უზრუნველობა [명] 무사태평, 무심함
უზრუნველყოფა [동] 보증하다, 확실히 하다 — [명] 보증
უზრუნველყოფილი [형] 확실한, 보증 받은
უთავაზო [형] 비우호적인, 불친절한
უთავბოლო [형] 조리가 서지 않는, 어리석은

უთავბოლობა [명] 앞뒤가 맞지 않음, 어리석음
უთავბოლოდ [부] 앞뒤가 맞지 않게, 아무렇게나
უთავო [명] 머리가 나쁜, 어리석은
უთანაბრო [형] 고르지 못한, 불균등한
უთანაბრობა [명] 고르지 못함, 불균등
უთანასწორო [형] 불평등한, 불균형의
უთანასწორობა [명] 불평등, 불균형
უთანხმოება [명] 불일치, 부조화, 상이
უთაური [형] 관리 능력이 부족한
უთაურობა [명] 관리 능력 부족
უთვალავი [형] 셀 수 없는, 수없이 많은
უთვალო [명] 눈이 없는; 눈 먼, 보이지 않는
უთვისტომო [명] 친족[혈연]이 없는
უთო [명] 다리미, 인두
უთმო [형] 머리카락이 없는
უთუო [형] 의심할 여지 없는, 확실한
უთუოდ [부] 의심할 여지 없이, 확실히
უთქვენოდ [부] 당신 없이
უიარაღო [형] 무장하지 않은, 비무장의, 무방비의
უიმათოდ [부] 그들 없이
უიმედო [형] 희망이 없는, 절망적인
უიმედობა [명] 희망이 없음, 절망
უიმედოდ [부] 절망적으로
უიმისოდ [부] 그[그녀 · 그것] 없이
უინტერესო [형] 흥미 없는, 관심 없는
უკაბელო [형] 무선의, 케이블이 없는
უკამათოდ [부] 논의[토론]하지 않고

უკან [부] 뒤에, 뒤로; უკან დახევა 후퇴하다; უკან გაწვევა 도로 부르다; უკან დადევნება 뒤따르다; უკან მოხედვა 뒤를 보다

უკანა [형] 뒤의, 후방의; უკანა ფეხები 뒷다리; უკანა თვალი 뒷바퀴, 후륜; უკანა სვლა 뒤쪽으로의 이동; უკანა ნაწილი 뒷부분

უკანალი [명] 엉덩이, 둔부

უკანასკნელად [부] ① 마지막으로; 마침내 ② 최근에

უკანასკნელი [형] ① 마지막의, 최후의; უკანასკნელ წუთს 마지막 순간에; უკანასკნელი ვადა 마감 기한, 데드라인 ② 최근의, 최신의; უკანასკნელი ამბები 최신 뉴스; უკანასკნელი მოდა 최신 유행

უკანონო [형] 불법의; უკანონო შვილი 사생아

უკანონობა [명] 불법임

უკანონოდ [부] 불법적으로

უკაცრავად [부] 실례합니다, 미안합니다

უკაცური [형] 사람이 살지 않는

უკბილო [형] 이[치아]가 없는

უკეთ [부] 더 좋게, 더 낫게

უკეთესად [부] 더 좋게, 더 낫게

უკეთესი [형] 더 좋은

უკეთუ [접] 만약 ~한다면[이라면]

უკეთური [형] 불친절한, 사나운, 나쁜, 고약한

უკვალოდ [부] 흔적[자취]을 남기지 않고

უკვამლო [형] 연기 없는, 무연의

უკვდავება [명] 불사, 불멸; უკვდავების წყარო 생명수

უკვდავი [형] 불사의, 불멸의, 죽지 않는

უკვდავყოფა [동] 불멸[불후]하게 하다 — [명] 불멸성의 부여

უკვე [부] 이미, 벌써

უკიდურესად [부] 극도로

უკიდურესი [형] 극도의, 최고도의

უკიდურესობა [명] 극도, 극치

უკითხავად [부] 묻지 않고, 질문하지 않고

უკლასო [형] 계급[계층] 없는; უკლასო საზოგადოება 무계급 사회

უკლებად [부] 완전히, 전적으로

უკლებლივ [부] 완전히, 전적으로

უკმაყოფილება [명] 불만(족)

უკმაყოფილო [형] 불만족한

უკმეხი [형] 거친, 무례한

უკრაინა [명] 우크라이나

უკრაინელი [명] 우크라이나 사람

უკრაინის [형] 우크라이나의

უკრაინული [형] 우크라이나의; უკრაინული ენა 우크라이나어

უკუგდება [동] 던지다, 내던지다; 퇴짜 놓다

უკუდო [형] 꼬리가 없는

უკულტურო [형] 비문명화된, 교양 없는

უკულტურობა [명] 비문명화, 교양 없음

უკურნებელი [형] 치료할 수 없는

უკუფენა [동] 반사하다 — [명] 반사

უკუქმედება [동] 반대하다, 거스르다, 반작용하다 — [명] 반대, 거스름, 반작용

უკუქმედი [형] 반대하는, 거스르는, 반작용의

უკუქცევა [동] ① 후퇴하다, 퇴각하다 ② 격퇴하다, 쫓아버리다

უკუქცევითი [형] [문법] 재귀의; უკუქცევითი ზმნა 재귀 동사

უკუღმა [형] 틀린, 잘못된

უკუღმართად [부] 틀리게, 잘못되어

უკუღმართი [형] 틀린, 잘못된

უკუღმართობა [명] 틀림, 잘못됨, 허위

ულაზათო [형] 누추한, 꼴사나운

ულაზათოდ [부] 누추하게, 꼴사납게

ულამაზესი [형] 가장 아름다운

ულამაზო [형] 못생긴, 추한

ულაპარაკოდ [부] 무조건

ულაყი [명] 종마(種馬)

ულეველი [형] 무진장한, 다함이 없는

ულევი [형] 무진장한, 다함이 없는

ულვაში [명] 콧수염

ულმობელი [형] 냉혹한, 무자비한, 용서 없는

ულმობელობა [명] 냉혹, 무자비, 가차 없음

ულმობლად [부] 냉혹하게, 무자비하게, 가차 없이

ულუფა [명] 몫, 배급량, 할당량

უმაგალითო [형] 비할 바 없는, 견줄 데 없는

უმადური [형] 감사할 줄 모르는

უმადურობა [명] 배은망덕

უმავთულო [명] 무선의, 케이블이 없는

უმალ [부] 즉시, 곧

უმანკო [형] 죄 없는, 결백한

უმანკოება [명] 죄 없음, 결백

უმართებულო [형] 무례한, 상스러운

უმართებულობა [명] 무례, 상스러움

უმაღლესი [형] 최고의, 최상의, 더 높은; უმაღლესი სასწავლებელი 상급 학교

უმახვილო [형] [문법] 강세[액센트]가 없는

უმდაბლესი [형] 가장 낮은, 최저의

უმეტეს შემთხვევაში [부] 대개, 대부분의 경우에

უმეტესად [부] 대부분, 대개

უმეტესობა [명] 대부분, 대다수

უმეცარი [형] 무지한, 모르는

უმეცრება [명] 무지, 모름

უმთავრესად [부] 주로, 대체로, 대개

უმთავრესი [형] 주요한, 주된

უმთვარო [형] 달이 없는

უმი [형] 날 것의, 가공하지 않은

უმიზეზო [형] 근거[동기・이유]가 없는

უმიზეზოდ [부] 근거[동기・이유]가 없이

უმიზნო [형] 목적 없는

უმიზნობა [명] 목적 없음

უმიზნოდ [부] 목적 없이

უმიწაწყლო [형] 토지가 없는

უმნიშვნელო [형] 중요하지 않은, 사소한

უმორჩილესად [부] 겸손하게, 순순히, 복종하여

უმოქმედო [형] 수동적인, 비활동적인

უმოქმედობა [명] 수동적임, 비활동적임
უმოძრაო [형] 움직이지 않는
უმოძრაობა [명] 움직이지 않음, 부동(성)
უმოწყალო [형] 무자비한, 냉혹한
უმოწყალოდ [부] 무자비하게, 냉혹하게
უმრავლესობა [명] 대부분, 대다수
უმტკივნეულო [형] 고통 없는
უმტკივნეულოდ [부] 고통 없이
უმუშევარი [형] 실업 상태의, 직업이 없는
უმუშევრობა [명] 실직, 실업 (상태)
უმცირესი [형] 가장 적은, 최소한의
უმცირესობა [명] 소수(파)
უმცროსი [형] 미성년의, 연소한
უმწეო [형] 무력한, 약한
უმწეობა [명] 무력함, 약함
უმწეოდ [부] 무력하게
უმწიკვლო [형] 흠 없는, 비난할 여지 없는
უმწიკვლობა [명] 흠 없음, 비난할 여지 없음
უმწიფარი [형] 미성숙한, 덜 익은
უმჯობესად [부] 더 좋게, 더 낫게
უმჯობესი [형] 더 좋은, 더 나은, 개선된, 향상된
უმჯობესობა [명] 개선, 향상
უნაგირი [명] (말 등의) 안장; უნაგირის დადგმა 안장을 얹다
უნაკლო [형] 완벽한, 완전한
უნამუსო [형] 부도덕한, 부정직한, 불명예스러운
უნამუსობა [명] 부도덕, 부정직, 불명예스러움
უნარი [명] 능력, 재능, 소질, 적성

უნარიანი [형] 능력 있는, 재능 있는
უნარიანობა [명] 능력, 재능, 소질, 적성
უნაღდო [형] 현금이 없는, 어음 교환에 의한
უნაყოფო [형] 황폐한, 불모의, 열매를 맺지 못하는
უნაყოფობა [명] 황폐, 불모, 열매를 맺지 못함
უნაყოფოდ [부] 헛되이
უნახავი [형] 목격되지 않은, 보여지지 않은
უნახაობა [명] 보이지 않음
უნგრეთი [명] 헝가리
უნგრეთის [형] 헝가리의
უნგრელი [명] 헝가리 사람
უნგრული [형] 헝가리의; უნგრული ენა 헝가리어
უნდა [동] ~해야 한다
უნდო [형] 믿을 수 없는, 배반적인, 불성실한
უნდობი [형] 믿을 수 없는, 의심스러운
უნდობლად [부] 불신하여, 의심하여
უნდობლობა [명] 불신, 의심, 의혹
უნებისყოფობა [형] 의지가 약한, 심약한
უნებლიე [형] 비자발적인, 의도하지 않은
უნებლიედ [부] 모르는 사이에, 의도하지 않고, 자동적으로
უნებური [형] 비자발적인, 의도하지 않은
უნებურად [부] 모르는 사이에, 의도하지 않고
უნიადაგო [형] 근거 없는
უნივერმაღი [명] 백화점
უნივერსალური [형] 보편적인, 전반적인
უნივერსალობა [명] 일반성, 보편성
უნივერსიტეტი [명] 대학교

უნიკალური [형] 유일한, 독특한
უნიჭო [형] 둔한, 재주가 없는
უნიჭობა [명] 재주가 없음
უპარტიო [명] 당파가 없는 사람
უპასპორტო [형] 여권을 갖고 있지 않은
უპასუხისმგებლო [형] 무책임한
უპასუხისმგებლობა [명] 무책임
უპასუხისმგებლოდ [부] 무책임하게
უპატივცემულობა [명] 무시, 경멸
უპატიოსნო [형] 부정직한, 불공정한
უპატიოსნობა [명] 부정직, 불공정
უპატიოსნოდ [부] 부정직하게
უპატრონო [형] 주인 없는, 유기된; 보호받지 못하는
უპირატესად [부] ~보다는 오히려, 우선해서
უპირატესი [형] 우선시되는
უპირატესობა [명] ① 우세, 우월 ② 우선시, 선호; უპირატესობის მიცემა 선호하다
უპირველეს ყოვლისა [부] 무엇보다도, 우선
უპირო [형] ① 믿을 수 없는, 불안정한 ② [문법] 비인칭의; უპირო ზმნა 비인칭 동사
უპრინციპო [형] 비도덕적인, 파렴치한, 방종한
უპრინციპობა [명] 비도덕적임, 파렴치, 방종
უპროცენტო [형] 무이자의
უპურობა [명] 빵[식량]이 필요함[부족함]
ურა [명] 종마(種馬)
ურანი¹ [명] [화학] 우라늄
ურანი² [명] [천문] 천왕성

ურგები [형] 쓸모 없는, 무익한
ურდო [명] 떼거리, 무리
ურდული [명] 빗장, 횡목
ურემი [명] 소가 끄는 짐수레
ურთიერთდათმობა [명] 타협
ურთიერთდამოკიდებულება [명] 관계, 상호 의존
ურთიერთდამხმარე სალარო [명] 상호 보험
ურთიერთდახმარება [명] 상호 부조[협력]
ურთიერთი [형] 서로의, 상호의
ურთიერთმოქმედება [명] 상호 작용
ურთიერთობა [명] 상호 관계
ურთხელი [명] [식물] 주목(朱木)
ურია [명] 유대인
ურიგო [형] 나쁜; 불명예스러운
ურითმო ლექსი [명] 무운시(無韻詩)
ურიცხვი [형] 셀 수 없는, 무수한
ურნა [명] 항아리, 단지
ურო [명] 망치, 해머
ურქო [형] (동물이) 뿔이 없는
ურყევად [부] 굳게, 확고하게
ურყევი [형] 굳은, 흔들리지 않는, 확고한
ურყეობა [명] 굳음, 확고함
ურჩი [형] 말 안 듣는, 복종하지 않는
ურჩობა [명] 말을 듣지 않음, 불복종
ურჩხული [명] 괴물
ურცხვად [부] 뻔뻔스럽게
ურცხვი [형] 뻔뻔스러운, 수치를 모르는

ურცხვობა [명] 뻔뻔스러움, 몰염치

ურწმუნო [명] 신앙심이 없는, 종교가 없는 — [명] 종교가 없는 사람

ურწმუნოება [명] 신앙심이 없음, 종교가 없음

ურჯულო [형] 신앙심이 없는, 종교가 없는

უსაგნო [명] 목적이 없는, 무의미한

უსაზღვრო [형] 한없는, 무한한

უსაზღვროდ [부] 한없이, 무한하게

უსათუო [형] 무조건적인, 절대적인, 의심할 나위가 없는

უსათუოდ [부] 확실히, 명백하게, 의심할 나위 없이

უსალმო [형] 비우호적인, 불친절한

უსამართლო [형] 부정(不正)한, 불공정한, 불평등한

უსამართლობა [명] 부정(不正), 불공정, 불평등

უსამართლოდ [부] 부정(不正)하게, 불공정하게, 불평등하게

უსარგებლო [형] 무익한, 쓸모 없는

უსარგებლობა [명] 무익, 쓸모 없음

უსარგებლოდ [부] 무익하게, 쓸모 없어

უსასოო [형] 희망 없는, 가망 없는

უსასრულო [형] 끝없는, 무한한

უსასრულოდ [부] 끝없이, 무한하게

უსასყიდლო [형] 무료의, 공짜의

უსასყიდლოდ [부] 무료로, 공짜로

უსაფრთხო [형] 안전한

უსაფრთხოება [명] 안전

უსაფუძვლო [형] 근거 없는
უსაფუძვლობა [명] 근거 없음
უსაფუძვლოდ [부] 근거 없이
უსაქმო [명] 게으름뱅이, 쓸모 없는 인간
უსაქმობა [명] 게으름, 나태
უსაქმური [형] 게으른 — [명] 게으름뱅이
უსაქციელო [형] 무례한, 버릇없는
უსაქციელობა [명] 무례함, 버릇없음
უსაშიშრო [형] 안전한
უსაშიშროობა [명] 안전
უსახელო [형] 이름 없는, 무명의
უსახლკარო [형] 집 없는
უსიამოვნება [명] 불쾌함, 마음에 들지 않음
უსიამოვნო [형] 불쾌한, 마음에 안 드는
უსინათლო [형] 눈 먼, 맹목의
უსინათლობა [명] 눈이 멂, 맹목
უსინდისო [형] 비도덕적인, 부정직한, 뻔뻔스러운
უსინდისობა [명] 비도덕적임, 부정직, 뻔뻔스러움
უსინდისოდ [부] 비도덕적으로, 부정직하게, 뻔뻔스럽게
უსირცხვილო [형] 수치를 모르는, 뻔뻔스러운
უსისტემო [형] 체계적이지 않은, 비조직적인
უსისტემოდ [부] 체계적이지 못하게, 비조직적으로
უსისხლო [형] 핏기 없는, 창백한; 빈혈증의
უსიტყვო [형] 말없는, 과묵한
უსიტყვოდ [부] 말없이, 조용히
უსიყვარულო [형] 사랑이 없는

უსიცოცხლო [형] 생기 없는, 활기 없는
უსიხარულო [형] 기쁨이 없는
უსმელ-უჭმელი [형] 배고픈, 굶주린
უსრული [형] ① 불완전한 ② [문법] (동사가) 미완료형의
უსტაბაში [명] 장(長), 우두머리
უსულგულო [형] 무감각한, 무정한
უსულგულობა [명] 무감각, 무정
უსულო [명] 생명이 없는, 무생물의
უსუსური [형] 미성숙한
უსუსური [형] 약한, 굳지 않은
უსუფთაო [형] 단정하지 못한, 지저분한
უსუფთაობა [명] 단정하지 못함, 지저분함
უსქესო [형] [생물] 성별이 없는, 무성(無性)의
უსწავლელი [형] 배우지 못한, 교육 받지 못한, 무지한
უსწავლელობა [명] 배우지 못함, 교육 받지 못함, 무지
უსწორმასწორო [형] 고르지 못한, 울퉁불퉁한
უსწორმასწორობა [명] 고르지 못함, 울퉁불퉁함
უსწორო [형] 정확하지 않은, 틀린
უტაქტო [형] 무뚝뚝한, 재치 없는, 거친
უტაქტოდ [부] 무뚝뚝하게, 재치 없이, 거칠게
უტვინო [형] 머리가 나쁜, 어리석은
უტვინობა [명] 머리가 나쁨, 어리석음
უტიფარი [형] 뻔뻔스러운, 파렴치한, 무례한
უტიფრად [부] 뻔뻔스럽게, 파렴치하게
უტკივარი [형] 건강한, 아프지 않은

უტოლო [형] 동등하지 않은

უტყვი [형] 말없는, 조용한

უტყუარი [형] 믿을 만한, 진짜의; **უტყუარი წყაროებიდან** 믿을 만한 출처에 의하면

უუნარო [형] 능력 없는, 무능한

უუნარობა [명] 무능

უუფლებო [형] 무법의, 공민권을 박탈당한

უუფლებობა [명] 무법, 공민권을 박탈당함

უფალი [명] ① 신(神) ② 주인, 지배자, 통치자

უფასო [형] 무료의, 공짜의

უფასოდ [부] 무료로, 공짜로

უფასური [형] 가치 없는

უფერო [형] 단조로운, 무미건조한

უფერულად [부] 단조롭게, 무미건조하게

უფერული [형] 단조로운, 무미건조한

უფეხო [형] 다리[발]가 없는

უფლება [명] 권리; **ხმის უფლება** 투표권

უფლებააყრილი [형] 권리를 박탈당한

უფლებამოსილება [명] 권한, 전권(全權)

უფლებამოსილი [형] 전권을 가진, 자격 있는

უფლებრივი [형] 합법적인

უფლისწული [명] 왕자, 황태자

უფორმო [형] 모양[형태]이 없는

უფრთო [형] 날개가 없는

უფრო [부] 더욱, 보다[더] ~하게

უფროსი [형] 손위의, 연상의; **უფროსი ძმა** 형, 오빠 — [명] 장(長), 우두머리; **უფროსი ექიმი** 내과 과장

უფსკრული [명] 나락, 낭떠러지, 깊은 수렁
უფულო [형] 돈 없는, 무일푼의
უფულობა [명] 돈이 없음, 무일푼임
უფხო [형] 서투른, 기술[재주]이 없는
უქარო [형] 바람 없는, 잔잔한
უქვემდებარო [형] [문법] 비인칭의
უქმად [부] 게을리, 나태하게
უქმე [명] 휴일
უქმობა [동] 경축하다 — [명] 경축
უქმრო [형] 미혼의, 독신의
უქნარა [명] 게으름뱅이
უქონლობა [명] 부족, 결핍, 결여
უღელი [명] 멍에; 짐, 부담
უღელტეხილი [명] (산)길
უღვთო [형] 무신론의, 무종교의
უღირსად [부] 가치 없이, 하찮게
უღირსი [형] 가치 없는, 하찮은
უღლება [동] [문법] (동사가) 활용[변화]하다 — [명] (동사의) 활용, 변화
უღმერთო [형] 무신론의, 무종교의 — [명] 무신론자, 종교가 없는 사람
უღმერთობა [명] 무신론, 무종교
უღონო [형] 힘 없는, 약한, 무력한
უღონობა [명] 힘 없음, 약함
უღრანი [형] (숲이) 울창한, 밀집한, 빽빽한
უღრუბლო [형] 구름 없는, 맑게 갠
უყაირათო [형] 절약하지 않는, 낭비하는
უყაირათობა [명] 낭비

უყოყმანო [형] 굳은, 확고한

უყოყმანოდ [부] 망설임 없이, 주저없이, 바로

უყურადღებო [형] 부주의한, 경솔한

უყურადღებობა [명] 부주의, 경솔

უყურადღებოდ [부] 부주의하게, 경솔하게

უშედეგო [형] 헛된, 무익한, 실패한

უშედეგოდ [부] 헛되이, 무익하게, 실패하여

უშემოსავლო [형] 무익한, 수익이 없는

უშემოსავლობა [명] 무익, 수익이 없음

უშენოდ [부] 너 없이

უშველებელი [형] 거대한, 커다란

უშვერი [형] 추잡한, 음탕한

უშვილო [형] 아이가 없는

უშვილობა [명] 아이가 없음, 무자식

უშინაარსო [형] ① 텅 빈 ② 무미건조한, 생기 없는, 재미 없는

უშიშარი [형] 두려움을 모르는, 용맹한, 대담한

უშიშრად [부] 두려움을 모르고, 용맹하게, 대담하게

უშიშრობა [명] 두려움을 모름, 용맹, 대담

უშიშროება [명] 안전, 무사

უშნო [형] 못생긴, 추한

უშნოდ [부] 못생기어, 추하게

უშნოობა [명] 못생김, 추함

უშრეტი [형] 무진장한, 다함이 없는

უშუალო [형] 직접적인

უშუალოდ [부] 직접(적으로)

უშუალობა [명] 직접적임, 솔직함

უშფოთველად [부] 잔잔하게, 평온하게, 조용하게
უშფოთველი [형] 잔잔한, 평온한, 조용한, 고요한
უშფოთველობა [명] 잔잔함, 평온함, 조용함, 고요함
უჩემოდ [부] 나 없이
უჩვევი [형] 익숙하지 않은
უჩვენოდ [부] 우리 없이
უჩვეულო [형] 보통이 아닌, 별난
უჩინარი [형] 보이지 않는
უცაბედად [부] 우연히, 뜻밖에
უცაბედი [형] 우연한, 뜻밖의
უცბად [부] 갑자기, 돌연
უცებ [부] 갑자기, 돌연
უცები [형] 갑작스러운
უცვლელად [부] 불변하여, 변하지 않고
უცვლელი [형] 불변의, 변하지 않는
უცვლელობა [명] 불변, 변하지 않음
უცილობელი [형] 논란의 여지가 없는, 명백한
უცილობლად [부] 논란의 여지 없이, 명백하게
უცნაურად [부] 이상하게
უცნაური [형] 이상한, 특이한
უცნობი [형] 잘 모르는, 생소한 — [명] 낯선 사람, 외부인
უცოდველი [형] 죄 없는, 결백한
უცოდინარი [형] 무지한, 모르는
უცოდინარობა [명] 무지, 모름
უცოლო [형] 미혼의, 독신의
უცოლობა [명] 미혼임, 독신임

უცოლშვილო [형] 독신의, 혼자만의 — [명] 독신 생활

უცხენო [형] 말(馬)이 없는

უცხო [형] 외국의; 생소한, 알려지지 않은; უცხო ენა 외국어 — [명] 외국인

უცხოეთი [명] 외국

უცხოეთის [형] 외국의

უცხოეთში [부] 외국에, 해외에

უცხოელი [명] 외국인

უცხოური [형] 외국의

უძილო [형] 잠이 오지 않는, 불면의

უძილობა [명] 잠이 없음, 불면(증)

უძირო [형] 밑바닥 없는

უძლეველი [형] 무적의, 정복할 수 없는

უძლეველობა [명] 무적, 정복할 수 없음

უძლურება [명] 약함, 힘 없음, 무력

უძლური [형] 약한, 힘 없는, 무력한

უძრავად [부] 움직이지 않고, 정지하여

უძრავი [형] 움직이지 않는, 가만히 있는, 정지한

უწესივრობა [명] 파손, 결함

უწესო [형] 부적절한, 맞지 않는, 부정확한

უწესობა [명] 무절제, 난폭

უწესრიგო [형] 혼란스러운, 무질서한, 난잡한

უწესრიგობა [명] 무질서, 혼란, 난잡

უწესრიგოდ [부] 혼란스럽게, 뒤죽박죽

უწვერო [형] 수염이 없는

უწვრთნელი [형] 훈련받지 않은

უწიგნო [형] 책이 없는

უწიგნური [형] 글자를 모르는, 문맹의
უწიგნურობა [명] 문맹
უწინ [후] 앞에, 전에, 일찍이
უწინარეს ყოვლისა [부] 우선, 무엇보다도
უწინდებურად [형] 그전처럼, 평소처럼
უწინდელი [형] 이전의
უწმაწური [형] 음란의, 외설의, 음탕한
უწმინდური [형] 깔끔하지 못한, 지저분한, 더러운
უწმინდურობა [명] 깔끔하지 못함, 지저분함, 더러움
უწონო [형] 극히 가벼운
უწყება [명] 알림, 통지, 통고, 통보
უწყებრივი [형] 관청의, (관청에 있는) 부[국]의
უწყვეტელი [형] [문법] 미완료의; **უწყვეტელი დრო** 미완료 시제
უწყვეტი [형] 연속적인, 중단 없는
უწყვეტლივ [부] 연속적으로, 끊임없이
უწყინარი [형] 해를 끼치지 않는, 무해한
უწყინარობა [명] 무해함
უწყისი [명] 임금 대장
უწყლო [형] 건조한, 메마른
უწყლობა [명] 건조, 메마름
უჭკნობი [형] 바래지 않는, 쇠퇴하지 않는
უჭკუო [형] 어리석은 — [명] 멍청이
უჭკუობა [명] 어리석음
უჭმელი [형] 배고픈
უხალისო [형] 마음이 내키지 않는, 냉담한

უხალისობა [명] 마음이 내키지 않음, 냉담
უხალისოდ [부] 내키지 않아, 냉담하게
უხამსი [형] 외설적인, 음란한
უხარისხო [형] 저질의, 열등한
უხარისხობა [명] 저질, 열등
უხასიათო [형] 의지가 약한, 결단력이 없는
უხასიათობა [명] 의지가 약함, 결단력이 없음
უხეირო [형] 쓸모없는, 무익한
უხეიროდ [부] 쓸모없이, 무익하게
უხერხულად [부] 곤란하여, 거북하여, 난처하여
უხერხული [형] 곤란한, 거북한, 난처한
უხერხულობა [명] 곤란, 거북, 난처
უხეშად [부] 거칠게, 조야하게
უხეში [형] 거친, 조야한
უხეშობა [명] 거칢, 조야함
უხვად [부] 풍부하게, 많이
უხვი [형] 풍부한, 많은
უხილავი [형] 보이지 않는
უხიფათო [형] 안전한
უხმარი [형] 쓰이지 않는, 무용의
უხმო [형] 무음의, 무언의, 말없는
უხმოდ [부] 말없이, 조용히
უხრწნელი [형] 불후의, 불멸의
უხრწნელობა [명] 불후, 불멸
უხსენებელი [명] ① 열, 줄 ② [동물] 뱀
უხსოვარი [형] 먼 옛날의, 태곳적의; უხსოვარი დროიდან 태곳적부터
უხუცესი [형] 가장 손위의, 맏이의

უჯიშო [형] [생물] 잡종의, 순혈종이 아닌

უჯრა [명] 제도사

უჯრედი [명] [생물] 세포

უჯრედიანი [형] 세포의

უჯრედოვანი [형] 세포의

უჰაერო [형] 공기가 없는, 진공의; უჰაერო სივრცე [물리] 진공

უჰაერობა [명] (공기가 없어) 숨막힘, 답답함

ფ

ფაბრიკა [명] (제조) 공장
ფაბრიკატი [명] 완제품, 완성품
ფაბულა [명] 줄거리, 플롯, 스토리
ფაგოტი [명] [음악] 바순, 파곳
ფაზა [명] 단계, 시기
ფათერაკი [명] 불운, 불행, 골칫거리
ფაილი [명] [컴퓨터] 파일
ფაიფური [명] 도자기
ფაკულტატ(ი)ური [형] 임의의, 선택적인
ფაკულტეტი [명] (대학의) 학부, 학과; სამედი-ცინო ფაკულტეტი 의학부; ფილოლოგიური ფაკულტეტი 언어학과
ფალავანი [명] (스포츠) 챔피언
ფალსიფიკაცია [명] 위조, 모조
ფამილარული [형] 친밀한, 가족적인
ფანატიზმი [명] 광신, 열광
ფანატიკოსი [명] 광신자, 열광자
ფანატიური [형] 광신적인, 열광적인
ფანდი [명] 구실, 핑계, 회피
ფანდური [명] 판두리 (그루지야의 전통 악기); ფანდურზე დამკვრელი 판두리 연주자
ფანტაზია [명] 환상, 상상, 판타지
ფანტასტიკური [형] 환상적인, 상상의
ფანტასტიური [형] 환상적인, 상상의
ფანტვა [동] 흩뜨리다 — [명] 흩뜨림

ფანქარი [명] 연필; ფერადი ფანქარი 색연필
ფანჩატური [명] 나무 그늘, 정자
ფანჯარა [명] 창(문); ფანჯრის შუშა 창유리
ფარა [명] (양 따위의) 떼, 무리
ფარანი [명] 등불, 램프, 랜턴
ფარაჯა [명] 큰 외투
ფარგა [명] [어류] 농어류의 일종
ფარგალი [명] (제도용) 컴퍼스
ფარდა [명] 커튼, 막; ფარდის აწევა 커튼을 올리다; ფარდის დაშვება 막을 내리다
ფარდაგი [명] 카페트, 양탄자
ფარდობა [명] [수학] 비(比), 비율
ფარდობითი [형] 비례하는
ფარდული [명] 매점, 노점, 가판대
ფარეხი [명] 양(羊)우리, 양사
ფარვა [동] 덮다; 숨기다, 감추다, 비밀로 하다
ფარვანა [명] [곤충] 나방
ფართალი [명] 옷감, 직물, 피륙
ფართო [형] 넓은, 큰
ფართობი [명] 장소, 구역, 지역, 공간; საცხოვრებელი ფართობი 거주 공간
ფართოდ [부] 넓게, 크게
ფართოლიანდაგიანი [형] 광궤(廣軌)의
ფართხალი [동] 버둥거리다
ფარი [명] 방패
ფარიკაობა [명] [스포츠] 펜싱, 검술 — [동] 펜싱하다

ფარისებრი [형] [해부] 갑상선의; ფარისებრი ჯირკვალი 갑상선

ფარისეველი [명] 바리새파의 사람, 종교적 형식주의자; 위선자

ფარისევლობა [동] 위선적인 행동을 하다 — [명] 위선

ფარისევლურად [부] 위선적으로

ფარისევლური [형] 위선적인 — [동] 위선적인 행동을 하다

ფარმაკოლოგია [명] 약(물)학, 약리학

ფარმაცევტი [명] 약제사

ფარსი [명] 소극(笑劇), 익살 광대극

ფარულად [부] 비밀리에, 은밀하게

ფარული [형] 비밀의, 은밀한, 암암리의; ფარული შეხვედრა 비밀 모임

ფარშავანგი [명] [조류] 공작

ფარჩა [명] 수단(繡緞), 문직(紋織)

ფარცხვა [동] 써레질하다 — [명] 써레질

ფარცხი [명] 써레

ფასგადახდილი [형] (값이) 지불된

ფასგადაუხდელი [형] (값이) 미지불된

ფასდადებით [명] [상업] 대금 상환(代金相換) 인도 (C.O.D.)

ფასდაკარგული [형] 가치가 떨어진

ფასდაკლება [명] 가치 하락

ფასდაუდებელი [형] 값을 평가할 수 없는, 매우 귀중한

ფასეული [형] 가치 있는, 값비싼

ფასი [명] 값, 가격; 가치
ფასიანი [형] 가치 있는
ფასკუნჯი [명] 전설상의 새의 일종
ფასონი [명] 패션, 스타일
ფაუნა [명] (한 지역 또는 한 시대의) 동물군(群)[상(相)], (분포상의) 동물 구계(區系)
ფაფა [명] 죽
ფაფარი [명] (동물의) 갈기
ფაფახი [명] (보통 양가죽으로 만드는) 카프카스 지방 전통 모자
ფაქიზად [부] 깔끔하게, 단정하게
ფაქიზი [형] 깔끔한, 단정한, 깨끗한
ფაქსიმილე [명] 팩시밀리
ფაქტი [명] 사실, 진상
ფაქტიურად [부] 사실상, 실제로
ფაქტიური [형] 사실상의, 실제의, 사실에 입각한
ფაქტორი [명] 요인, 요소
ფაშატი [명] 암말(馬)
ფაშვი [명] 배, 복부
ფაცხა [명] (그루지야 서부의) 나무로 지은 집
ფედერაცია [명] 연합, 연맹, 연방
ფედერაციული [형] 연합한, 연맹의, 연방의
ფეთება [명] 공포, 두려움
ფეთქებადი [형] 폭발성의; ფეთქებადი ნივთიერება 폭발물
ფეთქვა [동] 두근거리다, 고동치다
ფეთხუმი [형] 지저분한, 단정하지 못한
ფეიერვერკი [명] 불꽃놀이

ფეიქარი [명] 천을 짜는 사람, 직조공
ფელეტონი [명] 신문의 만평
ფენა [명] 층(層)
ფენებად დაყოფა [동] 층을 형성시키다
ფენი [명] 헤어드라이어
ფეოდალი [명] (중세의) 영주(領主)
ფეოდალიზმი [명] [역사] 봉건 제도
ფეოდალური [형] 봉건(제도)의
ფერადი [형] 색깔이 있는, 컬러의; ფერადი ფილმი 컬러 필름; ფერადი ფოტოგრაფია 컬러 사진
ფერად-ფერადი [형] 여러 가지 색이 있는, 잡색의, 얼룩덜룩한
ფერდი [명] 사면, 경사
ფერდობი [명] 경사, 내리받이
ფერება [동] 귀여워하다, 애무하다
ფერი [명] 색, 빛깔, 컬러; ფერის წასვლა 창백해지다
ფერისმჭამელა [명] 여드름, 주근깨
ფერმა [명] 농장
ფერმერი [명] 농부
ფერმიხდილი [형] 창백한, 핏기 없는
ფერმკრთალი [형] 창백한, 핏기 없는
ფერმკრთალობა [명] 창백함, 핏기 없음
ფერმწერი [명] 화가, 예술가
ფერუმარილი [명] (화장)분, 파우더
ფერფლი [명] (타고 남은) 재
ფერშალი [명] 외과 수술의 조수
ფერწასული [형] 창백한, 핏기 없는

ფერწასულობა [명] 창백함, 핏기 없음

ფერწერა [명] 그림, 회화

ფერხული [명] 원무(圓舞)

ფესვგადგმული [형] 뿌리 깊은

ფესვი [명] ① 뿌리; 근원 ② [수학] 근(根), 루트

ფეტვი [명] [식물] 기장

ფეხაკრეფით [부] 소리 없이; ფეხაკრეფით სიარული 발끝으로 살금살금 걷기

ფეხბურთელი [명] 축구 선수

ფეხბურთი [명] 축구

ფეხდაფეხ [부] (~을) 바로 뒤따라서

ფეხი [명] 다리; 발

ფეხით [부] 걸어서

ფეხისადგილი [명] (공중) 화장실

ფეხისგული [명] 발바닥

ფეხმარდი [형] 걸음이 빠른

ფეხმოქცეული [형] 내반슬(內反膝)의, O 형 다리의

ფეხმძიმე [명] 임산부

ფეხმძიმობა [명] 임신

ფეხსაცმელი [명] 신발(류)

ფეხსაწმენდი [명] (현관의) 구두 흙털개

ფეხშიშველა [부] 맨발로

ფეხშიშველი [형] 맨발의

ფეხჩაცმული [형] 신을 신은

ფთილა [명] 타래, 숱

ფიალა [명] 잔, 사발

ფიგურა [명] ① 꼴, 형태 ② 인물 ③ (체스의) 말

ფიგურალური [형] 비유적인
ფიზიკა [명] 물리학
ფიზიკის [형] 물리학의, 물리학적인
ფიზიკოსი [명] 물리학자
ფიზიკური [형] 물리학의, 물리학적인
ფიზიოთერაპია [명] 물리 요법
ფიზიოთერაპიული [형] 물리 요법의
ფიზიოლოგი [명] 생리학자
ფიზიოლოგია [명] 생리학
ფიზიოლოგიური [형] 생리학의, 생리학적인
ფიზიონომია [명] 관상학
ფიზკულტურა [명] 체육
ფიზკულტურული [명] 운동 선수, 스포츠맨
ფითრი [명] [식물] 겨우살이
ფილა [명] 판석(板石), 타일; 벽돌
ფილარმონია [명] 음악 회관, 콘서트홀
ფილაქანი [명] 판석
ფილიალი [명] (회사 등의) 지점
ფილიპინები [명] 필리핀
ფილმი [명] 영화 (필름)
ფილოლოგი [명] 비교 언어학자
ფილოლოგია [명] 비교 언어학
ფილოლოგიური [형] 비교 언어학의
ფილოსოფია [명] 철학
ფილოსოფიურად [부] 철학적으로
ფილოსოფიური [형] 철학의, 철학적인
ფილოსოფოსი [명] 철학자

ფილოსოფოსობა [동] 철학적으로 설명[사색]하다, 철학하다 — [명] 철학하기

ფილტვი [명] 폐, 허파; ფილტვების ანთება [병리] 폐렴

ფილტრი [명] 필터, 거르는 기구; ფილტრში გატარება 거르다, 여과하다

ფინალი [명] ① 종국, 대단원, 피날레 ② [스포츠] 결승

ფინანსები [명] 재정, 재원(財源)

ფინანსთა [형] 재정의, 재무의; ფინანსთა მინისტრი 재무 장관; ფინანსთა სამინისტრო 재무부

ფინანსური [형] 재정의, 재무의

ფინგანი [명] 재무부, 경리과

ფინეთი [명] 핀란드

ფინელი [명] 핀란드 사람

ფინია [명] 푸들 (개 품종의 하나)

ფინური [형] 핀란드의; ფინური ენა 핀란드어 — [명] 핀란드어

ფინჯანი [명] 컵, 잔

ფირი [명] 테이프; 필름

ფირმა [명] 회사, 상사(商社)

ფირნიში [명] 간판

ფირუზი [명] 터키석(石)

ფირფიტა [명] 판; 음반

ფისი [명] 수지(樹脂), 송진

ფისიანი [형] 수지(樹脂)질의

ფისტონი [명] (총포탄의) 뇌관(雷管)

ფისუნია [명] (애칭으로) 고양이

ფიფქი [명] 눈송이
ფიქალი [명] [광물] 점판암(粘板岩)
ფიქრი [동] (~에 대해) 생각하다 — [명] 생각, 사고, 숙고
ფიქსაცია [명] 정착, 고착
ფიქსირება [동] 고정시키다, 고착시키다
ფიქსირებული [형] 고정된, 고착된
ფიქტიური [형] 허구의, 가상의, 꾸며낸
ფიქცია [명] 꾸며낸 것, 허구, 픽션
ფიქციური [형] 허구의, 가상의, 꾸며낸
ფიჩხი [명] 잘라낸 곁가지
ფიცარი [명] 널빤지, 판자
ფიცი [명] 맹세, 서약; ფიცის მიღება 맹세하다, 서약하다; ფიცის გამტეხი 맹세를 어긴 사람, 위증자; ფიცის გატეხა i) 거짓 맹세하다, 위증하다 ii) 거짓 맹세, 위증; ფიცის ქვეშ 맹세코
ფიცრული [형] 널빤지[판자]로 만들어진
ფიცხი [형] 성급한; 열렬한, 불타는 듯한
ფიჯა [명] 벌집
ფიჭვი [명] [식물] 소나무
ფიჭვნარი [명] 솔밭, 소나무 숲
ფლავი [명] 필라프 (볶음밥의 일종)
ფლანგვა [동] ① (자금을) 횡령하다, 착복하다 ② 낭비하다, 탕진하다
ფლანგი [명] (좌우의) 익(翼), 날개 부분
ფლეიტა [명] [음악] 플루트, 피리
ფლექსია [명] [문법] 굴절, 어형 변화
ფლიგელი [명] 딴 채, 헛간

ფლიდი [형] 위선자의, 악한의

ფლიდობა [동] 위선적인 행동을 하다 — [명] 위선, 이중 적임, 악한 행동

ფლირტი [명] (남녀의) 희롱, 시시덕거림, 일시적인 연애 — [동] (남녀가) 시시덕거리다

ფლობა [동] 갖다, 소유하다 — [명] 소유

ფლორა [명] (한 지방 또는 한 시대에 특유한) 식물상(相), (분포상의) 식물 구계(區系)

ფლოტი [명] 함대; 선단; სამხედრო-საზღვაო ფლოტი 해군; საზღვაო ფლოტი (한 나라 소속의) 총 선박, 해상[해군] 세력; საჰაერო ფლოტი 공군(력); სავაჭრო ფლოტი 상선단

ფოთლები [명] 잎

ფოთლოვანი [명] (집합적으로) (한 그루 초목의) 잎

ფოთოლი [명] 잎

ფოლადი [명] 강철; ფოლადის მუზარადი (군인의) 철모

ფოლკლორი [명] 민속, 민간 전승

ფონდი [명] 자금, 자본금, 기금; სარეზერვო ფონდი 준비 자금, 예비금; ხელფასის ფონდი 임금 기금; დახმარების ფონდი 구제 기금

ფონეტიკა [명] [언어] 음성학

ფონეტიკური [형] 음성(학)의, 발음에 따른; ფონეტიკური ტრანსკრიცია 발음 표기

ფონი [명] 여울, 얕은 물

ფონტი [명] [인쇄] 폰트 (종류와 크기가 같은 활자 한 벌)

ფორანი [명] 짐마차, 짐수레

ფორთოხალი [명] [식물] 오렌지 (나무)

ფორთოხლისფერი [형] 오렌지색의

ფორთხვა [동] 기다, 포복하다

ფორი [명] 작은 구멍

ფორიანი [형] 작은 구멍이 많은, 다공성의

ფორმა [명] ① 형식, 모양, 형상; ფორმა და შინაარსი 형식과 내용 ② 틀, 주형(鑄型) ③ 유니폼, 제복

ფორმალიზმი [명] 형식주의

ფორმალისტი [명] 형식주의자

ფორმალობა [명] 형식에 구애됨, 딱딱함

ფორმალურად [부] 형식적으로, 명목상

ფორმალური [형] 형식상의, 형식적인; 공식적인; ფორმალური თანხმობა 공식 협정

ფორმატი [명] 치수, 크기

ფორმაცია [명] 형성, 구성

ფორმულა [명] [수학·화학] 공식, 식(式); ქიმიური ფორმულა 화학식

ფორმულარი [명] 서식

ფორმულირება [동] 명확히 말하다, 공식화하다 — [명] 명확한 표현, 공식화

ფოსო [명] 구멍, 구덩이

ფოსტა [명] ① 우편; ფოსტით 우편으로; ფოსტით გაგზავნა 편지를 우편으로 보내다; საჰაერო ფოსტა 항공 우편 ② 우체국

ფოსტალიონი [명] 우체부, 집배원

ფოსტამტი [명] 우체국

ფოსფორი [명] [화학] 인(燐)
ფოტო [명] 사진; ფოტო კამერა 사진기, 카메라
ფოტოაპარატი [명] 사진기, 카메라
ფოტოგადაღება [동] 사진 찍다
ფოტოგრაფი [명] 사진사, 사진 작가
ფოტოგრაფია [명] 사진
ფოტოგრაფირება [동] 사진 찍다
ფოტოგრაფიულად [부] 사진술로
ფოტოგრაფიული [형] 사진(술)의
ფოტოკამერა [명] 사진기, 카메라
ფოტოკოპია [명] 사진 복사
ფოტოსურათი [명] 사진; ფოტოსურათის გადაღება 사진 찍다
ფოფხვა [동] 기다, 포복하다 — [명] 포복
ფოჩი [명] 면도솔
ფოცხვერი [명] [동물] 스라소니
ფრაზა [명] [문법] 구(句); 문장
ფრაზეოლოგია [명] 어법, 문체
ფრაკი [명] 연미복(燕尾服)
ფრანგი [명] 프랑스 사람
ფრანგული [형] 프랑스의; ფრანგული ენა 프랑스어 — [명] 프랑스어
ფრენა [동] ① 날다, 비행하다 ② (나비 따위가) 날개를 펄럭이다 — [명] 날기, 비행
ფრენბურთელი [명] 배구 선수
ფრენბურთი [명] [스포츠] 배구
ფრთა [명] (새 따위의) 날개

ფრთაშესხმული [형] 기운이 북돋아진; 영감을 받은

ფრთიანი [형] 날개가 달린

ფრთხილად [부] 주의하여, 신중하게

ფრთხილი [형] 주의 깊은, 신중한

ფრთხილობა [명] 주의, 신중

ფრთხობა [동] 놀라게 하다, 겁을 주다, 으르다

ფრიად [부] 무척, 매우, 아주

ფრიადი [형] 아주 훌륭한, 최고의

ფრიადოსანი [형] 아주 뛰어난, 훌륭한, 완벽한

ფრიალი [동] (깃발이) 펄럭이다

ფრიალო [형] 가파른, 급경사의

ფრინველი [명] 새(鳥), 조류

ფრონტელი [명] 최전선의 군인

ფრონტი [명] 앞, 전면(前面); მოწინავე ფრონტი 최전선, 제일선

ფრუტუნი [동] 콧김을 내뿜다

ფრქვევა [동] (눈물 따위를) 흘리다

ფრჩხილი [명] 손톱, 발톱; ფრჩხილების ქლიბი 손톱깎이

ფრჩხილები [명] 괄호

ფსევდოკლასიკური [형] 의고문(擬古文)의, 의고전적인

ფსევდონიმი [명] (작가의) 필명(筆名), 펜네임

ფსიტი [명] [동물] 샤무아 (영양의 일종)

ფსიქიკა [명] 심령 연구

ფსიქიკური [형] 심령의, 정신적인

ფსიქოლოგი [명] 심리학자

ფსიქოლოგია [명] 심리학
ფსიქოლოგიურად [부] 심리(학)적으로
ფსიქოლოგიური [형] 심리학의, 심리학적인
ფსკერი [명] 밑바닥; ფსკერზე 바닥에
ფუ [감] 흥, 피, 쳇
ფუთა [명] 묶음, 다발, 팩
ფულადი [형] 돈의, 화폐의, 금전상의
ფული [명] 돈, 화폐, 통화; ქაღალდის ფული 지폐; ნაღდი ფული 현금, 맞돈; წვრილი ფული 잔돈
ფუნდამენტალური [형] 기본적인, 기초의
ფუნდამენტი [명] 기초, 토대
ფუნთუშა [명] 롤빵, 둥근 빵
ფუნიკულიორი [명] 강삭(鋼索) 철도, 케이블카
ფუნქცია [명] 기능, 작용
ფუნქციონალური [형] 기능의
ფუნჩულა [형] 통통한, 토실토실한
ფუნჯი [명] 면도솔
ფურაჟი [명] 꼴, 가축의 사료
ფურთხება [동] 침을 뱉다
ფურთხი [명] (내뱉은) 침, 타액
ფური [명] 암소
ფურნე [명] 제과점, 빵집
ფურცელი [명] ① 잎 ② (종이 따위의) 한 장
ფურცვლა [동] 책장을 넘기다
ფუსფუსა [형] (하찮은 일에) 야단법석을 떠는, 부산을 떠는
ფუსფუსი [동] 야단법석을 떨다, 부산 떨다

ფ

ფუტკარი [명] [곤충] 벌; მუშა ფუტკარი 일벌
ფუტური [형] 썩은, 상한, 부패한
ფუფუნება [명] 호화, 화려; ფუფუნებით ცხოვრება 호화롭게 살다
ფუფხი [명] 부스럼, 딱지
ფუქსავატი [형] 생각 없는, 얼빠진, 어리석은
ფუღური [명] (나무 따위의) 속이 빈 곳, 움푹 팬 곳
ფუყე [형] 텅 빈, 공허한
ფუძე [명] ① 기초, 기반, 토대 ② [문법] 어간
ფუძემდებელი [명] 창설자, 설립자
ფუჭად [부] 헛되이, 무익하게
ფუჭი [형] 헛된, 소용 없는
ფქვა [동] 갈다, 가루로 만들다
ფქვილი [명] 밀가루, 빻은 곡식
ფშატი [명] [식물] 보리수의 일종
ფშვინვიერი [명] [언어] 기식음(氣息音)의
ფცქვნა [동] 껍질[껍데기]을 벗기다
ფხა [명] 능력, 재주, 기술, 솜씨
ფხანა [동] 긁다
ფხაჭნა [동] 할퀴다
ფხეკა [동] 문지르다, 비비다
ფხვიერი [형] 부스러지기 쉬운, (흙 따위가) 푸석푸석한
ფხვნა [동] 부스러뜨리다
ფხვნილი [명] 분말, 가루
ფხიანი [형] 능력 있는, 할 수 있는, 재간 있는
ფხიზელი [형] 잠들지 않는, 깨어 있는

ფხიზლად [부] 잠들지 않고, 깨어서
ფხიზლობა [동] 잠들지 않고 있다, 깨어 있다
ფხუკიანი [형] 성급한, 성마른
ფხუკიანობა [명] 성급함, 성마름

ქ

ქადა [명] 그루지야식 케이크의 일종

ქადაგება [동] 설교하다, 전도하다, 전파하다, 보급시키다 — [명] 설교, 전도, 전파, 보급

ქავილი [동] 가렵다, 근질근질하다; ხელები მექავება 내 손이 가렵다

ქათამი [명] 암탉; ქათმის კვერცხი 암탉의 알, 계란, 달걀

ქათინაური [명] 칭찬, 듣기 좋은 말; ქათინაურის თქმა 칭찬하다

ქალა [명] [해부] 두개(골)

ქალამანი [명] 인피(靭皮) 구두

ქალაქგარეთ [부] 도시 밖에, 시외에

ქალაქელი [명] 도시 주민, 도시 거주자

ქალაქი [명] 도시, 읍; მთავარი ქალაქი 주요 도시; ქალაქი და სოფელი 도시와 시골

ქალაქური [형] 도시의, 자치 도시의, 시(市)의

ქალაჩუნა [형] 겁 많은, 마음이 약한

ქალბატონი [명] ① 귀부인, 숙녀 ② ~씨, ~부인 (여성에 대한 존칭)

ქალი [명] 여자, 여성; გათხოვილი ქალი 기혼 여성; ექიმი-ქალი 여의사; ქალთა ემანსიპაცია 여성해방

ქალის [형] 여자의, 여성의

ქალიშვილი [명] 딸

ქალური [형] 여자의, 여성의; 여자다운

ქალღმერთი [명] 여신(女神)

ქალწული [명] 처녀, 아가씨

ქალწულობა [명] 처녀임; 처녀성

ქამარი [명] 허리띠, 벨트; 거들; ქამრის შემორტყმა 벨트를 매다, 거들을 두르다

ქამელეონი [명] ① [동물] 카멜레온 ② 변절자, 배반자

ქანაობა [동] 흔들리다 — [명] 흔들림

ქანდაკება [명] 조각상

ქანდარა [명] ① (새의) 횃대 ② (극장의) 맨 위층 관람석

ქანობი [명] 경사, 비탈, 내리받이

ქანქარა [명] 진자, 흔들이

ქანჩი [명] 암나사, 너트; ქანჩის გასაღები 나사 돌리개

ქანცგამოლეული [형] 지칠 대로 지친

ქანცგაწყვეტილი [형] 지칠 대로 지친

ქაოსი [명] 대혼돈, 카오스

ქაოსური [형] 혼돈된, 무질서한

ქარავანი [명] (사막의) 대상(隊商), 카라반

ქარაფშუტა [형] 생각 없는, 경솔한

ქარაფშუტობა [명] 생각 없음, 경솔함

ქარაფშუტული [형] 생각 없는, 경솔한

ქარბუქი [명] 눈보라

ქარგვა [동] 수놓다, 자수하다 — [명] 자수, 수놓기

ქარები [명] [병리] 류머티즘

ქარვა [명] [광물] 호박(琥珀)

ქარვასლა [명] 대상(隊商)의 숙사
ქართველი [명] 그루지야 사람
ქართული [형] 그루지야의; ქართული ენა 그루지야어 — [명] 그루지야어; თქვენ ქართულად ლაპარაკობთ? 그루지야어를 할 줄 아십니까?
ქარი [명] 바람, 산들바람; ორპირი ქარი 틈새 바람, 외풍; ქარის წისქვილი 풍차
ქარიანი [형] 바람 부는
ქარიყლაპია [명] [어류] 창꼬치
ქარიშხალა [명] 분쟁을 일으키기 좋아하는 사람
ქარიშხალი [명] 폭풍(우), 악천후
ქარტია [명] 헌장(憲章), 선언서; თავისუფლების დიდი ქარტია [역사] 마그나카르타, 대헌장
ქარქაში [명] 칼집
ქარცეცხლში [부] 곤경에 처하여
ქარხანა [명] 공장, 제작소; ავტომობილის ქარხანა 자동차 공장; სამხედრო ქარხანა 군수 공장; გაზის ქარხანა 가스 공장; აგურის ქარხანა 벽돌 공장; ტყავის ქარხანა 무두질 공장; მეტალურგიული ქარხანა 금속 공장; ნავთობსახდელი ქარხანა 정유 공장; ლუდის ქარხანა (맥주) 양조장; დენთის ქარხანა 화약 공장; შაქრის ქარხანა 제당소, 설탕 정제소; მინის ქარხანა 유리 공장; ფაიფურის ქარხანა 도자기 제조소; ქიმიური ქარხანა 화학 공장
ქატო [명] (밀)기울, 겨
ქაფი [명] 거품, 포말
ქაფიანი [형] 거품이 이는

ქაფური [명] [화학・약학] 장뇌(樟腦)
ქაფქირი [명] 더껑이를 걷어내는 기구, 국자
ქაღალდი [명] ① 종이; ფერადი ქაღალდი 색종이 ② 문서, 서류
ქაშანური [명] 파양스 도자기 (프랑스의 채색 도자기)
ქაჩალი [형] 대머리의 — [명] 대머리
ქაჩალობა [명] 대머리임
ქება [동] 찬양하다, 칭송하다; თავის ქება 자기 자랑을 하다 — [명] 찬양, 칭송
ქება-დიდება [명] 칭찬
ქედანი [명] 야생 비둘기
ქედი [명] 산마루
ქედის მოხრა [동] 복종하다, 굴복하다
ქედმაღალი [형] 오만한, 거만한
ქედმაღლობა [명] 오만, 거만
ქეიფი [명] ① 술 잔치, 주연 ② 기분; ქეიფზე მოსვლა 기분이 좋다, 명랑하다
ქელეხი [명] 장례식장에서의 식사
ქენჯნა [명] 후회, 양심의 가책; სინდისის ქენჯნა 양심의 가책을 받아 괴로워하다
ქერა [명] 금발인 사람
ქერათმიანი [형] 금발의
ქერი [명] [식물] 보리
ქერტლი [명] (머리의) 비듬
ქერქი [명] (식물 따위의) 껍질, 외피
ქერცვლა [동] 껍질[표피]이 벗겨지다 — [명] 표피의 박리

ქერცლი [명] [동물] 비늘
ქერცლიანი [형] 비늘이 있는, 비늘 같은
ქესატობა [명] 돈이 없음, 무일푼
ქექვა [동] 파고들다, 들추다
ქეჩა [명] (두꺼운) 펠트, 모전(毛氈)
ქეჩო [명] 목
ქეცი [명] [의학] 옴, 개선
ქეციანი [형] 옴이 오른
ქვა [명] 돌, 바위; წისქვილის ქვა 맷돌; ქვის მთლ-ელი 석공, 석수장이; ქვის ხანა [고고학] 석기 시대; ქვის სამტეხლო 채석장
ქვაბი [명] 솥, 탕관, 끓이는 도구; 보일러; ორთქ-ლის ქვაბი 증기 보일러
ქვაბული [명] 산협(山峽), 분지
ქვაკუთხედი [명] 초석(礎石), 기초
ქვამარილი [명] 암염(巖鹽)
ქვანახშირი [명] 석탄
ქვასანაყი [명] 막자, 공이
ქვაფენილი [명] 차도, 포장 도로
ქვეგანყოფილება [명] 분과(分課), 세분한 부분
ქვედა [형] 아래의; ქვედა სართული 1 층; ქვედა თეთრეული 속옷; ქვედა პალატა (양원제 의회의) 하원
ქვედაკაბა [명] 원피스
ქვედატანი [명] 스커트, 치마
ქვევიდან [부] 아래로부터
ქვევით [후] 아래로, 아래에
ქვევითკენ [부] 아래로, 아래에

ქ

ქვევრი [명] (포도주를 따르는 데 쓰는) 용기, 주전자

ქვეითად [부] 걸어서

ქვეითი [명] ① 보행자 ② ქვეითი ნაწილი, ქვეითი ჯარი [군사] 보병대; ქვეითი ჯარისკაცი [군사] 보병

ქვეკომისია [명] 분과 위원회, 소위원회

ქველმოქმედება [명] 박애, 자선, 자비

ქველმოქმედი [명] 박애주의자, 자선가

ქვემდებარე [명] [문법] 주어

ქვემეხი [명] 대포; საზენიტო ქვემეხი 방공포

ქვემო [형] 더 낮은, 더 아래쪽의

ქვემოაღნიშნული [형] 아래에 기술[언급]된, 하기(下記)의

ქვემოდან [부] 아래로부터

ქვემოდასახელებული [형] 아래에 기술[언급]된, 하기(下記)의

ქვემოთ [부] 아래로, 아래에

ქვემომოყვანილი [형] 아래에 기술[언급]된, 하기(下記)의

ქვემორე ხელისმომწერი [형] 아래에 서명한

ქვემოხსენებული [형] 아래에 기술[언급]된, 하기(下記)의

ქვემძრომელი [명] 알랑거리는 사람

ქვემძრომი [명] 비열한 인간

ქვენა გრძნობა [명] 야만성

ქვენიადაგი [명] 하층토, 심토(心土)

ქვეჟანგი [명] [화학] 초급(初級) 산화물

ქვესადგამი [명] 버팀목, 받침

ქვესადგური [명] 변전소, 변압소

ქვესათაური [명] 작은 표제, 부제(副題)

ქვესექცია [명] 분과(分課)

ქვესკნელი [명] 지옥, 명부(冥府)

ქვეყანა [명] 나라, 땅; 세상

ქვეყნიერება [명] 세계, 세상

ქვეშ [후] 아래에

ქვეშაგები [명] 토대

ქვეშევრდომი [명] 백성, 국민

ქვეშევრდომობა [명] 공민권, 시민권, 국민의 자격

ქვეშიდან [부] 아래로부터

ქვეშქვეშა [명] 새침한 사람, 간사한 사람

ქვეცნობიერება [명] 잠재의식

ქვეცნობიერი [형] 잠재의식의

ქვეწარმავალი [명] [동물] 파충류

ქვეწყობილი წინადადება [명] [문법] 복문 (종속절을 가진 문장)

ქვეჯგუფი [명] 하위 그룹, 소군(小群)

ქვიანი [형] 돌의, 돌이 많은

ქვით [형] 비긴, 피장파장인

ქვითარი [명] 영수증

ქვითინი [동] 흐느껴 울다 — [명] 흐느껴 울기

ქვირითი [명] 어란(魚卵); 캐비아

ქვის [형] 돌의, 돌에 관한

ქვისლი [명] (남성간의) 동서(同壻)

ქვიტკირის [형] 돌의, 돌로 된

ქვიშა [명] 모래

ქვიშიანი [형] 모래의

ქვრივი [명] ① 과부 ② 홀아비

ქილა [명] 물통, 단지

ქიმი [명] [항해] 현측(舷側), 뱃전

ქიმია [명] 화학; ორგანული ქიმია 유기화학; არაორგანული ქიმია 무기화학; ფიზიკური ქიმია 물리화학

ქიმიკოსი [명] 화학자

ქიმიური [형] 화학의, 화학적인; ქიმიური ანალიზი 화학 분석; ქიმიური რეაქცია 화학 반응; ქიმიური წმენდა 화학적 클리닝, 드라이클리닝

ქინაქინა [명] [약학] 키니네; 키니네를 채취하는 나무

ქინქლა [명] 작은 날벌레

ქინქლი [명] 보풀, 솜털

ქინძი [명] [식물] 고수풀

ქინძისთავი [명] 핀; ინგლისური ქინძისთავი 안전핀

ქირა [명] 삯; 요금

ქირაობა [동] 빌리다; 빌려주다

ქირდვა [동] 조롱하다, 비꼬다 — [명] 조롱, 비꼬기

ქირურგი [명] 외과 의사

ქირურგია [명] [의학] 외과

ქირურგიული [형] 외과(술)의, 외과적인

ქისა [명] 담배 쌈지

ქიში [명] [체스] 장군

ქიშმიში [명] 건포도

ქიშპობა [동] 겨루다, 경쟁하다 — [명] 겨루기, 경쟁

ქიცვი [명] 비늘

ქიცვიანი [형] 비늘이 있는, 비늘 모양의

ქლესა [형] 아첨하는, 알랑거리는 — [명] 아첨꾼

ქლესაობა [동] 아첨하다, 알랑거리다

ქლიავი [명] 서양자두, 플럼; 그 나무

ქლიბვა [동] 줄로 자르다, 줄질하다

ქლიბი [명] (쇠붙이 따위를 가는) 줄

ქლორი [명] [화학] 염소

ქლორიანი [명] [화학] 염화물

ქმარი [명] 남편

ქმედება [명] 행동, 작용; 효과

ქმედითი [형] 효과 있는

ქმნილება [명] 피조물, 생물

ქმრიანი [형] 결혼한

ქნარი [명] 수금(竪琴), 리라, 하프

ქნევა [동] ① (손・꼬리 등을) 흔들다 ② 날개치다 — [명] ① (손・꼬리 등을) 흔들기 ② 날개치기

ქობა [명] 가장자리, 테두리

ქოთანი [명] 질그릇 단지

ქოლგა [명] ① 우산 ② 양산

ქოლერა [명] [병리] 콜레라

ქომაგი [명] 보호자, 후원자

ქომაგობა [동] 보호하다, 후원하다 — [명] 보호, 후원

ქონა [동] (무생물을) 갖고 있다, 소유하다 — [명] 소유

ქონდარი [명] ① [식물] 층층이꽃의 일종 (요리용) ② ქონდარის კაცი 난쟁이

ქონება [명] 소유물, 재산

ქონებრივი [형] 소유권의, 재산권의

ქონი [명] 지방, 기름

ქონიანი [형] 지방의, 기름기 많은

ქორი [명] [조류] 매

ქორფა [형] 어린, 풋내기의

ქორწილი [명] 결혼식; ქორწინების დღე 결혼식 날

ქორწინება [명] 결혼

ქოსა [형] 수염 없는

ქოფაკი [명] 잡종개

ქოშები [명] 슬리퍼

ქოშინი [명] [병리] 천식; 숨이 차는 증세

ქოჩორა [형] (술 따위로) 장식한

ქოჩრიანი [형] (술 따위로) 장식한

ქოხი [명] 오두막

ქოხმახი [명] 오두막

ქრესტომათია [명] 독본, 리더

ქრთამი [명] 뇌물, 부정 이득물; ქრთამის აღება 뇌물을 받다

ქრისტე [명] 그리스도

ქრისტიანთა [형] 기독교의

ქრისტიანი [명] 기독교도, 크리스천

ქრისტიანობა [명] 기독교

ქრისტიანული [형] 기독교의
ქრობა [동] (스위치 따위를) 끄다
ქროლა [동] 훅 불다, 내뿜다 — [명] 훅 불기
ქრონიკა [명] ① 연대기(年代記), 편년사(編年史) ② 최신 뉴스
ქრონიკული [형] 장기간에 걸친, 만성적인
ქრონოლოგია [명] 연대기, 연대순 배열
ქრონოლოგიური [형] 연대순의
ქრონომეტრი [명] 크로노미터 (정밀한 경도(經度) 측정용 시계)
ქრონომეტრული [형] 크로노미터의
ქსელი [명] 그물; 네트워크; ქსელი ობობასი 거미줄, 거미집
ქსენონი [명] 이동식 야전 병원
ქსეროქსი [명] 복사기
ქსილოფონი [명] [음악] 실로폰
ქსოვა [동] (피륙을) 짜다, 뜨다
ქსოვილი [명] 피륙, 직물
ქუდი [명] 모자; ქუდის მოხდა 모자를 벗다
ქუთუთო [명] 눈꺼풀
ქულა [명] 점, 포인트
ქუნთრუშა [명] [병리] 성홍열
ქურა [명] (대장간 따위의) 노(爐)
ქურდბაცაცა [명] 좀도둑
ქურდი [명] 도둑; ჯიბის ქურდი 소매치기
ქურდობა [명] 도둑질, 절도 — [동] 훔치다, 도둑질하다
ქურდულად [부] 몰래

ქურდული [형] 도둑의, 몰래 하는

ქურთი [명] 쿠르드인

ქურთის [형] 쿠르드인의

ქურთუკი [명] 재킷

ქურთული [형] 쿠르드인의

ქურუმი [명] 옹호자; მეცნიერების ქურუმი 과학의 옹호자

ქურქი [명] 양가죽으로 만든 코트

ქურციკი [명] [동물] 가젤 (영양의 일종)

ქუსლი [명] 발뒤꿈치

ქუჩა [명] (길)거리; ქუჩაში 거리에서

ქუჩური [형] 진부한, 평범한

ქუხილი [명] 천둥; ქუხს 천둥이 친다

ქშინვა [동] 씨근거리다, 씩씩 소리를 내다

ქცევა[1] [동] ① 행동하다 ② 바꾸다, 변경하다 — [명] ① 행동 ② 바꾸기, 변경

ქცევა[2] [동] 망치다, 파괴하다

ღ

ღალა [명] [역사] (봉건 시대에 부역 대신 납부한) 면역 지대(免役地代)

ღალატი [명] ① 반역, 배반 ② 간통, 불륜

ღალატობა [동] 배반하다

ღალღა [명] [조류] 뜸부기

ღამე [명] 밤, 야간; ღამე მშვიდობისა 안녕히 주무세요 (밤 인사); მთელი ღამე 밤새도록; ღამის დარაჯი 야경꾼; ღამის გათევა 밤을 지내다; ღამის გათენება 철야하다, 밤샘하다; ღამის თევა 밤을 보내다; ღამის სათევი 하룻밤 묵기

ღამით [부] 밤에, 야간에

ღამინდელი [형] 밤의, 야간의

ღამის [형] 밤의, 야간의

ღამურა [명] [동물] 집박쥐

ღამღამობით [부] 밤에, 야간에

ღაჟო [명] [조류] 때까치

ღაჟღაჟა [형] (얼굴이) 불그스레한, 혈색이 좋은

ღარი [명] 주파수 (범위)

ღარიბად [부] 가난하게

ღარიბი [형] 가난한, 빈곤한

ღატაკად [부] 부족하게, 빈약하게

ღატაკი [형] 부족한, 빈약한

ღაწვი [명] 빰, 볼

ღებვა [동] 색칠하다, 염색하다 — [명] 색칠, 염색

ღებინება [동] 구토하다 — [명] 구토

ღელე [명] 시내, 개울, 작은 강
ღელვა [동] ① (바다가) 물결치다 ② 선동하다, 흥분시키다; 선동[흥분]되다 — [명] 선동, 흥분
ღერბი [명] 문장(紋章), 표지
ღერი [명] 부분, 조각
ღერო [명] (초목의) 줄기, 대
ღერღვა [동] 갈다, 빻다
ღერძი [명] 축, 굴대
ღეჭვა [동] 씹다, 저작하다 — [명] 씹기, 저작
ღვარი [명] 흐름, 급류
ღვარძლი [명] 악의, 앙심
ღვარძლიანი [형] 악의 있는, 앙심을 품은
ღვარძლიანობა [동] 악의를 품다
ღვაწლი [명] 장점
ღვედი [명] 가죽끈
ღვენთი [명] 방울, 물방울
ღვთაება [명] 신성, 신격(神格); 신과 같은 존재, 우상
ღვთაებრივი [형] 신성한, 신과 같은
ღვთისმეტყველება [명] 신학(神學)
ღვთისმეტყველი [형] 신학의
ღვთისმშობელი [명] [가톨릭] 성모 마리아
ღვია [명] [식물] 노간주나무속 식물
ღვინისა [형] 포도주의
ღვინო [명] 포도주, 와인; ღვინის სპირტი 주정, 에틸 알코올

ღვიძლი [명] ① [해부] 간(肝), 간장; **ღვიძლის ანთება** [병리] 간염 ② **ღვიძლი ძმა** 피를 나눈 형제

ღვრა [동] (눈물·피 따위를) 흘리다, 쏟다

ღია [형] 열린, 열려 있는, 탁 트인; **ღია ზღვა** 공해(公海), 외해(外海); **ღია ცის ქვეშ** 옥외에서, 야외에서

ღია ბარათი [명] 그림 엽서

ღილაკი [명] 단추, 버튼

ღილი [명] 단추, 버튼

ღილკილო [명] 단춧구멍

ღიმილი [동] 웃다, 미소짓다 — [명] 웃음, 미소

ღინღლი [명] 보풀, 솜털

ღინღლიანი [형] 솜털 같은

ღიპი [명] 배, 복부

ღიპიანი [형] 배가 큰

ღირება [동] (~의) 비용이 들다; **რა ღირს ეს?** 이거 얼마에요?

ღირებულება [명] 값, 가치; **ზედმეტი ღირებულება** [경제] 잉여 가치

ღირსება [동] 명예[영광]를 주다 — [명] 우량성, 가치 있음

ღირსეულად [부] 가치 있게

ღირსეული [형] 가치 있는

ღირსი [형] (~의) 가치가 있는; **ყურადღების ღირსი** 주목할 만한

ღირსსახსოვარი [형] 기억할 만한, 주목할 만한

ღირსშესანიშნავი [형] 주목할 만한

ღირსშესანიშნაობა [명] 주목할 만함

ღიტინი [동] 간질이다 — [형] 간지러운

ღიღინი [동] 노래하다

ღლავი [명] [어류] 메기의 일종

ღმერთი [명] 신(神), 하느님, 하나님; ღმერტმა უწყის! 누군들 알겠나!; ღმერტო ჩემო! 저런, 어머나; მადლობა ღმერთს! 아아 고마워라; ღვთის გულისათვის 제발, 부디; ღმერთმანი 정말로, 참으로

ღმეჭა [동] 얼굴을 찌푸리다 — [명] 얼굴을 찌푸림

ღმუილი [동] 울부짖다

ღობე [명] 울타리

ღობვა [동] 울타리를 치다

ღობურა [명] [군사] 인공 장애물

ღომი [명] [식물] 이탈리아기장

ღონე [명] 힘, 세력

ღონემიხდილი [형] 힘이 다한, 지친

ღონიერი [형] 강한, 힘센

ღონივრად [부] 강하게

ღონისძიება [명] 조치, 행동

ღორი [명] [동물] 돼지

ღორმუცელა [명] 대식가, 폭식가

ღორმუცელობა [명] 대식, 폭식

ღორობა [명] 대식, 폭식

ღორული [형] 돼지 같은

ღორღი [명] 도로 포장용 자갈, 잘게 부순 돌

ღორჯო [명] [어류] 둑중개

ღოღვა [동] 기다, 포복하다
ღოჯი [명] (동물의 커다란) 엄니
ღრანტე [명] 좁은 골짜기, 협곡
ღრე [명] 좁은 골짜기, 협곡
ღრენა [동] 투덜거리다
ღრეჩო [명] (갈라진) 틈
ღრეჭა [동] 씩 웃다, 비웃다
ღრიალი [동] 울부짖다, 노호하다
ღრიანცელი [명] 소음, 소란
ღრმა [형] 깊은, 심원한; ღრმა ძილი 숙면; ღრმა მწუხარება 깊은 슬픔; ღრმა ცოდნა 깊이 있는 지식
ღრმააზროვანი [형] 깊이 있는, 진지한
ღრმააზროვნად [부] 생각이 깊어
ღრმად [부] 깊이 (있게); ღრმად პატივცემულო! 존경하는 선생님!
ღრუ [명] [해부] 강(腔); 복강(腹腔)
ღრუბელი [명] 구름
ღრუბლიანი [형] 흐린, 구름 낀
ღრუბლიანობა [명] 흐림, 구름이 낌
ღრუტუნი [동] (돼지가) 꿀꿀거리다
ღრღნა [동] 갉다, 쏠다
ღრძილი [명] 잇몸
ღრძობა [동] 탈구(脫臼)시키다, 골절되다 — [명] 탈구, 골절
ღუზა [명] 닻
ღუმელი [명] 난로, 화덕
ღუნვა [동] 구부리다, 굽히다 — [명] 구부리기

ღუღუნი [동] (비둘기가) 구구하고 울다

ყ

ყაბალახი [명] 그루지야의 전통 두건

ყაბზობა [명] [의학] 변비

ყაბული [명] 동의; ყაბულს ვარ 나는 동의한다

ყადაღა [명] 금지 — [동] 금지하다

ყაენი [명] 칸 (중앙아시아 제국(諸國)의 통치자에 대한 존칭)

ყავა [명] 커피; ყავა რძით 우유를 탄 커피; ყავის საფქვავი 커피 열매를 빻는 기구; ყავის მანქანა 커피 끓이는 기구

ყავადანი [명] 커피 포트

ყავარი [명] 지붕널, 욋가지

ყავარჯენი [명] 목다리

ყავახანა [명] 카페, 커피점

ყავისფერი [형] 암갈색의, 커피색의

ყაზარმა [명] (군대의) 막사, 바라크

ყაზარმული [형] 바라크처럼 생긴, 바라크와 같은

ყაზახეთი [명] 카자흐스탄

ყაზახთა [형] 카자흐스탄의

ყაზახი[1] [명] 카자흐스탄 사람

ყაზახი[2] [명] 농부, 영세농

ყაზახის [형] 카자흐스탄의

ყაზახური [형] 카자흐스탄의; ყაზახური ენა 카자흐어

ყაითანი [명] 끈 끈, 레이스

ყაიმი [명] [체스] 비김, 무승부; ყაიმით გათავება 비기다, 무승부로 끝나다

ყაირათი [명] 절약, 검약

ყაირათიანი [형] 절약하는, 아끼는, 경제적인

ყაირათიანობა [명] 절약, 검약

ყალამი [명] (그림용) 붓

ყალბი [형] 가짜의, 위조의; ყალბის მქმნელი 모방하다, 위조하다

ყალთაბანდი [명] 사기꾼

ყალიბი [명] 틀, 주형(鑄型)

ყალიონი [명] 담뱃대, 파이프

ყალყზე დგება [동] ① (말 따위가) 뒷다리로 서다 ② (머리털이) 쭈뼛 서다

ყამირი [명] 미개간지

ყანა [명] 밭, 경지

ყანყრატო [명] 목구멍

ყანჩა [명] [조류] 왜가리; თეთრი ყანჩა [조류] 해오라기

ყანწი [명] 뿔로 만든 술잔

ყარაული [명] 보초, 초병, 파수꾼; საპატიო ყარაული 의장병

ყარაულობა [동] 보초를 서다, 파수를 보다, 지키다

ყარიბი [명] 떠돌이, 일가 친척도 없는 사람

ყარყარა [명] 그루지야 전통의 포도주 마시는 잔

ყარყატი [명] [조류] 황새

ყარყუმი [명] [동물] 흰담비

ყასაბი [명] 푸주한, 정육점 주인

ყაურმა [명] 스튜의 일종

ყაყანი [동] 소란스럽게 하다, 소동을 일으키다 — [명] 소동, 소란

ყაყაჩო [명] [식물] 양귀비

ყაჩაღი [명] 약탈자, 강도

ყაჩაღობა [동] 약탈하다, 강도짓을 하다 — [명] 약탈, 강도짓

ყაჩაღური [형] 약탈 행위의

ყაჯი [명] 생사(生絲); 명주솜

ყბა [명] (신체의) 턱

ყბადაღებული [형] 악명 높은

ყბაყურა [명] [병리] 유행성 이하선염

ყბედი [명] 수다쟁이

ყბედობა [동] 수다 떨기, 잡담

ყდა [명] 제책; 책 표지

ყეენობა [명] 사육제(謝肉祭), 카니발

ყელი [명] ① 목(구멍), 인후; ყელზე დადგომა 질식시키다 ② 지협(地峽) ③ ყელის გამოჭრა 죽이다, 해를 끼치다

ყელსაბამი [명] 목걸이

ყელსახვევი [명] ① 넥타이 ② 머플러, 스카프

ყელწითელა [명] [조류] 민물도요

ყელჭირვება [명] [병리] 성홍열

ყეფა [동] 짖다 — [명] 짖기, 짖음

ყეყეჩი [명] 바보, 얼간이, 멍청이

ყვავი [명] [조류] 까마귀

ყვავილი [명] ① 꽃 ② [병리] 천연두, 마마

ყვავილნარი [명] 꽃밭, 화단

ყვავილოვანი [형] 꽃 모양의, 꽃무늬의

ყვედრება [동] 비난하다, 꾸짖다

ყველა [대] 모든, 전부의; 모든 사람, 누구나; ყველაზე მეტი [მეტად] 가장, 가장 많이

ყველანი [형] 모든, 전부의

ყველაფერი [대] 모든 것

ყველგან [부] 어디에나, 도처에; ყველგან მყოფი 편재하는, 어디에나 있는

ყველი [명] 치즈

ყველიერი [명] [기독교] "재의 수요일" 전의 3 일간

ყვერი [명] 고환, 음낭

ყვერული [명] (거세한) 식용 수탉

ყვითელი [형] 노란, 황색의

ყვინთვა [동] (물 속에) 뛰어들다, 다이빙하다 — [명] 뛰어들기, 다이빙

ყვინჩილა [명] 수평아리

ყვირილი [동] 외치다, 부르짖다 — [명] 외침, 부르짖음

ყვლეფა [동] 착취하다, 등쳐먹다 — [명] 착취

ყიდვა [동] 사다, 구입하다 — [명] 구입, 구매

ყიდვა-გაყიდვა [명] 매매(賣買)

ყივანახველა [명] [병리] 백일해

ყივილი [동] (수탉이) 울다 — [명] 수탉의 울음소리

ყინვა [동] 얼다, 얼어붙다; მდინარე გაიყინა 그 강은 얼어붙었다 — [명] 결빙

ყინვიანი [형] 얼어붙은

ყინული [명] 얼음; ყინულივით ცივი 얼음처럼 차가운; ყინულივით ცივი წყალი 얼음처럼 찬 물
ყინულიანი [형] 얼음의, 얼음 같은
ყინულმტეხი [명] 쇄빙선
ყინულოვანი [형] ყინულოვანი ოკეანე 북극해; ყინულოვანი ხანა [지질] 빙하기
ყიჟინა [동] 큰 소리를 지르다
ყირაზე გადასვლა [동] 넘어지다
ყირგიზეთი [명] 키르기스스탄
ყირგიზი [명] 키르기스스탄 사람
ყირგიზული [형] 키르기스스탄의; ყირგიზული ენა 키르기스어
ყირიმი [명] (흑해 북쪽 해안의) 크림 반도
ყირიმული [형] 크림 반도(지역)의
ყიყინი [동] 까악까악 울다 — [명] 까악까악 우는 소리
ყიყლიყო [명] 수탉의 울음소리
ყლაპვა [동] 꿀떡 삼키다, 꿀꺽 들이키다
ყლე [명] 남근, 음경
ყლორტი [명] 싹, 움, 어린 가지
ყლუპი [명] 한 모금, 한 입
ყმა [명] 노예, 농노
ყმაწვილი [명] 젊은이, 어린이
ყმაწვილკაცობა [명] 젊음, 청춘
ყმაწვილური [형] 청춘의, 청년기의
ყმობა [명] 노예 상태, 예속
ყმუილი [동] 울부짖다
ყნოსვა [동] 냄새 맡다

ყოველგან [부] 어디에나, 도처에
ყოველგვარი [형] 온갖, 모든 종류의
ყოველ დროს [부] 항상, 언제나
ყოველდღე [부] 날마다, 매일
ყოველდღიური [형] 매일의, 나날의
ყოველდღიურობა [명] 날마다, 매일
ყოველთვის [부] 항상, 언제나; როგორც ყოველთვის 여느 때처럼, 언제나처럼
ყოველთვიურად [부] 매달, 달마다
ყოველთვიური [형] 매달의, 한 달에 한 번의
ყოველი [형] 매~, ~마다; 어느 것이나
ყოველკვირეულად [부] 매주, 일주일에 한 번씩
ყოველკვირეული [형] 매주의, 일주일에 한 번의
ყოველმხრივ [부] 모든 면에서
ყოველმხრივი [형] 전면에 걸친, 모든 면에 걸친
ყოველ ნაბიჯზე [부] 매 단계마다
ყოველნაირად [부] 모든 가능한 방법을 다해
ყოველნაირი [형] 온갖, 모든 종류의
ყოველ ჟამს [부] 언제라도, 아무 때나
ყოველ საათში [부] 시간마다, 한 시간에 한 번씩
ყოველ შემთხვევაში [부] 어느 경우든, 어쨌든
ყოველ წამს [부] 매순간마다
ყოველ წელს [부] 해마다, 매년
ყოველწლიურად [부] 해마다, 매년
ყოველწლიური [형] 해마다의, 매년의, 연 1 회의
ყოვლისშემძლე [형] 전능한, 무엇이든 할 수 있는
ყოვლისშემძლეობა [명] 전능, 무엇이든 할 수 있음

ყოლა [동] (사람・생물・자동차 등을) 갖고 있다, 소유하다

ყორანი [명] [조류] 갈까마귀

ყორე [명] [건축] 마름돌

ყოფა [명] ① 존재, 생명 ② 지위

ყოფაქცევა [명] 행동, 행위

ყოფაცხოვრება [명] 생활 방식

ყოფიერება [명] 존재, 생명

ყოფილი [형] 전(前)~, 이전의, 최근의; ყოფილი პრესიდენტი 전(前)대통령; ყოფილი საბჭოთა კავშირი 구소련

ყოფნა[1] [동] ~이다, 존재하다 — [명] 존재(함)

ყოფნა[2] [동] 충분하다; ეს იკმარებს 이거면 충분하다

ყოყმანი [동] 주저하다, 머뭇거리다, 망설이다 — [명] 주저, 망설임

ყოყოჩა [형] 자만하는, 젠체하는, 거만한

ყოყოჩობა [동] 뽐내다, 거드럭거리다, 자만하다 — [명] 자만, 뽐내기

ყოჩაღ [감] 브라보!, 좋았어!

ყოჩაღად [부] 대담하게

ყოჩაღი [형] 대담한, 진취적인

ყოჩი [명] 숫양

ყოჩივარდა [명] [식물] 시클라멘

ყრა [동] 던지다, 뿌리다

ყრილობა [명] 회의, 협의

ყრმა [명] 청년, 젊은이

ყროლა [동] 악취가 풍기다, 냄새 나다 — [명] 악취, 냄새

ყროყინი [동] 큰 소리로 울다, 노호하다

ყრუ [형] 귀먹은; სავსებით ყრუ 아주 귀가 먹은

ყრუდ [부] 밀폐하여, 단단히, 꽉

ყრუ-მუნჯი [형] 농아의, 귀먹고 말 못하는

ყუა [명] 밑동; 책등; (영수증 따위의) 부본

ყუთი [명] 상자, 박스

ყულაბა [명] 돈궤, 금고

ყულფი [명] 고리, 올가미

ყუმბარა [명] 포탄, 폭탄

ყუმბარების დაშენა [동] 포격하다, 폭격하다

ყუმბარმტყორცნი [명] 폭뢰(爆雷) 발사 장치

ყუნწი [명] 바늘귀, 바늘 구멍

ყურადღება [명] 주의, 주목; ყურადღების მიქცევა 주의를 기울이다

ყურადღებიანი [형] 주의 깊은, 신중한

ყურადღებიანობა [명] 주의 깊음, 신중

ყურადღებით [부] 주의 깊게, 신중하게

ყურანი [명] [이슬람] 코란

ყურე [명] [지리] 만(灣); სპარსეთის ყურე 페르시아만

ყურება [동] 응시하다, 주시하다

ყური [명] 귀; ყურების დაცქვეტა 귀를 기울이다, 귀를 쫑긋 세우다

ყურისგდება [동] 눈을 떼지 않다, 지켜보다

ყურისდაგდება [동] 귀 기울여 듣다

ყურმახვილი [형] 귀를 쫑긋 세운, 열심히 귀를 기울이는

ყურმილი [명] 전화를 받는 사람

ყურმოჭრილი მონა [명] 복종하는 사람, 노예

ყურძენი [명] 포도; ყურძნის კრეფა (와인용의) 포도를 수확하다; ყურძნის მტევანი 포도 송이

შ

შაბათი [명] 토요일; შაბათობით 토요일에, 토요일마다

შაბათ-კვირა [명] 주말

შაბაში [명] 휴식, 휴양

შაბი [명] [화학] 명반(明礬)

შაბიამანი [명] [화학] 황산구리

შაბლონი [명] 본, 형판(型板), 주형(鑄型)

შაბლონური [형] 본뜬, 모방한, 독창적이지 않은, 진부한

შადრევანი [명] 분수(噴水), 분수대

შავად [부] 대강, 대략적으로; შავად ნაწერი 초고(草稿), 대강의 모사(模寫)

შავარდენი [명] [조류] 매, 새매; 수리

შავგვრემანი [형] 피부색이 거무스름한[갈색인] — [명] 피부색이 거무스름한[갈색인] 사람

შავები [명] 상복(喪服)

შავთვალა [형] 눈이 까만

შავთვალწარბა [형] 암갈색의

შავთმიანი [형] 머리털이 검은

შავი [형] ① 검은, 흑색의; შავი ზღვა 흑해; შავი ნიადაგი 흑토(黑土) ② შავი ფული 잔돈; შავი მუშა 미숙련공; შავი ქვა [화학] 망간

შავკანიანი [명] 흑인

შავსიელი [명] 공민권을 박탈당한 사람

შავქლიავი [명] 서양자두, 플럼

შაირი [명] 운문, 시(詩)

შაირობა [명] 시, 시가(詩歌)

შაკიკი [명] [병리] 편두통

შალაშინი [명] [식물] 플라타너스 (나무)

შალეული [명] 모직물

შალი [명] ① 숄, 어깨걸이 ② 모직물, 울

შამპანური [명] 샴페인

შამპუნი [명] 샴푸

შამფური [명] (고기 굽는) 불꼬챙이

შანდალი [명] 촛대

შანთი [명] (시뻘겋게) 달아오른 쇠

შანსი [명] 기회, 찬스

შაპიტო [명] 곡마단의 천막

შარა(გზა) [명] 길, 도로

შარადა [명] 제스처 게임

შარავანდედი [명] (성상(聖像) 등의) 후광(後光); შარავანდედით შემოსვა 영광스럽게 하다

შარაფი [명] (구어체에서) 파티

შარბათი [명] 셔벗

შარდი [명] 소변, 오줌

შარვალი [명] 바지

შარი [명] 트집 잡기, 흠 잡기; შარის მოდება 억지를 쓰다, 궤변을 늘어놓다

შარიანი [형] 트집 잡는, 흠 잡는; 억지를 쓰는

შარიშური [동] 살랑살랑 소리 내다

შარჟი [명] 만화, 캐리커처, 카툰

შარლატანი [명] 사기꾼, 돌팔이

შარფი [명] 스카프, 머플러

შარშან [부] 작년, 지난 해
შარშანდელი [형] 작년의, 지난 해의
შარშანწინ [부] 재작년, 2 년 전
შაქარი [명] 설탕; შაქრის ფხვნილი 그래뉴당(糖); თავი შაქარი 설탕 덩이, 막대 설탕; შაქრის ავად-მყოფობა [병리] 당뇨병
შაქარყინული [명] 사탕, 캔디
შაქრიანი [형] 설탕의, 설탕으로 된
შაშვი [명] [조류] 개똥지빠귀
შაში [명] 체스의 말; შაშის თამაში 체스를 두다
შაშხანა [명] 라이플총, 소총
შაშხი [명] 햄
შახტი [명] 광산, 탄갱
შაჰი [명] 샤 (옛 이란 국왕에 대한 존칭)
შებედვა [동] 감히 ~하다
შებერვა [동] 불어 넣다 — [명] 불어 넣기
შებინდება [동] 어두워지다
შებმა [동] ① 가축에 멍에 따위를 매다, 말에 마구를 채우다 ② (목도리 따위를) 목에 두르다
შებმული [형] 멍에[마구] 따위를 맨[찬]
შებნევა [동] 단추[훅]를 채우다
შებოლვა [동] 연기로 그을리다, 훈제하다 — [명] 연기로 그을림, 훈제
შებოლილი [형] 훈제로 된
შებორკვა [동] 사슬에 매다, 족쇄를 채우다
შებოჭვა [동] 묶다, 매다, 잇다, 움직이지 못하게 하다, 고정시키다
შებოჭილი [형] 묶인, 맨, 움직이지 못하게 고정된

შ

შებოჭილობა [명] 묶임, 속박

შებრალება [동] 비탄하다, 애석하게 여기다

შებრაწვა [동] 볶다, 굽다

შებრაწული [형] 볶은, 구운

შებრუნება [동] 반박하다, 이의를 제기하다 — [명] 반박, 이의 제기

შებრუნებული [형] 반대의, 반대하는

შებრძოლება [동] 저항하다, 싸우다

შებღალვა [동] (신성 따위를) 더럽히다, 모독하다

შეგდება [동] 던져 넣다

შეგებება [동] (~와) 만나다

შეგვიანება [동] 지체되다, 늦어지다

შეგვიანებული [형] 늦은, 지체된

შეგზავნა [동] 내놓다, 제출하다

შეგინება [동] 욕하다, 꾸짖다

შეგირდი [명] 도제, 제자, 배우는 사람

შეგირდობა [명] 도제살이

შეგნება [동] 이해하다, 인지하다, 인식하다, 의식하다 — [명] 인지, 인식, 의식

შეგნებულად [부] 인식하여, 의식하여

შეგნებული [형] 인식하는, 의식하는

შეგროვება [동] 모으다, 수집하다; 불러 모으다, 소집하다 — [명] 모으기, 수집

შეგროვებული [형] 모인, 수집된

შეგრძნება [동] 느끼다, 지각하다, 인지하다 — [명] 느낌, 지각, 인지

შეგუბება [동] 둑[제방]을 쌓아 막다

შეგუება [동] 적응시키다, 조절시키다; 적응하다, 조절하다, 맞추다 — [명] 적응, 조절

შეგუებული [형] 적응된, 조절된, 맞추어진

შეგულიანება [동] 부추기다, 자극하다 — [명] 선동, 자극

შედავება [동] 논쟁하다, 언쟁하다

შედარება [동] 비교하다 — [명] 비교

შედარებით [부] (~와) 비교해 볼 때, 비교적으로, 상대적으로

შედარებითი [형] 비교의, 상대적인; **შედარებითი ხარისხი** [문법] 비교급

შედარებული [형] 비교된

შედგება [동] (~으로) 되어 있다, 이루어져 있다

შედგენა [동] 구성하다, 짓다, 작성하다, 편집하다; **გეგმის შედგენა** 계획을 짜다 — [명] 구성, 지음, 작성, 편집

შედგენილი [형] 구성된, 지어진, 작성된

შედგენილობა [명] 구성, 구조

შედგმა [동] 지지하다, 후원하다

შედგომა [동] 착수하다, 시작하다

შედება [동] 놓다, 두다

შედეგად [후] (~으로) 말미암아, 그 때문에

შედეგი [명] 결과, 성과

შედედება [동] 응축하다, 응고시키다 — [명] 응축, 응고

შედღვება [동] (교유기로) 휘젓다 — [명] 버터밀크

შ

შეერთება [동] 결합하다, 연결하다; 연합하다, 단결시키다 — [명] 결합, 연결, 연합, 단결

შეერთებული [형] 연합한; ამერიკის შეერთებული შტატები 미합중국 (USA)

შეეჭვება [동] 의심하다

შევარდენი [명] [조류] 매, 새매

შევედრება [동] 빌다, 간청하다, 탄원하다

შევერცხლილი [형] 은의, 은 같은

შევიწროება [동] 탄압하다, 박해하다 — [명] 탄압, 박해

შევიწროებული [형] 탄압당한, 박해받은

შევლა [동] 들르다, 방문하다

შევსება [동] 부가하다, 보충하다, 채우다 — [명] 부가, 보충

შევსებული [형] 보충된, 채워진

შეზავება [동] (음식의) 맛을 내다

შეზარხოშება [동] 술 취하다

შეზარხოშებული [형] 술 취한

შეზიზღება [동] 미워하다, 싫어하다 — [명] 싫음, 반감, 혐오

შეზნექილი [형] 오목한, 요면(凹面)의

შეზრდა [동] (뼈 · 혈관 등을) 접합하다

შეზღუდვა [동] 제한하다, 한정하다 — [명] 제한, 한정

შეთავაზება [동] 제의하다, 제안하다 — [명] 제의, 제안

შეთავსება [동] 연결하다, 결합시키다; მუშაობისა და სწავლის შეთავსება 일을 공부와 연계시키다 — [명] 연결, 결합

შეთანხმება [동] 동의하다 — [명] 동의

შეთანხმებულად [부] (~와) 조화되어

შეთანხმებული [형] 조화된

შეთბობა [동] 데우다, 따뜻하게 하다

შეთეთრება [동] 흰색으로 하다, 희게 칠하다

შეთეთრებული [형] 하얘진, 희게 칠해진

შეთვისება [동] 숙달하다, 익숙하게 하다, 자기 것으로 흡수하다

შეთვისებული [형] 숙달된, 익숙해진, 자기 것으로 흡수한

შეთვლა [동] 알리다, 전달하다

შეთრევა [동] 끌어들이다

შეთქმულება [명] 음모, 모의, 꿍꿍이속; შეთქმულების მონაწილე 음모를 꾸미는 사람

შეთქმული [명] 음모를 꾸미는 사람

შეთხელება [동] 솎아지다, 드문드문해지다

შეთხელებული [형] 솎아진, 드문드문해진

შეთხზვა [동] ① 글을 쓰다[짓다], 작문하다 ② 만들어내다, 꾸며내다

შეთხზული [형] ① (글이) 작성된, 작문된 ② 만들어진, 꾸며진

შეთხრა [동] (~의) 밑을 파다

შეიარაღება [동] 무장시키다; 무장하다 — [명] 무장

შეიარაღებული [형] 무장한

შ

შეკავება [동] 제지하다, 억제하다, 붙들다, 못 가게 하다; თავის შეკავება i) 자신을 억제하다, 자제하다 ii) 자제 — [명] 제지, 억제, 못 가게 함
შეკავშირება [동] 연결하다, 결합하다 — [명] 연결, 결합
შეკავშირებული [형] 연결된, 결합된
შეკაზმვა [동] ① 말에 안장을 얹다 ② 음식에 풍미[맛]를 더 하다
შეკამათება [동] 논쟁하다, 언쟁하다
შეკეთება [동] 수리하다, 수선하다 — [명] 수리, 수선
შეკეთებული [형] 수리된, 수선된
შეკერვა [동] 바느질하다, 꿰매다
შეკერილი [형] 바느질한, 꿰맨
შეკვეთა [동] 주문하다, 예약하다 — [명] 주문, 예약; შეკვეთით დამზადება 주문하여 맞추다
შეკვეთილი [형] 주문된, 예약된
შეკვეცა [동] 생략하다, 단축하다, 줄이다 — [명] 생략, 단축
შეკვრა [동] ① 묶다, 매다, 잇다 ② 단추를 채우다
შეკითხვა [동] 묻다, 질문하다 — [명] 질문
შეკონვა [동] 묶다, 매다
შეკრება [동] 모으다; 부가하다 — [명] 부가
შეკრებილი [형] 모은, 모인
შეკრეჭა [동] 베다, 깎다, 자르다
შეკრეჭილი [형] 벤, 자른
შეკრთომა [동] 겁내다, 움찔하다, 당황하다

შეკრული [형] 묶인, 맨, 단추 따위를 채운
შეკრულობა [명] [의학] 변비
შეკუმშვა [동] 압착하다, 압축하다, 짓누르다 — [명] 압착, 압축
შეკუმშული [형] 압착된, 압축된
შელამაზება [동] 꾸미다, 장식하다, 예쁘게 하다 — [명] 꾸미기, 장식
შელაპარაკება [동] 다투다, 논쟁하다
შელახვა [동] 굴욕감을 느끼게 하다, 명예 따위를 손상시키다
შელესვა [동] 회반죽을 바르다, 회칠하다
შელესილი [형] 회반죽을 바른, 회칠한
შელოცვა [동] 마법을 걸다
შემადგენელი [형] 구성하는, 요소의, 성분의; **შემადგენელი ნაწილი** 구성 요소, 성분
შემადგენლობა [명] 구성 인원, 요원, 멤버
შემაერთებელი [형] 결합하는, 연결하는
შემავიწროებელი [명] 탄압자, 박해자 — [형] 억압하는
შემაკავშირებელი [형] 연결하는, 잇는, 결합하는
შემარიგებელი [명] 조정자, 중재자, 화해시키는 사람
შემარიგებლობა [명] 조정, 중재, 화해시킴
შემარიგებლური [형] 조정하는, 중재하는, 타협하게 하는
შემასმენელი [명] [문법] 술부, 술어
შემატება [동] 더하다, 증가시키다 — [명] 더하기, 부가

შ

შემაღლებული [형] 높여진, 높은, 뛰어난
შემაძრწუნებელი [형] 무서운, 끔찍한
შემაწუხებელი [형] 불안한, 안절부절못하는
შემბრალებელი [형] 동정적인, 불쌍히 여기는
შემგულიანებელი [명] 충동하는 사람
შემდგენელი [명] 저자, 작가, 지은이
შემდგომ [부] 그 후에, 그 다음에
შემდგომი [형] 뒤따르는, 그 다음의
შემდეგ [후] 뒤에, 나중에, 그 다음에
შემდეგი [형] 뒤따르는, 그 다음의
შემდეგნაირად [부] 다음과 같은 방법으로
შემეცნება [명] [철학] 인식, 지각; შემეცნების თეორია [철학] 인식론
შემზადება [동] 준비하다 — [명] 준비
შემზარავი [형] 무서운, 끔찍한
შემზღუდველი [형] 제한적인, 한정하는
შემთბარი [형] 따뜻해진
შემთვისებელი [형] 동화력이 있는, 동화 작용의
შემთხვევა [명] ① 경우, 때; ამ შემთხვევაში 이런 경우에는; არავითარ შემთხვევაში 어떤 경우에도 ~않다, 결코 ~않다; შემთხვევისას ~의 경우에는; უკიდურეს შემთხვევაში 최악의 경우에, 극단적인 상황에; ზოგიერთ შემთხვევაში 어떤 경우에는 ② 기회; კარგი შემთხვევა 좋은 기회, 찬스; შემთხვევით სარგებლობა 기회를 포착하다 ③ 사건, 일어난 일 ④ 불운, 화, 사고; უბედური შემთხვევის დროს 사고가 날 경우 ⑤ ყოველ შემთხვე-

ვაში 좌우간, 하여튼, 어쨌든; წინააღმდეგ შემთხ-
ვევაში 그렇지 않으면, 다르게

შემთხვევით [부] 우연히, 뜻밖에

შემთხვევითი [형] 우연한, 뜻밖의

შემკვრელი [명] 접합하는, 연결하는

შემკობა [동] 꾸미다, 장식하다, 미화하다 — [명] 꾸밈, 장식

შემკრები [명] 모으는 사람, 수집가

შემკრთალი [형] 당황한, 움찔한

შემკული [형] 꾸며진, 장식된

შემმოწმებელი [형] 확인하는, 점검하는

შემმოწმებლები [명] 검사, 점검

შემნახველი [명] 검약하는, 절약하는, 아끼는, 경제적인; შემნახველი სალარო 저축 은행

შემობარვა [동] 둘레를 파다

შემობრძანდით! 들어오시오!

შემოგლეჯა [동] (천을) 닳게 하다, 해어지게 하다

შემოგლეჯილი [형] (천이) 닳은, 해어진

შემოდგომა [명] 가을; შემოდგომაზე 가을에

შემოერთება [동] 부가하다, 접합하다, 통합하다 — [명] 부가, 접합, 통합

შემოვარდნა [동] 뛰어들다

შემოვლა [동] 들르다, 방문하다; 일주하다

შემოვლება [동] 에워싸다, 둘러싸다

შემოზიდვა [동] 수입하다

შემოკავება [동] 에워싸다, 둘러싸다

შემოკვრა [동] 때리다, 치다

შემოკლება [동] 줄이다, 짧게 하다, 단축하다 — [명] 줄이기, 단축

შემოკლებით [부] 짧게, 단축하여

შემოკლებულად [부] 짧게, 간략하게

შემოკლებული [형] 단축된, 요약된, 짧은

შემონახვა [동] 간수하다, 저장해 두다

შემოქმედი [명] 만든 사람, 작가, 창작자

შემოპარება [동] (사상 따위를) 은밀하게 도입하다[보급하다]

შემორბენა [동] 뛰어들다

შემორტყმა [동] ① 띠[벨트]를 두르다 ② 에워싸다, 포위하다

შემოსავალი [명] 수입, 수익, 수령액

შემოსავლელი [형] 에두르는, 빙 도는

შემოსავლიანი [형] 수익 있는, 이익이 되는

შემოსავლიანობა [명] 수익이 있음, 이익이 됨

შემოსასვლელი [명] 들어감, 입장

შემოსევა [동] 침입하다, 침략하다 — [명] 침입, 침략

შემოსვა [동] 옷을 걸치다

შემოსვლა [동] 들어가다, 입장하다

შემოსილი [형] 옷을 입은

შემოტანა [동] 수입하다 — [명] 수입

შემოტანილი [형] 수입한

შემოტარება [동] 인도하다, 안내하다

შემოტყუება [동] 꾀다, 유혹하다 — [명] 유혹

შემოფარგვლა [동] 제한하다, 한정하다 — [명] 제한, 한정

შემოფლეთა [동] (여러 조각으로) 찢다
შემოფლეთილი [형] 찢긴, 해어진
შემოფრენა [동] 비행기로 오다
შემოქმედება [명] 창조물, 창작물
შემოქმედებითი [형] 창조적인; შემოქმედებითი ძალა 창조력, 창작 능력, 창조적임
შემოქმედი [명] 창작자; 작가
შემოღამება [동] 해질녘이 되다, 날이 어두워지다 — [명] 황혼, 해질녘
შემოღება[1] [동] 끌어들이다, 도입하다 — [명] 도입
შემოღება[2] [동] 살짝 열다
შემოყვანა [동] 끌어들이다, 도입하다
შემოყოფა [동] 밀치고 나아가다, 억지로 뚫고 나아가다
შემოშვება [동] (안으로) 받아들이다, 입장을 허락하다
შემოჩვევა [동] 습관이 되다, 익숙해지다
შემოწმება [동] 조회하다, 확인하다, 검사하다, 조사하다 — [명] 조회, 확인, 검사, 조사
შემოწმებული [형] 확인된, 조사를 마친
შემოჭერა [동] 팽팽하게 하다
შემოჭრა[1] [동] 치다, 깎다, 잘라내다
შემოჭრა[2] [동] 침입하다, 들이닥치다 — [명] 침입
შემოხედვა [동] 잠깐 들르다
შემოხვევა [동] ① 감다, 에워싸다 ② 껴안다
შემოჯდომა [동] 말에 타다
შემპარავი [형] 말투가 부드러운

შ

შემრიგებელი [명] 화해자, 조정자

შემსრულებელი [명] 집행자, 집행관 — [형] 집행력이 있는

შემსუბუქება [동] 쉽게 하다, 용이하게 하다 — [명] 쉽게 함

შემსუბუქებული [형] 쉬워진, 용이해진

შემტევი [형] 공격적인; შემტევი მოთამაშეები 공격적인 선수 들 — [명] 공격자

შემტვრევა [동] 째다, 억지로 열다

შემურვა [동] (시체를) 약품 처리하여 썩지 않게 보존하다, 미라로 만들다 — [명] 미라로 만들기

შემუსვრა [동] 때려부수다, 분쇄하다 — [명] 때려부수기, 분쇄

შემუშავება [동] 조직적으로 협력하여 일하다

შემუშავებული [형] 조직적으로 협력하여 일한

შემფასებელი [명] 평가자, 감정인, 사정인

შემფუთავი [명] 짐 꾸리는 사람, 포장하는 사람

შემქმნელი [명] 창작자; 작가

შემჩნევა [동] 주의하다, 주목하다, 알아차리다 — [명] 주목, 알아차림

შემჩნეული [형] 주목 받는, 주의를 끄는

შემცდარი [형] 잘못된, 틀린

შემცველობა [명] 내용(물)

შემცვლელი [형] 대리의, 대용의

შემცირება [동] 줄이다, 축소하다, 삭감하다; შტატების შემცირება 직원을 해고하다 — [명] 줄이기, 축소, 삭감

შემცირებული [형] 줄어든, 축소된, 삭감된

შემძლეობა [명] 힘, 능력

შემწეობა [명] 도움, 조력

შემწვარი [형] 구운, 튀긴

შემწოვი [명] 흡입관

შემჭიდროება [동] 응축하다, 농축하다 — [명] 응축, 농축

შემხვედრი [형] 반대 (방향)의; შემხვედრი გეგმა 대안, 대책

შენ [대] (2 인칭 단수 비칭) 너(는), 너를, 너에게

შენადნობი [명] 합금; 융합된 것

შენაერთი [명] 교착, 융합

შენაკადი [명] (강의) 지류

შენარევი [명] 혼합(물)

შენარჩუნება [동] (건강 따위를) 지키다, 보호하다

შენაყრება [동] 가벼운 식사를 하다

შენაცვლება [동] 대체하다, 교대하다 — [명] 대체, 교대

შენაცვლებით [부] 교대로

შენაწირი [명] 선물, 기증품

შენახვა [동] ① 유지하다, 보존하다, 간직하다 ② 숨기다, 감추다 — [명] ① 유지, 보존 ② 숨김, 감추기

შენახული [형] ① 숨겨진, 감춰진 ② 안전한, 잘 보존된

შენგრევა [동] 뚫고 나아가다, 돌파하다

შენდობა [동] 용서하다 — [명] 용서

შენება [동] 세우다, 건설하다, 건축하다 — [명] 건설, 건축

შენებრ [부] 너처럼
შენებურად [부] 너의 방식대로, 네가 원하는대로
შენელება [동] 속력을 늦추다
შენთება [동] 불을 붙이다, 불을 켜다
შენი [대] 너의; 너의 것
შენისთანა [부] 너처럼
შენიღბვა [동] 변장하다, 위장하다, 가면을 쓰다 —
 [명] 변장, 위장, 카무플라주
შენიღბული [형] 변장한, 위장한
შენიშვნა [동] 주목하다, 주의하다, 알아차리다 —
 [명] 주목, 주의
შენიშნული [형] 주목 받은
შენობა [명] 건(축)물, 빌딩
შენძრევა [동] 흔들다, 동요시키다
შენჯღრევა [동] 흔들다 — [명] 흔들기
შეპარება [동] 훔치다, 몰래 가져오다
შეპარვა [동] 몰래 들어가다
შეპასუხება [동] 반대하다, 이의를 제기하다
შეპირება [동] 약속하다, 협정하다 — [명] 약속, 협정
შეპირისპირება [동] 나란히 놓다, 대비하다 —
 [명] 나란히 놓기, 대비
შეპყრობა [동] 체포하다, 붙들다 — [명] 체포, 붙들기
შერბენა [동] 잠깐 들르다
შერბილება [동] 부드럽게 하다, 누그러뜨리다
შერბილებული [형] 부드러워진, 누그러진
შერევა [동] 섞다, 혼합하다

შერეულად [부] 뒤섞여, 혼합되어
შერეული [형] 섞인, 혼합된
შერთვა [동] ① 강이 흘러나오다, 유입하다 ② ცოლის შერთვა 결혼시키다
შერიგება [동] 조정하다, 화해시키다 — [명] 조정, 화해
შერყევა [동] 흔들다, 격동시키다 — [명] 흔들기, 격동; ტვინის შერყევა [병리] 뇌진탕
შერყეული [형] 손상된, 결딴난
შერჩევა [동] 골라 내다 — [명] 고르기
შერჩენა [동] 머물러 있다
შერჩეული [형] 골라 낸
შერცხვენა [동] 굴욕감을 느끼게 하다, 수치스럽게 하다, 욕보이다, 망신을 주다; თავის შერცხვენა 수치스럽다, 굴욕적이다 — [명] 굴욕, 수치, 불명예, 망신
შერცხვენილი [형] 굴욕적인, 수치스러운
შერწყმული [형] 연합한, 결합한
შერხევა [동] 너울거리다
შესაბამისად [부] 따라서, 상응하여
შესაბამისი [형] 적절한, 상응하는
შესაბმელი ცხენი [명] 마차 말
შესაბრალისად [부] 슬프게, 애처롭게
შესაბრალისი [형] 슬픈, 애처로운
შესაგრძნობი [형] 느낄 수 있는, 감지할 수 있는
შესადგამი [명] 지주, 받침대

შესავალი [명] ① 들어감, 입장 ② 도입, 소개; შესავალი სიტყვა 개회사, 들어가는 말 — [형] 도입의, 소개의

შესათავსებელი [형] 서로 용납하는, 양립하는, 조화를 이루는

შესაკრავი [명] 걸쇠, 죔쇠

შესაკრები [명] 모임; შესაკრები პუნქტი 모이는 곳

შესამოწმებელი [형] 증명하는, 입증하는, 확인하는

შესამჩნევად [부] 두드러지게, 현저하게

შესამჩნევი [형] 두드러진, 현저한

შესანიშნავი [형] 주목할 만한, 훌륭한, 굉장한, 멋진

შესანსვლა [동] (구어체에서) 게걸스럽게 먹다

შესართავი [명] 하구(河口), 강어귀

შესასვლელი [명] 입구, 출입문

შესატანი [명] 요금, 납부금; საწევრო შესატანი 회비

შესატყვისი [형] 동등한, 등가의

შესაფერი [형] 적절한, 적합한, 알맞은

შესაფერისი [형] 적절한, 적합한, 알맞은

შესაძლებელი [형] 가능한, 실행할 수 있는

შესაძლებლობა [명] 가능성, 가망

შესაძლო(ა) [부] 아마, 어쩌면

შესაწირი [명] 헌금, 봉헌물

შესახებ [후] (~에) 관하여, 대하여

შესახედავი [형] 좋아 보이는

შესახედაობა [명] 외모, 외양, 겉모습

შესახვედრად [부] ~쪽으로
შესახვევი [형] შესახვევი ქაღალდი 포장지 — [명] 골목길
შესახლება [동] 자리잡다, 이사 오다 — [명] 자리 잡기
შესევა [동] 침입하다, 침략하다 — [명] 침입, 침략
შესვენება [동] 쉬다, 휴식하다 — [명] 쉼, 휴식, 휴양
შესვლა [동] (~에) 들어가다 — [명] 들어감, 입장; შესვლა აკრძალულია 입장 금지
შესივება [동] 부풀다, 붓다, 팽창하다
შესივებული [형] 부풀어 오른
შესიტყვება [동] 논의하다, 토론하다 — [명] 논의, 토론
შესმა[1] [동] 마시다
შესმა[2] [동] 말에 올라타는 것을 도와주다
შესმენა [동] 듣다, 귀를 기울이다
შესრულება [동] 실행하다, 성취하다, 달성하다 — [명] 실행, 성취, 달성
შესრულებული [형] 실행한, 성취한, 달성한
შესრუტვა [동] 빨아들이다, 흡수하다 — [명] 흡수
შესუნთქვა [동] 숨을 들이쉬다, 흡입하다 — [명] 숨을 들이 쉬기, 흡입
შესუსტება [동] 약화시키다, 풀다, 늦추다 — [명] 약화, 풀기, 늦추기
შესუსტებული [형] 약화된, 풀린, 늦춰진

შესქელება [동] 응축하다, 농축하다 — [명] 응축, 농축

შესქელებული [형] 응축된, 농축된

შესყიდვა [동] 사들이다

შესწავლა [동] 공부하다, 배우다 — [명] 공부

შესწავლილი [형] 공부한, 배운

შესწორება [동] 정정하다, 고치다, 바로잡다 — [명] 정정, 바로잡기

შესწორებული [형] 정정한, 고친, 바로잡은

შესხმა [동] ① (물을) 끼얹다, 쏟아 붓다 ② ხოტბის შესხმა 찬양하다, 찬미하다

შესხურება [동] (물 따위를) 뿌리다

შეტაკება [동] 충돌하다, 부딪치다 — [명] 충돌

შეტანა [동] 들이다, 데려오다; 목록에 올리다, 포함시키다

შეტანება [동] 침투하다, 스며들다 — [명] 침투, 스며들기

შეტანილი [형] 끼워 넣은, 포함된

შეტევა [동] 공격하다; 전진하다 — [명] 공격

შეტრიალება [동] 돌리다, 방향을 바꾸다

შეტყობა [동] 알아보다, 인지하다

შეტყობინება [동] 알리다, 전하다 — [명] 알림

შეტყუება [동] 꾀다, 유혹하다

შეუბრალებელი [형] 무자비한, 잔혹한, 인정 없는, 짐승 같은

შეუბრალებლად [부] 무자비하게, 잔혹하게

შეუგნებელი [형] 의식하지 못하는

შეუგნებლობა [명] 의식하지 못함

შეუგუებელი [형] 비사교적인; 다투기 좋아하는

შეუდარებელი [형] 비길 바 없는

შეუდრეკელი [형] 구부러지지 않는, 경직된, 견고한

შეუდრეკელობა [명] 구부러지지 않음, 경직됨, 견고함

შეუვალი [형] ① 다가갈 수 없는, 접근할 수 없는 ② 공격할 수 없는, 난공불락의

შეუვალობა [명] ① 다가갈 수 없음, 접근할 수 없음 ② 공격할 수 없음, 불가침(성)

შეუზღუდავი [형] 제한 없는

შეუთავსებადი [형] 서로 용납하지 않는, 양립하지 않는

შეუთავსებელი [형] 서로 용납하지 않는, 양립하지 않는

შეუთავსებლობა [명] 서로 용납하지 않음, 양립 불가능

შეუთანხმებელი [형] 조화하지 않는, 일치하지 않는

შეუთანხმებლად [부] 부조화하여, 불일치하여

შეუთანხმებლობა [명] 부조화, 불일치

შეუიარაღებელი [형] 무장하지 않은, 무기를 갖지 않은

შეუკავებელი [형] 억제할 수 없는, 제어할 수 없는

შეუკაზმავი [형] (말의) 안장을 벗긴

შეუმჩნეველი [형] 지각할 수 없는, 눈에 띄지 않는

შ

შეუმჩნევლად [부] 지각할 수 없게, 눈에 띄지 않게

შეუმცდარი [형] 오류[결점]가 없는, 틀리지 않는

შეუნაცვლებელი [형] 오래 가는, 변치 않는, 바꿀 수 없는

შეუპოვარი [형] 고집 센, 완고한

შეუპოვრად [부] 고집스럽게, 완고하게

შეურაცხმყოფელი [형] 모욕적인, 무례한

შეურაცხყოფა [동] 모욕하다, 굴욕을 주다, 비하하다, 수치스럽게 하다 — [명] 모욕, 굴욕, 비하, 창피를 줌

შეურაცხყოფილი [형] 모욕을 당한

შეურიგებელი [형] 화해시킬 수 없는

შეურყეველი [형] 파괴할 수 없는, 정복할 수 없는, 무찌를 수 없는, 굳건한, 견고한

შეურყევლობა [명] 파괴할 수 없음, 굳건함, 무적임

შეუსაბამო [형] 엉뚱한, 부조리한, 터무니없는

შეუსაბამობა [명] 엉뚱함, 부조리함, 터무니없음

შეუსვენებლივ [부] 잠시도 쉬지 않고

შეუსრულებელი [형] 실현할 수 없는, 달성할 수 없는

შეუსრულებლობა [명] 실현할 수 없음, 달성할 수 없음

შეუსწავლელი [형] 배우지 못한, 알지 못하는

შეუსუსტებელი [형] 줄지 않는, 약해지지 않는

შეუტყობინებლად [부] (~이) 모르는 사이에

შეუფასებელი [형] 부적절한

შეუფასებლობა [명] 몰이해, 과소 평가

შეუფერებელი [형] 부적절한, 어울리지 않는

შეუფერხებელი [형] 방해받지 않는, 계속 이어지는

შეუფერხებლად [부] 자유로이, 방해받지 않고

შეუშინებელი [형] 겁 없는, 대담한

შეუშფოთებელი [형] 평온한, 침착한, 차분한

შეუშფოთებლად [부] 평온하게, 침착하게, 차분하게

შეუჩერებელი [형] 끊임없는, 쉴 새 없는

შეუჩერებლად [부] 끊임없이, 쉬지 않고

შეუჩვეველი [형] 익숙하지 않은

შეუცდომელი [형] 오류[결점]가 없는, 틀림없는

შეუცვლელი [형] 바꿀 수 없는, 변경할 수 없는

შეუძლებელი [형] 불가능한; შეუძლებელია 그것은 불가능하다

შეუძლებლობა [명] 불가능

შეუძლოდ ყოფნა [동] 몸이 좋지 않다, 병을 앓고 있다

შეუწვავი [형] (고기 등이) 설익은, 덜 구워진

შეუწყვეტელი [형] 중단되지 않은, 연속적인

შეუწყვეტლივ [부] 중단되지 않고, 연속적으로

შეუწყნარებელი [형] 참을 수 없는, 용서[용인]할 수 없는

შეუწყობელი [형] 조화되지 않는, 불협화음의

შეუხამებელი [형] 부적당한

შეფარდება [동] 비(比), 비율

შეფარდებითი [형] 비교상의, 상대적인

შ

შეფარება [동] 피난처를 찾다[구하다]; თავის შეფ-არება 피난하다, 대피하다
შეფასება [동] 평가하다, 사정하다, 가치[값]를 감정하다 — [명] 평가, 사정, 가치의 감정
შეფერადება [동] 채색하다, 착색하다, 염색하다 — [명] 채색, 착색, 염색
შეფერხება [동] 방해하다, 가로막다, 제동을 걸다 — [명] 방해, 제동
შეფიქრიანებული [형] 몰두한, 여념이 없는
შეფიცვა [동] 맹세하다, 서약하다
შეფრენა [동] 비행기로 오다
შეფუთვა [동] 포장하다, 짐을 꾸리다 — [명] 포장, 짐 꾸리기
შექება [동] 찬양하다, 찬미하다, 칭송하다 — [명] 찬양, 찬미, 친송
შექმნა [동] 창조하다, 만들다 — [명] 창조, 만들기
შექცევა [동] ① 물을 튀기다 ② თავის შექცევა 즐기다
შეღავათი [명] 특권, 특전
შეღავათიანი ბილეთი [명] 할인권, 할인 티켓
შეღება [동] 살짝 열다
შეღებვა [동] 채색하다, 착색하다, 염색하다 — [명] 채색, 착색, 염색
შეღებილი [형] 채색된, 색칠된
შეღმართი [명] 오르막, 치받이
შეღობვა [동] 담장으로 둘러싸다, 울타리를 치다
შეღონება [동] 기절하다, 졸도하다

შეღწევა [동] 꿰뚫다, 침투하다 — [명] 침투
შეყენება [동] 정지시키다, 중지시키다, 막다 — [명] 정지, 중지
შეყვანა [동] 가져오다, 도입하다
შეყვარება [동] 사랑에 빠지다
შეყვარებული [형] 사랑에 빠진
შეყვითლებული [형] 노란, 노랗게 된
შეყვირება [동] 외치다, 비명을 지르다
შეყოფა [동] 밀치다, 떠밀다, 들이박다
შეყოყმანება [동] 망설이다, 주저하다, 머뭇거리다 — [명] 망설임
შეყრა¹ [동] 던져 넣다
შეყრა² [동] (~와) 만나다
შეყრა³ [동] 병균을 퍼뜨리다, 질병을 전염시키다
შეშა [명] 장작, 땔나무
შეშვება [동] 들이다, 입장을 허가하다 — [명] 입장 허가
შეშინება [동] 겁주다, 두렵게 하다
შეშინებული [형] 겁먹은, 두려워하는
შეშლა [동] ① 가로막다, 방해하다 ② ჭკუაზე შეშლა 미치다, 실성하다
შეშლილი [형] 미친, 실성한
შეშლილობა [명] 광기, 광란 상태
შეშრობა [동] 말리다, 건조시키다
შეშურება [동] 시기하다, 부러워하다, 샘내다
შეშფოთება [동] 괴롭히다, 걱정을 끼치다, 불안하게 하다; 걱정하다, 불안해하다

შ

შეშხაპუნება [동] 주사를 놓다 — [명] [의학] 주사

შეშხეფება [동] (물 따위가) 튀기다, 흩뿌려지다

შეჩერება [동] 멈추다, 정지시키다; შეჩერდი! 멈춰! — [명] 멈춤, 정지

შეჩვევა [동] (~에) 익숙해지다

შეჩვენება [동] 저주하다, 재난이 있기를 빌다 — [명] 저주

შეჩვენებული [형] 저주받은

შეჩვეული [형] 익숙해진

შეცდენა [동] 유혹하다, 꾀다 — [명] 유혹, 꾐

შეცდომა [명] 실수, 잘못; შეცდომის ჩადენა 실수하다; შეცდომის დაშვება 실수하다, 잘못 생각하다; შეცდომაში შეყვანა 잘못된 방향으로 이끌다, 미혹시키다, 속이다; ბეჭდვითი შეცდომა 미스프린트, 오식(誤植)

შეცდომით [부] 실수로, 잘못하여

შეცვა [동] 포함하다

შეცვლა [동] 바꾸다, 변경하다, 대체하다 — [명] 변경, 대체

შეცილება [동] 논쟁하다, 다투다

შეცოდება [동] 죄를 짓다, 잘못을 저지르다; (규칙 등을) 위반하다, 범하다

შეცოცება [동] 기어들다

შეცურება [동] (배가) 항해해 들어오다

შეძაგება [동] 미워하다, 싫어하다

შეძახება [동] 외치다, 소리지르다 — [명] 외침

შეძახილი [명] 외침, 절규

შეძენა [동] 얻다, 획득하다 — [명] 획득
შეძენილი [형] 얻은, 획득한
შეძლება [동] ~할 수 있다, ~해도 좋다 — [명] 부(富), 큰 재산
შეძლებისამებრ [부] 가능한 한
შეძლებისდაგვარად [부] 가능한 한
შეძლებული [형] 부유한, 유복한
შეძლევა [동] 제의하다, 제안하다 — [명] 제의, 제안
შეძრომა [동] 들어가다
შეძრწუნება [동] 겁주다, 무섭게 하다
შეძულება [동] 미워하다, 싫어하다
შეძღოლა [동] 끌어들이다
შეწევა [동] 끼어들다
შეწევნა [동] 도와주다
შეწერა [동] 세금을 부과하다, 과세하다
შეწვა [동] 튀기다, 굽다
შეწვევა [동] 초대하다, 불러들이다
შეწითლება [동] 빨갛게 되다, 붉어지다
შეწითლებული [형] 빨개진, 붉어진
შეწირვა [동] 주다, 기부하다, 기증하다 — [명] 기부, 기증
შეწირულება [명] 기부, 기증
შეწირული [명] 기부[기증]한 물건, 선물
შეწოვა [동] 빨아들이다, 흡수하다 — [명] 빨아들임, 흡수
შეწუხება [동] 괴롭히다, 걱정[폐]을 끼치다 — [명] 괴롭힘, 걱정, 폐

შეწუხებული [형] 걱정스러운, 불안한, 괴로운
შეწყალება [동] 용서하다 — [명] 용서
შეწყდომა [동] 중지하다, 그만두다 — [명] 중지, 멈춤
შეწყვეტა [동] 저지하다, 중단시키다, 막다 — [명] 저지, 중단
შეწყნარება [동] 봐주다, 용서하다, 관용을 베풀다
შეწყობა [동] ① 놓다, 두다 ② 조화시키다 ③ ხელის შეწყობა 돕다, 이바지하다
შეწყობილი [형] 조화된
შეჭამანდი [명] 수프
შეჭმა [동] 먹어치우다; 탕진하다
შეჭმული [형] 먹어치운
შეჭმუხნა [동] 눈살을 찌푸리다
შეჭრა [동] 침입하다 — [명] 침입
შეხამება [동] 결합시키다, 연합시키다 — [명] 결합, 연합
შეხება [동] 만지다, 접촉하다 — [명] 접촉
შეხედვა [동] 흘긋 보다; ერთი შეხედვით 첫눈에
შეხედულება [명] 의견, 견해; ჩემი შეხედულებით 내 생각에는
შეხვდომა [동] (~와) 만나다
შეხვედრა [동] 만나다
შეხვევა [동] ① (상처를) 붕대로 감싸다 ② 포장하다, 싸다 ③ 들어가다
შეხვეწნა [동] 빌다, 간청하다
შეხლა-შემოხლა [명] 불일치, 상충, 마찰, 충돌
შეხმატკბილებული [형] 일치된, 조화된

შეხორცება [동] 상처가 아물다

შეხსენება [동] (~을) 생각나게 하다, 상기시키다 — [명] 언급, 상기시킴

შეხსნა [동] (묶인 것을) 풀다

შეხტომა [동] 뛰다, 도약하다, 뛰어들다

შეხუთვა [동] (감정 따위를) 억제하다, 억누르다

შეხუჭუჭება [동] (머리털을) 곱슬곱슬하게 하다, 컬하다

შეჯავრება [동] 미워하다, 싫어하다

შეჯამება [동] 요약하다 — [명] 요약

შეჯახება [동] 충돌하다, 부딪치다 — [명] 충돌

შეჯგუფება [동] 그룹화하다, 집단화하다 — [명] 그룹화, 집단화

შეჯდომა [동] ① 말(馬)에 올라타다 ② ვირზე შეჯდომა 완고하다, 고집 세다

შეჯერება [동] 만족시키다

შეჯვარება [명] [생물] 교배(交配) — [동] 교배시키다

შეჯიბრება [동] 경쟁하다, 우열을 겨루다 — [명] 경쟁, 겨루기

შვება [동] 위안을 주다, (걱정 등을) 덜어주다 — [명] 위안, 위로

შვებულება [명] 휴가; დეკრეტული შვებულება 출산 휴가; შვებულებაში 휴가로, 휴가를 떠나; შვებულების აღება 휴가 기간을 갖다, 쉬다

შვედეთი [명] 스웨덴

შვედი [명] 스웨덴 사람

შვედური [형] 스웨덴의; **შვედური ენა** 스웨덴어 — [명] 스웨덴어

შვეიცარია [명] 스위스

შვეიცარ(ი)ელი [명] 스위스 사람

შვეიცარ(ი)ული [형] 스위스의

შველა [동] 돕다 — [명] 도움

შველი [명] [동물] 노루

შვერილი [명] 돌출부, 내민 곳

შვეული [형] 수직의, 세로의

შვეცია [명] 스웨덴

შვიდასი [수] 칠백 (700)

შვიდი [수] 일곱 (7); **შვიდი დღისა** 매주, 일주일 마다; **შვიდი წლის** 7년마다의

შვიდიანი [수] 일곱 (7)

შვიდჯერ [부] 일곱 번

შვილება [동] 양자로 삼다 — [명] 양자 삼기; **შვილად აყვანა** 양자 삼기

შვილთაშვილი [명] 증손자, 증손녀

შვილი [명] 자식, 아들딸

შვილიშვილი [명] 손자, 손녀; **შვილიშვილი ბიჭი** 손자; **შვილიშვილი გოგო** 손녀

შვილობილი [명] 수양 자녀

შვრია [명] [식물] 귀리

შთაბეჭდილება [명] 인상, 감명; **შთაბეჭდილების მოხდენა** 인상[감명]을 주다

შთაგონება [동] 암시하다, 영감을 주다, 불어넣다 — [명] 암시

შთამომავალი [명] 자손, 후예

შთამომავლობა [명] (집합적으로) 자손, 후대
შთამომავლობითი [형] 유전성의, 후대에 물려주는
შთანთქმა [동] 흡수하다, 삼키다 — [명] 흡수
შთანთქმული [형] 흡수된, 삼켜진
-ში [접미] ~안에(서), ~안으로
შიგ [후] 내부에, 안쪽에
შიგა [형] 내부의, 안쪽의; შიგა ნაწილი 내부, 안쪽
შიგადაშიგ [부] 여기저기에, 몇몇 장소에
შიგანი [명] 창자, 내장
შიგნეული [명] 창자, 내장
შიგნიდან [부] 안쪽으로부터
შიგნით [후] 내부에, 안쪽에
შიდა [형] 내부의, 안쪽의 — [명] 내부, 안쪽
შიკრიკი [명] 사자(使者), 전령(傳令)
შილაფლავი [명] 볶음밥의 일종
შილინგი [명] [화폐의 단위] 실링
შიმშილი [명] 굶주림, 기아; შიმშილის გრძნობა 배가 고프다; შიმშილით სიკვდილი 굶어죽다, 아사하다
შიმშილიანობა [명] 굶주림, 기아
შიმშილობა [명] 굶주림, 배고픔 — [동] 굶주리다, 배고프다
შინ [부] 집에서, 집으로; ჩვენ შინ ვართ 우리는 집에 있다
შინა [형] 집안의, 가정의; 내부의
შინაარსი [명] 내용(물)
შინაარსიანი [형] 흥미있는, 재미있는

შინაგანი [형] 내부의, 안쪽의; **შინაგანი ავადმყო-ფობანი** [의학] 내과 질병

შინამოსამსახურე [명] (가정에서 부리는) 하인, 종

შინამრეწველი [명] 가내 수공업자

შინამრეწველობა [명] 가내 수공업

შინამრეწველური [형] 집에서 만든

შინაურები [명] (집합적으로) 가족

შინაური [형] 가정의, 가내의

შინაურულად [부] 격식을 차리지 않고, 수수하게

შინაურული [형] 가정의, 가정다운

შინაყმა [명] [역사] 장원의 농노; 머슴

შინდი [명] [식물] 산딸나무속(屬)의 식물

შინდისფერი [형] 엷은 붉은색의

შინელი [명] 큰 외투, 망토

შინჯვა [동] 조사하다, 검사하다 — [명] 조사, 검사

შიფრი [명] 암호

შიშველი [형] 벌거벗은, 나체의

შიშველ-ტიტველი [형] 벌거벗은, 나체의

შიშვლად [부] 벌거벗고, 나체로

შიშვლება [동] 칼집에서 칼을 뽑다

შიში [명] 공포, 두려움; **შიშით** 무서워서; **შიშის ზარი** 경악, 공포, 패닉 — [동] 두려워하다

შიშინა [형] [언어] 치찰음의; **შიშინა ბგერა** [언어] 치찰음

შიშინი [동] 쉬쉬[지글지글] 소리를 내다 — [명] 쉬쉬[지글지글]하는 소리

შიშისზარი [동] 두렵게 하다
შიშნაკრავი [형] 겁이 난, 무서워하는
შიშნაჭამი [형] 겁이 난, 무서워하는
შიშხინი [동] 쉬쉬[지글지글] 소리를 내다 — [명] 쉬쉬[지글지글]하는 소리
შლა [동] ① (계획 따위를) 망치다 ② 문지르다 ③ (포장 따위를) 벗기다, 개봉하다
შლაგბაუმი [명] (통행료 징수소의) 차단기, 차단봉
შლამი [명] 진흙
შლამიანი [형] 진흙을 함유한, 진흙이 묻은
შლანგი [명] 튜브, 관
შმაგი [형] 격렬한, 사납게 날뛰는
შმაგობა [동] 격노시키다
შმორი [명] 곰팡내
შმორიანი [형] 곰팡내 나는, 곰팡이가 핀
შნოიანი [형] 매력적인, 아름다운, 마음을 끄는
შობა [동] 낳다, 세상에 나게 하다 — [명] ① 탄생 ② 성탄절, 크리스마스
შობადობა [명] 출생률
შობილი [형] 태어난, 출생한
შოვინიზმი [명] 쇼비니즘, 광신적 애국주의
შოვინისტი [명] 쇼비니스트, 광신적 애국주의자
შოვინისტური [형] 쇼비니즘의, 광신적 애국주의의
შოვნა [동] ① 찾다, 발견하다 ② 얻다, 획득하다, 마련하다 — [명] 얻은 것, 수익
შოთი პური [명] 그루지야식 빵의 일종
შოკი [명] 충격, 쇼크

შოკოლადი [명] 초콜릿; ფილა შოკოლადი 초콜릿 바

შოლტი [명] 채찍

შორეთი [명] 먼 곳, 먼 쪽

შორეული [형] 먼, 원거리의, 멀리에 있는; შორეული ნათესავი 먼 관계; შორეულ წარსულში 먼 옛날에

შორი [형] 먼, 원거리의, 멀리에 있는

შორიახლო(ს) [부] 이쪽에, 이 근처에, 가까이에, 멀지 않아

შორიდან [부] 멀리서부터, 원거리에서

შორის [후] (~의) 사이에(서), 중간에

შორისდებული [명] [문법] 감탄사

შორს [후] 멀리 떨어져서

შორსმჭვრეტელი [형] 선견지명이 있는, 멀리 내다보는; 슬기로운

შორსმჭვრეტელობა [명] 선견지명

შორსმხედველი [형] 선견지명이 있는, 멀리 내다보는

შორსმხედველობა [명] 선견지명

შოტლანდია [명] 스코틀랜드

შოტლანდიელი [명] 스코틀랜드 사람

შოტლანდიური [형] 스코틀랜드의

შოუ [명] 쇼, 볼거리

შოფერი [명] 운전 기사; ტაქსის შოფერი 택시 운전 기사

შოშია [명] [조류] 찌르레기

შპალერი [명] 벽지(壁紙)

შპრიცი [명] 주사기, 분무기

შრატი [명] ① 유장(乳漿) ② [의학] 혈청

შრე [명] 층(層)

შრიალი [동] 살랑살랑 소리를 내다

შრიფტი [명] [인쇄] 활자; ქართული შრიფტი 그루지야어 문자

შრობა [동] 말리다, 건조시키다 — [명] 건조

შრომა [동] 일하다, 노동하다 — [명] 일, 노동, 수고

შრომისმოყვარე [형] 근면한, 열심히 일하는

შრომისმოყვარეობა [명] 근면, 부지런함

შრომის უნარი [명] 노동 능력[능률]

შრომისუნარიანი [형] 노동 능력이 있는, 능률적인

შრომისუნარიანობა [명] 노동 능력[능률]

შროშანა [명] [식물] 은방울꽃

შტაბელი [명] 퇴적, 더미

შტაბი [명] [군사] 참모, 막료; 사령부

შტამპი [명] 스탬프, 도장

შტატგარეშე [형] 정원 외의, 직원이 아닌 — [명] 정원 외의 사람, 정식 직원이 아닌 사람

შტატი [명] 직원, 당국자; შტატში ყოფნა 직원이다

შტატივი [명] 대(臺), 가(架), 물건을 올려놓는 곳

შტემპელი [명] 스탬프, 도장

შტეპსელი [명] [전기] 콘센트, 플러그

შტერი [형] 어리석은, 바보 같은 — [명] 바보, 얼간이

შტო [명] (나뭇)가지

შტოპორი [명] 마개

შტორმი [명] 폭풍

შტრიხი [명] 일필(一筆), 선

შუა [전] (~의) 사이에(서), 중간에; შუა გზაზე 도중에; შუა ღამით 밤중에 — [명] 중앙, 한가운데

შუაგული [명] 중앙, 한가운데

შუადღე [명] 정오, 한낮; შუადღეზე 정오에

შუადღეს [부] 정오에, 한낮에

შუათანა [형] 중간의, 가운데의

შუათითი [명] 가운뎃손가락, 중지

შუაკაცი [명] 중재자, 조정자; 교섭자, 협상자

შუაკაცობა [명] 중재, 조정

შუალედი [명] 간격, 공간; 기간, 범위; დროის შუალედი 일정 기간

შუალედური [형] 중간의, 중개의, 중재의

შუამავალი [명] 중재자, 조정자; 교섭자, 협상자

შუამავლობა [명] 중재, 조정

შუამდგომელი [명] 중개자

შუამდგომლობა [명] 중개, 조정 — [동] 중개하다, 조정하다

შუასაუკუნებრივი [형] 중세의; შუა საუკუნეები [역사] 중세

შუასაუკუნეების [형] 중세의

შუასაძგიდი [명] [해부] 횡격막

შუაღამე [명] 자정, 한밤중; შუაღამეზე 한밤중에

შუაღამისას [부] 자정에, 한밤중에

შუაში [후] (~의) 한가운데(서)

შუბი [명] 창, 투창

შუბლგარეცხილი [형] 뻔뻔스러운

შუბლგახსნილი [형] 명랑한, 즐거운, 유쾌한

შუბლი [명] 이마, 앞머리

შუბლმაგარი [형] ① 머리가 둔한 ② 완고한, 보수적인

შუბოსანი [명] 창병(槍兵); 창 쓰는 사람

შუკა [명] 시골 길

შურდული [명] 투석기

შური [명] 부러움, 시기, 질투; შურის გამოწვევა 부러워하다, 시기하다

შურიანი [형] 부러워하는, 시기하는

შურიანობა [명] 부러움, 시기, 질투

შურისმაძიებელი [명] 복수하는 사람, 원수를 갚는 사람 — [형] 복수심이 있는, 앙심을 품은

შურისძიება [동] 복수하다, 원수를 갚다 — [명] 복수심, 앙심

შუქი [명] 빛, 광선

შუქნიშანი [명] 교통 신호등

შუქურა [명] 등대; 항로 표지

შუქფარი [명] (램프 · 전등의) 갓

შუღლი [명] 다툼, 충돌, 알력, 대립

შუშა [명] 유리병

შუშხუნა [명] 불꽃 — [형] 불꽃 튀는

შფოთვა [명] 화, 성, 분개, 분노, 흥분 — [동] 격동시키다, 흥분시키다

შფოთი [명] 흥분시킴, 교란, 불안하게 함, 분노

შფოთიანი [형] 불안한, 흥분한, 교란된

შხამი [명] 독(毒), 맹독

შხამიანი [형] 독 있는, 독성의, 유독한

შხამიანობა [명] 독성, 유독

შხაპი [명] 샤워기

შხეფი [명] 빗방울

შხუილი [동] 시끄럽게 하다, 소란을 피우다 —
 [명] 시끄러움, 소란

ჩ

ჩა- [접두] 아래로

ჩაბარება [동] ① 넘겨주다, 내어주다 ② გამოცდის ჩაბარება 시험을 치다 — [명] 넘겨줌, 인도

ჩაბარებული [형] 넘겨진, 내어준, 인도된

ჩაბერვა [동] (안으로) 불다, 내뿜다 — [명] 불기, 내뿜기

ჩაბეჭდვა [동] 누르다, 찍다, 새기다

ჩაბმა [동] 끌어들이다, 관련시키다 — [명] 끌어들이기

ჩაბმული [형] 끌어들여진, 관련된

ჩაბნელება [동] 어둡게 하다, 흐리게 하다

ჩაბნელებული [형] 어두워진

ჩაბრძანება [동] 내려가다

ჩაგდება [동] ① 던져 넣다 ② საფრთხეში ჩაგდება 위험에 노출되다 ③ ხელში ჩაგდება 손에 넣다, 사로잡다 ④ ვალში ჩაგდება 빚을 지다

ჩაგვრა [동] 억압하다, 억누르다 — [명] 억압, 억누름

ჩაგზავნა [동] 내리다, 하락하게 하다

ჩაგონება [동] 암시하다; 영감을 주다 — [명] 암시; 최면

ჩაგორება [동] 굴러 떨어지다

ჩაგრული [형] 억압받은

ჩადგმა [동] 놓다, 두다, 들이다; 끼워 넣다

ჩადგმული [형] 끼워 넣은, 들여진

ჩადგომა [동] ① 바람이 잔잔해지다 ② 줄을 서다 ③ სათავეში ჩადგომა 선두에 서다

ჩადება [동] 넣다; ქარქაშში ჩადება 칼집에 칼을 넣다

ჩადენა [동] ① (나쁜 짓을) 저지르다; ცოდვების ჩადენა 죄를 짓다 ② (위대한 일을) 달성하다, 이룩하다

ჩადრი [명] (얼굴을 가리는) 베일

ჩავარდნა [동] (어떤 상태로) 떨어지다, 전락하다; ტყვედ ჩავარდნა 수인 신세가 되다, 옥에 갇히다; განსაცდელში ჩავარდნა 곤경에 처하게 되다

ჩავარდნილი [형] (어떤 상태로) 떨어진, 전락한

ჩავლა [동] (옆을) 지나가다

ჩავლება [동] (손으로) 붙잡다

ჩაზნექა [동] 안으로 구부러지다

ჩაზნექილი [형] 오목한, 안으로 굽은

ჩათვლა [동] 시험을 치르다; 시험을 통과하다 — [명] 시험, 테스트

ჩათვლემა [동] 졸다, 잠깐 자다 — [명] 졸림

ჩათვლით [부] (~을) 포함하여

ჩათლახი [명] 창녀, 매춘부

ჩათრევა [동] 끌어들이다, 관련시키다

ჩათრეული [형] 끌어들여진, 관련된

ჩაი [명] 차(茶); მაგარი ჩაი 진한 차; ჩაის კოვზი 찻숟가락, 티스푼; ჩაის სერვიზი 찻그릇 (한 벌); ჩაის პლანტაცია 차나무밭; ჩაის მაგიდა 차 탁자, 티테이블

ჩაიდანი [명] 찻주전자, 티포트

ჩაინიკი [명] 찻주전자, 티포트
ჩაიხანა [명] 찻집, 카페
ჩაკერება [동] (~을 넣고) 꿰매다
ჩაკეტვა [동] 자물쇠[빗장]를 걸어 잠그다
ჩაკეტილი [형] 자물쇠[빗장]로 걸어 잠근
ჩაკვდომა [동] 죽다, 멎다
ჩაკვირვება [동] 숙고하다, 이해하려 노력하다 ― [명] 숙고
ჩაკვირვებული [형] 숙고하는
ჩაკვლა [동] 죽이다; 무력하게 만들다
ჩაკვრა [동] ① 윙크하다, 눈을 깜박이다 ② 꼭 껴안다
ჩაკმენდა [동] 소리를 낮추다, 조용해지다
ჩალა [명] ① 짚; ჩალის ღერი 짚대, 지푸라기 ② ჩალის ფასად 공짜나 마찬가지로
ჩალაგება [동] 꾸리다, 포장하다 ― [명] 꾸리기, 포장
ჩალაგებული [형] (짐을) 꾸린, 포장한
ჩალაპარაკება [동] 입 밖에 내다, 발언하다, 말을 내뱉다
ჩალეწვა [동] 산산 조각을 내다, 파쇄하다
ჩალპობა [동] 썩다, 부패하다
ჩამავალი [형] 내려가는, 하강하는; ჩამავალი მზე 지는 해[태양]
ჩამალვა [동] 숨기다, 감추다
ჩამალული [형] 숨겨진, 감춰진
ჩამარხვა [동] 파묻다
ჩამარხული [형] 파묻힌

ჩამატება [동] 더하다, 끼워 넣다 — [명] 부가, 삽입

ჩამო- [접두] 아래로

ჩამობნელება [동] 어둡게 하다, 빛을 가리다 — [명] 어둡게 하기

ჩამობრძანება [동] 내려가다, 내려오다; 도착하다

ჩამოგლეჯა [동] 잡아뜯다, 벗기다, 낚아채다

ჩამოგლეჯილი [형] 찢긴

ჩამოდგმა [동] 내려놓다

ჩამოდგომა [동] 비켜 서다, 길을 열어주다

ჩამოვარდნა [동] (아래로) 떨어지다, 가라앉다

ჩამოვლა [동] 방문하다, 순회하다

ჩამოთვლა [동] 열거하다, 낱낱이 세다 — [명] 열거, 셈

ჩამოთვლილი [형] 열거된, 낱낱이 센

ჩამოთლა [동] 잘라내다, 절단하다

ჩამოკიდება [동] 걸다, 매달다

ჩამომხმარი [형] 마른, 여윈

ჩამონაჭრები [명] 조각, 단편

ჩამონგრევა [동] 파멸시키다, 황폐하게 하다

ჩამონგრეული [형] 파멸된, 황폐화된

ჩამორბენა [동] 뛰어 내려가다

ჩამორეცხვა [동] 씻어내다, 닦아내다

ჩამორთმევა [동] ① 압수하다, 빼앗다; უფლების ჩამორთმევა 권리를 박탈하다 ② 움켜잡다; ხელის ჩამორთმევა 손을 잡다, 악수하다 — [명] 압수, 몰수

ჩამორთმეული [형] 압수된, 몰수된

ჩამორიგება [동] 분배하다, 나누어 주다 — [명] 분배

ჩამორჩენა [동] 뒤지다, 뒤처지다, 지체되다

ჩამორჩენილი [형] 뒤진, 뒤처진, 지체된

ჩამორჩენილობა [명] 뒤처짐, 지체

ჩამოსაკიდი [명] (물건을 거는) 걸이

ჩამოსვლა [동] 오다, 도착하다 — [명] 도착

ჩამოსმა [동] 착륙[상륙]하다 — [명] 착륙, 상륙

ჩამოსრიალება [동] 미끄러져 내려가다

ჩამოსული [형] (새로) 온, 도착한 — [명] 새로 온 사람, 방 문자

ჩამოსხმა [동] 따르다, 병에 담다

ჩამოტანა [동] 가져 오다

ჩამოტანილი [형] 가져온

ჩამოტარება [동] 나르다, 운반하다, 돌리다

ჩამოფარება [동] 커튼을 치다, 그늘지게 하다

ჩამოფლეთილი [형] 찢긴, 해어진

ჩამოფრენა [동] (비행기로) 도착하다

ჩამოფხატვა [동] 남의 눈을 속이다

ჩამოფხეკა [동] 긁어내다

ჩამოქვეითება [동] 해임하다, 파면하다; 강등시키다

ჩამოქცევა [동] 부스러지다, 무너지다

ჩამოღება [동] 제거하다, 치우다

ჩამოყალიბება [동] 형성하다 — [명] 형성

ჩამოყალიბებული [형] 형성된, 조직된

ჩამოყვანა [동] 가져오다

ჩამოყენება [동] (지위 따위를) 빼앗다, 다른 것으로 대체하다

ჩამოშვება [동] (끌어) 내리다

ჩამოშორება [동] 분리하다, 소원하게 하다 — [명] 분리, 소원(疎遠)

ჩამოცვენა [동] 잎이 지다[떨어지다]

ჩამოცლა [동] (길에서) 비켜 서다

ჩამოცოცება [동] 흘러 내려가다, 기어 내려가다

ჩამოცურება [동] 미끄러지다

ჩამოჭრა [동] 잘라내다

ჩამოჭკნობა [동] (쇠)약해지다, 시들다, 이울다

ჩამოხერხვა [동] 톱질하다

ჩამოხმობა [동] 얇아지다; 초췌해지다

ჩამოხრჩობა [동] 목을 매달다, 교수형에 처하다 — [명] 교수형, 교살

ჩამოხრჩობილი [형] 교수형에 처해진, 목을 맨

ჩამოხსნა [동] 풀다, (묶인 것 따위를) 제거하다

ჩამოხტომა [동] 뛰어내리다

ჩამოჯდომა [동] 앉다, 자리를 잡다

ჩამტვრევა [동] 깨다, 부수다

ჩამტვრეული [형] 깨진, 부서진

ჩამქრალი [형] (불 따위가) 꺼진

ჩამჩა [명] 국자, 퍼내는 기구

ჩამწარება [동] (기분 따위를) 상하게 하다, 망치다

ჩამწერი [명] 기록 장치

ჩამწკრივება [동] 정렬시키다

ჩანართი [명] (텍스트 따위에의) 삽입, 끼워 넣음, 써 넣음

ჩანასახი [명] 싹, 배(胚)

ჩანაფიქრი [명] 계획, 의도

ჩანაწერი [명] 기록, 기입

ჩანახი [명] 차나히 (양고기를 구워 만든, 그루지야·아르메니아의 전통 요리)

ჩანგალი [명] ① 포크 (식기) ② [전기] 플러그

ჩანგი [명] [음악] 수금(竪琴), 리라

ჩანგრევა [동] 붕괴하다, 몰락하다 — [명] 붕괴, 몰락

ჩანერგვა [동] 깊이 심다, 주입하다 — [명] 심어주기, 주입

ჩანთა [명] 가방, 배낭

ჩანიშვნა [동] 기록하다, 메모하다

ჩანს [형] 겉보기의, 눈에 보이는

ჩანჩალი [동] 터벅터벅 걷다, 발을 질질 끌며 걷다

ჩანჩქერი [명] 폭포

ჩარბენა [동] 뛰어 내려오다

ჩარგვა [동] 파묻다, 심다; წიგნში ცხვირის ჩარგვა 책에 파묻 히다, 책에 몰두하다

ჩარევა [동] 중간에 끼어들다, 방해하다, 간섭하다 — [명] 끼어들기

ჩარექი [명] 쿼트 (부피의 단위로 약 1.14 리터)

ჩართვა [동] ① 끼워 넣다 ② 스위치를 넣다

ჩართული [형] ჩართული სიტყვა [문법] 삽입구

ჩარიცხვა [동] 포함시키다, 등록시키다, 리스트에 올리다

ჩარიცხული [형] 목록에 오른, 포함된

ჩაროზი [명] 디저트, 후식

ჩარტყმა [동] 치다, 때리다

ჩარჩება [동] 머무르다, 계속 남아있다

ჩარჩი [명] ① 중개상 ② 폭리 획득자

ჩარჩო [명] 틀, 테; ფანჯრის ჩარჩო 창틀, 새시

ჩარჩობა [동] 투기하다; 폭리를 취하다

ჩარხვა [동] 갈다, 날카롭게 하다

ჩარხი [명] ① 숫돌 ② 기계, 장치

ჩასართველი [명] (전기) 플러그

ჩასაფრება [동] 잠복하다, 숨어 기다리다 — [명] 잠복

ჩასაცმელი [명] 옷, 의복

ჩასაწერი წიგნაკი [명] 공책, 노트

ჩასახვა [명] 싹, 배(胚) — [동] 수태하다

ჩასახლება [동] 머무르다, 자리잡다, 숙박하다 — [명] 머무름, 숙박

ჩასველება [동] 적시다; ჩასველება ყელისა 목을 축이다

ჩასვენება [동] 관에 넣다, 납관(納棺)하다

ჩასვლა [동] 내려가다; 천체가 지다; ზმის ჩასვლა 해가 지다

ჩასკვნილი [형] (체격이) 땅딸막한, 단단한

ჩასმა [동] ① 끼워 넣다 ② 투옥하다 ③ 책을 묶다, 제본하다

ჩასობა [동] 때려 박다, 꽂아 넣다

ჩასრიალება [동] 미끄러져 내려가다

ჩასული [형] 도착한

ჩასუნთქვა [동] 들이마시다, 흡입하다 — [명] 흡입

ჩასუქებული [형] 뚱뚱한, 영양 상태가 좋은

ჩასხდომა [동] 자리를 잡다

ჩასხმა [동] 따르다, 붓다, 채우다, 병에 담다

ჩატანა [동] (끌어) 내리다

ჩატარება [동] 실행하다, 실시하다; გაკვეთილის ჩატარება 수업하다; ცდების ჩატარება 시험을 실시하다; რეფორმის ჩატარება 개혁을 시행하다; კრების ჩატარება 회의를 주재하다 — [명] 실행, 집행, 실시

ჩატევა [동] 위치시키다, 배치하다

ჩატენა [동] (속을) 채우다

ჩატეხა [동] 부수다, 망가뜨리다

ჩატეხილი [형] 부서진, 망가진

ჩატყდომა [동] 부수다

ჩატყუება [동] 유혹하다, 꾀다

ჩაურევლობა [명] 불간섭, 참견하지 않음

ჩაფენა [동] 깔다, 펴다

ჩაფვლა [동] 파묻다

ჩაფიქრება [동] 생각에 잠기다, 몰두하다

ჩაფიქრებული [형] 생각에 잠긴, 몰두한

ჩაფლავება [동] 파괴하다, 황폐하게 하다

ჩაფლობა [동] 빠지다, 꼼짝없이 붙들리다

ჩაფლული [형] 빠진, 배어든

ჩაფრენა [동] (비행기 따위로) 도착하다

ჩაფურთხება [동] 침을 뱉다

ჩაფუშვა [동] 망치다, 방해하다, 흐트러뜨리다

ჩაქაფული [명] 양고기로 만든 그루지야 전통 음식의 하나

ჩაქინდვრა [동] 목을 늘어뜨리다, 고개를 숙이다

ჩაქინდრული [형] 고개를 숙인

ჩაქნევა [동] 포기하다, 단념하다

ჩაქოლვა [동] 돌로 치다, 돌을 던지다

ჩაქრობა [동] ① 불을 끄다; სანთლის ჩაქრობა 촛불을 불어 끄다 ② 진압하다, 억누르다 — [명] 불을 끄기, 소화(消火)

ჩაქსოვა [동] 짜 넣다, 엮다

ჩაქუჩი [명] 망치, 해머

ჩაქცევა [명] 낙하, 쏟아짐; სისხლის ჩაქცევა [병리] 출혈

ჩაღმართი [명] 비탈, 경사

ჩაღრმავება [동] 깊게 하다, 심화시키다 — [명] 심화

ჩაღრმავებული [형] 깊게 된, 심화된

ჩაყენება [동] 놓다, 두다

ჩაყვითლება [동] 노래지다

ჩაყვითლებული [형] 노란, 노랗게 된

ჩაყვინთვა [동] 뛰어들다 — [명] 뛰어들기, 다이빙

ჩაყლაპვა [동] 꿀꺽 삼키다

ჩაყოფა [동] 떠밀다

ჩაყრა [동] ① 따르다, 붓다, 채우다 ② საფუძვლის ჩაყრა 기초를 놓다

ჩაყურყუმალავება [동] 뛰어들다 — [명] 뛰어들기, 다이빙

ჩაშვება [동] ① 내려가게 하다 ② (배를) 진수시키다, 물에 띄우다

ჩაშლა [동] 망치다, 흐트러뜨리다, 붕괴시키다 — [명] 붕괴

ჩაჩრა [동] 떠밀다

ჩაჩუმება [동] 조용히 하다

ჩაჩურჩულება [동] 속삭이다

ჩაცემა [동] 치다, 때리다

ჩაცვივნა [동] 떨어지다, 낙하하다

ჩაციება [동] ① 괴롭히다, 못살게 굴다, 귀찮게 조르다 ② 냉각시키다

ჩაცინება [동] 빈정대며 씩 웃다

ჩაცმა [동] 옷을 입다

ჩაცმულ-დახურული [형] 옷을 입고 신을 신은

ჩაცმული [형] 옷을 입은; 신을 신은

ჩაცმულობა [명] 옷, 의복

ჩაცოცება [동] 내려가다

ჩაცურება [동] 미끄러져 내려가다

ჩაძინება [동] 잠들다

ჩაძირვა [동] 가라앉다, 물에 빠지다

ჩაძრომა [동] 기어들다

ჩაწება [동] 잠기다

ჩაწებება [동] 풀로 붙이다

ჩაწერა [동] 등록시키다, 들이다, 끼워 넣다

ჩაწვდომა [동] 이해하다, 간파하다 — [명] 이해, 간파

ჩაწვეთება [동] 방울방울 떨어뜨리다

ჩაწვენა [동] 드러눕다

ჩაწიხლვა [동] 발로 차다

ჩაწოლა [동] 드러눕다; ლოგინში ჩაწოლა 잠자리에 들다

ჩაწყობა [동] 싸다, 포장하다

ჩაჭედვა [동] 때려박다

ჩაჭიდება [동] 붙잡다, 움켜 쥐다

ჩაჭრა [동] ① 베다, 째다 ② გამოცდაზე ჩაჭრა 시험에 낙방하다

ჩახედვა [동] 들여다보다

ჩახლართვა [동] ① (머리카락・줄 따위를) 얽히게 하다 ② (일을) 혼란시키다, 뒤얽히게 하다

ჩახმახი [명] (총의) 공이치기; ჩახმახის შეყენება 총의 공이치기를 잡아당기다

ჩახოხბილი [명] 가금(家禽)류의 요리

ჩახრამული [명] 구멍

ჩახსნა [동] (묶인 것을) 풀다

ჩახტომა [동] 뛰어들다, 뛰어내리다

ჩახუტება [동] 서로 껴안다, 포옹하다

ჩახშობა [동] 억누르다

ჩახშობილი [형] 억눌린

ჩაჯდომა [동] 앉다, 자리를 잡다

ჩეკა [동] (닭 따위가) 알을 까다, 부화시키다

ჩეკი [명] 수표; ჩეკით ფულის მიღება 수표를 현금으로 바꾸다

ჩელისტი [명] 첼로 주자, 첼리스트

ჩელო [명] [음악] 첼로

ჩემი [대] 나의, 나의 것

ჩემოდანი [명] 여행 가방, 슈트케이스

ჩემპიონატი [명] [스포츠] 선수권, 챔피언십

ჩემპიონი [명] [스포츠] 챔피언
ჩენჩო [명] 껍질, 깍지
ჩერქეზი [명] 체르케스 사람
ჩერჩეტი [형] 어리석은, 바보 같은
ჩექმა [명] 부츠, 장화
ჩეჩნეთი [명] 체첸 (공화국)
ჩეხა [동] 찍다, 자르다, 치다
ჩეხეთი [명] 체코
ჩეხი [명] 체코 사람
ჩეხური [형] 체코의; ჩეხური ენა 체코어 — [명] 체코어
ჩვარი [명] (먼지 닦는) 헝겊, 걸레
ჩვევა [동] 익숙해지다, 습관이 들다 — [명] 습관
ჩვენ [대] 우리(는), 우리를, 우리에게
ჩვენება [동] 보이다, 보여주다, 나타내다; 입증하다 — [명] 보여주기, 나타냄; 입증
ჩვენებითი [형] 지시의; ჩვენებითი ნაცვალსახელი [문법] 지시대명사
ჩვენი [대] 우리의, 우리의 것
ჩვეულება [명] 관습, 관행, 습관
ჩვეულებრივ [부] 보통, 통상적으로
ჩვეულებრივი [형] 보통의, 통상의, 관행적인
ჩვეული [형] 습관적인, 평소의
ჩვიდმეტი [수] 십칠 (17)
ჩვილი [명] 아기, 유아
ჩია [형] 키가 작은 — [명] 난쟁이
ჩიბუხი [명] (담배) 파이프
ჩივილი [동] 불평하다 — [명] 불평

ჩითი [명] 사라사, 날염 면포

ჩინებულად [부] 완벽하게, 아주 우수하게, 뛰어나게

ჩ

ჩინებული [형] 아주 우수한, 뛰어난

ჩინეთი [명] 중국

ჩინელი [명] 중국 사람

ჩინური [형] 중국의; ჩინური ენა 중국어 — [명] 중국어

ჩირაღდანი [명] 횃불

ჩირგვი [명] 관목, 덤불

ჩირგვნარი [명] 관목, 덤불

ჩირი [명] 말린 과일

ჩირქი [명] ① 고름, 농즙 ② ჩირქის მოცხება 오명을 씌우다

ჩირქიანი [형] 화농성의

ჩირქმოცხებული [형] 오점이 있는

ჩირქოვანი [형] 화농성의; ჩირქოვანი მუწუკი 농양(膿瘍)

ჩირჩილი [명] [곤충] 좀(벌레)

ჩიტბატონა [명] [조류] 황금방울새

ჩიტი [명] 새, 조류; მგალობელი ჩიტი 지저귀는 새, 명금; ჩიტის რძე 비둘기 젖(비둘기가 새끼에게 먹이기 위해 토해 내는 액체)

ჩიფჩიფი [동] 중얼거리다, 웅얼거리다 — [명] 중얼거림

ჩიყვი [명] [병리] 갑상선종(甲狀腺腫)

ჩიჩახვი [명] (새의) 모이주머니

ჩიჩქნა [동] (코 · 이 따위를) 우비다

ჩიხი [명] 막다른 골목
ჩიხირთმა [명] 닭고기 수프
ჩლიქი [명] 발굽
ჩლიქიანი [형] [동물] 발굽이 있는, 유제(有蹄)(류)의
ჩლუნგი [형] 우둔한, 이해가 느린
ჩმახვა [동] 실없는 소리를 하다
ჩმახი [명] 실없는 소리; 어리석음
ჩოგბურთი [명] [스포츠] 테니스; ჩოგბურთის თამაში 테니스 경기를 하다; მაგიდის ჩოგბურთი 탁구
ჩონგური [명] 촌구리 (그루지야 전통 악기의 하나)
ჩონჩხი [명] 해골, 뼈대
ჩორთი [명] (말(馬) 등의) 속보, 빠른 걸음; ჩორთით სვლა 말 따위가 빠른 걸음으로 가다
ჩოფურა [형] 얽은, 마맛자국이 있는
ჩოჩვა [동] 흘러내리다; 기어들다
ჩოჩორი [명] 망아지, 당나귀 새끼
ჩოხა [명] 초하 (그루지야 민족 의상의 하나)
ჩრა [동] 떠밀다, 쑤시다
ჩრდილი [명] 그늘, 그림자
ჩრდილიანი [형] 그늘진
ჩრდილო ამერიკა [명] 북아메리카
ჩრდილო-აღმოსავლეთი [명] 북동쪽
ჩრდილო-აღმოსავლური [형] 북동쪽의
ჩრდილო-დასავლეთი [명] 북서쪽
ჩრდილო-დასავლური [형] 북서쪽의

ჩ

ჩრდილოეთი [명] 북쪽; ჩრდილოეთის ქარი 북풍; ჩრდილოეთის პოლუსი 북극; ჩრდილოეთის ირემი [동물] 순록; ჩრდილოეთის ციალი 북극광, 오로라; ჩრდილოეთის ზღვა 북해(北海); ჩრდილოეთის ყინულოვანი ოკეანე 북극해; ჩრდილოეთ ოსეთი 북(北)오세티아 (러시아령); ჩრდილოეთში 북쪽에(서)

ჩრდილოეთით [형] 북쪽의

ჩრდილოეთის [형] 북쪽의

ჩრდილოელი [명] 북쪽 지방 주민

ჩრდილო კავკასია [명] 북(北)카프카스

ჩრჩილი [명] [곤충] 옷좀나방

ჩუმად [부] 조용히, 차분히; ჩუმად ლაპარაკი 목소리를 낮춰 말하다; ჩუმად ყოფნა 잠자코 있다

ჩუმი [형] 조용한, 침묵하는, 고요한; 차분한

ჩუმჩუმა [명] 얌전한 사람

ჩუმ-ჩუმად [부] 조용히; 은밀하게, 비밀리에

ჩურჩული [동] 속삭이다 — [명] 속삭임

ჩურჩულით [부] 속삭여, 귀엣말로

ჩურჩხელა [명] 추르쉬헬라 (호두를 실에 꿰어 포도즙에 담그기를 반복한 후 말린, 그루지야의 전통 음식)

ჩუქება [동] 주다, 수여하다, 증정하다

ჩუქურთმა [명] 조각, 새김, 세공

ჩუქურთმიანი [형] 조각한, 새긴, 세공한

ჩუხჩუხი [동] 거품 따위가 일다, 콸콸 흘러나오다

ჩქარა [부] 빠르게, 신속하게

ჩქარი [형] 빠른, 신속한

ჩქმალვა [동] 숨기다, 감추다
ჩქმეტა [동] 꼬집다
ჩხავილი [동] (동물이) 울다
ჩხარუნი [동] 달가닥거리다
ჩხვლეტა [동] 찌르다
ჩხიკვი [명] [조류] 어치
ჩხირი [명] 막대기, 나무토막, 배턴
ჩხრეკა [동] (샅샅이) 찾다, 뒤지다 — [명] 철저한 조사
ჩხრიალი [동] 짤랑짤랑 소리가 나다
ჩხუბი [동] 다투다, 싸우다

ც

-ც [접미] ~도 또한, 역시; -ცა ~ და ~-ც ~도 ~도 (모두); ისიც მოვა 그 사람도 올 거야

ცა [명] ① 하늘; ცის გუმბათი 창공; ღია ცის ქვეშ 야외에서 ② ქებით ცაზე აყვანა 높이 찬양하다

ცათამბჯენი [명] 마천루

ცალთვალა [형] 눈이 한 개인, 외눈의

ცალი [명] 한 조각, 한 개

ცალკე [부] 따로, 떨어져

ცალკეული [형] 따로 떨어진, 별개의, 개개의

ცალმხრივ [부] 한쪽으로부터

ცალმხრივი [형] 한편만의, 일방적인

ცალმხრივობა [명] 한편만임, 일방적임

ცალობით [부] 소매(小賣)로; ცალობით გაყიდვა 소매로 팔다

ცალფეხა [형] 다리[발]가 하나인

ცალ-ცალკე [부] 따로, 떨어져

ცამდის [부] 하늘로

ცამეტი [수] 십삼 (13)

ცარიელი [형] 빈, 공허한

ცარიზმი [명] (옛 러시아의) 제정(帝政)

ცარცი [명] 분필

ცაცია [명] 왼손잡이

ცაცუნი [명] (손으로) 쓰다듬기, 귀여워하기

ცაცხვი [명] [식물] 린덴 (보리수 따위)

ცახცახი [동] 떨다, 전율하다 — [명] 떨림, 전율

ცბიერება [형] 교묘, 교활, 간교
ცბიერი [형] 교묘한, 교활한, 간교한
ცდა¹ [명] 시험, 시도 — [동] 시험해보다, 시도하다
ცდა² [명] 기다림, 기대 — [동] 기다리다, 기대하다
ცდენა¹ [동] 빠뜨리다, 빼먹다 — [명] 빠뜨림
ცდენა² [동] 현혹하다, 꾀다
ცდომილება [명] 오류, 잘못
ცდომილი [형] 잘못된, 그릇된
ცდუნება [동] 현혹하다, 꾀다
ცეკვა [명] 춤 — [동] 춤추다
ცეკვა-ცეკვით [명] 춤추기, 댄싱
ცელვა [동] (풀 따위를) 베다, 낫질하다 — [명] 낫질
ცელი [명] (큰) 낫
ცელქი [형] 놀기 좋아하는, 까부는, 장난치는 — [명] 말괄량이
ცელქობა [동] 까불며 놀다 — [명] 놀기 좋아함, 까불기, 장난치기
ცემა [동] 치다, 두드리다; 매질하다, 채찍질하다 — [명] 치기, 두드리기; 매질, 채찍질
ცემა-ტყეპა [명] 드잡이, 난투
ცემენტი [명] 시멘트
ცენზურა [명] 검열
ცენტნერი [명] [무게의 단위] (100kg 과 맞먹음)

ცენტრალური [형] 중심의, 중앙의, 중심적인; ცენტრალური კომიტეტი 중앙 위원회; ცენტრალური ნერვული სისტემა [해부] 중추 신경계

ცენტრი [명] 중심, 중앙, 중심지; სავაჭრო ცენტრი 상업 중심지; კულტურული ცენტრი 문화적 중심지; ქალაქის ცენტრში 도시 한가운데서; ყურადღების ცენტრში 한껏 주목을 받아, 주목 받는 중심에서

ცენტრიდანული [형] 원심성(遠心性)의

ცენტრიზმი [명] 중도주의, 중도 정치

ცერებზე შედგომა [부] 발끝으로

ცერი [명] 엄지손가락

ცეროდენა [명] 난쟁이

ცერცვი [명] 콩

ცეტი [형] 경솔한, 경박한

ცეცება [동] 손으로 더듬어 찾다

ცეცებით [부] 손으로 더듬어

ცეცხლგამჩენი [형] 불을 내는, 불을 지르는

ცეცხლგამძლე [형] 내화(耐火)성의, 방화(防火)의; ცეცხლგამძლე აგური 내화 벽돌

ცეცხლი [명] ① 불(火); ცეცხლის წაკიდება 불을 지르다 ② ორ ცეცხლს შორის 양면으로 협공당하여

ცეცხლიანი [형] 불의, 불 같은

ცეცხლმტყორცნი [명] 화염 방사기

ცეცხლსაქრობი [명] 소화기

ცეცხლსაშიში [형] 불타기 쉬운, 가연성의

ცეცხლფარეში [명] 화부(火夫)

ცეხვა [동] (곡식을) 도리깨질하다, 타작하다 — [명] 도리깨질, 타작

ცვა [동] 지키다, 방어하다

ცვალება [동] 바꾸다, 변경하다

ცვალებადი [형] 바뀌는, 변하기 쉬운, 일정하지 않은

ცვალებადობა [명] 변하기 쉬움, 일정하지 않음

ცვარი [명] 이슬

ცვეთა [동] 써서 닳다, 마모되다 — [명] 닳음, 마모

ცვენა [동] (머리카락·잎 따위가) 떨어지다, 빠지다

ცვილი [명] 밀랍, 초

ცვილოვანი [형] 밀랍[초]을 바른

ცვლა [동] 바꾸다

ცვლილება [동] 바꾸다, 변경하다 — [명] 바꾸기, 변경, 수정

ცვრიანი [형] 즙이 많은, 액[물기]이 많은

ციალი [동] 빛나다, 비치다 — [명] 빛남

ციბრუტი [명] 송곳

ციგა [명] 썰매; 터보건

ციგაობა [동] 터보건으로 미끄러져 내려가다

ციგურა [명] 스케이트

ციგურაობა [동] 스케이트를 타다 — [명] [스포츠] 스케이팅

ციდა [명] 한 뼘; 인치

ციება [명] [병리] 열병, 말라리아

ციებიანი [형] 열병을 앓는

ციებ-ცხელება [명] [병리] 열병, 말라리아

ცივად [부] 춥게, 차갑게
ცივი [형] 추운, 찬; ცივა 춥다, 차갑다
ცივილიზაცია [명] 문명
ცივილიზება [동] 문명화하다
ცივილიზებული [형] 문명화된
ცივილური [형] 문명 사회의
ციკლი [명] 순환(기), 주기, 사이클
ციკლონი [명] [기상] 사이클론 (인도양 등의 열대성 저기압)
ციკლონური [형] 사이클론의
ციკლური [형] 순환의, 주기적인
ცილა [명] (알의) 흰자위
ცილი [명] 중상, 비방; ცილის წამება, ცილის დაწამება i) 중상하다, 비방하다 ii) 중상, 비방, 명예 훼손
ცილინდრი [명] ① 실크해트, 중산모 ② 실린더, 원통
ცილისმწამებელი [명] 비방[중상]하는 사람, 명예훼손자
ცილისმწამებლური [형] 비방하는, 중상하는, 명예를 훼손하는
ცილისწამება [동] 비방하다, 중상하다, 명예를 훼손하다 — [명] 비방, 중상
ცილოვანი [형] 단백질을 함유한
ციმბირი [명] 시베리아
ციმბირელი [명] 시베리아 사람
ციმბირული [형] 시베리아의
ციმციმი [동] 빛나다, 비치다

ცინგლი [명] 콧물
ცინიკოსი [명] [철학] 견유학파
ცინიკური [형] 냉소적인, 시니컬한
ცირკი [명] 곡예, 서커스; ცირკის მსახიობი 곡예사
ცისა [형] 하늘의
ცისარტყელა [명] 무지개
ცისკარი [명] 아침 예배[기도]
ცისტერნა [명] (물)탱크, 수조
ცისფერი [형] 파란, 푸른; 하늘색의
ციტატი [명] 인용(문)
ციტირება [동] 인용하다
ციტრუსი [명] [식물] 감귤류
ციური [형] 하늘의, 천계의
ციფრი [명] 숫자, 자릿수
ციყვი [명] [동물] 다람쥐
ციცაბო [형] 가파른, 경사가 급한
ციცინათელა [명] [곤충] 반딧불이
ციცუნია [명] (애칭으로) 고양이
ციცქნა [형] 작은, 조그마한, 소형의
ციხე [명] ① 성(城), 요새; მიუვალი ციხე 난공불락의 요새 ② 감옥, 교도소
ციხე-დარბაზი [명] 궁성(宮城)
ციხესიმაგრე [명] 성(城), 요새
ცმაცუნი [동] 입을 쫑긋거리다
ცნება [명] 생각, 개념, 관념
ცნობა [동] ① 알다, 인지하다 ② 알리다 — [명] 정보, 소식, 통신, 전갈; ცნობათა ბიურო 안내소
ცნობარი [명] 참고서, 가이드북

ც

ც

ცნობება [동] 알리다, 전달하다 — [명] 알림, 전달

ცნობები [명] 전달되는 내용, 정보

ცნობიერება [명] 의식, 자각

ცნობილი [형] 잘 알려진, 유명한

ცნობისმოყვარე [형] 호기심이 있는[많은], 알고 싶어하는

ცნობისმოყვარეობა [명] 호기심

ცოდვა [명] ① (종교・도덕상의) 죄 ② ცოდვის შვილი 불운한, 비참한

ცოდვილი [명] 죄인, 악행자 — [형] 죄 많은

ცოდნა [동] 알다 — [명] 지식

ცოლი [명] 아내, 부인; ცოლის შერთვა (남자가) 결혼하다; ცოლის გაშვება (남자가) 이혼하다 (직역하면 "아내와 헤어지다")

ცოლიანი [형] (남자가) 결혼한

ცოლისდა [명] 처제, 처형

ცოლისძმა [명] 처남

ცოლქმრობა [명] 혼인 (상태), 부부 관계[생활]

ცოლ-შვილი [명] 처자식, 가족

ცომი [명] 가루 반죽 빵

ცოტა [형] 약간의, 조금의; ცოტა რამ 어떤 것, 약간의 것 — [부] 약간, 조금

ცოტათი [부] 아주 조금, 약하게

ცოტაოდენ [부] 약간, 조금, 몇몇

ცოტაოდენი [형] 약간의, 조금의, 몇몇의

ცოტ-ცოტა [부] 조금씩, 약간씩, 서서히

ცოტ-ცოტათი [부] 조금씩, 약간씩, 서서히

ცოტ-ცოტაობით [부] 조금씩, 약간씩, 서서히
ცოფი [명] 격노, 격분
ცოფიანი [형] 격노한, 격분한
ცოფიანობა [명] 격노, 격분
ცოცვა [동] 기어가다
ცოცხალი [형] 살아있는; 생생한, 활발한, 민활한
ცოცხალმკვდარი [형] 거의 죽어가는
ცოცხი [명] (청소용) 비
ცოცხლად [부] 살아있어; 생생하게, 활발하게; ცოცხლად დამარხული 산 채로 묻힌, 생매장된
ცოხნა [동] 씹다; 반추하다, 새김질하다 — [명] 씹기, 저작
ცრა [동] 흩뿌리다
ცრემლი [명] 눈물; ცრემლებში 눈물을 흘리며; ცრემლამდე მიყვანა (누구를) 울리다
ცრემლიანი [형] 눈물을 흘리는, 우는
ცრუ [형] 거짓의, 잘못된; 의사(擬似)의 — [명] 거짓말쟁이
ცრუკლასიკური [형] 의(擬)고전적인
ცრუმორწმუნე [형] 미신의, 미신적인
ცრუმორწმუნეობა [명] 미신
ცრუმოწმე [명] 위증자(僞證者)
ცრუობა [명] 거짓말 — [동] 거짓말하다
ცრუპენტელა [명] 거짓말쟁이
ცრურწმენა [명] 편견, 선입견
ცუდად [부] 나쁘게; ცუდად მოქცევა 못된 행동을 하다

ცუდი [형] 나쁜, 열등한; ცუდი ამინდი 좋지 않은 날씨; ცუდ გუნებაზე ყოფნა 기운이 없다, 기분이 나쁘다

ცული [명] 도끼; ცულის ტარი 도끼 자루

ცურვა [동] 수영하다, 헤엄치다 — [명] 수영, 헤엄치기

ცური [명] (암소 등의) 젖통

ცუღლუტი [명] 게으름뱅이, 놈팡이

ცუღლუტობა [동] 게으름피우다, 빈둥거리다

ცქერა [동] 들여다보다

ცქვიტად [부] 빨리, 신속하게; 생생하게, 활발하게

ცქვიტი [형] 빠른, 신속한; 생생한, 활발한

ცხადად [부] 분명히, 명백히

ცხადდება [동] 나타나다; 발표하다

ცხადი [형] 분명한, 명백한

ცხადლივ [부] 실제로는

ცხადყოფა [동] 드러내다, 밝히다

ცხარე [형] 신랄한, 통렬한; 쓰라린, 지독한; (맛이) 매운; ცხარე ცრემლები 쓰라린 눈물

ცხარი [형] 성마른, 벌컥 화를 내는

ცხება [동] 기름을 바르다 — [명] 기름 바르기

ცხედარი [명] 시체, 송장

ცხელა [동] 덥다, 뜨겁다

ცხელი [형] ① 뜨거운, 더운 ② 성적으로 흥분한

ცხენი [명] ① 말(馬); 준마; ცხენის ძალა [기계] 마력(馬力) ② [체스] 나이트

ცხენით [부] 말을 타고

ცხენ-ირემი [명] [동물] 엘크 (큰 사슴)

ცხენოსანი [명] 승마자, 기수; ცხენოსანი ჯარი 기병대
ცხენოსნები [명] 사브르, 기병도(騎兵刀)
ცხენოსნობა [명] 승마, 말 타기
ცხვარი [명] 양(羊); ცხვრის ტყავი 양 가죽
ცხვირა [형] 코가 큰
ცხვირი [명] 코; ცხვირის დაცემინება i) 재채기하다 ii) 재채기
ცხვირისმიერი [형] 코의, 콧소리의; ცხვირისმიერი ბგერა 콧소리, 비음
ცხვირსახოცი [명] 손수건
ცხიმეული [형] 지방질의, 기름기 있는
ცხიმი [명] 지방, 기름
ცხიმიანი [형] 지방질의, 기름기 있는
ცხობა [동] 굽다
ცხოველთა [형] 동물의, 짐승의
ცხოველი [명] ① 동물, 짐승 ② ცხოველი ინტერესი 깊은 관심
ცხოველის [형] 동물의, 짐승의
ცხოველმყოფელი [형] 생명을 주는, 활기를 띄게 하는
ცხოველური [형] 동물의, 짐승의
ცხოვრება [동] 살다, 거주하다 — [명] 삶, 생활; ცხოვრების წესი 생활 양식; ცხოვრების აღწერა 전기, 일대기
ცხონება [명] 구제, 구조, 구원
ცხონებული [형] 축복 받은
ცხრა [수] 아홉 (9)

ცხრაასი [수] 구백 (900)
ცხრამეტი [수] 십구 (19)
ცხრაჯერ [부] 아홉 번
ცხრილი [명] 시간표, 스케줄
ცხუნება [동] 뜨겁다, 덥다

ძ

ძაბვა [명] 긴장, 팽팽함
ძაბრი [명] 깔때기
ძაბრისებრი [형] 깔때기 모양의
ძაგება [동] 욕하다, 매도하다 — [명] 욕하기, 매도
ძაგძაგი [동] 떨다, 전율하다 — [명] 전율
ძალა [명] 힘; მთელი ძალით 있는 힘껏; ძალის მოსინჯვა 힘을 시험해보다; შეერთებული ძალებით 협력; შეიარაღებული ძალები 군대, 병력; სამხედრო-საჰაერო ძალები 공군; სახმელეთო ძალები 육군, 지상군; საზღვაო ძალები 해군
ძალაგამოლეული [형] 약해진
ძალადაკარგული [형] 무효의, 효력 없는
ძალადობა [명] 폭력, 강압; ძალადობის აქტი 폭행
ძალადობით [부] 힘으로, 폭력으로
ძალაუნებურად [부] 본의 아니게, 의지에 반해서
ძალაუნებური [형] 본의 아닌, 의지에 반한; 강제적인
ძალაუფლება [명] 권력, 권한
ძალდატანება [동] 폭력을 쓰다, 강요[강제]하다 — [명] 폭력, 강압, 강요, 강제
ძალდატანებით [부] 힘으로, 폭력으로, 강제로
ძალდატანებითი [형] 강제적인, 폭력을 쓰는
ძალები → **ძალა**
ძალზე [부] 대단히, 매우, 무척, 너무

ძალიან [부] 대단히, 매우, 무척, 너무
ძალმომრეობა [명] 폭력, 강압
ძალმომრეობით [부] 힘으로, 폭력으로, 강제로
ძალმომრეობითი [형] 강제적인, 폭력을 쓰는
ძალოვანი [형] 힘센, 강력한
ძალღონე [명] 힘
ძამია [명] 놈, 녀석
ძამიკო [명] 놈, 녀석
ძარა [명] (자동차의) 차체(車體)
ძარღვი [명] [해부] 정맥
ძარღვიანი [형] 정맥이 있는; (피부에) 힘줄이 돋은 [불거진]
ძარღვმაგარი [형] 힘센, 강력한
ძარცვა [동] 훔치다, 약탈하다 — [명] 약탈
ძარცვა-გლეჯა [명] 약탈 행위, 노략질
ძაფი [명] 실
ძაფისებრი [형] 실 같은, 실 모양의
ძაღლი [명] 개(犬); მეძებარი ძაღლი 경찰견; ძაღლურად მოკვდა 개죽음을 당하다
ძაღლყურძენა [명] [식물] 가지속(屬)의 식물
ძახილი [동] 부르다, 외치다 — [명] 부름, 외침; ძახილის ნიშანი 감탄 부호
ძგერა [동] (심장이) 고동치다 — [명] (심장의) 고동
ძგერება [동] 돌격하다
ძე [명] 아들
ძებნა [동] 찾다, 탐색하다 — [명] 탐색, 탐구
ძეგლი [명] 기념비, 기념물[조상]

ძელი [명] 판자
ძერა [명] [조류] 솔개
ძერწვა [명] 모형 제작, 조형술 — [동] 모형을 만들다, 조각하다
ძეწკვი [명] (회중 시계 따위의) 사슬, 쇠줄
ძეხვი [명] 소시지
ძვალი [명] 뼈
ძვალ-რბილში გამჯდარი [형] 뿌리 깊은
ძველად [부] 옛날에, 이전에
ძველებური [형] 고대의, 고전의; 옛것의
ძველი [형] ① (사물이) 오래된, 낡은 ② 고대의, 옛날의; ძველი ისტორია 고대사(史); ძველი ენები 고전 언어들; ძველი აღქმა (성경의) 구약
ძველისძველი [형] 고대의, 태곳적의
ძვირად [부] ① 귀하게, 값비싸게 ② 드물게, 희귀하게, 좀처럼 ~않고
ძვირადღირებული [형] 값비싼
ძვირი [형] ① 값비싼 ② 드문, 희귀한
ძვირობა [명] (물가 따위가) 비쌈
ძვირფასეულობა [명] 보석류, 귀중품
ძვირფასი [형] ① 값비싼, 귀중한; ძვირფასი ქვა 보석 ② 소중한, 사랑하는; ჩემო ძვირფასო 내 사랑하는 (사람)
ძვლიანი [형] 뼈가 많은, 뼈대가 굵은
ძვლის [형] 뼈의, 골질(骨質)의
ძვრა [명] 격변, 요동침
ძია [명] 삼촌, 아저씨

ძ

ძიება [동] 탐구하다, 탐색하다, 조사하다 — [명] 탐구, 탐색, 조사

ძილი [명] 잠, 졸음; ძილში 잠들어; ძილი ნებისა 안녕히 주무세요 (밤인사)

ძირას [후] (~의) 아래에, 밑에; ხის ძირას 나무 밑에

ძირეული [형] 근본적인; ძირეული რეფორმები 근본적인 개혁

ძირი [명] ① 밑바닥; ძირის გამოთხრა 밑을 파다, 토대를 침식하다 ② 뿌리, 근원 ③ (책의) 부본 ④ 발바닥

ძირითადი [형] 기본적인, 근본적인, 기초적인, 토대의; 주요한, 본질적인; ძირითადი კანონი 기본법(法)

ძირკვი [명] (나무의) 그루터기

ძირმაგარა [명] [병리] 등창

ძირს [부] ① 타도하라!, 없애라! ② 아래로; ძირს დაშვება 내려오다

ძირტკბილა [명] [식물] 감초

ძირფესვიანად [부] 근본적으로; ძირფესვიანად ამოგდება 뿌리 뽑다, 근절하다

ძირში [후] 아래쪽에

ძიძა [명] 유모

ძლევა[1] [동] 주다, 제공하다

ძლევა[2] [명] 승리 — [동] 승리를 얻다

ძლევამოსილად [부] 승리하여, 의기양양하게

ძლევამოსილი [형] 승리한, 의기양양한

ძლიერ [부] 매우, 아주, 너무

ძლიერება [명] 힘, 세력

ძლიერი [형] 강한, 힘센

ძლივს [부] 겨우, 간신히

ძლივძლივობით [부] 겨우, 간신히

ძმა [명] 형제; **ძმის მკვლელი** 형제 살해자

ძმადი [명] 신랑 들러리

ძმადნაფიცი [명] 수양 형제, 양자로 들어온 형제

ძმარვა [동] (맛이) 시어지다

ძმარი [명] 초, 식초

ძმისშვილი [명] 조카, 조카딸

ძმისწული [명] 조카, 조카딸

ძმობა [명] 형제임, 형제간

ძმობილი [명] 수양 형제, 양자로 들어온 형제

ძმურად [부] 형제로서, 형제처럼

ძმური [형] 형제(간)의, 형제 같은

ძნა [명] 다발, 단

ძნელად [부] ① 어려워, 곤란하여; **ძნელად გამოსათქმელი** 발음하기 어려운 ② 드물게

ძნელი [형] 어려운, 곤란한

ძოვა [동] (가축이) 풀을 뜯다

ძოვება [동] 가축을 방목하다, 풀을 뜯게 하다; 가축을 치다

ძონძი [명] 헌 옷, 넝마

ძრავა [명] 모터, 엔진

ძრახვა [동] 비난하다, 책망하다 — [명] 비난, 책망

ძრობა [동] 끌다, 잡아당기다 — [명] 끌기, 잡아당기기

მრომა [동] 기어가다

მროხა [명] 암소; მროხის წველა 젖소에서 젖을 짜내다

მრწოლა [동] 떨다, 전율하다 — [명] 떨림, 전율

მუ [명] (동물의) 암컷; მუ ლომი 암사자; მუ დათვი 암곰

მუა [명] 말털 (말갈기 따위)

მუნწად [부] 인색하게; 탐욕스럽게

მუნწი [형] 인색한; 탐욕스러운, 욕심 많은

მუნწობა [명] 인색; 탐욕스러움

მუძუ [명] 젖; მუძუს წოვება 젖을 먹이다

მუძუმწოვარი [명] 포유류, 젖먹이 동물

მუძუსთავი [명] 젖꼭지

მღვენი [명] 선물; მღვენის მირთმევა 선물하다

მღვნა [동] 선물하다

მღოლა [동] 이끌다

მღომა [동] ① 충분히 만족시키다 ② [화학] 포화시키다 ③ 배불리 먹다

წ

წა- [접두] 없어져, 사라져

წაბარბაცება [동] 비틀거리다, 불안정하게 걷다

წაბაძვა [동] 흉내내다, 모방하다 — [명] 흉내, 모방

წაბილწვა [동] 신성을 더럽히다[모독하다] — [명] 신성을 더럽힘[모독]

წაბლი [명] [식물] 밤(나무)

წაბლისფერი [형] 밤색의

წაბორძიკება [동] 말을 더듬다, 머뭇거리다

წაბრძანება [동] 보내다, 전송하다

წაგება [동] (게임에서) 지다 — [명] (게임에서의) 패배

წაგებული [형] (게임에서) 진

წაგრძელება [동] 길게 하다, 연장하다 — [명] 연장

წადგომა [동] ① 나타나다, 드러내다 ② თავს წადგომა 닥치다, 엄습하다

წადილი [명] 바람, 소망 — [동] 바라다, 소망하다

წავი [명] [동물] 수달

წავლება [동] (손으로) 붙들다, 움켜쥐다

წათვლემა [동] 꾸벅꾸벅 졸다, 선잠 자다

წათლა [동] (연필 따위를) 깎다

წათრევა [동] ① 당기다, 끌다 ② 떠나다, 없어지다; წაეთრიე! 썩 꺼져!

წათხი [명] 소금물

წაკვრა [동] (팔꿈치 따위로) 밀다

წაკიდება [동] ① 불을 지피다 ② 다투다, 싸우다, 의견이 불일치하다

წაკითხვა [동] 읽다 — [명] 읽기

წაკითხული [형] 읽은

წაკუზვა [동] 앞으로 구부리다, 고개를 숙이다

წალდი [명] (길이가 긴) 도끼

წალეკვა [동] 범람하다, 넘치다 — [명] 범람, 넘침

წალეკილი [형] 범람한, 넘친

წალკოტი [명] 과수원

წალუღლუღება [동] 중얼거리다, 말을 더듬다

წამალი [명] 약(藥); ხველების წამალი 기침약; წამლის გამოწერა 약을 처방하다

წამატება [동] 더하다, 올리다, 증가시키다 — [명] 부가, 증가

წამახალისებელი [형] 격려하는, 용기를 북돋우는

წამბაძველი [명] 모방자, 흉내내는 것

წამბაძველობა [명] 모방, 흉내

წამგლეჯი [명] 이기적인 사람, 욕심꾸러기

წამდაუწუმ [부] 시시각각, 순간마다

წამება[1] [동] 고문하다 — [명] 고문

წამება[2] [동] 믿다, 신뢰하다

წამებული [명] 순교자 — [형] 고문 당한

წამი [명] 초(秒); 순간, 찰나; ერთ წამს, ერთ წამში 곧, 바로

წამიერი [형] 순간의, 찰나의

წამკითხველი [명] 리더, 판독기

წამლობა [동] (의학적으로) 치료하다 — [명] 치료

წამოდგომა [동] 짓다, 세우다

წამოდება [동] 잡다, 낚아채다

წამოვარდნა [동] 뛰어오르다, 점프하다 — [명] 점프

წამოზრდა [동] 자라다, 성장하다

წამოთრევა [동] 끌다, 나르다

წამოროშვა [동] 재잘거리다, 지껄이다

წამოსასხამი [명] 망토, 코트

წამოსვლა [동] (~으로) 가다

წამოსხმა [동] (어깨 등에) 걸치다

წამოქცევა [동] 뒤엎다, 전복시키다 — [명] 뒤엎음, 전복

წამოღება [동] 나르다, 가지고 가다

წამოყენება [동] 진척시키다

წამოყვანა [동] 나르다, 데리다

წამოყვირება [동] 외치다, 고함지르다

წამოყოლა [동] 같이 오다

წამოყოფა [동] 내밀다, 뻗다

წამოცდენა [동] 비밀을 누설하다

წამოცმა [동] (급히) 옷을 걸치다

წამოძახება [동] 외치다, 고함지르다

წამოძახილი [명] 외침, 고함

წამოწევა [동] 진척시키다; 들어올리다; 따라잡다

წამოწყება [동] (일을) 맡다, 착수하다

წამოჭრა [동] (문제・의문이) 생기다, 발생하다

წამოხტომა [동] 뛰어오르다

წამსვე [부] 곧, 즉시

წამქეზებელი [명] 선동자, 충동을 일으키는 사람

წამყვანი [명] 안내자, 인도자 — [형] 안내하는, 인도하는

წამძღვარება [동] 서두가 되다, 발단이 되다, 전제가 되다

წამძღვარებული [형] 서두[전제]로 한

წამწამი [명] 속눈썹

წამხდარი [형] 망친, 불량한

წანწალი [동] 방랑하다, 떠돌다

წარბი [명] 눈썹; წარბის შეკვრა 눈살을 찌푸리다

წარბშეკრული [형] 눈살을 찌푸린

წარგზავნა [동] 보내다, 파견하다

წარგზავნილი [형] 보낸, 파견한 — [명] 사절 (使節)

წარდგენა [동] 내놓다, 제시하다, 보여주다, 제출하다 — [명] 제출

წარდგენილი [형] 내놓은, 제시된, 제출된

წართმევა [동] 빼앗다, 가져가다 — [명] 앗아감

წართმეული [형] 빼앗긴

წარმავალი [형] 덧없는, 무상한, 잠깐 지나가는

წარმართვა [동] 이끌다, 인도하다

წარმართი [명] 이교도

წარმართობა [명] 이교(異教), 이단

წარმართული [형] 이교의, 이단의

წარმატება [명] 성공; 행운; გისურვებ წარმატებას 행운을 빕니다; წარმატების მიღწევა 진척되다, 진보하다, 성공하다

წარმატებით [부] 성공적으로

წარმატებითი [형] 성공적인

წარმოდგენა [명] ① 상연, 공연 ② 상상 — [동] ① 상연하다, 공연하다 ② 상상하다, 마음에 그리다

წარმოება [동] 만들다, 생산하다, 제조하다; 이끌어 내다, 형성하다 — [명] 만들기; 형성

წარმოებული [형] 만들어진, 형성된

წარმოთქმა [동] 발음하다, 입 밖에 내다, 말하다

წარმომადგენელი [명] 대표자, 대리인

წარმომადგენლობა [명] 대표, 대리

წარმოსადეგი [형] 인상적인; 풍채가 당당한

წარმოსახვა [명] 상상; წარმოსახვაში 상상 속에서 — [동] 상상하다, 마음에 그리다

წარმოუდგენელი [형] 상상할 수 없는, 생각조차 할 수 없는

წარმოშობა [명] 원천, 기원 — [동] (~에서) 생겨 나다, 유래하다

წარმტაცი [형] 매혹적인, 아름다운

წარსული [명] 과거 — [형] 과거의, 지나간; წარ-სული დრო [문법] 과거 시제

წარუმატებლობა [명] 실패, 좌절

წარღვნა [명] 홍수, 범람

წარყვნილი [형] 이상(異常)의, 비상한

წარჩინება [명] 우수, 탁월

წარჩინებით [부] 우수하게, 탁월하게
წარჩინებული [형] 우수한, 탁월한; 완벽한
წარწერა [동] (글자 따위를) 새기다, 써 넣다, 기입하다 — [명] (글자 따위를) 새겨 넣음, 써 넣기, 기입
წარწერილი [형] (글자 따위가) 새겨진, 쓰인

წასასმელი [명] 연고, 고약
წასვლა [동] 가버리다, 떠나다; 출발하다; სამსახურიდან წასვლა 은퇴하다 — [명] 떠남, 출발
წასვლა-წამოსვლა [동] 해체하다, 흩뜨리다
წასკდომა [동] 쏟아져 나오다, 분출하다
წასმა [동] 기름을 바르다 — [명] 기름 바르기, 윤활
წასწრება [동] 붙잡다; დანაშაულის ადგილზე წასწრება 현행범으로 붙잡다
წაფორხილება [동] 발부리가 걸리다, 비틀거리다
წაქეზება [동] 자극하다, 고무하다, 부추기다 — [명] 자극, 고무, 부추김
წაქცევა [동] 넘어뜨리다
წაქცეული [형] 넘어진
წაღა [명] 부츠, 신발
წაღება [동] 치우다, 가져가버리다
წაღები → **წაღა**
წაღებული [형] 치운, 가져가버린
წაღმა [명] 바른 쪽
წაღმა-უკუღმა [부] 거꾸로, 뒤집혀
წაყვანა [동] ① 이끌다, 인도하다 ② (병력 따위를) 철수하다

წაყვანილი [형] ① 이끌린, 인도된 ② (병력 따위가) 철수된
წაყოლა [동] 같이 가다, 동반하다
წაყრუება [동] 귀를 기울이지 않다
წაშლა [동] 문질러 지우다
წაშლილი [형] 문질러 지운
წაჩხუბება [동] 다투다, 반목하다
წაჩურჩულება [동] 속삭이다
წაცხება [동] 기름을 바르다, 윤활시키다 — [명] 기름 바르기, 윤활
წაძინება [동] 졸다, 선잠 자다
წაწევა [동] 나아가다, 진척하다 — [명] 나아감, 진척, 진보
წაწვეტება [동] 날카롭게 하다
წაწვეტილი [형] 날카로운
წაწყდომა [동] 찾아내다, 발견하다
წაწყვეტა [동] 잘라내다; 목을 베다
წაჭრა [동] 잘라내다
წახალისება [동] 자극하다, 고무하다; 인센티브를 주다 — [명] 자극, 고무
წახალისებული [형] 자극 받은, 고무된
წახდება [동] 망치다, 버려 놓다
წახდომა [동] 썩다
წებვა [동] 풀로 붙이다
წებო [명] 풀, 점성 물질
წებოვანი [형] 끈끈한, 점착성이 있는
წევა [동] ① 당기다, 끌다 ② 담배 피우다; წევის დაწყება 담배에 불을 붙이다

წ

წევრი [명] 일원, 회원, 멤버

წევრობა [명] 회원임, 멤버십

წელთაღრიცხვა [명] 연대기

წელი¹ [명] 연(年), 해; **მომავალ წელს** 내년, 다음 해; **სამი წლის წინათ** 3년 전에; **გილოცავთ ახალ წელს** 새해를 축하합니다!; **ჩემს წლებში** 내 나이에

წელი² [명] 허리; **წელის ტკივილი** [병리] 요통

წელიწადი [명] 연(年), 해; **წელიწადის დრო** 계절; **ამ წელიწადში** 올해

წელს [부] 올해

წერა¹ [동] (글을) 쓰다; **დღიური წერა** 일기를 쓰다; **წერილის წერა** 편지를 쓰다

წერა² [명] 운명, 운

წერა-კითხვა [명] 읽고 쓰기; **წერა-კითხვის მცოდნე** 읽고 쓸 줄 아는, 글을 아는; **წერა-კითხვის უცოდინარი** 읽고 쓸 줄 모르는, 글을 모르는; **წერა-კითხვის უცოდინარობა** 문맹; **წერა-კითხვის ცოდნა** 읽고 쓸 줄 앎, 식자(識字)

წერაქვი [명] 곡괭이

წერითი [형] (글로) 씌어진; **წერითი სამუშაო** 저작물

წერილი [명] 편지

წერილობით [부] 글로 써서, 편지로

წერილობითი [형] 글로 씌어진

წერო [명] [조류] 학, 두루미

წერტი [명] 가게, 상점

წერტილი [명] ① [문법] 마침표 ② 점; დუღილ-ის წერტილი [물리] 끓는점; დნობის წერტილი [물리] 녹는점; შეხების წერტილი 접촉점

წერტილ-მძიმე [명] [문법] 세미콜론 (;)

წერწეტა [형] 호리호리한, 가느다란

წესდება [명] 규제, 규칙, 법규

წესი [명] 규칙, 법칙; გრამატიკული წესი 문법 규칙; სამხედრო წესები 교전 법규

წესიერად [부] 바르게, 옳게, 단정하게

წესიერება [명] 단정함, 올바름

წესიერი [형] 규칙 바른, 올바른, 단정한

წესრიგი [명] ① 질서; წესრიგის აღდგენა 질서를 회복하다; წესრიგის დარღვევა 질서를 파괴하다 ② დღის წესრიგი (의사) 일정

წეს-ჩვეულება [명] 의식, 의례

წესწყობილება [명] 체제, 체계, 시스템; სახელმ-წიფო წესწყობილება 국가의 체제

წელენ [부] 이전에

წეწვა [동] (머리카락을) 헝클어뜨리다

წვა [동] ① 불타다, 태우다; სახლი იწვის 그 집은 불타고 있다 ② 굽다 — [명] ① 불탐, 연소 ② 굽기, 튀기기 ③ [병리] 가슴앓이

წვალება [동] 고문하다 — [명] 고문

წვევა [동] 방문하다

წვეთა [동] 방울져 떨어지다 — [명] 뚝뚝 떨어짐

წვეთი [명] (물)방울

წვეთწვეთობით [부] 한 방울씩

წველა [동] 젖을 짜다 — [명] 젖 짜기

წველადობა [명] 젖 짜기, 우유 생산

წვენი [명] 즙, 액, 주스; ხილის წვენი 과일 주스

წვერა [명] 물고기의 수염

წვერი[1] [명] 턱수염; წვერის საპარსი (안전) 면도날

წვერი[2] [명] 끝, 첨단

წვერიანი[1] [형] 턱수염이 (길게) 난

წვერიანი[2] [형] 끝의, 첨단의

წვერო [명] 꼭대기, 정상

წვერ-ულვაში [명] 턱수염과 콧수염, 수염

წვეტი [명] 뾰족한 끝

წვეტიანი [형] 끝이 뾰족한

წვეულება [명] 만찬, 파티, 축하연

წვიანი [형] 유동적인

წვივი [명] 정강이; წვივის ძვალი 정강이 뼈

წვივსაკრავი [명] 양말 대님

წვიმა [명] 비(雨) — [동] 비가 오다; წვიმს 비가 온다

წვიმიანი [형] 비가 오는, 비가 많은

წვინტლი [명] 콧물

წვინტლიანი [형] 콧물을 흘리는

წვლილი [명] 작은 것, 소량; წვლილის შეტანა 본분을 다하다

წვნა [동] 엮다, 땋다, 짜다

წვნიანი [형] 즙이 많은, 수분이 많은

წვრთნა [동] 연습시키다, 훈련시키다

წვრილად [부] 잘게, 미세하게

წვრილბურჟუაზიული [형] 프티 부르주아의, 소시민 계급적인

წვრილი [형] 작은, 잔, 미세한, 소규모의; წვრილი ბურჟუაზია 프티 부르주아, 소시민 계급; წვრილი მეურნეობა 영세농

წვრილმანი [명] 작음, 미세, 빈약 — [형] 마음이 좁은

წვრილშვილიანი [형] 대가족을 거느린

წიაღი [명] 사물이 발생하는 곳; დედამიწის წიაღი 지구의 내부

წიგნაკი [명] 노트, 소책자; ჯიბის წიგნაკი i) 노트, 공책 ii) 포켓북

წიგნი [명] 책, 도서; წიგნის კარადა 책장, 책꽂이, 서가; წიგნის გადაშლა 책장을 넘기다; ტელეფონის წიგნი 전화번호부; მნახველთა წიგნი 방명록; წიგნის მაღაზია 책방, 서점; წიგნის კიოსკი 신문 잡지 매점; წიგნით ვაჭრობა 책 거래

წიგნიერება [명] 읽고 쓸 줄 앎, 식자(識字)

წიგნიერი [형] 읽고 쓸 줄 아는

წიგნსაცავი [명] 도서관

წიდა [명] 광재(鑛滓), 용재(鎔滓), 슬래그

წივილი [명] 새된 소리, 비명 — [동] 새된 소리[비명]를 지르다

წივილ-კივილი [형] 새된 소리를 지르는, 비명을 지르는

წითელა [명] [병리] 홍역

წითელი [형] 빨간, 붉은, 적색의; წითელი არმია [역사] (구소련의) 적군(赤軍); წითელი ღვინო 적포도주, 레드 와인; წითელი ზღვა [지리] 홍해; წითელი თევზი [동물] 연골어류

წითელკანიანი [형] 피부가 붉은

წითელლოყება [형] 볼[뺨]이 붉은

წითლდება [동] 붉어지다, 붉히다

წილადი [명] [수학] 분수

წილი [명] 부분, 몫

წილისყრა [명] 추첨 — [동] 제비를 뽑아 결정하다

წინ [전] [시간] ~전에 — [부] [장소] (~의) 앞에, 앞으로; წინ და უკან 앞뒤로; წინ წაწევა 나아가다, 앞으로 가다, 전진하다

წინა [형] 앞의, 전방의; 이전의

წინააღმდეგ [전] (~에) 반대하여 — [부] (~에도) 불구하고, (~을) 개의치 않고

წინააღმდეგი [형] 반대하는

წინააღმდეგობა [명] 반대, 저항; წინააღმდეგობის გაწევა 반대하다, 저항하다

წინადადება[1] [명] 제의, 제안; წინადადების მიცემა 제안하다; წინადადების მიღება 제안을 받아들이다

წინადადება[2] [명] [문법] 문장; 절(節); მთავარი წინადადება 주절(主節); დამოკიდებული წინადადება 종속절; მარტივი წინადადება 단문 (단 하나의 절을 갖는 문장); გავრცობილი წინადადება 복문 (종속절을 가진 문장); პირობითი წინადადება 조건문

წინა დღე [명] 전야(前夜); ახალი წლის წინა დღე 설날 전야, 12월 31일 밤

წინადღეს [부] 전야에, 전날 밤에

წინათ [후] [시간] ~전에, 앞서, 먼저; ამას წინათ 최근에, 방금; სამი დღის წინათ 3 일 전에

წინათგრძნობა [명] 예감, 기미

წინაისტორიული [형] 유사 이전의, 선사(先史)의

წინაკაპიტალისტური [형] 전(前)자본주의의

წინამავალი [형] 이전의, 앞의, 앞서는

წინამორბედი [명] 선임자, 선배, 선인

წინამძღვარი [명] 수도원장

წინამძღოლი [명] 지도자, 리더, 수장, 명령권자

წინამძღოლობა [동] 이끌다, 지도하다, 명령하다 — [명] 리더십

წინანდებურად [부] 이전처럼, 평소처럼

წინანდელი [형] 이전의; წინანდელი დრო 옛날에, 이전에

წინაპარი [명] 선조, 조상

წინა პირი [명] 앞면

წინაპირობა [명] [논리] 전제 (조건)

წინაპრები [명] (집합적으로) 선조들, 조상들

წინარევოლუციური [형] 혁명 이전의

წინარეწარსული [형] ① 먼, 멀리 떨어진 ② ნამყო წინარეწარსული [문법] 과거 완료 시제

წინასაარჩევნო [형] 선거 전의; წინასაარჩევნო კამპანია 선거 전 운동[캠페인]

წინასადღესასწაულო [형] 휴일 전의

წინასიტყვაობა [명] 머리말

წინასწარ [부] 미리, 우선, 예비로; წინასწარ შეტყობინება 미리 알려주다

წინასწარგანზრახული [형] 미리 계획된

წ

წინასწარგანზრახულობა [명] 미리 계획함
წინასწართქმა [동] 예고하다, 예언하다 — [명] 예고, 예언
წინასწარი [형] 예비의
წინასწარმეტყველება [동] 예언하다, 예보하다 — [명] 예언, 예보
წინასწარმეტყველი [명] 예언자
წინასწარმეტყველური [형] 예언의, 예언적인
წინაღობა [명] 반대, 저항
წინაშე [부] (~의) 앞에, 전에
წინდა [명] 양말; ყელიანი წინდა 스타킹
წინდაუხედავად [부] 앞뒤를 가리지 않고, 무모하게
წინდაუხედავი [형] 앞뒤를 가리지 않는, 앞을 내다보지 않는, 무모한, 경솔한
წინდაუხედაობა [명] 앞뒤를 가리지 않음, 무모함
წინდაწინ [부] 미리, 앞서
წინდახედულად [부] 선견지명을 갖고, 신중하게
წინდახედული [형] 선견지명이 있는, 신중한
წინდახედულობა [명] 선견지명, 신중함
წინდებული [명] [문법] 전치사
წინდებულიანი [형] [문법] 전치사의, 전치사적인
წინდისჩხირი [명] 뜨개바늘
წინიდან [부] 앞에, 전에
წინკარი [명] 현관 홀, 대기실
წინსაფარი [명] 앞치마
წინსვლა [동] 나아가다, 전진하다
წინწკალი [동] 반점을 찍다, 얼룩지게 하다

წინწკლები [명] ① 반점, 얼룩 ② [문법] 역콤마 (' 및 ")

წინწკლებიანი [형] 반점이 찍힌, 얼룩진

წირი [명] 선, 줄, 라인

წისქვილი [명] 방앗간, 제분소; ხელის წისქვილი, წისქვილის ქვა 맷돌; წყლის წისქვილი 물방앗간

წიფელი [명] [식물] 너도밤나무

წიწაკა [명] 후추

წიწვი [명] (침엽수의) 바늘잎, 침엽

წიწვიანი [형] 침엽수의

წიწვოვანი [형] 침엽수의; წიწვოვანი ტყე 침엽수림

წიწილა [명] ① 병아리, 가금류의 새끼 ② 뱀의 새끼

წიჭკანა [명] [조류] 박새과의 여러 새

წიჭკნა [동] 꼬집다 — [명] 꼬집기

წიწმატი [명] [식물] 물냉이

წიხლი [명] 발로 차기; წიხლის კვრა 발로 차다

წკარუნი [동] (방울 따위가) 딸랑딸랑 울리다 — [명] 딸랑딸랑 울림

წკეპლა [명] 막대기

წკიპურტი [명] (손가락 등으로) 튕기기; წკიპურტის კვრა (손가락 등으로) 튕기다

წკმუტუნი [동] 새된 소리를 지르다, 비명을 지르다 — [명] 새된 소리, 비명

წკრიალა [형] (목소리가) 낭랑한

წლები [명] 여러 해, 다년(多年)

წლევანდელი წელი [부] 올해

წლის [형] 1 년의, 연간의

წლისთავი [명] (해마다 돌아오는) 기념일

წლიური [형] 1 년의; 연간의; წლიური შემოსავალი 연(年) 수입

წლოვანება [명] 나이, 연령; ერთი წლოვანების 동갑의

წმენდა [동] 깨끗이하다

წმინდა [형] 깨끗한, 청결한

წმინდანი [형] 신성한, 성스러운

წნევა [명] 압력; მაღალი წნევა 고압; დაბალი წნევა 저압 — [동] 압착하다, 죄다

წნელი [명] 작은 가지, 잔가지

წნეხა [동] 압력을 가하다, 압축하다, 압착하다 — [명] 압축, 압착

წნეხი [명] 압착기

წნული [형] 작은 가지로 엮어 만든

წოდება [명] 계급, 지위; 칭호

წოდებითი (ბრუნვა) [명] [문법] 호격

წოდებული [형] 이름이 불려진, 칭하여진; ეგრეთ წოდებული 소위, 이른바

წოვა [동] 빨아들이다 — [명] 빨아들이기

წოვება [동] 젖을 먹이다 — [명] 젖먹이기

წოლა [동] 눕다, 누워 있다

წონა [명] ① 무게, 중량; წონით 무게로, 중량으로; ხალასი წონა 순중량; წონის მომატება 무게[체중]가 늘다; წონის დაკლება 체중이 줄다; თავის წონა ოქროდ 같은 무게의 금(金)만큼 가치가 있는 ② 영향력, 권한 — [동] 무게를 달다

წონასწორობა [명] 균형, 평형

წრე [명] ① 원(圓); ~권(圈) ② 집단, ~계(界), 동아리; ლიტ- ერატურული წრე 문단, 문학계

წრედი [명] ① 원(圓) ② 체인, 사슬

წრეხაზი [명] 원주(圓周)

წრთობა [동] 단단하게 하다, 강화하다 — [명] 경화, 강화

წრიპინი [동] 찍찍[짹짹] 울다 — [명] 찍찍[짹짹] 우는 소리

წრიული [형] 둥근, 원형의; წრიული ბრუნვა 원운동, 회전

წრუწუნა [명] (작은) 생쥐

წრუწუნი [동] 찍찍[짹짹] 울다 — [명] 찍찍[짹짹] 우는 소리

წრფელი [형] 솔직한, 신실한

წრფე ხაზი [명] 직선

წუთი [명] ① 분(分); ათი (წუთ) უკლია ორს 2 시 10 분 전; ექვსის ხუთი წუთია 6 시 5 분; წუთის ისარი (시계의) 분침, 긴 바늘 ② 순간, 잠깐, 잠시; ერთი წუთი მოიცადეთ 잠시만 기다려요; ამ წუთში 지금, 당장; ერთ წუთში 곧, 바로; ერთი წუთი ყურადღება 잠시만 주목해 주세요!

წუთიერი [형] 순식간의, 찰나의

წუთისოფელი [형] 덧없는 인생, 무상한 세상

წუმპე [명] 웅덩이

წუმწუმა [명] 성냥

წუნდადებული [형] 열등한

წუნდაუდებელი [형] 때묻지 않은; 비난의 여지가 없는

წუნდებული [형] 결함이 있는, 흠 있는
წუნი [명] 흠, 결함
წუნია [명] 까다로운[괴팍스러운] 사람
წურბელა [명] [동물] 거머리
წურვა [동] 거르다, 여과하다 — [명] 거르기, 여과
წუწკი [형] 욕심 많은, 탐욕스런
წუწნა [동] 빨아들이다 — [명] 빨아들임
წუწუნი [동] 훌쩍거리다, 낑낑대다
წუხანდელი [형] 어젯밤의
წუხელ [부] 어젯밤
წუხილი [명] 걱정, 근심, 불안 — [동] 걱정하다, 마음 아파하다
წყალბადი [명] [화학] 수소; წყალბადის ბომბი 수소 폭탄
წყალგამყოფი [명] 분수령
წყალგაუვალი [형] 방수의, 물이 들어오지 못하는
წყალგაუმტარი [형] 방수의, 물이 들어오지 못하는
წყალგაღმა [부] 강 건너편에
წყალდიდობა [명] 범람, 침수
წყალი [명] 물(水); წვიმის წყალი 빗물; ზღვის წყალი 바닷물; მინერალური წყალი 광천수, 미네랄워터; სასმელი წყალი 음료수; წყლის ბაკი 저수통; წყლის მილი 송수관
წყალმანკი [명] [병리] 수종(水腫)
წყალმცენარე [명] [식물] 조류(藻類), 말류, 해조류

წყალმცირე [형] 얕은

წყალობა [명] 호의, 친절, 은혜, 자비

წყალობით [부] ~ 덕분에

წყალსადენი [명] 송수관; 급수

წყალსაზომი [명] 수량계

წყალსატუმბი კოშკი [명] 급수탑

წყალსაცავი [명] 저수지, 저수통

წყალქვეშა ნავი [명] 잠수함

წყალქვეშ [부] 수면 하에, 수중에

წყალწაღებული [형] 물에 빠져 죽은, 익사한

წყალწყალა [형] 물의, 물 같은

წყალწყვა [명] (선박의) 배수량[톤]

წყარო [명] ① 샘; წყაროს წყალი 샘물 ② 원천, 기원, 출처

წყება [명] 줄, 열

წყევლა [동] 저주하다, 재난을 빌다 — [명] 저주, 재난을 빎

წყევლა-კრულვა [명] 저주, 재난을 빎

წყენა [동] 공격하다, 모욕하다, 상처를 주다, 해를 끼치다 — [명] 공격, 모욕, 해를 끼치기

წყენინება [동] 모욕하다, 상처를 주다, 해를 끼치다, 아프게 하다

წყეული [형] 저주받은

წყვდიადი [명] 어둠, 암흑; 어두침침함, 흐릿함

წყვეტა [동] 부수다, 꺾다, 끊다

წყვეტი [명] 부서짐, 꺾임, 끊김

წყვეტილი¹ [형] 부서진, 꺾인, 끊긴

წყვეტილი² [명] [문법] 부정 과거(不定過去)

წყვილად [부] (한) 쌍으로, 짝으로

წყვილი [명] 한 쌍, 한 짝

წყვილ-წყვილად [부] (한) 쌍으로, 짝으로

წყლები [명] 광천수, 미네랄워터

წყლიანი [형] 즙이 많은, 수분이 많은

წყლული [명] [병리] 궤양(潰瘍)

წყნარად [부] 조용히, 잔잔하게; წყნარად! 쉿, 조용히!

წყნარი [형] 조용한, 고요한, 평온한, 잔잔한

წყობა [동] 놓다, 두다 — [명] ენის გრამატიკული წყობა 언어의 문법 체계

წყობილება [명] 질서, 체계, 시스템; საზოგადოებრივი წყობილება 사회 제도

წყრომა [동] 화내다, 성내다, 분노하다 — [명] 화, 분노

წყურვილი [명] ① 목마름, 갈증 ② 갈망, 열망; წყურვილის მოკვლა 욕망 따위를 만족시키다

ჭ

ჭა [명] 우물, 샘

ჭაბუკი [명] 젊은이, 청년

ჭაბუკობა [명] 젊음

ჭაბუკური [형] 젊은, 젊은이의, 젊은이다운

ჭაბურღილი [명] 시추공

ჭადარი [명] [식물] 플라타너스

ჭადრაკი [명] 체스, 서양 장기; ჭადრაკის თამაში 체스를 두다; ჭადრაკის მოთამაშე 체스 두는 사람

ჭაკი [명] 암말(馬)

ჭალა [명] 작은 숲

ჭამა [동] 먹다 — [명] 음식, 식사; კარგად ჭამა 잘 먹다

ჭამა-სმა [명] 식사와 음료

ჭანარი [명] [어류] 잉어

ჭანჭიკი [명] 볼트, 나사

ჭანჭრობი [명] 늪, 소택지, 습지

ჭანჭრობიანი [형] 늪의, 습지의

ჭანჭური [명] [식물] 헝가리자두

ჭაობი [명] 늪, 소택지, 습지

ჭაობიანი [형] 늪의, 습지의

ჭარბად [부] 충분히, 많이, 풍부하게

ჭარბი [형] 잉여의, 과잉의, 여분의

ჭარხალი [명] [식물] 순무, 비트; შაქრის ჭარხალი 사탕무

ჭაღარა [형] 백발의 — [명] 백발

ჭაღარამოსილი [형] 백발이 된, 반백이 된
ჭაღარამორეული [명] 반백 머리
ჭაღი [명] 샹들리에
ჭახანი [명] 갑자기 나는 요란한 소리 (쨍그랑, 탁, 탕 등)
ჭახრაკი [명] 죔쇠, 죄는 기구
ჭდე [명] 벤 자리, 상처 자국
ჭედვა [동] (쇠를) 벼리다, 단조하다; ცხენის ჭედვა 말에 편자를 박다
ჭენება [명] 갤럽 (말 등 네발 짐승이 단속적으로 네 발을 땅에 서 떼고 전속력으로 달리기); ჭენ-ებით 갤럽으로, 전속력으로
ჭერა [동] 잡다, 붙잡다; თევზის ჭერა 물고기를 잡다
ჭერამი [명] 살구
ჭერი [명] 천장
ჭერქვეშ [부] 지붕 아래에
ჭექა [명] 천둥 — [동] 천둥치다
ჭექა-ქუხილი [명] 뇌우
ჭეშმარიტად [부] 진실로, 참으로
ჭეშმარიტება [명] 진실, 참
ჭეშმარიტი [형] 진실한, 참된
ჭვავი [명] [식물] 호밀
ჭვალვა [동] (칼 따위로) 찌르다
ჭვალი [명] [병리] 복통, 배앓이
ჭვარტვლა [동] 훈제하다
ჭვარტლი [명] 그을음, 검댕
ჭვრეტა [동] 간파하다; 심사숙고하다

ჭია [명] 벌레, 유충; აბრეშუმის ჭია 누에; მუცლის ჭია 기생충
ჭიამაია [명] [곤충] 무당벌레
ჭიანაჭამი [명] 벌레 구멍
ჭიანი [형] 벌레먹은
ჭიანური [명] 찌아누리 (그루지야의 전통 현악기의 일종)
ჭიანჭველა [명] [곤충] 개미
ჭიაფერი [형] 양홍색(洋紅色)의
ჭიაყელა [명] 지렁이
ჭიდაობა [명] 싸움, 분투 — [동] 싸우다, 분투하다
ჭიდილი [명] 싸움, 투쟁
ჭიკჭიკი [동] (새 등이) 지저귀다, 짹짹 울다
ჭილობი [명] 매트
ჭილყვავი [명] [조류] 당까마귀
ჭიმვა [명] 점잔 빼는 태도 — [동] 젠체하다, 뽐내다, 점잔 빼다
ჭინჭარი [명] ① [식물] 쐐기풀 ② ჭინჭრის ციება [병리] 두드러기
ჭიპი [명] 배꼽
ჭირვეული [형] 변하기 쉬운, 변덕스러운
ჭირვეულობა [동] 변덕스럽다 — [명] 변덕
ჭირი [명] ① 역병, 전염병 ② 불운한 일, 재난
ჭირიანი [형] 전염병에 걸린
ჭირისუფალი [명] 가까운 친척
ჭირნახული [명] 수확(고), 추수한 것
ჭიუხი [명] 산등성이

ჭ

ჭიქა [명] 유리잔, 글라스
ჭიშკარი [명] 문, 출입구
ჭიხვინი [동] 말(馬)이 울다 — [명] 말의 울음
ჭკა [명] [조류] 갈가마귀
ჭკვიანად [부] 영리하게, 똑똑하게
ჭკვიანი [형] 영리한, 똑똑한
ჭკვიანურად [부] 분별 있게, 현명하게
ჭკვიანური [형] 분별 있는, 현명한
ჭკნობა [동] 힘이 없어지다, 시들다, 축 처지다
ჭკუა [명] 지성, 지력, 이지; ჭკუის სწავლება 강의하다, 설교하다; ჭკუით ყოფნა 현명하다; ჭკუის სასწავლი 교육적인; ჭკუის სწავლება 교육하다, 가르치다
ჭკუამახვილი [형] 재치 있는
ჭკუამახვილობა [명] 재치 있음
ჭლექი [명] [병리] 소모성 질환, 결핵
ჭლექიანი [형] 소모성 질환의, 결핵의
ჭმევა [동] 먹을 것을 주다, 먹이다 — [명] 급식
ჭმუნვა [명] 슬픔, 비탄 — [동] 슬퍼하다, 애통해하다
ჭმუჭნა [동] 구기다, 헝클다
ჭოგრი [명] 쌍안경, 오페라글라스
ჭოკი [명] 막대기, 장대
ჭორაობა [동] 지껄이다, 수다 떨다
ჭორი [명] 잡담, 한담, 가십
ჭორიკანა [명] 수다쟁이, 스캔들을 퍼뜨리는 사람
ჭორიკ(ა)ნობა [동] 지껄이다, 험담하다
ჭორფლი [명] 주근깨, 기미

ჭორფლიანი [형] 주근깨[기미]가 난
ჭოტი [명] [조류] 수리부엉이
ჭრა [동] ① 썰다, 쪼개다, 베다, 자르다, 찍다, 잘게 만들다 ② 동전을 주조하다
ჭრა-კერვა [명] 옷감을 자르고 바느질하기
ჭრაქი [명] 작은 등불, 호롱불
ჭრელი [형] 알록달록한, 다채로운
ჭრიალი [동] 삐걱거리다
ჭრილი [명] 틈, 균열; 절단면
ჭრილობა [명] 부상, 상처 — [동] 갈라지다, 터지다
ჭრიჭინა [명] [곤충] 귀뚜라미
ჭრიჭინი [동] 삐걱거리다
ჭუკი [명] 칠면조 새끼
ჭურვი [명] 포탄, 발사 무기
ჭურჭელი [명] 그릇, 용기; თიხის ჭურჭელი 토기, 질그릇; სამზარეულოს ჭურჭელი 주방 용품
ჭურჭლეულობა [명] 접시류, 도기류
ჭუჭრუტანა [명] 갈라진 틈
ჭუჭყი [명] 오물, 쓰레기
ჭუჭყიანი [형] 더러운, 불결한
ჭყაპი [명] 진창, 진흙
ჭყივილი [동] 새된 소리를 지르다, 비명을 지르다
ჭყინტი [형] ჭყინტი ყველი 생치즈; ჭყინტი სიმინდი 풋옥수수
ჭყლეტა [동] 누르다, 짜부라뜨리다
ჭყუმპალაობა [동] (물 따위를) 튀기다

ჭ

ხ

ხაბაზი [명] 굽는 사람
ხავერდი [명] 우단, 벨벳
ხავერდოვანი [형] 벨벳 같은
ხავსი [명] 이끼; ხავსით დაფარვა 이끼로 뒤덮이다, 이끼가 많이 자라 있다
ხავსიანი [형] 이끼로 뒤덮인, 이끼가 자란
ხაზგასმა [동] 밑줄을 긋다; 강조하다 — [명] 밑줄 긋기; 강조
ხაზვა [동] 선을 긋다 — [명] 선 긋기
ხაზი [명] 선, 줄, 라인; ხაზის გასმა 줄을 긋다, 강조하다; ხაზის გავლება 선을 긋다 — [동] 밑줄을 긋다; 강조하다
ხაზინა [명] 재무부
ხაზინადარი [명] 회계원, 출납계원
ხათრი [명] 존경, 경의
ხათრიანი [형] 존경하는, 경의를 표하는, 공손한
ხალათი [명] (잠옷 위에 입는) 화장복; საბანაო ხალათი 목욕 전후에 입는 옷
ხალასი [형] 순수한; ხალასი ოქრო 순금
ხალი [명] 날 때부터 몸에 있는 점
ხალისი [명] 바람, 좋아함, 기호; ხალისით (~이) 바라는 대로
ხალისიანად [부] 기꺼이, 기쁘게
ხალისიანი [형] 기쁜, 즐거운, 유쾌한
ხალისით [형] 기쁜, 즐거운, 유쾌한

ხალიჩა [명] 카페트, 양탄자

ხალხი [명] 사람들, 대중

ხალხოსანი [명] [역사] 인민주의자

ხალხური [형] 대중적인, 민족적인; ხალხური სიმღერა 민요, 포크송; ხალხური ცეკვა 민속 무용, 포크 댄스

ხამი [형] ① 거친, 무례한, 매너가 없는 ② 경험이 없는, 미숙한

ხამხამი [동] 눈을 깜박이다, 윙크하다

ხან [부] ხან ~ ხან ~ 때로는 ~ 때로는 ~; ხან იცინის, ხან ტირის 그는 때로는 웃고 때로는 운다; ხან აქ, ხან იქ 때로는 여기에, 때로는 저기에

ხანა [명] 시대, 시기

ხანგამოშვებით [부] 이따금씩, 때때로

ხანგრძლივ [부] 오랫동안

ხანგრძლივად [부] 오랫동안

ხანგრძლივი [형] 오랜, 장기간의

ხანგრძლი(ვ)ობა [명] 지속, 계속

ხანდაზმული [형] 나이가 지긋한

ხანდაზმულობა [명] (거리가) 멂, 외딴 곳에 있음

ხანდახან [동] 때때로

ხანი[1] [명] 시간, 시대; კარგა ხანია, კარგა ხანს 오랫동안

ხანი[2] [명] 칸 (중앙아시아 제국(諸國)의 통치자에 대한 존칭)

ხანმოკლე [형] (시간적으로) 짧은, 단기간의, 순간적인, 덧없는

ხანმოკლეობა [명] 단기간, 순간적임, 덧없음

ხანშიშესული [형] 나이가 지긋한

ხანძარი [명] 화재

ხანჯალი [명] 단도, 단검, 비수

ხარაბუზა [명] [곤충] 풍뎅이

ხარაზი [명] 제화공, 구두 만드는 사람

ხარატი [명] 선반공

ხარაჩო [명] (건축장의) 발판, 비계

ხარახურა [명] 쓰레기, 잡동사니

ხარბად [부] 탐욕스럽게

ხარბი [형] 탐욕스러운, 욕심 많은

ხარბობა [명] 탐욕, 욕심 많음 — [동] 탐욕스럽다

ხარება [동] 알리다, 발표하다; (특히) 기쁜 소식을 알리다 — [명] ① 알림, 발표 ② [가톨릭] 성모 영보(領報) 대축일 (3월 25일)

ხარვეზი [명] ① 공백, 틈; 금; ხარვეზის შევსება 틈을 메우다 ② 부족, 결여

ხარი [명] 황소

ხარისხი [명] ① 정도, 등급 ② 질, 품질

ხარისხობრივი [형] 질적인, 성질상의

ხარისხოვანი [형] 질적인, 성질상의

ხარკი [명] 군세(軍稅), 공물

ხარშვა [동] 끓이다, 요리하다 — [명] 끓이기, 요리

ხარჩო [명] 비계, 발판

ხარჯვა [명] 지출, 소비 — [동] 쓰다, 소비하다, 지출하다

ხარჯთაღრიცხვა [명] 견적서; 예산안

ხარჯი [명] 경비, 비용, 지출

ხარხარი [동] 큰 소리로 웃다, 왁자지껄하게 웃다

ხასიათი [명] 기질, 성격, 품성, 인격; ხასიათის ანომალია 인격 장애

ხატვა [동] (그림을) 그리다 — [명] 그림 그리기

ხატი [명] 상(像), 아이콘, 이미지

ხაფანგი [명] 덫, 올가미

ხაში [명] 효모, 효소

ხაშლამა [명] 끓인 쇠고기

ხაჭაპური [명] 하짜뿌리 (속에 치즈를 넣은 그루지야식 빵의 일종)

ხაჭო [명] 응유(凝乳), 굳어진 우유

ხახა [명] 목구멍, 식도

ხახვი [명] [식물] 양파

ხახვიანი [형] 양파 같은, 양파 맛이 나는

ხახუნი [동] 문지르다, 비비다, 마찰하다 — [명] 문지르기, 마찰

ხბო [명] 송아지

ხე [명] 나무, 목재

ხედვა [동] 보다, 바라보다

ხედი [명] 전망, 조망

ხედნა [동] 말(馬)을 길들이다, 훈련시키다 — [명] 말을 길들이기

ხევა [동] (조각조각) 찢다

ხევი [명] 좁은 골짜기

ხევსურეთი [명] 헤브수레티 (그루지야 동부의 역사적 지역)

ხევსური [명] 헤브수레티 사람

ხევსურული [형] 헤브수레티의

ხეთები [명] [역사] 히타이트족 (소아시아의 고대 민족)

ხეთქვა [동] 게걸스럽게 먹다

ხეიბარი [명] 장애인, 불구자

ხეივანი [명] 좁은 길

ხეირი [명] 이익, 이득, 수익

ხეკაკუნა [명] [조류] 딱따구리

ხელადა [명] (주둥이가 있는) 물병, 물주전자

ხელაღებული [형] 막가는, 자포자기의

ხელახლა [부] 새로이, 신규로, 다시

ხელბარგი [명] 작은 짐[수화물]

ხელბორკილი [명] 수갑

ხელგარჯილობა [명] 바느질 제품, 수예품

ხელგაშლილად [부] 후하게, 아낌없이, 관대하게

ხელგაშლილი [형] 아낌없는, 관대한, 도량이 넓은

ხელგაშლილობა [명] 아낌없음, 관대함, 도량이 넓음

ხელდახელ [부] 곧, 즉시

ხელთათმანი [명] 장갑; **მოკრივის ხელთათმანი** 권투 글러브

ხელთგდება [동] 움켜쥐다, 장악하다 — [명] 움켜쥠, 장악, 강탈

ხელი[1] [명] 손; 팔; 핸들; **ხელის მოწერა** i) 서명하다 ii) 서명, 사인; **ხელები მაღლა** 손 들어!; **ხელები შორს** 손 대지 마!; **ხელზე ტარება** 팔에 안고 나르다; **ხელების დაბანა** 손을 씻다; **ხელით** 손으로, 손수; **ხელიდან ხელში** 손에서 손으로;

ხელის აღება 손들다, 포기하다; ხელის გამართვა 도와주다; ხელის დაფარება 보호하다; ხელის კვრა 밀다; ხელის მოხვევა 껴안다, 포옹하다; ხელის საპონი 화장 비누; ხელის ტაცება 움켜쥐다; ხელის შეშლა 방해하다; ხელის ხლება 손대다

ხელი[2] [부] ~회, ~번; სამხელ 세 번, 3 회

ხელისგული [명] 손바닥

ხელისუფალი [명] 지배자, 통치자, 주권자, 관리자

ხელისუფლება [명] 권력, 권한

ხელიხელგაყრილი [부] 서로 팔을 끼고

ხელკეტი [명] 곤봉, 몽둥이

ხელმარცხნივ [부] 왼쪽으로

ხელმარჯვე [형] 신속한, 재빠른, 기민한

ხელმარჯვედ [부] 신속하게, 재빠르게, 기민하게

ხელმარჯვნივ [부] 오른쪽으로

ხელმეორედ [부] 두 번째로, 다시

ხელმისაწვდომი [형] 접근이 용이한

ხელმისაწვდომობა [명] 접근 가능성

ხელმოკლე [형] 궁핍한, 빈곤한, 파산한

ხელმოკლეობა [명] 궁핍, 빈곤, 파산

ხელმომჭირნე [형] 인색한

ხელმოწერა [명] 서명, 사인 — [동] 서명하다, 사인하다

ხელმოწერილი [형] 서명이 된, 사인한

ხელმოჭერილად [부] 인색하게, 탐욕스럽게

ხელმოჭერილი [형] 인색한, 탐욕스러운

ხელმძღვანელი [명] 지도자, 리더; 감독

ხელმძღვანელობა [명] 지도, 지휘, 이끌기, 리더십; ხელმძღ- ვანელობით (~의) 지도[감독] 하에 — [동] 지도하다, 이끌다, 인도하다

ხელმწიფე [명] 군주, 주권자, 통치자, 왕

ხელნაწერი [명] 원고, 사본

ხელობა [명] 직업, 수공 직업[기술]

ხელოვანი [명] 화가, 예술가

ხელოვნება [명] 예술; 기술; ხელოვნების სალონი 화랑, 갤러리

ხელოვნებათმცოდნეობა [명] 예술 연구, 예술 비평

ხელოვნურად [부] 인공적으로

ხელოვნური [형] 인공적인, 사람이 만든

ხელოსანი [명] 장인(匠人), 수공업자, 기능공

ხელოსნის [형] 장인의, 수공업의

ხელოსნობა [명] 손으로 하는 일, 손 기술, 수세공

ხელოსნური [형] 수세공의, 수공업의

ხელსაბანი [명] 세면대

ხელსაფქვავი [명] 맷돌, 손절구

ხელსაქმე [명] 바느질, 수예

ხელსაყრელი [형] 이익이 있는, 수익이 있는

ხელსაწყო [명] 도구, 용구, 기구

ხელსახოცი [명] (식탁용) 냅킨

ხელუხლებელი [형] ① 침범할 수 없는, 불가침의 ② ხელუხლებელი მარაგი 적립 자금

ხელუხლებლობა [명] 불가침성; 면제; დიპლომა- ტიური ხელუხლებლობა 외교관 면책 특권

ხელფასი [명] 보수, 급료, 봉급
ხელფეხშეკრული [형] 묶인
ხელქვეითი [형] (~보다) 하위의, (~에) 종속된
ხელქვეითობა [명] 종속, 열등
ხელყუმბარა [명] 포탄
ხელშეკრულება [명] 동의, 협약, 협정, 조약;
ხელშეკრულების დადება 협정[조약]을 체결하다
ხელშემშლელი [형] 불리한, 이익이 되지 않은
ხელშემწყობი [형] 유리한, 이익이 되는
ხელშეუხებელი [형] 온전한, 손상되지 않은
ხელშეწყობა [명] 유리, 이익
ხელჩართული ბრძოლა [명] 일대일로 붙음, 육탄전
ხელცარიელი [형] 빈손의
ხელწერა [명] 자필로 쓴 것
ხელწერილი [명] 영수증
ხენდრო [명] [식물] 딸기
ხეობა [명] 골짜기, 협곡
ხეპრე [형] 무례한, 천박한 — [명] 거친[무례한] 사람
ხერხემალი [명] 등뼈, 척추
ხერხემლიანი [형] 척추가 있는
ხერხვა [동] ① 톱질하다, 톱으로 켜다 ② 괴롭히다, 못살게 굴다
ხერხი¹ [명] 톱
ხერხი² [명] 방식, 방법
ხეტიალი [동] 어슬렁거리다, 돌아다니다 — [명] 어슬렁거리기, 돌아다니기

ხე-ტყე [명] 재목, 목재, 톱으로 켠 나무
ხეხვა [동] (문질러서) 깨끗이 하다, 윤을 내다
ხეხილი [명] 과수(果樹)
ხვადი [명] (동물의) 수컷; ხვადი ძაღლი 수캐; ხვადი კატა 수고양이
ხვავი [명] 더미, 무더기
ხვალ [부] 내일; ხვალამდე 내일까지; ხვალ დილ-ით 내일 아침
ხვალამდე 내일 봅시다!
ხვალზევით [부] 모레
ხვალინდელი [형] 내일의, 다음 날의
ხვედრი [명] 부분, 몫
ხვევნა [동] (서로) 껴안다, 포옹하다
ხველა [명] 기침
ხველება [동] 기침하다
ხვეტა [동] ① 쓸어버리다 ② 돈을 모으다
ხვეული [형] 꼬인, 비틀어진; ხვეული კიბე 나선식 계단
ხვეწი [명] 끌, 정
ხვეწნა [동] 간청하다, 빌다, 호소하다 — [명] 간청, 호소, 기원
ხვიხვინი [동] 말(馬)이 울다 — [명] 말이 우는 소리
ხვლიკი [명] [동물] 도마뱀
ხვნა [동] 갈다, 경작하다, 쟁기질하다 — [명] 경작, 쟁기질
ხვნა-თესვა [명] 경작, 농업
ხვნეშა [동] (숨을) 훅 불다, 내쉬다

ხვრა [동] 물어 끊다, 지끈 깨다

ხვრელი [명] 구멍, 틈

ხვრეტა [동] 구멍을 뚫다, 관통하다 — [명] 구멍 뚫기, 관통

ხვრინვა [동] 코를 골다 — [명] 코 골기

ხიბლვა [동] 매혹시키다 — [명] 매혹

ხიდი [명] 다리(橋); რკინიგზის ხიდი 철도교

ხიზანი [명] 이주민, 정착자

ხიზილალა [명] 어란(魚卵), 캐비아

ხიზნვა [동] 이전하다, 이주하다 — [명] 이전, 이주

ხითხითი [동] 낄낄 웃다 — [명] 낄낄 웃음

ხილბოსტნეული [명] 과채(果菜), 과일과 채소

ხილეულობა [명] 과일

ხილვა [동] 보다, 바라보다

ხილვადი [형] 눈에 보이는, 가시적인

ხილვადობა [명] 눈에 보임, 가시성(可視性)

ხილი [명] 과일

ხილნარი [명] 과수원

ხილული [형] 눈에 보이는

ხილფაფა [명] 마멀레이드

ხინკალი [명] 힝깔리 (그루지야식 고기 만두의 일종)

ხის(ა) [형] 나무로 된, 목재의; ხის სახლი 목조 가옥; ხის მასალა 목재, 목질; ხის ნახშირი 목탄

ხიფათი [명] 위험

ხიშტი [명] 총검

ხიცინი [형] 간지러운 — [동] 간질이다

ხიწვი [명] 쪼개진 조각, 동강, 토막

ხიხინი [동] 귀에 거슬리는 소리로 말하다, 씨근거리며 말하다; სიკვდილისწინა ხიხინი 임종 때의 가래 끓는 소리

ხლართვა [동] 짜다, 엮다, 땋다

ხლართი [명] [해부] (신경 등의) 총(叢), 망(網); 망상 조직

ხლება[1] [동] 손대다

ხლება[2] [동] 동반하다

ხლეჩა [동] 쪼개다, 찢다 — [명] 쪼개기, 찢기

ხმა [명] ① 목소리, 음성; 음조, 톤; ხმის ამაღლება 목소리를 높이다; ხმის გაკმენდა 조용해지다; ხმა კრინტი 조용히 해! ② [음악] 성부(聲部) ③ 투표; ხმის მიცემა (~에게) 투표하다; გადამწყვეტი ხმა 캐스팅보트(찬성과 반대의 수가 같을 때 행하는 의장의 결정 투표); ხმის უმრავლესობით 과반 투표에 의해 ④ 소문, 루머; ხმის გავრცელება 소문을 퍼뜨리다

ხმაამოუღებლად [부] 조용히, 말없이

ხმაამოუღებლივ [부] 조용히, 말없이

ხმადაბალი [형] 목소리가 낮은

ხმადაბლა [부] 낮은 목소리로

ხმალი [명] 사브르, 기병도(騎兵刀); ხმალში გამოწვევა 결투

ხმამაღალი [형] (소리가) 큰, 시끄러운, 떠들썩한

ხმამაღლა [부] 큰 소리로, 시끄럽게, 떠들썩하게; ხმამაღლა მოლაპარაკე 확성기

ხმარება [동] 쓰다, 사용하다, 이용하다 — [명] 사용, 이용; ხმარებიდან ამოღება 더 이상 쓸 수 없게 되다; ფართოდ ხმარებული 널리 사용되는

ხმაური [명] 소음, 소란, 소동

ხმაურიანი [형] 소란스러운, 떠들썩한, 시끄러운

ხმაურით [부] 소란스럽게, 시끄럽게

ხმაურობა [명] 소음 — [동] 시끄럽게 떠들다, 소음을 일으키다

ხმელეთი [명] 땅, 육지, 지상

ხმელი [형] ① 메마른, 건조한 ② 마른, 야윈, 빈약한

ხმობა [동] 말리다, 건조시키다 — [명] 건조

ხმოვანი [형] ① 모음의; ხმოვანი ბგერა 모음 ② ხმოვანი კინო 발성 영화

ხნიერი [형] 나이가 지긋한

ხნოვანება [명] 나이, 연령

ხნული [명] 경작지, 논밭

ხოლმე [접] 그러나, 하지만

ხოლო [접] 그렇지만, 그래도

ხომ 의문문 앞에 붙이는 소사; ხომ მართალია? 그게 맞아요?; ხომ ასეა? 그렇지 않아요?

ხომალდი [명] 배, 선박; სამხედრო ხომალდი 군함, 전함

ხორბალი [명] [식물] 밀; ხორბლის პური 고운 밀가루와 정백하지 않은 밀가루를 섞어 만든 빵

ხორვატია [명] 크로아티아

ხორვატული [형] 크로아티아의

ხორთუმი [명] 코끼리 코

ხორკლი [명] 거칢, 울퉁불퉁함
ხორკლიანი [형] 거친, 울퉁불퉁한
ხორცი [명] ① 살; 고기; დაკეპილი ხორცი 다진 고기; ძროხის ხორცი 쇠고기; ღორის ხორცი 돼지고기; ქათმის ხორცი 닭고기; ხბოს ხორცი 송아지 고기; ცხვრის ხორცი 양고기; თხის ხორცი 염소 고기; ხორცის მჭამელი 육식 동물 ② საზ-არბაზნე ხორცი (비유적으로) 전사할 위험이 많은 병사들
ხორციანი [형] 고기의, 고기가 많은
ხორციელად [부] 신체적으로, 육체적으로
ხორციელი [형] 신체의, 육체의
ხორციჭამია [명] 육식 동물
ხორცმეტი [명] (신체의) (이상) 생장물
ხორხი [명] [해부] 후두
ხორხისმიერი [형] 후두부의; ხორხისმიერი ბგერა [언어] 후음(喉音)
ხოტბა [명] 찬사, 송시; ხოტბის შესხმა 찬양하다, 칭송하다
ხოფი [명] (배 젓는) 노
ხოცვა [동] 죽이다, 살해하다
ხოცვა-ჟლეტა [명] (대량) 학살; ხოცვა-ჟლეტის მოწყობა (대량) 학살하다
ხოჭო [명] [곤충] 풍뎅이
ხოშკაკალი [명] 싸락눈, 우박
ხოხვა [동] 기어가다
ხოხობი [명] [조류] 꿩
ხრაკვა [동] 굽다, 튀기다

ხრამი [명] 협곡, 골짜기

ხრამუნი [동] 찰칵[지끈]하며 깨지다

ხრახნი [명] 나사(못)

ხრეში [명] 자갈

ხრიკი [명] 음모, 책략, 교활

ხრინწი [명] 귀에 거슬리는 소리, 씨근거리는 소리, 목쉰 소리

ხრინწიანობა [명] 목쉰 소리

ხრინწიანი [형] 목쉰 (소리의)

ხროვა [명] 떼, 무리

ხრტილი [명] [해부] 연골

ხრტილოვანი [형] 연골질의

ხრჩობა [동] 숨을 막다, 질식시키다; 물에 빠뜨리다, 익사시키다

ხრჩოლვა [동] (연기로) 그을리다, 훈증하다 ― [명] 훈증

ხრწნა [동] 나쁘게 만들다, 부패시키다 ― [명] 부패(시키기)

ხრწნადი [형] 부패하기 쉬운

ხსენება [동] 언급하다 ― [명] 언급

ხსნა [동] 구해내다, (~을) 면하게 하다; (묶인 것을) 풀다 ― [명] 구해냄, 면하게 함

ხსნადი [형] 용해할 수 있는

ხსნადობა [명] 용해성

ხსნარი [명] 용액

ხსოვნა [명] 기억, 추억

ხტომა [동] 껑충 뛰다, 뛰어오르다 ― [명] 껑충 뜀, 뛰어오름

ხტუნვა [동] 껑충 뛰다, 뛰어오르다
ხუთასი [수] 오백 (500)
ხუთი [수] 다섯 (5)
ხუთიანი [수] 다섯 (5)
ხუთკუთხედი [명] 오각형
ხუთსართულიანი [형] (건물이) 5층인
ხუთქიმიანი [형] 오각형의, 오각 별 모양의
ხუთშაბათი [명] 목요일
ხუთჯერ [부] 다섯 번
ხუმარა [명] 어릿광대
ხუმრობა [명] 농담, 재미, 장난 — [동] 농담하다
ხუმრობით [부] 농담으로, 장난으로
ხურდა [명] 잔돈
ხურვა [동] 덮다
ხურვება [명] 열, 신열 — [동] 열이 나다
ხუროთმოძღვარი [명] 건축가, 건축 기사
ხუროთმოძღვრება [명] 건축(술)
ხუროთმოძღვრებისა [형] 건축(술)의
ხურტკმელი [명] [식물] 구즈베리, 서양까치밥나무의 열매
ხურჯინი [명] 안낭(鞍囊), 안장에 다는 주머니
ხუფი [명] 뚜껑, 덮개
ხუცესი [명] 성직자
ხუცური [형] 교회 (조직)의
ხუჭვა [동] (눈을) 감다
ხუჭუჭი [명] 컬한 머리의, 머리가 곱슬곱슬한
ხუჭუჭთმიანი [형] 컬한 머리의, 머리가 곱슬곱슬한

ხშირად [부] 자주, 종종
ხშირი [형] 자주 일어나는, 빈번한

ჯ

ჯაგარი [명] 센털, 강모(剛毛)

ჯაგი [명] 관목(灌木), 덤불

ჯაგლაგი ცხენი [명] 야윈 말(馬)

ჯაგნარი [명] 관목, 덤불

ჯაგრისი [명] 솔, 브러시

ჯადო [명] 마법, 마술, 요술

ჯადოსანი [명] 마법사

ჯადოსნობა [명] 마법, 마술, 요술 — [동] 마술로 호리다, 마법을 쓰다

ჯადოსნური [형] 마법을 거는, 호리는; 마술 같은

ჯადოქარი [명] 마법사

ჯადოქრობა [명] 마법, 마술, 요술 — [동] 마술로 호리다, 마법을 쓰다

ჯავრი [명] ① 슬픔, 비탄 ② 원한, 앙심; **ჯავრის ამოყრა** 복수하다, 원한을 풀다

ჯავშანი [명] 갑옷, 장갑(裝甲)

ჯავშნიანი [형] 갑옷을 입은, 장갑(裝甲)한; **ჯავშნიანი ავტომობილი** 장갑차

ჯაზი [명] 재즈

ჯალაბი [명] 가족

ჯალაბობა [명] 가족, 식구, 처자식

ჯალათი [명] 사형[교수형] 집행인

ჯამაგირი [명] 봉급, 급료, 임금

ჯამბაზი [명] 광대, 곡예사

ჯამი[1] [명] 총계, 합계; **საერთო ჯამი** 총계, 총수

ჯამი[2] [명] 움푹한 그릇

ჯანი [명] ① 힘 ② 건강

ჯანიანი [형] 건강한, 강건한

ჯანმრთელი [형] 건강한

ჯანმრთელობა [명] 건강; ჯანმრთელობის დაცვა 공중 보건 관리

ჯანსაღი [형] 건강한, 건전한

ჯანსაღობა [명] 건강, 건전

ჯანყი [명] 반란, 폭동

ჯანჯღლობა [명] 관료적 형식주의; (일의) 지체, 지연 — [동] (일이) 지체되다, 지연되다

ჯარა [명] (실을 잣는 데 쓰는) 물레

ჯართი [명] 파쇠, 고철

ჯარი [명] 병력, 군대; ჯარის გადასხმა 병력을 상륙시키다; ჯარში ჩარიცხვა 병적에 편입하다

ჯარიმა [명] 벌금; 벌; ჯარიმას გადახდა 벌금을 물다; საჯარიმო დარტყმა [스포츠] 페널티킥

ჯარისკაცი [명] 군인; ჯარისკაცები და ოფიცრები 사병들과 장교들

ჯარისკაცურად [부] 군인답게

ჯაფა [명] 일, 노동

ჯაყვა [명] 주머니칼, 펜나이프

ჯაშუში [명] 간첩, 스파이

ჯაშუშობა [명] 간첩 행위, 첩보 활동 — [동] 스파이 노릇을 하다

ჯაჭვი [명] 사슬, 체인; 목걸이; ჯაჭვის პერანგი 사슬 갑옷

ჯგრო [명] 일단, 무리, 떼

ჯგუფი [명] ① 떼, 집단, 그룹 ② 밴드, 악대
ჯგუფხელი [명] 반장, 단장, 무리의 리더
ჯდომა [동] ① 앉다; სავარძელში ჯდომა 안락의자에 앉다; მაგიდასტან ჯდომა 테이블에 둘러 앉다 ② ციხეში ჯდომა 감옥에 갇히다 — [명] 좌석, 자리
ჯებირი [명] 둑, 댐, 제방
ჯეილი [형] 젊은, 연소한
ჯეილობა [명] 젊음
ჯეირანი [명] [동물] 가젤 (영양의 일종)

ჯემპრი [명] 스웨터, 풀오버
ჯერ [부] ① 첫째로, 우선; ჯერ ერთი 첫째로 ② 아직; ჯერ კიდევ 아직; ჯერ არა 아직 ~하지 않다
ჯერი [명] 순번, 차례; (차례를 기다리는) 줄, 열
ჯეროვანი [형] 적당한, 알맞은
ჯერ-ჯერობით [부] 지금으로서는
ჯეჯილი [명] 발아, 생장
ჯვარედინად [부] 십자형으로, 엇갈리게
ჯვარედინი [형] 십자형의
ჯვარი[1] [명] ① 십자형, 십자가; წითელი ჯვარი 적십자 ② (카드놀이의) 클럽
ჯვარი[2] [명] 결혼(식)
ჯვარისებრი [형] 십자형의
ჯვაროსანი [명] [역사] 십자군
ჯვარცმა [동] ① 십자가에 못박다 ② 몹시 괴롭히다 — [명] 십자가에 못박음
ჯიბგირი [명] 소매치기

ჯიბე [명] 주머니, 호주머니; უკანა ჯიბე (바지 등의) 뒷주머니

ჯიბრზე [부] 무시하고, (~을) 거슬러

ჯიბრით [부] 무시하고, (~을) 거슬러

ჯილდო [명] ① 보답, 보수 ② 상(賞), 훈장; ფულადი ჯილდო 상금; ჯილდოს მიცემა 상을 주다, 보답하다

ჯინსი [명] 진[데님] 바지

ჯირითი [명] 곡마(曲馬)의 일종

ჯირითობა [명] = ჯირითი

ჯირკი [명] (나무의) 그루터기, 밑동

ჯირკვალი [명] [해부] 선(腺), 분비 기관

ჯირკვლოვანი [형] 선(腺)의, 선이 있는

ჯიუტი [형] 완고한, 고집센 — [명] 완고, 고집

ჯიუტობა [동] 고집하다, 주장하다 — [명] 완고, 고집

ჯიქანი [명] (암소 따위의) 젖통

ჯიქი [명] [동물] 설표(雪豹)

ჯიში [명] 종(種), 종류, 종족

ჯიშიანი [형] 순종(純種)의, 순혈종의; ჯიშიანი ძაღლი 순종의 개

ჯიშნარევი [형] 잡종의

ჯიხვი [명] [동물] 들소의 일종

ჯიხური [명] (칸막이가 된) 방; ტელეფონის ჯიხური 공중 전화 박스; საგუშაგო ჯიხური 초소, 보초막

ჯობნა [동] (~보다) 낫다, (~을) 능가하다

ჯოგი [명] (짐승의) 떼, 무리

ჯორი [명] [동물] 노새

ჯოხი [명] 막대, 지팡이; ბილიარდის ჯოხი 당구의 큐

ჯოჯო [명] ① [동물] 두꺼비 ② 괴물

ჯოჯოხეთი [명] 지옥, 저승

ჯურღმული [명] 빈민굴

ჯუჯა [명] 난쟁이 — [형] 난쟁이 같은, 왜소한, 소형의; ჯუჯა კაცი 난쟁이

ჯღაბნა [동] 서투른 문장[시]을 쓰다

ჰ

ჰა [감] 허!, 아!

ჰაერი [명] 공기(空氣); ღია ჰაერზე 야외에서; სუფთა ჰაერის ჩასუნთქვა 신선한 공기를 마시다; ჰაერზე გამოსვლა 집 밖으로 나가다

ჰაეროვანი [형] 공기의, 대기의

ჰავა [명] 기후; ცხელი ჰავა 무더운 기후

ჰალსტუხი [명] 넥타이; ჰალსტუხის გაკეთება 넥타이를 매다

ჰამბურგერი [명] 햄버거

ჰანგი [명] 곡조, 멜로디, 선율

ჰარმონია [명] ① 화합, 조화 ② 동의, 의견 일치

ჰარმონიული [형] 조화된

ჰე [감] 이런, 글쎄

ჰეი [감] 여보세요, 이봐

ჰეპატიტი [명] [병리] 간염

ჰერი [감] 빨리!

ჰერცოგი [명] (귀족 작위의) 공작

ჰესი [명] 수력 발전소

ჰექტარი [명] 헥타르 (면적의 단위)

ჰიბრიდი [명] 잡종, 혼성물

ჰიბრიდული [형] 잡종의, 혼성의

ჰიგიენა [명] 위생, 건강법

ჰიგიენური [형] 위생(상)의

ჰიდროელექტრული [형] 수력 전기의

ჰიდროელექტროსადგური [명] 수력 발전소

ჰიმნი [명] 찬가, 성가, 찬송가; სახელმწიფო ჰიმნი 국가(國歌)
ჰიპერბოლა [명] ① [수사학] 과장(법) ② [수학] 쌍곡선
ჰიპერტონია [명] [병리] 비대, 이상 발달
ჰიპნოზი [명] 최면(술)
ჰიპნოზის [형] 최면을 일으키는, 최면성의
ჰიპნოზური [형] 최면을 일으키는, 최면성의
ჰიპნოტიზიორი [명] 최면술사
ჰიპოთეზა [명] 가설, 가정
ჰო [부] 예, 응 (격식 없는 표현)
ჰოი [감] 오!
ჰობი [명] 취미
ჰოლანდია [명] 네덜란드
ჰოლანდიელი [명] 네덜란드 사람
ჰოლანდიური [형] 네덜란드의; ჰოლანდიური ენა 네덜란드어 — [명] 네덜란드어
ჰომოსექსუალური [형] 동성애를 하는, 동성애의
ჰონკონგი [명] 홍콩
ჰონორარი [명] 보수, 사례; 인세
ჰორიზონტალი [명] 수평선, 지평선
ჰორიზონტალური [형] 수평의, 가로의
ჰორიზონტი [명] 수평선, 지평선
ჰოსპიტალი [명] (군사) 병원; საველე ჰოსპიტალი 야전 병원
ჰოტელი [명] 호텔
ჰუმანიზმი [명] 인본주의, 휴머니즘
ჰუმანისტი [명] 인본주의자

ჰუმანიტარული [명] 인도주의자, 박애가
ჰუმანური [형] 자비로운, 인도적인

부록 (어영 변화표)

I. 동사

그루지야어 동사는 크게 네 가지로 분류된다. 타동사, 자동사, 중간동사, 간접[전도(轉倒)]동사가 그것이다. 네 가지 분류가 각각의 어형 변화 유형을 갖고 있으며, 이에 따르지 않는 불규칙 동사들도 많다. 여기서는 각 분류별로 하나의 동사를 예로 들어 시제 등에 따른 어형 변화를 살펴보기로 한다.

▣ 분류 1 (타동사)

동사 აშენება를 예로 들어 어형 변화를 살펴보면 다음과 같다. (동사의 어근은 შენ)

1) 현재 시제

△ 직설법 현재형

인칭	변화형
1 인칭 단수	ვ-ა-შენ-ებ
2 인칭 단수	ა-შენ-ებ
3 인칭 단수	ა-შენ-ებ-ს
1 인칭 복수	ვ-ა-შენ-ებ-თ

2인칭 복수	ა-შენ-ებ-თ
3인칭 복수	ა-შენ-ებ-ენ

△ 미완료형

인칭	변화형
1인칭 단수	ვ-ა-შენ-ებ-დ-ი
2인칭 단수	ა-შენ-ებ-დ-ი
3인칭 단수	ა-შენ-ებ-დ-ა
1인칭 복수	ვ-ა-შენ-ებ-დ-ი-თ
2인칭 복수	ა-შენ-ებ-დ-ი-თ
3인칭 복수	ა-შენ-ებ-დ-ნენ

△ 접속법 현재형

인칭	변화형
1인칭 단수	ვ-ა-შენ-ებ-დ-ე
2인칭 단수	ა-შენ-ებ-დ-ე
3인칭 단수	ა-შენ-ებ-დ-ე-ს
1인칭 복수	ვ-ა-შენ-ებ-დ-ე-თ
2인칭 복수	ა-შენ-ებ-დ-ე-თ
3인칭 복수	ა-შენ-ებ-დ-ნენ

2) 미래 시제

△ 직설법 미래형

인칭	변화형
1인칭 단수	ა-ვ-ა-შენ-ებ
2인칭 단수	ა-ა-შენ-ებ
3인칭 단수	ა-ა-შენ-ებ-ს
1인칭 복수	ა-ვ-ა-შენ-ებ-თ
2인칭 복수	ა-ა-შენ-ებ-თ
3인칭 복수	ა-ა-შენ-ებ-ენ

△ 조건형

인칭	변화형
1인칭 단수	ა-ვ-ა-შენ-ებ-დ-ი
2인칭 단수	ა-ა-შენ-ებ-დ-ი
3인칭 단수	ა-ა-შენ-ებ-დ-ა
1인칭 복수	ა-ვ-ა-შენ-ებ-დ-ი-თ
2인칭 복수	ა-ა-შენ-ებ-დ-ი-თ
3인칭 복수	ა-ა-შენ-ებ-დ-ნენ

△ 접속법 미래형

인칭	변화형
1인칭 단수	ა-ვ-ა-შენ-ებ-დ-ე
2인칭 단수	ა-ა-შენ-ებ-დ-ე

3인칭 단수	ა-ა-შენ-ებ-დ-ე-ს
1인칭 복수	ა-ვ-ა-შენ-ებ-დ-ე-თ
2인칭 복수	ა-ა-შენ-ებ-დ-ე-თ
3인칭 복수	ა-ა-შენ-ებ-დ-ნენ

3) 부정과거(不定過去)

△ 직설법 부정과거

인칭	변화형
1인칭 단수	ა-ვ-ა-შენ-ე
2인칭 단수	ა-ა-შენ-ე
3인칭 단수	ა-ა-შენ-ა
1인칭 복수	ა-ვ-ა-შენ-ე-თ
2인칭 복수	ა-ა-შენ-ე-თ
3인칭 복수	ა-ა-შენ-ეს

△ 기원형

인칭	변화형
1인칭 단수	ა-ვ-ა-შენ-ო
2인칭 단수	ა-ა-შენ-ო
3인칭 단수	ა-ა-შენ-ო-ს
1인칭 복수	ა-ვ-ა-შენ-ო-თ
2인칭 복수	ა-ა-შენ-ო-თ
3인칭 복수	ა-ა-შენ-ო-ნ

4) 완료상

△ 완료형

인칭	변화형
1인칭 단수	ა-მ-ი-შენ-ებ-ი-ა
2인칭 단수	ა-გ-ი-შენ-ებ-ი-ა
3인칭 단수	ა-უ-შენ-ებ-ი-ა
1인칭 복수	ა-გვ-ი-შენ-ებ-ი-ა
2인칭 복수	ა-გ-ი-შენ-ებ-ი-ა-თ
3인칭 복수	ა-უ-შენ-ებ-ი-ა-თ

△ 과거완료형

인칭	변화형
1인칭 단수	ა-მ-ე-შენ-ებ-ინ-ა
2인칭 단수	ა-გ-ე-შენ-ებ-ინ-ა
3인칭 단수	ა-ე-შენ-ებ-ინ-ა
1인칭 복수	ა-გვ-ე-შენ-ებ-ინ-ა
2인칭 복수	ა-გ-ე-შენ-ებ-ინ-ა-თ
3인칭 복수	ა-ე-შენ-ებ-ინ-ა-თ

△ 접속법 완료형

인칭	변화형
1인칭 단수	ა-მ-ე-შენ-ებ-ინ-ო-ს
2인칭 단수	ა-გ-ე-შენ-ებ-ინ-ო-ს

3인칭 단수	ა-ე-შენ-ებ-ინ-ო-ს
1인칭 복수	ა-გვ-ე-შენ-ებ-ინ-ო-ს
2인칭 복수	ა-გ-ე-შენ-ებ-ინ-ო-თ
3인칭 복수	ა-ე-შენ-ებ-ინ-ო-თ

■ 분류 2 (자동사)

동사 დაბადება를 예로 들어 어형 변화를 살펴보면 다음과 같다. (동사의 어근은 ბად)

1) 현재 시제
△ 직설법 현재형

인칭	변화형
1인칭 단수	ვ-ი-ბად-ებ-ი
2인칭 단수	ი-ბად-ებ-ი
3인칭 단수	ი-ბად-ებ-ა
1인칭 복수	ვ-ი-ბად-ებ-ი-თ
2인칭 복수	ი-ბად-ებ-ი-თ
3인칭 복수	ი-ბად-ებ-ი-ან

△ 미완료형

인칭	변화형
1인칭 단수	ვ-ი-ზად-ებ-ოდ-ი
2인칭 단수	ი-ზად-ებ-ოდ-ი
3인칭 단수	ი-ზად-ებ-ოდ-ა
1인칭 복수	ვ-ი-ზად-ებ-ოდ-ი-თ
2인칭 복수	ი-ზად-ებ-ოდ-ი-თ
3인칭 복수	ი-ზად-ებ-ოდ-ნენ

△ 접속법 현재형

인칭	변화형
1인칭 단수	ვ-ი-ზად-ებ-ოდ-ე
2인칭 단수	ი-ზად-ებ-ოდ-ე
3인칭 단수	ი-ზად-ებ-ოდ-ე-ს
1인칭 복수	ვ-ი-ზად-ებ-ოდ-ე-თ
2인칭 복수	ი-ზად-ებ-ოდ-ე-თ
3인칭 복수	ი-ზად-ებ-ოდ-ნენ

2) 미래 시제

△ 직설법 미래형

인칭	변화형
1인칭 단수	და-ვ-ი-ზად-ებ-ი
2인칭 단수	და-ი-ზად-ებ-ი

3인칭 단수	და-ი-ბად-ებ-ა
1인칭 복수	და-ვ-ი-ბად-ებ-ი-თ
2인칭 복수	და-ი-ბად-ებ-ი-თ
3인칭 복수	და-ი-ბად-ებ-ი-ან

△ 조건형

인칭	변화형
1인칭 단수	და-ვ-ი-ბად-ებ-ოდ-ი
2인칭 단수	და-ი-ბად-ებ-ოდ-ი
3인칭 단수	და-ი-ბად-ებ-ოდ-ა
1인칭 복수	და-ვ-ი-ბად-ებ-ოდ-ი-თ
2인칭 복수	და-ი-ბად-ებ-ოდ-ი-თ
3인칭 복수	და-ი-ბად-ებ-ოდ-ნენ

△ 접속법 미래형

인칭	변화형
1인칭 단수	და-ვ-ი-ბად-ებ-ოდ-ე
2인칭 단수	და-ი-ბად-ებ-ოდ-ე
3인칭 단수	და-ი-ბად-ებ-ოდ-ე-ს
1인칭 복수	და-ვ-ი-ბად-ებ-ოდ-ე-თ
2인칭 복수	და-ი-ბად-ებ-ოდ-ე-თ
3인칭 복수	და-ი-ბად-ებ-ოდ-ნენ

3) 부정과거(不定過去)

△ 직설법 부정과거

인칭	변화형
1인칭 단수	და-ვ-ი-ბად-ე
2인칭 단수	და-ი-ბად-ე
3인칭 단수	და-ი-ბად-ა
1인칭 복수	და-ვ-ი-ბად-ე-თ
2인칭 복수	და-ი-ბად-ე-თ
3인칭 복수	და-ი-ბად-ნენ

△ 기원형

인칭	변화형
1인칭 단수	და-ვ-ი-ბად-ო
2인칭 단수	და-ი-ბად-ო
3인칭 단수	და-ი-ბად-ო-ს
1인칭 복수	და-ვ-ი-ბად-ო-თ
2인칭 복수	და-ი-ბად-ო-თ
3인칭 복수	და-ი-ბად-ო-ნ

4) 완료상

△ 완료형

인칭	변화형
1인칭 단수	და-ვ-ბად-ებ-ულ-ვ-ა-რ
2인칭 단수	და-ბად-ებ-ულ-ხ-ა-რ
3인칭 단수	და-ბად-ებ-ულ-ა
1인칭 복수	და-ვ-ბად-ებ-ულ-ვ-ა-რ-თ
2인칭 복수	და-ბად-ებ-ულ-ხ-ა-რ-თ
3인칭 복수	და-ბად-ებ-ულ-ან

△ 과거완료형

인칭	변화형
1인칭 단수	და-ვ-ბად-ებ-ულ-ი-ყავ-ი
2인칭 단수	და-ბად-ებ-ულ-ი-ყავ-ი
3인칭 단수	და-ბად-ებ-ულ-ი-ყ-ო
1인칭 복수	და-ვ-ბად-ებ-ულ-ი-ყავ-ი-თ
2인칭 복수	და-ბად-ებ-ულ-ი-ყავ-ი-თ
3인칭 복수	და-ბად-ებ-ულ-ი-ყვ-ნენ

△ 접속법 완료형

인칭	변화형
1인칭 단수	და-ვ-ბად-ებ-ულ-ი-ყ-ო
2인칭 단수	და-ბად-ებ-ულ-ი-ყ-ო

3인칭 단수	და-ბად-ებ-ულ-ი-ყ-ო-ს
1인칭 복수	და-ვ-ბად-ებ-ულ-ი-ყ-ო-თ
2인칭 복수	და-ბად-ებ-ულ-ი-ყ-ო-თ
3인칭 복수	და-ბად-ებ-ულ-ი-ყ-ო-ნ

■ 분류 3 (중간동사)

동사 თამაშობა를 예로 들어 어형 변화를 살펴보면 다음과 같다. (동사의 어근은 თამაშ)

1) 현재 시제
△ 직설법 현재형

인칭	변화형
1인칭 단수	ვ-თამაშ-ობ
2인칭 단수	თამაშ-ობ
3인칭 단수	თამაშ-ობ-ს
1인칭 복수	ვ-თამაშ-ობ-თ
2인칭 복수	თამაშ-ობ-თ
3인칭 복수	თამაშ-ობ-ენ

△ 미완료형

인칭	변화형
1인칭 단수	ვ-თამაშ-ობ-დ-ი
2인칭 단수	თამაშ-ობ-დ-ი
3인칭 단수	თამაშ-ობ-დ-ა
1인칭 복수	ვ-თამაშ-ობ-დ-ი-თ
2인칭 복수	თამაშ-ობ-დ-ი-თ
3인칭 복수	თამაშ-ობ-დ-ნენ

△ 접속법 현재형

인칭	변화형
1인칭 단수	ვ-თამაშ-ობ-დ-ე
2인칭 단수	თამაშ-ობ-დ-ე
3인칭 단수	თამაშ-ობ-დ-ე-ს
1인칭 복수	ვ-თამაშ-ობ-დ-ე-თ
2인칭 복수	თამაშ-ობ-დ-ე-თ
3인칭 복수	თამაშ-ობ-დ-ნენ

2) 미래 시제
△ 직설법 미래형

인칭	변화형
1인칭 단수	ვ-ი-თამაშ-ებ
2인칭 단수	ი-თამაშ-ებ

3인칭 단수	ი-თამაშ-ებ-ს
1인칭 복수	ვ-ი-თამაშ-ებ-თ
2인칭 복수	ი-თამაშ-ებ-თ
3인칭 복수	ი-თამაშ-ებ-ენ

△ 조건형

인칭	변화형
1인칭 단수	ვ-ი-თამაშ-ებ-დ-ი
2인칭 단수	ი-თამაშ-ებ-დ-ი
3인칭 단수	ი-თამაშ-ებ-დ-ა
1인칭 복수	ვ-ი-თამაშ-ებ-დ-ი-თ
2인칭 복수	ი-თამაშ-ებ-დ-ი-თ
3인칭 복수	ი-თამაშ-ებ-დ-ნენ

△ 접속법 미래형

인칭	변화형
1인칭 단수	ვ-ი-თამაშ-ებ-დ-ე
2인칭 단수	ი-თამაშ-ებ-დ-ე
3인칭 단수	ი-თამაშ-ებ-დ-ე-ს
1인칭 복수	ვ-ი-თამაშ-ებ-დ-ე-თ
2인칭 복수	ი-თამაშ-ებ-დ-ე-თ
3인칭 복수	ი-თამაშ-ებ-დ-ნენ

3) 부정과거(不定過去)

△ 직설법 부정과거

인칭	변화형
1인칭 단수	ვ-ი-თამაშ-ე
2인칭 단수	ი-თამაშ-ე
3인칭 단수	ი-თამაშ-ა
1인칭 복수	ვ-ი-თამაშ-ე-თ
2인칭 복수	ი-თამაშ-ე-თ
3인칭 복수	ი-თამაშ-ეს

△ 기원형

인칭	변화형
1인칭 단수	ვ-ი-თამაშ-ო
2인칭 단수	ი-თამაშ-ო
3인칭 단수	ი-თამაშ-ო-ს
1인칭 복수	ვ-ი-თამაშ-ო-თ
2인칭 복수	ი-თამაშ-ო-თ
3인칭 복수	ი-თამაშ-ო-ნ

4) 완료상

△ 완료형

인칭	변화형
1인칭 단수	მ-ი-თამაშ-(ნ-)ი-ა

2인칭 단수	გ-ი-თამაშ-(ნ-)ი-ა
3인칭 단수	უ-თამაშ-(ნ-)ი-ა
1인칭 복수	გვ-ი-თამაშ-(ნ-)-ი-ა
2인칭 복수	გ-ი-თამაშ-(ნ-)ი-ა-თ
3인칭 복수	უ-თამაშ-(ნ-)ი-ა-თ

△ 과거완료형

인칭	변화형
1인칭 단수	მ-ე-თამაშ-(ნ-)ა
2인칭 단수	გ-ე-თამაშ-(ნ-)ა
3인칭 단수	ე-თამაშ-(ნ-)ა
1인칭 복수	გვ-ე-თამაშ-(ნ-)ა
2인칭 복수	გ-ე-თამაშ-(ნ-)ა-თ
3인칭 복수	ე-თამაშ-(ნ-)ა-თ

△ 접속법 완료형

인칭	변화형
1인칭 단수	მ-ე-თამაშ-(ნ-)ო-ს
2인칭 단수	გ-ე-თამაშ-(ნ-)-ო-ს
3인칭 단수	ე-თამაშ-(ნ-)-ო-ს
1인칭 복수	გვ-ე-თამაშ-(ნ-)-ო-ს
2인칭 복수	გ-ე-თამაშ-(ნ-)-ო-თ
3인칭 복수	ე-თამაშ-(ნ-)-ო-თ

▣ 분류 4 (간접동사)

동사 სიყვარული를 예로 들어 어형 변화를 살펴보면 다음과 같다. (동사의 어근은 ყვარ)

1) 현재 시제

△ 직설법 현재형

인칭	변화형
1 인칭 단수	მ-ი-ყვარ-ს
2 인칭 단수	გ-ი-ყვარ-ს
3 인칭 단수	უ-ყვარ-ს
1 인칭 복수	გვ-ი-ყვარ-ს
2 인칭 복수	გ-ი-ყვარ-თ
3 인칭 복수	უ-ყვარ-თ

△ 미완료형

인칭	변화형
1 인칭 단수	მ-ი-ყვარ-დ-ა
2 인칭 단수	გ-ი-ყვარ-დ-ა
3 인칭 단수	უ-ყვარ-დ-ა
1 인칭 복수	გვ-ი-ყვარ-დ-ა
2 인칭 복수	გ-ი-ყვარ-დ-ა-თ
3 인칭 복수	უ-ყვარ-დ-ა-თ

△ 접속법 현재형

인칭	변화형
1인칭 단수	მ-ი-ყვარ-დ-ე-ს
2인칭 단수	გ-ი-ყვარ-დ-ე-ს
3인칭 단수	უ-ყვარ-დ-ე-ს
1인칭 복수	გვ-ი-ყვარ-დ-ე-ს
2인칭 복수	გ-ი-ყვარ-დ-ე-თ
3인칭 복수	უ-ყვარ-დ-ე-თ

2) 미래 시제

△ 직설법 미래형

인칭	변화형
1인칭 단수	მ-ე-ყვარ-ებ-ა
2인칭 단수	გ-ე-ყვარ-ებ-ა
3인칭 단수	ე-ყვარ-ებ-ა
1인칭 복수	გვ-ე-ყვარ-ებ-ა
2인칭 복수	გ-ე-ყვარ-ებ-ა-თ
3인칭 복수	ე-ყვარ-ებ-ა-თ

△ 조건형

인칭	변화형
1인칭 단수	მ-ე-ყვარ-ებ-ოდ-ა
2인칭 단수	გ-ე-ყვარ-ებ-ოდ-ა

3 인칭 단수	ე-ყვარ-ებ-ოდ-ა
1 인칭 복수	გვ-ე-ყვარ-ებ-ოდ-ა
2 인칭 복수	გ-ე-ყვარ-ებ-ოდ-ა-თ
3 인칭 복수	ე-ყვარ-ებ-ოდ-ა-თ

△ 접속법 미래형

인칭	변화형
1 인칭 단수	მ-ე-ყვარ-ებ-ოდ-ე-ს
2 인칭 단수	გ-ე-ყვარ-ებ-ოდ-ე-ს
3 인칭 단수	ე-ყვარ-ებ-ოდ-ე-ს
1 인칭 복수	გვ-ე-ყვარ-ებ-ოდ-ე-ს
2 인칭 복수	გ-ე-ყვარ-ებ-ოდ-ე-თ
3 인칭 복수	ე-ყვარ-ებ-ოდ-ე-თ

3) 부정과거(不定過去)

△ 직설법 부정과거

인칭	변화형
1 인칭 단수	შე-მ-ი-ყვარ-დ-ა
2 인칭 단수	შე-გ-ი-ყვარ-დ-ა
3 인칭 단수	შე-უ-ყვარ-დ-ა
1 인칭 복수	შე-გვ-ი-ყვარ-დ-ა
2 인칭 복수	შე-გ-ი-ყვარ-დ-ა-თ
3 인칭 복수	შე-უ-ყვარ-დ-ა-თ

△ 기원형

인칭	변화형
1인칭 단수	შე-მ-ი-ყვარ-დ-ე-ს
2인칭 단수	შე-გ-ი-ყვარ-დ-ე-ს
3인칭 단수	შე-უ-ყვარ-დ-ე-ს
1인칭 복수	შე-გვ-ი-ყვარ-დ-ე-ს
2인칭 복수	შე-გ-ი-ყვარ-დ-ე-თ
3인칭 복수	შე-უ-ყვარ-დ-ე-თ

4) 완료상

△ 완료형

인칭	변화형
1인칭 단수	მ-ი-ყვარ-ებ-ი-ა
2인칭 단수	გ-ი-ყვარ-ებ-ი-ა
3인칭 단수	უ-ყვარ-ებ-ი-ა
1인칭 복수	გვ-ი-ყვარ-ებ-ი-ა
2인칭 복수	გ-ი-ყვარ-ებ-ი-ა-თ
3인칭 복수	უ-ყვარ-ებ-ი-ა-თ

△ 과거완료형

인칭	변화형
1인칭 단수	მ-ყვარ-ებ-ოდ-ი-ა

2 인칭 단수	გ-ყვარ-ებ-ოდ-ი-ა
3 인칭 단수	(ჰ-)ყვარ-ებ-ოდ-ი-ა
1 인칭 복수	გვ-ყვარ-ებ-ოდ-ი-ა
2 인칭 복수	გ-ყვარ-ებ-ოდ-ი-ა-თ
3 인칭 복수	(ჰ-)ყვარ-ებ-ოდ-ი-ა-თ

△ 접속법 완료형

인칭	변화형
1 인칭 단수	მ-ყვარ-ებ-ოდ-ე-ს
2 인칭 단수	გ-ყვარ-ებ-ოდ-ე-ს
3 인칭 단수	(ჰ-)ყვარ-ებ-ოდ-ე-ს
1 인칭 복수	გვ-ყვარ-ებ-ოდ-ე-ს
2 인칭 복수	გ-ყვარ-ებ-ოდ-ე-თ
3 인칭 복수	(ჰ-)ყვარ-ებ-ოდ-ე-თ

II. 명사

그루지야어 명사의 변화 유형은, 해당 명사의 어근이 자음으로 끝나느냐 모음으로 끝나느냐에 따라 다르다.

격	어근이 자음으로 끝남 (ex) 어근 კაც)	어근이 모음으로 끝남 (ex) 어근 მამა)	어근이 모음으로 끝남 (ex) 어근 საქართველო)
주격	კაც-ი	მამა	საქართველო
능동격	კაც-მა	მამა-მ	საქართველო-მ
여격	კაც-ს	მამა-ს	საქართველო-ს
속격	კაც-ის	მამა-ის	საქართველო-ს
조격	კაც-ით	მამა-ით	საქართველო-თი
부사격	კაც-ად	მამა-დ	საქართველო-დ
호격	კაც-ო!	მამა!	საქართველო!

III. 대명사

인칭	주격	능동격	여격	속격
1인칭 단수	მე	მე	მე	ჩემ(ს)
2인칭 단수	შენ	შენ	შენ	შენ(ს)
3인칭 단수	ის	(ი)მან	(ი)მას	(ი)მის

1인칭 복수	ჩვენ	ჩვენ	ჩვენ	ჩვენ(ს)
2인칭 복수	თქვენ	თქვენ	თქვენ	თქვენ(ს)
3인칭 복수	ისინი	(ი)მათ	(ი)მათ	(ი)მათ

인칭	조격	부사격	호격
1인칭 단수	ჩემით	ჩემად	-
2인칭 단수	შენით	შენად	შე!
3인칭 단수	(ი)მით	იმად	-
1인칭 복수	ჩვენით	ჩვენად	-
2인칭 복수	თქვენით	თქვენად	თქვე!
3인칭 복수	(ი)მათ	(ი)მათ	-

IV. 형용사

형용사도 명사와 마찬가지로 어근이 자음으로 끝나느냐 모음으로 끝나느냐에 따라 격어미가 달라진다. 아래 표에서는 자음 또는 모음으로 끝나는 형용사의 어미 변화 및 그것이 수식하는 명사의 격어미 변화를 살펴본다.

격	어근이 자음으로 끝남 (어근დიდ)	어근이 모음으로 끝남 (어근 ჭაღარა)	형용사의 수식을 받는 명사 (어근 დათვ)
주격	დიდ-ი	ჭაღარა	დათვ-ი
능동격	დიდ-მა	ჭაღარა	დათვ-მა
여격	დიდ	ჭაღარა	დათვ-ს
속격	დიდ-ი	ჭაღარა	დათვ-ის
조격	დიდ-ი	ჭაღარა	დათვ-ით
부사격	დიდ	ჭაღარა	დათვ-ად
호격	დიდ-ო	ჭაღარა	დათვ-ო

△ 소유 형용사의 변화

인칭	주격	능동격	여격	속격
1 인칭 단수	ჩემ-ი	ჩემ-მა	ჩემ-ს	ჩემ-ი
2 인칭 단수	შენ-ი	შენ-მა	შენ-ს	შენ-ი
3 인칭 단수	მის-ი	მის-მა	მის	მის-ი
1 인칭 복수	ჩვენ-ი	ჩვენ-მა	ჩვენ-ს	ჩვენ-ი
2 인칭 복수	თქვენ-ი	თქვენ-მა	თქვენ-ს	თქვენ-ი

3인칭 복수	მათ-ი	მათ-მა	მათ	მათ-ი
인칭	조격		부사격	호격
1인칭 단수	ჩემ-ის		ჩემ-ს	ჩემ-ო
2인칭 단수	შენ-ის		შენ-ს	-
3인칭 단수	მის-ი		მის	-
1인칭 복수	ჩვენ-ს		ჩვენ-ს	ჩვენ-ო
2인칭 복수	თქვენ-ს		თქვენ-ს	-
3인칭 복수	მათ-ი		მათ	-

ქართულ-კორეული ლექსიკონი

그루지야어-한국어 사전

2010년 · 1월 1일 초판 인쇄
2010년 · 1월 5일 초판 발행
편　저 · 유 성 호
발행인 · 서 덕 일
발행처 · 도서출판 문예림
등　록 · 1962년 7월 12일(제2-110호)
주　소 · 서울시 광진구 군자동 1-13호 문예하우스 101호
전화 Tel:02) 499-1281~2
팩스 Fax:02) 499-1283
http://www.bookmoon.co.kr
E-mail:book1281@hanmail.net
ISBN 978-89-7482-508-9 (13790)

정가 35,000원

- 잘못된 책은 구입하신 서점에서 교환하여 드립니다.
- 저자와 협의에 의해 인지를 생략합니다.